木铎新语

在北京师范大学十年探索

魏礼群 著

北京师范大学出版集团
BEIJING NORMAL UNIVERSITY PUBLISHING GROUP
北京师范大学出版社

作者简介

　　魏礼群，江苏省睢宁县人。历任国家计委政策研究室主任、体制改革和法规司司长，国家计委党组成员兼秘书长，中央财经领导小组办公室副主任，国务院研究室主任、党组书记，国家行政学院党委书记，第十一届全国政协文史和学习委员会副主任。中国共产党第十六届、十七届中央委员会委员。曾兼任国际行政院校联合会副主席，中国行政体制改革研究会首任会长，中国西部人才开发基金会理事长，中国宏观经济学会副会长，中国软科学研究会副理事长，中国国际经济交流中心常务副理事长、学术委员会主任，国家行政学院、国家信息中心、中国人民大学、北京师范大学教授、博士生导师。担任北京师范大学中国社会管理研究院／社会学院"两院"创始院长。现在兼任中央马克思主义理论研究和建设工程咨询委员会委员、国家社会科学基金应用经济学组召集人，中国行政体制改革研

究会学术委员会主任。

负责或参与过党中央、国务院大量重要文件和党中央、国务院领导人重要讲话起草工作，主持过 120 多项重大课题研究，取得一大批对国家决策有重要价值的学术、科研、决策咨询成果。出版了《中国经济发展与改革》《改革开放耕耘录》《魏礼群经济文集》《魏礼群社会文集》《魏礼群学术自传》等个人专著 35 部，主编著作 130 多部。

2009 年入选"影响新中国 60 年经济建设的 100 位经济学家"，2013 年被评为"20 世纪中国知名科学家"，先后入选"2014 中国智库建设十大代表人物""2016 年度十大智库人物"，2018 年入选"致敬改革开放四十年·中国智库建设 40 人"。

自　序

　　巍巍师大，历久弥新；木铎金声，弦歌不辍。北京师范大学具有鲜明的红色基因和光荣的革命传统。一代代北师大人弘扬"爱国进步，敢为人先"的优秀品质，秉承"学为人师，行为世范"的校训精神，顶天立地胸怀"国之大者"，治学修身志在兼济天下，慎思而笃行，继往以开来，成为中华民族伟大复兴征程中的创造者和奋斗者。

　　1963 年 9 月，我考入北京师范大学历史系，是北师大的一名老校友，母校以丰厚的底蕴滋养过我，以卓越的学识和高尚的师德教育过我。对于母校的培育之恩，我念兹在兹，始终铭记。1968 年毕业以后，我去过多个地方，经历了多个岗位，由祖国北部边陲的内蒙古大兴安岭林区，到国家决策中枢的北京中南海，无论走到哪里，也不论做什么工作，都在心底里热望北师大，情系北师大。特别是从领导岗位退下来以后，我应学校领导之邀分别于 2011 年和 2015 年，先后创办了北京师范大学中国社会管理研究院和社会学院，并兼任"两院"院长，担负统筹社会治理智库建设和社会学学科发展的使命。

　　随着中国特色社会主义进入新时代，北京师范大学进一步明确了建设"综合性、研究型、教师教育领先的中国特色世界一流大学"的办学定位和发展战略，学校发展迈出新的重要步伐。在这种背景下，我把创办和建设社会治理智库和社会学学科作为报效国家、回馈母校的新事业。十年来，辛勤付出，殚精竭虑，致力于三个方面的创新探索。一是探索在高校中建设新型智库。按照国家建设新型智库的要求，创建了以加强和创新社会治理为主要任务的新型智库，全面履行智库的理论创新、咨政建言、舆论引导、社会服务和公共外交等职能，取得了丰硕成果，为北京师范大学获批国家高端智库试点单位做出了重要贡献。二是探索新形势下创新社会学学科发展。推动学校成立独立建制的社会学院，形成了社会学本科和硕士、博士研究生一体化的人才培养体系，使北京师范大学百年社会学学科发展进入新阶段。三是探索社会治理智库建设、社会学学科发展和人才培养有机融合、相互促进的新路子，积累了建设综合性、研究型大学的新鲜经验。这些创新探索，为助推北京师范大学建设中国特色世界一流大学贡献了智慧和力量，也为推动中国社会建设创新和社会治理现代化发挥了积极的重要作用。

十年探索，砥砺创新，硕果累累，意味深长。这本书收录了十年来我在北师大工作期间致力于社会建设和社会治理理论研究、社会治理新型智库建设，以及推动社会学学科建设和教学育人的积极探索。这些探索和研究凝结着我作为一名兼职教授的一些新认识、新观点和新论述，因而书名取为《木铎新语——在北京师范大学十年探索》。

本书分为七篇。第一篇"探索办学新路——智库建设与学科发展协同驱动"，为综合篇，是对新时代以来我国社会治理现代化进展和社会学学科发展的研究与论述；第二篇"引导社会舆论——助力社会治理理论创新与实践升华"，从理论逻辑、政策逻辑和实践逻辑有机结合上，论述了十年来我国社会管理和社会治理的变革与进展；第三篇"建设新型智库——理性思考与平台构建"，是对国家新型智库的认知和推进建设的实践探索；第四篇"咨政建言献策——服务党政决策与政策制定"，是对推进社会治理现代化的思考和建议；第五篇"推动学科发展——提升社会学地位与社会学创新发展"，是助推中国社会学学科发展的心路历程和重要研究成果；第六篇"培养高端人才——为毕业生寄语与对在校学生劝学"，记录了对青年学生的求学勉励和寄予厚望；第七篇"开放合作交流——国内活动发声与对外讲述中国故事"，记述了十年来进行国内外合作交流和社会服务活动中的言论和行动。

十年探索，是我人生长河中一段不可磨灭的记忆，是回报母校、开掘我人生价值的美好旅程，更是铭记于心、时时回味的精神财富。汇集出版在北师大工作十年成果，是对我国进入新时代社会建设和社会治理理论创新与推进历程的礼颂，也是对自己回报母校十年岁月的守望。鉴于这次结集的文字时间跨度较大，又涉及智库建设、学科发展、理论创新、咨政建言、人才培养、开放交流等多个领域，为了方便又真实地反映客观历程，本书七篇中的文章均以成稿时间为序排列；为尊重历史，这次结集出版只对个别文章文字做了必要的校改，全书基本观点、思路脉络和论述风格都保持原貌。这样，既客观真实反映了历史发展的轨迹，也如实记述了自己在不同阶段的思考和认识。收录于本书的文章大多已公开发表，也有一些是首次公开面世。

本书的结集出版，北京师范大学中国社会管理研究院／社会学院的陈炜、朱瑞、李放、王焱等同志做了文稿收集、照片遴选和编辑工作，李建军、鹿生伟、赵秋雁同志指导本书编写并审阅书稿，都付出了大量的心血；北京师范大学出版集团给予热情关心、大力支持。在此，一并致以诚挚谢忱。

2022 年 9 月，正逢北京师范大学 120 周年华诞，谨以此书致敬我亲爱的母校。

魏礼群

2022 年 7 月

2021年7月7日，魏礼群（前排中）与全院教职工（兼职人员）合影。前排：右五赵秋雁，右四王茁，右三李建军，右二尹栾玉，右一董磊明，左五刘应杰，左四傅昌波，左三宋贵伦，左二鹿生伟，左一朱耀垠。

2013 年 5 月 25 日，第三届中国社会管理论坛由北京师范大学中国社会管理研究院、中共北京市委社会工作委员会和中国社会工作协会共同主办，巨人教育集团协办。论坛的主题是"贯彻十八大精神，加快社会体制改革"。魏礼群发表主旨演讲。

2015 年 5 月 17 日，在第五届中国社会治理论坛上举行《社会治理》杂志创刊仪式，魏礼群（左一）与顾秀莲（左三）、李金华（左二）、陈宗兴（右一）共同为《社会治理》创刊号揭牌。

2021 年 12 月 18 日，第十一届中国社会治理论坛嘉宾合影。一排：中间顾秀莲，右四魏礼群，右五李书磊，左五程建平，右二龚维斌，左三徐显明，左四李毅，右三李培林，左一洪大用，左二闪淳昌，右一宋珊萍。

2023 年 3 月 25 日，第十二届中国社会治理论坛由北京师范大学国家高端智库中国教育与社会发展研究院主办、北京师范大学中国社会管理研究院承办。论坛的主题是"学习贯彻党的二十大精神和全国'两会'精神 推进社会治理现代化"。魏礼群发表主旨演讲。

2022 年 4 月 22 日，北京师范大学中国社会管理研究院 / 社会学院主要干部任免会议合影。中间程建平，左四魏礼群，右二刘长旭，左一王洛忠，右四屈智勇，左三赵秋雁，右三李韬，右一王茁，左二赵炜。

2022 年 9 月 8 日，魏礼群（右）与马骏校长在庆祝第 38 个教师节暨北京师范大学建校 120 周年大会上合影。

2023 年 3 月 25 日，第十二届中国社会治理论坛嘉宾合影。前排：左十马骏，左九魏礼群，右九陈存根，右八李德水，左八李卫红，左七姜培茂，右七康震，右三汪明，右六刘应杰，右五任珑，右四鹿生伟，左六宋珊萍，左五王杰秀，左四杨宜勇，左三丁元竹，右二汪曙光，左二张树华，左一李艳辉，右一李韬。

2017 年 4 月 18 日，《光明日报》总编辑杜飞进（左）为入选 2016 年十大智库人物的魏礼群（中）颁发证书。

2018 年 7 月 7 日，第十届全国人大常委会副委员长、中国关心下一代工作委员会主任顾秀莲（左三），第十一届全国政协副主席李金华（右三），大事典编委会主任魏礼群（右二）、大事典北京卷编委会主任宋贵伦（左二），商务印书馆总经理于殿利（左一），华文出版社社长宋志军为《当代中国社会大事典（1978—2015）》新书出版发行揭幕。

2023 年 2 月 18 日，魏礼群（左三）为"新型社会治理智库丛书"《数字转型与治理变革》出版发行揭幕，左二李韬，右二马朝阳，右一孙璐，左一饶涛。

2018 年 6 月 10 日，北京师范大学珠海分校党委书记耿向东（左三）和北京师范大学历史学院院长杨共乐（左二）向魏礼群（右二）介绍百村社会治理研究项目。

2021 年 4 月 19 日，魏礼群主持召开"决胜全面建成小康社会：嘉善经验与启示"学术论坛。

2019 年 6 月 26 日，魏礼群（前排左七）与社会学院 2019 届毕业生合影。前排：赵秋雁（右六），董磊明（左六），萧放（右五），张汝立（左五），色音（右四），王茁（左一），尹栾玉（右三），肖索未（右二），杜静元（右一），陈鹏（左三），焦长权（左二），谢琼（左四）。

2021 年 6 月 27 日，魏礼群在社会学院 2021 届毕业典礼上发表寄语讲话。

魏礼群（前排中）与夫人周贵芹（前排右二）在北师大与学子们在一起。

魏礼群（左四）与学子们在一起。

2017 年 4 月 22 日，魏礼群（左一）与中心特聘专家谢立中教授（右一）为北京师范大学社会工作专业实习基地授牌。

2015 年 11 月，魏礼群（右四）会见第十四届"挑战杯"全国大学生课外学术科技作品竞赛"特等奖"获得者 2013 级本科生林颖楠团队。右三林颖楠，右二赵秋雁，右一王茁，左四赵炜，左三陈鹏，左一朱瑞。

2020 年 1 月 8 日，魏礼群（右一）与美国著名汉学家安乐哲（左一）共同为楼宇烈教授（中）颁发第六届会林文化奖。

2020 年 8 月 20 日，魏礼群考察北京师范大学互联网教育智能技术及应用国家工程实验室。中间魏礼群，左三陈光巨，右二赵秋雁，左一李放，左二曾海军，右一朱瑞，右三黄荣怀。

2016 年 3 月 22 日，魏礼群（左一）与约翰·桑顿（中）在晚宴上交谈，右一为赵秋雁。

魏礼群（右）为伦敦大学亚非学院中国研究院副院长、副教授刘捷玉（中）赠书，左为赵秋雁。

魏礼群（左二）与陈炜（右二）、朱瑞（左一）、李放（右一）合影。

目　录

第一篇　探索办学新路
——智库建设与学科发展协同驱动

第二篇　引导社会舆论
——助力社会治理理论创新与实践升华

第三篇　建设新型智库

——理性思考与平台构建

第四篇　咨政建言献策
——服务党政决策与政策制定

第五篇　推动学科发展

——提升社会学地位与社会学创新发展

第六篇　培养高端人才

——寄语毕业生与劝学在校学生

第七篇 开放合作交流
——国内活动发声与对外讲述中国故事

探索办学新路

——智库建设与学科发展协同驱动

2011年5月7日，顾秀莲（右二）、陈宗兴（左一）和魏礼群（右一）共同为北京师范大学中国社会管理研究院揭牌。

2015年3月15日，北京师范大学举办社会学院成立大会暨"新型社会治理智库建设"研讨会，董奇（右）为魏礼群（左）颁发社会学院院长聘书。

在北京师范大学中国社会管理研究院成立大会
暨首届中国社会管理论坛上的讲话

（2011 年 5 月 7 日）

尊敬的各位领导，各位来宾，老师们、同学们：

在这百花争艳、充满希望的春天，北京师范大学中国社会管理研究院今天在这里举行成立大会暨首届中国社会管理论坛。在此，我本人，并代表中国社会管理研究院，对大家前来参加会议和论坛表示热烈的欢迎和诚挚的谢意，对刚才发表热情洋溢致辞的各位来宾表示衷心的感谢！

借此机会，我想向各位报告以下几个问题：为什么要成立中国社会管理研究院？我为什么要出任研究院的院长？要办什么样的研究院？怎样办好研究院？

北京师范大学成立中国社会管理研究院，是顺应当今世界发展的新变化和我国发展新阶段、新要求而做出的重要决策。从国际上看，世界正处在大发展、大变革、大调整时期，经济政治格局发生新变化，国际力量对比出现新态势，全球思想文化交流交锋呈现新特点。综合国际竞争和各种力量较量日趋激烈，世界不稳定、不确定的因素增多，我国发展的外部环境更加复杂。从国内看，经过 30 多年的改革开放和现代化建设，我国经济社会发生了巨大的历史性变化。工业化、信息化、城镇化、市场化、国际化进程不断加快，经济体制改革和社会发展全面推进。当前和今后一个时期，是全面建设小康社会、推进社会主义现代化的关键时期。正如党中央做出的判断那样，我们国家发展仍处于重要的战略机遇期，可以大有作为，同时又处于社会矛盾凸显的时期，面临着许多可以预见和难以预见的矛盾和问题、风险和挑战。

近些年，社会领域的问题不断增多，这是我国经济社会发展水平和阶段性特征的集中反映，加强和创新社会管理势在必行。党中央、国务院总揽全局、审时度势，做出了一系列重要决策和部署。党中央、国务院把加强社会管理放在现代化建设更加突出的战略位置，是我们党对执政规律、社会主义建设规律、人类社会发展规律认识的新升华，是深入分析我国发展阶段性特征新要求做出的重大战略部署，也是人民群众对党和政府的新期待。

顺应时代发展新变化和我国发展的新要求，一年以前，中共北京师范大学党委和校务委员会就提出成立社会管理研究院。经过一段时间的酝酿，于去年10月正式决定成立中国社会管理研究院。我认为，这是颇有政治敏锐性和历史眼光的重要决策。也就是说，中国社会管理研究院是在国内外新的大背景下诞生的。

国务院领导对北京师范大学成立中国社会管理研究院高度重视，国务委员刘延东和国务委员兼秘书长马凯多次听取我当面汇报和请示问题，做出了一些重要指示。刚才钟秉林校长宣读了刘延东国务委员和马凯国务委员的重要批示。刘延东同志在重要批示中指出："北京师范大学成立中国社会管理研究院，是教育系统贯彻中央加强和创新社会管理决策部署的一个新举措。""希望充分发挥北师大在教育管理研究上的优势，有效整合资源，坚持高标准、高质量、高水平，重视加强理论和实践的创新研究，积极开展政策咨询服务，为社会管理人才培养和学科建设提供智力支持，为完善中国特色社会管理体系、提高社会管理科学化水平、建设和谐社会贡献力量。"马凯同志在重要批示中，对北京师范大学中国社会管理研究院正式成立表示祝贺，并提出殷切希望："希望研究院坚持正确的办院方向，坚持理论联系实际，坚持有特色高水平，大力培养高素质的社会管理人才，积极提供高质量的社会管理科研、咨询成果，为完善中国特色社会管理体系，提高社会管理科学化水平、建设和谐社会作出应有的贡献。"刘延东同志和马凯同志的重要批示，是对中国社会管理研究院的极大关心、支持和鼓励，我们一定要认真学习领会和认真贯彻落实。

北京师范大学领导邀请我担任中国社会管理研究院院长，我慎重考虑后应允了，这主要是基于以下四点考虑。

第一，我深知社会建设和社会管理十分重要。加强和创新社会管理，既是我们国家新形势、新任务的迫切需要，又是发展中国特色社会主义事业的内在要求，也是我们国家长治久安、人民幸福安康的关键所在。致力于社会管理研究工作意义重大。服务于党和国家大局需要，是我毕生的追求。

第二，我长期在党中央、国务院重要综合部门工作，主要从事宏观经济管理和政策研究工作，同时也一直重视社会建设和社会管理方面的政策研究。30多年来，我参与或者主持了党中央、国务院一系列重要文件的起草，主持过许多重大课题的研究。这些重要文件起草和重大课题研究，许多都涉及社会建设和社会管理方面。在这个过程中，我积累了一些社会管理知识，也取得了一些富有价值的研究成果。

第三，北京师范大学是我的母校，我理应义不容辞地为母校贡献自己的能力。20世纪60年代，我在北京师范大学历史系读书五年，令我受益匪浅，终生难忘。我对母校北京师范大学充满感激之情，理应回报母校的培养。

第四，北京师范大学领导邀请我出任研究院院长之后，我首先征求了教育部部长袁贵仁同志的意见，而后我又请示了国务委员兼国务院秘书长马凯同志，他们都表示支持。因此，我愿意为办好社会管理研究院贡献绵薄之力。

近几个月，对于办什么样的社会管理研究院，怎么样办好社会管理研究院，我做了一些思考，同时也听取了北师大领导和国务院有关方面的意见，形成了一些思路，有些已经写入中国社会管理研究院的章程。下面，我就研究院的主要职责、工作原则以及办院理念和院风做一些说明，也是求诸大家。

第一，关于研究院的主要职责，概括起来是四个方面八个字，就是育人、科研、资政、合作。

一是育人，就是培养社会管理方面的高层次人才。加强和创新社会管理，关键在人才。2006年党的十六届六中全会通过的《中共中央关于构建社会主义和谐社会若干重大问题的决定》指出："建设宏大的社会工作人才队伍。造就一支结构合理、素质优良的社会工作人才队伍，是构建社会主义和谐社会的迫切需要。"胡锦涛同志在对一封专家学者的来信所做的重要批示中强调，"要从人才培养入手，逐步扩大社会学研究队伍，推动社会学发展，为构建社会主义和谐社会服务"。这些都为我们办好社会管理研究院指明了方向。我院要把培养高层次、高素质的社会管理人才作为重要任务。

二是科研，就是开展社会管理领域的理论研究和学术研究，推动社会管理学科建设。社会需要产生伟大的实践，伟大的实践需要科学理论作指导。研究院将开展社会管理领域的理论研究，推动社会管理学科发展和相关知识库的建设，积极适应社会管理需求，开展社会管理现实性、战略性、前瞻性和创新性研究；在重视基础研究的同时，重点进行应用性研究，努力提高学术水平和研究成果的质量。要建设社会管理创新平台和队伍，服务于推进理论创新和实践创新。

三是资政，就是紧紧围绕党和政府提出的社会管理需求，深入进行调查研究，积极开展政策咨询服务。着力就加强和创新社会管理开展实证研究、对策研究，努力为党和国家科学决策、民主决策提供智力支持。

四是合作，就是加强国内外合作交流。坚持开放开门办院，开展与国外学术组织，国际组织，国内各级政府、高校、科研机构、企业以及相关机构多方面的合作交流。

总之，我们要把研究院办成社会管理人才培养的重要基地、社会管理理论研究的重要中心、社会管理政策咨询服务的重要智库、社会管理研究方面对外合作的重要平台。这是中国社会管理研究院的主要职责。

第二，关于研究院的工作原则，我们要坚持以下六条。

一是坚持高举旗帜、服务大局。这是研究院的根本方向。要紧紧围绕党和国家的中心任务，围绕服务完善中国特色社会管理体系，积极开展教学、科研、咨询工作，培养人才，研究问题，总结经验，探索规律，提升服务水平。

二是坚持解放思想、与时俱进。提倡独立思考、自由探索，敢于冲破不合时宜的观念束缚，善于用新观念、新思想、新办法研究和解决社会领域的问题，大胆探索，勇于实践，不断创造。

三是坚持发挥优势、彰显特色。北京师范大学有100多年深厚博大的文化积淀和优良光荣的革命传统，是国家首批重点建设的十所大学之一，特别是长于教育管理教学和研究。近年来北京师范大学大力实施国际化战略，与几百所境外大学和研究机构建立了合作关系，社会影响和国际声誉不断提升，在创办世界一流大学的征途上迈出了坚实步伐，取得了显著成就。这些都是北京师范大学的巨大优势。中国社会管理研究院要充分依靠这些优势，发挥好这些优势，同时要彰显特色，形成教学、科研、咨询三位一体、良性互动的格局。

四是坚持知行合一、注重调查研究。贴近实际，贴近群众，贴近基层，大胆创新，勇于实践，树立理论联系实际的学风，做到理论与实践相统一，言与行相统一。

五是坚持包容多样、博采众长。以马克思主义为引领，鼓励百花齐放、百家争鸣，努力创造宽松、平等、和谐的学术氛围，搭建学术自由交流的平台，允许不同学术思想的论争和并存，积极学习、研究和借鉴世界各国一切有益的社会管理理念和做法，广泛吸收人类文明进步的成果，特别是现代化社会管理的理念和经验。

六是坚持注重质量、打造品牌。要站在高起点，对照高标准、高质量、高水平，着力形成集群优势，多培养优秀人才，多产出有价值的科研成果，多提供高质量的决策咨询建议，充分发挥研究院应有的作用。

第三，关于研究院的办院理念和院风。从根本上说，就是要秉承北京师范大学"爱国进步、诚信质朴、求真创新、为人师表"的优良传统和践行"学为人师、行为世范"的校训，这是北京师范大学的办学精神和校训，我们一定要认真践行。同时，我们又根据中国社会管理研究院的定位和功能提出了八个字作为院训，就是"厚德、唯实、创新、卓越"。

厚德，就是要树立高尚的道德和品行。我国先贤哲人十分重视立德。《左传》说："太上有立德，其次有立功，其次有立言，虽久不废，此之谓不朽。"这是把立德作为最高境界和标准，品德高尚是为先，建功立业次之，著书立说再次之。我们党的领导历来都把思想道德建设放在第一位，立德不仅是立命之本，也是从政之基。研究院的师生，既要学会教学、做学问，更要学会怎样做人，首先要学会做人。从根本上说，忠诚于国家和人民事业是最大的德，要坚持以实现国家富强、民族振兴、人民幸福为己任。同时，要注重道德品行修养，做一个道德高尚的人。

唯实，就是一切从实际出发。不唯书、不唯上、不唯洋、只唯实，实事求是，察实情、说实话、出实招、办实事。只有忠实于事实，才能忠实于真理。要树立求真务实的工作态度，按照客观规律办事，不夸大，也不缩小，不跟风，也不人云亦云。崇尚科学，追求真理。只有这样，我们的教学、科研、咨询成果才会有真知灼见，于世有补，经得起实践和历史的检验。

创新，就是革故鼎新。《诗经》中的"周虽旧邦，其命维新"和《诗品》中的"如将不尽，与古为新"，都强调改革创新决定着中华民族的前途和命运。创新是一切发展与进步的不竭动力。要推进研究院工作理念创新、体制创新、机制创新、制度创新、管理创新、业务创新，大力营造改革创新的氛围，使每一个人的创新愿望得以实现，创新才华得到展示，创新智慧竞相迸发。

卓越，就是要志存高远、勇于超越。积极向上、不懈进取、止于至善，让追求卓越成为一种习惯，建设一流的队伍，创造一流的业绩，多出堪称精品、高质量的成果。

我们之所以把这些作为院训，是因为其既有古香古色之雅韵，又有新世新意之美词，它既体现了人之素质的整体之美，也反映了研究院未来发展的美好愿景。

各位领导、各位来宾、各位老师、各位同学，中国社会管理研究院的成立，承载着重要的使命和任务。作为研究院院长，我将践行研究院的宗旨，忠于职守，不辱使命。为此，要努力做到三点。

一要把握正确方向。全面贯彻党的教育方针，遵循教育规律，服务国家发展战略，使研究院始终沿着正确的道路发展。

二要搞好服务。虚心向北师大领导学习，向师生学习，积极开拓资源，为研究院发展创造良好的外部环境。

三要营造内部环境。充分发挥师生员工的积极性和创造性，不断增强研究院的吸引力、凝聚力、创新力和影响力。

同志们，办好中国社会管理研究院要靠北京师范大学党政的坚强领导，要靠学校有关部门的支持和帮助，要靠全体老师和同学的辛勤努力，也要靠社会各界的关心和支持。我们一定要在大家的关心、支持和帮助下，努力把中国社会管理研究院办好，决不辜负国务院领导的殷切期盼，也决不辜负北京师范大学领导和师生的期盼，为完善中国特色社会管理体系、提高社会管理科学化水平、全面建成小康社会和实现国家现代化，做出积极的贡献。

今天，在中国社会管理研究院成立的同时，还要举办首届中国社会管理论坛，围绕"中国特色社会管理体系建设和社会管理创新实践"的主题，进行深入研讨，很有意义。预祝首届中国社会管理论坛取得圆满成功。

全面履行职能　建设有特色高水平的智库
——在中国社会管理研究院第一次全体人员会议上的讲话

（2012 年 2 月 20 日）

一、认清形势，增强紧迫感

中国社会管理研究院的成立得到了国务院、教育部和北京师范大学领导以及社会各界的大力支持。研究院的成立大会开得很成功，《人民日报》发表了关于成功举办第一届社会管理论坛的长篇综述，这是开局良好的重要标志。研究院制定了"十二五"规划，实现了首批社会管理博士后进站，开展了博士和公共管理硕士（MPA）的招生工作，承担了国家社会科学基金特别委托重点项目、教育部重大攻关项目等研究工作，与淄博市和德阳市签署了战略合作协议。虽然刚刚起步，但社会影响较大，成绩来之不易。这些成绩是北师大党政领导关心的结果，给我们解决了一些困难，创造了一些条件；也是北师大相关院系支持的结果，尤其是社会发展与公共政策学院，在招生和队伍建设等方面，给予了大力的支持；更是在座各位同志辛勤工作的成果，人手很少，工作很重，任务完成得很好，我对大家表示感谢。

我们必须认清面临的形势。2012 年，是我国实施"十二五"规划承上启下之年，党的十八大即将召开，北师大成立 110 周年校庆。我们一定要抓住这个机会，做出应有的贡献。党和国家高度重视社会管理，发布了系列重要文件，我们国家正处在战略机遇期，同时也处在矛盾凸显期，国际形势错综复杂，国内社会矛盾增多，推进改革开放和现代化事业既有许多有利条件，也面临不少困难。我们要有紧迫感，要有忧患意识。中国社会科学院和一些高校纷纷成立了社会管理的研究机构，我们院是第一个社会管理研究院，但已经不是唯一的，既要多出成果，更要注重提高成果的质量和水平。要增强责任感和使命感。按照研究院的既定目标，把研究院打造成培养高层次人才的教育基地，中国社会管理领域具有一流水准和重要影响力的思想库，北京师范大学建设世界知名高水平大学、服务国家战略与社会发展的重要平台。工作的总体思路还要坚持高起点和开拓创新。要两手抓，一手抓业务，一手抓自身建设；一手抓当前工作，一手抓长远发展，努力巩固研究院的良好开局，进一步开创研究院的新局面。

二、全面履行职能，突出工作重点

我们研究院的章程中明确规定了研究院的定位、宗旨、办院原则。要按照章程全面履行"育人、科研、资政、合作"四个方面职能，发挥智库的功能作用。育人，就是要培养社会管理研究的人才。已经完成 MPA、博士生的招生工作和博士后进站，要注重培养质量，2013 年要继续按照高标准、高质量招生，使之具有持续性。还要做好有关方面人员的培训工作，既培养人才又扩大影响。科研和资政，今年一定要抓好几个大项目的研究工作。一是和德阳市的合作研究工作。主要是围绕党中央、国务院加强社会管理试点城市经验的总结，产生出高质量、有价值、有影响力的研究成果。二是去年获批的教育部重大攻关项目课题，要有计划地做好研究落实。三是着力做好国家社会科学基金特别委托重点项目："当代中国社会管理创新与国家科学发展战略"。这是国家级项目，要组织院内外力量合作攻关。四是认真实施研究院已经签署的其他合作项目，包括与北京市社工委的项目等。这些项目无论是科研还是咨询，既可以向国家和地方提供咨询报告，又可以成为我们课题成果的重要组成部分。合作，包括国内外合作。国外，要落实与联合国有关组织签署的一些合作项目；国内，要落实与国家行政学院中国行政体制改革研究会、中国西部人才开发基金会、中国关工委的研究项目合作。同国内的研究机构、社会团体都要广泛开展合作。这四个方面职能要协调发展，良性互动。

今年研究院的重点工作之一，是召开第二届中国社会管理论坛，可以和研究院一周年院庆、咨询委员会会议一起召开，这样既出成果又节约高效，最好在 5 月开，有些成果可以给中央建言献策。论坛要做好方案设计，主题可以与研究院的重大课题联系起来，与中央提出"十二五"期间的"科学发展""转变经济发展方式"的主题主线结合起来。可以考虑以"社会管理创新与科学发展"作为论坛主题，或者是在这个总题目下，提出几个分论题，从社会管理体制创新、制度体系建设、方式手段创新等方面深入研究，要使论坛有品牌、有成果、可持续，要从宏观战略上把握，围绕着"社会管理创新与科学发展"主题展开，善于把握国家需要和社会需要，要有学术性、理论性、实践性。

三、坚持有特色，瞄准高水平

我们研究院能否立得住，能否成为中国社会管理领域具有一流水准和重要影响力的思想库，即智库，成为北京师范大学建设世界高水平大学、服务国家战略与社会发展的重要平台、重要基地和重要品牌，关键是要有自己鲜明的特色，要有高水平的成果。

有特色，就是坚持特色立院。可从以下四方面来考虑研究院的特色：第一，服务国家战略，服务于国家加强和创新社会管理的大局；第二，贴近社会需求，理论联系实际，紧紧贴近国家、地方、社会需要的实际；第三，发挥大学优势，同北师大优势或有关院系优势结合起来，包括学科建设，人才培养等；第四，注重创新研究，在理论上、实践上有所突破，要认真总结地方的实践经验。没有特色就没有生命力，就不可能独树一帜，就不可能有竞争力，就不可能做大做强。

高水平，就是坚持质量兴院。要坚持高标准和高质量，建设一流队伍，创造一流成果，这样才能增强研究院的吸引力、影响力和竞争力。要大力培养高素质的社会管理人才，培养一批社会管理的名人、大家，要为中央和地方政府不断提供高质量的社会管理咨询成果，为完善中国特色社会主义社会管理体系，提高社会管理科学化水平，建设和谐社会做出应有的贡献。

四、加强自身建设，注重提升素质

要把中国社会管理研究院做大做强，关键是要加强自身建设。

第一，加强队伍建设，落实"人才强院"战略。实施研究院三个"同心圆"人才队伍建设规划：一是研究院的基本核心队伍，二是兼职教授、咨询委员会专家队伍，三是各方愿意参加研究院工作的人才队伍。这里最重要的是研究院基本核心队伍建设，可以学习借鉴北师大其他院系的好做法。学习借鉴他们是如何发现人才，吸引人才，培养人才，留住人才，用好人才的。最重要的是要不拘一格选人才，包括管理方面的人才。要有管理者队伍、业务专家队伍，要有顶尖人才。要开拓视野、广开思路，利用研究院的新体制，吸引人才。研究院的人才招聘已在海内外公开发布，特别突出的高端人才可以大胆招聘过来、用起来。研究院领导班子要不断完善，部门负责人也要尽快到位。

第二，加强制度建设，建立适合研究院特点的制度。制度建设具有全局性、根本性、稳定性、长期性。一个单位只有建立好的制度才能够巩固和持续发展下去，才能给各类人发挥聪明才智创造良好的平台和条件。要建立适合研究院特点的创新性制度。研究院本身就是创新的产物，因此，研究院的体制、制度不能完全照搬其他院系的模式，要有创新性。怎么有利于研究院发展就采取什么样的制度。要根据研究院章程，健全科研、人事、财务制度。科研制度，重在决策咨询研究，有利于产生出有价值高质量研究成果。人事制度要根据研究院聚集高素质人才、创新型人才的目标来制定。财务制度也要有自己的特点。会议制度、办公室的管理制度也要符合研究院的特点。从制度和政策上保障教职工各尽其能，各得其所，在有序而又充满活力的良好环境中最大限度地发挥个人的创造性和集体的智慧，营造有利于拴心留人的宽松、和谐、包容、积极向上、良性竞争的环境氛围，当然，制度建设也要在实践中不断探索，根据需要逐步完善。

第三，加强作风建设。要遵循研究院"厚德、唯实、创新、卓越"的院训，形成良好的院风，搞好研究院的文化建设。作风建设中要特别强调用心、用力、用智，实干、苦干、巧干。在干事创业上，每个人一定要全力以赴、雷厉风行、脚踏实地。研究院现有的人员都有良好的素养，在研究院成立一年的时间里，人员很少，却干成那么多事。在作风建设中，应加强团结协作，建立良好的人际关系。团结出生产力、战斗力。团结才能够出优秀成果、优秀人才。要心往一处想，劲往一处使。领导成员之间、教职工之间都要互相信任、互相支持、互相尊重；领导和同事之间相互信任、相互支持，形成良好和谐的关系。同时，还要同有关院系、部门搞好关系，特别是与社会发展与公共政策学院、学校各部门建立良好和谐的关系。

五、狠抓落实，注重实效

我们研究院面临的工作任务是繁重的，我们处在创业的阶段、开创局面的阶段，要做的工作很多，千头万绪，一定要学会科学的工作方法，要统筹兼顾，突出重点，学会"弹钢琴"，不能顾此失彼。在工作上要分工合作，既有分工又有合作。要把工作任务分解到部门、分解到岗位、分解到人。事事要有计划、有进度，科学安排。同时要有督促、有检查。要干一件事，成一件事，见效一件事。宁愿工作少一些，也要好一些。从实际出发，抓出实效。网站、刊物、信息交流等工作也都要认真抓起来。

最后，希望大家充分认识研究院的使命，抓住机遇，发挥每位人员的聪明才智，使研究院工作一年上一个台阶，不辜负国务院领导对我们的期望，不辜负北京师范大学领导对我们的期望，不辜负社会各界对我们的期望！

肯定成绩　明确任务　开创发展新局面
——在中国社会管理研究院第二次全体人员会议上的讲话

（2012 年 7 月 16 日）

召开这次院全体人员会议有几点考虑：第一，研究院近期新进来了一些人员，大家在一起沟通交流，有利于开展工作；第二，回顾总结本学期的工作，肯定成绩，找出不足，有利于把全院工作做得更好；第三，对下学期工作提前部署。加强工作的预见性，争取工作的主动性，有利于提高工作的实效性。

一、本学期工作的基本估计

本学期，全院教职工秉承"厚德、唯实、创新、卓越"的院训，履行"育人、科研、资政、合作"四位一体职能，圆满完成了各项任务。

1.在育人方面。三项招收工作顺利完成：（1）完成首届社会管理方向博士招生、考试和录取工作，招收 2 名博士，将于 9 月入学；（2）完成公共管理硕士（MPA）专业学位教育招生、考试和录取工作，录取 17 名硕士，也将于 9 月入学；（3）完成博士后招聘工作，李芳、蔡永芳、陈鹏 3 名博士后人员已经入站。同时，与中国关心下一代工作委员会、中国西部人才开发基金会、北京市工商行政管理局和学校组织部沟通洽谈，制定了高端培训的实施方案。

2.在科研方面。（1）5 月 27 日，由中国社会管理研究院、中共北京市委社会工作委员会和中共廊坊市委联合成功举办了以"深化社会体制改革与推进科学发展"为主题的第二届中国社会管理论坛，产生了广泛的社会影响，国务院领导对我的主旨演讲做了批示，综述和论文汇编正在准备出版。研究院全体人员为这次论坛的成功举办付出了辛苦的工作。（2）新获批国家社会科学基金重大项目 1 项，持续开展教育部重大攻关项目 1 项。2012 年 2 月 10 日，经全国哲学社会科学规划领导小组批准，特别委托我担任首席专家，由中国社会管理研究院承担 "当代中国社会管理创新与国家科学发展战略" 重大课题，2012 年 3 月 28 日开题研讨会成功举行，课题组成员为来自中央部委、地方政府、高校、研究机构等十多个单位的专家学者，他们既有深厚的理论素养，也有丰富的实践经验。去年获批的教育部哲学社会科学研究重大课题攻关项目 "社会管理体制创新研究"，已召开多次研讨会议，正在深入研究。（3）继续参与国务院领导提出的、由国家行政学院牵头的 "加强和创新社会管理研究" 重大课题第二期项目，我继续作为总课题负责人，我们研究院赵秋雁副院长等承担社会管理学科建设研究分课题。张秀兰常务副院长 6 月在第三届中国行政改革论坛上做了专题演讲，还参与了其他多项科研活动。（4）研究院接受委托课题 4 项。承担德阳市政府委托 "社会管理创新经验总结" 课题，承担淄博市政府委托 "社会管理创新" 课题，承担中共北京市委社会工作委员会委托 "社会管理创新" 课题，承担北京市社会福利事务管理中心委托 "强化社会管理创新，促进中心和谐发展" 课题，也都展开研究，有的已取得重要成果。（5）启动了教育部人文社会科学重点研究项目基地的筹建工作，被学校列为基地建设重点培育项目。（6）研究院编辑了 3 期《社会管理动态》和 50 期《社会管理信息快递》。这些工作既是科研工作的进展，也是资政工作的体现，标志着中国社会管理研究院向建设 "中国社会管理领域具有一流水准和重要影响力的思想库，即智库" 迈出坚实的步伐。

3. 在资政方面。（1）积极承担党和政府交办的政策咨询任务，包括国家社会科学基金重大课题，教育部重大攻关项目以及与地方政府合作研究等。（2）有选择地与地方政府合作，既有利于充分发挥研究院的优势，也有利于推进地方政府社会管理创新发展，从而服务于国家加强和创新社会管理工作。研究院与山东省淄博市政府和四川省德阳市政府在战略合作协议基础上，分别签署了《德阳市社会管理创新经验总结项目咨询服务协议书》和《淄博市社会管理创新研究协议书》，本学期两个课题组也分别深入地方进行了系列调研。（3）7月5—10日，我随同全国政协副主席李金华带领的全国政协常委视察团赴黑龙江省就"加强和创新社会管理体制机制建设"主题进行视察，赵秋雁副院长也作为特邀专家参加调研活动，并主要执笔起草视察团视察报告，受到了视察团领导的赞许。

4.在合作方面。探索多渠道、多元化交流合作的模式与途径，拓展合作伙伴，加强与国内外相关机构的交流与合作，取得新的进展。包括与中共北京市委社会工作委员会和中共廊坊市委联合举办的"第二届中国社会管理论坛"，研究院还与美国哈佛大学、国家科技部、国家工信部、北京市社会建设工作办公室、中国关心下一代工作委员会、中国社会福利协会、中国社会工作联合会、中国行政体制改革研究会、中国西部人才开发基金会、北京市社会福利事务管理中心等进行了多次商讨和洽谈，达成了多项合作项目或合作意向。

5.在自身建设方面。一方面履行研究院职能，积极完成工作任务；一方面加强研究院自身建设，为实现可持续发展创造条件。（1）经研究院论证，学校批准，现已全面启动"985工程"——"科学发展观与社会管理创新平台/基地"建设，为社会管理学科建设和发展奠定了基础，提供了平台。（2）实施"人才强院"战略，通过采用公开招聘办法，经学校批准，引进四位新教师，包括尹栾玉教授和党生翠、杨丽、杜静元三位讲师。同时，通过公开竞聘，认真选拔，聘任两位部门负责人，包括综合办公室主任王苗、合作交流部主任方彬；委任四位主管：王珂、吴宇、陈炜、胡静。充实了研究院的力量，人才队伍建设初步得到加强。（3）建章立制，根据研究院章程和研究院"十二五"发展规划精神，加强有研究院特色的制度建设，研究院制定并发布了七项规章制度，包括《院长办公会议事规则》《院务委员会议事规则》《党政联席会议议事规则》《行政管理试行规定》《财务管理试行办法》《薪酬管理试行规定》《科研成果奖励试行规定》。建立了咨询委员会会议、全院大会、院长办公会、院务委员会、办公室例会等会议机制。（4）积极争取改善办公条件。学校在资源十分紧张的情况下为研究院新增加了教学科研用房。（5）践行研究院"厚德、唯实、创新、卓越"的院训，更新简介、优化网站，建设专家和合作伙伴数据库，从多方面营造有利于拴心留人的宽松、和谐、求实、奋进的环境氛围。7月3日，研究院组织全院人员赴秦皇岛举办和谐团队集体活动，大家感到很开心，加深了相互了解，增强了凝聚力。

研究院在本学期确实取得了明显的成绩。这些成绩是北师大领导关心、支持的结果，是社会各界关注、帮助的结果，更是我们研究院全体人员团结进取、顽强拼搏的结果。在人员少、任务重而又处于打基础的情况下，每个院领导和教职工都以高度的使命感、责任感，积极、主动参与和做好各项工作，自觉为建设一流的社会管理研究院做贡献，这种进取和奉献精神实属可贵。

二、下学期的主要工作

下学期主要做好以下几项工作，圆满完成今年既定的任务。

1. 育人方面。（1）着力做好 2012 级首届社会管理方向博士、公共管理硕士（MPA）的入学和 2013 级招生宣传工作。尤其要狠抓培养质量，精心研究培养方案；准备授课教学方案，稳步开展社会管理精品教材建设，以"高质量、有特色、品牌化、可持续"为培养目标，突出创新社会管理特色。（2）切实做好北京市工商局、中国西部人才开发基金会和中组部司局级选学班等高端培训的工作，注重培训实效，提升社会影响力。（3）探索与国际高校、科研机构和社会组织合作开展社会管理高端培训新模式，开发经典课程体系，重点之一是社区人才培养。（4）组织编写《社会管理学教程（大纲）》，这项工作重要而紧迫，需要组织社会各界有关力量共同做好。

2. 科研方面。（1）以获批的国家社会科学基金重大课题、教育部重大攻关项目等为依托，继续深入研究，努力产出多样化、高水平的科研成果。（2）继续推进教育部人文社会科学重点研究项目基地的筹建工作，并根据教育部和其他相关部门政策，做好国家级智库等申请和建设工作。（3）完成第二届中国社会管理论坛的论文汇编出版等后续工作。（4）在《社会管理动态》和《社会管理信息快递》基础上，筹建专业期刊，打造研究院的学术品牌，不断提升社会影响力。（5）完成相关研究报告和相关材料、重点学术论文发表，如参与编写首次发表的《社会管理蓝皮书2012》等。

3. 资政方面。（1）继续落实研究院与淄博市政府、德阳市政府签署的合作协议，继续开展中共北京市委社会工作委员会、北京市社会福利事务管理中心等委托的课题研究，为国家和地方提出有针对性的对策建议；（2）参与中国社会工作联合会开展的社会管理评价体系务实研究重大课题，承担相应调研任务；（3）积极探索开展社会管理领域政策咨询研究的新模式和新渠道。

4. 合作方面。（1）继续加强国内合作交流，大力拓展境外合作交流，尤其是要加强与联合国有关机构、美国哈佛大学的联系，探索具体的合作路径，为研究院育人、科研和资政发展开辟道路。（2）全面启动理念识别、行为识别和形象识别战略，制定整体公关传播策略，拟定信息发布规章制度，建立中英文简介、中英文网站、电视及平面媒体等多元化的传播渠道，增强对外的吸引力和对内的凝聚力，提高研究院的知名度和美誉度。

5. 组织召开研究院第三次咨询委员会。咨询委员会是研究院发展决策咨询机构。咨询委员会由36位中央和部门领导以及相关领域知名专家、学者组成。咨询委员会已经召开两次会议，对研究院发展提供了重要指导和大力支持。下学期，将召开第三次咨询委员会，我们要全面汇报前阶段工作情况和提出研究院进一步发展的思路。

6. 自身建设。坚持一手抓业务，一手抓建设。（1）加强组织建设。根据北师大领导的要求和研究院的发展需要，筹建党支部和工会，健全党政联席会议制度，成立院学术委员会、财务委员会等。要从研究院实际情况出发，精心组织和制定方案，履行报批程序。（2）加强学科建设。依托"985工程"，积极开展"科学发展观与社会管理创新平台／基地"建设，组织力量研究、推动社会管理列入国家一级学科。（3）加强队伍建设。建设有特色高水平的中国社会管理研究院，人才是关键。研究院已引进行政管理人员和教师，大家要珍惜岗位，尽快适应新角色。还要更好地开展人才队伍建设工作，重点放在高端人才的引进上，放在现有师资的培养和成长上。（4）加强制度建设，形成良好院风。贯彻落实已经制定的规章制度，下学期要启动全员定岗定责，研究建立科学考核和有效激励约束机制。（5）加强资金保障建设。研究院的发展不仅取决于教职工的努力，还有赖于社会各界的支持。充足、稳定的资金支持，是研究院可持续发展的重要基础。我们要努力建立多元的经费筹措渠道，拟设立"中国社会管理研究院社会管理创新基金"，筹建"基金委员会"。

以上工作，有些在暑假期间持续开展，有些在暑假期间做好准备新学期开始后启动。

三、几点要求

2012 年，是"十二五"规划承上启下的关键一年，同时也将迎来中国共产党第十八次全国代表大会，又适逢北京师范大学庆祝建校 110 周年。研究院要恪守"厚德、唯实、创新、卓越"的院训，以奠定百年基石的创业精神，团结一致，不懈努力，勇于担当；坚持"高标准、高质量、高水平"和"有特色"，做好"育人、科研、资政、合作"各项工作，进一步开创社会管理研究发展的新局面。

一是抓学习，强素质。学习是一个人成长进步的阶梯。不管是教学科研岗位，还是管理岗位，都要加强学习。首先，要学习科学理论，学习马列主义、毛泽东思想、中国特色社会主义理论体系。这样才能明确方向，坚定信念，增强本领，提高素质。其次，要学习业务知识。社会管理是一项系统工程，社会管理学是一个待创新的学科，需要尊重内在规律，进行理论创新和实践创新，紧密结合国内外发展的实际，积极研究解决重点、难点问题。要努力学习社会管理基础理论，学习社会管理业务知识，学习社会管理创新最新的成果。最后，要善于学习、主动学习、刻苦学习、坚持学习，理论联系实际，学以致用，学用结合，努力建设学习型研究院，培育学习型人才。

二是抓质量，创品牌。教师和管理人员的引进，首届社会管理方向博士后的入站，博士、公共管理硕士（MPA）的入学，充实了队伍，加强了力量，这是研究院发展壮大的重要基础和前提。但是，能否建设一流的社会管理研究院，仍面临着一系列重大挑战。根本在于创新办院理念、提高办学质量、打造研究院品牌。没有先进的办学理念，没有规范的办学行为，没有优良的办学质量，没有响亮的品牌，研究院就很难发展，更难以做大做强。我们要勇于探索办院新路子，实施特色立院、质量兴院工程，彰显特色，确保质量，提升核心竞争力，夯实研究院全面、科学、持续发展的基础。

三是抓作风，重落实。研究院制定了"十二五"发展规划、"985"工程学科建设方案，制定了人事、财务、科研、管理等规章制度，关键在于落实。要真抓实干、注重落实。抓落实，是我们研究院发展能力的重要体现，也是对每个人素质和能力的重要检验。要立足现实、着眼长远，要勇于担当、注重实效。研究院建设面临难得的机遇，机不可失，时不我待，需要全身心投入，形成求真务实、艰苦奋斗的良好作风。要健全工作岗位责任制和奖励、约束机制，提高工作效能和办事效率。

四是抓院风，树形象。院风是研究院建设的灵魂，是办院理念、宗旨和办院特色、水平的集中体现，是研究院精神风貌、形象声誉和管理水平的突出反映。良好的院风是研究院的生命力、凝聚力、感召力的重要因素。因此，要践行"厚德、唯实、创新、卓越"的院训，大力发展和繁荣研究院文化，至关重要的是，立德立行、求实求新，努力建设德才兼备、以德为先，知行合一、躬身力行，崇尚真理、尊重科学，解放思想、开拓创新的教职工队伍。这样的队伍，才能建成高标准、高水平、有特色的社会管理研究院。办好研究院要靠北师大党政的坚强领导，要靠学校有关部门的支持和帮助，要靠全体师生的密切合作，每位教职工都要以主人翁的责任感，积极参与到研究院建设中来。大家要相互尊重、密切配合、齐心协力，形成团结和谐奋发进取的工作环境。

坚持教师教育特色　建设世界一流大学 [*]

<u>（2012 年 9 月 1 日）</u>

在这硕果飘香的金秋时节，我们迎来了北京师范大学 110 周年华诞。很高兴我能以中央国家机关校友代表的身份参加庆祝母校建校 110 周年的座谈会。首先，我谨向挚爱的母校致以衷心的祝贺，向全体师生员工和所有校友表示亲切问候和良好祝愿！向为母校的建设和发展做出贡献的学校老领导、老教育工作者致以崇高的敬意！

110 年前，在中华民族内忧外患、风雨飘摇的历史背景下，北京师范大学的前身——京师大学堂师范馆开始招生，开启了中国现代高等师范教育的先河。110 年来，北京师范大学伴随着民族独立、人民解放和国家富强的伟大历程不断成长和发展，培养了数以万计的人民教师和国家需要的优秀人才，为党和人民的事业做出了重要贡献。同时，形成了"爱国进步、诚信质朴、求真创新、为人师表"的优良传统和"学为人师、行为世范"的校训，积聚了宝贵的精神财富和办学经验。特别是百年校庆以来，坚持以教师教育为主要特色，大力推进教育改革创新，全面提升办学水平，在建设世界知名大学的进程中取得了可喜成绩，为建设世界一流大学打下了坚实基础。我们为母校的巨大成就和辉煌业绩感到欣慰和自豪。

现在，我们国家处于全面建设小康社会的关键阶段，经济社会发展任务非常繁重艰巨，对教育事业发展提出了新的更高要求。110 周年是北京师范大学历史进程中的重要里程碑，也是实现更大发展的新起点。在新的历史起点上，

---

* 本文系在北京师范大学 110 周年校庆中央国家机关校友代表座谈会上的发言。

必须用战略思维、创新思维、辩证思维去谋划北京师范大学的长远发展。最为重要的，是要更加明确学校的功能定位和奋斗目标。今天的座谈会以"坚持教师教育特色 建设世界一流大学"为主题，清晰地反映了学校的功能定位和更高水平的奋斗目标，也可以说是抓住了学校未来科学发展的主题主线，希望紧紧围绕这一主题和主线，继往开来，凝心聚力，彰显特色，创建一流。为此，我提出几点建议。

1. 坚持突出办学特色。特色是学校的生命力，是学校的综合实力，是学校的核心竞争力，必须大力实施特色立校战略。要充分发挥已有优势，积极创造新的优势，大做特色文章，全力彰显特色。突出学校发展特色，就要坚持办好以教师教育为主要特色的综合性研究型大学。百年大计，教育为本；教育大计，教师为本。教师是教育事业发展的基础，是提高教育质量、办好人民满意教育的关键。要充分认识教师教育在党和国家事业大局中的重要作用。

长期以来，师范教育在我国教育体系中具有独特的地位，并发挥了十分重要的作用。北京师范大学是培养高素质教师和教育家的摇篮，是师范教育的排头兵，是教师教育的一面旗帜，在教育理论创新、教师教育改革、国家宏观教育决策和基础教育改革等方面发挥了卓越的作用。突出办学特色，必须准确把握师范大学的功能特色。温家宝同志在北京师范大学建校 105 周年之际专程来到北师大并发表重要讲话。他指出，师范大学和一般大学有共同点，也有不同点。一是师范大学学习的综合性更强。一般大学的学生可以"独善其身"，而师范大学的学生则要"兼善天下"。二是师范大学造就的应是堪称人师的教育家，要学为人师，行为世范。师范教育必须贯彻教学和科研相结合，学知识、教书、做人相结合。我认为，这里进一步明确了师范教育的方向和要求，要形成完整的有特色的办学体系，包括创新教师教育理念体现需求特色，创新教师教育内容体现学科特色，创新教师教育方式体现教学特色，创新运行机制体现学校功能特色。应深入研究教师教育的特点和规律，把握规律性、体现时代性、富于创造性。

2. 坚持提高教育质量。百年大计，质量第一。我们必须大力实施质量兴校战略，把提高质量贯穿于学校各个领域、各个方面。高等教育的根本任务是培养高素质的人才。要更新教育理念，把促进人的全面发展和适应社会需要作为衡量教育质量的根本标准。高校是开展科学研究的重要机构，必须大力增强科学研究能力，要站在党和国家事业发展全局的高度，积极开展国家急需的战略性研究、前瞻性研究、公益性研究，提供高质量的决策咨询成果。近年来，母校高度重视科学研究，基础理论研究呈现出繁荣发展的良好态势，应用对策研究方面也取得了很大进展，赢得了良好的声誉。我认为，学校在为国家经济社会发展提供咨询服务的能力和水平上还有较大的提升空间，要进一步形成鼓励科研资政的良好氛围。有效发挥学校在党和政府决策中"思想库、智囊团"作用，这不仅是学校科研工作的重要职责，更是提升学校社会影响力的重要途径。全面提高教育质量，还必须不断增强服务经济社会发展的能力和推进文化传承创新的能力，为推进经济建设、政治建设、文化建设、社会建设、生态文明建设提供形式多样的教育服务。

3. 坚持高标准高水平。母校要实现更大的发展，不仅要注重特色、注重质量，还必须大力实施一流建校战略，要瞄准更高标准、更高水平的奋斗目标。母校提出建设世界一流的大学，较之于建设世界知名的大学，立意更高、目标更高，这符合我国教育事业发展的新要求，也反映了北师大的雄心壮志。什么是世界一流大学，有哪些要素和标准，需要做深入研究，形成共识。高标准、高水平，不仅指有一流的教学大楼、硬件设备，更重要的是办学能力强、教研水平高、优秀成果多、国内外影响大。这就要求，要树立与时俱进的现代化办学理念，建设高素质堪称一流的人才队伍和名师大家队伍，形成若干特色鲜明的重点学科和优势学科，不断产生有较高价值和重大影响的科研咨询精品，还要有一流的科学管理和校风学风。实现这样的奋斗目标，既要巧借外力，更要苦练内功；既要坚定决心，更要坚忍不拔；既要积极奋斗，更要注重实效，力争早日进入世界一流行列。

　　4.坚持推进改革开放。更加突出办学特色，建设世界一流大学，必须以改革为动力，大力实施创新强校战略，要不断解放思想，用改革创新的思路推进各项工作，建设创新型大学。要积极推进教学理念创新、教学内容创新、教学方式创新和教学体制创新，在全校进一步形成鼓励创新、敢于创新的良好氛围。要进一步推进学校对内对外开放，不断提高学校的社会知名度和国际影响力。我坚信，北京师范大学不仅有着绚丽辉煌的历史，而且必将拥有更加光辉灿烂的未来。衷心祝愿母校在新的历史征程上，团结奋斗、真抓实干、锐意进取，出名人、育精英、创一流，不断开创学校发展的新局面，奋力迈上更高的新台阶，为国家和人民的事业做出更大的新贡献！

在北京师范大学校友会历史学院分会上的讲话

（2012 年 9 月 8 日）

各位领导、各位来宾，校友们、老师们、同学们：

今天上午，来自海内外的校友和全校师生员工欢聚一堂，共同庆祝北京师范大学 110 周年华诞。庆典大会隆重、热烈，我们分享了成功和喜悦。现在，北京师范大学历史学院（原历史学系和史学研究所）的校友代表和全院师生又相聚在这里，隆重举行北京师范大学校友会历史学院分会成立大会暨第一届校友代表大会。我们感到非常高兴，因为我们见到了这么多阔别已久的老领导、老师和校友，听到了年逾九旬曾长期担任历史系党总支书记的冯效南老领导、老前辈的亲切讲话，看到了历史学院意气风发的教职员工，仿佛又回到当年激情迸放的校园生活。在这里，请允许我谨向在百忙中前来参加会议的各位领导、各位来宾、各位校友表示热烈欢迎和衷心感谢，向历史学院各位老师和同学表示亲切问候和良好祝愿，向为历史学院建设和发展做出贡献的老领导、老教育工作者致以崇高敬意和诚挚祝福。

刚才，大会通过了北京师范大学校友会历史学院分会的章程，产生了校友会组织机构。会议推举我为历史学院校友会第一任会长，非常感谢大家的信任和支持，这也是各位校友对我的重托和期望，深感使命光荣、责任重大。校友会是校友与母校之间相互联系的桥梁和纽带，也是校友与校友之间相互沟通和交流的平台。因此，北京师范大学校友会历史学院分会的成立，是北京师范大学校友会和历史学院发展史上一件喜事、大事。

我首先要对历史学院校友会的成立表示衷心的祝贺。北京师范大学校友会有着悠久的历史，在学校发展中发挥了重要作用。学校有些院系成立了校友分会，我认为，历史学院也应该有一个自己的校友会。历史学科是北京师范大学最早形成的系科之一。在 110 年的发展中，历史学院群英荟萃，名师大家辈出，培育人才，桃李满天下，引领学科发展，为国家、为社会、为学校做出了巨大的贡献。我清楚地记得，20 世纪 60 年代我就读北师大历史系时，是毛泽东主席称之为"国宝"的著名历史学家陈垣先生担任校长，著名的马克思主义历史学家白寿彝先生担任历史系主任，著名的历史学家何兹全先生为系副主任，拥有一批在我国历史学界颇有名望的教授和学养深厚的中青年教师任教，还有由政治坚定的冯效南、王文瑞、景存玉、金春芳等系党总支领导干部。他们的言传身教，如春风化雨，润物无声，给我和同学们留下了深刻的印象。那时的历史系在全校各系乃至全国高等院校历史学科中名列前茅，是名校中的名系，在国内外享有很高声誉。我们都引以为豪，历史系的学生也令人羡慕。改革开放新时期以来特别是近些年，尽管有着这样那样的困难和挑战，我们历史学院还是保持了良好的发展势头，办院规模不断扩大，办院水平不断提升，在教学、科研和人才培养等方面取得了骄人的业绩，为北京师范大学建成综合性、研究型、有特色世界知名高水平大学发挥了重要作用。更为可喜的是，长期以来，历史学院群星灿烂，万千学子活跃于各行各业，展现才华，建功立业，特别是涌现出了一大批优秀的人民教师，为国家和人民事业发展做出了突出贡献，以突出的成就和良好的风貌为北京师范大学、为历史学院赢得了良好的声誉和广泛的赞扬。我们校友以北京师范大学和历史学院为荣，北京师范大学和历史学院也以校友为荣。历史学院领导和广大校友都渴望有一个充分展示学院成就与校友风采，加强校友之间、学院与校友之间交流、沟通，以期互相促进、互助互惠的平台。因此，今天，历史学院校友会的成立，既适应了历史学院和校友今后事业发展的需要，又充分反映了历史学院和广大校友的心愿。

校友会是一个群众团体，是校友之间的联谊组织。历史学院校友会的成立，承载着我们共同的追求和梦想。我们要按照北京师范大学校友会和历史学院分会的章程，践行"三服务"宗旨，即"服务社会、服务母校、服务校友"；发挥"三大作用"，即进一步发挥校友与母校联系的桥梁作用，发挥广大校友之间沟通交流的平台作用，发挥为母校和历史学院实现更大发展的推进作用。因此，我作为会长提出几点希望：（1）我们要好好利用校友会这个桥梁和平台，为北师大和历史学院的发展献计献策，共同出力；（2）我们要充分发挥校友会的纽带作用，增进校友情谊，凝聚校友力量，促进校友事业发展；（3）我们要大力弘扬北师大和历史学院的优良传统、学科优势和人才优势，更好地为国家实现现代化和振兴中华服务；（4）我们要各展所长、各尽所能，积极支持校友会的工作，反哺母校和历史学院。在历史学院校友会的筹备过程中，我们得到了很多校友的热心参与和鼎力相助。可以说，没有他们的辛勤付出和积极支持，就没有今天校友会的成立。这里我想强调的是，搭建这样一个桥梁和平台不易，要维持、发展这个桥梁和平台更加不易。因此，我们欢迎今后还有更多的校友加入进来，展示风貌、睿智和才华，共同发展校友会事业。

我对母校和历史系一直心存感激之情、感恩之心，愿为母校和历史学院发展尽微薄之力。这次作为历史学院校友会会长，我将认真履行职责，在这个岗位上竭尽全力有所作为。一要积极组织开展活动，广泛凝聚校友，把校友会办成校友之家；二要建立工作长效机制，使校友会广聚资源，实现可持续发展；三要努力搞好服务，尽可能帮助解决校友会发展中的实际困难，为校友会工作创造必要的条件。

"潮平两岸阔，风正一帆悬。"当前，站在历史新起点上的北京师范大学和历史学院面临新的发展机遇，事业催人奋进，前景无限美好。我坚信，在北京师范大学党政领导的关心下，在学校校友总会的指导下，在广大校友的共同努力下，历史学院校友会必将成为母校和历史学院与校友之间的连心桥，必将为母校、历史学院与广大校友之间加强联系沟通、开展交流合作和促进校友事业发展、个人成长提供有力的支撑平台，为北京师范大学建成世界一流大学、为历史学院迈上新台阶做出应有的贡献。

最后，衷心祝愿北京师范大学和历史学院在新的发展征程中取得更大的成就，再创辉煌！祝愿历史学院校友会蓬勃发展，越办越好！祝愿在座的各位身体健康、生活幸福、万事如意！

再过两天的 9 月 10 日是第 28 个教师节，借此机会，祝全体老师节日快乐！

在中国社会管理研究院咨询委员会第三次会议上的讲话

（2012 年 12 月 8 日）

在新的一年来临前夕，我们在这里举行北京师范大学中国社会管理研究院咨询委员会第三次会议。首先，我本人并代表中国社会管理研究院，对出席会议的咨询委员会委员和老师们表示热烈的欢迎，非常感谢咨询委员会各位顾问、主任委员、副主任委员和委员对中国社会管理研究院的关心和支持，也感谢大家刚才在咨询委员会第三次会议上的精彩发言。

我们的会议在这个时候召开，有着特别的意义。上个月，党的十八大胜利召开并胜利闭幕。党的十八大是在我国进入全面建成小康社会决定性阶段召开的一次十分重要的大会，是一次高举中国特色社会主义伟大旗帜、锐意进取、攻坚克难、继往开来、团结奋进的大会。十八大报告高屋建瓴、立意深远、内涵丰富、主题鲜明，是我们党团结带领全国各族人民夺取中国特色社会主义新胜利的政治宣言和行动纲领，是马克思主义的纲领性文献。大会通过的党章修正案，体现了党的理论创新和实践发展的成果。党的十八届一中全会选举产生了以习近平同志为总书记的新一届中央领导集体，一批经验丰富、年富力强、德才兼备、奋发有为的同志进入中央领导机构，实现了党的中央领导集体的又一次新老交替。关于社会建设和社会管理，胡锦涛同志在党的十八大报告中指出："加强社会建设，是社会和谐稳定的重要保证。必须从维护最广大人民根本利益的高度，加快健全基本公共服务体系，加强和创新社会管理，推动社会主义和谐社会建设。""必须以保障和改善民生为重点""要多谋民生之利，多解民生之忧，解决好人民最关心最直接最现实的利益问题，在学有所教、劳有所得、病有所医、老有所养、住有所居上持续取得新进展，努力让人民过上更好生活。""必须加快推进社会体制改革。要围绕构建中国特色社会主义社会管理体系，加快形成党委领导、政府负责、社会协同、公众参与、法治保障的社会管理体制，加快形成政府主导、覆盖城乡、可持续的基本公共服务体系，加快形成政社分开、权责明确、依法自治的现代社会组织体制，加快形成源头治理、动态管理、应急处置相结合的社会管理机制"，包括努力办好教育、推动高质量就业、增加居民收入、统筹城乡社会保障体系、提高人民健康水平、加强和创新社会管理等重要方面。这为中国社会管理研究院的定位和发展进一步指明了方向。

我们今天的会议非常成功，不仅总结了研究院 2012 年的总体工作和全面发展情况，还对 2013 年的工作规划进行了研讨和部署。研究院在过去的一年中，"育人、科研、资政、合作"各方面工作都取得了较为显著的成果：增补了咨询委员会成员，筹备了社会管理创新基金委员会，壮大了兼职教授队伍，建设了专职教师队伍；成功召开了第二届中国社会管理论坛，探索了增设社会管理为国家一级学科的可行性；完成了研究生的招生、录取、入学和课程设计工作，高端培训工作也在有条不紊地进行；国家社会科学基金重大项目和教育部重大项目等都顺利开展，有两项获得国家领导人批示，为研究院的科研和资政打下了良好的基础；研究院还与多家单位和地方政府拓展了合作关系，精心设计了研究院品牌形象，加强了媒体宣传报道的引导，与咨询委员会、兼职教授和合作单位密切交流合作。这些工作的开展和成绩的取得离不开咨询委员会顾问、主任委员、副主任委员和委员们的关心、帮助和大力支持。

刚才，各位咨询委员对研究院提出了更高的要求，指明了发展的方向。2013 年，是实施"十二五"规划承上启下的重要一年。在国家加强和创新社会管理大势下，研究院在 2013 年中，要秉承"厚德、唯实、创新、卓越"的院训，加大海内外人才引进的力度，开展人才队伍建设；不断提高人才培养的质量，开创育人新格局；开展社会管理战略性、前瞻性和创新性研究，在重视基础研究的同时，重点进行应用研究，努力提高学术水平和研究成果的质量；要加强社会管理创新平台的推广，聚拢研究院的多方优质资源，深入进行调查研究，积极开展政策咨询服务，着力就加强和创新社会管理开展实证研究、对策研究，努力为党和国家科学决策、民主决策做出贡献；还要加强协同创新，与国内外各大高校、学术组织、国际组织、国内各级政府、科研机构、社团组织、企业等相关机构多方面的合作交流，提升学术声誉和社会影响，为推进理论创新和实践创新服务。

在中国社会管理研究院咨询委员会
第四次会议上的讲话

（2013 年 12 月 14 日）

首先，我代表中国社会管理研究院对各位领导和专家在百忙中莅临会议表示衷心的感谢！历次咨询委员会会议中，我都呼吁咨询委员会领导专家要更多关心、更多支持和更多指导中国社会管理研究院的发展。两年多来，各位领导和专家，不仅在咨询委员会会议上研讨发展战略，还身体力行深入参与到各项重大活动中，出席论坛发表演讲，参与课题研究、学科建设和人才培养等，发挥了重要作用，做出了重要贡献！

今天的会议，既是中国社会管理研究院咨询委员会第四次会议，也是贯彻落实党的十八大和十八届三中全会精神的实际行动和重要举措。今天会议开得很好！不仅总结了中国社会管理研究院 2013 年的总体工作和全面发展情况，还对 2014 年工作初步设想和更长远的发展进行了讨论。咨询委员会的各位领导和专家发表了重要的意见和建议，提出了不少颇有价值的观点、见解，很值得重视，对于我们建设新型的一流中国社会管理领域的智库很有帮助，使我们深受启发。

我们要认真贯彻党的十八大和十八届三中全会精神，按照大家提出来的建议，中国社会管理研究院的发展要把握以下几点。

一是明确一个定位。明确一个定位就是要建成新型的、一流的社会管理领域智库。今天大家的发言更坚定了我们建成新型的、一流的社会管理领域智库的信心。

二是提供两大成果。就是多出有价值、有影响力和可操作的优秀科研成果；培养、造就高素质的社会管理人才。这也是两大任务。

三是打造三个品牌。（1）建设中国社会治理创新研究信息库，这不是一般的数据库，也不是一般的知识库，它要成为智慧智库、知识智库、实用智库。（2）继续打造中国社会管理论坛品牌，一年一度的论坛已经连续召开三次，影响很大。（3）建设好社会管理学科，在大学里搞智库，脱离学科不行。学校搞智库建设，应该设计一套科学的指标体系吸引大家去搞智库。

四是切实履行四大职能：育人、科研、资政、合作，全面发展。

最后，提出三点建议。

一是请各位咨询委员会领导和专家一如既往地关心、关注、支持中国社会管理研究院发展壮大，多参加重大活动，多建言献策。

二是希望学校继续大力支持中国社会管理研究院的发展，支持社会管理研究院创新体制、创新组织、创新管理模式。刚才大家发言涉及的不仅仅是我们社会管理研究院的事情，还涉及学校的一些资源如何优化，学科整合和建设与改进干部、教师的考核评价体系等问题。

三是我们中国社会管理研究院的全体教职工要认真学习、吸纳咨询委员会的宝贵意见和建议，把今天的会议成果变为实际行动，把中国社会管理研究院越办越好，不辜负全体咨询委员会领导和专家的期望！

改革创新 建设一流队伍
——在 2014 年度中国社会管理研究院领导成员述职暨研究院年终总结会上的讲话

（2015 年 1 月 14 日）

今天下午院领导成员的述职暨年终总结会议，开得很好。每位院领导汇报了工作，交流了情况，畅谈了体会，表示了决心，提出了建议。这是一个相互交流、相互学习、相互促进、共同提高的会议。借这个机会，我跟大家交流一下思想，分享一些体会，谈一些感悟。

一、充分肯定 2014 年的成绩和进步

2014 年，我们研究院的发展是多方面的。

一是稳中求进的一年。稳中求进就是巩固成绩，行稳致远，不断有所进步。这也符合国家稳中求进的总基调。

二是辛勤耕耘的一年。院领导成员、全体师生，都付出了大量的辛劳和智慧。

三是成果丰硕的一年。无论是科研、资政、育人、合作和智库建设，都可圈可点。特别是"六个一"工程，有的是新启动的，有的是在已有基础上提高的，还有的是深入开展的。

四是令人振奋的一年。对于研究院的成长和进步，大家都感到很高兴，这是辛勤耕耘之后的喜悦，社会各个方面也给予比较好的评价。

总之，2014 年是很值得回味的一年，很值得总结的一年。总结工作既要肯定成绩，发扬优点，也要找出不足，以利于更好地前进。差距和不足主要有：

一是建设高质量智库的步子迈得还不够大，有价值、高质量的决策咨询成果不够多；二是体制、机制与建设智库的要求还有差距。

二、努力做好 2015 年的工作

一是我们安排今年的工作，要放眼全国发展大势，放眼整个党和国家事业。因为，我们这里不是一般的教学单位，而是要办高水平的智库。党中央明确指出，我们国家经济发展进入新常态，要适应党中央新的执政理念、新的执政风格和新的执政要求。这是我们布置今年工作首先要把握的大趋势。

二是瞄准建设高水平、高质量的社会治理智库的目标。我们不能用一般的工作要求来对待研究院的工作，要有一流的业绩、一流的成果、一流的水平。我们在谋划全年工作的时候，要坚持高标准、高质量、高要求。

三是明确工作重点。今年重点任务有：（1）一策，首先服务好党政决策，加强社会建设和公共政策研究，积极建言献策；（2）一典，抓好《当代中国社会大事典 (1978—2015)》编写工作，不能松懈；（3）一库，要提升中国社会管理创新研究信息库建设水平；（4）一论坛，办好第五届社会治理论坛，这是我们智库的品牌，也是一个重要抓手；（5）一刊，即《社会治理》期刊，务必办好创刊号，这是我们智库建设一个很重要的平台、窗口，这在全国还是第一份社会治理领域的期刊，所以更需要办好；（6）一学科，这里指的学科建设绝不仅仅是社会学的学科建设，还有与社会治理智库相适应的多学科建设。

三、几点要求

一是把握机遇，迎接挑战。最重要的就是要明确我们的定位和使命，要转变观念。我们的理念、思维、行动都要与建设高质量智库相适应。现在，我们有建设高质量智库良好的机遇，北师大重点建设两个国家级智库，我们的社会治理智库是其中之一，这个任务很艰巨。现在，国家高度重视智库建设，学校党政领导支持，社会各界也都关心我们的工作，这是很好的机遇。一定要抓住这个机遇。同时，能不能建设成真正的国家智库？挑战也是严峻的。我们既要看到我们的优势，又要看到我们的不足，当然也要增强我们的信心。只要我们大家一致努力，就会不断取得新的成绩。

我们要善于抓住机遇，勇敢面对挑战，很重要的一条，我们要转变观念，如果不转变观念，还是只讲带几个学生，每年讲几节课，自己写一本书或者搞一些课题研究，我们就不可能办成智库。研究机构不等于智库，智库主要是为党和政府决策服务的，以政策研究咨询为主攻方向。

二是改革创新，注入活力。思想要进一步解放，大家都是从四面八方而来，社会阅历和自己的理论功底都很好。关键是要增强改革创新的意识，包括我们智库的体制、机制如何创新，治理结构和组织形式如何创新，大家都可以提出意见，以便于我们这个智库型机构迸发活力，能够产出更多、更高质量的成果。

三是加强自身建设，建设一流团队。我们经过三四年的努力，从多个方面会聚了一批专业人才，还需要不拘一格选拔人才。智库的竞争力在于有高水平的人才，没有人才再怎么宣传也不行，要建设一流的队伍。

同时，需要加强团队自身建设。

1. 要抓好学习。一是学习党的基本理论。搞智库建设，中国特色社会主义基本理论、基本体系都不清楚，怎么建言献策呢？理论的基础要打牢，这样才能够建言献策。我们建言献策就是服务于中国特色社会主义的事业。二是学习国家的法律法规和党的方针政策。你不了解国家法律法规和方针政策，就不可能提供好的决策咨询建议。我们的团队要形成善于学习国家法律法规和党的方针政策的强烈意识。

2. 要钻研业务。不懂得社会治理领域的基本理论、基本知识，就很难提高智库的思想产品质量。专业知识、学术水平、理论水平都要提高，只有这样，才能提高我们的教学水平、科研水平和决策咨询研究水平。

3. 要爱岗敬业。我们每个人都有自己的岗位，要根据学校的规定，把每个人的岗位定下来。对于资政科研岗，今后就主要考核有多少科研咨询成果，而对教学为主的岗位则主要考核教学任务完成的情况。大家无论在什么岗位，都要爱岗敬业，认真履行自己的职责。

4. 要严守纪律。一个单位要有战斗力、能够出高水平的成果，必须有严格的纪律。党中央特别强调要严守政治纪律，我们研究问题没有禁区，但讲课、公开演讲，必须守纪律。我们要严守党的政治纪律。要遵守组织纪律，还要遵守财经纪律、工作纪律。

5. 要甘于奉献。正确处理集体和个人的关系。我们要有集体观念、集体意识。智库产出优秀成果需要大家共同努力，各项研究任务都应该精益求精地做好。希望大家互相尊重，互相关心，互相支持，互相帮助，努力打造一个团结和谐、有战斗力的团队。

加快社会学学科建设
——在北京师范大学成立社会学院
暨"新型社会治理智库建设"研讨会上的讲话

（2015 年 3 月 15 日）

各位领导、各位来宾，老师们、同学们：

大家上午好！

今天，我们相聚在这里举行北京师范大学社会学院成立大会暨"新型社会治理智库建设"研讨会。在此，我谨对各位表示诚挚欢迎和衷心感谢！北师大校领导邀请我出任社会学院院长，实在勉为其难，但既已成命，我将尽心尽力，不负信任，不辱使命。

刚才，几位领导和专家的致辞，对北师大社会学院的成立表达了美好的祝愿、寄予了很高的期待，对如何办好新型社会治理智库也发表了真知灼见。我感到压力的同时，也增强了勇气和信心。

成立社会学院是北京师范大学校领导把握国家大势、着眼全局发展、审时度势做出的重要决策。这里，我主要讲几点思考和意见。

一、北师大成立社会学院的重要意义

统观全局，成立北师大社会学院至少有以下三个方面的意义。

1. 成立社会学院，加强社会学发展，是北师大顺应国家发展大势的重要举措。社会学是现代社会科学中的一门基础性学科，主要研究人类社会基本社会活动发展变化的规律，包括研究社会行为、社会关系、社会结构运行和社会演变的趋势，探索社会治理的途径和手段。当代中国社会正经历空前广泛和深刻

的巨大变革，改革开放和现代化事业进入新的发展阶段，社会领域面临着一系列新矛盾、新问题、新挑战。成立社会学院，加强社会学建设，对于更好研究社会发展中的理论和实践问题，推进社会治理现代化，建设和谐社会，有着重大的意义。这是北师大主动服务国家战略需求的重要之举。

2. 成立社会学院，加强社会学发展，是北师大建设世界一流大学的内在要求。北师大是以教师教育、教育科学和文理基础学科为主要特色的百年老校，社会学学科具有悠久的历史传统，培养了大批优秀人才。但是，由于多种原因，多年来社会学发展相对滞后。当前，北京师范大学正处于创建世界一流大学的关键时期，学校已经明确提出，要建成一批达到世界一流水平的学科。调整优化学科资源，加强社会学建设，提升社会学科能力，是北师大建设世界一流大学的一项重要而紧迫的任务。

3. 成立社会学院，加强社会学发展，也是北师大建设高水平新型社会治理智库的必然选择。发展中国特色新型智库已经成为国家的重大战略。2014 年，北师大做出将中国社会管理研究院培育为国家新型智库的决定。在高校办智库必须充分发挥学科优势和人才优势。社会治理智库的建设，需要有一大批学养深厚、掌握社会学等多学科理论和方法的人才。因此，成立社会学院与中国社会管理研究院作为新型智库一体化建设，是实施高校智库体制机制改革创新的具体体现。

在我们国家，应该提升社会学的学科地位，这也是我近几年的深入思考，并向中央提出的建议。2012 年、2014 年，我先后组织学校内外有关专家研究上报的《关于增设"社会管理"为国家一级学科的建议》和《关于改革学科建制和提升社会学地位的建议》，都获得中央领导人和教育部领导的高度重视和重要批示，推动了我国社会学科的建设和发展。北师大经过近两年的充分酝酿、论证，现在具备成立社会学院的条件且时机成熟。

二、北师大社会学院的职能与使命

国家明确要求，当代中国大学应履行四个方面的职能和使命：教学、科研、社会服务以及文化传承与创新。我们新成立的社会学院也必须全面履行这些职能和使命。

1.推进学术创新和理论创新，加强学科建设，为完善和发展中国特色社会学做出贡献。学术和理论建设，是一个学科成熟的重要标志，是决定学科发展的重要基础。一个学科在建设过程中需要大量理论的更新和完善作为支撑。中国特色社会主义事业的蓬勃发展，对完善和发展中国特色社会学不断提出新的要求，我们要增强理论自觉，致力于推进中国特色、中国气派、中国风格的中国社会学发展。这也是中国社会学先辈和同人的共同追求和愿望。

2.提高教学质量和育人能力，培养社会领域专业人才，为我国社会建设和社会治理现代化提供人才支撑。社会学和社会建设专业人才是构建和谐社会不可或缺的重要力量。我们要全面提升教学能力，既要培养高层次社会专业人才，也要开展高水平的职业教育，提高各类社会工作人员的职业素质和专业水平，为国家和社会输送优秀社会专业人才。

3.参与社会治理智库建设，围绕党和国家战略需求，开展科学研究和政策研究，承担社会服务责任。加强社会发展中重大战略研究，阐释科学理论和公共政策，引导社会舆论。努力为国家和社会提供多方面高质量的智力支持和咨询服务。

4.加强社会文化传承与创新，推动社会文明进步。深入挖掘和阐发中华优秀传统文化的时代价值，研究借鉴世界各国一切有益的社会文化成果，古为今用，洋为中用，推陈出新，以中外优秀的社会文化资源不断涵养和提升我国社会治理的科学化、制度化和现代化水平。积极参与国际社会文化学术交流，推动中国社会文化"走出去"，提高国家社会文化软实力。

三、办好北师大社会学院的主要原则

新成立的社会学院与已建设中的中国社会管理研究院，作为国家新型智库一体化建设，实行"一个实体、两块牌子"，既加强社会学建设，又加强智库建设，这是北师大深化教育领域改革、推进体制创新的重要探索。智库建设与学科建设密不可分，在高校要建设高质量智库，必须依托强有力的学科建设；加强学科建设也有利于高质量智库建设。我们要把建设高水平的社会学院与建设高质量的新型智库密切结合，相互促进，相得益彰。在工作中，需要把握以下几项原则。

1. 坚持正确的政治方向和学术方向。无论是教学、育人、科研、资政，还是开展创新与合作交流，都要紧紧服务于中国特色社会主义的完善和发展。主动面向党和国家重大需求，围绕中心，服务大局。这样，社会学院发展才能有正确的政治方向和旺盛的生命力。

2. 坚持尊重学科发展的内在规律。推动社会学发展必须解放思想、实事求是、与时俱进，做到求真、求实、求是、求新，崇尚真理，不迷信权威，唯科学是从，唯国运顿首。要努力把握现代学科发展趋势的特征和本质，探索社会学科领域、社会学科知识体系和社会学研究方法，优化学科结构，开展跨学科研究。在尊重个人学术个性的同时，引导与组织教师进行重大教学和科研课题的攻关。

3. 坚持理论与实际相结合。大力弘扬马克思主义的教风、学风。要紧密联系当代中国社会发展中重要的理论和实践问题开展教学与研究活动，鼓励敢于触及社会学发展中带有根本性的问题，鼓励对改革发展中的重大现实问题进行社会学理论自主创新，形成推动中国社会建设和社会治理的重大学术理论成果，并形成良好的学术风气、学科风气。

4. 坚持创新治理体制机制。以全面深化改革为动力创新办院模式。要按照建设一流社会学科和一流国家智库的要求，创新办院体制、机制、制度、组织形式和治理结构，使社会学院建设与新型智库建设真正融为一体，领导体制和

管理方法"去行政化",创新绩效评价体系和考核体系,构建科学、民主、宽松、创新的治理模式和发展环境。实行开门办院、开放办院,搭建多样化、立体化的跨院系、跨机构协同创新平台,以让一切创造活力竞相迸发。

5.坚持实施人才强院战略。办好社会学院关键在人才。要按照学校批准的社会学一级学科的建设计划,建立规模适当、结构合理、素质良好、创造力强的师资队伍。充分发挥现有人才的作用,积极吸纳引进校内外、境内外顶尖人才和优秀人才,使社会学院成为造就优秀人才的大熔炉,成为一切有志于社会学发展和新型智库建设人才的共同体。

这里,我恳切希望学校领导和学校有关部门为社会学院壮大发展提供多方面有力的支持和帮助;恳切希望学校有关院系和人员同社会学院和中国社会管理研究院加强多种形式的联系与合作;恳切希望社会学院和中国社会管理研究院教职员工和谐相处、凝心聚力,做党和人民满意的好老师;恳切希望每位学生勤于求知、勇于探索、敢于创新。让我们携手共建一流的社会学院和社会治理智库。

各位领导、各位来宾,老师们、同学们,社会学院的成立承载着重要的使命和任务。作为院长,我将努力做到三点:一是把握正确方向,全面贯彻党的教育方针,遵循教育发展规律,使中国社会管理研究院/社会学院始终沿着正确的道路发展;二是搞好协调服务,积极开拓资源,为社会治理智库和社会学院的健康发展创造较好的条件和环境;三是紧紧依靠教职员工,充分发挥全体师生的积极性和创造性,不断增强中国社会管理研究院/社会学院的吸引力、凝聚力、创新力和影响力。

同志们!今天,我们已站在新的历史起点上,接续、传承和弘扬北京师范大学百年老校的优秀传统和声誉,这既是一份光荣的责任和任务,也是一份义不容辞的担当和使命。办好中国社会管理研究院/社会学院要靠北京师范大学党政的坚强领导,要靠学校各部门的大力帮助,也要靠社会各界的关心和支持。我们一定要在各方面的关心、支持和帮助下,努力把中国社会管理研究院/

社会学院早日建设成为一流的新型社会治理智库和社会学的学术重镇，为完善和发展中国特色社会主义事业、实现中华民族伟大复兴的中国梦做出应有的贡献。

最后，我要再一次对与会的领导和朋友们表示衷心的感谢！谢谢大家！

建设新型社会治理智库 发展高水平社会学学科 [*]

（2015 年 3 月 19 日）

今天，召开中国社会管理研究院 / 社会学院成立后第一次全体教职工会议。刚才，大家畅谈了对 3 月 15 日大会的认识和体会。对于如何办好智库、办好这"两院"，提出了很好的意见和建议；通过简短的发言，相互之间有了初步的了解。大家的发言让我很受启发，对做好我院今后的工作很有帮助。借此机会，我讲几点看法和建议。

一、认清形势，增强使命感和责任感

北京师范大学成立社会学院，与中国社会管理研究院一体化建设，是一个创新之举。主要目的和目标在于，更好地建设新型社会治理智库，更好地发展高水平社会学学科。这对北师大发展乃至对我们在座的各位发展，都是一个很好的机遇。希望大家能够进一步认清这个好的形势。它既是一个机遇，又是一个挑战。我们面临的职能、任务、体制、制度、机制都将是新的，我们怎样适应这种新形势，值得深思。希望大家从有利条件和制约因素这两个方面来考虑新的形势和机构建设。我们要增强使命感和责任感，努力办好社会治理智库，建设好社会学院。

二、把握定位，明确任务

一是明确功能定位。我们中国社会管理研究院 / 社会学院总的功能定位

---

* 本文系在北京师范大学中国社会管理研究院 / 社会学院第一次全体人员会议上的总结讲话。

是：首先办好新型智库，同时加快社会学学科建设。这里主要讲什么叫新型智库。按照中央文件的规定，中国特色新型智库是以战略问题和公共政策为主要研究对象，以服务党和政府科学民主依法决策为宗旨的非营利性的研究咨询机构。它有八个标准：（1）有运作规范的实体性研究机构；（2）有特色鲜明、长期关注的决策咨询研究领域及其研究成果；（3）有一定影响的专业代表性人物和专职研究人员；（4）有保障、可持续的资金来源；（5）有多层次的学术交流平台和成果转化渠道；（6）有功能完备的信息采集分析系统；（7）有健全的治理结构及组织章程；（8）有开展国际合作交流的良好条件等。

我们这个机构，可以概括为以下几方面内容。

（1）一个实体：北京师范大学一个直属建制性机构。

（2）两块牌子：一块是中国社会管理研究院，一块是社会学院。

（3）三个结合：教学育人、科学研究、决策咨询三位一体。

（4）四大使命：围绕党和国家战略需求，开展决策咨询研究和政策研究，加强社会服务；推进学术创新和理论创新，加强学科建设，为发展中国特色社会学做出贡献；提高教学质量和育人能力，培养社会领域专业人才，为我国社会建设和社会治理现代化提供人才支撑；加强社会文化传承与创新，推动社会文明进步。

（5）五大原则：坚持正确的政治方向和学术方向；坚持尊重学科发展的内在规律；坚持理论与实际相结合；坚持创新治理体制机制；坚持实施人才强院战略。

二是突出鲜明特色。特色是区别于其他机构、其他单位的标志。我们的特色就在于"双轮驱动，两翼齐飞"，车之两轮双轮驱动，鸟之两翼双翼齐飞，处理好智库建设和学科建设的关系，这是一个很鲜明的特色，一定要把握好。

三是坚持高起点、高水平。我们要发挥后发优势，把智库建设和学科建设结合起来，瞄准高水平建设，实现高质量发展。要创造一流的产品、一流的成果，培养一流的人才，特别要打造精品品牌。

四是强化队伍建设。要有适当的规模、合理的结构、高素质的各类人才。每个人都要根据自己的所长，明确岗位，一业为主，兼顾其他。按照习近平总书记视察北京师范大学时的讲话要求，坚持"四有"标准，做党和人民满意的好老师。

五是做到两手抓、两不误。近期要边建设、边工作，既要搞好总体规划，研究"四定"方案（定职能、定机构、定编制、定岗位），又要做好日常工作。

三、几点要求

一要统一思想，提高认识。全院教职工都要把思想统一到学校做出的重要决定上，统一到我院的功能定位、职能任务、原则要求和工作机制上，全面履行职能。

二要转变观念，改革创新。适应新形势、新机构、新职能、新体制，与时俱进，更新观念。大家有什么好意见都可以提出来，使每个人的聪明智慧都能迸发出来，把我院的功能充分发挥出来。

三要凝心聚力，形成良好院风。创办新型智库，建设一流学科，关键要有一个好的院风，风气体现着精神状态。对一个单位来说，好的风气体现着战斗力、凝聚力。我在这里特别强调的是，既要发挥个人的特长和创造力，又要融合集成发展，形成合力。我们来自不同的岗位、不同的单位，特别要互相尊重，互相理解，互相包容，相互支持，大家都要有宽阔的胸怀。

四要爱岗敬业，严守纪律。要严格执行党的政治纪律，以及学校组织纪律、财经纪律和工作纪律。只有这样，才能保证我们这个集体高效运行。大家要关心集体，只有这个集体搞好了，个人才能得到更好发展。要大力弘扬集体主义精神，关心集体的发展。

五要加强合作、密切各方联系。社会治理智库的建设，社会学院的成立，引起了校内外的广泛关注，我们要听取各方面意见，主动与相关的系、院、所搞好关系，要尊重学校相关职能部门的意见，争取他们的支持和帮助。

　　最后需要强调的是，建设高水平社会治理智库、高水平社会学学科，现在面临很好的时机。随着我们的事业不断发展壮大，每个人在这里都能得到更好的发展，都能实现自己的梦想，我也希望大家能够支持我的工作。我在工作中有什么不足、缺点，可以随时提出来。我会尽力做好工作，把我们的队伍带好，把我们社会学院和社会治理智库建设好。

加快建设社会治理新型智库和社会学学术重镇 [*]

（2015 年 5 月 6 日）

今天的会议，是中国社会管理研究院／社会学院成立后第二次全体教职工会议。自 3 月 15 日召开社会学院成立大会以来，按照学校要求，经过充分酝酿，我们健全了院领导班子，明确了机构设置方案，组建工作基本完成，各项工作已走上正轨。刚才，院领导班子成员讲了各自分管的重点工作，都讲得很好，下面，我讲几点意见。

一、进一步明确我院的定位和发展目标

中国社会管理研究院／社会学院（以下简称"中社院"）是一个实体——新型社会治理智库；两块牌子——一个是中国社会管理研究院，一个是社会学院；三个结合——主要是教学育人、科学研究、决策咨询三位一体。我们的发展目标是推进智库建设和学科建设协同发展，发挥咨政建言、理论创新、舆论引导、社会服务、公共外交和集贤育人的作用，成为国家社会治理高端智库和社会学学术重镇。这体现了勇于承担国家创新社会治理的重大需求和责任，同时也为社会学学科发展提供根本性的导向和驱动力量。只有智库建设与学科建设协同发展，才能使中社院成为有使命担当、有旺盛活力、有强大创造力的整体。我们要围绕这个目标来进行设计和展开工作。这是我们的前进方向，也是我们的工作准则，更是我们的重要职责所在。

---

* 本文系在北京师范大学社会管理研究院／社会学院全体教职工第二次会议上的讲话。

二、坚持科学建院、民主建院、依法建院的办院方针

办院方针，体现着办院的宗旨。科学、民主、法治，是现代社会文明进步的重要标志，是时代潮流发展的必然趋势。建设新型社会治理智库和社会学院，应当把科学建院、民主建院、依法建院作为重要指导方针。

坚持科学建院，就是按照科学发展的要求，遵循智库建设规律和高校办学规律，用科学的理念、科学的制度、科学的方法推进中社院建设与发展。在社会学院成立大会上，我强调"唯科学是从"。"唯科学是从"，从根本上说，就是要尊重智库建设和学科发展的内在规律，以筹划和推动中社院的发展。

坚持民主建院，就是坚持走群众路线，充分发扬民主，健全民主制度，紧紧依靠广大教职工推进中社院建设和发展。要健全民主制度，拓宽民主渠道，丰富民主内容，凡是涉及全院改革发展的问题，都要通过多种形式，让大家充分发表意见。要加强民主管理和民主监督，充分发挥和保障教职工对中社院治理的知情权、表达权、参与权和监督权，增强决策透明度和教职工参与度。要大力推进院务公开，让权力在阳光下运行。

坚持依法建院，就是要建立健全各项规章制度，并严格实施。全院治理结构、内设机构，各方面运行机制，都要按照《北京师范大学章程》（以下简称《章程》）要求建立；全院的重大改革发展事项，都要形成制度规范，并严格遵循。

科学建院、民主建院、依法建院三者之间相互联系，有机结合。科学建院是总的方向和原则，民主建院是基本途径和方式，依法建院是根本制度和保障。要通过坚持科学建院、民主建院、依法建院，奋力开创中社院发展的新局面、新境界。

三、创新体制机制，全面加强制度建设

制度建设具有全局性、根本性、稳定性、长期性。一个单位只有建立一套好的制度才能够巩固和持续发展下去，才能给各类人才发挥聪明才智创造良好

的平台和条件。成立中社院，是北京师范大学建设"双一流"大学、打造高校新型智库进行重大体制创新的结果，也是顺应国家加强社会建设、创新社会治理和推进国家治理现代化战略的重大选择。因此，中社院体制、制度不能照搬其他院系的模式，要有创新性。要建立有利于中社院长远发展的创新性制度，要从制度上保障教职工各尽其能、各得其所，在有序而又充满活力的良好环境中最大限度地发挥个人的创造性和集体的智慧，营造有利于拴心留人的宽松、和谐、包容、积极向上的环境氛围。

对已有的行之有效的规章制度，要坚决执行到位；还没有制定或不完善的要抓紧制定和完善。第一，要根据学校《章程》制定管理办法，明确中社院的定位、宗旨、职能和发展战略，构建具有中社院特色的制度体系；第二，要修订《党政联席会议议事规则》等领导制度，保证民主、依法、科学、高效决策；第三，逐步健全与岗位职责、工作业绩、实际贡献紧密联系的人员定岗和分类评价制度、薪酬管理制度、科研成果奖励制度等，完善以品德、能力和贡献为导向的人才评价机制，充分调动各类人才的积极性和创造性；第四，修订《财务管理试行办法》等，确保各项经费使用依法、透明、合理、规范；第五，其他需要完善的规章制度也要尽快修订。

四、率先垂范，形成坚强有力的院领导班子

院领导班子重任在肩、使命在肩、责任在肩。必须切实加强领导班子建设，形成政治坚定、奋发有为、勇于担当、团结进取的坚强领导集体。紧紧围绕重大工作和关键环节，快速解决实际问题，努力打开工作局面。首先，院领导成员要率先垂范。在坚定理想信念上，在攻坚克难创新上，在发扬民主维护团结上，在严于律己、清正廉洁上，都要以身作则，做政治、思想、作风等各方面的带头人。其次，要增强大局意识。领导成员一定要牢固树立强烈的工作责任心和事业心，时时处处以大局为重，认识大局、胸怀大局、服务大局，以自己的实际行动为中社院发展做出应有的贡献。再次，要团结协作。团结和谐

凝聚力量，团结和谐成就事业，领导成员既要明确分工，又要密切合作，相互帮助。最后，要全力以赴。领导成员在干事创业上一定要全身心投入，雷厉风行，脚踏实地，甘于奉献。

五、坚持"四好"标准，建设一支优秀的教师队伍

习近平总书记在视察北京师范大学时，提出了做好老师的四条标准，从政治方向、道德品质、专业发展、学生为本等方面提出了明确的要求，这对培养党和人民满意的好老师具有重要的指导意义。我们一定要深刻领会、全面落实。"有理想信念"，这是方向。我们的方向是服务中国特色社会主义事业。"有道德情操"，做老师第一位的是人品，要有高尚的道德情操，人格风范。"要有扎实学识"，学识要丰富、深厚、扎实，这才是好老师。"要有仁爱之心"，就是责任，对学生、对同志要讲仁义、讲爱心。好老师的"四有"标准，是种可贵精神，是个高尚目标。

首先，要胸怀理想。把实现国家现代化事业、中华民族的伟大复兴，当成自己的人生理想，事业追求。有了高远的人生理想和事业追求，每个人的个性和事业追求，才能汇成创造力量。其次，要弘扬集体主义精神。必须明确中社院是一个集体。中国有句古话，"千人同心，则得千人之力；万人异心，则无一人之用"。意思是说，如果一千个人同心同德，就可以发挥超过一千人的力量，可是，如果一万个人离心离德，恐怕连一个人的力量也比不上了！这，就是集体的力量！这，就是我们需要的集体主义精神！我们要坚持集体和个人利益相结合，促进学院和个人的共同发展。最后，要形成良好院风。全体教职工都要心往一处想，劲往一处使。领导成员之间、教职工之间都要互相信任、互相尊重、互相支持，积极履行学院发展所赋予的责任和使命，把中社院建设成人人休戚与共、息息相关，干事兴业、和谐奋进的集体。

加大改革创新力度 加快建设新型社会治理智库[*]

（2015 年 12 月 13 日）

今天的会议，既是中国社会管理研究院/社会学院（以下简称"中社院"）咨询委员会第六次会议，也是贯彻落实党的十八届五中全会精神的实际行动和重要举措。会议紧紧围绕如何建成社会治理高端智库，总结了我院 2015 年的工作，对 2016 年特别是"十三五"时期的工作进行了研究和谋划。咨询委员会的领导和专家提出了很好的意见和建议，使我们深受启发，对于我院的持续健康发展、建设国家级社会治理智库具有重要的指导意义。我们一定要认真消化、吸收大家的意见和建议。

刚才，咨询委员会对中社院的发展给予了充分肯定，也提出了更高的要求。这既增强了我们进一步办好中社院的勇气和信心，也深感担子重、压力大。我们要变压力为动力，把工作做得更好，特别要把握好以下几点。

1. 坚持明确发展目标。中社院要致力于建设"国家社会治理高端智库"，同时建设"一流社会学学术重镇"。最近，中央发布了《国家高端智库建设试点工作方案》等一系列文件，按照专业研究领域确定了 25 个国家高端智库建设试点单位，涉及经济、政治、科技、法律等 20 多个重要领域，还缺少社会治理研究领域的智库。中央明确提出了国家高端智库的 8 个标准。对照这些标准，我院的大体框架基础就建立起来了，主要应在"高端"上狠下功夫、内外兼修、练足内功、强化外联、补齐短板。我们要按照中央提出的高端智库建设的基本要求，结合中社院实际，逐一检查、对照，加以完善、提高，重点抓好以下几

---

* 本文系在北京师范大学中国社会管理研究院咨询委员会第六次会议上的讲话节选。

个方面：（1）充实独立办公场所和必备基础设施；（2）突出特色鲜明、长期关注的决策咨询研究领域，并达到国内领先水平；（3）培养、吸收具有较大影响力和知名度的智库领军人物和骨干成员，形成梯次合理的核心团队；（4）加强社会学一级学科博士点建设，否则，不仅影响北师大社会学地位，而且严重影响智库的优质人力资源支撑；（5）开拓稳定的、可持续的信息库建设资金来源渠道；（6）建立专业资料室和网站；（7）完善内部治理结构；（8）广泛开展国际合作。同时，按照建设一流社会学学术重镇的目标要求，加大工作力度，务求智库建设与学科建设相互促进、相辅相成。所有这些，都要靠我们自己努力，也要靠学校大力支持，还要靠院咨询委员们关心帮助！

2. 加大改革创新力度。创办新型智库，根本上要依靠改革和创新。（1）创新选人用人机制。着力培养和吸引领军人物和知名专家，建立灵活的智库用人机制。《国家高端智库管理办法（试行）》在入选条件和认定程序中明确提出"拥有 1~2 名具有较大影响力和知名度的领军人物"，具备梯次合理的核心团队，配备一定数量的学术助手和管理人员。《国家高端智库建设试点工作方案》在试点工作的基本要求中强调，"鼓励具有丰富决策咨询经验、社会知名度高的退休或离职党政官员进入高端智库，兼职人员的年龄和任（聘）期由高端智库根据需要自行确定，一般不超过 70 岁"。这些规定是对智库建立灵活的用人机制的要求。应把智库作为单独机构设立，不受编制和级别限制，智库专家可以不占学校编制，采取智库职称晋升序列。我们要下大气力引进一流智库人才。特别是要重点延揽和选拔三类人才：一是具有深厚思想理论和国际视野的专家，这是智库思想产品具有原创性的核心支撑；二是具有丰富资政经验的政策性、应用型人才，特别是国家政策设计和制定第一线的资深优秀干部人才；三是具有大数据思维和视野的优秀专业技术人才，这是智库思想产品的基础支撑。（2）创新绩效考核机制。健全与岗位职责、工作业绩、实际贡献紧密联系的内部分配机制，充分体现智力劳动价值。完善智库人员职称评定办法，提高决策咨询成果在考核评价体系中的权重。一要全面梳理学校各类评价体系，改变传统单一的以学术论文、著作、获奖等为核心的评价指标体系，建立健全以应用研究为主、以咨政服务为核心、以贡献和质量为导向的资源分配、科研评价、职称晋升、业绩考核体系。二要按照智库组织的激励原则，打破传统事业单位"大锅饭"考核模式，针对不同类别员工实行差异化薪酬待遇，并设计配置不同的激励晋升举措，切实提高和优化教研人员待遇和职业发展空间。三要创造良好的制度安排和环境，特别要实行有效的激励机制和政策，充分调动各类人才的积极性和创造性，真正实现"制度选人、价值塑人、文化留人"。（3）创新研究成果转化渠道。创办《社会治理研究与建议》，直接上报，开辟"直通车"。这些改革创新需要学校党政领导给予支持。

3. 培育活跃思想市场。智库的产品是思想。思想产品的生产和锻造具有独特的工序和技艺。必须营造良好的智库生态，秉持、强化和弘扬六种基本意识。一是大局意识。要把社会治理研究放到中国特色社会主义事业"五位一体"总体布局、推进国家治理体系和治理能力现代化、实现"两个一百年"奋斗目标的国家大局中去谋划。二是决策意识。要紧紧围绕建成国家高端社会治理智库这个奋斗目标，设计重大课题、产出优质成果，更具针对性地服务党和国家的决策需求。三是问题意识。要深入调查研究，了解实际情况，掌握第一手材料，以问题为导向，从问题出发，特别是要重视倾向性、苗头性、潜在性问题的研究，写出的研究成果一定要"接地气"。四是创新意识。善于运用新知识、新理念、新思路，研究新问题，服务理论创新、体制创新、政策创新。五是质量意识。成果质量是智库建设的生命线。要以提高建言献策的质量为根本依归，产出信得过、用得上、有实效的智库成果。六是学科意识。高校建设智库的最大优势是学科支撑，要把国家高端智库与建设一流学科紧密结合起来。要发挥跨学科、多学科优势，形成鲜明学科特色。

最后，请各位咨询委员会领导和专家一如既往地关心、关注、支持中社院，多参加重大活动，多建言献策。

扎实推进社会治理新型智库建设[*]

（2016 年 1 月 14 日）

今天，我们在这里召开全院教职工会议，主要任务是按照学校党委的部署和要求，由院领导班子述职，报告工作和履行职责的情况。

刚才，几位副院长做了述职，肯定了成绩，找出了不足，并明确了下一步的方向。下面，我讲几点意见。

一、充分肯定 2015 年工作的成绩

总结起来，2015 年我院取得了一系列重大标志性成绩和进步，向建设国家高端社会治理智库和一流社会学学术重镇迈出了坚实步伐，又奠定了重要基础。

1.创新机构体制模式。2015 年 3 月 15 日，北京师范大学社会学院成立大会暨"新型社会治理智库建设"研讨会召开，中国社会管理研究院 / 社会学院（以下简称"中社院"）成立。成立社会学院，与中国社会管理研究院作为新型智库一体建设，这是学校积极响应国家《关于加强中国特色新型智库建设的意见》，建设世界一流大学的重大体制创新，是打造高水平新型社会治理智库的重大选择，并健全了院党政领导班子，进行"三定"（定机构、定职能、定人员），运行良好。新型智库治理结构进一步完善，聘请中国社会科学院副院长、著名社会学界专家李培林为我院首席专家，并新聘几位院咨询委员会委员。

* 本文系在北京师范大学中国社会管理研究院 / 社会学院 2015 年度全院教职工总结大会上的讲话。

2. 产出一批重大决策咨询成果。我院紧紧围绕经济社会发展中的重点热点问题开展战略性、政策性研究，仅报送研究报告获中央和省部级领导批示或被决策采纳的就有16项，其中，党和国家领导人做出重要批示的有8项11人次。我院还为中央政法委、国家发展改革委、民政部、国家卫计委、团中央等中央国家机关部委和地方提供多项决策咨询服务，受到重视和好评。

3. 成功举办第五届中国社会治理论坛。我院会同中共北京市委社会工作委员会、中国社会科学院社会学研究所、中国社会工作联合会、厦门市人民政府主办了"创新社会治理，建设法治社会——'十三五'建言"论坛，取得重要成果，社会反响良好。论坛已成为北师大的一个品牌和社会治理智库的名片，具有重大社会影响力。

4. 组织编撰大型文献图书——《当代中国社会大事典（1978—2015）》，已基本完成编写工作。综合卷共4卷、12章、2400多个条目、300余万字，由商务印书馆出版，正在申请国家出版基金资助项目。北京等地方卷编撰工作也正加紧进行。

5. 创办了智库刊物。经国家新闻出版广电总局批准，由教育部主管、北京师范大学主办、我院承办的新型智库媒体《社会治理》期刊正式创刊。目前已出版发行4期，刊发了一批颇有社会影响力的文稿，成为建设新型高端社会治理智库的重要平台。

6. 2013级本科生林颖楠荣获第十四届"挑战杯"全国大学生课外学术科技作品竞赛特等奖，指导教师是赵炜教授。这是北京师范大学首次获得这项全国学生学术活动的特等奖。获此殊荣实属不易，意义重大。

7. 对外合作交流取得新进展。成功举办两次国际研讨会：与英国伦敦大学亚非学院中国研究院共同举办首届中英社会治理现代化研讨会，与法国图卢兹大学联盟和法国图卢兹第二大学共同举办"社会变迁和社会治理的理论和实践：中国和法国"研讨会，获得良好社会反响。我们坚持实行开放办院，国内外合作交流取得丰硕成果。我院出访和国内调研近百人次，接待来访百余人次。

8. 社会学院举行首届毕业生典礼、首次单独招生。学生工作做得很好。我院创新人才培养模式，不断推进教学改革，努力提高培养质量。研究制定 2015 级社会工作本科专业、2016 级社会学本科专业、社会学一级学科研究生培养方案；完成本科招生宣传工作，举办首届"学术研修夏令营"、首届"学生学术季"活动；申请获批国家级教学改革项目"本科生教学工程 - 社会学专业综合改革"。调整和完善了《本科生考核评比暂行办法》《本科生奖学金加分细则》《勤工助学岗位管理暂行办法》等相关学生工作文件。

9. 高质量完成多项培训工作。我院与国家开发银行、中国西部人才开发基金会圆满完成"彩烛工程"第 11、第 12、第 13、第 14 期培训。来自四川、贵州国家重点扶贫地区的共计 192 名小学校长接受培训。我院与中国关心下一代工作委员会、巨人教育集团共同举办"关爱青少年成长——新时期提升社会服务能力班"隆重开班、圆满结业，来自 15 个省、自治区、直辖市的 45 位关工委领导干部参加培训。

10. 智库建设团队基本形成。这是我们前进可靠的保证。

此外，我院坚持科学办院、民主办院、依法办院的方针，积极推进建章立制。在半年多的时间制定发布 13 项规章制度。正在研究制定十余项制度，推进工作规范化、制度化和程序化。

同时也应当看到，我院在发展过程中还存在一些问题，主要表现在：团队的组建还需要一个磨合的过程，包括智库建设和学科建设如何做到有机结合、各有侧重、发挥优势，需要深入研究；智库建设的体制机制还在探索；高端人才还较为缺乏；高质量的智库研究成果还不够；等等。这些都需要努力加以改进。

二、2016 年主要任务

2016 年，中国社会管理研究院 / 社会学院要深入学习宣传贯彻党的十八届五中全会精神，围绕学校建设"世界一流大学"和"世界一流学科"，以及我院创办"国家高端智库"和"社会学一流学术重镇"的目标，全面履行中社院宗旨和职能，继续扎扎实实全面推进各方面工作，重点完成以下几项任务。

1. 制定《中社院"十三五"规划》，做好顶层设计。要按照国家和学校"十三五"规划，认真贯彻《国家高端智库管理办法（试行）》等文件精神，深入研究制定院"十三五"发展规划，进一步明确发展目标、原则和重点任务。

2. 做好重大资政课题研究。从服务"十三五"战略需求出发，开展理论研究、应用研究、政策研究。包括组织开展"习近平社会治理思想研究""社会学一流学科建设研究"等重点项目，以及教育部哲学社会科学重大攻关项目"重大突发事件社会舆情演化规律及应对策略研究"启动工作，组织《中国社会治理通论》等精品教材研究和编写。开展《健康中国中长期规划》研究、开展《"家庭法"立法工作的建议》等决策咨询研究。适时提出其他决策咨询研究课题，着力提高研究成果质量。

3. 加强学科建设，提高教学质量。瞄准主攻方向，重点抓好社会学一级学科博士点申请工作。

4. 响应学校号召，组织开展交叉学科建设项目。与历史学院共同组织开展"历史文化传统与当代中国社会治理研究"重大交叉项目研究，要认真搞好总体设计。

5. 实现"中国社会管理创新研究信息库"上线运行。搭建完成并不断优化硬件系统和软件系统，上线试运行，全面推进好这个重大工程。

6. 做好《当代中国社会大事典（1978—2015）》审改和出版工作。坚持高起点、高质量、高标准，把这部大事典编撰成当代中国社会建设的一部大型精品力作。要指导北京地方卷编写工作。

7. 举办第六届中国社会治理论坛，做好中国社会管理研究院建院五周年总结工作。包括全面做好智库建设回顾总结工作，编写大事记，制作视频、画册，举办讲座、论坛等。

8.搞好社会服务，打造高质量、高水平社会服务品牌。

9.全面提升对外形象，对外合作迈出更大步伐。包括：改版院中英文网站，优化形象识别；制定形象宣传策略，营销推介产品。

三、努力开创中社院发展新局面

2016年是我国"十三五"规划的开局之年，也是中社院发展进程中关键的一年。我们要进一步发挥优势，彰显特色，坚持高标准、高质量，进一步开创中社院发展的新局面。为此，我提出几点希望和要求。

一要树立建设高端智库意识。我们要坚守发展目标，就是要致力建设国家社会治理高端智库，同时建设"一流社会学学术重镇"。要按照中央提出的高端智库建设的8条基本要求，结合中社院实际，逐一检查、对照，加以完善、提高。从总体上看，目前我院基本上构建了高端智库的框架，但还有一些距离。包括要产出更多高质量决策咨询研究成果，引进高端人才，聚焦研究方向，加强与国际国内智库合作等。同时，按照建设一流社会学学术重镇的目标要求，加大学术工作力度，务求智库建设与学科建设相互促进、相辅相成。要把国家高端智库与建设一流学科紧密结合起来，发挥跨学科、多学科优势，形成鲜明学科特色。

二要坚持改革创新精神。创办新型智库，根本上要依靠改革和创新，特别要创新选人用人机制。着力培养和吸引领军人物和知名专家，建立灵活的智库用人机制。我们要重点培养和延揽具有深厚理论功底和广阔国际视野的名家，具有丰富资政经验，特别是从事过国家政策研究制定的人才，具有互联网、大数据知识和能力的专业技术人才。我们要切实创新业绩和人才评价标准的指标体系，健全与岗位职责、工作业绩、实际贡献紧密联系的收入分配机制，充分体现智力劳动价值；完善职称评定办法，提高决策咨询成果在以研究为主岗人员考核评价体系中的权重。我们要鼓励多出高端成果，创新研究成果转化渠道。最近，我们创办了北京师范大学《社会治理研究与建议》内部刊物，开启了智库研究成果转化的"直通车"。

三要全面提升队伍素质。要勤练内功，切实提高自身素质能力，包括政治思想素质、业务素质，加快能力建设、作风建设、文化建设，自强不息，凝心聚力。要按照习近平总书记提出的"四有"好老师的标准，切实践行中央规定的"三严三实"要求，全体师生都要有强烈的团队观念，要有合作、包容、奉献精神。要通过组建富有特色的研究团队，为中社院的建设和发展奠定更加坚实的基础。

中国社会管理研究院建设社会治理智库情况的汇报[*]

（2016 年 9 月 28 日）

    在北京师范大学党委领导下，中国社会管理研究院（以下简称"中社院"）认真贯彻习近平总书记关于加强中国特色新型智库建设的要求，落实中办、国办《关于加强中国特色新型智库建设的意见》，按照国家高端智库建设五大功能和八条标准，加快中国特色新型专业化社会治理智库建设，取得了重大进展。现将主要情况汇报如下。

一、从高校特点出发，创新智库体制机制

    2011 年 5 月，为服务国家战略需求，北京师范大学正式成立国内第一家专注社会治理研究的实体性非营利机构——中国社会管理研究院。时任中共中央政治局委员、国务委员刘延东同志做出重要批示："社会管理是中国特色社会主义事业的重要组成部分。北京师范大学成立中国社会管理研究院，是教育系统贯彻中央加强和创新社会管理决策部署的一个新举措。希望充分发挥北师大在教育管理研究上的优势，有效整合资源，坚持高标准、高质量、高水平，重视加强理论和实践的创新研究，积极开展政策咨询服务，为社会管理人才培养和学科建设提供智力支持，为完善中国特色社会管理体系、提高社会管理科学化水平、建设和谐社会贡献力量。"时任国务委员兼国务院秘书长马凯也做出重要批示："礼群同志，对北京师范大学中国社会管理研究院成立大会表示热

---

* 本文系向中共中央宣传部全国智库理事会做的书面汇报。

烈祝贺，希望研究院坚持正确的办院方向，坚持理论联系实际，坚持有特色高水平，大力培养高素质的社会管理人才，积极提供高质量的社会管理科研、咨询成果，为完善中国特色社会管理体系，提高社会管理科学化水平、建设和谐社会做出应有的贡献。"之后，北京师范大学党委做出将中国社会管理研究院建成"中国特色新型社会治理智库"的决定，并正式列入建设国家智库培育计划。2015 年 3 月，为提升社会治理智库的学术水平，带动社会学等学科建设，北京师范大学党委决定成立社会学院，与"中国社会管理研究院"作为一个实体、两块牌子，进行新型社会治理智库一体化建设，致力于建成国家社会治理高端智库和社会学学术重镇。这是北京师范大学响应国家加强社会建设、创新社会治理和推进国家治理现代化战略部署的重大体制创新。此项重大体制创新受到社会广泛关注，截至 2016 年 9 月 20 日，中社院网站上该新闻点击量达1300 多万人次。

1. 构建完善的治理结构。按照建设中国特色新型智库的职能定位，遵循智库发展规律，发挥高校跨学科优势，成立了由中央有关部门党政领导和知名专家组成的咨询委员会，作为院重大决策的咨询和指导机构，健全了党政联席会议、学术委员会、智库建设委员会，创建了社会治理信息库，创办了《社会治理》杂志等，探索了充满活力、规范高效的治理结构和体系。

2. 打造专业化智库团队。着力建设一支规模适当、结构合理、素质良好、创造力强的人才队伍，形成了"领军人物""专职教师队伍""咨询研究团队"由内向外的同心圆结构团队体系。一是聘请杰出的领军人物。聘请了著名社会学家、中国社会科学院副院长、学部委员李培林为中社院首席专家。二是建立梯次合理的核心团队。现有专职教职工 57 人。其中，教研人员 31 人，出版编辑人员 7 人，工程实验人员 3 人。教研人员中高级职称占总数 87%。三是形成实力雄厚的咨询研究团队。通过《当代中国社会大事典（1978—2015）》等相关课题研究和合作项目汇聚、团结了一大批跨越学界、业界、政界的知名专家队伍。

二、全面履行智库功能，不断提升知名度影响力

1. 咨政建言，服务党政决策。聚焦党和国家重大战略需求，面向社会建设实际需要，围绕创新社会治理体制、总结社会治理中国经验、加强基层社会治理等重点方向，组织研究了一批重大课题，获得各级党政领导批示和被采纳的研究成果有 94 项。其中，党和国家领导人做出批示的研究成果有 41 项。包括《提高社会治理水平决胜全面小康社会》，获中共中央总书记、国家主席习近平和其他有关领导的重要批示。《关于发展社会企业推进"双创"战略的建议》《关于加快青年信用体系建设的建议》，获多位党和国家领导人重要批示，成果被写入《国务院关于建立完善守信联合激励和失信联合惩戒制度加快推进社会诚信建设的指导意见》（国发〔2016〕33 号），在此基础上完成的研究成果《青年信用体系建设规划（2016—2020 年）》被列入国家"十三五"专项规划，《关于实施优秀青年志愿者守信联合激励加快推进青年信用体系建设的行动计划》作为专项规划的重要配套文件，分别由共青团中央、国家发展改革委、中国人民银行联合发布"中青联发〔2016〕12 号"，51 个部门联合发布"发改财金〔2016〕2012 号"文件。2012 年和 2014 年上报的《关于增设"社会管理"为国家一级学科的可行性研究报告》《关于改革学科建制和提升社会学地位的建议》，获党中央和国务院多位领导重要批示，并推进了实际工作。2013 年 4 月，国务院学位委员会在听取各方面意见基础上，首次将"社会管理与社会政策"列入社会学二级学科，还在管理科学与工程一级学科下增设"社会管理工程"，这些研究成果直接影响和加快了我国社会学学科建设进程。此外，获中央政法委、民政部等中央国家机关部委采用的研究成果 27 项，被北京、上海、深圳等地方政府及其他机构采用的研究成果 26 项。

2. 承担各类科研课题，服务理论创新。包括国家社会科学基金特别委托重大项目"中国社会管理创新研究信息库建设""当代中国社会管理创新与国家科学发展战略" 2 项；重大专项项目"习近平社会治理思想研究"；重点项目 3 项；还承担了国家发展改革委、联合国儿童基金会共同委托的服务于"十三五"

规划的"基于调查访谈的基本公共服务需求重点研究"，以及民政部、国务院研究室特别委托项目、国家软科学研究计划、教育部哲学社会科学攻关重大项目等。还打造"中国社会治理智库丛书"，出版《建设智库之路》《社会建设与社会管理》《社会管理创新案例选编》《社会体制蓝皮书》等著作60余部。在《新华文摘》《求是》《人民日报》《光明日报》《社会学研究》《社会治理》等报刊发表中英文论文360余篇。

3. 打造高端智库品牌，持续举办中国社会治理论坛。中国社会治理论坛自2011年起已连续成功举办六届，主题分别是"努力建设中国特色社会管理体系""深化社会体制改革与推进科学发展""贯彻十八大精神，加快社会体制改革""创新社会治理体制""创新社会治理，建设法治社会——'十三五'建言""创新社会治理，决胜全面小康"。论坛主动服务党政决策，推动理论和实践创新，壮大主流舆论、集聚社会正能量、凝聚社会共识。每届论坛都产出了重要的咨政科研成果，产生了广泛的社会影响，论坛品牌知名度和社会影响力不断增强。

4. 建设智库宣介阵地。创办《社会治理》期刊和《社会治理研究与建议》内刊。《社会治理》期刊是经国家新闻出版广电总局正式批准，由教育部主管、北京师范大学主办、中社院承办的社会治理智库刊物。这是我国第一本全面关注社会治理、理论研究与实践相结合的综合性、权威性、创新性专业期刊。《社会治理研究与建议》内刊是咨政建言的"直通车"，多期获党和国家领导人、有关部委重要批示，服务了党政决策，推动了有关部门和地方实际工作。此外，还建设有专业的社会治理资料室、智库门户网站，以及官方微信平台，创办了"社会治理创新大家谈""京师社会学名家讲坛""学术季"等一系列品牌活动，形成了多层次、立体化的学术交流平台和成果转化载体。

5. 建设我国第一个"中国社会管理创新研究信息库"。2013年5月，全国哲学社会科学规划办公室批准"中国社会管理创新研究信息库建设"为国家社会科学基金特别委托重大项目，致力于打造功能完备的信息采集分析系统，建成国际领先、国内一流的权威智能库和大型公益专业数据库。目前，"当代中国社会治理百科"入库 2400 余原创词条，"社会治理创新案例库"入库覆盖全国 30 个省 28 大类案例，"社会研究成果库"入库 90 余项原创重大政策咨询成果，"社会机构人才库"入库覆盖全国 21 个省、市、区 139 家机构，"社会治理统计数据库"正在搭建集监测、数据、科研、评估、对策、预测、预警功能于一体的"大数据监测预警平台"。

6. 组织编撰大型文献图书《当代中国社会大事典（1978—2015）》。为了全面、系统地反映改革开放以来中国社会领域的理论创新、体制创新、政策创新和实践创新成果，真实记录这个时期社会领域改革发展的演变脉络、重大事项和辉煌成就，中社院组织编撰当代中国一部集理论性、实践性、史料性和工具性于一体和具有权威性的大型文献图书《当代中国社会大事典（1978—2015）》（综合卷，地方卷），综合卷共 4 卷 12 章 2400 余条目 300 余万字，荣获国家出版基金资助，将与地方卷（北京卷）同时由商务印书馆、华文出版社出版。

7. 提供优质社会服务。不断创新人才培训模式，培养高素质社会建设人才。中社院成立以来，高质量完成 20 多项中央部委、地方政府和群团机构委托的相关培训。与国家开发银行、中国西部人才开发基金会共同打造了品牌项目"面向西部 智力扶贫－彩烛工程"，自 2012 年以来已举办 15 期，为四川、甘肃、江西和重庆的偏远县区培训小学校长和教师，受益人群达 22000 余人。中共中央政治局委员、国务院副总理刘延东于 2013 年做出重要批示：感谢参与单位"对教育事业的大力支持"，并"请教育部予以积极协助推动。要鼓励支持更多社会力量参与西部贫困地区助学办学，形成合力，使更多的山村娃娃受到良好教育"。此外，还与有关方面合作承办了"中央机关司局级干部选学班和专题班""青海省编办系统领导干部'深化行政审批制度和综合执法体制改革，推进国家治理现代化'专题培训班""北京市工商系统参与推动社会管理创新培训班""深圳市领导干部社会治理现代化培训班"等，成效显著。

8. 建设中国特色社会学和培养社会领域人才。中社院是北京师范大学社会学一级学科主建单位，通过理论社会学、应用社会学、社会管理与社会政策、社会工作、人类学、民俗学六个二级学科共同构建了研究社会的系统体系，形成了"以基础研究为前提、资政服务智库建设为重点、交叉创新研究为趋势"的发展特色。中社院招收和培养了首届社会管理方向研究生和博士后，在国内率先开发和开设了"社会管理概论""社会治理创新案例"等突出社会治理特色的课程，强化社会管理与社会政策等新兴应用学科在人才培养中的重要性，努力探索和建立符合当代经济社会发展要求的人才培养体系和机制，建设体现社会治理智库和中国特色社会学特点的学生社团和社会实践基地。

9. 深化交流合作，拓展智库网络。在国际交流方面，积极推进与美国、英国、法国、俄罗斯、日本、韩国、澳大利亚等国家著名智库以及高校、科研机构的广泛交流与深入合作。例如，"联合国开发计划署"曾作为合作单位成功协办了中国社会管理研究院成立大会暨首届中国社会管理论坛；连年举办中英、中法重要双边国际学术会议；与英国伦敦大学亚非学院、澳大利亚南澳大学、韩国延世大学等机构签署资政科研合作协议；选拔教师进行访学，参加国际学术会议；遴选学生赴英国卡迪夫大学参加暑期学校等。在国内合作方面，与国务院研究室、国家发展改革委、民政部、科技部、中共中央党校、国家行政学院、中国社会科学院等中央国家机关部委，北京、上海、深圳、贵阳等地方政府以及中国关心下一代工作委员会、中国行政体制改革研究会、中国社会工作联合会等社会组织，开展了"举办论坛""干部培训""编撰大事典"等多项实质性合作，获得良好社会影响。

三、充实保障条件，健全运行制度

1. 系统的制度规范。中社院全面贯彻党的教育方针和智库建设方针，坚持科学办院、民主办院、依法办院，制定了 20 项规章制度，包括《章程》《党政联席会议议事规则》《咨询委员会工作制度》等基本制度，《党风廉政建设和反腐败工作要点》等党建制度,《人才遴选引进管理办法》《人员定岗与分类评价管理办法》《职称评聘管理制度》等人事制度,《薪酬管理办法》《财务运行管理办法》等财务制度,以及《资政科研项目管理办法》《资政科研成果奖励办法》等科研和激励制度,构建了民主平等、积极健康向上的良好智库生态文化环境。

2. 可持续的资金保障。中社院办院经费主要来自国家财政经费,学校办学经费,地方政府、社会组织、企业等委托科研经费,社会培训,以及捐赠等,成立以来总收入近5000万元。而且,学校自2016年起建设学科交叉重点项目,提供年均经费千万余元。根据国家法律和有关政策在学校基金会下设专项基金"社会管理创新基金",已接受捐赠近2000万元。

3. 较好的办公条件。为了建设中国特色新型社会治理智库,推动智库建设与学科建设协同发展,学校拨付办公用房约2000平方米,以较好的办公条件保障了智库建设需求。

四、发展方向和目标

高举中国特色社会主义伟大旗帜,深入贯彻习近平总书记系列重要讲话和党的十八大和十八届三中、四中、五中全会精神,全面贯彻《关于加强中国特色新型智库建设的意见》,以服务党和政府决策为宗旨,以社会治理战略研究和政策研究为主攻方向,全面履行智库功能,以完善组织形式和管理方式为重点,以改革创新为动力,努力建成服务国家战略决策,党和政府信得过、用得上、人民满意的专业化社会治理智库。系统设计和规划专业化社会治理智库的总体架构和战略目标,以社会治理决策咨询成果为主线,汇聚、凝练、形成和推出一批具有重大影响的精品成果,形成科学、规范、有效的智库运行机制,加快把中国社会管理研究院建成国家高端社会治理智库。

充分发挥咨询委员会的作用
——在中国社会管理研究院 / 社会学院咨询委员会第七次会议上的讲话

(2016 年 12 月 18 日)

各位咨询委员会委员，各位同志：

  我首先对冒着严寒来参加院第七次咨询委员会会议的各位领导和专家表示感谢！今天的会议开得很好！刚才，大家看了一个短片和听了汇报，回顾中国社会管理研究院 / 社会学院（以下简称"中社院"）五年发展历程，对资政科研、育人培训、合作交流和队伍建设等方面取得的成绩给予充分肯定，特别是围绕如何建设社会治理高端智库发表了真知灼见。这些对于建设国家高端社会治理智库很有帮助。我们一定要认真消化和吸收大家的意见和建议，不断提高中社院建设水平。下面，我简要讲三点看法。

一、过去五年中社院的主要工作是创新，主要经验也是创新

  概括起来说是四大创新。一是创新办院体制。我们构建了新型智库治理结构，聘请了一批从领导岗位退下来的老同志、专家以及各个方面的专业人才组成咨询委员会。聘请了智库首席专家，逐步建立了内部治理框架，这也是贯彻国家建设新型智库体制的要求。二是创新办院内容。我们全面履行中国特色新型智库咨政建言、理论创新、舆论引导、社会服务、公共外交、人才培养等重要功能，各方面都有突破。三是创新办院路子。在高校怎么办智库？现在还没有一个成熟的模式。我们探索了一条高校智库建设与学科建设相结合的新路子。在高校办智库与其他智库有不同的路径。我经历过体制内智库、体制外智

库，但是在高校怎么办好智库，还没有经验，这五年是在探索智库建设与学科建设相结合的新路子。四是创新办院团队。我们团队有研究为主的人员，有教学为主的人员，有办刊物的人员，有在职人员，还有退休的老同志。在实践创新中，我们坚持一个定位，即建设新型智库；瞄准两个目标，即建设国家高端社会治理智库和一流社会学学术重镇；产出三大成果，即出思想、出产品、出人才；提升四个"力"，即政策影响力、学术影响力、社会影响力、国际影响力。五年来，我们向新型国家高端智库迈出了坚实步伐。这些成绩来之不易。

同时，也要看到，我们的社会治理智库建设处于探索阶段，还存在一些问题，刚才大家很客气，没有多讲。我最近考虑，至少有四个问题。一是智库建设的体制机制与智库发展规律和决策咨询规律还不相适应。二是有些咨政研究成果写得很好，但是很难操作，"不管用""不好用"，缺乏可行性，研究成果也很难转达到决策部门。有的研究成果质量很高，很有水平，但是要报到党政领导人那里去还没有便捷的"直通车"。三是人才结构不合理问题仍待解决。四是研究成果和研究人才的评价体系不完善。评价研究成果质量和研究人才水平，特别是在职称晋升工作中还用传统的评价体系。解决这些问题，都需要改革。今后我们还会继续向学校领导反映，希望学校领导和有关部门予以支持。

二、中社院之所以在创新中快速发展，咨询委员会功不可没

我们过去五年一路走来，成功的要素有很多，我不展开讲了，很重要的是，我们从建院开始就组建了强有力的咨询委员会。我认为，咨询委员会发挥了五大作用。

1. 坚定了中社院智库建设的定位。咨询委员会主任、副主任是北师大党委书记、校长，他们从学校层面，把我们中社院作为新型智库建设的特区给予多方面支持。我们每一次开咨询会议，很多专家都提出来，要创办新型智库，而且要办高端智库，这个定位是咨询委员会对我们的坚定支持。

2. 审议中社院工作计划和中长期发展思路，积极出谋划策。许多委员以丰富的经验和智慧，通过多种形式为创办新型社会治理智库和促进中社院健康发展发表了许多真知灼见。

3. 许多委员经常参加社会治理智库的多种活动。积极参与一年一度的中国社会治理论坛的致辞、演讲；参与中社院的决策咨询研究，我们报送给中央领导的研究成果受到批示的建议有不少是咨询委员会同志参与的；为《社会治理》杂志创办题词、赐稿；直接参与《当代中国社会大事典（1978—2015）》的编写等。

4. 为社会治理智库创业创新提供多方面的支持。包括通过各种方式提供资金、人力支持，提供各类大量的信息，推荐培训项目等。

5. 提升社会治理智库的知名度和影响力。咨询委员会委员大多曾经在或正在党中央、国务院一些部门工作，履职岗位重要，辐射作用大，这从不同角度对提升智库的知名度、影响力做出了贡献。因此，完全可以说，咨询委员会在创办新型社会治理智库的过程中发挥着不可替代的重要作用。

三、实现中社院更大的发展目标，需要进一步发挥咨询委员会的作用

如何进一步发挥咨询委员会的作用？可以做好以下几个方面。

一是把关定向。把握中社院发展的政治方向、学术方向，使智库建设更好围绕中心、服务大局，增强决策意识、问题意识，推动中社院向着"国家新型高端智库"和"社会学学术重镇"不断迈进。

二是全面参与。参与服务党政决策、推进理论创新、引导社会舆论、提供社会服务、开展公共外交、集贤育人，全面发挥新型智库的各方面功能，多参加智库举办的各类活动。

三是拓展合作。支持合作研究、合作举办活动，也包括推荐合作项目等。刚才讨论中，有的同志提出的汇编智库研究成果丛书，就是一个很好的建议；几位同志都提出来要建立若干个部门、地方的社会治理联系点，这都是

很好的意见。

四是提供支持。希望学校领导和学校有关部门继续支持我们改善社会治理智库发展的环境和条件，也希望其他委员从多方面提供财力、人力、智力帮助。

最后，我要特别感谢学校党政领导、学校相关部门和各位咨询委员对我工作的关心和支持，以及对中社院发展的关心、支持和帮助！中社院的全体教职工都要认真学习、领会咨询委员们的宝贵意见和建议。坚持深化改革，创新发展理念，创新建设模式，创新功能作用，创新体制机制，把中社院越办越好，努力建设国家新型高端社会治理智库和一流社会学学术重镇，决不辜负各位咨询委员会领导和专家的期望，更好服务于北京师范大学建设世界一流大学，服务于发展和完善中国特色社会主义事业，为实现中华民族伟大复兴的中国梦做出应有的贡献。

建设高校新型智库关键要靠改革创新 *

（2017 年 1 月 13 日）

今天，我们在这里召开全院教职工会议，主要任务是按照学校党委的部署和要求，由院领导班子述职，报告工作和履行职责的情况。同时，总结 2016 年全院工作，部署 2017 年重点任务。

下面，我简要讲讲中社院去年的工作情况与 2017 年重点任务和要求。

一、充分估量 2016 年的成绩与进步

2016 年，在北京师范大学党委直接领导和关怀下，中国社会管理研究院 / 社会学院（以下简称"中社院"）各项工作全面推进，"资政、科研、育人、合作"都取得了标志性的显著成绩，业务建设、队伍建设、制度建设、作风建设继续加强，社会知名度和影响力不断提升，向建设国家高端社会治理智库和一流社会学学术重镇又迈出了坚实步伐。

1. 助力学校申办国家高端智库试点做出积极贡献。2016 年 1 月 14 日，学校党委常委会议决定，将中社院和中国教育政策研究院作为学校国家级智库培育的特区。我们将调研高校智库建设作为重点课题，组织团队赴多个高校调研，提供了多份调研报告，受到校领导的高度重视并采纳，转化成学校重大决策。根据我们的调研报告和申报国家高端智库的要求，学校决定将中国社会管理研究院和中国教育政策研究院作为重要支柱，整合全校相关资源，成立北京师范大学中国教育与社会发展研究院。10 月 20 日，中共中央宣传部副部长、

---

* 本文系在中国社会管理研究院 / 社会学院全体教职工大会上的讲话。

全国智库理事会理事长王晓晖一行来学校调研国家高端智库建设工作，实地考察了我院和中国教育政策研究院智库建设情况。校领导认为，我院为北京师范大学创办国家高端智库做出了积极贡献。

2. 产生出一批重要决策咨询成果。一年来，我院紧紧围绕经济社会发展中的重点热点问题开展战略性、政策性研究，取得一批重要成果。其中，党和国家领导人做出重要批示的20项，包括《提高社会治理水平决胜全面小康社会》《关于发展社会企业推进"双创"战略的建议》《关于慈善法监督实施的报告》《北京师范大学中国社会管理研究院专业化社会治理智库建设情况汇报》等，多位中央领导做出重要批示。这些都提升了我院的决策影响力和社会影响力。《关于制定健康中国中长期发展规划的建议》《借助伦敦大学亚非学院平台优势，促进中英人文交流的建议》《发挥妇联组织作用的建议》等研究成果，也都得到国务院领导的重要批示，有力推动了相关工作。昨天，教育部致函北京师范大学，要求提供与伦敦大学亚非学院合作情况，加强做好中英高级别人文交流机制的内涵建设，推动与英国高校的务实合作。

3. 成功举办第六届中国社会治理论坛。2016年7月17日，我院会同中共北京市委社会工作委员会、中国社会工作联合会、清华—布鲁金斯公共政策研究中心主办了第六届中国社会治理论坛"创新社会治理决胜全面小康"。我做的主旨演讲《提高社会治理水平，决胜全面小康社会》得到党中央主要领导批示后，《人民日报》《光明日报》分别刊发主要内容。《光明日报》专版刊发了论坛长篇综述和专家观点，许多网站等纷纷转发相关内容。论坛成果结集成《创新社会治理决胜全面小康》一书，由红旗出版社出版。这些都产生了良好的社会影响。

4. 承担并推进重大课题研究。（1）国家社会科学基金特别委托重大项目"中国社会管理创新研究信息库建设"第一阶段三年期顺利结项，并被批准追加资助项目，完成软硬件平台搭建，建设了当代中国社会治理百科、社会治理创新案例库、社会机构人才库、社会研究成果库、社会治理统计数据库，实现内部上线运行，为下一阶段工作奠定了良好基础。（2）国家社会科学基金委托的专项工程项目"习近平社会治理思想研究"已全面启动，进行多次讨论工作。（3）国家社会科学基金重点项目"我国政府购买公共服务制度实践中的政社关系研究"等16项科研项目也获准立项。（4）我院牵头编写的《当代中国社会大事典（1978—2015）》，被国家新闻出版单位评审为重点资助项目，并通过中央党史研究室审定，基本完成定稿工作。此外，我院还自行决定重点研究领域及选题方向11项。我院领导人参与合编的《社会体制蓝皮书》获得第7届优秀皮书二等奖。据不完全统计，2016年我院共出版著作7部，发表论文86篇。决策咨询研究和其他科研工作全面推进。

5. 社会治理智库传播力不断扩大。我们召开了《社会治理》第一次编委会会议，听取意见，努力改进工作；刊物质量不断提高，刊发了多位党和国家领导同志的文稿；这个期刊被中央综治委、民政部、国家卫计委等机关列为重要传播平台；顺利通过北京市新闻出版广电局开展的2015年度报刊核验；建设纸质载体同时搭建微信公众平台、微信群等新媒体平台。同时，为打通我院智库研究成果转化为决策服务的"直通车"，鼓励多出有价值、有影响力的决策研究成果，更好服务党和政府决策，经学校领导批准和多方协调，我院创办《社会治理研究与建议》内刊，已有多期获得党和国家领导人的重要批示。

6. 一级学科建设和学科交叉创新"双轮驱动"。我院作为社会学一级学科主建单位参与了教育部第四轮学科评估。经申报并经学校批准，我院与历史学院等有关院系联合开展学科交叉建设项目"当代中国社会治理研究"；几经深入研究，确定开展"百村社会治理调查"大型项目，这有利于提供决策咨询服务，提升学科创新能力、教学育人能力，助推建设高端社会治理智库和世界一流大学。

7. 创新本科、硕士、博士人才培养模式。教学和学生工作成效显著。我院在全国社会学教指委及单位负责人会议上做"研究方法教学与高校社会学专业的发展与挑战"主题发言；研究启动编写《中国社会治理通论》教材；举办

"首届国际学术研修夏令营"，继续开展第二届"学生学术季"活动；组织学生参与 4 项重大课题假期调研，主持"本科生科研基金"等 9 项课题，获"挑战杯""京师杯""十佳志愿者""十佳社长""十佳大学生""校级优秀班集体一等奖"等 13 项学术奖；"社行"实践队获"校级优秀项目"，入围"全国百强实践队"；逐步形成学生志愿服务常规化，参与人数达 50%。

8. 国内外合作交流扩大。一年来，我院出访和国内调研近百人次。应邀赴美国、德国、英国、法国、加拿大、芬兰等国家参加国际会议和学术交流。还赴北京、上海、重庆、天津、广东、四川、山东、河北等地开展实地调研，获得了宝贵的第一手资料。我院接待来访百余人次，推动了多方面合作。成功举办两次国际研讨会：与德国罗莎·卢森堡基金会合作举办"性别平等与社会治理国际研讨会"；与法国图卢兹大学在法国合作举办"第三届中法社会治理研讨会——社会变革：治理新趋势"，取得多项研究报告和国际论文成果。提高学生国际化水平，指导学生参加"英国卡迪夫大学的暑期学校交流项目、JENESYS 2.0 访日交流项目、奥地利 ISA 第三届社会学会议、英国联合东亚研究会议"，加强了师生国际交流。

9. 高质量完成多项培训工作。（1）深入推进我院与国家开发银行、中国西部人才开发基金会合作的"面向西部—智力扶贫—彩烛工程"项目。完成云南省大关、墨江两县 100 余位小学骨干教师"送教下乡"培训；完成四川古蔺，贵州务川、正安、道真，江西赣南 96 位校长的培训；完成云南大关和墨江两县 54 位关爱留守儿童"相守计划"教师培训。（2）开拓培训领域。我院会同中国行政体制改革研究会举办了青海省编办系统领导干部"深化行政审批制度和综合执法体制改革"培训班。我院与浙江省台州市教育局合作举办中小学"教育改革与教师素养"高级研修班。我院与河北省邯郸市教育局合作举办中等职业学校校长高级研修班，这些都取得了良好社会效果。

10. 队伍建设得到有力加强。在学校党委领导下，认真贯彻执行中央的决策部署，深入开展"两学一做"学习教育，全面加强党的建设，建立新的规章制度。团队规模进一步扩大，素质和能力不断提高。全年有一位教师晋升为二级教授、两位教师晋升为三级教授、一位教师晋升为教授、一位教师晋升为副教授，引进十多位专业人才。

2016 年，是我们社会治理智库建设五周年。五年来，在北京师范大学党政领导下，认真贯彻习近平总书记关于加强中国特色新型智库建设的要求，落实中办、国办《关于加强中国特色新型智库建设的意见》，按照国家高端智库建设五大功能和八条标准，不断加强中国特色新型专业化社会治理智库建设，取得了重大进展，受到各方面的重视和好评。

同时也应当看到，我院在发展过程中还存在一些问题，主要表现在：一是智库建设的体制机制与智库发展规律和决策咨询规律还不相适应；二是有些咨政研究成果写得很好，但是"不好用"，缺乏可行性；三是学科建设比较薄弱，与社会发展联系不够紧密，方向不够明确，重点不够突出，组织编写教材工作力度不够；四是人才结构不合理问题仍待解决，研究成果和研究人才的评价标准和评价体系不完善，智库研究人员力量不足，以研究为主和以教学为主的人员以及办刊物和行政人员的业绩考核办法不健全。这些不足之处，既是压力，更应是动力。

二、2017 年的重点任务

2017 年，中国社会管理研究院 / 社会学院要按照党中央和学校党委的要求，继续深入学习贯彻党的十八大和历届中央全会精神，围绕学校建设"世界一流大学"和"世界一流学科"，以及我院创办"国家高端智库"和"社会学学术重镇"的目标，全面履行中社院宗旨和职能，以优异成绩迎接中国共产党第十九次全国代表大会的胜利召开。重点要做好以下几项工作。

1. 深入学习贯彻全国高校思想政治工作会议精神。2016 年 12 月 7 日，党中央召开了全国高校思想政治工作会议，这是中国特色社会主义高等教育发展建设中的一个新的里程碑。习近平总书记在会上发表的重要讲话，从党和国家工作的全局与中国特色社会主义事业后继有人的长远战略出发，深刻阐述了高等教育的历史使命、时代要求和根本任务，强调了加强和改进高校党的建设和思想政治工作的极端重要性。学校已做出贯彻落实的部署要求。我们一定要深入学习领会习近平总书记重要讲话的思想内涵、吃透基本精神、领悟核心要义，把思想和行动统一到讲话中来。重点要抓好五个方面落实：一要落实学校治学行动纲领，始终遵循"四个坚持"——坚持正确方向、坚持立德树人、坚持服务大局和坚持改革创新；二要落实学校始终贯彻扎根中国大地办学的理念；三要落实学校的历史使命，始终契合"四个服务"——为人民服务、为中国共产党治国理政服务、为坚持和发展中国特色社会主义制度服务、为改革开放和社会主义现代化建设服务；四要落实把提高教育质量作为中心任务；五要落实好思想政治工作的责任。特别要深刻认识加强教职工队伍建设的重要性，落实教书与育人相统一、言传和身教相统一、潜心问道和关注社会相统一、学术自由和学术规范相统一，努力成为先进思想文化的传播者、党风廉政的坚定支持者；强化各类阵地、平台建设和管理，坚持学术研究无禁区、课堂讲授有纪律、公开言论守规矩。要坚持教育者先受教育，严格人员聘用考核政治关，严格准入资格和准入制度，防止简单唯论文、唯课题、唯海外经历现象，要把师德规范要求融入人才引进、课题申报、职称评审、导师遴选等各个环节。要认真贯彻全面从严治党的要求，加强院领导班子建设，完善党政联席会议制度，完善院党总支会议，提升院领导班子整体功能和议事决策水平。深入坚持"两学一做"。要充分发挥党员先锋模范作用，发挥基层党组织战斗堡垒作用，更好引领和助推新型智库建设和院改革发展。

2. 注重做好决策咨询课题研究。从围绕国家"十三五"战略需求和迎接党的十九大召开，开展战略性、前沿性、政策性研究，包括国家社会科学基金委托专项课题"习近平社会治理思想研究"等重大项目。根据国家战略需求和我院实际能力，我们确定了一些院内重点课题，都要认真落实好。

3. 加强学科建设，提高教学质量。要瞄准主攻方向，重点抓好社会学一级学科博士点申请工作。要进一步明确我院学科建设的方向、重点，创新学科体系，推进交叉学科建设。继续深入做好学校立项的交叉学科建设重大项目，包括开展好"百村社会治理调查"。注意把研究课题与学科建设更好结合起来。更加重视教材建设，继续组织力量编写《中国社会治理通论》。学科建设同教材建设密不可分，要使二者相互促进。

4.实现"中国社会管理创新研究信息库"上线运行。完成并不断优化硬件系统和软件系统，全面推进落实好这个重大工程的实施。

5.继续做好《当代中国社会大事典（1978—2015）》出版工作。坚持高起点、高质量、高标准，切实把这部大事典编撰成当代中国社会建设的一部大型精品力作。要在今年完成"综合卷"出版，还要指导北京等地推动地方卷工作。

6.进一步提升社会知名度和影响力。举办好第七届中国社会治理论坛。在深入研究论证的基础上，确定好论坛的主题，做好各方面的准备工作。同时，办好《社会治理》杂志，今年努力实现"双月刊"改为月刊，以增加容量，提高时效性。

7.加强社会服务工作，打造高质量、高水平社会服务品牌。包括拓宽培训内容和渠道，参与打好脱贫攻坚战。

8.全面展示对外形象，对外合作迈出更大步伐。巩固已建立的合作关系，努力扩大合作领域和合作项目，包括今年9月在英国伦敦与亚非学院共同举办第二届中英社会治理现代化研讨会。

三、几点希望和要求

2017年，是我们中社院发展进程中关键的一年。我们要进一步发挥优势，彰显特色，坚持高标准、高质量，进一步开创中社院发展的新局面。下面，我提出几点希望和要求。

一要着力增强建设国家"双一流"意识。要按照建设"国家社会治理高端智库"和"一流社会学学术重镇"的目标定位，立足高校特点，探索高校智库建设规律，适应高校智库发展趋势，加快一流高端社会治理智库和一流学科建设。

二要着力提升研究成果质量。要增强问题意识、大局意识、服务意识，选准研究课题，创新研究内容。从智库竞争力来看，关键在于是否能够产生高质量的研究成果，产生广泛的政策影响力、学术影响力、社会影响力和国际影响力，进而显著提升智库的知名度和公信力。我们要鼓励多出高端成果，创新研究成果转化渠道。

三要着力推进改革创新。建设高校新型智库，关键要靠改革创新。特别要创新选人用人机制，建立灵活的智库用人机制。创新业绩和人才评价标准和指标体系，充分体现智力劳动价值；完善不同岗位分类评价制度，健全院聘研究员相关配套政策。今年将实行年终研究和教学优秀成果评选制度，鼓励提供优秀的研究和教学成果。

四要着力提高团队素质。建设高端社会治理智库，建设一流社会学学术重镇，关键在于我们团队要勤练内功、全面提高自身能力素质，包括思想政治素质、业务理论素质、研究能力素质；严于律己、善待他人、甘于奉献、淡泊名利、和谐相处，心往一处想，劲往一处使。同时，全面加强院内各项制度建设，该修订的修订，该增加的增加，并要严格执行，用制度管事、管人。通过建设高素质的团队和完善制度，为中社院的建设和发展奠定更加坚实的基础。今年将健全严格绩效考核制，在全院教职工中，包括以研究为主岗人员、以教学为主岗人员、行政人员、杂志人员，包括编制内人员和非编制人员，按照综合表现评选全院先进工作者，实行奖惩分明制度，重奖鼓励贡献突出的先进人员。

再接再厉　坚持高质量高水平发展
——在中国社会管理研究院 / 社会学院
2019 年工作总结会议上的讲话 *

（2020 年 1 月 8 日）

一、充分肯定 2019 年的成绩与进步

2019 年，中国社会管理研究院 / 社会学院（以下简称"中社院"）各方面工作扎实推进、平稳发展，又取得了显著成绩和进步，产生了一批重大标志性成果，向建设国家高端社会治理智库和一流社会学学术重镇迈出坚实步伐。赵秋雁书记代表院领导班子做了工作报告，我再补充几点意见。

2019 年，最集中体现我们取得优异成果的标志有两个。一是全国高端智库理事会批准北京师范大学中国教育与社会发展研究院纳入国家高端智库建设试点单位，这是第一批 25 家试点单位后的第二批，这批新增高校有 2 家，北京师范大学是一家。我们中社院是学校国家高端智库两个重要支柱单位之一。二是去年十月，经人力资源和社会保障部、全国博士后管理委员会批准，我校新增社会学博士后流动站，这是我校社会学获批为博士学位授权一级学科以来的又一重要成果，形成了本科、硕士、博士到博士后的全方位人才培养体系。这两大成果，都是标志性的、历史性的。

中社院作为全国最早成立的专门致力于社会建设和社会治理问题研究的智库机构，在社会建设和社会治理领域产出了一系列重大成果：连续举办九届中国社会治理论坛，每次论坛都取得圆满成功，引导社会舆论，产生广泛社会影

---

* 本文系在中社院全体教职工会议上的主持词和讲话稿。

响；组织编撰第一部社会领域的《当代中国社会大事典（1978—2015）》，获第十五届北京市哲学社会科学优秀成果一等奖；创办国内第一本以社会治理命名的智库型期刊《社会治理》；出版了国内第一本权威性、系统性社会治理领域著作《中国社会治理通论》教材；参与编写出版马工程重点教材；已出版了一批"中国社会治理智库丛书"；每年举办多期培训班，规模逐年扩大。硕果累累，主流媒体频频报道。这充分表明了我们中社院的社会影响力不断增大。

同时，中社院的决策影响力、社会影响力不断增大。去年，《新中国70年社会治理研究》成果得到习近平总书记等中央领导批示。习近平总书记连续5年6次对我院社会治理研究成果做出重要批示，李克强总理10次对我院社会治理研究成果做出重要批示，还有不少研究成果获得其他党和国家领导人批示，一些中央国家机关部委、地方政府等主动联系我们的相关专家，进行交流座谈、听取意见；还有一些研究成果，直接推动了实际工作，许多研究成果都体现出较好的决策咨询效果。

另外，中社院进一步扩大了国际影响力。成功举办第四届中英社会治理现代化研讨会；出版了《改革论集》英文版，《中国社会治理通论》《中国社会治理现代化之路》正在加紧外译工作。加强了与国外一些智库、高校、科研机构的交流，取得了丰硕成果，产生了广泛的社会影响。开展多形式的学术活动，学科建设快速发展。教学、科研、社会服务、学生工作、创新信息库、《社会治理》杂志、学生工作全面推进。特别是今年还较大幅度提高了师生出访比例，提升了师生国际化水平，增强了国际影响力。

以上这些成绩来之不易，是学校党政领导关心、支持的结果，更是中社院全体师生员工顽强拼搏、辛勤付出的结果。我们的咨政科研、学科建设、教学育人、引导舆论、社会服务、对外合作、创办好杂志等各项工作，都凝聚了全体师生的智慧和力量，研究人员、教学人员、行政人员、办刊人员等各方面人员都付出了辛勤劳动和做出了积极贡献。许多教职工以强烈的机遇意识、责任意识，高度的使命感、紧迫感和积极向上砥砺奋进精神，任劳任怨、加班加点、甘于奉献。在此，我代表院领导班子并以我个人名义向大家表示衷心感谢！感谢大家的辛勤付出，感谢大家对我工作的支持。

二、再接再厉　坚持高质量高水平发展

1. 2019 年工作成绩是在以前多年基础上取得的。要用历史的、发展的、辩证的观点来总结工作，既看到成绩，又要结合积累经验。我们要更加坚持突出特色，推进高质量发展，有特色才有生命力，有特色才有竞争力，有特色才有持续力，有特色才能发挥优势和长处。无论智库咨询研究还是学科建设，各方面都要有特色、高标准、高水平。从发展现状来看，中社院特色比较鲜明，还要在"高水平"上下功夫。我们要继续坚持高质量、高标准，源源不断地产出有竞争力、引领力的优秀产品，提供有影响、有价值、有实效的高质量成果。要进一步明确"有特色"和"高水平"的有机联系，二者作为一个方向性目标的一体两翼，既相互区别，又密切相连、不可分割。仅有特色，如果水平不够，所谓的特色迟早也会自然消失；仅有较高的水平，如果没有自身的特色，所谓的高水平也就无法真正凸显。

2. 推进"两个轮子"一起转，促进智库与学科建设协调发展。学校高度重视智库建设，加大力度推进体制机制创新，核心就是要让智库建设和学科建设进一步融合起来，使二者相互推动，相互促进。要充分认识到，成立社会学院四年多来，北师大社会学学科力量一直在增强、学科建设一直在跨越式发展。但总体来看，智库较强，学科建设偏弱，要在智库建设和学科建设上下更大功夫。关键是，我们要牢牢把握专业化社会治理智库的定位，始终围绕党和国家"社会治理现代化"这个中心任务，紧紧服务于中国特色社会主义的完善和发展，服务于社会治理体系和治理能力现代化建设。要抓紧研究提出 2020 年院智库研究的重点课题和第十届中国社会治理论坛主题和准备工作。我们要以迎接即将开展的学科评估为中心任务，着力加强社会学科建设，按照评估的标准要求，逐一对标，固优势、攻难关、补短板、强弱项，责任到人，务求社会

学科评估中有较为明显的提升。同时大力开展交叉学科建设创新新学科。重要抓手是，从有利于凝聚人才、释放潜能出发，健全运行机制，提升发展能力。3月中旬将开展社会学院成立五周年纪念活动，请抓紧做好相关准备。

三、希望和要求

2020年，是我们国家发展中具有重要里程碑意义的一年，是全面建成小康社会的决胜之年，将为开启全面建设社会主义现代化强国打下扎实基础。我们中社院发展要坚持高标准、高质量、高水平，进一步开创发展的新局面。

1.提高政治站位，统一思想认识。全院教职工都要认真学习领悟习近平新时代中国特色社会主义思想，贯彻落实党的十九大和十九届二中、三中、四中全会精神，加强理论武装，提高政治站位，从新时代坚持和发展中国特色社会主义的政治高度，切实增强大局意识、责任意识、担当意识，为服务北京师范大学建设"世界一流大学"和"世界一流学科"贡献智慧和力量。

2.坚持全面深化改革，创新体制机制。加快建设新型智库和一流社会学学科，关键要与时俱进地改革创新。下一步要继续深化改革。特别要建立健全科学治理、高效有力的治理结构；创新选人用人机制，建立灵活的智库用人机制；创新岗位分类评价制度，体现各类人员各有侧重、各有所长；创新业绩评价标准，充分发挥各方面人员的积极性和主动性。

3.培育优良院风，营造良好氛围。院风是一个学院精神风貌的综合体现。良好的院风，对于学院建设和发展，培养老师的责任感、荣誉感具有潜移默化的重要推动作用。好的院风的形成，需要我们每个人的精心培育和呵护。全体教职工都要认真践行"厚德、唯实、创新、卓越"的院训，严守纪律，严于律己、宽以待人，彼此之间多交流、多沟通、多协商，团结互助、凝心聚力，做到相互信任、相互支持、相互理解、互相尊重，注重营造积极向上、风清气正、甘于奉献的良好环境氛围，不断增强和提升全院的凝聚力、向心力和战斗力。

让我们凝心聚力，再接再厉，争取更大的成绩和进步。

回望与期待

——在北京师范大学中国社会管理研究院成立十周年座谈会上的讲话

（2022 年 1 月 14 日）

各位老师、各位同事：

大家上午好！

这次座谈会本来安排在半年前召开，由于多种原因推迟到了今天。我们为了庆祝北京师范大学中国社会管理研究院成立十周年，已相继开展了一些活动，包括 2021 年 12 月 18 日与中共中央党校（国家行政学院）联合举办主题为"党的百年社会治理与社会治理智库建设"的第十一届中国社会治理论坛，制作"社会治理智库，砥砺创新的十年"画册和视频，编辑出版《社会治理咨政建言录》文集，筹备社会治理十年成果展览（待展出）。今天的会议是计划安排的一次全体教职工参与的座谈活动。

刚才，大家观看了视频短片，赵秋雁书记做了简要工作报告，几位同事和老师做了发言。大家的发言发自肺腑、情真意切，让我思绪万千。从 2011 年开始，我应邀回到北师大母校发挥余热，当个志愿者、义务工，至今已有十年多时间。回望十年，十个春秋更替、春华秋实，十载深耕砥耘、奠基立业，这期间，有付出、有收获、有感悟。常言道：天道酬勤；一分耕耘，一分收获；种瓜得瓜，种豆得豆；春种一粒粟，秋收万颗子。前些天，我已向学校领导提出，不再担任中社院院长职务，借此机会，我谈一些体会和感悟。

刚才，大家观看的视频短片，浓缩了中社院十年创业成长的历程。十年来，在学校党委的领导下，中社院从无到有，从小到大，从起初主要致力于智库建设到后来智库建设、学科建设和人才培养一体化发展的创新性复合型机构，由当初几个人发展到现在 70 多位各类人才聚集的团队。

大家观看的视频短片和大会发言，都再现了中社院发展进程中许多难忘而美好的时刻。我们在这里共同举办过一系列颇有社会影响的研讨会、论坛，共同研究了一个又一个重大课题，产生了许多有价值、高质量的咨政建言和学术研究成果；我们先后共同举行北京师范大学中国社会管理研究院和社会学院的成立大会，培养和送别一届又一届社会学院毕业生；我们共同编写《当代中国社会大事典（1978—2015）》和社会学教材、社会治理论著，我们开展了许多次国内外合作交流和社会服务活动，我们还创办了《社会治理》杂志和"社会治理创新信息库"，为社会治理智库和社会学建设构筑重要平台。所有这些，都历历在目。

回首十年的砥砺创新，我们共同创造了四个标志性成就：一是首创新型的社会治理智库取得重大进展，全面发挥了专业化智库的功能作用，为北京师范大学成为国家高端智库试点单位做出了突出贡献；二是北京师范大学独立建制的社会学院应运诞生，社会学学科建设迈入新阶段，形成了本、硕、博一体化教育教学和人才培养体系，为北京师范大学建设一流社会学学术重镇奠定了基础；三是会聚和培育了一批优秀人才，特别是一些青年才俊，锻炼出了一支能干事会创业的团队，特别是培养了一支既能从事决策咨询研究又能做教学科研的人才队伍；四是勇于改革创新，探索了一条智库建设与学科发展和人才培养协同发展的办学新路。这四大方面成就，密切联系、相互促进。

这些方面成就，来之不易。"看似寻常最奇崛，成如容易却艰辛。"这些成就是学校党政领导关心支持的结果，更是中社院全体师生凝心聚力，顽强拼搏，付出巨大辛劳和宝贵智慧的结果。

回首十年，我倍感欣慰，退出领导岗位后，开拓了一段新的人生历程，为党、为国家、为人民做了一些有益的事情，也对培育过我的母校做出了回报。我由衷地感谢学校为我提供发挥余热的平台；更加感谢中社院领导班子成员和全体教职工的关心关照、鼎力相助。

面向未来，此时此刻我有三个期待：一是牢记初心使命，继续办好新型高端智库，更好地发挥高校智库多方面作用；二是彰显特色优势，坚持走智库建设与学科发展和人才培养紧密结合、相互促进、协同发展的办学新路，这是助力北京师范大学建设世界一流大学的正确道路；三是全体师生踔厉奋发，笃行不怠，志存高远，不负韶华，为着共同的理想和事业勇毅前行，努力创造无愧于新时代新征程的更大进步与成就。

我作为北师大的一名老校友、中国社会管理研究院和社会学院"两院"创始院长、学校高端智库首席专家，今后还会继续以多种方式，关注、支持社会治理智库建设和社会学学科发展，关心、帮助大家事业发展和成长进步！

最后，新春佳节即将到来，我向大家致以诚挚的祝福，祝各位新春愉快，阖家安康幸福！

在社会学院、中国社会管理研究院主要干部任免会议上的讲话

（2022 年 4 月 22 日）

程建平书记，刘长旭部长，各位领导、各位同事：

今天，程书记亲临"两院"干部会议，宣布社会学院、中国社会管理研究院（以下简称"中社院"）主要领导干部的任免，充分体现了学校党委对"两院"的高度重视和亲切关怀。刚才，学校组织部、发展规划处负责同志宣布了学校的任免决定，这是学校党委统筹社会学院、中国社会管理研究院全局和长远发展做出的决定，我完全拥护。

按照中央组织部规范中管干部在高校兼职的要求和程书记几次面谈的精神，在 1 月 14 日召开的全院职工十周年座谈会上，我就明确宣布不再担任"两院"院长。今天参加这次干部任免会，做个正式的新老交接。

十年前，遵照中央领导同志的嘱托和要求，在国务院和教育部领导的支持下，在我即将从领导岗位退下来时，应北京师范大学党政领导班子邀请回到母校发挥余热，当个"志愿者"。十年来，先后担任中国社会管理研究院和社会学院"两院"院长，做了一些工作。概括地说，主要做了两件事：一是创建新型的社会治理智库，取得重大进展，全面履行和发挥专业化智库的功能作用，为北京师范大学成为国家高端智库建设试点单位做了重要支撑和积极贡献；二是推动独立建制的社会学院创新发展，取得重大突破，使北京师范大学百年社会学学科建设迈入新阶段，形成了本、硕、博一体化人才培养体系，为学校建设一流社会学学术重镇搭建了重要平台。这两件事中，取得了三个方面的最重要成果：一是服务党和国家战略与决策，为党中央、国务院和有关部门、地方

提供了许多有重要价值的决策咨询服务，产出了一批有重要社会影响的理论和学术研究成果；二是立足北京师范大学实际，探索了智库建设与学科发展和人才培养密切结合、相互促进、协同发展的新路子，积累了一些宝贵认知和经验；三是吸引和会聚了一批优秀人才，特别是一些青年才俊，锻炼出了一支能干事会创业的团队，特别是培养了一支既能从事决策咨询研究又善于教学科研的人才队伍。

这两件事取得的三项成果，明显提升了社会学院、中国社会管理研究院的决策影响力、学术影响力、社会影响力和国际影响力，为北京师范大学建设中国特色、世界一流大学贡献了智慧和力量，也为社会学院、中国社会管理研究院长期、稳定发展奠定了重要基础。

这些工作和成就，是学校党政领导高度重视、亲切关怀、大力支持的结果，是"两院"师生凝心聚力，顽强拼搏，付出巨大辛劳和宝贵智慧的结果。

回首十年，我倍感欣慰，退出领导岗位后，开启了一段新的人生历程，为党、为国家又做了一些有益的事情，也对培育过我的母校做出了一点回报。我由衷地感激和感谢母校为我提供发挥余热的良好平台，以及给予的信任和关心；诚挚感谢中社院领导班子成员和全体教职员工对我的充分理解、包容、关照和鼎力相助。

这些方面的成就来之不易。"看似寻常最奇崛，成如容易却艰辛"，应当倍加珍惜、精心呵护。面向未来，我相信在学校党委的坚强领导下，在"两院"新领导班子的团结奋斗下，社会学院和中国社会管理研究院一定会越办越好，创造新的辉煌！在此，提出几点建议和希望。

一是牢记初心使命。继续保持战略定位，致力于建设高质量社会治理智库和高水平社会学学科。更好地发挥智库多方面作用，加快社会学学科发展。二是彰显特色优势。以改革创新精神办院，坚持走智库建设与学科发展和人才培养紧密结合、相互促进、协同发展的办院新路。这是助力北京师范大学建设世界一流大学的正确道路。三是加强领导班子团结。做到相互尊重、相互信任、相互支持，勇于担当作为，注重营造"两院"积极向上、风清气正、合作包容、甘于奉献的良好环境氛围，不断增强和提升全院的凝聚力、向心力和战斗力。四是全体师生志存高远。踔厉奋发，笃行不怠，不负韶华，不负时代，不负师大，为着共同的理想和事业勇毅前行，努力创造无愧于新时代新征程的更大进步与成就。

作为北京师范大学的一名老校友、中国社会管理研究院和社会学院"两院"创始院长，我永远情系北师大、心系北师大，今后还会继续以适当的方式，关注、支持"两院"发展，特别是新型智库建设，衷心祝愿"两院"的明天更美好！

最后，祝各位工作顺利，平安健康！

谢谢大家！

附录：我如何建设社会治理智库
——接受《光明日报》智库版主编王斯敏的采访

（2016 年 11 月 30 日）

魏礼群： 非常感谢你，在百忙之中来研究院检查指导工作。

王斯敏： 您千万别这么说，我是来学习经验的。

魏礼群： 是你先提问，还是把我现在想到的一些事给你介绍一下？

王斯敏： 我觉得可以这样，我看到那个提纲特详尽，我怕您讲得太累了。今天之所以来采访，很大程度上是想为中国高校智库建设找一个样本，找一个有参考价值，也有实际操作性的，又比一般学校实践要好的这样一个样本。所以，我想您把主题进一步凝练了，在凝练之后如果在这个方向上您有什么重点想法，您可以给我再提示一下，您还是先讲一讲，我再问几个细节的问题。

魏礼群： 好，我先讲一讲社会治理智库成立 6 年多，这条路怎么走过来的。

首先介绍一下中国社会管理研究院成立的背景，是顺应整个社会发展大势和国家建设需求建立的。社会管理研究院的定位很清楚，就是要办成社会治理智库。

社会治理智库和高校一般的研究机构、一般的教学管理机构是不一样的，主要是研究公共政策问题，服务国家决策需求。这几年我是逐步探索，也是围绕中央建设高端智库五大功能、八个标准，按照那个要求来建设打造社会治理新型智库。现在看来我们这几个方面基本都做到了。中宣部王晓晖副部长来考察，他说我们做得很好。重点是提高了研究的质量。

王斯敏： 是怎么做的？

魏礼群：要突出创新内容和研究质量，首先要选好课题，这个很重要。选题是一个智库有没有研究能力和研究质量高低的重要判断标准。选好课题等于做好课题的一半。选好课题比做好课题更重要，因为提出课题要有创新性的思维和创新性的观点。做课题过程一般是技术性的，根据内容组织做的，所以选题很重要。我们注意把握选题方向，就是服务大局，围绕大局选题目。去年我们知道中央要制定"健康中国2030"规划，就马上研究健康中国规划，很快提出一个建议，上报国务院领导后，获得重要批示，有关部门认真研究采纳。我们举办的论坛也是围绕中央决策的贯彻落实。

王斯敏：对，每次主题都是这样。

魏礼群：选题要坚持问题导向，将改革发展中面临的问题作为依据。同时，要把握中央决策需要什么，也就是说决策需求是选题很重要的着眼点。比如，我在大学里面特别感到社会学和社会管理学科的地位与中央加强社会管理创新的要求严重不相适应，北京师范大学作为百年老校竟然没有独立的社会学院，社会管理在我们国家社会学学科里头就没列入，连二级学科都不是。这样严重制约了我们国家社会学和社会管理的发展。我发现这个问题以后，就组织一些专家教授，包括校外的专家教授，中国社会科学院的陆学艺、清华大学的李强等大家一起研究，给党中央写了两个建议：一个是"加强社会管理学科建设"，另一个是"改革学科建制和提高社会学地位"。我上报给党中央、国务院领导，他们都很重视，都做了批示。国务院学位委员会评议组已经把社会管理学科作为二级学科。提高社会学地位、把社会学学科提升为学科门类，教育部学位办专门来我这里征求意见。但是他们遇到了困难，没有很好地落实。

王斯敏：这还得继续推进。

魏礼群：现在社会问题太多了，这与我们对社会学基础的东西缺乏研究有关系。现在经济学研究很热，但对社会学重视不够，我当时提出来两个建议，就是从这个问题出发的。

我们着眼于服务国家大局，比如在社会服务方面，就响应中央提出智力扶贫的号召，我们搞了不少培训工作，包括与中国关工委、中国西部人才开发基金会合作。这也是服务大局。再比如，全面建设小康社会，社会建设是个短板，大家普遍认为，中央领导也认为是短板，所以我们这次论坛的几个分论坛都是围绕社会体制创新和社会建设来选定题目。我们很重视从问题出发，服务中央决策的需要。

王斯敏：对，应有问题意识，大局意识。

王斯敏：为了提高决策咨询写作的能力，您是怎么培养这支队伍的？

魏礼群：刚才讲了怎么选题是一个，第二个是选题后如何研究？研究的重点是怎么创新，怎么能够吸引眼球？一些重要观点，我有时和他们一起议论，在一起讨论，包括健康中国研究的建议，他们原来写出的东西也是论文式的。

王斯敏：明白，以前大家印象里面高校产出的都是学术论文。

魏礼群：一般都是学术论文的体例，我就说首先要和决策结合起来，这个决策要解决中国的问题，而且要有创新性，当时我们提出来"大健康""大卫生"这个观点，在"健康中国2030"规划里得到了充分体现。我说，这个建议应该突出重点，这样帮助他们提炼主题和内容。写出来以后我也是反复改，凡是报送到中央去的东西，我都改了很多遍，那些底稿在这里你们也能看到，包括社会管理学科建设、提高社会学地位，也改得面目全非，包括全面建设小康社会，最近我翻出来给他们看，基本是重写。我非常注重研究报告的质量，不是光写一篇文章，而是要经过思考，经过深入研究、反复修改。我在党中央、国务院机关搞智库工作那么多年，我认为一篇好文章不是一下子写出来的，而是反复修改出来的，这是很重要的经验。所以，高质量的研究成果要精雕细刻，要反复修改。

王斯敏：对，这几个环节您都是亲力亲为。

魏礼群："青年信用体系建设研究"这个课题，我们接到调研任务以后，我组织课题组调研，他们先起草了一个稿子，我改了几遍，从基本框架结构到主要内容，有的部分是自己重写，有的让他们修改，有的提出建议让他们改，不能老是我自己改，提出意见让他们改。所以，青年信用体系建设这个研究报告质量也很高，得到了党中央、国务院领导的批示。研究课题要在提高质量上下大功夫，这是一个很重要的经验。

在高校建智库，我有一个很深刻的感触，就是要把理论和实践结合起来，这是大学研究员搞智库的一个薄弱环节。他们有很好的研究问题的学术功底，也有研究问题的意识，但如何把现实社会状况和理论实际结合起来，而且不是一般地结合，要和决策结合，能服务决策者，这需要理论联系实际，可以说需要一个比较高的境界才行，不是一般地把事实和理论结合起来，还要同领导决策和政策制定结合起来。

我们举办每一次论坛，包括论坛的主旨演讲，都突出创新。每一次我们主旨报告里都有一些新的概括，当然也是大家一起研究。比如，我们讲了社会治理创新"五个治"。"五个治"是指政府善治、合作共治、基层自治、社会法治、全民德治，当时许多媒体都进行转载。我们概括出"法治社会"的六大特征，包括人民性、普遍性、系统性、全面性、平等性、公正性，在社会上也引起了较大的反响。今年的主旨报告《提高社会治理水平，决胜全面小康社会》，我们又概括为"六个社会"，有些人也感到耳目一新。

王斯敏：印象非常深刻。

魏礼群：我还讲到如何应用五大新发展理念去推动社会治理创新，《人民日报》把这部分也发表了。要有新的东西，质量才能够提高。大学办智库，最重要的是要打通和决策部门的联系。我到了北师大，想方设法努力推动这项工作。积极和实际部门合作，近来几个课题都是和国家发展改革委一起合作的。基本公共服务需求调查课题，就是跟国家发展改革委和联合国儿童基金会合作，一起搞调研。取得良好效果，研究成果也得到国务院领导批示，被吸收到"十三五"规划。再比如，青年信用体系建设研究，我们同国家发展改革委、共青团中央、工信部、中国人民银行等部门合作，发挥我们教师的作用，就是调查研究和加工作用。再比如，最近我们承担国务院研究室的课题，国务院研究室直接为国务院领导服务，研究成果直接报送中央高层。最近他们主动与我们加强联系，他们到英国进行公共服务创新考察，就请我们两位教授去参加了。她们一起写了两篇研究报告，国务院领导都做了批示。

只有主动地与实际部门结合，才能知道决策需求，你的成果才能够为实际工作服务。为了更好地转换，我还创办了一个内部刊物《社会治理研究与建议》。

王斯敏： 这个刊物我看到，（工作人员）也寄给我一份。

魏礼群： 经过一年的时间，办了好几期，报送给党中央、国务院领导的，已有5次批示。第一篇是健康中国规划的建议，第二篇是关工委系统建设的建议，第三篇是加强社会组织党的建设的建议，赵乐际同志批过以后还专门让他秘书给我打电话，感谢我对他工作的关心支持。还有两篇不具体讲了。

王斯敏： 这说明您提出的题目和建议给党中央、国务院提供了帮助。

魏礼群： 再比如，杨丽同志写了一篇关于发展社会企业的建议，这个是我在英国期间，看到发达国家都很重视社会企业，回来以后我就讲这个观点，杨丽很有心，她听进去了，马上组织调研，她们一起写了一个社会企业调研报告，我把这个报告报送国务院领导，也有批示。

为了使高校智库建设与学科建设结合起来，我们采取了几个措施。一个就是从体制机制上创新，成立社会学院。我这么大年纪不应该挑这么重的担子，书记、校长找到我，要求把社会学院在整个北师大的地位提高起来，找我谈过几次。我也考虑北师大社会学应该独立发展起来，这样和社会治理智库是一致的，这样研究问题和学科建设就能更好地结合起来，相互促进。社会治理智库，不是仅限于社会学学科，它是公共管理学科、人文学科、综合性的学科，但社会学学科是一个重要基础。这个体制也是一个创新，成不成功也要经过实践检验，最近遇到一些矛盾，学校领导也有征求我的意见，但我们还在探索中。

王斯敏：探索中，总是有好多新问题。

魏礼群：学科建设的重点和难点是跨学科建设。最近，学校提倡搞交叉学科研究，给我们提出了一个大课题，我们组织了历史学院、文学院，吸收他们来参加，搞交叉学科创新。我们正在搞的百村社会治理调查，目的就是要把智库建设和学科建设很好地结合起来，调查、分析、研究一些古村落，特别是传统文化村落、特色村落如何巩固发展、如何适应现代社会创新发展。这需要多学科协同，包括民俗学、人类学等。只有与学科建设结合起来才能彰显高校办智库的特长。

再一个问题，高校办智库，队伍很重要。创新评价指标体系，这是个指挥棒，所以我到学校以后大会小会反复提出这个问题。我们自己创造一个"研究型为主、教学型为主"的队伍，两者可以兼用。还有杂志、信息库，还有工程师。智库建设必须要全面使用各方面人才。我们自己也搞评价标准，与学校的要求和推进进程相互适应。

你提出的最后一个题目，让我谈高校办新型智库的体会和建议。我认为，有这几点可以考虑。

第一，高校办智库一定要从实际出发，要发挥高校的优势。大学和别的科研院所不一样，要发挥它们的学科优势、学术积淀以及多方面人才集聚的优势。

第二，体制机制创新上有所突破。现在我们这个体制机制说是在创新突破，但现在看起来还要适应新形势，还要往前走。现在我们这个社会管理研究院有30多个从党和国家机关职能部门退下来的专家，作为咨询委员会委员，一些政府部门的同志做了兼职教授。体制上如何进一步创新，这是个大事。

第三，研究问题和社会实践要紧密结合。刚才说的服务大局，从问题意识、决策意识出发，这都要和实际工作结合起来。现在我们最大的问题是结合条件的紧密程度不够好。大学里的一些老师，想问题往往只从自己的经验和知识出发，而不是自觉从部门、从国家、从社会的角度观察和分析问题。

第四，队伍要有较高素质和水平。这是办高端智库的基础和关键。要能够不拘一格选拔有志于搞智库研究的人才。北师大这几年对我们还是很支持的，包括刊物、信息库、研究人员等，他们都很支持。最重要的是，要提高这支队伍的基本素质，引导他们掌握基本理论和党的方针政策。有些人的专业理论知道比较多，学术方面知道得多一些，但抓住问题，甚至抓住问题的实质要害，从而提出来对策和措施，是需要一个过程的。还有就是，有的同志很少看文件，很少学习基本理论。我最大的发现是什么？我发现有些人很少学习基本理论、基本政策，这样很难提出符合决策需求的东西。这需要提升基本素质，包括他的文字功底，怎么样把握政策语言写出决策建议，这是个薄弱环节，是很需要加强的。

第五，学校的支持是办好智库的重要保障。从人财物、晋升晋职、人员成长、队伍建设，学校给予支持才行。这几年我们体会到北京师范大学还是很重视智库建设的，把我们当成国家级智库培育单位和智库建设特区来进行支持、帮助。

王斯敏：挺好的，您讲的这些都是关键点，我听到这些重点就明确了。您刚才说的素质特别重要。6年，您觉得这支队伍从一开始到现在，最大的变化和进步体现在哪儿呢？

魏礼群：有这几个方面。

其一，逐步适应了智库的功能要求。研究问题能够从决策需求和问题意识这个角度选题，我认为比过去更加敏锐了。

其二，研究问题的基本思路和方法提高了。现在不少人掌握了智库研究的基本思路和方法，包括写对策建议不能超过三五千字。他们现在起码知道"三段论"：第一看问题是什么，第二有什么成功经验，第三提出建议。

其三，能利用政策性语言进行文字表达。

其四，我感觉这两个机构，社会管理研究院和社会学院人员互相学习、互相借鉴的机会更多了。有一位教授他原来是搞教学的，最近写了十几篇对策建议，我一看有几篇很成熟，有的我提了建议进行修改，已经上路了。我们有些搞智库研究的，现在也可以搞教学，发挥所长。我看现在他们的研究思路比过去开放多了。

其五，刚才很重要的一点没讲，智库研究要有开放意识，要国际化。研究院和社会学院一体化发展以后，几位教授和英国、法国、澳大利亚、新西兰等国家的大学智库研究机构接触得多了，比我们原来社会管理研究院在国际化开放性方面提高了。我们举办了不少论坛，打开了合作交流的渠道。他们还主动找一些外国的专家教授来办讲座，这对提高师生的知识理论水平和政策水平很有帮助。现在我们搞智库很重要的一个方面，要掌握国际上的一些做法、经验和教训，汲取一些营养。所以，这个方面有利于提高智库研究水平。

当然，我来了以后，给他们增加了不少麻烦，增加了不少压力，因为我这人是愿干事、愿提问题的。无论是课题研究，还是搞智库建设的基本方面，我完全按照中央提出的八个标准来落实。我给你概括一下，上次中宣部副部长王晓晖同志来学校调研，我毫不谦虚地对他说，北京师范大学中国社会治理智库在全国有八个第一。

第一，决策咨询，给中央领导报送的有批示的100多个。这个在其他智库是少见的。

第二，创建中国社会管理创新研究信息库。这是中央领导批示支持的。

第三，中国社会治理论坛。一年一度举办，影响很大。

第四，创办《社会治理》杂志。这个刊物，我感觉越来越重要了，现在社会治理研究人员都当作很重要的一个读物了，实际部门也都认识到这是一个很重要的参考资料。我们每一期差不多都有国家领导和部门负责人的文章。

第五，一本书，就是我们编写的《社会体制蓝皮书》。这个蓝皮书已编了4本，产生了较大的影响。

王斯敏：是，也获奖了，我还安排您派去的代表发言，挺好的。

魏礼群：第六，社会服务，包括社会培训。刚才讲的彩烛工程培训、留守儿童培训，我把结果给国务院领导报送，获得重要批示，教育部制定全国性文件时也吸收了，特别是要培养中小学教师，我们提出建议后，教育部在全国搞中小学教师培训。

第七，学科建设。我们把社会学、公共管理学等跨学科建设和智库建设结合起来。

第八，开通"直通车"。我们的研究成果能够直接报送到有关领导和部门。

通过6年多时间持续努力，和大家共同奋斗，应该说基本上具备了高端智库的框架和基本条件，走在其他高校前面，在社会治理领域具有明显的竞争优势、政策影响力、学术影响力、社会影响力、国际影响力。当然，由于时间关系，我们还得再探索，有些我认为是符合中央要求的，有些我们还需要更好地把握。高校办智库的规律我们还要继续探索。

为什么叫"探索"呢？中国高校新型智库怎么建需要探索，在北师大的特定范围内怎么办社会治理智库，也需要探索。体制内智库和体制外智库不一样。我过去在原国家计委政策研究室、国务院研究室、中央财经领导小组办公室，就是搞智库研究。行政学院也算体制内。近些年在体制外智库工作，包括中国国际经济交流中心、中国行政体制改革研究会这些社会智库中担任领导职务，我深刻感受到体制内和体制外不同，各个智库的定位和发展方向不一样，办法也不一样，大学智库和社会智库不一样。各类智库建设都在探索。

王斯敏：对，就像您说的各有特色，定位不同。

魏礼群：如何办好，还是要靠所在单位的这个团队。我一直在激励他们大胆干，大胆地试。我的作用一是出选题，选送高质量决策咨询成果；二是帮助学院培养人才、发现人才，特别是培养智库人才。现在还没有形成这方面的人才队伍。

王斯敏：对，尤其是社会治理领域的人才队伍。

魏礼群：因此，我目前的两大任务：一是出高质量的建言献策成果，二是培养优秀、高质量的智库研究人才。做好这两个方面的工作，就是我的最大心愿，我现在是力不从心了。

王斯敏：您可别这么说。您做的这个事情真的是意义重大，您探索了在高校办智库的新路，解决了一些方向上、方法上、理念上的问题，十分重要。今天我有这个小特权，能见到您真高兴。

魏礼群：谢谢！

第二篇

引导社会舆论

——助力社会治理理论创新与实践升华

2016 年 7 月 17 日，北京师范大学中国社会管理研究院 / 社会学院、中共北京市委社会工作委员会、中国社会工作联合会、清华—布鲁金斯公共政策研究中心联合举办第六届中国社会治理论坛。论坛以"创新社会治理，决胜全面小康"为主题。魏礼群发表主旨演讲。

2019 年 7 月 6 日，第九届中国社会治理论坛由北京师范大学中国教育与社会发展研究院、北京师范大学中国社会管理研究院、中共北京市委社会工作委员会、中国社会工作联合会联合举办。论坛以"中国社会治理现代化：70 年回顾与前瞻"为主题。

完善和发展中国特色社会管理体系 *

（2011 年 10 月 24 日）

2011 中欧社会管理论坛以"新形势下的社会管理：挑战与机遇"为主题，顺应了人类社会发展的历史潮流，反映了当前国际社会的普遍关切，有着重大的现实意义和长远意义。借此机会，本人主要就加强和创新社会管理、完善和发展中国特色社会管理体系谈一些看法，与大家一起交流。

社会管理是人类社会十分重要的管理活动。要形成和保持良好的社会秩序，就必须有一定形式的社会管理。而不同国家和不同发展阶段有着不同的社会管理。在现代社会中，社会管理地位日益重要。当今世界经历着快速、广泛、深刻、巨大的变革，国际形势风云变幻，各种矛盾错综复杂，不稳定不确定因素增加，对各国经济、政治、社会发展都会有直接或间接的影响。面对新形势新情况，世界各国都必须加强和创新社会管理。

中国政府始终高度重视社会管理。新中国成立以来，为形成和发展适应中国国情的社会管理制度进行了长期的探索和实践，取得了重大成就，积累了宝贵经验。特别是改革开放以来，根据国内外形势发展变化，不断就加强和改进社会管理制定方针政策，做出工作部署，推动社会管理改革创新，不断解决社会管理领域出现的新情况新问题，保证了改革开放和社会主义现代化建设事业的顺利进行。

当代中国正在进行一场人类历史上规模空前的社会大变革，社会主义现代化建设各项事业突飞猛进，同时也面临许多新情况、新问题、新挑战，社会管

---

* 本文系在 2011 中欧社会管理论坛上的主旨演讲。

理的任务更为繁重和艰巨。随着中国工业化、信息化、城镇化、市场化、国际化进程的加快，一些发达国家在不同发展阶段渐次出现的诸多社会矛盾和社会问题在中国较短时期内同时显现出来；随着改革开放和社会主义市场经济的深入，在封闭半封闭环境和计划经济条件下形成的社会结构发生全方位的深刻变化，社会流动性、开放性大为增强；随着社会经济快速发展、民主法治进程加快，人们的思想意识、价值取向、道德观念多元多样多变，各种思想文化交流交融交锋趋于激烈；随着互联网等新兴媒体迅猛发展，网络虚拟社会对现实社会的影响越来越大；随着中国人口总量继续增多，流动人口、老龄人口和特殊人群不断扩大，社会管理的难度增加；随着国际经济、政治格局的深刻调整，各种传统安全和非传统安全威胁相互交织，也会对中国产生这样或那样的影响。所有这些表明，中国社会管理已经并将长期面临新的课题、新的挑战和新的要求，原有的社会管理理念思路、体制机制、法律政策、方法手段等许多方面难以适应国内外形势的发展变化，必须切实加强和创新社会管理。能否加强和创新社会管理，提高社会管理科学化水平，事关国家长治久安，事关人民根本利益，事关中国特色社会主义事业兴衰成败。近些年，中国政府顺应时代变化，将加强和创新社会管理放在社会主义现代化建设更加重要的战略位置，这是具有历史和世界眼光的重大决策。

加强和创新社会管理是社会管理领域的一场深刻变革。综合分析中国的基本国情和现实情况，必须坚持做到以下几点。一是坚持正确的方向和思路。30多年来，中国进行的各项改革事业都是对社会主义制度的完善和发展，加强和创新社会管理也必须始终沿着中国特色社会主义方向前进。二是坚持继承和创新结合。总体上看，中国社会管理与基本国情和社会主义制度是相适应的。我们要全面认识和科学分析当前面临的社会矛盾和问题，从中国由传统社会向现代社会深刻变革的大背景出发，重视弘扬中华优秀传统文化，充分发挥长期形成的社会制度优势，结合现实情况，与时俱进，开拓创新，既善于继承好的传统做法，又敢于突破不合时宜的陈规旧制。三是坚持尊重实践和创造。多年来，特别是近些年，中国许多地方在加强和创新社会管理方面进行了大量卓有成效的探索与实践。我们要认真学习总结和推广各种成功的做法和经验，推动社会管理理论创新和实践创新。四是坚持树立世界眼光。"他山之石，可以攻玉。"要积极研究借鉴世界不同国家和地区进行社会管理的有益做法，或为我所用，或启迪思路，努力使社会管理体现时代性、把握规律性、富于创造性。这"四个坚持"，既是我们近些年加强和创新社会管理的基本经验，也是我们进一步构建中国特色社会管理体系的重要准则。

加强和创新社会管理最重要的，就是不断完善和发展中国特色社会管理体系，使社会管理与发展社会主义市场经济、民主政治、先进文化以及与建设和谐社会的要求相适应。加强和创新社会管理的基本思路和目标任务是，紧紧围绕全面建成小康社会的总目标，牢牢把握最大限度激发社会活力、最大限度增加和谐因素、最大限度减少不和谐因素的总要求，完善党委领导、政府负责、社会协同、公众参与的社会管理格局，加强社会管理法律、制度、体制、机制、能力建设，完善社会管理服务，为社会主义现代化建设事业发展营造良好的社会环境。

完善和发展中国特色社会管理体系，是一个系统工程、长期任务，既要整体推进，又要重点突破。当前和今后一个时期，需要着力做好以下几项工作。

一、进一步完善社会管理工作格局体系

党委领导、政府负责、社会协同、公众参与的社会管理工作格局，是建设中国特色社会管理体系的基本框架。党委领导是根本，政府负责是关键，社会协同是依托，公众参与是基础，四位一体，有机联系，不可分割。在发挥党委在社会管理中总揽全局、协调各方的领导核心作用的同时，要强化政府社会管理和公共服务职能，发挥政府在社会管理中的主导作用。按照转变职能、理顺关系、优化结构、提高效能的要求，健全政府职责体系，办好主要由政府承担的社会管理和公共服务事务。要发挥社会各方面的协同作用，组织社会力量参

与社会管理。发挥人民团体和群众组织在社会管理和公共服务中的桥梁纽带作用，加强企事业单位在社会管理服务中的责任，培育与引导其他各类社会组织（如行业组织、中介机构、志愿者组织）参与社会管理与服务，发挥居（村）民委员会在以城乡社区为重点的基层社会管理与服务中的重要作用。发挥群众参与社会管理服务的基础作用，扩大基层民主，扩大公民有序政治参与，动员和组织群众依法理性有序参与社会管理和公共服务，积极探索群众参与社会管理服务的有效途径。

二、进一步完善社会管理制度体系

社会管理制度是中国特色社会管理体系的基础和支柱。要按照有利于保障人民群众根本利益、有利于激发社会活力、有利于促进社会公平正义、有利于维护社会和谐稳定的要求，统筹规划事关社会管理全局和长远的制度建设，及时把社会管理的成功经验上升为制度和法律，并随着实践发展不断修订完善，推进社会管理制度化、规范化、法治化。要大力推进社会管理基础性制度建设，探索建立社会保护体系，建立健全保障就业权、健康权、教育权、居住权等公民基本社会权利的基本制度。要加快人口管理制度改革，建立覆盖全国人口的国家人口基础信息库。在加快完善居民身份证制度的基础上，融合人口和计划生育、人力资源和社会保障、住房和城乡建设、民政、教育、交通、工商、税务、统计等部门和金融系统相关信息资源，建立一套能够覆盖全部实有人口的动态管理体系。要积极稳妥地推进户籍管理制度改革，放宽中小城市、小城镇，特别是县城和中心城镇落户条件，建立城乡统一的户口登记管理制度，积极探索流动人口管理服务有效办法，创新特殊人群管理服务体系，以适应城市化的发展进程和社会管理面临的新形势。

三、进一步完善维护群众权益机制体系

健全政府主导的维护群众权益机制，是完善中国特色社会管理体系的出发

点和重点任务。要正确把握最广大人民根本利益、现阶段群众共同利益、不同群体特殊利益的关系，建立科学有效的利益协调机制，统筹协调各方面利益。探索构筑群众利益协调机制、群众权益保障机制、劳动关系协调机制、社会矛盾调处机制、社会稳定风险评估机制。要健全群众权益保障机制。建立信息公开制度和诉求表达机制。信息公开是听取群众意见，实现群众参与公共决策的基础。诉求表达是协调利益关系、调处社会矛盾的前提。没有诉求表达就难以实现准确有效的利益协调和矛盾化解。同时，要建立发展成果共享机制和侵害群众权益的纠错机制。着力解决农村土地征用、城镇房屋征收拆迁、企业改制、涉农利益、教育医疗、社会保障、环境保护、安全生产、食品药品安全、城市管理、涉法涉诉等方面群众反映强烈的问题，坚决纠正损害群众利益的行为。要健全劳动关系协调机制，依法实行劳动合同制度和集体合同制度，完善企业职工工资集体协商机制、正常增长机制、支付保障机制。要健全社会矛盾纠纷排查预警、调解处置机制。还要健全社会稳定风险评估机制，凡是与人民群众利益密切相关、影响面广、容易引发社会不稳定的重大决策事项，都要进行社会稳定的风险评估。

四、进一步完善公共服务体系

扩大公共服务，是完善社会管理体系的重要方面。要加快推进公共服务体系建设，逐步完善基本公共服务体系，积极促进城乡基本公共服务均等化。特别要进一步加强农村和中西部地区基层基本公共服务体系建设。进一步优化政府投资结构，加大向公共服务体系建设倾斜的力度，积极引导和鼓励社会、企业参与发展民生和各项社会事业，切实保障民生工程和社会政策的实现。要把流动人口管理和服务纳入流入地经济社会发展规划，逐步实现基本公共服务由户籍人口向常住人口扩展。

五、进一步完善社会规范体系

社会规范体系是中国特色社会管理体系的基石。要在社会生活的各个领域加快建立和完善个人行为的规范体系，通过自律、互律、他律，把人们的行为尽可能地纳入共同行为准则的轨道。在加强社会法律体系建设的同时，推进行业规范、社会组织章程、村规民约、社会公约建设，充分发挥社会规范在调整成员关系、约束成员行为、保障成员权益等方面的作用。要健全社会诚信制度，大力推进政务诚信、商务诚信、社会诚信和司法公信建设。完善社会诚信行为规范，建立符合中国国情的公民个人和企事业单位信用管理制度，探索建立统一的信用记录平台。理顺社会信用管理体制机制，加强社会信用管理，完善信用服务市场体系。强化对守信者的鼓励和对失信者的惩戒。通过完善制度、加强教育，努力营造诚实、自律、守信、互信的社会信用环境。

六、进一步完善公共安全体系

公共安全体系建设是完善社会管理体系的重要任务。要坚持预防和应急并重、常态和非常态结合的原则，建立健全突发事件应急体系，加强全民风险防范能力和应急处置能力建设。完善相关机制，提高对自然灾害、事故灾难、公共卫生事件、社会安全事件等突发公共事件的风险管理水平。要健全食品药品安全监管机制，制定和完善食品药品安全标准，完善食品药品质量追溯制度，加强食品药品安全风险监测评估预警和监管执法。要完善安全生产监督制度机制，加强安全生产法律法规、政策标准、技术服务、应急处置和救援、社会监督、宣传教育培训体系建设，加强安全管理和监管。要完善社会治安防控体系，健全点线面结合、网上网下结合、人防物防技防结合的立体化治安防控体系，严密防范和依法打击各种违法犯罪活动。

七、进一步完善虚拟社会管理体系

随着信息网络的发展，加强和改进虚拟社会管理已经成为完善社会管理新的迫切任务。信息网络技术的飞速发展和广泛应用，带来了社会生产方式、生活方式的深刻变革，丰富和发展了人们的物质文化生活，成为社会活动和各种思想文化交流的重要平台，同时也对社会管理提出了新课题新要求。要按照积极利用、科学发展、依法管理、确保安全的方针，坚持建设与管理并重、发展与管理同步，加快形成法律规范、行政监管、行业自律、技术保障、公众监督、社会教育相结合的信息网络管理体系，着力提高对虚拟社会的管理水平。健全网上舆论引导机制，广泛开展文明网站创建，推动文明办网、文明上网，培育文明理性的网络环境。鼓励网民通过网络平台参与社会管理。要加强对虚拟社会特点的研究，全面把握网上、网下两个社会之间的联动关系，建立网上网下综合管理体系。建立网络安全评估机制，维护公共利益和国家信息安全。

进一步完善和发展中国特色社会管理体系，尤其需要抓好以下六个方面。

一是树立科学发展理念。加强和创新社会管理、完善和发展中国特色社会管理体系，是深入贯彻落实科学发展观、构建和谐社会的必然要求和重要举措。唯有牢固树立科学发展观，才能有效推进中国特色社会管理体系建设。要进一步牢固树立以人为本、服务为先的理念。坚持人民主体地位，把群众满意作为加强和创新社会管理的出发点和落脚点。要寓管理于服务之中，在管理服务中加强群众工作，着力解决好群众最关心、最直接、最现实的利益问题。要坚持统筹协调、源头治理。按照统筹经济社会发展的要求，把科学发展作为解决社会管理领域存在问题的基础，建立健全源头治理、动态协调、应急处置相互衔接、相互支撑的机制，从源头上、根本上、基础上解决问题，减少矛盾。要积极改变目前经济社会之间、城乡之间、区域之间发展不协调的问题。坚持走共同富裕道路，合理调整收入分配关系，尽快缩小城乡、区域、行业、社会成员之间收入差距，让广大人民群众共享改革发展成果。

二是全面深化体制改革。中国社会管理体系建设涉及各方面的体制改革创新，既要统筹推进经济体制改革、政治体制改革、文化体制改革，又要深入推进社会体制改革，创造有利于加强和创新社会管理的体制制度环境。要从全局和长远出发，加强改革的顶层设计，系统规划，整体推进。积极稳妥地推进行政体制改革、司法体制改革，加快转变政府职能，整合政府社会管理资源，完善运行机制，提高政府社会管理和公共服务效率。要切实解决好政府社会管理缺位、越位和错位等突出问题，为城乡居民基层自治和公民参与社会管理创造宽松的环境和有利的条件。

三是增加社会建设投入。加强社会建设，更加注重保障和改善民生，是解决社会突出矛盾的根本之策，也是加强社会管理的有效措施。要大力发展公共教育、医疗卫生、体育等各项社会事业；坚持实施扩大就业的发展战略，促进以创业带动就业；加快建立覆盖城乡居民的社会保障体系，健全社会救助体系，提高社会保险和社会救助水平；加快住房保障体系建设，大力发展公共租赁住房，解决部分群众的居住困难。要加大投资力度，加快公共设施和公共服务项目建设，特别要重视现代科学技术在社会管理中的应用，加强社会管理信息化建设和社会信用体系工程建设。切实把更多财力、物力和人力用于城乡基层和欠发达地方，做到社会管理服务人员有保障、经费有保障、装备有保障、场地有保障。

四是推进社会管理法治化。完善中国特色社会管理体系，必须认真贯彻依法治国方略，依法治理社会。要加强社会管理领域立法、执法工作，使各项社会管理工作有法可依、有法必依。特别要研究和制定社会组织发展规范、舆论引导和媒体管理、劳动关系协调、合理诉求表达和权益维护等方面的法律法规。要加强社会主义法治教育，坚持依法行政、公正司法，真正依法协调社会关系、规范社会行为、查处违法犯罪活动，维护群众合法权益，维护社会和谐稳定。要在全社会树立依法办事、守法光荣的风尚，引导群众理性合法地表达利益诉求。

五是提高社会管理科学化水平。完善中国特色社会管理体系，必须不断提高领导社会建设和社会管理的本领。要建立科学高效的领导机制和工作机制，加强社会管理和公共服务部门建设，增加社会工作专门人员。各级领导干部要学习社会管理理论和知识，学会科学分析社会形势和社会问题，提高社会管理能力。要大力培养造就宏大的社会工作人才队伍，提高社会工作人员的职业素质和专业水平，推进社会工作职业化、专业化和科学化。各级各类教育机构要适应加强和创新社会管理的要求，增设社会管理相关课程，加强社会管理相关学科、教材、师资队伍建设，培养社会管理专门人才。要建立健全科学的社会管理工作考核评价指标体系，完善领导责任制、部门责任制、目标责任制和奖惩机制，把加强和创新社会管理的责任逐级落实到位。

六是深化社会管理理论创新和政策研究。完善和发展中国特色社会管理体系，是建设和发展中国特色社会主义事业的重要组成部分，是一个关系国家发展全局和长远的重大课题，必须加强社会管理理论研究和政策研究。社会管理的理念、内容、形式会随着经济社会发展变化而不断调整，需要对社会管理领域进行全面研究、深入研究、跟踪研究。要加强对社会管理实践创新和现实问题的调查研究，及时对社会管理创新的实践经验进行科学总结和理论升华，服务理论创新，提出决策咨询；同时，要广泛研究国外社会管理的一切有益理念和做法，为加强和创新社会管理，完善和发展中国特色社会管理体系提供借鉴。

中国特色社会主义制度的形成和长期积累的物质财富，为加强和创新社会管理奠定了坚实的政治基础和物质基础；全国人民有着谋发展、思稳定、求富裕的强烈愿望，参与社会管理的积极性很高，为加强和创新社会管理奠定了坚实的群众基础。尽管中国社会建设和社会管理面临不少问题和困难，我们完全有条件、有能力不断完善和发展中国特色社会管理体系，不断提高社会管理科学化水平，使中国社会既充满活力又有序运行，为全面推进中国特色社会主义伟大事业创造良好的社会条件。

加强和创新社会管理 全面推进社会建设 *

（2011 年 12 月 4 日）

　　近些年，我国经济社会发展出现了哪些新变化？社会管理创新的方向在哪里？怎样响应党的号召全面推进社会建设？记者就相关问题采访了国家行政学院常务副院长、北京师范大学中国社会管理研究院院长魏礼群。

没有有效的社会管理就没有科学发展

　　记者：近年来，我们一直秉承的科学发展观，指导着政府的工作。为什么说加强和创新社会管理是实现科学发展的重要途径？科学发展观与加强和创新社会管理的内在关系和外在联系又主要表现在哪些方面？

　　魏礼群：党的十六大提出了建设和谐社会的目标，而构建和谐社会必须贯彻科学发展观。加强和创新社会管理，既是科学发展的内在要求，又是推动科学发展的重要保障。没有有效的社会管理，就不可能实现科学发展。社会管理，说到底就是对人的管理和服务，这涉及广大人民群众切身利益。总体来看，我国社会管理与我国国情和社会主义制度是相适应的，社会大局稳定。当前，我国仍处于发展的重要战略机遇期，又处于社会矛盾凸显期，社会管理的任务就显得更加艰巨繁重了。特别是随着发展改革形势的变化，原来的社会管理思路、体制机制、法律政策、方法手段有很多不适应的地方，解决社会管理领域存在的问题十分紧迫。只有加强和创新社会管理，才能最大限度地激发社会活力、最大限度地增加和谐因素、最大限度地减少不和谐因素，这就需要积

---

*　本文系接受新华社记者的专访。

极推进社会管理理念、体制、机制、制度、方法的创新，建立起具有中国特色的社会主义社会管理体系。

只有加强和创新社会管理，才能贯彻落实以人为本的发展理念，尊重人民的主体地位，保障人民的各项权益，发挥人民的首创精神，带领人民走共同富裕的道路，从而促进人的全面发展；只有加强和创新社会管理，才能实现经济社会全面协调可持续发展，更好地推进经济、政治、文化、社会建设以及生态文明建设，更好地促进现代化建设各个环节各个方面相适应，促进生产关系与生产力、上层建筑与经济基础相协调；只有加强和创新社会管理，统筹经济和社会发展，统筹城乡发展，统筹区域发展，兼顾不同地区、不同领域、不同方面群众的利益，才能落实科学发展的统筹兼顾的要求；只有加强和创新社会管理，才能更好地保障和改善民生，促进社会公平正义。

总之，只有加强和创新社会管理，才能为实现全面建成小康社会奋斗目标、加快推进社会主义现代化事业创造良好的社会环境。

社会管理格局四位一体、不可分割

记者：党的十七届五中全会审议通过的《中共中央关于制定国民经济和社会发展第十二个五年规划的建议》，提出了健全社会管理格局的要求。如何理解构成这一管理格局各个方面的关系？哪一方面的问题是社会管理的核心要素？

魏礼群：是的。党中央提出了要"按照健全党委领导、政府负责、社会协同、公众参与的社会管理格局的要求"[①]，加强和创新社会管理。从这个管理格局的要求来看，党委领导是根本，政府负责是关键，社会协同是依托，公众参与是基础，这四位一体有机联系，不可分割。这也是对我们多年来社会管理实践的科学总结，符合我国现阶段社会管理的客观要求，体现了我国特色和时代

---

① 《中共中央关于制定国民经济和社会发展第十二个五年规划的建议》，载《人民日报》，2010 年10 月 28 日。

的特征。

党委领导，就是要发挥党委在社会管理格局中总揽全局、协调各方的领导核心作用，明确党政部门社会管理职责权限，切实解决多头管理、分散管理、难以形成有效合力的问题。在坚持党的领导的同时，要不断改善党的领导，发挥政治优势，善于引导舆论，充分发挥各种媒体作用，不断提高化解各种社会矛盾、构建和谐社会的能力。

政府负责，就是要强化政府的社会管理职能，做到职能到位，既不越位，也不缺位。该由政府管理的事项应当管住管好。凡是公民、法人和其他组织通过自律能够解决的问题，行业和中介组织能够解决的问题，政府都不要干预。要建立和完善社会管理考核机制，研究制定科学的社会管理指标，并把它作为考核政府及其工作人员的依据。

社会协同，就是要发挥各类社会组织的作用，组织社会力量积极参与社会管理。积极促进社会团体、行业组织、中介机构、志愿者组织等团体的发展，发挥它们提供服务、反映诉求、规范行为的作用。同时，也强化各类企事业单位的社会管理责任。

公众参与，就是要充分发挥人民国家人民管理的作用，引导公民依法理性有序参与社会管理。要提高基层群众自治组织自我管理、自我服务、自我教育、自我监督的能力，提高社会组织参加社会管理的能力。在这方面，要加快组建专业社会工作者队伍，大力发展信息员、保安员、协管员、巡防队等多种形式的群防群治力量，健全社会志愿者服务长效机制。

既要加强又要创新

记者：我们知道，社会管理涉及的问题是多方面、多层次、多个时间断面的。那么在"加强"的同时，还要强调"创新"。请问"加强点"是否有所侧重？"创新点"是否有所特指？

魏礼群：近年来，从中央到地方都十分重视社会管理，但由于多种原因，在一些地方和部门对经济建设"一手硬"、对社会建设和社会管理"一手软"的问题仍然比较突出，主要表现在社会管理工作薄弱，社会管理法制不健全，社会管理体制改革滞后，社会管理能力建设不足。同时，由于传统的社会管理思想观念、思维模式还没有完全改变，社会管理的方式和手段陈旧、单一，以至社会管理效果不佳，甚至有的事与愿违。因此，社会管理既要加强，更要创新。应该说，这是相互支撑、相互促进的关系。

我们强调的创新社会管理，首先是要创新管理理念。这需要准确把握当前我国社会建设和社会管理领域出现的新情况、新问题，坚决改变那些认为社会管理就是单纯"管控"的思想观念和思维模式。同时，还要实行依法管理、科学管理、柔性管理、人性化管理，推动社会管理科学化、规范化和常态化。还要进一步健全民主制度，从各个领域、各个层次扩大公民有序政治参与，依法保障人民的知情权、参与权、表达权、监督权。

我认为，创新社会管理主要体现在五个方面：在管理主体上，要从单纯重视政府作用向社会共同治理转变，从传统的社会管理向现代社会"治理"转变；在管理方式上，要从偏重管制控制向更加重视服务、重视协商协调转变，更多地运用群众路线的方式、民主的方式、服务的方式，教育、协商、疏导的方式，化解社会矛盾，解决社会问题；在管理环节上，要从偏重事后处置向更加重视源头治理转变，把工作重心从治标转向治本、从事后救急转向源头治理，使社会管理关口前移；在管理手段上，也要从偏重行政手段向多种手段综合运用转变，更多地运用法制规范、经济调节、道德约束、心理疏导、舆论引导等手段；同时在管理制度上，还要坚持加强源头治理体系建设、强化动态协调机制建设、推进应急管理制度建设，构建相互联系、相互支持的机制和制度体系。

记者：正如您所阐述的，社会管理包含着运用法律、法规、政策、道德、价值等社会规范体系一系列内容。而针对当前的社会状况和经济形势，您认为加强社会管理面临的主要挑战和重要任务在哪里？

魏礼群：随着现代化进程的加快和社会经济领域的深刻变革，我们可以看到，社会管理面临着一系列亟待解决的新课题。

当前的关键，是要从思想认识上、工作布局上更加重视社会管理，彻底克服轻视、放松社会管理的思想和做法。要加强法律法规和政策体系建设，探索建立公民个人信用制度，对违反社会公共行为准则的要给予惩戒；要加强公共安全体系建设、预防预警体系建设，对流动人口要加强服务和管理，实行人民调解、行政调解、司法调解有机结合，力争把矛盾化解在基层、解决在萌芽状态；同时还要加强社会管理能力建设，提高基层党组织和基层政权的社会管理和依法办事能力，提高基层群众自治组织自我管理、自我服务、自我教育、自我监督的能力，加强社会管理信息系统建设，提升社会管理信息化水平，健全社会舆情汇集和分析机制，着力提高社会管理快速反应力；在社会管理人才队伍建设方面，要注意选拔政治素质好、业务素质好的人员，充实加强到社会管理队伍中。

同时，我们应该看到，公共服务和社会管理是政府的两项基本职能，两者紧密联系在一起。在服务中实施管理，在管理中体现服务。在目前深化改革开放和加快转变经济发展方式的攻坚时期，我们的公共服务制度和体制供给能力不足，满足不了人民群众日益增长的对公共服务的需求。所以，加强公共服务是创新社会管理的重要体现，要把加强公共服务放在更加突出的位置。

加强以改善民生为重点的社会建设

记者：强调以改善民生为重点加快推进社会建设，是我们党对中国特色社会主义事业的新认识、新概括，在理论上和实践上都具有重大意义。推进社会建设如何体现以民生为重点？

魏礼群：我们要加快推进以改善民生为重点的社会建设，涉及的范围很广，具有丰富的内涵，需要积极解决好教育、就业、收入分配、社会保障、医疗卫生、住房等直接关系人民群众根本利益和现实利益的问题，努力使全体人民学有所教、劳有所得、病有所医、老有所养、住有所居。只有这样，才能建设和谐社会。改善民生需要着重抓好以下几个方面的工作。

教育是民族振兴的基石，教育公平是社会公平的重要基础，发展教育也是把我国巨大人口压力转化为人力资源优势的根本途径。必须坚持把教育放在优先发展的战略位置，办好人民满意的教育。

就业是民生之本，是保障和改善人民生活的重要条件。我国劳动力资源十分丰富，这是促进经济持续较快发展的有利条件。同时，扩大就业的压力很大，就业形势严峻将是我国今后较长时期面临的一个重大课题。因此，必须把扩大就业放在经济社会发展的突出位置。要坚持实施积极的就业政策，坚持劳动者自主择业、市场调节就业、政府促进就业的方针，多渠道扩大就业。

合理的收入分配制度是社会公平的重要体现。改革开放以来，我国收入分配制度改革不断深化，打破了平均主义、"大锅饭"制度，形成了按劳分配为主体、多种分配方式并存的分配制度，有力地促进了经济社会发展，同时也出现了城乡、地区、行业和部分居民之间收入差距持续拉大的现象。必须深化收入分配制度改革，调整国民收入分配结构，整顿和规范分配秩序，加快形成合理有序的收入分配格局。

健全的社会保障体系，历来被称为人民生活的"安全网"、社会运行的"稳定器"和收入分配的"调节器"，是维护社会稳定和国家长治久安的重要保障。近些年，我国社会保障体系建设取得了重要进展，但还不够完善，存在着覆盖面小、保障水平低、制度不健全等问题。在新的形势下，必须加快完善社会保障体系。坚持"广覆盖、保基本、多层次、可持续"的指导方针，以社会保险、社会救助、社会福利为基础，以基本养老、基本医疗、最低生活保障制度为重点，以慈善事业、商业保险为补充，加快完善覆盖城乡居民的社会保障体系。

健康是国民素质的重要体现。多年来，我国医疗卫生事业取得了显著成就，但与人民群众对医疗卫生的需求仍然差距较大，存在着看病难、看病贵的问题。大力发展医疗卫生服务，是广大人民群众的迫切愿望。要加快建立基本医疗卫生制度，实现人人享有基本医疗服务的目标。要坚持公共医疗卫生的公益性质，坚持以预防为主、以农村为重点、中西医并重，实行政事分开、管办分开、医药分开、营利性和非营利性分开，强化政府责任和投入，完善国民健康政策，鼓励社会参与，建设覆盖城乡居民的公共卫生服务体系、医疗服务体系、医疗保障体系、药品供应保障体系，为群众提供安全、有效、方便、价廉的医疗卫生服务。

社会稳定是人民群众的共同心愿，是改革发展的重要前提。随着改革开放不断深入和社会主义市场经济不断发展，我国的经济体制、社会结构、利益格局和人们的思想观念发生了深刻变化。这种空前的社会变革，给我国经济社会发展带来巨大活力，同时也必然带来这样那样的矛盾和问题，增加了社会管理的难度和复杂性。所以，我们必须把完善社会管理作为改善民生和促进社会和谐的重要任务来看待。这样，才能实现我们国家的宏伟目标。

改革社会体制 推进科学发展*

（2012 年 5 月 27 日）

各位领导、各位来宾、各位专家：

在这桃李芬芳、百花争艳的美好时节，第二届中国社会管理论坛今天在这里成功举办。首先，请允许我本人并代表中国社会管理研究院，对各位前来参加论坛，表示热烈欢迎和衷心感谢！

本次论坛以“深化社会体制改革与推进科学发展”为主题，对社会体制和科学发展的理论和实践问题进行深入研讨，提出思路和对策，具有十分重要的现实意义和深远意义。这不仅是我国现阶段经济社会发展的迫切需要，也是中国特色社会主义事业长远发展的战略要求。我相信，经过与会人员的共同努力，论坛一定会取得丰硕成果。

这里，我主要围绕这次论坛的主题，讲一些个人的看法。

在当代中国，发展是党执政兴国的第一要务，而发展必须是科学发展。科学发展的基本要求，就是更加注重社会建设，促进经济社会全面协调可持续发展，这是全面建设小康社会的重大任务。

加强社会建设包括更加注重改善和保障民生，也包括更加注重社会管理。社会管理是作为主导力量的党委和政府以及其他社会主体，运用法律、法规、制度、政策、道德、价值等社会规范体系，直接或间接地对社会不同领域和各个环节进行服务、协调、组织、监管、控制的过程和活动；其基本任务是：协调社会关系、规范社会行为、解决社会问题、化解社会矛盾、促

---

* 本文系在北京师范大学中国社会管理研究院举办的第二届中国社会管理论坛上的主旨演讲。

进社会公正、应对社会风险、维护社会稳定、激发社会活力、增强社会凝聚力，为构建和谐社会、促进科学发展营造既充满活力又富有凝聚力和井然有序的社会环境。

从我国现实的情况看，加强社会建设和社会管理，需要加快社会体制改革，创新社会管理。一般来说，社会体制是一种社会治理的方式和制度安排，也是一种社会行为的规范，决定着人的社会关系、行为准则和社会运行。我们现在讲的社会体制改革，有着特定的内涵和范围，就是构建适应中国特色社会主义发展要求的，与社会主义市场经济体制、政治体制、文化体制相一致的社会体制。我国现行的社会体制总体上是符合社会主义发展方向的，近些年也进行了许多改革探索，但仍存在着不少缺陷和问题，主要是：社会管理的理念、组织、形式、手段、方法不适应经济社会迅猛发展，特别是不适应随着社会结构、利益结构多层次、多元化和互联网新兴媒体异军突起而出现的新情况、新挑战、新要求；政府、社会、企业、中介机构的社会管理职能不清、关系不顺；社会管理体系、制度、机制不健全，难以有效发挥应有作用。解决这些问题必须进行社会体制改革。唯有如此，才能全面推进社会建设和加强社会管理，提高现代社会管理的科学化水平，实现全面建设小康社会的目标，加快中国社会主义现代化进程。

党中央高度重视社会体制改革问题。2006 年，党的十六届六中全会提出，要"坚持社会主义市场经济的改革方向，适应社会发展要求，推进经济体制、政治体制、文化体制、社会体制改革和创新"[1]。在我们党的历史文献中，首次提出社会体制改革这个重大命题。2007 年，党的十七大强调，"更加注重社会建设""推进社会体制改革"。[2] 2010 年，党的十七届五中全会进一步提出："必须以更大决心和勇气全面推进各领域改革"，"大力推进经济体制改革，积极稳

---

[1] 《〈中共中央关于构建社会主义和谐社会若干重大问题的决定〉辅导读本》，7 页，北京，人民出版社，2006。

[2] 《十七大报告辅导读本》，36 页，北京，人民出版社，2007。

妥推进政治体制改革，加快推进文化体制、社会体制改革"，"使上层建筑更加适应经济基础发展变化，为科学发展提供有力保障"。① 近年来，党中央把加快社会体制改革、加强和创新社会管理放在更加突出的战略位置，做出了一系列重要决策和部署，这是我们党对共产党执政规律、社会主义建设规律、人类社会发展规律认识的新升华，也是顺应人民群众在全面建设小康社会的新形势下对党和政府的新期待。

深化社会体制改革是一个庞大复杂的社会系统工程。必须坚持从中国国情出发，以科学理论为指导，解放思想、与时俱进、整体设计、统筹规划、因地制宜、分类施策，积极探索具有中国特色、地方特点、时代特征的社会管理体制新模式。

从理论和现实情况看，深化社会体制改革需要正确认识和处理以下一些重要关系。

一是政府和社会的关系，即政府行政管理与多元主体社会治理的关系。长期以来，我国政府职能和社会自治不分，政府职能缺位、错位、越位现象突出，该由政府发挥社会管理主导作用的方面，政府职能不到位，而有些该由社会多元主体自身调节和治理的方面，政府却管了不少不应该管也管不好的社会事务。应实行政社分开、权责统一，明确划分政府社会管理和由社会多元治理的范围和权限，正确发挥政府在社会管理中的主导作用，并创新政府社会管理方式，规范和监督公共权力的运用；同时，要充分发挥社区、企事业单位、基层单位、社会组织等多元社会主体在社会治理中的重要作用。

二是条条和块块的关系，即中央（部门、行业）与地方的关系。条块分割、各自为战，特别是基层各类社会服务管理资源分散，形成不少服务"盲点"、管理"真空"，这是我国当前社会体制中的一大弊端。我们是社会主义国

① 《中共中央关于制定国民经济和社会发展第十二个五年规划的建议》，载《人民日报》，2010 年10 月 28 日。

家，幅员辽阔，人口众多，社会治理的基本制度框架，必须由中央统一决策，需要中央有关部门（行业）加以指导，以建立全国统一的、科学的社会体制。同时，又必须由地方因地制宜采取符合当地实际情况的社会管理制度，以建立灵活的、有效的社会体制。应充分发挥中央和地方两方面积极性，在中央统一领导下发挥各级地方的积极性。中央主要负责制定社会管理的基本规范、大政方针，各级地方负责各自范围的社会管理事务和提供公共服务。同时，正确处理社会管理中宏观调控与微观组织的关系，坚持基层在先、重在基层，通过社区、基层统筹条与块的各类服务管理资源，把中央和地方各级社会管理措施落实到社区、基层单位。

三是民生和民主的关系，即改善人民生活与发展民主政治的关系。保障民生和发扬民主都是人民群众切身权益之所在，也都是做好社会管理工作的根本要求。要坚持以人为本，把保障民生和发扬民主紧密结合起来，坚持把改善和保障民生放在首位，积极解决人民群众最关心、最直接、最现实的利益问题。同时，要充分尊重人民群众的主体地位。人民当家作主是社会主义民主政治的本质要求，也是中国特色社会主义社会体制的核心。要健全民主制度，丰富民主形式，拓宽民主渠道。让群众参与民生问题的讨论，既是发扬民主、集中民智、汇聚民力的过程，也是保证解决民生问题的政策措施得到群众理解和支持的途径。

四是德治和法治的关系，即思想道德教育和法治建设保障的关系。"礼法融合"一直是我国历史上社会管理的重要经验，现代社会管理更需要把德治与法治结合起来。既要重视发挥思想道德的教化作用，更要注重法治的保障作用；既要注重行为管理，更要注重人文关怀和心理疏导。要坚定不移地推进依法治国和以德治国相结合，健全法制，把社会行为纳入法治化轨道；同时，弘扬中华民族传统美德，推行社会主义先进文化和社会主义核心价值观，提升全民族现代文明程度。

五是社会体制和其他体制的关系，即深化社会体制改革与推进其他体制改革的关系。社会体制是整个中国特色社会主义制度的重要组成部分，社会体制改革是整个体制改革的重要内容，必须与其他方面体制改革相协调。要统筹经济体制、政治体制、文化体制、社会体制各方面改革创新。既要加快社会体制改革，争取在重点领域和关键环节不断取得新突破，又要从更高层次和更宽领域协调推进经济体制、政治体制、文化体制和社会体制改革。要把握好各方面体制改革相互联系、相互促进的规律，审时度势，科学决策，全面推进。

从根本上说，深化社会体制改革就是要构建完善的中国特色社会主义社会管理体系和社会运行体制，包括形成科学合理的社会管理权力结构和机制、社会管理组织结构和机制、社会管理功能结构和机制、社会管理动力结构和机制、社会管理保障结构和机制。进一步说，就是社会管理要实现从过去以政府为单一主体、以单位管理为主要载体、以行政管理为主要手段、以管控为主要目的的传统模式，向在党的领导下，政府行政管理与社会自我管理、基层居民自治管理良性互动，社区管理与单位管理有机结合，经济、法律、行政、教育手段综合运用，服务与管理相融合，有序与活力相统一的多元主体共同治理、全体人民共建共享的新模式转变。

当前和今后一个时期，深化社会体制改革应当把解决面临的突出问题同实现长远目标结合起来，按照最大限度激发社会活力、最大限度增加和谐因素、最大限度减少不和谐因素的总体要求，着眼于维护社会秩序、激发社会活力、推进科学发展、建设和谐社会，着力抓好以下几个方面。

1.强化政府社会管理职能。社会管理是政府的重要职能。创新社会管理体制，必须发挥政府的主导作用。要加快政府职能转变，更加重视履行社会管理职能。政府社会管理主要是制定法规政策、规范制度标准、增加公共财政投入、加强社会行为监管。要尽可能把一些社会公共服务和具体事务，以适当方式转交给社区、社会组织和中介机构。这样，既可以使政府更好地履行应尽职能，又可以降低服务成本，提高服务效率。要推进公共服务供给多元化、多样化，探索政府行政管理与企事业单位、各类社会组织和城乡基层群众自治组织在社会运行中有效衔接与良性互动的体制。政府购买公共服务、公共服务外包，是现代社会管理的一个重要形式，应积极推行。要大力构建政府提供社会管理和公共服务的综合性系统，整合各类社会服务管理资源。要加快行政体制改革，建立职能相对集中、权责密切结合、组织协调有力的综合性社会管理机构，以利于提高政府社会管理的效能和水平。

2. 增强公众参与和社会协调功能。这是深化社会体制改革的重要方向。公民参与是中国特色社会主义社会体制的基础。城乡基层群众自治制度是我国的一项基本政治制度。深化社会体制改革，必须顺应经济社会发展要求和人民群众政治参与的新期盼，保障人民群众享有宪法规定的各项民主权利。要健全基层民主制度，保障人民依法直接行使民主权利、管理基层公共事务和公益事业，实行自我管理、自我服务、自我教育、自我监督。要推进城乡社区自治，有序扩大基层群众自治范围，规范政府组织与基层群众自治的关系，增强基层社会自治功能。要积极探索农村再组织化的形式和途径，形成既有活力又有秩序的组织体系。同时，充分发挥企事业单位和各类社会组织应有的作用，支持企事业单位和社会组织参与社会服务和管理，承接政府转移的社会管理服务。加快事业单位改革和社会组织体制改革，完善治理结构，健全现代社会组织制度。要推动城市社区和农村社会管理服务由条块分割的单位体制向属地化、社会化的体制转变，健全覆盖全社会的社会治理和公共服务体系。要积极推进城乡社会管理体制改革，减少基层行政管理环节，提升基层组织的社会管理和服务能力，充分发挥基层社会治理的功能作用。

3. 拓展群众权益保障机制。保障群众权益是加强和创新社会管理的根本着眼点，也是深化社会体制改革的关键。要进一步加强和完善党和政府主导的维护群众权益机制，切实维护和保障群众利益。适应我国社会结构和利益格局的发展变化，形成科学有效的利益协调机制、诉求表达机制、矛盾调处机制、权益保障机制。特别是要适应新形势下群众诉求的多样性、多变性的特点和规律，创新方式方法，拓宽诉求表达的渠道，搭建多种形式的沟通平台，健全公共政策社会公示制度、公众听证制度，健全社会矛盾调处机制和多元调解体系，充分发挥人民调解、行政调解、司法调解联动的大调解工作体系的作用。强化从源头解决社会矛盾纠纷，把预防社会稳定风险的关口前移。

4. 健全各类人群服务管理体制。坚持以人为本，突出人文关怀，在服务中实施管理，在管理中体现服务，努力实现各类人群服务管理全覆盖。加强"两新组织"人员和"社会人"的服务管理，是市场经济条件下社会管理中难度很大的问题，必须转变传统思维模式，积极探索新的管理体制和机制。要不断提高各类人群服务管理信息化、精细化、科学化水平。建立覆盖城乡的全员人口统筹管理的信息系统，推进国家人口基础信息库建设，加强流动人口动态监测工作。全面推行居住证制度，行政区域内流动人口实行"一证（卡）通"，积极稳妥推进户籍管理制度改革，建立城乡统一的户口登记管理制度，实现基本公共服务覆盖户籍人口和常住人口。采取积极、稳妥的措施，使农民工有序、和谐地融入城市和城镇。加强和创新特殊人群的教育、引导、服务和管理工作，根据不同类型人群特点分类施策。

5. 加快社会规范建设。规范社会主体行为，建设现代社会文明，是社会体制改革创新的基础性工作。至关重要的，一是法制，二是诚信。要建立健全社会管理的法制保障体系，加强社会管理领域立法，加快形成完善的社会管理法律法规体系。充分发挥社会法制规范在调整关系、约束行为、保障权益、创新社会管理等方面的作用。强化公正执法和严肃执法。要建立健全社会诚信制度，制定社会诚信规范，加强社会公德建设。大力推进政务诚信、商务诚信、社会诚信和司法公信建设。建设覆盖全国的征信系统，推动信用信息在全国范围的互联互通，规范和完善信用服务市场体系，健全激励惩戒机制，充分发挥信用信息对失信行为的监督和约束作用。

6. 构建虚拟社会管理制度。虚拟社会的服务和管理越来越重要，也是新形势下社会管理的重点和难点。要坚持积极利用、科学发展、依法管理、确保安全的方针，加强和改进互联网的应用和管理，坚持建设与规范并重，发展与管理同步，把互联网建设好、利用好、管理好。要加快完善网络管理的法律法规和政策，明确相关主体的权利义务，形成法律规范、行政监管、行业自律、技术保障、公众监督、社会教育相结合的互联网服务管理体系，提高依法、规范、科学、系统、动态管理水平。加快信息化基础设施建设，构建全国统一的社会管理数据中心、服务中心，尽快推行网络实名制，规范网络传播秩序。健全网上网下结合的综合服务和管理体系、统筹实施虚拟社会和现实社会管理，建立网上动态管理机制，着力完善网上影响社会稳定和国家安全问题的监测、研判、预警、处置机制和有害信息监管、查处机制。

7. 加强公共安全体系建设。围绕提高预知、预警、预防和应急处置能力，加强和完善主动防控和应急处置相结合，传统方式和现代手段相结合的公共安全体系建设。健全食品药品监管体制机制，形成政府、企业、行业组织、消费者和媒体共同参与的监管格局。完善安全生产监管体制机制，健全安全生产综合监管、行业监管、属地监管责任体系。健全立体化社会治安防控体系，全面提高社会治安综合治理水平。完善应急管理体系，加强危机管理和抗风险能力建设，提升对自然灾害、事故灾难、公共卫生事件、社会安全事件等突发公共事件的风险管理水平。

8. 完善社会管理工作格局。深化社会体制改革，加强和创新社会管理，必须充分发挥党的领导核心作用。要完善党委领导、政府负责、社会协同、公众参与的工作格局和体制。坚持把加强社会建设和社会管理作为党和政府的重大任务。健全社会管理的政策体系，加强社会工作的统筹协调和督促检查。充分发挥社会协同和公众参与的作用。要建立和完善社会管理科学有效的评价、考核体系和机制，促进提升社会管理的科学化水平。要加强社会工作人才队伍建设，完善社会工作人才培养、评价、使用、奖励制度，充分发挥他们在深化社会体制改革、创新社会管理中的聪明才智。

经济体制改革是一场深刻的革命，社会体制改革更是一场深刻的革命，任务艰巨繁重。深化社会体制改革的许多重要问题摆在我们面前，而任何一个重要问题都没有简单的答案。我们要坚持以中国特色社会主义理论体系为指导，勤于思考，勇于探索，敢于实践，善于总结，努力为深化社会体制改革、促进科学发展、发展中国特色社会主义伟大事业做出积极的贡献。

加快构建中国特色社会主义社会体制[*]

（2013 年 5 月 25 日）

各位来宾、各位专家：

第三届中国社会管理论坛今天在这里成功举办。本届论坛以"贯彻十八大精神，加快社会体制改革"为主题，集中研讨社会体制改革的理论和实践问题，这对于推动社会体制改革、加强社会建设、促进社会现代化，很有意义。

这里，我主要围绕这次论坛的主题，讲一些个人的看法，与大家一起研讨交流。

社会体制，一般是指社会管理和服务模式、社会资源配置机制，以及各社会主体权利责任义务和行为的规范或制度安排，包括社会主体定位、社会治理方式、公共服务体系、社会组织制度和社会管理机制等。我们这里研讨的社会体制，是指中国特色社会主义制度体系中与经济体制、政治体制、文化体制、生态体制相并列的具体制度，是社会现代化建设的重要组成部分。

党中央高度重视社会体制改革问题，党的十八大把加快推进社会体制改革放在更加突出的位置，做出了重大决策和部署，第一次把社会管理体制、基本公共服务体系、现代社会组织体制和社会管理机制等一系列既有联系又有区别的范畴，概括为中国特色社会主义社会体制的基本任务和重点方面。这些是对近些年我国社会体制改革理论探索和实践创新成果的新升华、新发展。加快社会体制改革，势在必行，意义重大。

第一，加快推进社会体制改革，是加强社会建设、全面建成小康社会的内

---

* 本文系在第三届中国社会管理论坛上的主旨演讲。

在要求。我们党对社会主义现代化建设规律的认识不断深化，其中把社会建设作为中国特色社会主义"五位一体"总体布局的重要组成部分，作为全面建成小康社会的重要任务。社会建设包括保障和改善民生，发展社会事业，完善公共服务体系，加强社会管理，创新社会体制，促进社会公平正义。社会体制是社会建设中有机联系的重要内容。总体上看，一个较长时期以来，社会建设是我国现代化建设中的一个短板和瓶颈，而社会建设中与改善民生和社会管理相关的就业、教育、医疗卫生、收入分配、住房、社会治安等方面许多问题，在很大程度上又与社会体制不合理、不健全直接相关。不加快社会体制改革，社会建设中的许多问题就难以从根本上加以解决。因此，要实现全面建成小康社会的目标，必须大力加强包括社会体制在内的社会建设。

第二，加快推进社会体制改革，也是全面深化改革、完善中国特色社会主义制度的重要内容。中国特色社会主义制度，是包括建立在中国特色社会主义根本政治制度、基本政治制度、基本经济制度基础上的经济体制、政治体制、文化体制、社会体制、生态体制等各项具体制度。这些具体制度随着我国经济社会发展而不断完善、发展。党的十八大报告强调，必须以更大的政治勇气和智慧，不失时机深化重要领域改革，"构建系统完备、科学规范、运行有效的制度体系，使各方面制度更加成熟更加定型"，并明确提出了建立确保社会既充满活力又和谐有序的社会体制目标。显然，加快推进社会体制改革，是全面深化体制改革的重要组成部分，是构建成熟的中国特色社会主义制度的一项重大任务。

第三，加快推进社会体制改革，还是加强和创新社会管理、提高社会管理科学化水平的必由之路。目前，我国仍处于大有可为的重要战略机遇期，也是各种社会矛盾的凸显期，社会领域中面临着不少亟待解决的问题：社会体制不适应社会结构、利益结构多层次、多元化发展的新情况、新要求；政府、社会组织、企业、公民的社会职责不清，政府在社会管理中既有包揽社会事务过多的问题，也有职能不到位的问题；现代社会组织发育缓慢，体制不顺，活力不足，缺乏规范；社会事业体制改革滞后，基本公共服务体系不健全；社会治理体系、规制、机制不合理，放活、管控、协同的体制性功能难以有效发挥作用。解决这些问题，必须推进社会体制改革创新，围绕解决突出的社会问题，创新社会管理理念，创新社会管理主体，创新社会管理内容，创新社会管理方式。只有加快社会体制改革，才能从根本上加强和创新社会管理，不断提高社会管理科学化水平，也才能有效协调社会关系、规范社会行为、化解社会矛盾、解决社会问题、实现社会公正、应对社会风险、激发社会活力、维护社会稳定，从而为改革发展创造良好的社会环境。

加快推进社会体制改革的总体目标，从根本上说，就是构建起中国特色社会主义社会体制。这是一项宏大的涉及多方面改革的历史任务。党的十八大提出："要围绕构建中国特色社会主义社会管理体系，加快形成党委领导、政府负责、社会协同、公众参与、法治保障的社会管理体制，加快形成政府主导、覆盖城乡、可持续的基本公共服务体系，加快形成政社分开、权责明确、依法自治的现代社会组织体制，加快形成源头治理、动态管理、应急处置相结合的社会管理机制。"可以说，这"四个加快"就是深化社会体制改革的基本任务和基本要求。它们之间既密切联系，又各有侧重。社会管理体制侧重于明确各类社会主体作用，保持社会关系协调、富有活力、有序运行；基本公共服务体系侧重于满足公众基本需求，保障和改善民生；现代社会组织体制侧重于创新社会治理方式，由大政府向"大社会"转变；社会管理机制侧重于社会全过程重要环节的调节、治理。这些方面，构成新型社会体制的基本框架和主要支柱。

1.加快形成党委领导、政府负责、社会协同、公众参与、法治保障的社会管理体制。这是加快社会体制改革的根本任务。党的十八大对社会管理体制做出新概括，将2004年党的十六届四中全会首次提出的建立"党委领导、政府负责、社会协同、公众参与"的社会管理格局，提升为"社会管理体制"，并把"法治保障"纳入到社会管理体制中来。这样，不仅深化了对社会管理体制框架的认识，而且丰富了社会管理体制的内涵，彰显了法治在社会管理中的重要作用，进一步明确规定了社会管理体制不同主体的作用和如何创新社会管理的问题。党委领导是核心，政府负责是关键，社会协同是依托，公众参与是基础，法治保障是基石。五位一体，有机联系，密不可分。党委领导，就是要发挥各级党委在社会管理中总揽全局、协调各方的领导核心作用。主要是把握方向，制定政策，整合力量，营造环境，发挥基层党组织服务社会、凝聚人心、促进和谐的作用。政府负责，就是要发挥政府担当主要责任的作用，各级政府必须切实履行社会管理和公共服务的职能，明确部门责任，健全职责体系，培育社会组织，创新公共政策体系，把社会管理工作落到实处。社会协同，就是要发挥各类社会团体、社会组织、社会单位的协调配合作用。最充分、最广泛地调动社会上一切积极因素和积极力量共同治理社会，特别是要支持和促进社会组织体系发展，健全基层服务和社会管理网络，推动社会管理专业化、组织化、社会化。公众参与，就是要发挥人民群众参与社会管理的基础作用。社会管理是对人的管理和服务，社会成员既是管理和服务的对象，也是管理和服务的主体。必须充分相信群众、依靠群众，动员和组织广大群众参与社会管理与服务，形成社会治理人人参与、和谐社会人人共享的生动局面。法治保障，就是要发挥法治在社会管理中的保障作用。现代社会是法治社会，贯彻落实法治原则才能切实体现公平正义，也才能真正建设民主政治。社会管理必须全面落实依法治国基本方略，提高领导干部运用法治思维和法治方式治理社会的能力，突出加强社会领域立法、执法和监察工作，切实保障法律法规的有效实施，把各项社会管理纳入科学化、规范化、法治化的轨道。

2.加快形成政府主导、覆盖城乡、可持续的基本公共服务体系。这是加快社会体制改革的重要方面。党的十八大提出的加快健全基本公共服务体系，明确回答了由谁提供、向谁提供和如何提供基本公共服务等问题。政府主导，就是要明确政府在提供基本公共服务中的主导作用。各级政府应切实加强公共服务的职责，积极提供满足公众和社会需要的优质公共服务。要建立中央统一领导、地方为主、统一与分级相结合的基本公共服务体制，完善公共财政体系，增加公共财政投入。同时，积极探索政府与企事业单位、各类社会组织和城乡社区自治组织在社会管理中有效衔接与良性互动的体制。要着力创新政府提供公共服务的方式，加大购买基本公共服务的力度，凡适合社会组织承担的公共服务，都可以通过委托、承包、采购等方式交给社会组织承担，充分发挥社会力量的积极性和创造性，推进公共服务供给多元化、多样化。覆盖城乡，就是要实现基本公共服务对象覆盖全体人民。必须统筹城市与农村、发达地区与贫困地区、户籍人口与流动人口，实现城乡均衡、区域均衡和群体均衡，着力编织覆盖全社会、保障基本民生的安全网，特别要"补短板""兜底线"，不留空白，使人人共享基本公共服务，促进社会公平正义。这就要求加快完善城乡一体化体制机制，破除城乡二元结构；加快社会事业单位体制改革，使基本公共服务覆盖各类人群。可持续，就是要立足我国仍处于社会主义初级阶段的最大实际，坚持量力而行、尽力而为，着眼长远、循序渐进。要合理确定服务标准，实行适合中国国情的基本公共服务供给方式，在发展中逐步扩大范围、提高水平、缩小差距。

3. 加快形成政社分开、权责明确、依法自治的现代社会组织体制。这是加快社会体制改革的中心环节。党的十八大充分肯定社会组织在社会建设中的重要作用，并为加快形成现代社会组织体制指明了方向。提出建立现代社会组织体制，是基于我国从计划经济体制向市场经济体制转变、从传统社会向现代社会转变、顺应世界现代化趋势而做出的一种现代社会制度安排。深化社会体制改革的核心问题，是处理好政府和社会的关系，处理好"政府管理"与"社会自治"的关系，要切实尊重市场经济条件下社会运行规律，更好发挥政府作用。必须实行政社分开，使政府行政职能和社会组织自我管理相分离，即行政权力与社会自治权力分开；同时，政府要向社会组织转移职能，放权让利，并充分发挥社会组织的作用。要加快政府职能转变和行政体制改革，既要切实改变政府包揽社会事务的做法，也要切实改变社会组织行政化和成为"二政府"

的现象，推进政府向社会组织转移权力和职能，支持社会组织参与社会管理和服务，实现政府与社会优势互补、良性互动。必须落实权责明确，通过法律明确规定社会组织的权力和责任，权、责、利相统一、相对等。服务公众利益和社会利益是现代社会组织的基本功能和制度安排。要在赋予社会组织社会管理和服务职能的同时，对其承担的责任提出明确要求，促进社会组织健康有序发展，切实发挥其在社会管理和社会服务中的协同作用。必须实行依法自治，以法律为自治准绳。根据我国现代化进程的要求，并借鉴国外的有益做法，着力研究社会组织体制的特色、社会组织定位功能，加快培育和规范发展各类社会组织、社会企业，尤其要加快培育公益类、服务类、慈善类社会组织的发展，充分发挥各类社会自治组织的自治功能。构建和谐社会，基层是关键。当务之急是要完善城乡社区发展的体制、机制，从各地实际出发，健全符合中国国情的新型城乡社区组织。要给社会组织以更充分的信任和更广阔的发展空间。同时，要引导社会组织完善内部治理结构和规章制度，在法律法规范围内进行自我管理、自我服务、自我发展和自我完善。党的十八届二中全会和十二届全国人大一次会议通过的《国务院机构改革和职能转变方案》中，对推进政社分开、发展社会组织、扩大社会组织权力、发挥社会组织作用提出了重要改革措施，这些是加快形成现代社会组织体制的重要决策，是完善中国特色社会主义行政体制和社会体制的重要步骤，有着标志性意义。

4. 加快形成源头治理、动态管理、应急处置相结合的社会管理机制。这是加快社会体制改革的基本要求。党的十八大根据社会管理规律，提出全过程实施管理、各个环节相互关联和相互支撑的社会管理机制。这是健全社会体制、提高社会管理科学化水平的科学思维和制度安排。源头治理是治本之策，要将社会管理的关口前移，树立民生为先、服务为先的理念，切实保障和改善民生，坚持科学、民主、依法决策，从源头上预防和减少社会矛盾。这就需要牢固树立以人为本的发展思想，尊重人民主体地位，加强社会预期管理。动态管理是化解之策，要建立健全诉求表达、矛盾调解、利益协调、权益保障机制，使社会矛盾得到及时发现和化解，保持社会有序平稳运行。应急处置是保全之策，要加强应急能力建设，围绕提高预知、预警、预防和应急处置能力，建立主动防控和应急处置相结合、传统方式和现代手段相结合的公共安全体系，及时有效应对和妥善处置突发事件，最大限度减少对群众生命财产的危害，或者对社会秩序的冲击。

深化社会体制改革，加快建立中国特色社会主义社会体制是一项艰巨复杂的系统工程，在推进改革中需要把握好以下几个方面。

1. 坚持社会体制改革正确方向。改革朝着什么方向推进，事关中国现代化事业的成败。社会体制是中国特色社会主义总布局中社会建设的重要组成部分。加快推进社会体制改革，必须始终坚持中国特色社会主义的根本方向，坚持与社会主义市场经济改革相配合、相适应。社会体制改革同经济体制等其他方面体制改革一样，都是社会主义制度的自我完善和发展，而不是社会主义制度改弦更张。我们要以世界眼光和宽广胸怀，积极借鉴世界各国在社会治理文明中的一切有益做法，但是，绝不能照抄照搬别国经验、别国模式，要自觉抵制各种错误思想和主张的影响，确保社会体制改革沿着中国特色社会主义道路前进。

2. 坚持问题意识和制度导向。马克思有一句名言："问题就是公开的、无畏的、左右一切个人的时代声音。问题就是时代的口号。"每个时代总有属于它自己的问题，深化社会体制改革就是一个解决当今中国社会问题的过程。我们国家发展的阶段性特征，决定了我们在加强和创新社会管理过程中面临着许多与别的时代、别的国家所不同的社会问题，特别是社会管理体制问题、社会建设中与群众利益密切相关的问题比较突出。这些就是时代的口号、时代的声音。必须树立强烈的问题意识，提出有针对性的解决问题的办法，而不能只是从概念出发，更不能从概念到概念。同时，必须标本兼治，强化制度导向。要着眼于建立和完善相关制度机制，推进改革措施，注重加强制度建设，因为只有制度才具有根本性、长期性和稳定性。绝不能光治标不治本。

3. 坚持继承和创新有机统一。我国社会治理文明源远流长、博大精深。新中国成立以来特别是改革开放以来，不断推进社会管理改革创新取得重要进展。在新的形势下，加快社会体制改革必须坚持从中国基本国情出发，围绕构建中国特色社会主义社会管理体系和提高社会管理的实际效果，高度重视弘扬和继承我国传统的社会治理优秀文明成果，包括重视道德教化和重视家庭的作用；同时，高度重视继承和发扬我们党在推动社会建设中形成的鲜明的政治优势、制度优势、组织优势以及群众工作优势，这是中国特色社会主义社会体制的基本内核和可靠支柱。另外，我们必须与时俱进，革故鼎新，勇于用时代发展要求审视社会建设现状，推进社会管理理念创新、实践创新、体制创新、制度机制创新，加强社会预期管理理论和方法研究，用新思路、新办法解决新问题，努力使社会建设和社会管理体现时代性、把握规律性、富有创新性。

4. 坚持在各方面体制改革协同配合中推进。加快社会体制改革，是全面深化改革、完善中国特色社会主义制度体系，必须与其他方面体制改革相协调、相配合，要在全面推进经济体制、政治体制、文化体制、生态体制改革创新中统筹谋划，协同推进。要坚持以经济体制改革、社会体制改革为重点，加大改革力度，从而带动和促进其他方面改革。要把握好各方面体制改革相互联系、相互促进的规律，审时度势，科学决策，全面协调地推进。

5. 坚持加强宏观指导和鼓励基层创造相结合。构建现代社会体制、建设社会现代化，是一个重大的、崭新的课题，需要积极稳妥推进。要坚持30多年来行之有效的"摸着石头过河"的领导改革方法。重视加强社会体制改革的顶层设计和宏观指导，从国家发展全局和战略高度，并从整体上系统地研究社会体制改革的目标、任务、路线图和时间表，更加注重改革的系统性、整体性、协同性，不断把改革引向深入。同时，要继续充分尊重基层和群众的首创精神。近年来，各地在社会体制改革方面进行了积极的探索和实践，积累了不少值得重视的经验，要善于总结社会体制改革中丰富的实践创造，及时推广新鲜经验。同时，要继续鼓励大胆试验、勇于创新、敢于突破。

　　当前，我国正站在全面建成小康社会和全面深化改革新的起点上。深化社会体制改革的任务艰巨、繁重，许多重要课题需要我们去研究、去探索。从某种意义上说，社会体制改革比其他体制改革的复杂性和困难程度更大，这是一场更为广泛、更为深刻的社会变革，需要以更大的勇气、智慧和能力攻坚克难。我们要以党的十八大精神为指导，不断解放思想，弘扬改革精神，凝聚改革共识，深入开展社会体制改革理论研究，积极投入社会体制创新实践，为加快建成中国特色社会主义社会体制、推进社会现代化、实现中华民族伟大复兴的中国梦做出应有的贡献。

　　谢谢大家！

积极推进社会治理体制创新 [*]

（2014 年 5 月 18 日）

创新社会治理体制，是党的十八届三中全会提出的新要求、新部署。将"社会管理"改为"社会治理"，由"管理"到"治理"，只有一字之差，但含义更深刻、内容更丰富、要求更明确。这标志着由传统的社会体制向适应时代发展要求的现代社会体制转变，也就是要通过深化体制改革和管理创新逐步实现国家社会治理的现代化。这是我们党对中国特色社会主义建设规律、人类社会发展规律认识的新飞跃，是社会建设理论和实践的创新发展。

一、创新社会治理体制的基本要求

总的看来，我国现行社会体制与基本国情和社会主义制度大体是相适应的，这是一个基本判断，也是创新社会治理体制的基本出发点。也就是说，推进社会治理体制创新，绝不是对现行社会基本制度的改弦易辙，而是在党的领导下对中国特色社会主义制度的自我完善和发展，使基本制度优势得到更好的发挥。其基本要求是，着眼于维护最广大人民的根本利益，最大限度调动社会各方面的积极性，最大限度增强社会发展活力，最大限度增加社会和谐因素，不断提高社会治理科学化、现代化水平，更好保障和改善民生、促进社会公平正义，加快形成科学有效的社会治理体制，确保整个社会既充满活力又和谐有序，为实现全面建成小康社会和国家现代化提供良好的社会环境。为此，需要着重推进以下七个方面的创新。

---

* 本文刊发于《光明日报》头版，2014 年 6 月 20 日。

1.创新社会治理理念。正确的社会治理理念是实施有效治理的前提和基础。这里最为重要的，是坚持以人为本，牢固树立社会治理一切为了人民的理念，做到为民、亲民、爱民、利民。要始终把实现好、维护好、发展好最广大人民的根本利益作为社会治理的出发点和落脚点。随着改革发展和人民生活水平的提高，人民群众的物质文化生活需求日趋多样化、个性化，公平意识、民主意识、权利意识、法治意识不断增强，对促进社会公平正义、实现安居乐业的要求越来越高。当前，各种人民内部矛盾和社会矛盾中的大量问题是由利益问题引发的。这就要求我们一方面要积极满足人民群众日益增长的、不同层次的社会需求，发展社会生产，优化经济结构，注重保障和改善民生；另一方面，要切实处理好"维稳"和"维权"的关系，要把群众合理合法的利益诉求解决好，完善对维护人民权利和切身利益具有重大作用的制度，切实体现公众社会需求导向，更加尊重人的尊严，更好保障人民权益，让人民群众共享改革发展成果。

2.创新社会治理主体。社会治理主体是实施治理行为的能动力量。不同社会主体之间的相互关系及其地位角色构成了治理的基本格局。在新的社会治理格局中，社会治理主体多元化，党委领导是根本，政府主导是关键，社会协同是依托，公众参与是基础。多元社会主体合作共治，是社会治理走向现代化的重要标志。在当前我国的社会治理中，重政府包揽、轻多方参与的现象还较为普遍，社会治理工作往往成了政府的"独角戏"。创新社会治理体制，就要进一步优化社会治理主体格局，从单纯重视党委、政府作用向党委、政府与社会多元主体共同治理转变，既发挥党委、政府的领导和主导作用，又要鼓励和支持社会各方面参与，包括各类社会组织、企事业单位和公民个人参与社会治理，充分发挥多元主体各自应有的功能和作用，使多元主体良性互动，形成社会治理整体合力。

3.创新社会治理方式。治理方式反映了治理行为运行的特点和规律。改进社会治理方式，不仅是创新社会治理体制的重要方面，而且是转变我国社会发展方式的必然要求。社会治理要讲究辩证法,既要管理又不能管得太死,要做到刚柔相济、宽严适度,使社会活跃起来而又有序运行。关键是改进社会治理方式。一要坚持系统治理,实现政府治理与社会自我调节、居民自治良性互动,充分发挥党委总揽全局、协调各方的领导核心作用。二要坚持依法治理,运用法治思维和法治方式化解社会矛盾,实现治理方式从单纯行政管控向注重法治保障转变。三要坚持综合治理,实现社会治理手段从单一向行政、法律、经济、教育等多种手段综合并用转变,特别要注重诚信建设,规范社会行为。四要坚持民主治理,要按照发展社会主义民主政治的要求,更加注重健全民主制度,丰富民主形式,拓宽民主渠道,从各层次、各领域扩大公民有序政治参与和社会参与。五要坚持源头治理,预防为先,动态治理,实现治理环节前移,标本兼治,重在治本,健全基层综合服务管理平台,及时反映和协调人民群众各方面各层次利益诉求。

4. 创新社会治理体系。构筑全面、系统、有效的供给、服务和保障体系,是创新社会治理体制的重要方面。一要扩大公共服务体系。既要推进教育、文化、卫生、体育等社会事业发展与体制创新,也要推进就业、住房、社会保障、收入分配等民生事业发展与改革。特别要完善基本公共服务体系,加快基本公共服务均等化进程。二要健全公共安全体系。食品药品安全、生产安全、防灾减灾救灾、社会治安防控、网络安全是公共安全治理的重要内容。要抓紧完善统一权威的食品药品安全监管机构,建立最严格的覆盖食品生产、流通全过程的监管制度,健全食品原产地可追溯制度和质量标识制度,保障食品药品安全。建立隐患排查治理体系和安全预防控制体系。健全防灾减灾救灾体制。创新立体化社会治安防控体系,依法严密防范和惩治各类违法犯罪活动。特别是要主动适应社会信息化的大趋势,健全网上网下管理体系,维护公共利益和国家网络信息安全。三要完善应急管理体系。进一步完善"一案三制"。四要加强国家安全体系。既要加强传统安全体系建设,更要加快非传统安全体系建设,完善国家安全体制和国家安全战略,确保国家安全。以上这些社会治理体系建设都不是孤立进行的，而是在社会治理的实践过程中构成一个相互联系、相互影响的有机整体。这就要求我们的社会治理改革创新要注重系统性、协同性和整体性。

5. 创新社会治理制度。推进社会治理现代化，最根本的在于制度的改革和创新。当前，相关制度的缺失、滞后和不规范是许多社会矛盾产生的重要根源；社会转型过程中新旧制度接续之间出现一些断裂、真空地带。有效解决这些问题，需要我们大力推进社会治理制度改革创新：一要加强社会建设和社会治理领域的基础制度供给和制度设计，加快建立和完善与社会主义市场经济体制相适应的新型社会治理制度体系；二要实现从传统的重视命令式、运动式、动员式的社会治理制度向法治型、互动式、规范化的社会治理制度的转变，显著提高社会治理的制度化、规范化和程序化水平。

6. 创新社会治理机制。当前，我国社会治理机制的主要问题是：群众权益表达渠道不够畅通，公众参与公共政策制定程度较低；矛盾纠纷的各种调解机制彼此互动衔接不够。为此，应注重社会治理体制机制创新。一要健全重大决策社会风险评估机制。凡是推出涉及人民群众切身利益的重大决策，都要把社会风险评估作为前置程序、刚性门槛，使重大决策的过程成为党委、政府倾听民意、改善民生、化解民忧的过程，最大限度地预防和化解社会矛盾的发生。二要建立通畅有序的诉求表达、心理干预、矛盾调处、权益保障机制。充分发挥人大、政协和人民团体、行业协会以及大众传媒等社会利益表达功能，完善公共决策社会公示制度、公众听证制度、专家咨询论证制度；建立健全个人心理医疗服务体系，开展个人心理调节疏导工作。三要建立调处化解矛盾纠纷综合机制。进一步完善人民调解、行政调解、司法调解联动工作体系。四要改革信访工作机制，实行网上受理信访制度，健全及时就地解决群众合理诉求机制；把涉法涉诉信访纳入法制轨道解决，建立涉法涉诉信访依法终结制度。

7. 创新社会治理能力。要全面提高各个社会治理主体的治理能力，包括党委、政府创新社会治理的能力，各类社会组织参与社会治理的能力，社会自我调节的能力和社区、居民自治的能力。这样整个国家社会治理体系才能更加有效地运转。为此，要围绕提高全社会的治理能力，加强和创新干部教育培训的形式和内容，加快建设一支宏大的社会工作人才队伍和志愿者队伍；注重运用云计算、物联网、互联网、大数据等信息化手段开展基础信息采集工作和分析处理，在学习借鉴国外先进信息技术的同时，加强社会治理信息技术自主研发的能力和水平，加快制定社会治理领域信息技术系统和平台的行业标准。要加快制定和完善社会治理规则体系，加大社区居民自治知识的宣传教育力度，搭建和营造良好的社会治理框架和环境氛围。

二、着力把握创新社会治理体制五个关键环节

创新社会治理体制，是在党的领导下提高运用中国特色社会主义制度有效治理社会的深刻社会变革，需要从多方面着力，特别应当把握好政府善治、合作共治、基层自治、社会法治、全民德治五个关键环节。

1.政府善治：创新政府治理方式，发挥政府的主导作用。党的十八届三中全会提出，社会治理要"发挥政府主导作用"。应当说，将之前的"政府负责"改为"政府主导"，是对建立现代化政府、实现政府善治的更加明确的要求。政府在社会治理中的主导作用主要体现在制定相关社会治理规制、政策和标准体系，制定与实施社会建设总体规划和专项规划，提供社会治理基础设施和公共服务产品，依法行政和依法监管，维护社会良好秩序、保障公共安全等。目前，我国政府治理存在的突出问题是："全能型政府""管制型政府"在地方还大量存在，政府社会治理缺位现象还较为普遍；公共权力运行不够规范，依法监管意识和能力薄弱。为此，要全面正确履行政府职能，加快转变政府职能，推动政府职能向创造良好发展环境、提供优质公共服务、维护社会公平正义转变；改进政府提供公共服务方式，推广政府购买服务，凡属事务性管理服务，原则上要向社会放权，都可以通过合同、委托等方式向社会购买。还要建设效能型政府，增强政府公信力、执行力和服务力，建设人民满意的政府。

2. 合作共治：激发社会组织活力，发挥社会组织的桥梁作用。社会组织是现代社会治理不可或缺的重要主体，是解放和激发社会发展活力的重要能量。现代社会治理需要更加重视充分调动和发挥社会组织的桥梁作用，实现政府与社会组织的合作共治。现阶段我国社会组织管理体制存在不少弊端，解决这些问题，一要加快实施政社分开，规范发展现代社会组织体系，推进社会组织明确权责、依法自治、发挥作用；二要加快形成现代社会组织体制，改革社会组织管理制度，降低社会组织登记门槛，使之做到权责明确、依法自治；三要营造良性社会生态，发展合作关系，在国家与社会、政府与社会、社会组织与社会组织、社会组织与公众之间建立一种广泛、平等的合作关系，构建开放型现代社会组织生态系统；四要加快社会组织立法进程，优化社会组织发展制度环境，特别要抓紧研究制定指导、规范各类社会组织发展的基本法律——社会组织法，保障合法权益，实行依法监管。同时，也要强化各类企事业单位的社会治理责任，使它们发挥在社区建设、安全生产、处理劳资关系、发展公益事业、促进社会和谐稳定方面的重要作用。

3. 基层自治：重视基层社会自治，发挥群众参与的基础作用。群众参与社会治理是坚持人民主体地位的基本要求。从某种意义上讲，社会治理首先需要社会的自我组织和自我管理，这是维持社会和谐稳定和社会安全秩序的自动调节机制。要积极探索社会治理新途径、新形式，形成社会治理人人参与、成果人人共享的生动局面。一要健全基层群众自治机制，增强基层社会自治功能，扩大群众参与范围和途径，丰富自治内容和形式，努力实现民事民议、民事民办、民事民管，实现政府治理与基层群众自治的有效衔接和良性互动。二要加强和改进城乡社区建设，注重发挥社区作用，提升居民自治和村民自治水平，夯实基层民主制度建设，使之更好地适应和服务于社会治理创新的发展趋势和要求。三要大力推动社会组织参与社会治理，建立政府与社会组织之间的平等合作关系，提高社会组织自治与服务社会的能力。四要建立健全公民参与社会治理的制度保障，搭建多样化、多层次的参与机制，并从组织、人力、财力、设施等方面创造条件保障基层自治。

4. 社会法治：推行法治社会建设，发挥法治的保障作用。法治是社会治理的基本准则和手段，全面推行法治，是实现社会治理现代化的最重要标志。要全面推进法治中国建设，坚持依法治国、依法执政与依法行政共同推进，法治国家、法治政府与法治社会一体建设，立法、执法、司法、守法普遍提升。一要加快社会领域立法进程，尤其要加大规范社会组织、城乡社区、社会保障等方面的立法力度，建议抓紧制定社会稳定法。二要深化执法、司法体制改革，促进社会公平正义，包括深化执法、司法公开，提高执法司法透明度，严格、规范、公正、文明执法，加快建设公正、高效、权威的司法制度，切实维护人民权益。三要大力增强全社会的法治观念和法治意识，深入开展法治社会宣传教育，使广大干部和群众做到"学法、知法、尊法、守法、用法"，在全社会树立法律至上的基本信念和行为准则，显著提高全社会的法治水平。

5. 全民德治：加强思想道德建设，发挥核心价值观的引领作用。实现社会治理现代化，既要靠法治，又要靠德治，做到法治与德治相结合、二者并用。人类社会发展的历史表明，对一个民族、一个国家来说，最深厚、最持久的力量是全社会一致认同的核心价值体系和核心价值观。富强、民主、文明、和谐，自由、平等、公正、法治，爱国、敬业、诚信、友善，是社会主义核心价值观的基本内容，它把涉及国家、社会、公民的价值要求融为一体，体现了社会主义的本质要求。要充分发挥社会主义核心价值观引领社会治理现代化的灵魂作用，为此，要积极开展社会主义核心价值观宣传教育，壮大主流思想舆论阵地，增强人们的认同感和归属感，激发广泛的社会共鸣；要加强社会思潮动态分析，强化正面引导，凝聚社会共识；要树立"全民德治"观念，以社会主义核心价值观引领公民道德建设，加强公民道德教育，使之成为公民行动的准则。

全面推进法治社会建设 *

（2015 年 5 月 17 日）

深入研讨社会治理与法治社会建设的理论和实践，对于全面贯彻党的十八大和十八届三中、四中全会精神，落实习近平总书记提出的"四个全面"战略布局，研究制定"十三五"规划，加快建设社会主义法治中国，具有重要意义。

一、法治社会建设的内涵和重要特征

1. 法治社会的内涵。法治是人类社会发展的文明成果之一。法治社会是现代社会的基本标志，建设法治社会是社会现代化的必然要求。

什么是法治社会？这一问题无论在理论界还是实际工作部门，都没有形成一个共识。目前，主要有三种观点：第一种是广义的法治社会，指立法机关科学立法，行政机关依法行政，司法机关公正司法，执政党依法执政，公民和社会组织、团体在宪法和法律范围内活动；第二种是中义的法治社会，认为法治国家与法治社会既相对独立又密切联系，两者之间属于"一体之两面"的关系；第三种是狭义的法治社会，更多强调的是公民、社会组织和社会团体等社会主体行为的法治化。以上三种看法都有合理之处，也很有启发意义，但都需要深入研究。

党的十八届四中全会提出，建设法治中国，必须坚持依法治国、依法执政、依法行政共同推进，坚持法治国家、法治政府、法治社会一体建设。这明

---

* 本文系在第五届中国社会治理论坛上的主旨演讲。

确提出了建设法治社会的任务和要求。在法治中国建设中，"法治社会"有其特定范畴和基本内涵。所谓"法治社会"，是指法律在全社会得到普遍认同和遵从，国家立法所确立的制度、理念和行为方式能够得到有效贯彻实施，所有社会主体都能厉行法治的一种社会运行状态，可以在法治轨道上统筹社会力量、平衡社会利益、调节社会关系、规范社会行为，依靠法治解决各种社会矛盾和问题。

2. 法治社会的重要特征。从根本上讲，全面推进法治社会建设的目标，就是建设中国特色社会主义的法治社会。进一步说，中国特色社会主义法治社会建设具有六个重要特征，即人民性、普遍性、系统性、全面性、平等性、公正性。

——人民性，就是法治社会建设坚持人民主体地位。这是由当代中国的社会性质、执政党的宗旨和宪法的属性所决定的。我国是社会主义国家，人民是国家和社会的主人，这就决定着我国的法治是全体人民的法治。法治建设是为了人民、保护人民、依靠人民、造福人民，以保障人民根本权益为出发点和落脚点，保证人民依法享有广泛的权利和自由、承担应尽的义务，人民群众通过多种形式、多样渠道广泛参与社会法治建设，维护社会公平正义，促进共同富裕。我国社会主义制度保证了人民当家作主的主体地位，也保证了人民在全面推进依法治国、建设法治社会中的主体地位，这是中国特色社会主义法治区别于资本主义法治的根本所在。

——普遍性，就是法治社会建设要使法律成为全社会的基本准则，整个社会按照法律规范运行。任何组织、机构、单位和个人都必须在宪法和法律的范围内活动，都要以宪法和法律为行为准则，依照宪法和法律维护权利或行使权力、履行义务或职责。

——系统性，就是法治社会建设贯穿于立法、执法、司法、守法各个环节。通过科学立法，发挥立法的引领和推动作用；通过严格执法，确保法律有效实施；通过公正司法，提高司法公信力；通过全民守法，增强全社会法治观念和意识。这四者之间紧密相连、相辅相成，共同构成法治社会建设的主体架构。

——全面性，就是法治社会建设既包括经济、政治、文化、社会、生态建设和党的建设在内的全方位、立体型地厉行法治，也包括心灵、价值、行为、秩序、制度全面体现法治精神、法治规范和法治要求。法治社会建设意味着法治观念、法治精神、法治信仰不断深入人心、浸润人心、内化于心，进而实现人的心灵的治理；法治社会建设也意味着法律规范成为人们一切行动的基本准则；法治社会建设还意味着构建完善的社会规范和法律制度体系，使之成为各类市场主体、社会主体维护社会秩序的根本保障。

——平等性，就是法治社会建设坚持法律面前人人平等。平等是社会主义法治的基本属性。任何组织和个人、任何市场主体和社会主体，都必须尊重和维护宪法法律权威，都必须依照宪法法律行使权力或权利、履行职责或义务，都不得有超越宪法法律的特权，任何在社会中处于弱势的公民都不得受到歧视。

——公正性，就是法治社会建设以促进公平正义为根本依归。公正是法治的生命线。维护公平正义，是中国特色社会主义的内在要求。我国法治社会建设，从根本上讲，就是为了建设一个公平正义的美好社会。全面依法治国、推进法治社会建设，必须紧紧围绕保障和促进社会公平正义来进行，切实做到良法善治。

总体来看，健全的、成熟的法治社会，将是一个政治清明、民主法制、社会公正、充满活力、平安有序、和谐友善的社会。在这样一个社会中，全社会对法律充满敬畏和信仰，宪法和法律得到有效实施和普遍遵从，社会生活法治化、规范化，全社会依照法律规范既生机勃勃又井然有序地运行，人民群众的合法权益获得切实尊重和保障，社会充满公平正义，形成法治社会人人有责、法治社会人人共享的生动局面。

全面推进法治社会建设如同全面推进依法治国一样，这是一个重大的历史任务，是国家治理和社会治理领域一场广泛而深刻的革命，需要付出长期艰苦努力，需要全体社会成员和社会组织共同积极奋斗、扎实奋斗、不懈奋斗。

二、全面推进法治社会建设的重要性和紧迫性

1. 全面推进法治社会建设是全面推进依法治国的内在要求。党的十八届四中全会的一个重大历史贡献，是站在党治国理政和国家现代化全局的高度，提出了全面推进依法治国的总目标，这就是建设中国特色社会主义法治体系，建设社会主义法治国家。法治社会建设在全面推进依法治国中具有重要地位和作用。法治国家、法治政府、法治社会是一个有机统一的整体，三者相互依存、相辅相成。在法治中国"三位一体"建设格局中，法治社会是法治国家、法治政府建设的重要基础和基本前提，法治国家、法治政府是法治社会建设的重要保障。只有实现全社会对法治的普遍信仰，才能为全面推进依法治国提供坚实的思想基础。只有不断打造整个社会尊法、信法、守法、用法的法治环境，才能为全面推进依法治国提供广泛的社会基础。只有公平正义得到切实维护，公民权利得到有效保障，广大群众才会发自内心地崇尚和拥护法治，才能为全面推进依法治国打牢群众基础。如果不加强法治社会建设，也难以建成法治国家和法治政府。因此，全面推进依法治国，必须大力推进法治社会建设，为建设法治国家和法治政府提供坚实基础和支撑。

2. 全面推进法治社会建设是推进国家治理现代化的必然选择。法律是治国之重器，法治是国家治理体系和治理能力的重要依托。法治化与国家治理现代化具有同步性，国家治理现代化的过程本身就是法治化的过程。加强和创新社会治理，必须依靠法治来统筹社会力量、平衡社会利益、调节社会关系、规范社会行为，提高社会治理法治化水平，推进社会治理现代化。正如习近平总书记所指出的："人类社会发展的事实证明，依法治理是最可靠、最稳定的治理。要善于运用法治思维和法治方式进行治理，要强化法治意识。"因此，只有加快推进社会治理体制创新，全面推进法治社会建设，才能全面实现国家

治理体系和治理能力的现代化。

3. 全面推进法治社会建设是全面建成小康社会的迫切需要。"十三五"时期，我国要实现全面建成小康社会的目标，这是我们党对人民做出的庄严承诺。包括要构建系统完备、科学规范、运行有效的制度体系，使各方面制度更加成熟、更加定型。这其中一个很重要的方面，就是依法治国基本方略全面落实，全面推进国家和社会生活法治化、制度化。当前，全面建成小康社会的任务繁重，时间紧迫。特别是社会治理面临许多新情况，知识型经济、网络化社会、数字化生活的趋势越来越明显，以互联网为代表的信息技术给社会治理带来一系列新问题和新挑战。各类社会矛盾纠纷频发多发，有的群众往往不愿通过法律程序解决，成为当前社会治理面临的突出难题。在这种错综复杂的情势下，只有更加重视加强法治社会建设，完善社会治理法治，充分发挥法治对小康社会建设和全面深化改革的引领、规范和保障作用，才能将全面建成小康社会的目标任务真正落到实处、取得预期成效。

4. 全面推进法治社会建设是全面维护人民群众权益和实现国家长治久安的根本保障。健全的法制既是人民群众遵守的行为规范，又是保障人民各项权益的有力武器，也是社会稳定的"压舱石"。通过全面建设法治社会，增强全体人民的法治观念和法治意识，推动全面形成法治环境和法治制度安排，将会更好地保障全体人民享有广泛的权利，也会使人民群众享受幸福安康生活，各项权益得到切实尊重和保障，更好参与民主政治和社会治理。这对于进一步解放和增强社会活力、促进社会公平正义、维护社会和谐稳定、建设平安社会、建设平安中国，实现国家长治久安具有根本性意义。从这个意义上讲，推进法治社会建设，归根结底，就是为了实现好、维护好、发展好人民群众的根本利益，让人民群众真正共享改革发展成果，让每个人都能有人生出彩的机会，进而才能如期圆满实现中国梦。

三、全面推进法治社会建设的主要任务

改革开放以来，经过 30 多年的努力，在建设法治中国的进程中，我国全社会法治观念明显增强，法治社会建设取得重要进展。同时，也必须看到，我国法治社会建设同中国特色社会主义事业发展要求相比，同人民群众期待相比，同推进国家治理体系和治理能力现代化目标相比，仍任重道远。因此，必须加快法治社会建设，特别需要抓好以下主要任务。

1. 显著提高全社会法治观念和法治信仰。这是全面推进法治社会建设的基础。法律的权威性就是法律效力的至上性和法律权威的最高性。这个要求对于全面推进依法治国和全面推进社会法治建设有着极大的重要性和现实针对性。法律的权威源自人民的内心拥护和真诚信仰。使人民信仰法治的实质，是要真正树立宪法和法律权威，使法律成为国家、社会最高层次的治理规则。只有崇尚法治、信仰法治，才能真正坚守法治。党的十八届四中全会通过的决定明确要求，要增强全社会厉行法治的积极性和主动性，使全体人民都成为社会主义法治的忠实崇尚者、自觉遵守者、坚定捍卫者。

当前，我国社会法治观念和法治信仰状况存在一些问题，主要表现在：一方面，一些领导干部头脑中的"人治思维"仍较为顽固，以言代法、以权压法、徇私枉法的现象在一些部门、地方和领域还较为普遍，造成法治被人治所弱化，并对法治造成严重损害；另一方面，不少公民"信权不信法""信访不信法""信关系不信法"的观念和认识还根深蒂固。因此，只有显著提高全社会的法治观念和法治意识，使尊法、信法、守法、用法、护法成为全体人民的共同追求和自觉行动，才能为法治社会建设奠定坚实的思想根基。

为此，要着力抓好以下四个方面。一要深入开展法治宣传教育。要坚持把学习宣传宪法放在首位，采取多种有效途径和形式，大力加强以宪法为核心的中国特色社会主义法律体系和国家基本法律的宣传普及，不断增强全民法治观念。二要大力弘扬社会主义法治精神。要树立宪法和法律权威，强化法律监督，及时纠正法律实施中的违法行为，维护国家法制统一，维护法律正确实

施。三要扎实推进社会主义法治文化建设。要在全社会形成崇尚法律、遵守法律、维护法律权威的社会风尚，让人民群众切实感受到法治的力量，真正树立法治信仰。法律必须被全体社会成员所信仰，否则形同虚设。四要抓住领导干部这个"关键少数"和青少年这个"重要多数"。法治社会建设的基础在教育，要强化法治教育。领导干部是全面依法治国、依法治社会的决定性因素，各级干部都要带头尊法、学法、守法、用法；做尊法、学法的模范，带头崇尚法律、了解法律、掌握法律；做守法的模范，带头遵纪守法、捍卫法治；做用法的模范，带头厉行法治，依法办事。要强化对干部遵守法律、依法办事方面的考核，引导广大干部自觉树立法治观念，增强法治思维，提升法治素养。法治观念、法治思维方式和法治信仰形成的关键在学校。要把法治教育纳入国民教育体系，坚持从青少年抓起，全国中小学都要设立法治知识课程，将法治意识、法治信仰、法治思维、法治精神从一开始就根植于每个孩子的头脑深处，让法治素养伴随、滋润他们成长。同时，要把社会法治教育纳入精神文明创建内容，大力营造守法光荣、违法可耻的社会风尚。

2. 全面加快社会领域立法进程和提高立法质量。这是全面推进法治社会建设的依据。良法乃善治之基。现在，我们国家和社会生活各方面总体上实现了有法可依，但法治社会的制度体系建设仍处于滞后的状态，主要问题有：社会领域立法数量总体不足、位阶偏低、系统性不够，有些社会领域基本法尚为空白；一些社会领域立法理念偏颇，存在较强的"管制"色彩，"维权""赋权"功能不足；有些社会领域立法质量不够高，缺乏可操作性。

因此，必须坚持立法先行，充分发挥社会立法在法治社会建设中的引领、推动和保障作用。特别需要抓好以下几个方面。

一要加快公民权利保障方面的立法。增强全社会尊重和保障人权意识，健全公民权利救济渠道和方式。加快完善体现权利公平、机会公平、规则公平的法律制度，保障公民人身权、财产权、基本政治权利等各项权利不受侵犯，保障公民经济、文化、社会等各方面权利得到落实。

二要加快社会组织、城乡社区、社会工作等方面的立法。建立健全社会组织参与社会事务、维护公共利益、救助困难群众、帮教特殊人群、预防违法犯罪的机制和制度化渠道。加快修订《社会团体登记管理条例》《民办非企业单位登记管理暂行条例》《基金会管理条例》《中华人民共和国城市居民委员会组织法》等，规范和引导各类社会组织健康发展。制定社区矫正法、反家庭暴力法、社会工作法等。同时，完善和发展基层民主制度，依法推进基层民主和行业自律，实行自我管理、自我服务、自我教育、自我监督，切实发挥其在社会治理中的积极作用。

三要加快公共服务、社会事业和社会保障等方面的立法。依法加强和规范公共服务，完善教育、就业、收入分配、社会保障、医疗卫生、食品安全、扶贫、慈善、社会救助和妇女儿童、老年人、残疾人合法权益保护等方面的法律法规。

四要加快公共安全和应急管理等方面的立法。推进国家安全和公共安全法治建设，加快制定国家安全法、反恐怖主义法、网络安全法等，尤其要加大依法管理网络力度。

五要着力提高社会领域立法质量。要坚持问题导向，提高立法的针对性、及时性、系统性、可操作性。认真贯彻新修订的《中华人民共和国立法法》，切实做到科学立法、民主立法，使每一项立法都符合宪法精神，反映人民意愿，维护公民合法权益，得到人民拥护。

3. 切实推进多层次多领域依法治理。这是全面加强法治社会建设的关键。依法治理是法治社会的重要特征。随着我国当代社会呈现出社会层次立体化、社会主体多元化、社会利益差别化、社会矛盾复杂化的新情况，深入推进多层次多领域依法治理，是创新社会治理、实现社会善治的必由之路。从总体上来看，我国多层次多领域的社会治理格局尚未完全形成，主要表现在：重政府包揽、轻多方参与的现象较为普遍；社会组织的治理能力普遍还较为薄弱，还难以成为一种独立自主的主体性力量；各类治理主体之间平等合作、民主协商的体制机制仍不够畅通。为此，需切实推进多层次多领域依法治理。

一要深化基层组织和部门、行业依法治理。要深入贯彻基层群众自治法律法规，使广大基层群众在自我管理、自我服务中增强法治意识和权利义务观念，提高依法管理社会事务的意识和能力；要大力推动各级政府部门和各行业普遍开展依法治理，实现依法治理对部门行业的全面覆盖，促进各级政府部门依法行政、严格执法，社会各行业依法办事、诚信尽责。

二要发挥社会规范在社会治理中的积极作用。法治是法律之治、规则之治。依法治理是依据完备的法律法规和制度规范体系所进行的社会治理。在多层次、多样化的社会治理规则体系中，法律法规居于主导性、基础性地位；同时，也要引导公民按照宪法法律制定完善市民公约、乡规民约、行业规章、团体章程等多种形式的社会规范，充分发挥其效力所及的组织和成员个人应有的规范、引领和约束作用。重视引导和支持城乡社区基层组织、行业和社会团体通过规约章程自我约束、自我管理，规范成员行为，依法维护成员合法利益。

三要深入开展多层次多形式的法治创建活动。坚持把法律规定和法治原则、法治精神体现在、落实到各类社会主体的活动之中，最大限度地实现依法治理的社会参与；要探索建立科学完备的法治创建指标体系；要加强社会诚信建设，健全公民和组织守法信用记录，完善守法诚信褒奖机制和违法失信惩戒机制。

四要发挥人民团体和社会组织在法治社会建设中的积极作用。要发挥各类人民团体的组织特点和优势，依法维护团体成员和人民群众的合法权益；要建立健全社会组织发挥作用的机制和制度化渠道，创新社会组织培养扶持机制，建立健全政府购买服务机制；引导社会组织发挥专业优势，开展志愿服务，构建制度化服务平台，发挥多方面作用。要有效发挥行业自律和专业服务功能，规范和促进行业健康有序发展；要切实加强对社会组织的监督管理。

五要依法深入推进社会治安综合治理。要始终坚持打防结合、预防为主、专群结合、依靠群众的工作方针；依法严厉打击严重刑事犯罪；完善立体化社会治安防控体系；加强互联网管理，全面推进网络实名登记制度，依法打击整治网络违法犯罪，全力维护网络社会安全。

总之，在新的形势下，推进多层次多领域依法治理，提高社会治理的法治化水平，要更加突出党委和政府主导下的社会各方面参与，更加突出法治思维和法治方式，更加突出源头治理、综合施策，把社会治理纳入法治轨道，使法治成为社会治理的常态。

4.加快建设完备的公共法律服务体系和服务保障。这是全面加强法治社会建设的要素。公共法律服务是基本公共服务的重要组成部分。完备的公共法律服务体系是法治社会的必备要素。当前，我国公共法律服务体系建设中存在的主要问题有：法律服务提供能力与群众日益增长的法律服务需求还有一定差距，法律服务整体水平与我国社会主义民主法治建设进程还不相适应；法律总量不足、结构不协调，法律服务网络覆盖不全、发展不平衡的矛盾日益显现；相关法律法规不健全、法律服务意识不强、法律服务资源配置保障不足，特别是对社会弱势群体的法律服务严重不足等。为此，要重视抓好以下五个方面。

一要加强公共法律服务立法。尽快制定公共法律服务方面的法律法规，对公共法律服务方面的问题进行具体规定，并使之统一化、系统化，拓宽法律援助的范围，健全司法救助体系，加强对老年人法律服务和法律援助工作，加大对弱势群体进行法律救助的力度等。

二要拓展公共法律服务内容。健全公共法律服务网络，加快建立健全符合国情、覆盖城乡、惠及全民的公共法律服务体系。重点针对民生服务领域，整合律师、公证、基层法律服务、司法鉴定等法律服务资源，将公共法律服务纳入政府公共服务体系，不断满足人民群众的基本法律需求。

三要提高公共法律服务质量。公共法律服务同整个法律服务业一样，应当树立质量至上的理念，加大公共法律服务的规范化、标准化和便利化建设，加强质量监管，努力提高公共法律服务的诚信度和公信力。

四要强化公共法律服务保障。健全完善政府财政支持保障的常态机制，将法律服务经费列入政府的财政预算当中，建立严格的政府财政拨款制度，设立法律服务专项资金；同时，要大力拓展资金的来源渠道，有效整合社会资源，吸收社会融资，使之为公共法律服务体系建设提供有力保障。

五要发展壮大公共法律服务队伍。要充分激活和利用社会法律资源，完善公职律师制度，形成社会律师、公职律师优势互补的格局。要培育和扶持更多的公益性法律服务民间组织，积极开展公益性法治宣传与法律服务，满足人民群众对法律服务的多层次需求。

5. 建立健全依法维权和化解纠纷机制。这是全面加强法治社会建设的核心。随着我国经济社会发展和民主法治进步，人民群众的权利意识日益增强，利益诉求也日益多元化，由此带来的各种社会矛盾和纠纷也频发多发，成为影响社会和谐稳定的突出问题。当前，我国在依法维权和纠纷化解方面存在的主要问题有：一方面，一些公民和社会群体在表达和维护自身权益方面，理性化和法治化程度还较为欠缺，往往通过"闹"等群体性事件甚至更为极端化的方式主张权益；另一方面，一些地方政府和官员不能正确认识和对待群众的合理合法的利益诉求，要么视而不见，要么回避躲避，要么粗暴压制，以致民众利益诉求不但得不到及时解决，反而埋下不少严重隐患。解决这些问题，需要抓好以下四个方面。

一要正确认识和对待人民群众的利益诉求。应当看到，大量社会矛盾和问题是由利益问题引发的。从人民内部矛盾和社会一般意义上说，维权是维稳的基础，维稳的实质是维权。对涉及维权的维稳问题，首先要把群众合理合法的利益诉求解决好。

二要强化法律在维护群众权益、化解社会矛盾中的权威地位。要推动形成运用法律手段、通过法律渠道、依照法律程序维护权益、化解纠纷的社会氛围，引导和支持人民群众依法理性表达诉求，依法维护好、解决好群众最关心、最直接、最现实的利益问题。

三要健全社会矛盾纠纷预防化解机制。法治社会不是没有矛盾纠纷的社会，而是矛盾纠纷出现后能够得到及时有效解决的社会。这就需要建立健全社会矛盾纠纷预防机制，大力开展重大工程项目建设和重大决策社会稳定风险评估，有效预防和化解社会矛盾；要坚持及时就地化解矛盾，最大限度地把矛盾解决在基层、解决在萌芽状态，防止矛盾激化升级。

四要充分发挥不同纠纷解决制度的优势，建立完善各种纠纷解决制度有机衔接、相互协调机制。人民调解、司法调解、行政调解、行政裁决、行政复议、仲裁、诉讼等纠纷解决制度，各具特色，各有优势。要建立完善多元化纠纷解决机制，实现各种纠纷解决制度有机衔接、相互协调，形成社会矛盾纠纷化解网络和工作合力；要进一步完善调诉对接、裁审协调、复议诉讼衔接的机制，确保不同纠纷解决制度既能在各自领域和环节中有效发挥作用，又能够顺畅衔接、相互配合、相互支撑，强化纠纷解决效果。

四、全面推进法治社会建设的基本要求

全面推进法治社会建设，是运用中国特色社会主义制度治理社会的深刻社会变革。实现建设法治社会的目标，需要从多方面努力，特别应当把握好以下几个基本要求。

1. 始终坚持正确的政治方向。坚持和发展中国特色社会主义是当代中国发展进步的根本方向。全面推进法治社会建设，必须始终旗帜鲜明地坚持中国特色社会主义的方向，坚持立足中国国情，坚持和拓展中国特色社会主义法治道路、法治理论和法治制度。中国特色社会主义制度是中国特色社会主义法治体系的根本制度基础，是全面推进依法治国的根本制度保障。中国特色社会主义法治理论是中国特色社会主义法治体系的理论指导和学理支撑，是全面推进依法治国的行动指南。这些规定确保了中国特色社会主义法治体系的制度属性和前进方向。中国特色社会主义道路、理论体系、制度是全面推进依法治国的根本遵循，也是全面加强法治社会建设的根本原则。必须坚持从我国基本国情出发，同改革开放和现代化建设不断推进相适应，围绕社会主义法治建设重大

理论和实践问题，推进法治理论创新和实践创新，发展具有中国特色、体现社会发展规律的社会主义法治理论和社会法治体系。十分重要的是，要善于汲取中华传统法律文化的精华。中华文明上下五千年，我国古代法制蕴含着十分丰富的智慧和资源，中华法系在世界几大法系中独树一帜，有许多优秀的法律思想和制度可以传承，民间还有大量的好习惯、好传统等非正式法律，要重视挖掘、择善而用。同时，要放眼世界，认真研究借鉴国外社会法治文明建设的有益经验和成果，但绝不能照搬外国的法治理念和法治模式。

2. 始终坚持人民主体地位。人民群众是依法治国、建设法治社会的主体和力量源泉。人民群众在法治社会中的主体地位是由我国宪法确定的。坚持人民主体地位是全面推进依法治国、加强法治社会建设的题中应有之义。要保证人民在党的领导下，依照法律规定，通过各种途径和形式管理国家事务，管理经济和文化事业，管理社会事务。要把体现人民利益、反映人民愿望、维护人民权益、增进人民福祉落实到依法治国和法治社会建设全过程和各方面。

3. 始终坚持法治和德治相结合。法律是成文的道德，道德是内心的法律，法律和道德都具有规范社会行为、维护社会秩序的作用。必须坚持一手抓法治、一手抓德治。以道德滋养法治精神、强化道德对法治文化的支撑作用，实现法律和道德相辅相成、法治和德治相得益彰。"礼法融合"一直是我国历史上社会治理的重要经验，现代社会治理更需要把法治与德治结合起来，既要重视发挥法律的规范作用，又要重视道德的教化作用，以法治体现道德理念、强化法律对道德建设的促进作用。要大力弘扬社会主义核心价值观，弘扬中华传统美德，培育社会公德、职业道德、家庭美德、个人品德，提高全民族的思想道德水平，为建设法治社会创造良好的人文环境。

4. 始终坚持中国共产党的领导。这是全面推进依法治国、全面推进法治社会建设最根本的保证。党的领导是中国特色社会主义最本质的特征，把党的领导贯彻到依法治国全过程和各方面，是我国社会主义法治建设的一条基本经验。党和法治的关系是法治建设的核心问题。习近平总书记指出："党和法的关系是一个根本问题，处理得好，则法治兴、党兴、国家兴；处理得不好，则法治衰、党衰、国家衰。"坚持党的领导，是健全社会主义法治国家、法治社会的根本要求。党的领导和社会主义法治是一致的，只有坚持党的领导，才能保持法治社会建设的正确政治方向，人民当家作主才能充分实现，法治和德治才能有机融合，国家和社会生活制度化、法治化也才能持续有序推进。同时，要不断改善党的领导，不断提高党领导依法治国、领导法治社会建设的能力和水平。这样，才能更好加强党的领导，确保社会主义法治中国的实现。

创新社会治理，建设法治社会，是一项复杂、艰巨、长期的系统工程。"十三五"时期是确保如期实现我国全面建成小康社会目标的历史时期，也是全面推进依法治国、全面推进法治社会建设的关键时期，必须增强紧迫感、使命感。我们要在以习近平同志为核心的党中央的坚强领导下，弘扬法治精神，增强法治观念，树立法治思维，崇尚法治信仰，深入开展法治社会建设理论研究，积极探索法治社会建设规律，勇于投入法治社会建设实践，为全面推进依法治国、推进社会治理现代化，实现"两个一百年"奋斗目标和中华民族伟大复兴的中国梦，做出应有的贡献。

提高社会治理水平 决胜全面小康社会 *

（2016 年 7 月 17 日）

今天，第六届中国社会治理论坛在这里隆重举行。本届论坛以"创新社会治理　决胜全面小康"为主题，集中研讨社会治理与全面建成小康社会的理论和实践问题，这对于深入贯彻党的十八大和十八大以来中央全会以及国家"十三五"规划纲要精神，落实习近平总书记提出的"四个全面"战略布局，实现全面建成小康社会历史重任，具有重要的意义。到 2020 年全面建成小康社会，是我们党向人民、向历史做出的庄严承诺，是实现中华民族伟大复兴中国梦的关键一步，也是"十三五"时期我国各族人民的光荣使命。加强和创新社会治理，全面推进社会建设，是实现全面建成小康社会目标的重要任务和内在要求，决胜全面小康社会必须加强和创新社会治理，提高社会治理水平，加快社会建设，推进社会治理科学化、精细化、现代化。

一、决胜全面小康社会对社会治理提出的目标要求

"小康"是一个中国特色的概念，是指中华民族自古以来追求的理想社会状态。古代哲人在《礼记·礼运》中对这种社会状态做了形象的描述。"小康"概念之用诸现代，是中国改革开放总设计师邓小平对传统中国小康思想做出的全新阐释，他使用"小康""小康社会"来描述"中国式的现代化"。改革开放以来，我们党把建设和建成小康社会作为中国现代化发展战略和阶段性目标，几次党的代表大会都提出并不断完善、充实小康社会的丰富内涵和目标要求。

---

* 本文系在第六届中国社会治理论坛上的主旨演讲，全文发表在《社会治理》2016 年第 5 期，党中央主要领导十分重视并做出批示。

作为我国古代人们不懈追求、当代人民美好愿景的"小康社会",即将在我国全面建成。那么,全面建成小康社会的目标实现之时,我国的社会治理及其社会状态应是什么样的情景呢?对此有一个清晰的认识,有助于进一步明确决胜全面建成小康社会期间社会治理的目标任务。而要看清这样的情景,需要综合考虑几个方面的因素,包括古代先人对小康社会的美好憧憬,当代人民群众在新的历史条件下的新期待,我们党和国家已经多次设计的宏伟蓝图和做出的庄严承诺,以及经济社会发展的现实情况包括存在的矛盾和问题。我们根据这些因素综合研判,总体看来,全面建成小康社会之时的中国社会治理及其社会状态,将会呈现出以下七个方面"更加显著"的景象特征。

——"和谐社会"建设成效更加显著。就是进一步实现国家大治,政通人和;社会全面进步,民主更加完善、公平正义更多体现,全体社会成员各尽所能、各得其所,共建共享发展成果;区域、城乡发展差距和居民收入财富差距缩小,消除绝对贫困现象;各项社会事业全面发展,社会保障制度实现全覆盖,更好实现古代先人们追求的"使老有所终,壮有所用,幼有所长,鳏寡孤独废疾者皆有所养",进一步实现我们党多次重申的使广大人民群众"学有所教、劳有所得、病有所医、老有所养、住有所居";社会普遍崇德尚礼,笃亲兴仁,修身律己,尊长爱幼;更好实现政治清明、社会和谐、家庭和睦、人际和顺、心态和善、人与自然和谐相处;社会主义和谐社会建设迈出重大步伐。

——"平安社会"建设成效更加显著。就是人民群众安全感明显增强,普遍过上更为平安祥和的生活;人民安居乐业,社会安宁稳定;正气普遍得到伸张,邪恶坚决受到惩治,"盗窃乱贼"现象大为减少;立体化公共安全体系健全,维护公共安全的能力提升,公共安全工作系统性、整体性、协同性显著增强,食品安全、交通安全、居住安全、环境安全等公共安全状况不断改善,整个社会秩序明显好转。

——"信用社会"建设成效更加显著。就是全社会诚信意识和信用水平普遍提高,自觉"讲信修睦",诚实重诺,"欺骗诡异"现象减少;覆盖全社会的征信系统基本建成，社会信用法律和标准体系逐步建立，信用基础设施和服务市场比较完善，信用监管体制不断健全，守信激励和失信惩戒机制全面发挥作用；政务诚信、商务诚信、社会诚信和司法公信建设取得显著进展；社会信用环境明显改善，信用文化和诚信社会蔚然兴起。

——"法治社会"建设成效更加显著。就是社会全面强化法治，社会生活进一步纳入法治化、规范化的轨道，社会活力不断迸发又依规有序运行；全社会法治观念和法治信仰普遍增强，宪法和法律得到更好实施和遵从；社会依法治理能力不断加强，社会公共法律服务体系和服务保障逐步完备，全社会进一步形成尊法、学法、信法、守法、用法和守法光荣、违法可耻的社会风尚。

——"健康社会"建设成效更加显著。就是全民健康水平进一步提升，国民整体素质普遍增强，人均预期寿命提高；覆盖城乡居民的基本医疗卫生制度逐步健全，比较完善的公共卫生和医疗服务体系普遍建立，人人享有基本医疗卫生服务，城乡卫生环境普遍改善，脏乱差现象明显减少；全民健身型社会基本建成；体魄健康的主要指标达到中等发达国家水平；社会道德建设全面推进，全社会成员心理素质和精神健康全面增强，社会风气明显净化，整个社会全面健康向前发展。

——"幸福社会"建设成效更加显著。就是发展更好造福人民，增进社会温馨，幸福指数全面提升；人民生活更加殷实，生活质量明显提高，家庭财产普遍增加，民主权利广泛享有，各项合法权益得到切实保障，精神生活丰富充实；人的尊严普遍受到尊重、不断全面发展；可以有更多获得感、成就感，生命价值得以更好实现；幸福环境全面营造，生活、劳动、生态环境不断改善，家庭美满安康，幸福诸要素生成机制不断扩大；"幸福快乐"变为人民群众的普遍追求，幸福体验感、满意度普遍增强。

——"社会治理现代化"建设成效更加显著。就是社会治理体系和社会治理能力现代化取得更大进展；社会体制改革不断深化，社会治理体系趋于完善，政府的社会管理能力明显提高，多元社会主体参与治理格局进一步形成，中国特色社会治理基础制度更加完备、更加成熟、更加定型。

总之，到 2020 年全面建成小康社会之时，我国社会结构、社会形态将呈现出更大的进步，社会治理科学化、精细化、现代化将有明显提升，社会建设和社会文明将达到更高的水平，并进一步探索出一条符合我国国情、体现时代要求、顺应人民期待的中国特色社会治理之路。实现这样的目标要求，我们这个历史悠久的文明古国和发展中社会主义大国将以更加辉煌的成就和更加崭新的面貌展现在世界人们面前，不仅成为政治文明更大进步、综合国力显著增强的国家，而且成为社会治理全面提升，社会文明更大发展、更加充满活力而又安定团结的国家，成为更加具有吸引力影响力亲和力、为人类社会文明进步做出更大贡献的国家。

当然，实现以上社会进步的美好愿景，不仅要靠加强和创新社会治理，努力实现社会善治，还需要统筹推进经济建设、政治建设、文化建设、社会建设、生态文明建设"五位一体"总体布局和协调推进"四个全面"战略布局，全方位加快推进社会主义现代化事业。这里需要指出，决胜全面小康社会，中国的社会治理和社会发展进步无疑会是巨大的。同时要看到，加强和创新社会治理必须充分考虑中国现阶段基本国情和社会经济发展水平，可以预见，全面小康社会建成之时，我国仍处于并将长期处于社会主义初级阶段的基本国情不会改变，我国还是发展中国家的国际经济地位不会改变，特别是当前国内仍然处于经济社会转型期、矛盾凸显期，国外环境错综复杂、不稳定不确定因素增加，我们面临的社会风险和挑战前所未有。这就决定了推进社会治理和社会建设，既要积极进取，又不能急于求成，不能脱离现阶段的基本国情和当前的实际情况，去追求过高的目标。全面实现中国社会主义现代化，还有很长的路要走，还需要全体中国人民做长期艰苦奋斗。

二、决胜全面小康社会的社会治理主要任务

加强和创新社会治理，提高社会治理水平，实现全面建成小康社会的社会

治理目标，必须完成多方面的任务，按照国家"十三五"规划的部署要求，特别需要着力抓好五大体系建设，即着力构建民生保障体系，着力完善社会治理体系，着力强化社会信用体系，着力健全公共安全体系，着力加强国家安全体系，要在这些方面取得实质性进展和明显成效，以更好地服务、推进和保障全面小康社会发展目标的实现。

1. 着力构建民生保障体系。更好保障和改善民生，是决胜全面小康社会的首要任务，也是加强和创新社会治理、提高社会治理水平的根本大计。创新社会治理必须从源头上预防和减少社会矛盾。古人云："仓廪实而知礼节，衣食足而知荣辱。""天下顺治在民富，天下和静在民乐。"这也告诉我们，要更好地实现天下大治，建设和谐社会、平安社会、诚信社会和健康社会，从根本上说，就是要提高、保障和改善民生水平，并要以增进人民福祉、促进社会公平正义为出发点和落脚点，推动发展成果更多更公平地惠及全体人民。因此，应切实做好保障和改善民生工作。

一要随着经济持续发展，逐步增加居民收入，确保到2020年城乡居民人均收入比2010年翻一番，特别要更多增加低收入人群的收入，使全国人民的生活水平和质量普遍提高。

二要守住底线、突出重点，着重解决好教育、就业、收入分配、社会保障、医疗卫生、住房、食品安全等直接关系人民群众根本利益和现实利益的问题，让人民有更好的教育、更稳定的工作、更满意的收入、更可靠的社会保障、更高水平的医疗服务、更舒适的居住条件、更优越的环境。

三要大力增加公共服务供给，尤其要着力促进基本公共服务均等化。目前，公共产品短缺，公共服务薄弱，供给模式落后，已成为民生的突出问题。要坚持普惠性、保基本、均等化、可持续的方向，提高公共产品和公共服务的供给能力，并根据民生的需求变化，特别是针对老弱病残群体和贫困人口的公共服务需求，调整公共政策，实行差别化社会政策，深化公共服务体制改革，创新公共服务方式，丰富公共产品，改善供给结构，提高供给质量，努力满足广大人民群众多样化、多层次的公共服务需求。

四要完善社会保障体系，构筑全民最低生活水平的安全网。坚持全民覆盖、保障适度、权责清晰、运行高效，稳步提高社会保障的层次和水平。完善社会保障体系，实施全民参保计划，基本实现法定人员全覆盖。健全社会救助体系和公益慈善体系，积极推进城乡社会救助体系建设。特别要更加关注、关爱鳏寡孤独和老弱病残人员，健全以扶老、助残、爱幼、济困为重点的社会福利制度。这既是促进社会和谐稳定、建设平安社会的必然要求，也是提高我国社会文明程度的重要标志。一些发达国家对社会弱势群体和贫困人口的关照做法值得研究借鉴。我最近在英国见到社会各方面对残疾人和老人在公共服务方面的人文关怀相当完备周到：所有路口，包括建筑物的出口和入口都有无障碍通道，公共汽车门口都装置了与路面平行、可以直接对接的活动踏板；所有公共停车场、厕所都有残疾人停车区位、洗手间，并在明显位置；对残疾人、老年人、贫困人口都有各种各样的福利补贴。之所以这样做，就是使他们能够最大限度地融入主流社会，享受正常人的正常生活，从而全面促进社会和谐稳定和社会文明建设。重视解决好农村中的留守儿童、留守妇女、留守老年人的生活问题，是我国推进工业化、现代化建设中特殊的社会治理任务，要加快农村民生保障和改善工作，提供更好的公共服务，使农村"三留守"人员生活得踏实、安全、无忧，这是各级政府的重大责任。

2. 着力完善社会治理体系。完善社会治理体系是决胜全面小康社会的重要任务，也是加强和创新社会治理、提高社会治理水平的关键。要进一步加强社会治理基础制度建设，构建全民共建共享的社会治理格局，关键是要按照完善党委领导、政府主导、社会协同、公众参与、法治保障的社会治理体制的要求，积极创新社会体制机制，特别要更加注重多方参与，在党委的统一领导下，更好发挥政府的主导作用，更充分调动企事业单位、社会组织、人民群众参与社会治理的积极性和主动性，实现政府治理和社会调节、居民自治良性互动，促进社会公共事务全面发展。

一要提高政府的社会治理能力和水平。各级政府应更加重视履行社会治理的职能职责，把改进和加强社会治理放到更加突出的地位，尽快改变目前政府社会治理功能不健全、职权范围不到位和协调机制不完善的状况。同时，要更新政府社会治理理念，创新政府社会治理方式，提升政府社会治理能力，尤其要强化政府法治意识和服务意识，善于更多地运用经济手段、技术手段和法治手段实施科学治理、精细治理、效能治理，寓管理于服务，以服务促管理。要加强源头治理、动态治理、应急处置和标本兼治。健全政府社会治理基本制度、推进社会治理标准化、规范化、程序化。

二要增强社区服务和管理能力。社会治理的重心在城乡社区，社区服务和管理能力增强了，社会治理的基础就坚实了。要加快城乡社区综合设施建设，充实服务和管理体系，提高社区工作者的素质和能力。同时，要完善城乡社区治理体制，依法厘清基层政府和社区组织权责边界，充分发挥社区功能作用，更好地为群众提供周到、方便、精准有效的服务和管理。

三要重视发挥社会组织作用。有关材料研究表明，经济发展程度与社会组织发展水平呈高度的相关性，发达国家的社会组织相当发达，它反映了现代社会治理结构对社会组织和社会部门的认知。总体来看，目前我国社会组织发育不足，发展无序现象比较严重，近来民政部清理了不少山寨社会组织；同时，社会组织管理体制不合理、治理结构不规范，严重制约着社会组织功能作用的有效发挥。应当在加强监管和规范的基础上，支持社会组织特别是非营利性公益社会组织的发展，大力培育发展社区社会组织。要深化社会组织管理体制改革，健全社会组织管理制度，正确处理政府、市场、社会三者的关系，加快形成政社分开、权责明确、依法自治的现代社会组织体制和科学管理制度，激发社会组织内在活力和发展动力，促进社会组织真正成为提供服务、反映诉求、规范行为、促进和谐的重要力量。全面实施政社分开，如期实现行业协会商会与行政机关脱钩，健全法人治理结构；推进社会组织明确职责、依法自治、发挥作用。要在国家、政府、社会、社会组织、公众之间建立一种广泛平等的合作关系，构建开放型现代社会组织生态系统。积极引导、支持、推动社会组织参与社会治理，管理社会事务、提高公共服务、化解社会矛盾、维护社会秩序，为实现社会治理的目标任务发挥积极作用。要完善扶持社会组织发展的政策措施，支持社会组织提供公共服务，完善财政税收支持政策等。发达国家的社会企业比较发达，我们也要规范发展社会企业，发挥它们服务社会的功能和作用。

四要健全基层社会自治调节系统。基层社会组织的自我组织和自我管理，是维持社会和谐稳定和社会正常秩序的自动调节机制。要坚持扩大基层民主自治权力，打造社会治理人人有责、人人尽责的命运共同体。要规范和提升居民自治和村民自治水平，夯实基层民主自治制度基础，使之更好地适应社会治理创新的发展趋势和要求。积极探索基层社会治理新途径、新形式，形成社会治理人人参与、人人共享的生动局面。要丰富基层自治内容和形式，努力实现民事民议、民事民办、民事民管，实现政府治理与基层群众自治的有效衔接和良性互动。

五要完善公众参与机制。鼓励和支持社会各方面参与，包括各类社会组织、企事业单位和公民个人参与社会治理，充分发挥多元主体各自应有的功能和作用，使多元主体良性互动，形成社会治理整体合力。完善公众参与治理的制度化渠道，依法保障公民的知情权、参与权、决策权和监督权。

六要统筹各方面利益关系，妥善处理社会矛盾。适应我国社会结构和利益格局的发展变化，形成科学有效的权益保障和矛盾化解机制。健全利益表达协调机制，引导群众依法行使权利、表达诉求、解决纠纷。完善行政复议、仲裁、诉讼等法定诉求表达机制，发挥人大代表、政协委员、人民团体、社会组织等的诉求表达功能。全面推行阳光信访，落实及时就地化解责任，完善涉法涉诉信访依法终结制度，切实维护群众利益和社会稳定。

3. 着力强化社会信用体系。强化社会信用体系，是实现全面建成小康社会的基础性任务，也是加强和创新社会治理、提高社会治理水平的重大举措。在许多发达国家，健全的社会信息体系发挥着重要作用，人们之所以不愿失信，不敢失信，是因为失信对读书、就业、创业、信贷、保险、税务、租车、出入境等都会造成影响，从而形成使人们必须守信的倒逼机制，有力维护了社会秩序和市场秩序。我们要学习借鉴经验，就必须加快建立健全一套符合我国国情，与国际惯例接轨，适应现代社会经济发展的社会信用体系。在决胜全面小康时期，特别要全面加快推进政务诚信、商务诚信、社会诚信和司法公信等重点领域建设，提高全社会的诚信水平，大力建设诚信社会。

一要健全信用信息管理制度。全面实施自然人、法人和各类组织统一社会信用代码制度；制定全国统一的信用信息采集和管理标准；依法推进信用信息在采集、共享、使用、公开等环节的分类管理，确保信用信息主体的权益。健全用户信用信息保护制度，加强对用户个人隐私、商业秘密的保护。

二要强化社会信用信息共建共享机制。当前，我国信用数据库不足，更为关键的是信息孤岛现象严重。要加快部门、行业和地方信用信息整合，建立企业信用信息归集机制，完善全国信用信息共享平台，建设国家企业信用信息公示系统。依法推进全社会信用信息资源开放共享。建立健全覆盖全社会的以社会成员和组织信用信息的记录、整合和应用为重点的征集系统，面向全社会服务的征集机构体系及信用服务市场体系。

三要实施和健全守信激励和失信惩戒机制。目前，我国的社会信用体系发育程度比较低，信用秩序比较混乱，重点领域的信用缺失现象还时有发生。要健全多部门、跨地区、跨行业联动响应和联合惩戒机制，建立各行业失信黑名单制度和市场退出机制，强化对守法诚信者的鼓励和对失信者的惩戒。这有利于让信用成为市场资源配置的重要考量因素，形成守信受益失信受限的局面，特别要构建"一处失信、处处受限""一时失信、长期受限"的信用惩戒大格局，让失信者寸步难行，付出巨大代价。

四要培育规范信用服务市场。建立公共信用服务机构和社会信用服务机构互为补充、信用信息基础服务和增值服务相辅相成的多层次信用服务组织体系。支持征信、信用评级机构规范发展，提高服务质量和国际竞争力，健全征信和信用服务市场监管体系。

近些年，党中央、国务院连续出台一系列相关政策和措施，包括党的十八届三中、四中、五中全会都明确要求，加强社会诚信体系建设；习近平总书记近日又主持中央全面深化改革领导小组会议制定有关文件，国务院发布了《社会信用体系建设规划纲要（2014—2020年）》和《关于建立完善守信联合激励和失信联合惩戒制度　加快推进社会诚信建设的指导意见》。这些都表明党和国家已把加快社会信用建设放到重要地位，加大了工作力度。只要认真贯彻落实这些决策部署，就一定会大大加快诚信社会、和谐社会、平安社会、健康社会建设步伐。

4. 着力健全公共安全体系。健全公共安全体系、提高维护公共安全的能力，是决胜全面小康社会的紧迫任务，也是加强和创新社会治理、提高社会治理水平的重要方面。要牢固树立安全发展观，坚持人民利益至上，健全公共安全体系，为人民安居乐业、社会安定有序、国家长治久安编织全方位、立体化的公共安全网，打造公共安全人人有责、人人尽责的命运共同体，建设平安中国、平安社会，增强人民群众的安全感。

一要全面提高安全生产水平。安全生产一头连着千家万户，一头连着经济社会发展，是人民安居乐业的重要保障。要建立"责任全覆盖、管理全方位、监管全过程"的安全生产综合治理体系，构建安全生产长效机制。坚持健全生产、运输、存储、销售、使用等全过程、无缝隙监管体系，把先进的理念、制度转化为程序上的硬约束，实现对各类安全生产风险自动识别、预警，预防和减少安全生产事故尤其是重特大事故的发生。

二要提升防灾减灾救灾能力。坚持以防为主、防抗救相结合的方针，坚持常态减灾和非常态救灾相统一，全面提高全社会抵御各种自然灾害的综合防范能力，健全防灾、减灾和救灾体制，完善灾害监测预警和防治应急体系。

三要创新社会治安防控体系。完善社会治安综合治理体制机制，加快建设社会治安防控体系，建设基础综合服务管理平台；构建群防群治、联防联治的社会治安防护网；健全网上网下综合防控管理体系，维护公共利益和国家网络信息安全。

四要完善应急安全管理体系。加强应急管理知识技能等方面的系统培训，提高社会各方面包括志愿者参与应急管理的能力，着力构建与公共安全风险相匹配、覆盖应急管理全过程和全社会共同参与的突发事件应急体系，提高对各类自然灾害和社会风险联动处置能力，确保应急管理体系有效运行。在人类社会各类风险高度集聚的今天，预警是维护公共安全的首要环节。要积极探索"人力＋科技""传统＋现代"的风险预警模式，提高对风险动态监测、实时预警能力，及时有效防范、化解管控各类风险。这方面要积极学习借鉴发达国家的有益做法和经验。

5. 着力加强国家安全体系。加强国家安全体系，是决胜全面小康社会的内在要求，也是确保国家安全的战略举措，必须作为加强和创新社会治理的重大任务。最重要的是要深入贯彻总体国家安全观，实施国家安全战略，不断提高国家安全能力，保障国家稳定安全。

一要健全国家安全体系，实施国家全方位安全战略。制定和实施国家安全战略，既要重视国家外部安全，又要重视国家内部安全；既要重视国土安全，又要重视国民安全；既要重视传统安全，又要重视非传统安全；既要重视发展问题，又要重视安全问题；既要重视国家自身安全，又要重视国际共同安全。也就是要做到全面、全方位加强安全治理。

二要健全国家安全保障体制机制。坚持集中统一、高效权威的国家安全工作领导体制，发挥好中央国家安全委员会作为党中央领导下的国家安全事务决策、协调"神经中枢"功能，研究制定、指导实施国家安全战略和有关重大方针政策，统筹协调国家安全重大事项和重要工作。制定实施政治、国土、经济、社会、资源、网络等重点领域国家安全政策，明确中长期重点领域安全目标和政策措施。对重要领域、重大改革、重大工程、重大项目、重大政策等都要进行安全风险评估，切实预防和化解国家安全风险。建立健全跨部门、跨地区联合工作机制，依法严密防范和打击敌对势力渗透颠覆破坏活动。

实现决胜全面小康的社会治理目标，还需要完成其他多方面的重要任务，包括大力推进社会治理精细化、标准化、现代化建设，加强新型城镇化、信息化进程中流动人口增加、新业态发展、新媒体兴起条件下的社会治理创新，等等。这些都迫切需要深入研究，提出对策。我们还应系统研究决胜全面小康的社会治理各项目标、任务的具体标准体系、指标体系、考核体系、评价体系，并积极推动对决胜全面小康的社会治理进展状况的评估，以更加有力有效地推进中国特色社会治理和社会文明建设。

三、实现决胜全面小康社会治理目标任务的关键路径

实现决胜全面小康社会治理的目标任务，需要抓住关键，选好路径，特别应当把握以下几个环节。

（一）坚持贯彻新的发展理念

党的十八届五中全会和《中华人民共和国国民经济和社会发展第十三个五年规划纲要》都要求，实现全面建成小康社会，必须牢固树立和贯彻落实创新、协调、绿色、开放、共享的五大新发展理念。这集中体现了"十三五"期间决胜全面建成小康社会乃至更长时期我国的发展思路、发展方向、发展着力点，也是加强和创新社会治理的根本方向和要求。社会治理贯彻落实五大新发展理念，既要服务、推动、保障科学发展，促进实现更高质量的发展，又要体现全面提升社会治理自身能力和水平，努力实现社会善治、良治。

贯彻创新发展理念，就要注重用创新引领和推进社会治理，着力提升社会治理创新的能力和水平。要不断推进社会治理理念创新、体制创新、制度创新、方式创新和科技运用创新，运用创新思维、创新路径、创新方法、创新手段，全面推进社会治理科学化、精细化、现代化。按照以人为本和建设现代化社会的理念与要求，综合运用多种手段、多样形式引导、服务、组织、协调社会活动，彻底改变那种认为社会治理就是单纯用行政力量管控民众的传统理念

和粗放做法。

贯彻协调发展理念，就要注重解决突出问题和薄弱环节，加强和补齐短板，着力全面提升加强社会治理和社会发展的能力和水平。多年来，发展不协调特别是社会发展滞后、基层社会治理落后和公共安全问题突出。社会治理应更好地服务于促进社会与经济协调发展、区域城乡协调发展、物质文明与精神文明协调发展，更好加强城乡基层社会治理和公共安全建设，着力增强社会治理的基础建设和提升治理整体效能。

贯彻绿色发展理念，就要注重推进人与自然和谐相处，着力提升社会治理对加强环境治理和保护的能力和水平。一些地方由于环境污染和破坏造成的社会矛盾有加剧之势，影响社会安定和群众身心健康，应切实以解决损害群众健康的突出环境问题为重点，依法加强生态环境和城乡环境的保护与治理，助力实现"既要金山银山，又要绿水青山"的发展方式和发展目标，使生态环境在群众生活幸福指数中的地位不断提升。

贯彻开放发展理念，就要注重把握全球治理与各国社会治理发展趋势，加强同外国开展社会治理研究合作交流，更好促进我国社会治理创新和社会文明进步；同时，运用求同存异、和而不同、和谐相处的智慧，彰显出"和谐、和睦、和平"的中国风范，助推人类命运共同体的形成。

贯彻共享发展理念，就要注重解决人民群众最关心、最直接、最现实的利益问题，着力提升社会治理全民共建共享的能力和水平。加强和创新社会治理必须以人民为中心，一切发展为了人民，一切发展依靠人民，发展成果由全体人民共享。国内外许多事实都表明，贫富差距过大，是最大的社会不安定、不稳定因素。目前，社会关注的一个突出问题是分配不公。如果财富分配悬殊，两极分化严重，势必会导致社会动荡，就不可能建设平安社会，更谈不上建设和谐社会。必须调整生产关系，完善收入分配制度，规范收入分配秩序，在经济发展的基础上，更加注重社会公平，着力提高低收入者收入水平，逐步扩大中等收入者比重，有效调节过高收入。我们看到，党和国家已经高度重视这个问题，特别是近年来出台了一系列坚决和有力的政策措施，包括突出加强农村和欠发达地区发展，特别是集中力量打好脱贫攻坚战，积极缩小居民收入差距和区域、城乡发展差距。应进一步加大这方面的工作力度和制度安排，以更好地促进社会公平正义，推进实现共同富裕目标。

（二）坚持深化改革攻坚

改革开放是决定当代中国命运的关键一招，也是实现我国"两个一百年"奋斗目标的关键一招。决胜全面小康，实现社会治理目标任务，必须继续全面深化和推进改革。要依靠深化改革，提供强大推动力，扫除社会治理和社会发展中的体制机制障碍；要依靠深化改革，激发全社会创造活力，调动社会各方面参与社会治理积极性，加快社会发展；要依靠深化改革，加强各方共治合力，统筹使用相关资源、力量、手段，及时有效解决问题；要依靠深化改革，增添万众创新力，推动社会治理体制创新、制度创新、管理创新，促进社会治理体系高效运行。总之，只有全面深化改革和推进社会领域改革，才能显著提高社会治理水平，推动社会全面发展进步。在社会治理领域深化和推进改革更为复杂，难度也更大。例如，事业单位改革关乎社会治理改革全局，涉及利益关系调整，是有社会风险的改革。党中央、国务院在五年前就对这方面改革做出了全面部署，尽管这些年改革取得了不少成果，但总体看来，进展并不顺利，遇到的困难超乎预料，面临一系列亟待深入研究解决的新情况、新问题。在深化和推进改革中，必须注重体制机制创新，致力于使中国特色社会治理制度更加成熟定型；必须注重增进人民福祉、促进深化公平正义，让人民群众有更多的获得感；必须注重问题导向，直面矛盾，敢于啃硬骨头，敢于涉险滩，敢于向顽瘴痼疾开刀。要更好深化和推进改革，必须提倡和支持新的历史条件下的思想解放，在全社会形成想改革、敢改革、善改革的良好氛围。这样，才能真正打好社会治理领域改革的攻坚战。

（三）坚持法治德治并举

法律是治国之重器，也是治理社会之法宝。实现决胜全面小康社会的治理目标任务，必须注重依法治理，充分发挥法治的引领、推动和保障作用，注重运用法治思维构建社会治理规则体系、标准体系，善于运用法治方式解决社会矛盾和问题。坚持法治国家、法治政府、法治社会一体建设。

要进一步加强社会领域立法工作，着力提高立法质量。虽然我国近些年社会领域法律法规建设取得较大进展，但仍不适应改革和发展新形势、新任务的需要，应该深入开展调查研究，加快社会领域特别是社会治理方面的立法步伐，尤其要加大维护公共安全、净化社会风气、促进社会公平正义、规范社会组织发展、创新基层社会治理、保护优良民俗传统、优化网络社会治理的立法力度。建议抓紧研究制定禁止奢侈法、社会组织法、家庭法、民俗保护法等。

同时，要强化严格执法，公正司法，提高法律执行力、司法公信力，大力提升立法、执法、司法、守法的意识和行为水平。特别要更好地促进保障人权，保护产权，规范公权。深化和完善执法、司法体制改革，包括推进执法、司法公开，提高执法、司法透明度，推进严格、规范、公正、文明执法，加快建设公正、高效、权威的司法制度，切实维护和保障人民权益。

要深入开展法治和法治文化的宣传教育，不断增强全社会法治观念和法治意识，在全社会树立法律至上的基本信念和行为准则，显著提高全社会法治水平。全面建成小康社会，提升社会治理水平，既要靠法治，也要靠德治。推进社会治理现代化需要法律和道德共同发挥作用。高度文明的社会，必然是社会成员道德高尚的社会，和谐、公正、爱国、敬业、诚信、友善，都是一种道德境界、道德风范。中国特色社会治理建设，应该占领社会道德文明建设制高点。要一手抓法治，一手抓德治。大力加强社会主义精神文明建设，坚持培育和弘扬社会主义核心价值观，弘扬以爱国主义为核心的民族精神和以改革创新为核心的时代精神，形成全民族奋发向上的精神力量和团结和睦的精神纽带。特别要尊重和传承中华文明，善于从中华民族独特的世世代代形成和积累的优秀传统文化，包括思想、价值、审美、社情、民俗中汲取营养和智慧，延续文化基因，萃取思想精华和道德精髓。要深入挖掘和阐发中华优秀传统文化中讲仁爱、重民本、守诚信、崇正义、尚和合、求大同的时代价值，以及注重家庭、注重家教、注重家风的社会价值，弘扬我国传统文化中有利于社会和谐、有利于社会文明进步的道德精神。要更加重视继承和弘扬规范、激励、制约社会行为的"礼"文化。孔子说过，"不学礼，无以立"；荀子认为，"礼"是"道德之极""治辨之极""人道之极""人无礼则不生，事无礼则不成，国家无礼则不宁"。"礼"文化的要义，就是特别强调道德建设。"礼"的核心思想，是"绝恶于未萌，起教于微眇"。在新的历史条件下，我们应继承"礼"文化的核心内核，丰富时代内涵，发扬光大"礼"文化，进一步彰显当代中国社会治理的鲜明特色。当然，要处理好继承与创造性发展的关系，重点做好创造性转化和创新性发展。我们应把加强法治建设和加强道德建设更好地结合起来，使法治和德治相得益彰，共同促进中国特色现代社会治理和现代社会文明的提升。

（四）坚持运用现代科技手段

当今世界，以互联网为代表的信息技术日新月异，引领了社会生产新变革，创造了人类生活新空间，拓展了社会活动新领域，提供了治国理政的新手段，极大地提高了人类认识世界、改造世界的能力。在这种新的历史背景和社会发展情势下，加强和创新社会治理，提高社会治理水平，必须创造性运用现代科技最新成果，特别是运用信息技术，提升社会治理智能化水平。无论是社会治理的宏观指导、决策部署、方案设计，还是微观活动、服务和管理，都要注重运用云计算、物联网、互联网、大数据等信息技术，对社会治理的构成要素、目标任务、重要措施和效能评估进行数字化、精细化、科学化的预测、研究。要深入开展基层信息采集、分析、处理工作，努力从多元、分散、碎片化的数据中发现趋势、找出规律，以及时采取有针对性的对策和措施。在善于学习借鉴国外先进信息技术的同时，积极提升社会治理信息技术自主开发能力和水平，高度重视维护我国社会信息安全。要加快制定社会治理领域信息技术系统和平台的行业标准，完善社会治理规则体系，坚持科学、理性、精细，推动社会治理与信息化特别是大数据技术高度融合，按照精、准、细、严的要求，把社会治理概念转化为标准、原则，再转化为程序，使各项工作都有章可循。近些年，我国许多地方在社会治理中运用网络技术、大数据技术，取得了明显的社会效果，也积累了不少经验，需要认真总结和推广。

（五）坚持加强和改善党的领导

中国共产党的领导是中国特色社会主义最本质的特征，也是中国特色社会主义制度的最大优势。加强和创新社会治理，必须始终坚持党的领导。这就要求，在社会治理领域各个方面，包括社会治理体系建设、体制改革、管理制度创新等，都要全面贯彻党中央的决策部署和大政方针，以确保中国特色社会治理发展的社会主义方向。这就要求，在构建社会治理主体多元化、治理形式多样化的格局中，都要坚持党的统一领导，充分发挥各级党委总揽全局、协调各方的核心作用，以形成社会治理的合力。这就要求，各级党组织要更加重视社会建设和社会治理，从各方面支持加强和创新社会治理，包括选派高素质干部充实社会治理领域，协调相关资源支持社会治理建设。

坚持党的领导，还必须改善党的领导，不断顺应时代发展大势和人民群众的新期待，不断提高党领导社会建设和社会治理的能力和水平，包括营造创新、向上、友善、包容、宽松的社会环境，为加强和创新社会治理提供空间。党的十八大以来，以习近平同志为核心的党中央推进全面从严治党，扶正祛邪，正风肃纪，反腐惩恶，党的建设开创了新局面，党风呈现新气象，带动了政风、民风和社会风气的好转。要坚持用制度治党、管权、治吏，严明纪律和规矩，从源头上预防和治理"四风"，进一步解决形式主义、官僚主义、享乐主义和奢靡之风问题，进一步加强反腐败体制机制创新和制度保障，进一步治理党内作风和深层次问题，用党风的根本好转，更好推动政风、民风和整个社会风气进一步好转，为提高社会治理水平，逐步实现社会治理科学化、精细化、现代化，提供坚强的政治保证和组织保证。

党的十八大以来中国社会治理的新进展 [*]

（2017 年 7 月 2 日）

在党的十九大召开前夕，我们在这里举办第七届中国社会治理论坛，研讨我国社会治理的新进展，很有意义。党的十八大以来，以习近平同志为核心的党中央围绕坚持和发展中国特色社会主义、实现两个一百年宏伟目标和中华民族伟大复兴的中国梦，举旗定向，谋篇布局，强基固本，攻坚克难，党和国家各项事业开新局、谱新篇，取得了举世瞩目的新成就、新进步。这里，我围绕本次论坛的主题，主要就党的十八大以来中国社会治理的新思想、新实践、新境界，讲一些个人看法，与大家分享交流。

一、五年来社会治理的新思想

党的十八大以来这五年，面对国内外政治、经济、社会发展的新形势、新任务、新要求，习近平总书记以马克思主义的巨大理论勇气和政治远见卓识，提出了一系列相互联系、相互贯通的治国理政新理念、新思想、新战略，形成了系统完整、逻辑严密的科学理论体系，这是中国特色社会主义理论体系宝库中的新成果，是马克思主义中国化的新发展。其中，习近平总书记提出的一系列加强和创新社会治理的新思想、新观点、新论断，是近五年来中国社会治理领域最为重要的创新性进展与创新性成果。我们初步学习和研究认为，习近平总书记社会治理重要论述集中体现在以下十个方面。

---

* 本文系在第七届中国社会治理论坛上的主旨演讲，发表于《光明日报》，2017 年 8 月 7 日，党中央主要领导做出批示。

1. 人民中心论。坚持以人民为中心，是习近平总书记社会治理重要论述的根本政治立场。他深刻指出："一切治理活动，都要尊重人民主体地位，尊重人民首创精神，拜人民为师。"社会治理，说到底就是对人的服务和治理。社会治理要以人为本，把人民放在心中最高位置，坚持全心全意为人民服务。

习近平总书记强调："检验我们一切工作的成效，最终都要看人民是否真正得到了实惠，人民生活是否真正得到了改善，人民权益是否真正得到了保障。"加强和创新社会治理要随时随刻倾听人民呼声、回应人民期待。习近平同志的"人民中心论"，其核心是一切为了人民、一切依靠人民、为了人民的一切、一切接受人民检验。这样的"人民观"是在新的历史条件下创新社会治理的核心价值观，也是引领中国特色社会主义事业不断前进的新型治理观，是对马克思主义和毛泽东思想中关于"人民是历史的主人"这一重大科学论断的继承和发展。

2. 民生为本论。以民生为本，是习近平总书记社会治理重要论述的本质体现。他指出："民生是人民幸福之基、社会和谐之本。"保障和改善民生对创新社会治理具有根本性作用和意义。习近平同志强调："民生连着民心，民心关系国运。"要"积极推动解决人民群众的基本民生问题，不断打牢和巩固社会和谐稳定的物质基础，从源头上预防和减少社会矛盾的产生"。保一方平安、维护公共安全是民生的基本需求，也是社会治理的基本要求。习近平总书记强调："平安是老百姓解决温饱后的第一需求，是极重要的民生，也是最基本的发展环境。"他还强调，公共安全是最基本的民生。生态环境是最普惠的民生福祉。正确处理维护人民群众权益和维护社会和谐稳定的关系是社会治理创新的根本要求。习近平总书记指出："维权是维稳的基础，维稳的实质是维权。人心安定，社会才能稳定。对涉及维权的维稳问题，首先要把群众合理合法的利益诉求解决好。单纯维稳，不解决利益问题，那是本末倒置，最后也难以稳定下来。"这是充满唯物辩证法的创新社会治理的重要思想观点。

3. 公平正义论。促进公平正义，是习近平总书记社会治理重要论述的核心要义。他高度重视公平正义在社会治理中的核心作用和地位。一是强调健全社会公平保障制度。要实现规则公平，规则面前一视同仁；实现机会公平，机会面前人人相同；实现权利公平，公民基本权利一律平等。二是强调走共同富裕道路。要在经济社会不断发展的基础上，朝着共同富裕方向稳步前进。要处理好效率和公平的关系，既要把"蛋糕"做大，也要把"蛋糕"分好。要深化收入分配制度改革，避免两极分化，"绝不能出现'富者累巨万，而贫者食糟糠'的现象"。要更加注重对特定人群特殊困难的精准帮扶，让所有人民群众都过上好日子。三是强调建立共建共享社会。共享社会是全体人民共享发展成果、全面共享发展成果、共建共享发展成果，要使得人人"共同享有人生出彩的机会，共同享有梦想成真的机会，共同享有同祖国和时代一起成长与进步的机会"。四是强调问题导向。习近平总书记指出："要把促进社会公平正义、增进人民福祉作为一面镜子，审视我们各方面体制机制和政策规定，哪里有不符合促进社会公平正义的问题，哪里就需要改革。"要通过建立共建共享社会，让全体人民共有"获得感""安全感""幸福感"，真正让全体人民群众感受到实实在在的社会公平正义。

4. 法德共治论。法治和德治并举，是习近平总书记社会治理重要论述的重要支柱。他强调："必须坚持依法治国和以德治国相结合，使法治和德治在国家治理中相互补充、相互促进、相得益彰。"坚持一手抓法治、一手抓德治。法治是治国理政的基本方式，要发挥法治对社会治理的保障、服务和促进作用。牢固树立法治社会理念，坚持法治国家、法治政府与法治社会一体建设，善于用法治精神思考社会治理、用法治思维谋划社会治理、用法治方式破解社会治理难题，把社会治理的思想和行为全部纳入法治化轨道。习近平总书记指出："培育和弘扬核心价值观，有效整合社会意识，是社会系统得以正常运转、社会秩序得以有效维护的重要途径。"人类社会发展的历史表明，对一个民族、一个国家来说，最深厚、最持久的力量是全社会一致认同的核心价值体系和核心价值观。坚持法德共治是社会治理领域的生动体现。

5. 体制创新论。创新体制机制，是习近平总书记社会治理重要论述的显著标志。他深刻指出："加强和创新社会治理，关键在体制创新。"一是创新社会治理体制。社会治理体制创新是社会治理模式的根本创新。要建立健全党委领导、政府主导、社会协同、公众参与、法治保障的社会治理体制，确保社会既充满活力又和谐有序。二是创新社会治理方式。习近平总书记指出："社会治理是一门科学。"从社会管理到社会治理是治理方式的重大转变。"治理和管理一字之差，体现的是系统治理、依法治理、源头治理、综合施策。""随着互联网特别是移动互联网发展，社会治理模式正在从单向管理转向双向互动，从线下转向线上线下融合，从单纯的政府监管向更加注重社会协同治理转变。我们要深刻认识互联网在国家管理和社会治理中的作用。"三是创新社会治理机制。要建立健全党委领导和政府主导的维护群众权益机制、社会利益协调机制、预防和化解社会矛盾机制、社会风险评估机制、突发事件监测预警机制，保证社会治理的常态化、长效化、社会化、智能化。

6. 不忘本来论。传承发展中华传统美德和优秀文化，是习近平总书记社会治理重要论述的鲜明特色。他深刻指出："不忘本来才能开辟未来，善于继承才能更好创新。"中华文化是我们民族的根基和魂魄，我们必须从延续民族文化血脉中开拓前进。培育和弘扬社会主义核心价值观必须立足中华优秀传统文化，"抛弃传统、丢掉根本，就等于割断了自己的精神命脉"。优秀传统文化是创新社会治理最深厚的根基和源泉。在新的历史条件下对中华优秀传统文化进行创造性转化和创新性发展，将为推进社会治理现代化奠定最为深厚雄浑的力量。习近平总书记特别注重家庭建设，他指出，"不论时代发生多大变化，不论生活格局发生多大变化，我们都要重视家庭建设，注重家庭、注重家教、注重家风""使千千万万个家庭成为国家发展、民族进步、社会和谐的重要基点"。培育和弘扬社会主义核心价值观，如果抛弃了优秀传统文化，就是放弃了根本，那无异于缘木求鱼。习近平总书记对优秀传统文化的重视，实质上是强调了传统文化和核心价值观对中国特色社会治理的精神滋养和定向导航作用。

7. 群众工作论。加强和改进群众工作，是习近平总书记社会治理重要论述的基本要义。他指出："社会管理主要是对人的服务和管理，说到底是做群众的工作。一切社会管理部门都是为群众服务的部门，一切社会管理工作都是为群众谋利益的工作，一切社会管理过程都是做群众工作的过程。从这个意义上说，群众工作是社会管理的基础性、经常性、根本性工作。"由此可见，社会治理本质上就是做群众工作。党的群团工作是党治国理政的一项经常性、基础性工作。要有效增强"政治性、先进性、群众性"，以更好地反映和服务人民群众的需要。思想政治工作是群众工作的重要形式，也是创新社会治理的重要方式。习近平总书记关于社会治理中加强群众工作的重要论述，是在新的历史条件下创新发展了党的群众路线的基本思想。

8. 基层重心论。注重基层建设，是习近平总书记社会治理重要论述的突出风格。他强调，"基础不牢，地动山摇""基层是社会的细胞，是构建和谐社会的基础""社会治理的重心必须落到城乡社区，社区服务和管理能力强了，社会治理的基础就实了"。他还指出："深化拓展网格化管理，尽可能把资源、服务、管理放到基层，使基层有职有权有物，更好为群众提供精准有效的服务和管理。"对基层社会治理的高度重视，表明习近平总书记具有强烈的问题意识、丰富的实践经验和深厚的为民情怀。

9. 总体安全论。树立总体安全观，是习近平总书记社会治理重要论述的重大创新。他深刻指出："当前我国国家安全内涵和外延比历史上任何时候都要丰富，时空领域比历史上任何时候都要宽广，内外因素比历史上任何时候都要复杂，必须坚持总体国家安全观，以人民安全为宗旨，以政治安全为根本，以经济安全为基础，以军事、文化、社会安全为保障，以促进国际安全为依托，走出一条中国特色国家安全道路。"传统的国家安全观主要讲外部安全或对外安全，总体安全观则强调既要重视外部安全，又要重视内部安全。既要重视传统安全，又要重视非传统安全，构建完整的国家安全体系，特别是要注意防范和应对社会安全、科技安全、信息网络安全等新型安全形态。既要重视"国土安全"，又要重视"国民安全"。既要重视"国家发展"，又要重视"国家安全"。既重视自身安全，又重视共同安全，打造人类命运共同体，推动各方朝着互利互惠、共同安全的目标相向而行。

10. 党的领导论。全面加强党的领导，是习近平总书记社会治理重要论述的灵魂。一是社会治理要充分发挥党总揽全局、协调各方的领导核心作用。党的领导核心作用主要体现在：突出"加强"和"改善"，牢牢把握党领导社会治理的主动权；突出"牵头"和"抓总"，牢牢把握党领导社会治理的关键环节；突出"制度"和"规范"，牢牢把握党对社会治理的领导权。二是以党风政风好转带动社会风气的好转。坚持党要管党、从严治党、从严治吏，大力开展党风廉政建设，净化党风政风，带动和促进社会风气向上健康发展。三是提高党领导社会治理的能力。推进社会治理现代化，关键在于提升党的执政水平。党在社会治理中的领导核心作用需要通过党的基层组织来实现。党的基层组织扎根基层、服务基层，具有参与社会治理的天然优势。这就需要以党的执政能力建设和先进性建设推动社会领域改革发展。可以说，坚持党的领导是中国特色社会治理的最重要特征，也是中国社会治理文明屹立世界民族文明之林的根本保证。

通过以上梳理和阐述可以看出，习近平总书记社会治理重要论述是一个层次分明、有机统一的系统理论，具有丰富的内涵和严谨的逻辑。习近平总书记社会治理重要论述具有鲜明的人民立场以及充满历史唯物主义和辩证唯物主义的理论品质，不仅是对我们党过去成功经验的坚持和继承，而且是对当今社会实践的凝练和升华，也是对未来发展的引领和创新。习近平总书记社会治理重要论述是推动社会领域改革发展、推进社会治理现代化的强大思想武器和行动指南。

二、五年来社会治理的新实践

党的十八大以来这五年，在中国特色社会主义理论体系特别是习近平总书记治国理政新理念、新思想、新战略指引下，我国社会治理实践创新取得重大进展。按照全面建成小康社会、完善中国特色社会主义社会治理体系的目标要求，从宏观社会治理到微观社会治理，从各领域系统治理到城乡社区治理，都大力度全方位地深入推进，取得了新突破、新进展、新成效。这里仅举其荦荦大端，做个简要阐述。

1. 筑牢改善和保障民生工程。建设和谐社会、平安社会，形成全民共建共治共享的社会治理新格局，最重要的是保障和改善民生。以习近平同志为核心的党中央把保障和改善民生放在更加突出的位置，根据特定历史时期的需要，实行居民收入增长和经济增长同步、劳动报酬提高和劳动生产率提高同步的方针，普遍地持续增加城乡居民收入。同时，贯彻坚守底线、突出重点、完善制度、引导预期、注重机会公平的原则，构筑民生保障和改善工程。

一是实施脱贫攻坚战。党中央把贫困人口脱贫作为全面建成小康社会的底线任务和标志性指标，在全国范围全面打响了脱贫攻坚战。脱贫攻坚力度之大、规模之广、影响之深，前所未有。2015 年 11 月，党中央召开扶贫开发工作会议，发布《中共中央国务院关于打赢脱贫攻坚战的决定》，对脱贫攻坚做出全面部署。国务院印发"十三五"脱贫攻坚计划，细化落实党中央决策部署。中办、国办出台 11 个配套文件。中央和国家机关各部门出台 118 个政策文件或实施方案。实施"六个精准"和"五个一批"计划。通过建立一套行之有效的脱贫攻坚责任体系、政策体系、投入体系等，中央各项决策部署得到落实。2013—2016 年，农村贫困人口每年都减少超过 1000 万人，共 5564 万人摆脱贫困，贫困地区面貌明显改善，也促进了社会和谐安定。

二是促进就业创业。就业是民生之本。坚持就业优先战略，实行更加积极的就业政策，创造更多就业岗位，鼓励以创业带动就业，着力解决结构性就业矛盾。这五年，在经济发展进入新常态、增长速度放缓的情况下，通过实施扶持就业政策，推行"大众创业，万众创新"，持续推进"放管服"改革，有力地激发了社会创造力，就业创业人员稳定增加，近四年每年新增就业超过 1300

万人，为改善民生和维护社会稳定发挥了重要作用。

三是深化分配制度改革。为了促进发展成果由全体人民共享，实行一系列有利于缩小收入差距的政策，各地方普遍提高最低工资标准。同时，改革收入分配制度，完善初次分配机制，健全再分配调节机制，建立促进农民收入较快增长的长效机制，推动形成公开透明、公正合理的收入分配秩序，明显增加低收入劳动者收入，扩大中等收入者比重，多渠道增加居民财产性收入，并努力构建体现技能、知识价值的收入分配机制。

四是完善社会保障制度。近五年，我国社会保障制度在实现广覆盖、保基本、可持续的框架基础上，进一步打破城乡分割、单位双轨的坚冰，更多地体现了公平公正的原则。一是建立了全国统一的城乡居民基本养老保险制度。合并新型农村社会养老保险和城镇居民社会养老保险。目前，全国所有省级地区都制定了新的城乡居民社保实施意见，基本实现了制度名称、政策标准、经办服务、信息系统"四统一"。持续调高养老保险基础养老金标准。二是实施养老金并轨改革。实行了20多年的养老金双轨制正式废除，机关事业单位与企业都实行社会统筹与个人账户相结合的基本养老保险制度，养老金待遇与缴费而非职级挂钩。三是统筹推进社会救助。国务院颁布《社会救助暂行办法》，首次将救急难、疾病应急救助、临时救助等方针政策纳入法制安排，是我国统筹构建社会救助制度体系的标志。同时，支持慈善事业发展，广泛动员社会力量开展社会救济和社会互助、志愿服务活动。特别是《中华人民共和国慈善法》的颁布与实施，是我国整个社会保障体系建设中具有里程碑意义的重大事件，将开启中国现代慈善事业的新时代。

五是改善住房保障。采取一系列政策措施，引导房地产业持续健康发展，控制房价过快上涨。加快推进棚户区和城乡危房改造工程。构建了包括公共租赁住房、棚户区改造、农村危旧房改造、住房公积金等在内的住房保障体系。实施公共租赁住房制度。明确提出从2014年起各地公共租赁住房和廉租住房并轨运行，并轨后统称为公共租赁住房，并把公租房扩大到城市非户籍人口。

推进城镇住房法治化，规范城镇住房保障工作。

2. 推进社会治理基础性制度改革创新。教育、卫生、人口、户籍管理等制度是社会治理的重要基础性制度，与人民群众利益密切相关，是社会治理体系和社会文明进步的重要方面。为了促进社会公平正义，更好满足人民需求，国家采取了一系列重大决策部署和制度安排。

——在教育领域，大力促进教育公平制度建设。推动义务教育均衡发展，逐步推进中等职业教育免除学杂费，健全家庭经济困难学生资助体系，构建利用信息化手段扩大优质资源覆盖面的有效机制，逐步缩小区域、城乡、校际差距。健全政府补贴、政府购买服务、助学贷款、基金奖励、捐资激励等制度，鼓励社会力量兴办教育。推进考试招生制度改革。到 2020 年基本建立中国特色现代教育考试招生制度，形成分类考试、综合评价、多元录取的考试招生模式，健全促进公平、科学选才、监督有力的体制机制。从根本上解决教育领域的痼疾，满足人民对受到更好教育的需求。

——在医疗卫生领域，突出建立以提高人民健康水平为核心的现代医疗卫生事业制度。一是基本医疗保障制度覆盖全民。目前，我国基本医保覆盖 95% 以上人口，编织起全球最大的基本医疗保障网，世界卫生组织称赞"中国的医改成就举世瞩目"。二是完善大病保险和医疗救助制度。全面开展重特大疾病医疗救助，基本医保、大病保险、医疗救助、疾病应急救助、商业健康保险和慈善救助有效衔接。三是深化医药卫生体制改革，实行医疗、医保、医药联动，推进医药分开，实行分级治疗。破除公立医院以药养医机制。全面推进公立医院改革，优化医疗卫生机构布局。四是全面推进"健康中国"建设。2016 年 8 月，党中央召开全国卫生与健康大会，2016 年 10 月，中共中央、国务院印发《"健康中国 2030"规划纲要》，提出把健康摆在优先发展的战略地位，加快转变健康领域发展方式，全方位、全周期维护和保障人民健康，大幅提高健康水平，显著改善健康公平。这些是具有重大历史意义的决策和制度安排。

——在人口发展方面，完善计划生育制度。实施人口发展战略，促进人口均衡发展。全面实施一对夫妇可生育两个孩子的政策。"二孩"政策的颁布，是对我国 1983 年以来所实行的计划生育"一孩"政策的重大调整，关系到中华民族子孙后代的繁衍和持续性发展。同时，积极开展应对人口老龄化行动，构建以生育政策、就业制度、养老服务、社保体系、健康保障、人才培养、环境支持、社会参与等为支撑的人口老龄化应对体系，积极研究制定渐进式延迟退休年龄政策，加快健全养老服务体系和老年服务产业发展，开展全国养老院服务质量建设专项行动，实施老年教育发展规划等。人口政策的创新，是近五年社会治理实践创新的重大标志。

——在户籍管理方面，建立全国城乡统一的户口登记制度。2014 年 7 月，国务院印发《关于进一步推进户籍制度改革的意见》，取消了农业户口与非农业户口性质区分，统一登记为居民户口，稳步推进城镇基本公共服务常住人口实现市民化。2016 年 1 月，《居住证暂行条例》施行，"居住证"取代"暂住证"，并据此享受所在城市各类基本公共服务和各项便利。2016 年 9 月，国务院印发《推动 1 亿非户籍人口在城市落户方案》，国务院各有关部门出台了一系列配套政策措施，着力解决广大农业转移人口最为关心的教育、就业、医疗、养老、住房保障以及农村"三权"等方面的实际问题。户籍制度改革是我国社会治理基础性制度的重大创新。

3. 构建国家安全体制。这是近 5 年加强和创新社会治理极具标志性的重大举措。国家安全是安国定邦的基础，也是社会稳定和社会进步的前提。为了应对日益复杂多样的国内外安全形势，落实总体国家安全观，党中央决定建立集中统一、高效权威的国家安全体制，采取了一系列重大举措。一是设立国家安全委员会。2013 年 11 月召开的党的十八届三中全会明确提出，要建立国家安全委员会，完善国家安全体制和国家安全战略，确保国家安全。2014 年 1 月，中共中央政治局会议决定正式成立国家安全委员会。国家安全委员会的主要职责是，加强对国家安全工作的集中统一领导，制定和实施国家安全战略，推进国家安全法治建设，制定国家安全工作方针政策，研究解决国家安全工作中的重大问题；同时，发挥应对重大突发事件的协调指挥作用。国家安全包含军事、安全、公安、司法、外交、金融等多方面的大安全体系，涵盖传统安全和非传统安全领域。成立国家安全委员会，是应对安全形势趋于严峻复杂的时代挑战做出的重要制度安排。二是制定《国家安全战略纲要》和《关于加强国家安全工作的意见》，规划了在新的形势下维护国家安全的指导思想、重大原则和重点任务，强调要做好各领域国家安全工作。三是修订并通过新的《中华人民共和国国家安全法》。该法着眼于我国经济社会发展和保障国家安全的实际需要，明确了维护国家安全的职责与任务，包括国家安全制度，国家安全保障，公民、组织的义务与权利等方面的具体制度。国家安全委员会的成立、《国家安全战略纲要》和《中华人民共和国国家安全法》的制定，对维护国家安全和社会安全已经并将起到十分重要的作用。

4. 健全公共安全体系。建设平安中国是加强和创新社会治理的首要目标，是决胜全面建成小康社会和全面建设社会主义现代化强国的基础性工程，更是全国人民的期盼。国泰才能民安。党的十八大以来，"平安建设"被提到了一个新的历史高度。围绕深入推进平安建设，健全公共安全体系，推出食品药品安全、安全生产、防灾减灾、社会治安防控和网络安全等方面的体制机制改革举措。成立了统一权威的食品安全监管机构，建立了严格的覆盖全过程的监管制度，出台了一系列保障食品药品安全、质量安全的政策措施。持续深化安全生产管理体制改革，建立隐患排查治理体系和安全预防控制体系，努力遏制重大安全生产事故。健全防灾减灾救灾体制。应急管理体系不断健全，应对危机与风险的能力明显提高。加强社会治安综合治理，创新立体化社会治安防控体系，健全落实社会治安综合治理领导责任制，健全社会治安防控网，提高社会治安防控体系建设科技水平，依法严密防范和惩治各类违法犯罪活动，提高社会治安防控活动能力。社会治安综合治理迈出新步伐，社会矛盾化解工作实现新突破，加强和创新群众工作，健全重大决策社会稳定风险评估机制。完善网络和信息化管理领导体制，制定和实施网络安全战略，加强网络市场监管。适应互联网时代的要求，引导社会成员确立共同防控风险的理念；推进公共安全工作精细化，实现公共安全事务共同治理。面对当前我国公共安全事件易发多发的总体态势，编织全方位、立体化的公共安全网，并更加注重运用法律规范、道德教化、心理疏导等方式手段，提升了维护公共安全实效，平安中国建设取得重要新进展。

5. 加快社会诚信制度建设。推进诚信制度建设，既是建设和谐社会的重要任务，也是推进社会治理现代化的必然要求。党的十八大以来，党和国家对社会诚信建设做出了一系列重要部署。国务院颁发《社会信用体系建设规划纲要（2014—2020 年）》《关于推进诚信建设制度化的意见》，强调着力推进诚信制度建设。团中央、国家发展改革委、人民银行联合制定《青年信用体系建设规划（2016—2020 年）》。50 个部门和一大批企业共同实施优秀青年志愿者守信联合激励行动计划。今年 4 月，中共中央、国务院颁发的《中长期青年发展规划（2016—2025 年）》中，将推进青年信用体系建设、倡导和培育青年诚信品格纳入青年发展事业总体布局。注重加强社会信息基础设施、基础制度、基础能力建设，加快推动统一社会信用代码制度，建立以公民身份号码为唯一代码、统一共享的国家人口基础信息库，健全相关方面的配套制度。建立公民统一社会信用代码制度、法人和其他组织统一社会信用代码制度。加强社会信用管理，建设全国统一的信用信息共享交换平台，建设并已上线运行"信用中国"网站，为社会公众查询、了解社会信用信息、社会信用体系建设工作动态提供渠道。积极探索完善守信联合激励和失信联合惩戒制度。

6. 加强城乡社区治理。城乡社区是社会治理的基本单元，也是社会治理体系中的基础部分。近五年，党和政府更加重视城乡社区在社会治理中的重要作用，实施了一系列改革创新举措，使全国城乡社区治理水平明显提高。注重完善城乡社区治理体系，充分发挥基层党组织领导作用，有效发挥基层政府主导作用，努力发挥基层群众性自治组织基础作用，统筹发挥社会力量协同作用。注重提升城乡社区治理水平，提高社区服务供给能力，提升社区矛盾预防化解能力，增强社区信息化应用能力。各地普遍推行民主化、网络化、网格化、精细化管理，创新城乡居民全面服务管理新模式。畅通民主渠道，开展基层协商，推进城乡社区协商制度化、规范化和程序化。坚持因地制宜，突出特色，推动各地立足自身资源、条件、人文特色等实际，完善社区治理模式。完善市民公约、乡规民约等行为准则。许多城乡重视传播优秀传统文化，有些地方成立乡贤理事会，弘扬新乡贤文化，提高农村社会组织化水平，增强"自治组织"能力。大力开展乡风、村风、家风建设，通过加强古村落保护，编写族谱、家训等，传承向上向善的正能量。中央有关部门制定和实施一系列历史文化名城名镇名村和传统村落保护措施，有力地推动了中华优秀传统美德与文化的保护和创新发展，也促进了平安社会、和谐社会建设。

7. 促进社会组织健康发展。社会组织是社会治理不可或缺的重要力量，是公众和社会力量参与社会治理的重要载体，也是我国社会治理中的短板和难点。针对我国社会组织发展中的问题，党的十八届三中全会通过的《中共中央关于全面深化改革若干重大问题的决定》提出："正确处理政府和社会关系，加快实施政社分开，推进社会组织明确权责、依法自治、发挥作用。适合由社会组织提供的公共服务和解决的事项，交由社会组织承担。支持和发展志愿服务组织。"几年来，中央有关部门制定和实施一系列清理、规范和支持社会组织发展的办法。推动行业协会商会与行政机关真正脱钩，致力于建立新型行业协会商会管理体制和运行机制，促进和引导行业协会商会自主运行、有序竞争、优化发展。这方面改革取得重要进展。2016年年底，作为第一批脱钩试点的132家全国性行业协会商会实现与行政机关脱钩，完成脱钩试点的改革目标。2016年6月，第二批全国性行业协会商会脱钩试点名单（144家）公布，第二批试点正在有序推进。2016年12月，《行业协会商会综合监管办法（试行）》印发，至此总体方案规定的10个配套文件已全部出台，并形成了一个完整的政策体系框架。制定文件提出到2020年建立健全统一登记、各司其职、协调配合、分级负责、依法监管的社会组织管理体制，营造法制健全、政策完善、待遇公平的社会组织发展环境，构建结构合理、功能完善、诚信自律、有序竞争的社会组织发展格局，形成政社分开、权责明确、依法自治的现代社会组织体制。近些年，从中央到地方各级政府都积极探索实行购买服务机制，重视发挥社会组织在引导社会成员参与风险评估、矛盾调解、社区矫正、青少年教育管理等方面的作用，取得了积极效果。

8.创新社会治理方式。按照推进社会治理现代化的要求，积极探索社会治理方式创新，是近 5 年中国社会治理新实践的重要特征。一是以信息化建设为基础，不断提升社会治理的网络化与智能化。当今世界，以数字化、网络化、智能化为特征的信息化浪潮蓬勃兴起，没有信息化就没有国家和社会治理现代化。这几年，国家全面推进社会治理信息化建设。2014 年 2 月，中央网络安全和信息化领导小组成立，推动了国家网络安全和信息化建设。随后，印发《国家信息化发展战略纲要》，规范和指导未来 10 年国家信息化发展。制定《"十三五"国家信息化规划》，明确统筹实施网络强国战略、大数据战略、"互联网 +"行动，整合集中资源力量，为推进国家与社会治理体系和治理能力现代化提供数字动力引擎。北京、上海和深圳等特大城市积极探索符合超大城市特点和规律的社会治理新路子，强化网络化、智能化管理，提高城市管理标准；贵阳等在城市社会治理中更多运用互联网、大数据等信息技术手段，大力推行基层治理信息化，打造"智慧社区"，不断提高城市社会治理科学化、精细化、智能化、现代化管理水平。二是以推行"全面依法治国"为契机，不断推进社会治理的法治化与制度化。党的十八大以来，我国开辟了全面依法治国、建设法治社会的新局面。近 5 年，共制定、修改法律 48 部、行政法规 42 部、地方性法规 2926 部、规章 3162 部，同时通过"一揽子"方式先后修订法律 57 部、行政法规 130 部，启动了民法典编纂、颁布了《中华人民共和国民法总则》，中国特色社会主义法律体系日益完备；高效的法治实施体系、严密的法治监督体系、有力的法治保障体系建设取得显著成效，对全面依法治国、依法治理社会发挥了重要的推动作用。国务院制定了 2020 年基本建成法治政府的奋斗目标和行动纲领；先后取消、下放行政审批事项618项，彻底终结了非行政许可审批，激发了市场和社会活力。行政执法体制改革深入推进，公正文明执法水平明显提升。新一轮司法体制改革主体框架基本确立。司法责任制改革全面推开，以审判为中心的刑事诉讼制度改革深入推进，省以下地方法院、检察院人财物统一管理逐步推行。制定实施干预司法记录、通报和责任追究制度，设立知识产权法院、最高人民法院巡回法庭、跨行政区划法院检察院，实行立案登记制，废止劳教制度，一批重大冤假错案得到坚决纠正，司法职权配置不断优化，执法司法规范化建设进一步加强。司法质量、效率和公信力大幅提升，人民群众对公平正义的获得感明显增强。全民守法和法治社会建设迈出新步伐。设立国家宪法日，宪法宣誓制度普遍实施；更加重视社会矛盾纠纷的调解化解，多元化纠纷解决体系日益健全。领导干部带头尊法、学法、守法、用法，运用法治思维和法治方式的能力与水平明显提高。

9.加大环境保护与治理力度。治理环境污染，提高环境质量，事关人民生命安全和社会安定，是加强创新社会治理的重大任务。党中央、国务院更加重视环境保护与治理，着力推进解决影响人民群众身心健康和社会稳定的环境问题，建设美丽城市、美丽乡村，改善生活环境质量，消除社会风险隐患。党的十八届三中全会通过的《中共中央关于全面深化改革若干重大问题的决定》做出明确规定："必须建立系统完整的生态文明制度体系，实行最严格的源头保护制度、损害赔偿制度、责任追究制度，完善环境治理和生态修复制度，用制度保护生态环境。"国家"十三五"规划中对着力改善生态环境、形成政府企业公众共治的环境治理体系做出全面规划和部署。这几年，大力度地改革生态环境保护管理体制、改革环境治理基础制度，强化环境保护法治，开展环保督察巡视，推进污染物综合防治和环境治理，推行改水改厕、垃圾处理，建立严格监管所有污染物排放的环境保护组织制度体系；以打好大气、水、土壤污染防治三大战役为抓手，逐步构建与改善环境质量的工作体系；全面启动控制污染物排放等方面的强力监管和严格问责制。创新环保督察体制，建立环保督察机制。2016 年 7 月，第一批中央环境保护督察工作全面启动，组建 8 个中央环境保护督察组，分别负责对 8 个省（自治区）开展环境保护督察工作。2017 年起，用两年时间对全国 31 个省区市进行全部环保督察。中央环保督察不仅提升了地方党委政府的环保责任，而且推动解决了一大批环境问题，推动地方建立环保长效机制。各地普遍清理"散、乱、污"企业。国家旅游部门发起的"厕所革命"，在全国旅游系统大张旗鼓地推进，不仅有力地改变了当地旅游环境，也带动了全社会的"厕所革命"。江苏邳州市等许多地方还开展了创新公共空间治理行动，城乡人居环境明显改善，社会秩序和社会风气为之改观。

10. 全面加强党对社会治理的领导。全面加强党的领导，全面从严治党，是党的十八大以来治国理政的最鲜明特点，也是社会治理领域实践创新的最突出标志。党风决定政风、社风、民风。治国必先治党，治党必须从严，这是中国社会治理体系和治理能力现代化的重要制度与组织保障。实践表明，从严治党、惩治腐败是最大的社会治理，是理顺民心、实现党长期执政、确保社会长治久安的根本之举。五年来，全面从严治党的重大举措环环相扣，老虎、苍蝇、蚊虫一起打，惩治了一大批腐败分子，对于端正党风发挥了重大作用，伸张了正气，刹住了歪风，赢得了党心民心，极大地带动了政风、社风、民风好转，也推动了社会治理创新发展。针对群团组织存在的突出问题，大刀阔斧地改革群团组织。中共中央召开党的群团工作会议，党中央制订并实施工会、共青团、妇联和文联等群团组织的改革方案，提出一系列改革部署和举措，有力地推动了群团组织改革的顺利进行，使群团组织更好践行群众路线、服务群众，更有效发挥党和政府联系人民群众的桥梁和纽带作用。这几年，还大力加强基层服务型党组织建设，使党的建设覆盖到各类企事业单位、各种社会组织、各个城乡基层，强化党组织的领导核心作用。这些措施，对全面加强党对社会治理的领导起到了重要作用。

三、五年来社会治理的新境界

党的十八大以来这五年，我国社会治理思想创新与实践创新发展，具有重大的现实意义和深远历史意义。这不仅有效助力如期实现全面建成小康社会的奋斗目标，而且开拓了中国特色社会主义社会治理的新境界。

1.开拓了科学社会主义社会治理思想的新境界。以习近平同志为核心的党中央加强与创新社会治理的思想与实践，坚持以马克思列宁主义、毛泽东思想和中国特色社会主义理论体系为指导，深入观察和分析当今中国社会发展和社会变革中的新情况、新问题，提出了一系列社会治理新理念、新思想、新战略，在新的历史条件下把坚持、继承同发展、创新辩证地统一起来，继承和发展马克思主义和中国共产党历代领导集体的治国理政重要论述，使科学社会主义社会治理思想进入了新境界，达到了新高度。例如，以人民为中心的社会治理重要论述，不仅回答了社会治理为了谁、依靠谁的问题，还回答了社会治理的评判标准和行动准绳问题，提出了检验社会治理成效，最终都要看人民群众是否真正得到了实惠，人民群众生活是否真正得到了改善，人民群众合法权益是否得到了切实保障。这就将全心全意为人民服务的宗旨、一切为了人民的思想，内化为既有明确指向又贯穿于党的决策部署和方针政策的行为准则并体现在实际行动中。又如，以民生为本的社会治理重要论述，从根本上纠正了以往那种重经济建设轻社会建设、重管控轻民生的倾向，并推动实施一大批普惠性、基础性、兜底性民生工程，着力形成改革发展与社会治理的最大公约数，有利于从根本上实现良政善治，促进社会和谐稳定和全面进步。这一系列创新性的社会治理重要论述和实践，大大丰富和发展了科学社会主义社会治理理论。

2.开拓了传统社会管理向现代社会治理转变的新境界。"社会管理"转变为"社会治理"，由"管理"到"治理"虽然只有一字之差，但思想更深刻、内涵更丰富。"社会治理"更加突出了党委领导和政府主导下的多元社会主体共同参与、良性互动，有利于构建共建共治共享的社会治理新格局；更加突出以人为本和以人民为中心的社会治理创新思想，强化人民群众在社会治理中的主体地位、权益保障制度和首创精神；更加突出民主政治和法治思维、法治方式，社会治理要着眼于扩大人民民主，建设法治社会，提高社会治理民主化、法治化水平；更加突出系统治理、源头治理、综合治理，运用经济、法治、教育、行政等多种手段完善社会治理方式方法，标本兼治；更加突出全面加强党对社会治理的领导，以党的执政能力建设和先进性建设引领社会治理，以党风的根本好转推动政风、社会风气净化，以各级党组织自身建设为实现社会治理科学化、精细化、现代化提供坚强的领导核心与组织保证。这些都标志着由传统的社会管理向适应时代发展要求的现代社会治理转变。

3. 开拓了中华优秀文化与现代社会文明相融合的新境界。我国有独特的历史、独特的文化、独特的国情，这就决定了社会治理创新发展的独特道路。习近平总书记坚持立足中国国情，从中华文明中汲取智慧，博采古今中外一切优秀文明成果，坚守但不僵化、借鉴但不照搬，善于古为今用，洋为中用。这几年社会治理的实践创新，是在总结中国悠久的治理传统和历代中国共产党人治国理政经验教训，以及借鉴吸收人类社会现代优秀文明成果的基础上形成的，将中国传统社会治理模式进行创造性继承和创新性发展，将世界现代文明先进理念、有益做法进行分析鉴别和选择性吸收。更加重视法治与德治有机结合，法治德治并举，他律自律结合；更加重视发挥优秀传统道德文化的教化功能，发挥当代中国特色社会治理的最佳效果；更加重视家庭在社会治理中的基础地位，更多地发挥家庭的生育、婚姻、养老、教化等社会功能，并与现代社会文明进步质素融和发展。这些对优秀传统文化的高度重视，是对社会治理的文化价值维度的重大发展，开拓了现代社会治理文明与中华优秀传统文化融合的新境界，进一步凸显了中华优秀传统文化对中国特色社会治理的精神支撑与凝心聚力的作用。

4. 开拓了以打造人类命运共同体为导向的国际社会治理关系的新境界。近五年的中国社会治理思想与社会实践创新，具有全球视野性、国际前瞻性、人类关怀性。倡导"和而不同"的价值理念，坚持正确义利观，推进构建人类命运共同体，开拓了国际社会治理关系的新境界。当今世界正在发生深刻复杂变化，和平与发展仍是时代主题，但是当前世界经济增长需要新动力，发展需要更加普惠平衡，贫富差距鸿沟需要弥合；热点地区持续动荡，恐怖主义蔓延肆虐；和平赤字、发展赤字、治理赤字，是摆在全人类面前的严峻挑战。习近平总书记面对国际局势的深刻变化和世界各国同舟共济的客观要求，统筹国内国际两个大局、统筹发展安全两件大事，提出构建人类命运共同体，坚持对话协商、共建共享、合作共赢、交流互鉴、绿色低碳，以建设一个持久和平、普遍安全、共同繁荣、开放包容、清洁美丽的世界为目标，符合各国求和平、谋发展、促合作、要进步的真诚愿望和共同追求，我们要坚定不移维护世界和平、促进共同发展，推动构建以合作共赢为核心的新型国际关系。构建人类命运共同体的思想，是对我国社会建设和社会治理的国际国内环境与时代特征进行科学分析与实践探索的伟大成果，为促进人类社会共同发展打开了新的视角和新的思路。

党的十九大对社会治理的新部署新要求 [*]

（2018 年 4 月 19 日）

　　党的十九大报告高度重视社会治理创新和社会体制改革问题，不仅充分肯定了过去 5 年社会治理系统的历史性成就，而且明确指出了社会治理领域存在的问题，并对进一步推进社会治理创新、深化社会体制改革提出新要求、做出新部署。党的十九大对加强和创新社会治理提出的一系列新思想、新概括、新观点、新任务、新举措，形成了新时代中国特色社会主义社会治理的思想理论体系和基本方略，我认为集中体现在如下八个方面。

　　一是更加明确了"民生"与"治理"的关系。党的十九大报告将"提高保障和改善民生水平"与"加强和创新社会治理"并列作为一大部分论述，体现了两者紧密结合、相互促进的关系。提高保障和改善民生水平，既是加强和创新社会治理的治本之策，又是加强和创新社会治理的出发点和落脚点。从根本上讲，加强和创新社会治理，就是要不断满足人民日益增长的美好生活需要，不断促进社会公平正义，形成有效的社会治理、良好的社会秩序，使人民的获得感、幸福感、安全感更加充实、更有保障、更可持续。

　　二是首次提出了构建社会治理的新格局。党的十九大报告提出打造共建共治共享的社会治理格局，将加强和创新社会治理定格在共建共治共享，深刻表明了社会体制改革创新的关键切入点在于一个"共"字，凸显了社会治理的公共性、多元性、协商性和共生性。所谓"共建"，就是社会多元主体共同参与建设；所谓"共治"，就是社会多元主体共同参与治理；所谓"共享"，就是社

---

* 本文系在《社会体制蓝皮书：中国社会体制改革报告 NO.6（2018）》一书新闻发布会上的讲话。

会多元主体共同参与分享成果。可以说，共建共治共享三者之间，既相互交融又互为促进，既是加强和创新社会治理的目标要求，也是中国特色社会主义社会治理制度的显著特征。

三是进一步丰富了社会治理体制的内涵。党的十八大报告提出，加快社会体制改革，必须加快形成"党委领导、政府负责、社会协同、公众参与、法治保障的社会管理体制"；党的十九大报告进一步强调了"完善党委领导、政府负责、社会协同、公众参与、法治保障"的"社会治理体制"。这从深层次上反映了我们党对社会治理体制和运行规律的理论创新和实践创新，更加准确揭示了社会治理各方主体的职能定位和角色作用。

四是突出强调了社会治理制度建设。党的十九大报告强调，"加强社会治理制度建设"，这就要求及时将社会治理创新实践中的重要原则、规则和规律加以制度化乃至法治化。特别是教育、卫生、人口、土地、社会保障、户籍管理、社会信用、民族宗教等制度都是社会治理的重要基础性制度，必须高度重视、不断改革创新，使之更好地适应和服务经济社会发展的现实需要和人民日益增长的美好生活需要。

五是强化了社会治理的提升水平。相对于之前中央文献中提出的社会治理"科学化""精细化"而言，党的十九大报告进一步明确和强化了提高社会治理社会化、法治化、智能化、专业化的重要性和目标要求。所谓社会化，强调依靠社会力量参与社会治理，使其成为重要的社会治理主体；所谓法治化，强调的是法治；所谓智能化，突出强调社会治理要充分运用现代科技进步特别是大数据、移动互联网和人工智能等科技成果，依靠科技实现社会治理；所谓专业化，则强调的是要提高社会治理的专业化水平，培养专业人才，打造专业队伍，运用专业知识、技能实现社会治理。

六是确定了社会治理现代化的战略目标。党的十九大报告从更为长远的战略定位上，结合新时代中国特色社会主义基本实现现代化的总目标，提出到2035年基本形成现代社会治理格局的战略目标。并明确指出，现代社会治理格局的基本特征是：法治社会基本建成，国家治理体系和治理能力现代化基本实现，社会文明程度达到新的高度，人民生活更为宽裕，社会充满活力又和谐有序，生态环境根本好转，美丽中国目标基本实现。这为推进中国社会治理现代化绘制了具体可期的美好蓝图。

七是部署了新时代社会治理的重点任务。随着中国特色社会主义进入新时代，社会的主要矛盾发生了明显变化，社会治理面临的任务、预设的目标也有所变化。尤其是在国家的总任务由全面建成小康社会转变为全面建成社会主义现代化强国之后，党的十九大报告提出了至少以下十方面的重点任务：一要加强预防和化解社会矛盾机制建设；二要健全公共安全体系；三要加强社会治安防控体系建设，保护人民人身权、财产权、人格权；四要加强社会心理服务体系建设；五要加强社区治理体系建设，发挥社会组织作用，推动社会治理重心向基层下移；六要健全自治、法治、德治相结合的乡村治理体系；七要推进诚信建设和志愿服务制度化，强化社会责任意识、规则意识、奉献意识；八要健全国家安全体系；九要实施健康中国战略；十要推动构建人类命运共同体。

八是指明了新时代加强和创新社会治理的路径。强调要抓住人民最关心、最直接、最现实的利益问题，既尽力而为，又量力而行，一件事情接着一件事情办，一年接着一年干。坚持人人尽责、人人享有；坚守底线、突出重点、完善制度、引导预期；坚持完善公共服务体系，保障人民群众基本生活，不断促进社会公平正义。

认真按照这些原则和路径办事，社会治理就会不断取得新成效，社会主义和谐社会建设也会不断取得新进展。党的十八大以来，我们党以全新的视野，深化对共产党执政规律、社会主义建设规律、人类社会发展规律的认识，进行艰辛的理论探索，取得了重大理论创新成果，形成了新时代中国特色社会主义思想。党的十九大将"加强和创新社会治理，维护社会和谐稳定"作为习近平新时代中国特色社会主义思想的重要内容。我们要全面领会和把握新时代社会治理的新思想、新部署、新要求，不断提高加强和创新社会治理、深化社会治理体制改革的自觉性和责任感。

2018 年是全面贯彻党的十九大精神的开局之年，是中国改革开放 40 周年，也是决胜全面建成小康社会、实施"十三五"规划承上启下的关键一年。《社会体制蓝皮书》课题组要以党的十九大精神和庆祝改革开放 40 周年为统领，做好重点选题，产出高质量成果。具体而言，要着力从四个方面认真开展研究工作。

一是认真学习、贯彻落实党的十九大精神，深入研究习近平社会治理重要论述。上面讲过，党的十九大对新时代社会治理做出了重大决策部署，《社会体制蓝皮书》课题组要自觉学习、深入领会、准确运用习近平新时代中国特色社会主义思想去研究和推进社会治理创新和社会体制改革，服务推进新时代中国特色社会主义社会治理理论创新，为全面深化社会体制改革、建成现代社会治理格局提供理论指导。实践永无止境，理论创新永无止境。时代是思想之母，实践是理论之源。全面贯彻落实党的十九大提出的加强和创新社会治理、推进社会治理现代化，还需要不断深化现代社会治理的理论研究和探索。我们要以党的十九大精神为统领，提高政治站位、拓宽学术视野，系统总结和深入研究习近平社会治理重要论述，这也是我们《社会体制蓝皮书》课题组可以大有作为的研究高地。

二是认真总结十八大以来社会治理实践创新及其经验。党的十八大以来，中国社会领域发生了一系列历史性变革、取得了重要的历史性成就，社会治理实践创新在全国各地纷纷涌现，遍布城市、乡村、企业、社区、社会组织，社会创造力和社会活力竞相迸发。全面系统梳理和总结各地的社会治理创新实践典型案例和经验做法，十分重要而又必要。北京师范大学中国社会管理研究院 /社会学院已组织开展"百村社会治理调查"项目，对全国典型村庄的治理进行深度调查。《社会体制蓝皮书》课题组应该大力倡导实证社会调查精神，深入基层一线，深入调查研究，充分汇集和反映各地推进社会治理创新的宝贵实践和经验教训。这也会大大提升《社会体制蓝皮书》的学术品质，使其更加有血有肉、富有深厚的"地气"。

三是认真研究社会领域改革发展中的热点难点问题，提出具有针对性、可操作性、前瞻性的对策建议。《社会体制蓝皮书》在编写上一定要坚持问题导向，着力破解社会治理和社会体制改革领域的一些痼疾顽症，特别是针对决胜全面小康社会进程中的"防范化解重大风险、精准脱贫、污染防治"三大攻坚战，展开深入系统研究，及时提出有效的对策建议。同时，针对党的十九大报告提出的社会治理重点任务，要进行专项研究，提出具有针对性、时效性、可用管用的政策研究成果。这既是建设新型专业化社会治理智库的内在要求，也是发挥和彰显国家高端智库外脑作用的重要体现。

四是系统梳理、认真总结改革开放40周年的辉煌成就和历史经验，全面深刻分析当前面临的形势和任务。习近平总书记在2018年新年贺词中指出："2018年，我们将迎来改革开放40周年。改革开放是当代中国发展进步的必由之路，是实现中国梦的必由之路。"《社会体制蓝皮书》的编写，也要紧扣改革开放40周年的重大历史契机，从多个角度、多个层次、多个体系，全面系统梳理和总结中国社会治理和社会体制改革的伟大历程、辉煌成就和宝贵经验。在此基础上，进一步全面深刻分析当前我国面临的国内外形势和趋势，提出相应的任务举措和实施路径。由此，《社会体制蓝皮书》可以成为宣传和推介改革开放40周年中国社会体制改革经验的一个重要平台和窗口。

坚定走中国特色社会主义社会治理之路 [*]
——改革开放 40 年社会治理变革回顾与前瞻

（2018 年 7 月 7 日）

在伟大的改革开放 40 周年前夕，我们在这里举办第八届中国社会治理论坛，以习近平新时代中国特色社会主义思想为指导，回顾总结 40 年来我国社会治理变革的历史进程、宝贵经验和重大成就，深入研讨新时代社会治理需要解决的重点问题，对于我们坚定走中国特色社会主义社会治理之路，站在新起点上再出发再奋进，推进社会治理体系和治理能力现代化，具有重要的意义。

一、40 年来中国社会治理变革的重大进展和历史性成就

1978 年，党的十一届三中全会做出改革开放的重大战略决策，开启了当代中国社会革命的历史新时期。40 年来，中国社会发生沧桑巨变，改革开放极大地解放和发展了社会生产力，也极大地推动和加快了社会全面发展，社会治理领域发生了广泛而深刻的变化。纵观 40 年的历史进程，我认为，中国社会治理领域变革大体经历了三个阶段。

第一阶段，从 1978 年党的十一届三中全会到 1992 年党的十四大，主要是冲破高度集中的计划经济体制和社会管理模式，放松社会领域管控，释放社会活力，让全社会活跃起来。这阶段社会治理变革的重要标志是：1982 年 12 月，第五届全国人民代表大会第五次会议，修改《中华人民共和国宪法》，对国家的基本制度、根本任务、治理结构和主要原则都做出了新的规定，包括法治原

---

* 本文系在第八届中国社会治理论坛上做的主旨演讲，收入《改革开放 40 年大家谈》（人民出版社 2018 年版）。

则、尊重和保障人权原则，也包括改变农村人民公社"政社合一"体制，推进乡村政权建设。这些年通过改革生产流通体制、劳动人事制度，放松城市"单位制""街居制"管理，扩大企业、地方和城市管理权限，有力地推动了社会流动，特别是人口在城乡之间、农村之间、城市之间以及企业之间、行业之间的流动。与此同时，国家从宏观上重视社会建设。1980年开始研究制订国家中长期发展计划时，就将前五个"国民经济计划"改为"国民经济和社会发展计划"。从1982年实行国家第六个五年计划起，专门增加了社会发展的内容，对控制人口增长、促进劳动就业、提高居民收入，发展教育、文化、卫生和社会福利事业，稳定社会秩序等，都做出了具体安排部署。1987年，党的十三大制定的国家发展"三步走"战略中，每一步都把经济发展目标与社会发展目标有机地统一起来。这些表明，伴随改革开放大潮兴起的社会治理变革巨轮开始启动前行。

第二阶段，从1992年党的十四大到2012年党的十八大，主要是构建与社会主义市场经济体制相适应的社会治理基本框架，积极探索中国特色社会主义社会治理的新路子，进一步增强社会发展活力，开始致力于社会和谐发展。这阶段社会治理变革的重要标志是：1993年11月党的十四届三中全会通过《中共中央关于建立社会主义市场经济体制若干问题的决定》，全面推动社会主义市场经济体制改革，继续促进社会经济活跃发展；同时，重视社会和谐进步。2002年党的十六大及以后的中央全会，将社会更加和谐作为现代化建设的重要目标提出，并系统阐述了构建社会主义和谐社会的重大思想和战略部署。2007年党的十七大要求加快推进以改善民生为重点的社会建设，建设服务型政府，明确提出加强和创新社会管理、深化社会体制改革，推进就业、分配、教育、医疗、住房、社会保障等制度改革，着力加强公共服务体系、应急管理体系、公共安全体系以及社会组织体系建设，在城乡社区普遍推行网格化、网络化、精细化管理。这阶段，社会治理一些重要领域和关键环节的变革都取得了重要进展。

第三阶段，从 2012 年党的十八大到现在，主要是以习近平新时代中国特色社会主义思想为指导，全面深化社会治理变革，着力推进社会治理体系和社会治理能力现代化，推动社会充满活力又和谐有序运行。这阶段社会治理变革的重要标志是：2013 年 11 月党的十八届三中全会通过《中共中央关于全面深化改革若干重大问题的决定》，提出推进国家治理体系和治理能力现代化的总目标。党的十九大做出加强和创新社会治理的新部署，提出打造共建共治共享的社会治理格局。以习近平同志为核心的党中央采取了一系列新举措，大力推动社会治理领域改革创新，取得了历史性新进展新成效。包括全面加强和改善党对社会治理的领导，从严治党、惩治腐败，以党风带政风、民风、社风；把保障和改善民生与加强和创新社会治理更紧密结合起来；着力统筹推进"五位一体"总体布局、协调推进"四个全面"战略布局；突出抓重点、补短板、强弱项，特别是集中力量打好防范化解重大风险、精准脱贫、污染防治的攻坚战，取得突破性进展。同时，持续推进教育、医疗、人口、户籍、社会保障等制度改革；构建国家安全体制，健全公共安全体系，加快社会信用体系建设，提升城乡社区治理水平，政法领域改革取得多方面新进展。这阶段，开拓了中国传统社会治理向现代社会治理转变的新境界。

经过 40 年改革开放的持续推进，我国社会治理领域变革取得历史性进展，概括起来说：一是基本实现了由传统社会管理体制向现代社会治理体制的重大转变，以往高度集中、统得过死的社会管理体制逐步转向中国特色社会主义社会治理体制，在党委统一领导下，政府、社会、市场、公众多元主体参与共建共治共享的社会治理格局初步确立。二是基本形成了一整套宏观社会治理基础性制度与微观社会治理运行机制，筑起了新型社会治理制度的"四梁八柱"和系列基石，现代社会治理制度建设取得突破性进展。三是基本构建了符合中国国情的新型社会治理体系和国家安全建设体系，包括社会组织体系、公共服务体系、公共安全体系、社会治安防控体系、社会信用体系、应急管理体系等，社会治理体系现代化建设迈出有力的步伐。四是基本改变了传统社会治理方式，综合运用经济、法律、道德、科技和行政等多种手段加强和创新社会治理，不断推进系统治理、源头治理、依法治理、综合治理，社会治理能力提升。总之，就全国来说，中国特色社会主义社会治理创新全面推进，社会治理现代化建设深入展开。

40年来，社会治理领域深刻变革所取得的成效是多方面的，最为重要和最为显著的成就，就是始终保持了社会大局的稳定，从而有力保障和促进了经济社会全面发展。这不仅集中体现在改革开放40年来实现经济持续快速增长，我国经济已经由40年前占世界第十位跨越成为世界第二大经济体，全国人民由40年前难以过上温饱生活转变到即将享受全面小康生活，收入水平和生活质量显著提升，全体社会成员逐步朝着共同富裕方向迈进，而且突出体现在国家逐步实现大治，和谐社会建设、平安社会建设、信用社会建设、法治社会建设、健康社会建设不断推进，全面建成小康社会之时的社会美好景象日益清晰地展现在世人面前。从国际上看，在加快现代化的进程中，社会转型极为艰难，相对应的社会体制、社会结构、社会形态的演变往往曲折复杂，充满矛盾和变数。而我国在长达40年急速和深刻的社会革命中，始终保持了整个社会的稳定和发展，特别是近几年严重犯罪案件明显降低，打破了犯罪率随着现代化推进必然升高的西方"魔咒"。今天的中国已成为世界上命案发案率最低的国家之一，人民群众的获得感、幸福感、安全感不断增强，这无疑是人类社会现代化建设史上的伟大奇迹。

二、深化对40年社会治理变革宝贵经验的研究

40年来，我国社会治理变革不仅取得了显著成效，而且在实践中积累了丰富经验，初步研究，以下七个方面尤为宝贵。

1. 坚持不断解放思想，推动社会治理理论创新。40年来，中国特色社会主义实践的每一次历史性进展，都是解放思想、实事求是、与时俱进的结果，是马克思主义基本原理与中国具体实践相结合进行理论创新的结果。从

邓小平开创中国特色社会主义理论到形成"三个代表"重要思想、科学发展观，特别是习近平新时代中国特色社会主义思想，都为发展和完善中国特色社会主义提供了强大的思想武器和行动指南。改革开放以来，我国社会治理变革取得的举世瞩目成就，也都得益于不断解放思想、坚持推进党的社会治理理论创新，特别是摆脱了许多不合时宜的传统思想和理念的禁锢，包括不断纠正以往实际工作中普遍存在的经济建设"一手硬"、社会建设"一手软"的问题；明确提出建设社会主义和谐社会的重大思想和进行社会体制改革的部署要求；社会治理相关理论经历了逐步深化和推进的过程，即从社会治安综合治理到社会管理再到社会治理现代化的发展过程。我们党勇于用世界眼光和时代发展要求审视社会领域现状，不断推进社会建设和社会治理的理论创新，坚持用新理论、新思路、新办法解决改革开放和现代化建设中的新问题，努力使社会治理变革体现时代性、符合规律性、富有创新性。这是最具根本性的经验。

2. 坚持正确政治方向，开拓中国特色社会治理之路。改革朝着什么方向前进，关乎中国现代化事业的成败，关乎国家命运、人民幸福。"旗帜决定方向，道路决定命运。"举什么样的旗帜，就决定了要朝着什么方向前进。党的十一届三中全会以来，我们党始终高举中国特色社会主义伟大旗帜，带领全国人民开辟了中国特色社会主义道路，并在实践中不断完善和发展。改革开放40年的发展历程，就是从本国国情出发，守正创新，始终坚持和发展中国特色社会主义的过程。从根本上讲，社会建设和社会治理改革同经济建设和宏观经济治理体系改革等其他方面改革一样，都是社会主义制度的自我完善和发展，而不是对社会主义制度的改弦更张。始终保持政治定力，既不走封闭僵化的老路，也不走改旗易帜的邪路。我们要以宽广胸怀研究与借鉴外国在社会建设和社会治理中一切有益的做法，但是，绝不能照抄照搬别国经验、别国模式。必须自觉抵制各种错误思想和主张的影响，确保社会治理变革发展始终沿着中国特色社会主义道路前进。

3. 坚持以人民为中心，依靠群众创新社会治理。这是改革开放 40 年来中国社会治理变革的动力源泉。人民是历史的创造者，群众是真正的英雄。坚持以人民为中心就是坚持人民主体地位。人民群众既是创造社会物质财富和精神财富的主体，也是进行社会治理变革的主体，人民群众的愿望、意志和力量决定着所处历史时期的生产关系、经济基础和上层建筑，从根本上决定历史发展的走向。改革开放 40 年来，我国之所以能取得社会治理变革一系列成就，就在于我们党始终坚持人民立场，把人民利益放在高于一切的位置去看待问题、处理问题。同时，广泛地动员和组织人民依法管理国家事务和社会事务，坚持走群众路线。只有切实保障人民合法权益，充分发挥广大人民群众的积极性、主动性、创造性，才能真正实现有效社会治理。

4. 坚持全面深化改革，着力推进社会治理体制创新。加强和创新社会治理，关键在于不断深化改革，推进体制机制创新。在以往相当一段时期内，传统的政府包办的"大一统模式"，不仅给政府带来沉重负担，而且窒息了社会领域的活力。加强社会建设，创新社会治理，解决社会领域中的问题，就必须进行体制机制改革创新。改革开放 40 年以来，加强和创新社会治理领域工作，就是紧紧抓住了体制机制改革创新这个"牛鼻子"，包括改革城乡二元结构，推行户籍制度改革，实行基层自治制度，创新社区治理体制，发展各类社会组织，发挥市场、社会力量的作用，不断推进就业、分配、教育、医疗、社会保障、住房等体制制度改革创新。通过转变政府职能，改进政府社会管理体制，持续推进"放管服"改革，提高社会治理水平。通过推动事业单位分类改革，优化事业单位构成，强化公益类事业单位基本公共服务属性。通过建立政府购买公共服务制度，撬动和激活了公共服务市场。只有通过不断深化社会领域体制改革，才能更好推动社会治理现代化。

5. 坚持运用多种手段，不断创新社会治理方式。改进社会治理方式，不仅是创新社会治理体制的重要方面，而且是转变社会发展方式的必然要求。社会治理要讲究辩证法，既要管理又不能管得太死，要做到刚柔相济、宽严适度，使社会活跃起来而又有序运行。坚持系统治理、依法治理、综合治理，努力实现社会治理由单一行政手段向多种手段综合并用转变。特别是在信息时代下的中国已经形成了规模巨大、构成复杂、形态多元的网络社会，其复杂性、风险性前所未有，不稳定、不确定性因素难以完全预料，这使得社会治理难度加大，必须高度重视运用现代信息技术，打造"互联网+"社会治理模式，把精细化、标准化、智能化、专业化贯穿于社会治理全过程，把体制机制变革与现代科技应用深度融合起来，有效利用大数据、云计算、物联网、人工智能等信息化手段，不断提高社会治理的质量、效率和效能。

6. 坚持统筹协调推进，构筑社会治理创新坚实基础。社会建设与社会治理是国家建设与治理的一部分。社会治理创新，离不开基本的社会条件、基础设施、文化建设等的支撑。只有推进经济建设，创造更多社会财富和物质条件，才能为社会建设和社会治理提供扎实的物质基础。改革开放 40 年来，正是随着中国经济的持续快速发展，社会建设和社会治理变革事业才不断深入发展。从近些年许多地方的实践看，社会治理体系和治理能力建设必须具有相应的物质基础和经济实力。同时，中国特色社会主义社会治理是一项长期复杂的系统工程，不是单项推进就可以一蹴而就的，而必须与中国特色社会主义经济治理、政治治理、文化治理、生态治理紧密结合，相互促进、相辅相成，实现中国特色社会主义国家治理的整体性提升。而社会和谐稳定、主体多元、活力充沛，也会为其他方面治理创新提供良好的条件和保障。这就要求在推进社会治理变革中牢固树立整体观、系统观、协同观。

7. 坚持加强和改善党的领导，充分发挥党对社会治理的核心作用。中国特色社会主义的最本质特征是中国共产党的领导。40 年来包括社会治理领域变革的全部改革开放之所以取得巨大成就，从根本上说，是始终坚持党的领导、不断加强和改善党的领导的结果。历史和实践雄辩地证明，在当代中国，没有中国共产党的领导，不可能把全国各族人民凝聚起来，不可能把国家和社会治理好。社会治理改革是一项纷繁复杂、艰巨繁重的历史任务。要顺利推进这一重大任务，必须充分发挥党总揽全局、协调各方的领导核心作用，牢牢把握社会治理的正确方向。中国共产党的执政地位也决定了深化社会治理改革必须在党的领导下进行。同时，要始终加强党的自身建设，自觉改善党的领导，不断增强党的政治领导力、思想引领力、群众组织力、社会号召力，不断提高党的领导水平，并以党的自我革命推动伟大的社会革命。这也是最为重要的经验。

以上七条，是对40年来社会治理领域变革发展基本经验的认识。归结起来说，就是坚定走中国特色社会主义社会治理之路，坚持在改革开放中充分发挥社会主义制度优越性和政治优势，正确把握社会运行和变革规律，妥善处理和协调各方面关系，有领导有秩序地把中国社会治理领域的变革发展不断推向前进。

三、新时代社会治理需要解决的重点问题

中国特色社会主义已进入新时代，这是我国发展新的历史方位。党的十九大明确提出了新时代改革开放和社会主义现代化建设的战略目标和任务，对推进社会治理现代化建设也做出了新的部署。我国社会治理变革正在路上，仍处于攻坚期，既有许多良好机遇，也面临一系列严峻挑战。综合考虑经济社会发展形势和社会治理各方面因素，当前和今后一个时期，中国特色社会主义社会治理变革需要着重解决以下七个方面问题。

1. 以提高保障和改善民生水平为重点，不断增强人民群众获得感、幸福感、安全感。保障和改善民生，既是加强和创新社会治理的根本之策，又是加强和创新社会治理的出发点和落脚点。推进社会治理现代化建设，必须把更好保障和改善民生作为首要任务。我国社会主要矛盾已经转化为人民日益增长的美好生活需要和不平衡、不充分的发展之间的矛盾。人民群众不仅对物质文化生活提出了更高的要求，而且在民主、法治、公平、正义、安全、环境等方面的要求日益增长。目前，民生领域还有不少短板，脱贫攻坚任务繁重，城乡、区域发展和收入分配差距依然较大，一些群众在就业、教育、医疗、居住、养

老等方面面临不少难题。这就要求，推进社会治理现代化建设需要紧紧围绕人民群众最关心、最直接、最现实的利益问题和对美好生活的向往，采取有力举措，包括健全保障和改善民生制度体系、政策体系、服务体系，破除一切不合时宜的思想观念和体制机制弊端。特别要多谋民生之利、多解民生之忧，在幼有所育、学有所教、劳有所得、病有所医、老有所养、住有所居、弱有所扶上不断取得新进展，促进收入分配更合理、更有序。要完善公共服务体系，加强社会保障体系，健全公共安全体系，构筑社会治安防控体系，建设社会心理服务体系，不断促进社会公平正义，不断促进人的全面发展、全体人民共同富裕，使人民获得感、幸福感、安全感更加充实、更有保障、更可持续。

2. 以打造共建共治共享治理格局为重点，不断深化社会治理体制改革。打造共建共治共享的社会治理新格局，是推进社会治理现代化建设的战略目标，也是走中国特色社会主义社会治理之路的必然要求。近些年，我们在构建社会治理新格局方面取得了重要进展。目前存在的突出问题是：各级社会治理部门职责不清，各自为战，条块分割，碎片化问题严重；社会事业和社会组织发展相对滞后，多元社会主体参与社会治理的积极性没有充分发挥出来，也没有形成合力；重管控、轻服务的情况还较为普遍。为此，要通过全面深化改革，加快建立健全党委领导、政府负责、社会协同、公众参与、法治保障的社会治理体制，构建在党的全面领导下政府和社会多元主体积极参与社会治理的制度、动力和路径。要充分发挥各级党委在社会治理中总揽全局、协调各方的领导核心作用，强化各级政府抓好社会治理的责任制，履行好各级政府公共服务、公共管理、公共安全等职责。要更加重视引导、推动广大群众和社会组织、企事业单位等社会力量参与社会治理，努力形成社会治理人人参与、人人尽责的良好局面。

3. 以加强"自治、法治、德治"为重点，不断构建社会治理支柱体系。自治、法治、德治，是社会治理现代化建设的三大支柱，必须发挥好这三者的特殊功能作用。基层社会实行自治制度，既是国家宪法规定的重要制度，又是坚持人民主体地位的基本要求。法治是社会治理的基本准则和手段，全面推行法治，是社会治理现代化的最重要标志。德治是社会发展的本质要求，引领社会治理的前进方向。"三治并举"已经形成社会共识。目前，在"三治融合"社会治理体系建设中，主要存在以下问题：一是基层群众参与意识不够强，积极性普遍不高，一些地方社区治理体系不健全，不少地方社区行政化色彩浓厚，体制机制不顺；二是社会领域立法数量不足、系统性不够，执法不严、司法不公问题还比较突出，全社会的法治观念仍很薄弱；三是社会价值体系多元化，给思想道德建设带来不少挑战。进一步构建"三治并举"支柱体系，就要健全基层群众自治机制，增强基层社会自治功能，扩大群众参与治理的范围和途径，丰富自治内容和形式，加强基层民主制度建设，使之更好地适应和服务于社会治理创新的趋势和要求；就要加快社会领域立法进程，深化执法、司法体制改革，更好维护社会秩序，促进社会公平正义，深入开展法治社会宣传教育，在全社会树立法律至上的基本信念和行为准则；就要大力培育和弘扬社会主义核心价值观，继承和弘扬中华优秀传统文化，增强人们的认同感和归属感；还要做到自治、法治、德治相互融合、相互促进。

4. 以促进事业单位改革为重点，不断提升社会治理创新保障水平。科技、教育、文化、卫生等事业单位，是包括社会治理在内的社会建设的重要平台与依托，这个领域的改革发展直接影响着社会治理现代化建设的进程。多年来，各类事业单位改革做了不少工作，但进展滞后。目前，事业单位定位不准、职能不清、活力不足、效率不高等问题依然存在，既制约着自身发展，也影响着其他领域发展。加快事业单位改革势在必行。为此，一要深入推进简政放权，提高资源配置效率和公平性。二要加快实施政社分开，推进社会组织"去行政化"，激发社会组织活力。适合由社会组织提供的公共服务和解决的事项，尽量由社会组织依法提供和管理。三要理顺政事关系，实现政事分开。区分情况实施公益类事业单位改革，理顺面向社会提供公益服务的事业单位与主管部门的关系，加快推进管办分离，强化公益属性，破除逐利机制。要通过深化事业单位改革，为加强和创新社会治理、推进社会治理现代化建设提供合理、有效的基础性制度保障，不断增强社会治理的活力与动力。

5. 以加强城乡社区体系建设为重点，不断推进基层社会治理现代化。社区是社会治理的基本单元，在全部社会治理中地位重要。基础不牢，地动山摇。推进社会治理现代化，必须加快社区治理体系建设，推动社会治理重心向基层下移。随着工业化、城市化、市场化进程的加快，我国城乡社区治理出现一系列新情况新问题。在农村，不少地方出现"空心村"现象，农村社会治理人才短缺、主体弱化，公共服务短缺。在城市，不少社区治理体制机制不健全，居委会行政负担过重、职能权责不清、自治能力不足。只有加强城乡社区治理体系建设，才能全面提升基层社会治理水平。为此，一要在实施乡村振兴战略中，充分发挥农村社区作为基层群众性自治组织的作用，强化基层自治体系建设、矛盾化解体系建设、治安防控体系建设、社区服务体系建设，推进农村社会有效治理。二要完善社区综合治理机制，加强社区规范化建设，强化社区职能；改革社区政务服务机构设置，探索推行"大部制"；优化社区规模和服务空间；完善社区工作运行机制，完善社区多元治理体系，充分发挥各类社会组织参与社区治理的作用。三要加大社区治理投入，建立良性合理的激励机制，培养高素质的社区建设人才队伍。四要加强社区文化建设，大力传播先进文化，弘扬传承优秀特色文化，营造社区温馨家园。五要总结推广新时代基层社会治理创新经验。要以"枫桥经验"为样本，与时俱进地创新社会治理内涵和模式，着力提升基层社会治理现代化水平。

6. 以提高"四化"水平为重点，不断加强社会治理能力现代化建设。提高社会治理社会化、法治化、智能化、专业化水平，是推进社会治理现代化的重要目标，也是提升社会治理能力的重要途径。社会治理必须依靠社会力量，"社会化"就要广泛动员全体社会成员，激发出强大的社会参与和自主能动力量；法治是社会治理常态化、长效化的根本保障，"法治化"就要坚持以法律和法理为准绳，保障社会在法治轨道上运行；智能治理是时代的重要特征，"智能化"就要构建智能化社会治理平台体系，实现精准、高效、便捷的新型社会治理；专业本领是社会治理本领的重要体现，"专业化"就要大力培养社会治理专业人才，用先进的理念、科学的态度、专业的方法、精细的标准，为加强和创新社会治理提供各种专业服务。要通过全面深化改革、以推广现代科技应用为动力，大力推进信息化、智能化建设，突出加强社会安全治理、公共空间治理、网络社会治理，特别要提高预测预警预防各类风险能力，提高快速、高效、精准应对各类突发事件能力，更加注重加强制度建设，提高社会治理"四化"水平。

7. 以加强党的全面领导为重点，不断发挥中国特色社会主义制度的最大优势。中国共产党领导是中国特色社会主义制度的最大优势，推进社会治理现代化建设必须坚持和加强党的全面领导，并不断提高马克思主义政党的领导水平和执政能力。要加强党的政治领导，确保社会治理沿着正确方向前进。要加强党的组织领导，充分发挥党在社会治理中总揽全局、协调各方的领导核心作用。要深入开展反腐败斗争，持之以恒正风肃纪，为加强和创新社会治理创造良好的政治生态和社会环境。习近平总书记在党的十九大报告中指出，要"全面增强执政本领""既要政治过硬，也要本领高强"。我们完全可以相信，在中国共产党的坚强领导下，我国社会治理现代化建设一定会不断取得新成效，在新时代决胜全面小康社会、全面建设社会主义现代化国家中发挥越来越大的作用。

新中国 70 年社会治理回顾与思考 *

（2019 年 1 月 13 日）

2019 年 10 月 1 日，中华人民共和国将迎来 70 周年华诞。2019 年的中国社会学会新春论坛暨京津冀社会学界座谈会，以"新中国 70 年社会治理回顾与思考"为主题，总结研究 70 年来我国社会建设、社会治理和社会学发展的历程与成就，很有意义。

习近平总书记指出："历史是一个民族、一个国家形成、发展及其盛衰兴亡的真实记录，是前人的'百科全书'，即前人各种知识、经验和智慧的总汇。""历史是最好的教科书。"学习和回顾中华人民共和国的历史，总结历史创造的成就和经验，思考历史留下的记忆和启示，对于我们更好认识现实、把握未来，在新时代坚持和发展中国特色社会主义，助推国家现代化和实现中华民族伟大复兴的中国梦，具有十分重要的意义。

新中国成立以来的历史，以 1978 年年底召开的党的十一届三中全会为标志进行历史阶段划分，可以分为改革开放前 30 年的历史时期和改革开放后的历史时期。前一历史时期，是我国社会主义革命和建设时期；党的十一届三中全会以来的历史时期，是我国改革开放和社会主义现代化建设新时期，这个新时期的历史还没有结束，如果把这个历史时期以党的十八大为标志再做一个划分，则是进入新时代中国特色社会主义时期的历史。将这三个时期的历史贯通起来，也就是中华人民共和国成立以来的历史。新中国成立以来的光辉历程，是中国社会发展极不平凡的历史阶段。中华人民共和国的成立，推翻了帝国主

---

* 本文系 2019 年 1 月 13 日在中国社会学会新春论坛暨京津冀社会学界举办"新中国 70 年社会治理回顾与思考"座谈会上的主题讲话，发表在《社会治理》2019 年第 2 期。

义、封建主义和官僚资本主义的统治，结束了中国半殖民地半封建社会的历史，中国人民真正地站立起来，中国历史进入了一个新纪元，这为当代中国一切发展进步奠定了根本政治前提。在此基础上，中国共产党领导全国人民进行了两场伟大的社会革命。一场是社会主义革命和建设，这是在新中国成立后30年进行的。这一时期，我们完成了从新民主主义到社会主义的转变，走出了一条适合中国国情的社会主义改造道路，全面确立了社会主义的基本制度，我国现行的国体、政体、国家结构形式和政党制度就是在这个时候确立的；这个时期还开始了全面社会主义建设，并取得了历史性的成就，到1956年第一个五年计划提前完成时，从前连铁钉都要进口的中国，第一次有了自己生产的飞机、机床与电子工业。另一场伟大的社会革命，是改革开放和社会主义现代化建设。这场社会革命，围绕完善和发展社会主义制度，全面、系统、深入地推进经济、政治、文化、社会、生态文明、军队和党的建设等各个领域的改革，全方位实行对外开放，不失时机推进工业化、信息化、城市化、现代化，大力解放和发展社会生产力，不断提高人民生活水平，城乡社会面貌大为改观，取得了举世瞩目的伟大成就。这两场伟大的社会革命相互联系、不可分割。前一场社会革命为后一场社会革命奠定基础、提供前提，后一场社会革命是前一场社会革命的历史演进和必然趋势。这是当代中国社会发展进步的历史大逻辑，也是科学社会主义不断发展创新的理论大逻辑。

新中国成立以来的社会变革和发展，创造了人类社会发展史上的奇迹。其中，最根本的标志和成就，就是创立、坚持和发展了中国特色社会主义。中国特色社会主义是由中国特色社会主义道路、中国特色社会主义理论体系、中国特色社会主义制度、中国特色社会主义文化"四位一体"构成的，是改革开放以来党的全部理论与实践的主题。虽然中国特色社会主义开创于改革开放新时期、丰富发展于全面建成小康社会与社会主义现代化建设进程中，但它根植于新中国成立70年的长期奋斗，是我们党几代中央领导集体团结带领全党和全国各族人民历经千辛万苦、接力探索取得的。创造和发展中国特色社会主义，使中华民族实现了从"站起来"到"富起来"的伟大飞跃，迎来了中华民族从"富起来"到"强起来"的伟大飞跃，也为全面建成社会主义现代化强国、实现中华民族伟大复兴，奠定了根本的物质基础、政治基础、制度基础和理论基础。

新中国成立 70 年来，屡创奇迹、成就辉煌，令世人叹服，但也历经了曲折与坎坷。其间，我们饱尝了各种重大风险与困难，经受了许多艰辛探索和严重曲折的考验，也付出了多方面巨大的代价。我们要坚持以辩证唯物主义和历史唯物主义的立场、观点和方法，研究与看待新中国的历史，坚持实事求是、尊重历史的科学精神，分清主流与支流、本质与现象、成就与失误，总结正反两方面的经验，深入研究社会发展规律，从社会变革思考中汲取智慧，从理论上诠释中国道路、中国制度的历史必然，牢牢把握中国社会前行的方向与发展趋势，为人类社会现代化建设提供中国方案，这是中国为人类做出更大贡献的生动体现，也是中国理论工作者特别是社会学界的责任与使命。

新中国 70 年来的伟大变革和实践，为中国社会学的建设和发展提供了极为丰厚的土壤。历史和现实深刻表明，社会大变革的时代，一定是社会学大发展的时代。当代中国正经历着历史上最为广泛而深刻的社会变革，也正在进行着人类历史上最为宏大而独特的实践创新。这种前无古人的伟大实践，必将给社会学的理论创造、学术繁荣提供强大动力和广阔空间。正如习近平总书记所指出的："这是一个需要理论而且一定能够产生理论的时代，这是一个需要思想而且一定能够产生思想的时代。"这就要求我们深刻认识和把握社会学学科的发展规律、本质特点和内在要求，挖掘新材料、发现新问题、提出新观点、探索新理论，助力构建具有中国特色、中国风格、中国气派的社会学学科体系、学术体系和话语体系。这从理论与实践的结合上提出了一系列重大课题，包括：社会学界如何在马克思主义特别是习近平新时代中国特色社会主义思想指导下研究和概括新中国 70 年的社会变革与发展史？改革开放前后两个时期和新时代的历史承继与伟大转折的理论与现实依据是什么？如何认识新中国

70 年中国社会建设和社会治理的发展历程、历史成就和经验教训？中国特色社会学如何既遵循人类社会发展的一般规律又植根于中国基本国情？这一根本原则如何在其学科体系、学术体系、话语体系的丰富内涵、精神特质与理论范式中充分体现？构建中国特色社会学的客观依据、制度支持、理论准备和人才队伍是否已经具备，短板与瓶颈又是什么？如此等等。这些问题的破解，必将推动中国特色社会学迈上新的台阶。可以相信，随着中国特色社会主义进入新时代，中国特色社会学创新发展又迎来一个新的春天，必将开创我国社会学大发展、大繁荣的新境界。为迎接新中国成立 70 周年，中国社会学界应该，也可以大有作为。习近平总书记指出："只有以我国实际为研究起点，提出具有主体性、原创性的理论观点，构建具有自身特质的学科体系、学术体系、话语体系，我国哲学社会科学才能形成自己的特色和优势。"社会学作为哲学社会科学的重要组成部分，也应坚持这一根本原则。正如已故著名社会学家费孝通先生所言："在中国泥土里培植中国的社会学。"从这个角度而言，中国特色社会学，首要的就是扎根中国沃土，特别是全面、深入研究新中国 70 年来革命、建设和改革的伟大理论创新和实践创造。这里需要把握如下几点。

一是坚持以马克思主义和马克思主义中国化的科学理论为指导，坚持坚定正确的政治方向。任何学科建设、学理研究都有一个为了谁的问题，社会学学科也不例外。在社会学学科建设中，我们要坚持中国的基本国情与发展阶段，坚持最广大人民的根本利益，坚持国家治理体系和治理能力现代化，坚持和谐社会建设与人的全面自由发展，这是中国特色社会学学科建设的根本，是必须始终坚持，不可动摇的。为了实践这一根本原则，我们还要解决如何做的问题，加强马克思主义社会学建设，亟须制订马克思主义社会学学科发展规划，努力把马克思主义社会学建设成中国社会学的优势分支学科，发挥好马克思主义社会学的支撑引领作用。

二是立足基本国情和历史传统。"社会学"是"西学"，更应是"中学"。新中国 70 年，特别是改革开放 40 年以来，我国经济实现大发展、社会发生大变革，在这一过程中积累了独特发展经验，开辟了中国特色社会主义道路，为构建中国特色社会学提供了现实依据和历史根基。中国特色社会主义现代化蓬勃发展，呼唤着加快构建中国特色社会学。

三是坚持问题导向和实践品格。问题是创新的起点，也是创新的动力源。只有聆听时代的声音，回应时代的呼唤，认真研究解决重大而紧迫的问题，才能真正把握住历史脉络、找到发展规律，推动理论创新、学术创新、学科创新。中国社会学应围绕中国和世界社会发展面临的重大理论与实践问题，不断优化社会学学科体系，切实提升回应现实问题的学科能力。

四是坚持创新导向和原创战略。一方面，要发挥多学科、跨学科优势，加快发展具有重要现实意义的社会学新兴学科和交叉学科，如社会治理学、社会政策学等；另一方面，要总结中国经验，勇于创新，不断概括出中国社会学的新概念、新范畴、新术语，打造中国化的社会学学术话语体系，解决长期以来社会学话语体系中"西强我弱"等问题。

北京师范大学中国社会管理研究院／社会学院成立 8 年来，积极探索高校智库建设与学科建设相结合的新路子。坚持双轮驱动，着力推进社会治理智库与社会学学科一体化建设，进行了一些积极探索，取得了重要的进展。2017 年9 月，中国社会管理研究院／社会学院作为北师大教育与社会发展研究院重要支柱被纳入国家高端智库试点培育单位；2018 年 3 月，国务院学位办正式公示了 2017 年全国学科授权点审核结果，北京师范大学社会学一级学科博士授权点获得通过，中国社会管理研究院／社会学院是主建单位。几年来，我们主要做了以下九个方面的工作。一是向党和政府提供决策咨询建议。截至 2018 年12 月，有 76 项决策咨询研究成果得到党和国家领导人的重要批示，决策影响力不断提高。《党的十八大以来中国社会治理的新进展》等获得包括中央主要领导在内的多位领导同志的重要批示。二是连续举办八届中国社会治理论坛。每届论坛都产生了一批高质量研究成果，社会影响力不断扩大。三是组织编撰和出版大型文献图书《当代中国社会大事典（1978—2015）》，四卷 320 多万字。这部大事典全景式记录了改革开放以来社会领域发生的历史性变革。目前，我们正在全国哲学社会科学规划办的支持下，组织编撰《当代中国社会大事典（1949—1978）》。四是组织编写《中国社会治理通论》。这本教材历时两年、十易其稿，已经交付出版社。五是建设中国社会管理创新研究信息库，开发和推出"当代中国社会治理百科"。六是创办我国首家社会治理领域的杂志《社会治理》，为理论界与实务部门创新社会治理与社会建设提供了平台。七是组织开展"百村社会治理调查"活动。八是推进社会学、公共管理学、历史学、经济学在内的交叉学科建设。九是开展国际合作交流，与英国相关大学机构联合举办三届中英社会治理现代化研讨会等，在国际上产生了较大影响。这些工作的开展和实施，今天在座的不少领导、专家、学者都给予了多方面的关心、支持和帮助！在此，我谨向你们表达诚挚的感谢！

坚定不移推进社会治理现代化 *
——新中国 70 年社会治理现代化历程、进展与启示

（2019 年 7 月 6 日）

在迎接中华人民共和国 70 华诞之际，回顾新中国成立 70 年来社会治理现代化的历程、进展与经验，对于我们在新时代深入推进社会治理体系和治理能力现代化，全面建设社会主义现代化国家，具有十分重要的意义。

一、新中国 70 年社会治理现代化的道路与历程

新中国成立 70 年的历程，是在中国共产党领导下，坚持探索、完善和发展中国特色社会主义的历程，也是不断探索、推进和发展中国特色社会主义现代化的历程。在这个光辉历程中，持续深化社会领域变革、推进社会治理现代化，是一个十分重要的方面。新中国 70 年社会治理现代化建设是一个不可分割的延续过程。前 30 年的探索为中国社会治理现代化提供了重要理论准备和基本制度前提，后 40 年社会治理现代化的开拓与发展，是在前 30 年基础上的深刻变革与广泛创新。总的方向，都是在社会主义道路上探索和推进社会主义社会治理现代化。

1949 年 10 月 1 日，中华人民共和国的成立，标志着中国历史发展的根本转折，开辟了中国社会发展的新纪元，广大劳动者由奴隶变成了国家和社会的主人。劳动人民掌握了国家政权，主宰了自己的命运，这为当代中国社会一切发展进步奠定了根本政治前提。

---

* 本文系 2019 年 7 月 6 日在第九届中国社会治理论坛上做的主旨演讲，党中央主要领导重视并做出批示。

新中国成立以后，我们党领导全国人民有步骤地实现从新民主主义到社会主义的转变，在迅速恢复了国民经济和开展了有计划的经济建设的同时，大力革除旧社会弊制，禁烟禁毒，实行男女平等。建立新社会秩序，完成土地制度改革，开展"三反""五反"运动，巩固新生的政权，奠定了社会主义政治制度、经济制度、社会制度基础。这时社会治理没有清晰的概念与范畴，它的实施一方面内嵌于人民民主与法治建设中，另一方面包含于"一化三改"的社会主义改造中。人民民主是中国共产党自成立之日起就孜孜以求的社会发展目标，成立的国家是中华人民共和国，中央政府与各级地方政府、法院、检察院、公安局都有明确的"人民"前缀，这充分体现了人民至上的社会理念。1954 年《中华人民共和国宪法》问世，之后陆续颁布实施《中华人民共和国全国人民代表大会组织法》《中华人民共和国国务院组织法》《中华人民共和国人民法院组织法》，以及《中华人民共和国土地改革法》《中华人民共和国惩治反革命条例》《中华人民共和国婚姻法》等，而从 1949 年到 1957 年，全国人大常委会、国务院及其部委颁发 1261 件重要的法规性文献，密集的法律法规的出台为人民行使民主选举、民主决策、民主管理、民主监督权利提供了法治保障。土地改革使 3 亿多无地少地农民拥有了 7 亿多亩耕地，并免去了每年向地主缴纳约 700 亿斤粮食的地租，千百年来受奴役、受压迫的劳苦大众第一次成了土地的主人；在城市没收官僚资本的深入推进，昔日的洋厂洋房成为国有资产，工人成为生产资料的所有者。这就从源头上保障了人民群众对发展成果的共同享有权。随着"一化三改"过渡时期总路线的实施，农村集体经济组织普遍建立，城镇职工以企业形式组织起来、居民在居委会中有序参政议事，昔日的一盘散沙整合成了建设社会主义的坚定意志与社会力量。人民群众建设新社会、新生活的积极性与创造精神迸发出来。

计划经济体制的实行，促成了国家全面管理社会和高度组织化的治理模式，有利于国家对社会进行自上而下的整合与控制。在城市，实行单位制和街居制的社会管理模式。在农村组建合作社和人民公社，实行政社合一制度。社会资源以计划配置为主，社会整合以行政手段为主，社会事业发展由国家或集体包办，实行严格的户籍制规范和管理人口流动。这是新中国成立后 30 年社会管理的主要特征。在城市依托企业建立了医疗、教育、住房、养老、工伤、抚恤等在内的社会保障和公共服务制度；在农村建立了基础教育和合作医疗、"五保户"等保障制度。这条道路符合中国基本国情，可以最大限度地积累工业化所需的巨额资金，有力地避免了西方国家在工业化早期付出的巨大社会代价。特别是提倡集体主义精神，在各条战线树立典范，使先进事迹如春风化雨般滋养人们的灵魂，形成奉献、向上的积极社会心态，这是社会治理的重要使命。

这个时期社会管理模式，最大限度地整合了社会力量，改变旧中国社会一盘散沙的状态，把各方力量汇聚成一个整体，国家具备强大的社会动员能力，有力地推进了社会主义改造和社会主义建设，在较短时间内奠定了比较完整的工业体系和国民经济体系的基础。

这一时期社会管理体制的主要问题颇多，使我国的经济建设、社会建设遭遇挫折。同时，十年"文化大革命"延缓了中国社会主义现代化建设的历史进程。

1978 年 12 月党的十一届三中全会召开，决定实行改革开放的重大决策，党和国家的工作重心转到经济建设上来，这也为中国社会治理现代化建设开辟了历史新时期。随着改革开放的深入推进和市场经济的发展，以增强社会活力为重点的改革逐步推开。1982 年 12 月，第五次全国人民代表大会修改《中华人民共和国宪法》，对国家的基本制度、根本任务、治理结构和主要原则等都做出了新规定，包括实行法治原则、尊重和保护人权原则，也包括改变农村人民公社政社合一的体制，推进乡村政权建设。同时，通过改革生产流通体制、劳动人事制度，放松城市"单位制""街居制"，有力地推动了社会流动，特别是人口在城乡之间、农村之间、城市之间以及企业之间的流动。随着政府社会管理职能逐步加强，1992 年党的十四大之后，加快转变政府职能成为一项迫切任务，在建立社会主义市场经济体制的背景下，政府的社会管理职能得到加强。1998 年《国务院机构改革方案》首次明确提出各级政府承担着"社会管理"职能。2003 年，国家对重症急性呼吸综合征（SARS，亦称非典型肺炎）暴发的控制和管理，对政府职能转变起到了重要推动作用。党的十六届三中全会明确指出，政府在继续搞好经济调节、加强市场监管的同时，应更加注重履行"社会管理""公共服务"职能。由此，"社会管理"和"公共服务"作为政府的基本职能越来越受到高度重视，并在之后历次中央全会上得到进一步确认和强化。这一时期，社会治理变革主要进展包括：基层自治和社区组织不断完善，社会事业改革发展全面推进，社会组织逐步发展壮大，社会管理创新得到加强。

2012 年 11 月党的十八大以来，中国社会治理现代化建设进入新时代。2013 年党的十八届三中全会将推进国家治理体系和治理能力现代化确立为全面深化改革的总目标，首次将社会治理写进党的文献中。党的十九大做出加强和创新社会治理的新部署，提出打造共建共治共享的社会治理格局。在习近平新时代中国特色社会主义思想的指引下，全面深化社会治理变革，着力推进社会治理体系和治理能力现代化，推动社会充满活力又和谐有序运行。这一时期，党和国家采取了一系列新举措，大力推动社会治理领域改革创新，取得了历史性新进展新成效，开拓了社会治理的新境界，包括：筑牢改善和保障民生工程，推进社会治理基础性制度改革创新，构建国家安全体制，健全公共安全体系，加快社会诚信制度建设，加强城乡社区治理，促进社会组织健康发展，创新社会治理方式，加大环境保护与治理力度，全面加强党对社会治理的领导。因此，我国社会治理现代化建设进入新阶段。

二、新中国 70 年社会治理现代化的进展与成就

纵观 70 年的历史进程，中国社会治理变革和现代化建设取得历史性进展和成就，概括起来实现了七个重大转变。

1. 从理念看，实现从社会管制、管理到社会治理的重大转变。70 年来，中

国社会治理理念实现了从社会管制到社会管理，再到社会治理的两次历史性飞跃。新中国成立之初，采取了以管制型为特征的社会治理理念，全社会纳入经济管理范畴，通过计划和行政手段实现社会生活的全面管理。改革开放之后，随着经济日趋活跃和各种矛盾增多，国家控制型理念，逐步改变为社会管理型理念，更加强调政府的社会管理职能。为适应建设和谐社会的要求，党的十八届三中全会上，将社会管理转变为社会治理。从管理到治理虽然是一字之差，体现的却是系统治理、依法治理、源头治理、综合施策，这为推进社会治理体系和治理能力现代化提供了思想引领和框架设计。

2. 从制度看，实现从控制型制度到社会治理型制度的转变。前 30 年，通过政治、经济和社会一体化的组织体系，维护政治、经济、社会秩序和运行。经过改革开放的实践探索和制度建设，逐步建立健全了现代社会的社会组织体系、公共服务体系、公共安全体系、城乡社区体系、社会治安防控体系、社会信用体系和应急管理体系，构筑了符合中国国情的新型社会治理体系，中国特色社会主义社会治理基础制度基本建立。

3. 从体制看，实现国家主导管理到多元社会主体共治的重大转变。新中国成立后的相当一段时期内，国家是政治、经济、社会生活的计划者和管理者，是社会管理的唯一主体，包揽社会管理及各类公共服务。改革开放以后，以往高度集中、统得过死的社会管理体制被打破，除了党和政府作为治理主体，还积极发挥各种社会力量的作用，基本形成在党委统一领导下，政府、社会、市场、公众多元主体共建共治共享的社会治理格局。

4. 从方式看，实现从单一行政手段向多种手段综合并用的重大转变。前 30 年，社会管理主要靠行政手段，通过行政控制来实现社会的整合。改革开放之后，从积极改进社会管理方式，到综合运用多种手段创新社会治理，不断推进系统治理、依法治理、民主治理、综合治理，加强善治、自治、德治、法治和科治。重视运用现代信息技术，打造"互联网＋"社会治理模式，把体制机制变革与现代科技应用深度融合起来，现代社会治理能力不断提升。

5. 从结构看，实现从传统社会结构到现代社会结构的重大转变。70 年来，随着中国政治、经济、文化领域的变革与发展，中国社会转型加快，社会结构中的阶层结构、人口结构、就业结构、收入结构等方面都发生了深刻的变化。中国社会已从农民占人口绝大多数的农业社会、乡村社会，逐步向工业化和现代化的社会转变，由封闭半封闭型社会向开放型社会转变。新生社会阶层迅速崛起，就业规模不断增加，就业结构持续优化，中等收入群体逐步发育和成长起来，人口老龄化社会已经到来，整个社会日益呈现多元化、复杂化、现代化的特征，社会治理现代化步伐加快。

6. 从运行看，实现从社会高度稳定到活力与秩序统一的重大转变。新中国成立后的一段时期，中国社会秩序主要依靠政治动员、行政命令、典型示范来达到社会成员思想上的一致和行动上的统一，以维护社会秩序高度稳定，但社会活力严重不足。改革开放为社会注入了活力，但随后也出现了无序运行状态。党的十八大之后，社会治理讲究辩证法，既要管理又要防止管得太死，刚柔相济、宽严适度，推动社会迸发活力又和谐有序运行，现代社会治理趋于规范化、制度化、常态化。

7. 从民生看，实现由贫困到全面小康的伟大转变。民生是社会治理的集中体现。70 年来，人民生活实现由贫困逐步到温饱以至全面小康的转变。新中国成立之初，国家一穷二白，民不聊生。新中国逐步建立起独立国民经济体系的同时，逐步建立社会保障体系和民生保障体系。特别是改革开放 40 多年来，随着现代化事业的全面推进，人民生活不断改善、显著提升，人民安居乐业，就业保持相对稳定。教育卫生事业快速发展，已建成世界上最宏大的社会保障体系，人民健康水平普遍提高。精准脱贫成效显著，全面脱贫目标即将实现。全体人民正朝着实现共同富裕的目标迈进。和谐社会建设、平安社会建设、法治社会建设、信用社会建设、幸福社会建设的成效日趋显著，全面建成小康社会的美好景象日益清晰地展现在世人面前。

70 年中国社会治理领域变革和现代化建设的重大成就，充分体现了中国特色社会主义制度的优越性，充分显示了中国社会主义现代化建设的辉煌成就。当然，我们也应看到，新中国 70 年社会治理变革和现代化的道路是不平坦的，如同其他领域的变革和现代化建设一样，经历了艰辛探索，甚至挫折，走了不少弯路，蒙受了损失，有许多教训，需要深入总结。我们还应看到，社会治理现代化建设还面临着许多问题，实现既定目标，还任重道远。

三、新中国 70 年社会治理现代化的思考与启示

新中国成立 70 年以来，我国在社会变革和现代化建设方面进行了不懈探索，积累了正反两方面丰富经验，可以得到以下方面的重要启示。

（一）推进社会治理现代化，必须始终坚持党的全面领导

中国共产党的领导是中国特色社会主义最本质的特征，是中国特色社会主义制度的最大优势，也是推进中国社会治理现代化的根本保证。新中国成立 70 年以来，中国社会治理变革始终是在党的领导下进行的，从而在广泛而深刻的社会转型中，保持了中国社会大局稳定发展。改革开放前 30 年，正是在党的领导下，建立了社会主义基本制度，为中国社会治理变革奠定了根本的社会制度和条件；逐步建立起一套适应计划经济体制的社会管理制度。改革开放 40 年以来，在党的领导下，我国逐步建立与社会主义市场经济相适应的社会管理体系，并实现了从"社会管理"到"社会治理"的历史性飞跃。党对社会治理的领导，不仅体现在政治、思想、组织领导上，而且突出体现在党的自身建设上，必须坚持正确领导，及时纠正偏差；必须坚持党要管党、全面从严治党，以党的先进性和纯洁性建设不断提升党的社会治理领导能力和水平，以党建引领社会治理实践，是一条成功经验。

面向新时代，推进社会治理现代化必须进一步坚持党的全面领导，必须不断加强和改善党的领导，把党的领导贯穿于社会治理的全领域、全过程、全环节，让党的领导更加适应实践、时代、人民的要求。要坚决维护党中央权威和集中统一领导，确保社会治理的正确航向，调动一切积极因素，有效整合各种

社会资源，提升党的基层组织的组织力、引领力，真正实现有效社会治理。

（二）推进社会治理现代化，必须坚持以人民为中心

坚持以人民为中心是推进中国社会治理现代化的根本立场。我国是社会主义国家，人民是国家的主人，是决定国家前途和命运的根本力量。社会治理以人民为中心，就是坚持人民利益至上，一切为了人民，把维护好发展好人民利益作为出发点和落脚点；就是要尊重人民、依靠人民，把人民拥护不拥护、满意不满意作为社会治理好坏的第一标准；就是坚持党的群众路线，相信群众，发动群众，带领群众，社会治理的决策部署和政策措施要听取群众意见，汇聚群众智慧。

回顾新中国成立70年来的社会变革和社会发展历程，什么时候认真贯彻以人民为中心，什么时候就顺利；什么时候偏离以人民为中心，忘记了人民，脱离了人民，社会治理就会出问题。改革开放前30年是这样，改革开放后40年也是这样。只有一切从人民利益出发，充分发挥人民的主体作用，注重从人民群众的实践中汲取智慧，人民群众的主体性和创造性获得充分释放和展现，才能实现有效社会治理。

面向新时代，推进社会治理现代化必须进一步坚持以人民为中心，把握人民群众对美好生活的新期待；必须始终坚持关心人民群众的向往，尊重人民群众的情感，从人民群众最关心最直接最现实的利益入手，完善制度设计，不断推动社会的全面进步和人的全面自由发展。

（三）推进社会治理现代化，必须坚持充分体现中国基本国情

坚持从中国实际出发，走符合我国国情的社会治理道路，这是新中国70年以来中国社会治理变革的一条基本经验。我们国家领土面积大，发展不平衡，是具有悠久历史文明的东方大国，建立了社会主义制度但仍处于社会主义初级阶段。这些都是中国的基本国情，是我国推进社会治理现代化所面临的最大实际。什么时候脱离这个国情、脱离这个实际，社会治理现代化就会走弯路，甚至遭遇严重挫折。什么地方不从实际出发，社会治理就会出现偏差。在推进社会治理现代化中，要充分考虑各地区和城乡的不同情况，因地制宜，分类指导，不搞"一刀切"、一个模式。中华文明又有浓厚的革命文化、先进文化，延续几千年，是我国社会治理现代化建设始终具有的最突出优势。人民日益增长的美好生活需要与不平衡、不充分的发展之间的矛盾，是当前和今后一个时期中国社会主要矛盾，推进社会治理要有利于解决这个社会主要矛盾。

面向新时代，推进社会治理现代化必须进一步坚持立足基本国情，必须始终坚持在发展中保障和改善民生；必须大力弘扬和传承中华优秀传统文化，继承和传播革命文化、先进文化，不能割断文化传统和精神血脉；必须坚定不移走中国特色社会主义社会治理之路，善于把我国社会主义制度优势转化为社会治理优势，不断完善中国特色社会主义社会治理体系，着力提升全社会的文化自信和文明程度。我们要以世界眼光和宽广胸怀学习借鉴国外社会治理的一切有益做法，但是，绝不能照抄照搬别国做法、别国模式，必须自觉抵制各种错误思想和主张的影响，确保社会治理现代化沿着中国特色社会主义道路前进。

（四）推进社会治理现代化，必须坚持全面深化社会领域改革

深化改革是实现社会治理现代化的必由之路和强大动力。新中国成立后的前30年，实行高度统一、政社不分的社会管理模式，不仅给国家带来沉重负担，而且窒息了社会领域的活力，束缚了社会事业的发展。改革开放40年来，在推进经济体制改革的同时，继续深化城乡二元结构改革，推行户籍制度改革，不断推进就业、分配、教育、医疗、社会保障、住房等制度改革，通过转变政府职能，创新社会管理，注意发挥市场和社会力量的作用，加快了社会治理现代化步伐。

面向新时代，必须坚持以深化改革为动力，破除妨碍社会治理现代化建设的各种体制制度障碍，不断开拓社会治理现代化更为广阔的道路。

（五）推进社会治理现代化，必须统筹社会建设和其他建设协同发展

社会治理现代化建设是一个系统性工程，是中国社会主义现代化建设的有机组成部分，必须与经济建设、政治建设、文化建设、社会建设和生态文明建设融为一体、相互适应、相互促进。只有这样，才能顺利推进社会治理现代化。改革开放前30年，社会建设和社会治理同其他方面变革和建设不协调，尤其是社会结构演进滞后于经济结构的变化，影响了社会治理现代化的进程。改革开放后40年，社会建设和社会治理不断与经济建设和治理、政治建设和治理、文化建设和治理、生态文明建设和治理密切联系、相互作用和相互支撑。经济建设，为社会治理的展开提供了物质基础；政治建设，为社会治理发展提供了正确方向引领；文化建设，为社会治理变革奠定了深厚的文化支撑；生态文明建设，为社会治理提供了良好生态环境。推进社会治理现代化不可能单独孤立地推进，而是需要在各项建设中密切结合、协调发展。

面向新时代，推进社会治理现代化必须更好统筹社会建设和其他建设、社会领域治理与其他领域治理，使各个领域建设与治理协同发展。特别要顺应现代化经济体系的总趋势，积极调整社会阶层结构、就业结构、城乡结构、分配结构，促进社会结构现代化。要始终坚持"一手抓物质文明，一手抓精神文明"，坚持"一手抓法制，一手抓民主"，坚持"一手抓法治，一手抓德治"，坚持"一手抓改革开放，一手抓打击违法犯罪"，坚持"一手抓制度文明，一手抓社会文明"，始终坚持两手抓、两手都要硬。在推进社会治理现代化的过程中，牢固树立整体观、系统观、协同观。

（六）推进社会治理现代化，必须提高现代社会治理能力

推进中国社会治理现代化，既需要创新和健全社会治理制度与治理体系，也需要提升现代社会治理能力，不断提升社会治理效能和水平。新中国成立70年特别是改革开放以来，我们党和国家的社会治理能力不断增强，治理社会的水平明显提升，但是，从总体看还不适应日益广泛深刻的社会变革和发展的需要。

面对新时代，要以推进社会治理现代化为总目标，以提高党的领导力和政府负责力为重点，努力提高各级干部、各方面管理者的思想政治素质和善治

本领，努力提高社会协同力、公众参与力和法治保障力，特别要创新社会治理方式，持续提高社会治理社会化、法治化、智能化、专业化水平。要通过各种形式动员和组织广大人民群众参与社会治理，切实发挥好基层群众组织的自我治理功能，让人民群众成为社会治理现代化建设的坚定支持者和推动者。要以法治理念、法治制度引导社会治理创新，加快社会法治建设，用法律规范人民在社会治理中的权利和义务关系。要顺应互联网时代的发展趋势，积极利用好大数据、云计算、人工智能等高新技术，推进社会治理科学化、精细化、高效化。要按照专业化、标准化的要求，运用现代治理手段，更好地创新社会治理，加快专业化人才队伍和专业的群众工作队伍建设。

（七）推进社会治理现代化，必须打造现代社会治理新格局

打造现代社会治理新格局是现代化社会治理制度建设的必然要求，是推进中国社会治理现代化的基本目标。新中国成立 70 年以来，我国逐步探索构建现代社会治理格局。改革开放前 30 年，确立社会主义基本制度，从上到下普遍建立党组织，通过探索合作社和单位制，形成了社会治理系统和组织体系。改革开放后 40 年，随着市场经济发展带来社会利益格局的分化，社会主体多元化发展，社会治理中党组织、政府组织、市场组织、社会组织和人民群众共同发挥作用，开始形成共建共治共享的社会治理新格局，但是这种新格局还不完善，需要积极推进社会治理格局创新发展。

面向新时代，推进社会治理现代化，必须进一步完善党委领导、政府负责、社会协同、公众参与、法治保障的社会治理体制，坚持在各级党委统一领导下，政府和社会多元主体共建共治，最大程度激发社会创造活力，充分释放一切积极因素和能量，形成人人参与、人人尽力、人人共享的命运共同体。要加快社会治理体系建设，包括建设公共服务体系、社会组织体系、公共安全体系、社会治安防控体系、社区治理体系和社会心理服务体系。

（八）推进社会治理现代化，必须正确处理社会治理过程中的几个基本关系

社会治理是一门科学，要提高现代社会治理水平，必须把握社会治理的功能、目标和方法。社会治理的主要功能和目标是维护社会秩序、防范社会危机、化解社会矛盾、促进社会和谐，激发社会活力、发挥各方面积极性，推动社会进步、彰显社会公平正义，建设社会主义和谐社会。新中国成立后的前30年，社会治理以行政管控为主、政治动员为主，以社会稳定为主，社会缺乏活力和进取精神。改革开放之后，放松管理和思想道德建设，产生了不少消极社会后果。党的十八大之后，我们党校正了前进航向，纠正了某些偏差，使社会治理沿着正确方向前进。

面向新时代，推进社会治理现代化，要有创新思维、辩证思维、底线思维，更加讲究科学方法，进一步处理好一些基本关系。一是处理好维稳与维权之间的关系。一般地说，维权是维稳的基础，维稳的实质是维权，要把人民群众合理合法的利益诉求解决好，从源头上实现社会的长期和谐稳定。二是处理好社会活力与社会秩序的关系。一个好的社会，既要充满活力，又要和谐有序。既不能管得太多、一潭死水，也不能放得太开、波涛汹涌，务求实现社会有序运行与社会活力迸发相统一、相协调。三是处理好法治、德治、自治之间的关系。法治是社会现代化的根本保障和主要标志，必须加强社会法治。道德是社会现代化的灵魂和根基，必须加强社会道德建设。自治是社会基层运行的基本方式和依托，必须完善城乡基层社会自治制度。要努力使法治、德治、自治三者良性互动、相互促进。只有正确认识和处理社会治理过程中的一些基本关系，才能使社会治理现代化建设得以持续、健康、顺利发展，达到既定的奋斗目标。

回望新中国成立70年来中国社会治理现代化之路，尽管有不少坎坷、曲折，但毕竟取得了显著的进步。党的十八大以来，随着中国特色社会主义进入新时代，全面建成小康社会的宏伟目标即将实现，中华民族正着力完成从"站起来"到"富起来"再到"强起来"的伟大历史性转变，走向强国建设与中华民族的伟大复兴。应当看到，当前，我国面临世界百年未有之大变局，面临的国际国内环境和形势愈益错综复杂。国外一些不愿看到中国由大变强的势力渗透加剧，给我国社会治理增加新压力；全面改革开放和现代化建设已进入滚石上山、爬坡过坎的关键阶段，传统社会向现代社会转变和社会老龄化加快加深，给社会治理提出严峻挑战；以信息化为代表的现代科技迅猛发展，给社会治理增添新变量；社会矛盾和社会问题多重叠加，导致社会治理难度大大增加；社会主要矛盾转化，人民群众向往更加美好的生活，给社会治理提出新要求。这给社会治理研究者提出了一系列重大课题，也提供了大有作为的广阔空间。我们愿与大家携手并进、团结合作，共同为推进中国社会治理现代化贡献智慧和力量！

如何认识社会治理现代化 *

（2020 年 1 月）

在庆祝新中国成立 70 周年之际、在"两个一百年"奋斗目标的历史交汇期，党的十九届四中全会专题研究坚持和完善中国特色社会主义制度、推进国家治理体系和治理能力现代化问题并做出决定。用一次中央全会专门研究国家制度和国家治理问题，在我们党的历史上还是第一次。这体现了以习近平同志为核心的党中央治国理政丰富的政治智慧和强烈的历史担当，对于决胜全面建成小康社会、全面建设社会主义现代化国家，确保国家制度和国家治理沿着正确方向前进、实现国家长治久安和中华民族伟大复兴的中国梦，具有重大而深远的意义。

这次全会通过的《中共中央关于坚持和完善中国特色社会主义制度、推进国家治理体系和治理能力现代化若干重大问题的决定》，从党和国家事业发展的全局和长远出发，准确把握我国国家制度和国家治理体系的演进方向和规律，既阐明了必须牢牢坚持的重大制度和原则，又部署了推进制度建设的重大任务和举措，既阐明了推进整个国家治理的方向、目标和制度等问题，又提出了各领域、各方面治理的部署和要求。其中，高度重视社会治理问题，并对推进社会治理现代化做出了一系列新决策、新部署、新要求，为我们在新时代持续推进社会治理现代化、提高社会治理水平进一步指明了前进方向和行动指南。

---

* 本文刊发于《前线》杂志 2020 年第 1 期。

一、充分认识推进社会治理现代化的重大意义

党的十九届四中全会在我们党的历史上第一次突出强调："社会治理是国家治理的重要方面。"① 也可以说，社会治理现代化是整个国家治理现代化的重要方面。这个重要论断，有着十分重大的政治意义、理论意义和实践意义。

从社会治理的功能作用看，社会治理是多元社会主体共同参与的，旨在规范和维持社会秩序、预防和化解社会矛盾、维护社会稳定、保障国家和社会安全、促进社会公平正义、协调社会关系、增进社会和谐、激发社会活力、推动社会进步的活动。社会治理有效，才能使社会有序运转、国家大治安宁、人民安居乐业，为经济、政治、社会等各方面发展创造良好的环境和条件。否则，社会不可能正常运行，更不可能发展进步，还会造成社会混乱，甚至发生社会危机和倒退。社会治理是社会建设的重要组成部分，既是国家整个现代化建设的重要构成，也为其他方面现代化建设提供了保障和基础。

从我们党的奋斗目标看，在坚持和完善中国特色社会主义制度基础上，实现国家现代化，全面建成社会主义现代化强大国家，必须推动中国特色社会主义制度更加成熟、更加定型，为党和国家事业发展、为人民幸福安康、为社会和谐稳定、为国家长治久安提供一套更完善、更科学、更规范、更管用的制度体系、治理体系、能力体系和充分反映中国特色、民族特点、时代特征的价值体系。而推进社会治理现代化、不断提升社会治理水平，则是全面实现社会主义现代化的重要内容和重要保障。

从新中国 70 年历史进程看，坚持推动社会治理领域变革和发展，不断推进社会治理现代化，坚决维护社会稳定和国家安全，是中国特色社会主义事业不断发展和取得伟大成功的重要经验。正是 70 年来我们党根据不同历史时期的客观条件和任务，采取相应的社会治理理念、体制、制度、手段和方法，才使我们国家长期保持政治稳定、社会团结、国家安宁，各个方面积极性得到充

---

① 《〈中共中央关于坚持和完善中国特色社会主义制度、推进国家治理体系和治理能力现代化若干重大问题的决定〉辅导读本》，30 页，北京，人民出版社，2019。

分发挥，也才创造了人类发展史上罕见的"经济快速发展和社会长期稳定"这两个伟大奇迹。当然，70年社会治理变革和现代化道路是不平坦的，经历了艰辛探索甚至挫折，走了一些弯路。

从我国发展面临的形势看，新中国成立特别是改革开放以来，我国经济社会取得了中国几千年历史上前所未有的巨大发展与进步；同时，在前进中也出现了一系列新的社会矛盾和社会问题，存在着不少影响社会稳定和国家安全、影响社会文明和进步的因素。在今后前进道路上还将面临许多前所未有的挑战和风险。我们正处于世界百年未有之大变局，面临的国际国内环境愈益错综复杂，国外一些不愿看到中国由大变强的势力渗透加剧，给我国社会治理增加新压力；全面深化改革开放和现代化建设进入滚石上山、爬坡过坎的关键阶段，特别是传统社会向现代社会转变步伐加快，给社会治理提出许多新课题；以信息化为代表的科学技术迅猛发展，既为现代化建设带来新机遇，也给社会治理增加新难度；我国社会主要矛盾转化，人民群众向往更加美好的生活，给社会治理提出新要求。还要看到，与其他方面建设和治理相比，我国社会建设和治理还是一个短板。所以，更加重视社会治理，大力推进社会治理现代化，不仅是更好地解决现实社会矛盾和问题的迫切需要，也是今后国家现代化建设的过程中应对种种严峻困难和挑战的战略选择。

从我们党的初心和使命看，实现国家富强、民族振兴和人民幸福，这是我们党的初心和使命。坚守初心、担负使命，需要从经济、政治、文化、社会、生态等各个领域全面推进建设和改革创新。持续推进社会治理现代化，是社会建设和社会变革的重要内容。社会稳定和国家安全、民主和法治、公平和正义、社会充满活力与和谐有序运行，提高现代社会文明程度，是人民大众的美好之梦、幸福之梦，是实现中华民族伟大复兴的重要保障和标志，也是我们党和国家的初心所在、使命所在。

只有切实加强和创新社会治理，才能更好地处理社会矛盾、协调社会利益、调节社会关系、规范社会行为、促进社会公平正义，使我国社会在深刻变革中生机勃勃又井然有序，使整个社会安定团结、和谐相处，国家长治久安、经济社会持续健康稳定发展，使广大人民群众更多地拥有获得感、幸福感、安全感，更好地实现中华民族伟大复兴的中国梦。

总之，更加重视社会治理问题，推进社会治理现代化，这既是坚持和完善中国特色社会主义制度的内在要求，也是新时代推进国家治理现代化的一项重要紧迫任务。我们要以庆祝新中国成立 70 周年为新起点，不忘初心、牢记使命，坚定前进方向，大力推进社会治理制度创新和社会治理现代化。

二、深刻把握推进社会治理现代化的重大创新要求

党的十九届四中全会在科学总结以往理论创新、实践创新、制度创新的基础上，全面把握坚持和发展中国特色社会主义制度的基本要求，深刻认识中国特色社会治理现代化建设的特点和规律，与时俱进地丰富了推进社会治理现代化的内涵，做出了许多新决策、新部署，特别是在社会治理制度、社会治理体系、社会治理新境界方面，提出了重大创新性要求。

在社会治理制度方面，首次明确要求"坚持和完善共建共治共享的社会治理制度"。党的十九大明确提出"打造共建共治共享的社会治理格局"，这深刻表明了推进社会治理创新发展的切入点和聚焦点在一个"共"字上，凸显了社会治理的公共性、多元性和共同性，这是治理理念和治理体制的重大创新，此次全会将"共建共治共享的社会治理格局"，又上升为"共建共治共享的社会治理制度"。"格局"一般为认知范围、布局、结构，而"制度"则是全社会必须共同遵守的价值标准和行为规范。制度问题更带有根本性、全局性、稳定性和长期性。由"格局"上升到"制度"，既更鲜明地体现了"坚持和发展中国特色社会主义制度"的本质要求，又更加鲜明地彰显了中国特色社会治理制度特征和运作模式。所谓"共建"，就是社会多元主体参与建设；所谓"共治"，就是社会多元主体共同参与治理；所谓"共享"，就是社会多元主体共同分享成果。"共建共治共享"之间相互交融，又互相促进。实现"共建共治共享"

不仅要有思想共识，还必须建章立制，使之制度化、规范化、程序化，这为推进社会治理提出了更新更高的要求。我们推进社会治理现代化，应在坚持和完善共建共治共享的社会治理制度方面下更多的力气、花更大的功夫。

在社会治理体系方面，首次明确要求"必须加强和创新社会治理，完善党委领导、政府负责、民主协商、社会协同、公众参与、法治保障、科技支撑的社会治理体系"。这个决策将以往的"社会治理体制"上升为"社会治理体系"，并进一步丰富了内容，提出了新要求。党的十七大报告在加强社会建设的部署中，首次提出"要健全党委领导、政府负责、社会协同、公众参与的社会管理格局，健全基层社会管理体制"。党的十八大报告则提出，必须加快形成"党委领导、政府负责、社会协同、公众参与、法治保障的社会管理体制"，强调了法治在社会治理中的作用。党的十九大报告进一步提出，"完善党委领导、政府负责、社会协同、公众参与、法治保障的社会治理体制，提高社会治理社会化、法治化、智能化、专业化水平"①，将"社会管理体制"变更为"社会治理体制"，并强调了社会治理的社会化、法治化、智能化、专业化。此次中央全会更加强调了"民主协商"和"科技支撑"的作用，明确将这两个方面作为"社会治理体系"的重要组成部分。这从更新视野、更深层次反映了我们党对中国特色社会治理的理论创新和实践创新，更科学、更准确地揭示了新时代社会治理的运行特点和规律。

把"民主协商"和"科技支撑"作为完善社会治理体系的重要内容，更好体现了习近平新时代中国特色社会主义思想，更好顺应了当代科技进步对社会治理变革提出的新要求。习近平总书记在党的十九大报告中提出："发挥社会主义协商民主重要作用。有事好商量，众人的事情由众人商量，是人民民主的真谛。协商民主是实现党的领导的重要方式，是我国社会主义民主政治的特有形式和独特优势。要推动协商民主广泛、多层、制度化发展，统筹推进政党协

---

① 习近平：《决胜全面建成小康社会　夺取新时代中国特色社会主义伟大胜利——在中国共产党第十九次全国代表大会上的报告》，49 页，北京，人民出版社，2017。

商、人大协商、政府协商、政协协商、人民团体协商、基层协商以及社会组织协商。加强协商民主制度建设，形成完整的制度程序和参与实践，保证人民在日常政治生活中有广泛持续深入参与的权利。"[①]"协商民主"，是中国特色社会主义民主制度的重要创新和重要标志。将"协商民主"作为加强和创新社会治理、完善社会治理体系的重要方面，不仅将人民民主贯穿于、渗透到社会生活的全过程、全领域，更重要的是在国家意志和人民意愿间架起了桥梁。人民的愿望通过民主协商的方式，能够得到合理、及时的表达；国家的意志通过民主协商更易于转化为人民的思想共识与行动自觉，更易于形成既有统一意志又有利于个人心情舒畅的政治局面。因此，将"协商民主"作为社会治理体系的有机构成，既是坚持和发展中国特色社会主义制度的内在要求，也是增强社会治理效能和效果的科学安排。这个决策是对近年来社会治理实践创新经验的科学总结和思想升华。

当今世界，以信息化为代表的现代科技革命已经并将继续广泛而深刻地改变人们的生活、工作、交往和思维方式，不断带来社会形态、社会结构、社会活动的新变化，同时也为创新社会治理提供了新动能、新机遇。运用科技手段加强和创新社会治理，把社会治理变革与现代科技应用深度融合起来，是提高社会治理效能和水平的紧迫任务和必由之路。

按照完善社会治理体系的要求，就要充分发挥各级党委在社会治理中总揽全局、协调各方的领导核心作用，同时强化各级政府抓好社会治理的责任制。中国特色社会主义最本质的特征是中国共产党领导，中国特色社会主义制度的最大优势是中国共产党领导，加强和创新社会治理必须加强和改善各级党委对社会治理的领导，同时积极发挥各级政府的社会治理职能，切实搞好公共服务、管理社会事务、维护社会安全、服务人民群众。要全面落实各级党委和政府社会治理的主体责任。

---

① 《党的十九大报告辅导读本》，37 页，北京，人民出版社，2017。

按照完善社会治理体系的要求，就要充分发挥全社会的作用，引领和推动社会各方面力量参与社会治理。要发展社会治理的民主制度，充分发挥广泛性、多层次、多形式民主的作用。鼓励和引导企事业单位、社会组织、人民群众积极参与社会治理，提高社会协同能力和公众参与能力。

按照完善社会治理体系的要求，就要充分发挥法治对社会治理的规范和保障作用。法治是社会治理现代化的根本保障和最重要的标志，必须全面加强社会法治建设，强化法治保障，要健全社会治理立法，做到公正司法、严格执法，把社会治理各个方面、各个环节都纳入法治化轨道。通过社会治理的制度化、规范化、法治化，稳定社会预期，增强社会信心，激发社会活力，提高社会效率。

按照完善社会治理体系的要求，就要充分发挥现代科技手段对社会治理的作用，大力推行"互联网+"社会治理模式，积极利用好人工智能、大数据、云计算、区块链等信息技术，推进社会治理工作科学化、智能化、精细化、高效化。

在社会治理境界方面，首次明确要求"建设人人有责、人人尽责、人人享有的社会治理共同体"。这是我们党的文献中首次使用构建"社会治理共同体"的概念。在党的文献中，对动员和组织人民群众投入社会治理有过多次不同的表述。党的十七大报告对建设社会主义和谐社会的总要求，提出"和谐社会要靠全社会共同建设"，"努力形成社会和谐人人有责、和谐社会人人共享的生动局面"。① 党的十八大报告在"加强和创新社会管理"的总要求中，提出"全党全国人民行动起来，就一定能开创社会和谐人人有责、和谐社会人人共享的生动局面"②。党的十九大报告进一步提出"坚持人人尽责、人人享有"③，努力形成人人参与、人人尽责的良好局面。此次，更加明确提出"建设人人有责、人人尽责、人人享有的社会治理共同体"。这是开拓社会治理新境界的重大创

① 《十七大报告辅导读本》，40页，北京，人民出版社，2007。

② 《十八大报告辅导读本》，39页，北京，人民出版社，2012。

③ 《党的十九大报告辅导读本》，44页，北京，人民出版社，2017。

新要求。所谓"共同体"，一般是指人们在共同条件下，以特定形式和纽带联系起来的组织体。马克思在多部经典著作中，提出了"社会共同体"的思想，并阐述了这一共同体形成演进的逻辑过程，指明人类社会发展的趋向。1887年，德国社会学家滕尼斯所著《共同体与社会》一书中，运用这一概念强调社会组织内部成员之间既有紧密联系，又有着共同的意志，将组织视为具有强烈的归属感和认同感的团体和有机体。随着社会不断进步和人们思想理念创新，"共同体"被作为联系密切、相互依存、价值共识、遵守规范、利益相关和责任共担、和谐相处、共同发展的整体。

2013年，习近平总书记基于对当代世界发展现状和趋势的科学判断，以及中国与世界未来命运之间关系的深邃认识，创造性地提出和系统阐述了构建人类命运共同体的伟大理念，对近些年推动全球共同治理发挥了重要作用。我们党提出建设"社会治理共同体"，强调"人人有责、人人尽责、人人享有"，明确规定了所有社会成员都是为了共同价值、共同规范、共同利益、共同发展而承担着社会治理的责任，在社会治理中都要有所担当、履行责任。这是要引导、鼓励全体社会成员积极参与社会治理，努力形成人人主动负责、人人尽到责任、人人共享治理成果的良好社会环境。"社会治理共同体"的提出，进一步凸显了人民的国家主体地位，有着共同的社会规范、价值理念、责任担当和利益追求。这样，新时代社会治理就会更好地调动一切积极因素，开拓社会治理更加有效的新局面新境界。

党的十九届四中全会对加强和创新社会治理还有许多新概括、新思想、新观点、新要求，都丰富和升华了新时代社会治理的思想理论体系，必将对推进社会治理现代化的实践发挥重要作用。

三、着力抓好推进社会治理现代化的重点任务

坚持和完善中国特色社会主义制度、推进国家治理体系和治理能力现代化，是一项重大的战略任务，推进社会治理现代化也是一项重大的战略任务。

党的十九届四中全会提出了总要求、总目标，明确了指导思想和战略安排，需要有步骤地从多个方面、多个领域综合施策，采取措施，积极推进。这次全会在深入分析和准确把握当前和今后一个时期我国社会治理形势和环境的基础上，围绕确保人民安居乐业、社会安定有序和建设高水平的平安中国，有针对性地提出了一些新的重点任务和措施。

1. 完善正确处理新形势下人民内部矛盾的有效机制。我国现阶段社会矛盾，大量的、主要的是人民内部矛盾，正确处理新形势下的人民内部矛盾特别是涉及广大群众切身利益的矛盾，是保持社会安定、促进社会和谐发展的关键。当前，这方面治理机制存在的主要问题是，有些地方预防和化解矛盾纠纷的机制不健全，群众权益表达渠道不够畅通，不少矛盾长期得不到妥善解决，以致有的小问题积累成大问题，矛盾激化，影响社会稳定，必须采取有效措施。一要加快完善社会矛盾预警排查机制，尽量做到早发现、早预防、早处置，及时排除、预警、化解各类矛盾隐患和风险。二要建立健全重大决策社会稳定风险评估机制，对涉及群众利益的重大决策在出台前或审批前，以及在实施中可能出现的影响社会稳定的因素，进行先期预测、分析和评估，以避免或减少可能出现的影响社会稳定的因素。三要建立健全维护群众权益机制，包括畅通、有序和规范的群众诉求表达、利益协调、权益保障机制。完善个人心理服务体系和危机干预机制，积极开展心理调节疏导工作。四要建立健全调处化解矛盾纠纷综合机制，积极完善人民调解、行政调解、司法调解联动工作体系，推动诉讼与调解、仲裁、行政裁决、行政复议等非诉讼方式有机衔接。完善信访制度，建立健全及时就地解决群众合理诉求机制，把涉法涉诉信访纳入法治轨道解决。这次全会通过的《中共中央关于坚持和完善中国特色社会主义制度、推进国家治理体系和治理能力现代化若干重大问题的决定》强调，要"坚持和发展新时代'枫桥经验'"。这个经验的本质，就是注重预防和化解矛盾，发动和依靠群众妥善解决矛盾，坚持矛盾不上交，做到"小事不出村、大事不出镇、矛盾不上交"。要使"枫桥经验"成为新形势下解决人民内部矛盾的有效机制和方式。

2. 完善社会治安防控体系。社会治安综合防控体系，是社会治安综合治理的主要依托，也是建设更高水平的平安中国的重要支柱。坚持专群结合、群防群治，提高社会治理立体化、法治化、专业化、智能化水平。要以保护人民群众的人身权、财产权、人格权为重点，努力构建全方位的公共安全防控网络，提高预测预警预防各类风险能力，增强社会治安防控的整体性、协同性、精准性。要以"全域覆盖、全网共享、全时可用、全程可控"为目标，深入推进公共安全视频监控联网应用建设，加快实现联网集约化、联网规范化、应用智能化。要着力改革和加强城乡警务工作，依法打击和惩治黄赌毒黑拐骗等违法犯罪活动。

3. 健全公共安全体制机制。这是建设平安社会、平安中国的重要平台和依托。要牢固树立安全发展观，坚持人民利益至上，健全公共安全体系，为人民安居乐业、社会安定有序、国家长治久安编织全方位、立体化的公共安全网，打造公共安全人人有责、人人尽责、人人受益的命运共同体。一要完善和落实安全生产责任和管理制度。建立健全"责任全覆盖、管理全方位、监管全过程"的安全生产综合治理体系，构建安全生产长效机制，全面实现对各类安全生产风险自动识别、预警，防止和减少安全生产事故尤其是重特大事故的发生。二要提升防灾减灾救灾能力。建立公共安全隐患排查和安全预防控制体系，坚持以防为主、防抗救相结合的方针，坚持常态减灾和非常态救灾相统一，全面提高整个社会抵御各种自然灾害的综合防范能力，健全防灾、减灾和救灾体制，完善灾害监测预警和防治应急体系。三要完善应急管理体制。在全社会加强应急管理知识技能的系统培训。不断提高社会所有成员和各个方面应急管理的能力，着力构建与公共安全风险相匹配、覆盖应急管理全过程和全社会共同参与的突发事件应急管理体系，确保应急管理体系有效运行。

4. 构建基层社会治理新格局。习近平总书记指出："基层是一切工作的落脚点，社会治理的重心必须落到城乡、社区。"基础不牢，地动山摇。推进社会治理现代化，必须加快基层社会治理体系建设，构建现代社会基层治理新格局。随着工业化、城市化、市场化、现代化的深入发展，我国城乡基层出现一系列新情况新问题。在农村，不少地方出现"空心村"现象，农村社会治理人才短缺、主体弱化、公共服务不足。在城市，不少社区治理机制不健全，基层负担过重、职责不清、自治能力不足。针对存在的问题，必须完善群众参与基层社会治理的制度化渠道。一要健全党组织领导的自治、法治、德治相结合的城乡基层治理体系。健全充满活力的基层群众自治制度，在城乡社区治理、基层公共事务和公益事业中，广泛实行群众自我管理、自我服务、自我教育、自我监督。着力推进基层直接民主制度化、规范化、程序化，充分发挥法治保障作用和法治引领作用。二要健全城乡基层社区的管理服务机制，推行网格化管理和服务，尽量把资源、服务、管理放到基层，使基层有权、有钱、有物质手段，建设基层公共服务体系，更好地为群众提供精准有效的服务与管理。三要加强社区文化建设，营造社区温馨家园。还要注重发挥家庭家教家风在基层社会治理中的重要作用。

5. 完善国家安全体系。这是加强和创新社会治理、维护国家安全的重大任务。最重要的是坚持总体国家安全观，实施国家安全战略，统筹发展和安全，不断提高国家安全能力，保障国家稳定和安全。一要健全国家安全体系，实施国家全方位安全战略。既要重视国家外部安全，又要重视国家内部安全；既要重视国土安全，又要重视国民安全；既要重视传统安全，又要重视非传统安全；既要重视国家自身安全，又要重视国际社会共同安全。也就是说，要做到全面、全方位加强安全治理。二要健全国家安全保障体制机制。坚持集中统一、高效权威的国家安全领导体制，建立健全国家安全法律制度体系。统筹协调国家安全重大事项和重要工作。制定和实施政治、国土、经济、社会、资源、网络等重点领域国家安全政策，建立健全国家安全风险研判、防控协同、防范化解机制。提高防范抵御国家安全风险的能力，坚决防范和严厉打击敌对势力的渗透、破坏、颠覆、分裂活动。

从根本上看，要加强和创新社会治理，坚持和完善社会治理制度，健全和完善社会治理体系，加快推进社会治理现代化，必须坚持和完善党的全面领导制度。新中国 70 年来的光辉历史充分证明，中国共产党始终是领导我国各项事业发展的核心力量，中国社会治理领域的变革和发展也始终是在党的领导下进行的。党的政治领导为社会治理指引着前进方向和价值体系，增强了社会治理的方向感和凝聚力；党的组织优势为社会治理提供了严密有效的组织体系和制度体系，确保社会治理的统一性、有序性；党的优良传统和品格，既敢于探索创新、开拓前进，又勇于坚持真理、修正错误。新中国成立后至改革开放前，正是在党的领导下，建立了社会主义制度，为中国社会治理现代化建设奠定了根本的社会制度、政治条件和组织体系，在艰辛探索中逐步建立起一套社会治理的具体制度。改革开放以后，又在党的领导下，深刻总结以往的经验教训，逐步建立与发展社会主义市场经济相适应的社会治理重要制度体系。特别是党的十八大以来，突出以党建引领社会治理现代化进程，坚持党要管党、全面从严治党，以党的先进性和纯洁性建设不断提升党的社会治理领导能力和水平，推动了社会治理领域发生历史性变革，取得了历史性成就。

在新时代深入推进中国社会治理现代化，必须更加自觉地坚持党的全面领导，把加强和完善党的领导贯穿于社会治理的全领域、全过程、全环节，并要以彻底的自我革命精神，不断增强党的政治领导力、思想引领力、群众组织力和社会号召力。要深入开展反腐败斗争，持之以恒正风肃纪，为加强和创新社会治理创造良好的政治生态和社会环境。我们要坚决维护以习近平同志为核心的党中央权威和集中统一领导，确保社会治理现代化的正确航向，更好发挥党总揽全局、协调各方的领导核心作用，充分发挥基层党组织的战斗堡垒作用。完全可以相信，在中国共产党的坚强领导下，我国社会治理体系和治理能力现代化建设一定会不断取得新进展，在全面建成小康社会，进而全面建设社会主义现代化国家中发挥越来越大的作用。

全面建成小康社会与推进社会治理现代化 *

（2020 年 11 月 15 日）

第十届中国社会治理论坛以"全面建成小康社会与推进社会治理现代化"为主题，具有重要意义。我们国家即将全面建成惠及 14 亿多人口的小康社会，矗立起中华民族发展史、中国社会主义现代化建设史的一座重大里程碑。2021 年将开启全面建设社会主义现代化国家新征程，向 2035 年基本实现社会主义现代化目标迈进。刚刚闭幕的党的十九届五中全会通过的《中共中央关于制定国民经济和社会发展第十四个五年规划和二〇三五年远景目标的建议》，为我们国家在新时代新发展阶段指明了前进方向、绘就了宏伟蓝图。这是未来时期我国经济社会发展的行动纲领。我们一定要深入学习、认真贯彻落实。

这里，我仅就全面建成小康社会的社会治理重大标志性成就和在新发展阶段社会治理现代化建设面临的新课题、新要求、新任务谈一些看法，与大家分享交流。

一、全面建成小康社会的社会治理标志性成就和重大意义

"小康社会"是中华民族几千年来孜孜以求的社会理想。改革开放后，我们党用"小康社会"来诠释"中国式现代化"，把全面建成小康社会，作为我们党带领全国人民过上美好生活、建设社会主义现代化国家的阶段性奋斗目标。这个重要的阶段性目标将如期实现。习近平总书记在党的十九届五中全会

---

* 本文系在第十届中国社会治理论坛上的主旨演讲，得到中央多位领导同志批示，发表在《前线》杂志 2021 年第 3 期。

上指出："明年上半年党中央将对全面建成小康社会进行系统评估和总结，然后正式宣布我国全面建成小康社会。"其中，我国全面建成小康社会的社会治理景象也将为世人所瞩目，我初步研究认为，最为突出的重大标志性成就有以下几个方面。

1. 人民生活水平显著提高，困扰中华民族千百年的绝对贫困问题将历史性地画上句号，书写了人类发展史上的伟大奇迹。全国人民过上宽裕殷实生活，消除绝对贫困问题，是全面建成小康社会的最重要标志，也是社会治理取得重大成效的显著标志。自改革开放之初提出小康社会的战略构想以来，我们党就始终坚持在发展中保障和改善民生，努力提高人民生活水平和质量，在推进幼有所育、学有所教、劳有所得、病有所医、住有所居、弱有所扶等方面不断取得新进展、新成效。当今之中国，全体人民生活实现整体性跃升，基本生活品充裕，吃穿用有余，公共服务普遍享有。城乡人民安居乐业，住房面积持续大幅增加，城镇失业率长期保持在较低水平，覆盖全民的多层次社会保障体系基本建成，个人财产不断增多，中等收入群体规模持续扩大。全国居民平均预期寿命 2019 年达到 77.3 岁，比世界平均预期寿命高了近 5 岁。更为可贵的是，经过长期不懈的努力，特别是党的十八大以来，脱贫攻坚力度加大并取得决定性成就。到今年年底，现行标准下农村贫困人口将全部脱贫，贫困县全部脱帽的目标任务将如期实现。14 亿多中国人民在共同富裕道路上迈出坚实步伐，困扰中华民族千百年的绝对贫困问题即将历史性终结。

2. 社会治理理念和实践不断创新发展，开拓了传统社会管理向现代社会治理转变的新境界。随着中国特色社会主义理论和实践的不断丰富发展，党的社会治理理念和实践也不断与时俱进、创新发展，包括关于社会主义本质的新论断，关于建设社会主义和谐社会的新论述，关于以人为本的科学发展新理念，特别是党的十八大以来，习近平总书记对社会治理的系统论述，更加突出以人民为中心、人民至上；更加突出党的领导和党领导下多元社会主体共同参与良性互动；更加突出民主法治，扩大人民民主，建设法治社会；更加突出系统治理、源头治理、综合治理，努力把我国制度优势更好转化为治理效能；更加重视中华优秀传统文化与现代社会文明的深入融合。这些重大新思想、新理念对社会治理体制创新、机制创新、制度创新、政策创新、工作创新和方式方法创新起到了引领、指导作用，有力推动了社会治理实践全面加强和创新，从而也为全面建成小康社会创造了良好的社会环境。

3. 共建共治共享的社会治理制度逐步确立，社会治理现代化基础性制度不断改革创新。我们党经过长期的探索和实践，逐步确立了共建共治共享的社会治理制度。这种社会治理制度把加强党的全面领导作为根本保证、把以人民为中心作为根本立场、把民主和法治作为根本方式、把活力和秩序相统一作为根本目标。这是符合当代中国国情、符合社会主义运行规律的科学制度，同时，按照发展社会主义市场经济的要求，不断深化社会领域基础性制度改革创新，基本构筑了符合当代中国国情的新型社会治理基础性制度，包括创新人口制度、户籍制度、就业制度、土地制度、教育制度、医疗卫生制度、社会保障制度、收入分配制度，各项制度建设不断完善。新型城镇化扎实推进，人口流动合理有序。户籍制度改革取得了积极进展和显著成效。城乡、性别、身份、行业等一切影响平等就业的制度障碍逐渐消除。农村新型经营制度逐步完善，土地管理制度改革不断深化，教育领域综合改革持续深化，现代医疗卫生制度逐步健全。尤其是全国城乡以党建为统领的基层治理制度不断健全，网格化服务管理制度普遍建立。各领域各层次社会治理基础制度创新发展，为加强和创新社会治理，持续推进社会治理现代化提供了重要保障。

4. 全方位社会治理体系不断健全，为持续推进社会治理现代化奠定了坚实基础。多年来，围绕加强和创新社会治理，按照社会治理功能和内部联系，全面加强社会治理体系建设。最重要的是，逐步形成党委领导、政府负责、民主协商、社会协同、公众参与、法治保障、科技支撑的社会治理体系，向着建设人人有责、人人尽责、人人享有的社会治理共同体迈进。同时，各方面社会治理体系建设不断加强。社会组织体系、公共服务体系、公共安全体系、社会治安防控体系、应急管理体系、防灾减灾救灾体系、社会信用体系、社会心理服务体系等全方位推进。各方面社会治理体系的逐步建立，为维护社会秩序、提升社会文明程度发挥着重要作用。

5. 社会治理能力水平明显提升，制度优势转化为治理效能增强。我国社会治理方式发生了深刻变革。改革开放后特别是党的十八大以来，着力创新社会治理方式，注重综合运用经济、法治、道德、教育、行政、科技等多种手段加强和创新社会治理，标本兼治。特别是广泛运用信息化手段，大力推行基层"互联网＋服务管理"，打造"智慧城市""智慧社区"，借助大数据技术和现代信息化技术，建设政务平台，致力于"让信息多跑路，让群众少跑腿"。到 2019 年年底，全国一体化政务服务平台已经与 31 个省（区、市）及新疆生产建设兵团和 40 余个国务院部门连接，形成了覆盖省市县三级互联平台，服务功能延伸到乡镇、街道、社区、村落的服务网。数字技术赋能社会治理，提高了城乡社会治理的水平和效能，使人民群众得到了更多的实惠。

6. 平安中国建设取得重大进展，整个社会长期保持和谐稳定。"民以安为乐，国以安为兴"。当今之中国，国泰民安，社会安定有序。几十年来我国在创造世界罕见的经济快速发展奇迹的同时，也创造了整个社会长期稳定的奇迹。严重暴力犯罪案件连续十年呈下降趋势。联合国有关机构数据显示，多年来，我国每 10 万人中命案发生不到 1 起，低于英国、德国、美国、加拿大等西方发达国家，彻底打破了现代化进程必然伴随犯罪率升高的西方"魔咒"。特别是在当前国际乱局交织、局部冲突和动荡不断、个人极端事件频发的大背景下，能在国内快速社会变革和发展不断推进中保持总体稳定，可谓独一无二。之所以如此，就在于我们党和国家注重平安中国建设。一是逐步完善社会治安防控体系，织密治安防控的"天罗地网"。严密防范和坚决打击暴力恐怖活动，依法开展扫黑除恶专项斗争，查处了一批疑难复杂大要案。二是逐步健全公共安全体制机制，提升维护公共安全实效。食品安全系统建立了严格的覆盖全过程的监管制度。安全生产管理建立了隐患排查治理体系和安全预防控制体系。构筑了隔离重大风险隐患的"防火墙"，防灾减灾救灾能力明显增强。三是逐步构建国家安全体制，把安全发展贯穿国家发展各领域和全过程。修订并贯彻新的《中华人民共和国国家安全法》，为国家安全和社会安全筑牢"铜墙铁壁"。建立了集中统一、高效权威的国家安全领导体制和维护国家安全制度。

突如其来的新型冠状病毒感染疫情，是对国家治理体系和治理能力的大考，更是对社会治理体系和治理能力的大考。在防控疫情的过程中，我国共建共治共享的社会治理制度优势凸显，社会治理多个场域、多元主体、多种手段综合发力，整体效能有效迸发，在很短时间内就取得了抗疫斗争的重大战略成果。从社会治理场域看，城乡社区是疫情联防联控的第一线，也是外防输入、内防扩散最有效的防线。城乡社区采取综合防控措施，实施网格化、地毯式管理，联防联控，群防群控，有效控制了疫情扩散和传播。从社会治理主体看，多元主体扛起责任、勇挑重担，构筑起坚固防线。党的集中统一领导是凝聚同心抗疫的硬核力量，基层党组织充分发挥战斗堡垒作用，广大党员干部主动担当作为，积极投身抗疫战役；政府有效履责，及时施策，采取具有针对性的防控措施，千方百计保障人民群众健康安全和工作生活；社会组织充分发挥专业性和服务性优势，募集款物、驰援疫区，提供社会公共服务、心理疏解服务。广大人民群众自觉履行责任，居家隔离，减少出行，自我防护，自愿加入志愿者队伍，积极配合疫情防控工作。从社会治理手段看，多种方法齐上阵，运用科学抗疫，采取依法防控。数字技术赋能疫情防控，在疫情态势研判、精准防控中得到充分运用，为诊疗救治、新药研发、资源调配等提供了强大技术手段。在阻断疫情蔓延、有序推进复工复产上，各地严格执行疫情防控和应急处置法律法规，严格依法实施防控措施。依法依规解决疫情期间和疫情常态化下出现的矛盾纠纷，依法严惩扰乱医疗秩序、防疫秩序、市场秩序、社会秩序等破坏疫情防控的违法犯罪行为，保障社会有序运行。抗疫斗争，充分显示了中国共产党领导和中国特色社会主义制度的显著优势，充分显示了党和国家在多方面加强和创新社会治理的重大成效，我国社会治理体系和治理能力经受住了这次集中检验，最大限度地保护了人民生命安全和身体健康，为如期全面建成小康社会做出了重要贡献。

全面建成小康社会的社会治理进程及其标志性成就，具有极其重大的理论意义、历史意义、政治意义和世界意义。一是开拓了马克思主义理论创新新境界，将科学社会主义的理论原则与中国的国情有机结合起来，特别是习近平总书记关于加强和创新社会治理的重要论述，从理论与实践的结合上回答了什么是中国社会主义社会治理现代化、如何推进中国社会主义社会治理现代化的一系列重大问题，为持续推进中国社会治理现代化提供了科学理论指引。二是为创造世所罕见的经济快速发展奇迹和社会长期稳定奇迹提供了良好的社会条件与环境，为实现第一个百年奋斗目标，兑现党向人民和历史的庄严承诺做出了突出贡献。三是充分彰显了中国共产党的领导和中国特色社会主义制度的巨大优势，雄辩地证明我们党关于社会主义现代化建设的理论、路线和战略安排是完全正确的，为新时代新阶段全面建设社会主义现代化国家、继续推进社会治理现代化奠定了坚实基础，提供了宝贵经验。四是为世界上那些企望在加快发展、推进现代化建设中保持社会稳定、保持自身独立性的国家和民族提供了全新选择，为推进社会全面进步和社会治理现代化提供了中国方案，为全球社会治理贡献了中国智慧和中国力量。

二、我国新发展阶段社会治理现代化建设面临的新课题和新要求

中国社会主义现代化建设是不断向前发展的历史进程。以 2021 年实施国民经济和社会发展"十四五"规划为开端，我国将进入一个新的发展阶段。这个阶段是实现中华民族伟大复兴的关键时期，我国社会治理现代化面临着许多重大课题，并提出了更高要求。

1. 世界百年未有之大变局对我国社会治理的影响。当今世界正在经历的百年未有之大变局进入了加速演进阶段。和平与发展仍是当今世界的主题，但世界经济、科技、文化、安全、政治等各方面正在发生并将继续发生深刻调整。美国打压和遏制中国更加公开化、常态化。世界进入了动荡变革期，不确定性、不稳定性增强。这些对世界各国都会产生深刻的影响，也无疑会加大我国发展安全与社会稳定的难度，对社会治理和平安中国建设带来多方面不利影响。社会治理如何做到预为之谋和化险为夷，维护国家安全、社会安定，是一个值得高度重视和研究的重大课题。

2. 新一轮科技革命深入发展对我国社会治理的影响。日新月异的科技进步，在给人类社会带来便利、舒适、效率、品质的同时，也使社会生产方式，人们的工作方式、生活方式、思维方式发生着深刻变革，引发了许多新的经济社会问题，增加了社会治理难度。特别是互联网技术的广泛运用，深刻改变了人们的交往方式，线上线下社会交融，经济社会领域中的"黑天鹅""灰犀牛"事件发生概率加大。如何适应这些深刻变化，实现更加充分、更高质量的就业，健全全覆盖、可持续的社保体系，完善公共卫生和疾控体系，促进人口长期均衡发展，化解社会矛盾，维护社会稳定，协调社会关系，是当前和今后一个时期我国社会治理的重要战略课题。

3. 我国进入新发展阶段对社会治理的影响。我国进入新发展阶段，社会发展和社会治理将面临一系列新形势新情况。正如习近平总书记指出的："我们的事业越前进、越发展，新情况新问题就会越多，面临的风险和挑战就会越多，面对的不可预料的事情就会越多。"从社会主要矛盾看，我国社会主要矛盾的转变是关系全局的历史性变化，对社会治理提出了许多新要求。人民对美好生活的需求日益广泛，不仅对物质文化生活提出了更高要求，而且在民主、法治、公平、正义、安全、环境等方面的要求日益增多。从发展内涵看，进一步转变发展方式，要求推动经济全面高质量发展，实现更有质量、更高效率、更加公平、更可持续、更为安全的经济发展。从社会结构演变看，我国社会结构正在发生深刻调整，人们的社会关系、社会观念、社会心理、社会行为方式正在发生全方位变化，深刻影响和变革着人们的社会交往方式和社会价值观念；中等收入群体的比重将不断提高，两头小中间大的橄榄型社会加快演进；城镇化水平将进一步提高，城乡结构进一步深度调整，城乡融合和城乡一体化发展进入新阶段；人口老龄化进一步加快加深，老龄人口会继续增多，而且少子化趋势日益明显。从现代化生产力趋势看，科学技术进步特别是信息化条件催生的新业态、新职业、新生产生活方式，使就业结构和职业结构呈现新变化；随着人工智能和数字技术的快速发展，网络社会、数字社会、智能社会、现实社会建设多向交融互构，整个社会运行的虚拟化和风险性进一步加大。如何适应未来时期现代化建设发展新阶段新特征新变化，是需要研究解决的重大课题。

4. 新老矛盾交织叠加对我国社会治理的影响。全面深化改革正处于深水区，经济社会发展进入新阶段，各种矛盾叠加、风险隐患集聚。当前和今后一个时期，是我国各类矛盾和风险易发期，各种可以预见和难以预见的风险因素明显增多。各种老问题与新问题相互交织、相互影响，有些是长期没有得到解决的深层次性问题。特别是我国城乡、区域发展和收入分配差距较大，如果不有效遏制，不仅会导致差距进一步拉大，形成贫富鸿沟，还会引发一系列社会矛盾和利益冲突。我国对现代风险社会的全面认知，预判风险、应对危机能力有待提高。提升非常态化的社会风险处理水平和危机应对能力，是社会治理现代化建设的重要环节。新媒体时代网络社会里的信息传播格局发生了彻底改变，加大了受众获取高质量有效信息的难度。虚拟社会与现实社会两者在互动过程中重塑社会伦理，使得传统的社会治理模式与方法在互联网社会空间里难以奏效。这些都是未来社会治理的重要课题。

综合以上对国内外形势的分析研判可以看出，我国新的发展阶段对推进社会治理现代化建设提出了以下新要求。

一是必须增强推进社会治理现代化建设的自觉性。社会治理现代化建设是国家治理现代化建设的重要部分，而且是关联甚至是决定全面建设社会主义现代化国家总进程的重要部分。我们应该从更有力应对世界百年未有之大变局和顺利实现中华民族伟大复兴战略全局的高度，更有效防范和应对各类风险，坚持落实国家安全观，把推进社会治理现代化建设放在更加突出的重要位置，要提高加强和创新社会治理、推进社会治理现代化的思想自觉、政治自觉和行动自觉。

二是必须增强推进社会治理现代化建设的全面性。社会治理关乎国家长治久安、政治安全清明、社会和谐安定、人民安乐康宁。应该用大社会观、大建设观，全面加强各领域、各方面、各层次社会治理体系和治理能力建设，使社会运行中的各种风险、矛盾、问题、需求等全面进入治理范围，从而使现代社会治理成为一种全领域、全过程、全环节的综合性治理。

三是必须增强推进社会治理现代化建设的协同性。协同性是社会治理内部有机联系的必然要求。尤为重要的，是要正确把握几个重要关系。第一，协同秩序与活力的关系。习近平总书记指出："一个现代化的社会，应该既充满活力又拥有良好秩序，呈现出活力和秩序有机统一。"秩序与活力是社会治理的两个重要维度和有机统一的目标，两者只有协同推进，整个社会才能充满活力又和谐有序运行。在实践中不能把二者对立起来、顾此失彼。第二，协同维稳与维权的关系。一般地说，维权是维稳的基础，维稳的实质是维权。只有注重维护好人民群众的合法权益，才能真正实现社会稳定，必须努力实现维权与维稳相统一。要更加注重维护社会公平正义。第三，协同服务与管控的关系。社会治理的出发点和落脚点应是提供社会服务，解决人民群众和社会主体的需求问题。同时，施之以必要的规范化管控和行为约束，只强调管控而不改善服务，就违背了社会治理现代化的要求，要把搞好服务与管理统一起来，寓管理于服务之中。第四，协同自治法治德治的关系。法治是社会治理现代化的主要标志和根本保障，必须全面厉行法治；德治是社会治理现代化的灵魂和根基，必须切实强化德治；自治是基层社会运行的基本依托和方式，必须真正实行自治。应当使三者有机联系、相互统一、协同运行，不可把三者割裂开来和对立起来。

四是必须增强推进社会治理现代化建设的创新性。创新性是社会治理现代化的动力源泉。社会治理面临的形势任务越是艰巨繁重，越是需要勇于创新。要准确地把握社会治理的科学内涵，进一步实现由传统社会管理向现代社会治理的转变；至关重要的是，要围绕坚持人民至上和人民主体地位、坚持以人为本、促进人的全面发展和社会全面进步，创新和完善社会治理体制、机制和治理体系，创新和完善社会治理方式方法，创新和完善社会治理政策措施。更加注重激发社会力量、人民群众参与社会治理，着力打造更具活力、更有凝聚力、更显公平的社会治理共同体。

五是必须增强推进社会治理现代化建设的系统性。社会治理是个复杂的系统工程，既有国家层面的宏观社会治理，又有地域和市域的中观社会治理，还有城乡基层、企事业单位和家庭的微观社会治理，各层次、各方面社会治理密不可分、相互依存；同时，社会与经济、社会与政治、社会与文化等各领域也紧密关联。必须用系统观念、系统思维、系统方法统筹谋划、分类指导、周密组织，使各层次、各方面、各要素系统互动、相互促进，整体推进国家社会治理现代化。

六是必须增强推进社会治理现代化建设的效能性。要着眼于充分发挥我国政治优势和制度优势，更加注重运用互联网等信息化手段，切实全面提高社会治理能力和本领，不断增强和提升社会治理的社会化、法治化、专业化、智能化水平，着力解决社会发展和社会治理进程中出现的各种实际问题，着力坚持常态化治理与应急性治理的有机衔接、有效应对。因此，推进社会治理现代化，既要看制度的系统性程度和成熟性程度，更要看制度是否管用，能否有效解决未来现代化进程中面临的各种矛盾、问题和风险挑战，能否有效促进社会的和谐稳定和全面发展进步。这应成为衡量社会治理现代化建设成效大小的最重要标准。

三、持续推进社会治理现代化的主要任务和路径

全面建成小康社会以后，推进社会治理体系和治理能力现代化，仍任重道远，当前和未来时期尤其需要抓好以下主要任务，采取更为有力的举措。

1.坚持以加强党对社会治理的全面领导为统领，确保社会治理现代化建设的正确方向。中国特色社会主义最本质的特征是中国共产党领导，中国特色社会主义制度的最大优势是中国共产党领导，推进社会治理现代化必须始终坚持党的全面领导。一是完善坚持党全面领导社会治理的体制机制，发挥党总揽全局、协调各方的领导核心作用，并把加强党的领导贯穿于社会治理的各领域、各环节、全过程。只有全面加强党对社会治理的领导，才能确保社会治理体系和治理能力现代化沿着正确方向顺利推进。二是坚持党要管党、全面从严治党，以党的先进性和纯洁性建设不断提升社会治理领导水平，坚持以优良的党风促政风带民风，以风清气正的政治生态引领社会生态。三是切实把加强和创新社会治理摆到治国理政更加突出位置，各级党组织要坚决贯彻党中央关于加强和创新社会治理的决策部署和各项方针政策，提高执行力，落实责任制。四是全面分析和准确判断世情、国情、党情的变化，解放思想、实事求是、与时俱进，遵循社会运行规律，把握时代脉搏，善于运用新思想、新理念、新办法解决新的实际问题。五是充分发挥乡镇（街道）、村（社区）党组织在基层社会治理中的领导作用，把党组织服务管理延伸到各个基层。

2.坚持以保障和增进民生福祉为根本，着力增强人民群众的获得感、幸福感、安全感。这是从源头上解决社会矛盾、维护社会稳定、促进社会发展良性循环的根本之策。一是努力在发展中不断提高全体人民收入水平，注重改善分配结构，缩小收入分配差距，继续扩大中等收入群体，巩固和扩大脱贫攻坚成果，积极解决相对贫困问题，扎实推进共同富裕。二是千方百计稳定和扩大就业，实现更加充分更高质量就业。鼓励创业带动就业，破除妨碍劳动力、人才社会性流动的体制机制弊端，使人人都有通过辛勤劳动实现自身发展的机会。三是健全多层次社会保障体系，创新保障方式。统筹城乡社会救助体系，完善

最低生活保障制度。健全老年人、残疾人关爱服务体系，积极探索老龄社会治理有效的路径。四是全面推进健康中国建设，筑牢国家公共卫生防护网，着力提高应对重大突发公共卫生事件的能力和水平，为保障人民生命安全和身体健康夯实制度基础。五是加快解决环境污染问题。特别应抓紧解决城市黑臭水体、垃圾处理、工矿企业污染、机动车排放污染等城市环境突出问题。要全面开展农村公共空间治理，大力推进垃圾污水治理、"厕所革命"、村容村貌提升等工作，推动农村人居环境明显改善。六是树立安全发展理念，健全公共安全体系，编织全方位、立体化的公共安全网，加强社会治安综合治理，打造社会治安防控体系，建设更高水平的平安中国。更加重视健全社会心理服务体系和疏导机制、危机干预机制，提高全民心理健康水平。

3. 坚持以创新和完善社会治理制度为保障，拓展共建共治共享的社会发展新局面。一是加强和完善社会治理体系建设。关键是要加快完善党委领导、政府负责、民主协商、社会协同、公众参与、法治保障、科技支撑的社会治理体系，完善在党的全面领导下政府和社会多元主体积极参与社会治理的制度和路径，更加重视引导、推动广大群众和社会组织、企事业单位等社会力量参与社会治理，加快建设人人有责、人人尽责、人人享有的社会治理共同体。二是构建群团组织助推社会治理现代化制度机制。充分发挥群团组织作为党和政府联系人民群众的桥梁和纽带作用，拓宽群团组织维护公共利益、救助困难群众、预防违法犯罪的制度化渠道。三是完善社会组织协同制度。要进一步规范发展社会组织，重点扶持发展城乡基层生活服务类、公益事业类、慈善互助类、专业调处类、治保维稳类等社会组织。要坚持党的领导与社会组织依法自治相统一，激发市场主体、社会组织参与社会治理的活力与动力。四是健全人民群众参与制度。要发展基层协商民主，推进基层直接民主制度化、规范化、程序化，依法保障人民群众知情权、参与权、表达权、监督权。加强流动人口、"两新"组织群众工作，构建基层党组织领导下的"群众自治圈""社会共治圈"。

4. 坚持以推进深层次改革为动力，加快完善社会治理现代化体制机制。

按照系统治理、依法治理、综合治理、源头治理的现代治理要求，着力固根基、扬优势、补短板、强弱项，着力解决社会治理领域的突出问题，加快构建社会治理领域系统完备、科学规范、运行有序的制度体系。一是加快补齐社会治理体系的短板弱项，彻底破除一切妨碍社会治理现代化建设的体制机制，同时及时创建与未来社会生产力发展和社会和谐安定进步要求相适应的新体制机制，不断开拓社会治理现代化更为广阔的道路。二是坚持和完善人民当家作主制度，发展社会主义民主政治，使社会治理更好地体现人民意志、保障人民权益、激发人民创造活力，确保人民依法通过各种途径和形式管理国家事务，管理社会事务。全面建设法治国家、法治政府、法治社会，健全有利于促进社会公平正义的法治保障制度。三是深入推进社会事业体制机制改革。加快科研、教育、卫生、文化、体育等事业单位改革步伐，进一步理顺政事关系，为推进社会治理现代化提供合理有效的基础性制度保障和智力支撑。四是坚持科学的改革方法论。注重改革的系统性、整体性、协同性，推动全面深化改革，确保总体效果、形成总体效应。

5. 坚持以全面加强和创新基层社会治理为重点，大力提升基层社会治理现代化水平。国家治理体系和治理能力的现代化很大程度上体现在基层。社会治理的重心必须落到城乡社区，着重提升基层治理水平。一是完善新时代新型基层社会治理框架，进一步健全基层社会治理体系，确保"平时好用，战时管用"。健全党组织领导的自治、法治、德治相结合的基层治理格局，推动实现政府治理和社会调节、居民自治良性互动。加强群众性自治组织规范化建设和自治机制建设，健全充满活力的基层群众自治制度。二是健全城乡社区治理体系建设。大力推动社会治理和服务重心向基层下移，把更多资源下沉到基层，推行网格化管理和服务，尽量把资源、服务、管理放到基层，建设基层公共服务体系，更好地为群众提供精准有效的服务与管理。三是完善城乡公共文化服务体系，优化城乡文化资源配置，健全支持开展群众性文化活动机制，鼓励社会力量参与公共文化服务体系建设。充分发挥德治教化作用，践行社会主义核心价值观，传承弘扬中华优秀传统文化，大力推进诚信文化、孝善文化建设。注重发挥家庭家教家风在基层社会治理中的重要作用。四是正确处理新形势下人民内部矛盾，坚持发展和推广新时代"枫桥经验"，健全基层矛盾化解机制。争取做到"小事不出村、大事不出镇、矛盾不上交"。健全社区建设制度，完善网格化服务管理体制。五是加强基层社会治理智能化建设，发挥互联网、大数据、人工智能的乘数效应，实现社区运行"一网统管"，社区服务"一网通办"。

6. 坚持以加强和创新市域社会治理为重要抓手，完善城乡社会治理现代化体系。市域是处于国家社会治理的中观层面，是上承国家宏观社会治理，下接基层微观社会治理的枢纽和区位。必须更加重视加强和创新市域社会治理，大力推进市域治理现代化。一是把市域社会治理现代化作为推进全部社会治理现代化的切入点和突破口，积极探索市域治理现代化新模式。要聚焦风险防控，着力防范政治安全、社会治安、重大矛盾纠纷、公共安全、网络安全等风险，及时把大矛盾大风险控制在市域、化解在市域，确保不外溢不扩散。二是鼓励各市域大胆探索，加强系统集成，打造社会治理现代化的集成体。要聚焦社会治理体制性机制性政策性难题、基层基础工作短板、影响市域安全稳定突出问题，精准发力、精准施策。三是努力探索市域社会治理的新方式、新路径。要坚持系统治理，把握社会治理的整体关联性，强化全要素协作配合，重视各方面任务的整合贯通，形成覆盖全面、触角灵敏、上下联动、各方协同的治理体系。坚持全程治理，完善事前事中事后全程治理机制，形成从源头到末梢的完整治理链条。要坚持源头治理，及早发现问题，及时采取有效对策，未雨绸缪，防患未然，力求用最少成本和代价解决问题。

7. 坚持以社会治理数字化为战略任务，全面提升社会治理智能化、现代化水平。运用新一代信息技术推动社会治理数字化转型，已经成为世界潮流和发展前沿。必须把开展数字化社会治理作为全面推进社会治理现代化建设的重大战略任务。一是建立平台型数字政府。加强数字政府顶层设计，从体制机制上破除部门藩篱，实现跨部门、跨地区、跨层级的业务协同，促进政务流程再造和公共服务创新；提高社会公众在公共服务领域的参与度。二是建立数字化公众治理渠道。各级政府要借助门户网站、社交媒体、自媒体等多样化互联网平台征集民意、汇聚民智，为公众参与社会治理提供新平台新方式，以及多样的数字化公共事务参与途径，推动形成社会各方联动融合、开放共治的新格局。三是开展关键技术的攻关和应用。打造数据驱动、人机协同、跨界融合的智能治理模式，推进智能治理基础建设。以大力发展数字化社会治安、数字化应急管理、数字化城市管理、数字化医疗和数字化医疗教育等作为优先部署应用的重点方向，开展应用示范项目。四是构建数字化社会治理新生态。为应对新一代信息技术所引发的标准缺失、伦理冲击和法律盲点等社会问题，要加强对新兴技术的标准体系研究，完善制定相关法律法规。五是加强网络社会治理，营造清朗的网络空间。要利用大数据等新技术新手段，通过敏感信息识别、情感分析和观点挖掘，识别潜在重大舆情风险。高度重视维护网络社会安全。

8. 坚持以提升社会治理能力建设为关键，全面增强社会治理现代化建设整体效能。推进社会治理现代化，必须始终注重提高现代社会治理能力，形成社会治理整体合力，不断增强社会治理整体效能。一是坚持把党的领导政治优势和中国特色社会主义制度优势转化为社会治理优势，贯穿到社会治理全过程、各环节。要尽快把各级干部、各方面管理者的思想政治素质、科学文化素质和工作本领都提高起来，共同推进社会治理能力现代化建设。二是不断提升政府负责能力和履职能力。各级政府要切实履行社会管理的重要职能，创新和完善社会治理的宏观调控制度体系、公共服务体系和社会政策体系，确保不断增加对社会建设和社会治理的投入及资源使用。三是尽快把党和国家机关、企事业单位、人民团体、社会组织等社会各方面的工作能力都提高起来，提高人民群众依法管理国家事务、经济社会文化事务、自身事务的能力。四是加快打造一支规模宏大的、专业化的社会治理人才队伍和专业工作队伍，用科学态度、先进理念和专业知识服务社会治理现代化建设。为此，建议国家大力加强社会治理领域人才队伍建设，优化和完善学科布局，加快社会治理和社会政策学科建设。五是将各个社会治理主体的合力转化成社会治理的效能。要尽快提高社会协同力、公众参与力和法治保障力，把社会治理的合力和优势发挥出来，持续提高社会治理社会化、法治化、智能化、专业化水平。

中国共产党百年社会治理的历程、成就与经验[*]

中国共产党百年社会治理的历程、成就与经验 [*]

（2021 年 12 月 18 日）

党的十九届六中全会通过的《中共中央关于党的百年奋斗重大成就和历史经验的决议》，全面总结了党的百年奋斗重大成就和历史经验，这对深刻认识党的百年奋斗史，以史为鉴、开创未来，在新时代更好坚持和发展中国特色社会主义，具有重大现实意义和深远历史意义。从根本上说，中国共产党百年接续奋斗的光辉历史，是一部中国社会波澜壮阔的变革史，是不断探索、开拓、推进中国社会主义现代化的发展史。这里，我主要就党的百年社会治理的历程、成就和经验，讲一些认识，与大家分享交流。

一、党的百年不断理论创新引领社会治理变革

理论是实践的先导，思想是行动的指南。我们党百年全部事业不断拓展并取得伟大成功，根本就在于始终把马克思主义这一科学理论作为行动指南，并不断推进马克思主义中国化时代化，产生了毛泽东思想、邓小平理论、"三个代表"重要思想、科学发展观，产生了习近平新时代中国特色社会主义思想。在这些一脉相承、与时俱进的科学理论指导下，中国共产党团结带领中国人民持续推进伟大社会革命，引领社会治理持续探索和创新。

中国社会治理现代化思想理论来自马克思主义基本原理。马克思主义深刻揭示了自然界、人类社会、人类思维发展的普遍规律，为人类社会发展进步指明了方向；马克思主义坚持实现人民解放，维护人民利益的立场，以实现人的

---

* 本文系在第十一届中国社会治理论坛上的主旨演讲，得到党中央多位领导批示。

[*] 本文系在第十一届中国社会治理论坛上的主旨演讲，得到党中央多位领导批示。

自由而全面发展的重要思想，反映了人类对理想社会的美好憧憬。我们党在领导中国革命、建设、改革的伟大事业中，坚持把马克思主义基本原理同中国具体实际相结合、同中华优秀传统文化相结合，在持续推进马克思主义中国化过程中，不断继承、丰富和发展马克思主义的社会治理思想理论。

以毛泽东同志为主要代表的中国共产党人，在创立毛泽东思想、实现马克思主义中国化第一次历史性飞跃中，就高度重视中国社会治理问题。早在新民主主义革命时期，中国共产党人就提出了"中国社会向何处去、如何改造中国社会"，明确将来要"建立一个新中国"，要"治理国家"和实现"现代化"等一系列重大思想，孕育了中国社会治理现代化的重大理论。包括提出要从根本上改变中国社会的发展方向，准确把握中国革命的性质、特点和规律，正确分析中国社会各阶级状况，创建农村革命根据地，开辟农村包围城市、武装夺取政权的革命道路；提出要把人民群众动员起来、组织起来，依靠群众，走群众路线。党的一大提出"要把工人、农民和士兵组织起来"，党的二大又提出"党的一切运动都必须深入到广大群众里面去"。提出要关心群众生活，保证劳动人民的权利。党的七大明确把"全心全意为人民服务"作为根本宗旨，写进党章。由于我们党致力于对旧社会加以根本改造，夺取新民主主义革命的伟大胜利，建立中华人民共和国，从而彻底结束了旧中国半殖民地半封建社会的历史，实现了中国从几千年封建专制政治向人民民主的伟大飞跃，确立了我们党领导社会治理现代化的方向和道路。

新中国成立后，在完成社会主义革命和推进社会主义建设时期，毛泽东同志创造性地提出了一系列社会治理思想，包括：强调领导我们事业的核心力量是中国共产党，党是领导一切的；要消灭一切剥削制度，荡涤旧社会遗留的污泥浊水；提出要把全国人民群众进一步全面组织起来，将绝大多数人组织在政治、军事、经济、文化及其他各种组织里，"克服旧中国散漫无组织的状态"；创造性地提出严格区分和正确处理敌我矛盾和人民内部矛盾，准确把握我国社会主义建设的十大关系；强调加强思想政治工作和基层工作，推广依靠人民群众预防和化解社会矛盾的"枫桥经验"。毛泽东同志对社会治理理论的重大历史功绩，是探索了中国社会治理的社会主义方向、道路、基础性制度和根本性方法。

我们党在进行改革开放和社会主义现代化建设新时期，从新的实践和时代特征出发，坚持推进理论创新，在形成中国特色社会主义理论体系、实现马克思主义中国化新的飞跃中，对推进社会治理创新做出了一系列重要论述。以邓小平同志为主要代表的中国共产党人创立了邓小平理论，解放思想，实事求是，做出把党和国家工作重心转移到经济建设上来，实行改革开放的历史性决策，开辟了中国特色社会主义道路。深刻揭示社会主义本质，把建设小康社会作为社会主义现代化重大战略；实行放开搞活的方针，让社会活跃起来，推动了社会流动和社会结构演变；强调发展社会主义民主、健全社会主义法制；强调"两手抓，两手都要硬，一手抓物质文明建设，一手抓精神文明建设"的一系列的治理策略；强调建立各方面责任制，反对形式主义、官僚主义等。邓小平同志对社会治理探索的重大历史功绩，是强调通过改革开放，充分调动各方面的积极性，提高社会经济效率。党的十三届四中全会以后，以江泽民同志为主要代表的中国共产党人形成"三个代表"重要思想，明确提出把社会主义与市场经济结合起来，建立社会主义市场经济体制；明确提出依法治国和以德治国并举，建设社会主义法治国家；明确提出尊重和保障人权，"就业是民生之本"，健全社会保障体系；明确提出正确处理改革、发展、稳定的关系。党的十六大以后，以胡锦涛同志为主要代表的中国共产党人形成了科学发展观，强调坚持以人为本、全面协调、可持续发展，着力保障和改善民生，促进社会公平正义，明确提出构建社会主义和谐社会，推进社会主义核心价值体系建设，将社会主义现代化事业的总体布局由经济建设、政治建设、文化建设"三位一体"增加社会建设，发展为"四位一体"，丰富了中国特色社会主义社会治理理论。

党的十八大以来，以习近平同志为核心的中国共产党人，深化了对共产党执政规律、社会主义建设规律、人类社会发展规律的认识，创立了习近平新时代中国特色社会主义思想，在实现马克思主义中国化新的飞跃中，创造性地提出了一系列内涵丰富、影响深远的社会治理理论。特别是更加强调党的全面领导，增强党的政治领导力、思想引领力、群众组织力、社会号召力，实行全面从严治党的战略方针，以优良党风带动政风和社会风气；提出人民至上，坚持以人民为中心，积极发展全过程人民民主，扎实推进共同富裕；提出中国特色社会主义法治理论，全面依法治国、依法治理社会；强调传承和弘扬中华优秀传统文化，推动中华优秀传统文化创造性转化、创新性发展；特别是创造性地提出"社会治理是一门科学"的重要论断，要求坚持系统治理、依法治理、综合治理、源头治理；提出"现代化的社会，应该既充满活力又拥有良好秩序，呈现出活力和秩序有机统一"；构建共建共治共享的社会治理制度，建设人人有责、人人尽责、人人享有的社会治理共同体；提出健全党组织领导的自治、法治、德治相结合的城乡治理体系，推动社会治理重心向基层下移；提出总体国家安全观，建设更高水平的平安中国；等等。这些表明，中国特色社会主义社会治理思想进入了新境界、达到了新高度。

二、党的百年征程持续推进社会治理实践创新

一百年来，我们党在各个历史时期都坚持探索和推进社会治理实践创新。

1. 新民主主义革命时期：致力于改变旧中国社会发展方向，在局部地区探索社会变革和治理制度。这一历史时期的重点任务，是建设地方红色政权，为党中央和人民军队提供落脚点和出发点。为此，党在根据地进行了土地革命、妇女解放、宗教制度改革、乡村建设等一系列活动。井冈山革命根据地从建立伊始就发动农民打倒土豪劣绅，1928年颁布《井冈山土地法》。西柏坡会议通过《中国土地法大纲》后，解放区各级领导机关派出大批工作队深入农村，进行土地改革，到1948年秋，在一亿人口的地区消灭了封建土地生产关系。依靠群众进行民主政治建设。在井冈山革命根据地，党和红军一开始就把"做群

众工作"作为三大任务之一。中央苏区时期，民主选举制度趋于成熟。团结一切抗日的各阶层力量，建立起党领导下的抗日统一战线。在根据地建立人民代表大会和民主政治制度。中央苏区探索劳动合作社作为社会主义农业生产的形式，在乡村设立列宁小学，开展全民教育。每个村成立卫生委员会，开展卫生运动。陕甘宁边区党组织领导农业大生产运动。1929 年召开的古田会议，形成了坚强的党组织及其对工作的全面领导，随后在抗日根据地全面实行共产党领导。新民主主义革命时期党在根据地中的社会治理实践，为新中国成立之后在全国范围内进行加强和创新社会治理积累了经验。

2. 社会主义革命和建设时期：致力于全面确立社会主义基本制度，开始推进社会主义建设。新中国成立后，我们党带领人民迅速医治战争创伤，有步骤地实现从新民主主义到社会主义的转变。在恢复国民经济的同时，大力革除旧社会种种弊端，建立新社会秩序，烟毒、娼妓等社会陋习被扫除，实行男女权利平等，镇压反革命，开展"三反""五反"运动，完成土地改革，进行社会各方面民主改革。1954 年，召开第一届全国人民代表大会第一次会议，颁布了第一部《中华人民共和国宪法》。在此前后，制定了《中华人民共和国土地改革法》《中华人民共和国婚姻法》等。从 1949 年到 1957 年，全国人大常委会、国务院及其部委颁发的重要法律法规多达 1261 件。这些为人民当家作主提供了制度保证。随后实施"一化三改造"总路线，农村互助合作社普遍建立。1956 年，我国基本上完成对生产资料私有制的社会主义改造，基本上实现生产资料公有制和按劳分配。基层卫生体系、基层教育体系、社会保障体系初步建立。随着实行计划经济体制，全国形成了高度组织化的社会治理模式。在城市中建立了以单位制为主、街居制为辅的社会治理体制。在农村中组建合作社和人民公社、实行政社合一制度。在全国实行严格的户籍制度，规范和管理人口流动。历史地看，这些重要制度的建立，有力地避免了西方国家在工业化早期所付出的巨大代价。但这一时期权力过分集中，国家管得过宽、统得过死，政企不分、政社不分，社会缺乏活力。特别是"文化大革命"，使国家和人民事业遭到严重的挫折和损失，教训极其惨痛。社会主义革命与建设时期的实践，实现了中华民族有史以来最为广泛而深刻的社会变革，也为后来推进社会治理现代化奠定了政治制度基础，提供了宝贵经验。

3. 改革开放和社会主义现代化建设新时期：致力于开辟和发展中国特色社会主义，开拓和推进社会治理现代化。我们党确定了社会主义初级阶段的基本路线和现代化建设"三步走"的发展战略。通过改革开放、发展社会主义市场经济，让全社会活跃起来，解放和发展社会生产力。1982年12月，修改《中华人民共和国宪法》，对国家的基本制度、根本任务、治理结构和主要原则都做出了新规定，包括改变人民公社政社合一的体制，全面推行家庭联产承包经营制度，加强乡级基层政权建设。同时，随着生产流通、劳动人事、收入分配制度等改革逐步推进，放松城市"单位制""街居制"管理，引进和推广社区建设，实行基层自治制度，大大增进了社会经济的活力与效率。为适应改革开放和搞活经济的新形势，积极推动就业、收入分配、社会保障、教育、卫生、住房等社会领域改革。2003年抗击"非典"以后，国家自上而下全面加快了应急管理体系建设。党的十六届四中全会明确提出建立"党委领导、政府负责、社会协同、公众参与"的社会管理格局。2011年，国家"十二五"规划纲要中，对社会建设和社会管理做出全面部署。这一时期一度在某些社会领域不适当地推行完全市场化，不少基层党组织存在被弱化、虚化、淡化、边缘化问题，也放松了社会监管，以致造成新的社会矛盾增多。这个时期社会治理的经验教训值得认真总结。

4. 中国特色社会主义进入新时代：致力于全面建成小康社会，社会治理现代化取得重大进展。党的十八大以来，以习近平同志为核心的党中央，大力推动社会治理领域改革创新，全面加强党对社会治理领域各个方面、各个环节的领导，健全党的领导制度体系，完善社会基层组织、社会组织等制度，确保党在各种组织中发挥领导作用。坚持全面从严治党，惩治腐败，制定和落实中央八项规定，持之以恒纠治"四风"，着力解决群众反映强烈、损害群众利益的突出问题。推进社会主义协商民主广泛多层次发展，完善基层民主制度、办事公开制度；坚持法治国家、法治政府、法治社会一体建设，全面增强全社会尊法学法守法用法意识和能力。更加重视和保障民生，大力实施脱贫攻坚战并取得全面胜利，历史性地解决了中华民族千百年来的绝对贫困问题，全国各族人民普遍享受小康社会生活。在收入分配、就业、教育、社会保障、医疗卫生、住房保障等方面推出了一系列重大举措。完善社会治理基础性制度，推进基本公共服务均等化，调整优化生育政策，深化户籍制度改革、农村土地管理制度改革。注重家庭家教家风建设，保障妇女儿童权益。加快发展残疾人事业和慈善事业。贯彻总体国家安全观，构建国家安全体系，广泛开展平安中国建设，加强社会治安综合治理，深入开展扫黑除恶斗争。加快社会诚信建设，探索守信激励和失信惩戒制度。基层社会治理普遍推行网络化、网格化，一大批基层社会治理创新的典型涌现出来，浙江诸暨"枫桥经验"被广为推广。大力推动中华优秀传统文化、红色革命文化与社会主义先进文化三者的融汇贯通、创造性转化和创新性发展。加大环境保护与治理的力度，积极解决影响人民群众身心健康和社会稳定的环境问题。近两年，在应对和防控新型冠状病毒感染疫情的斗争中，开展抗击疫情人民战争、总体战、阻击战，坚持抓好"外防输入、内防反弹"，坚持统筹疫情防控和经济社会发展，最大限度地保护了人民生命安全和身体健康，保持了社会和谐安定，显示了我国社会治理制度的强大优势和长处。总之，进入新时代以来，我国社会建设全面加强，社会治理体系和治理能力建设水平大幅度提升，发展了人民安居乐业、社会安定有序的良好局面。

三、党的百年社会治理重大成就和历史意义

党在百年社会治理的探索和创新中，取得了中国社会发展和社会治理史上前所未有的重大成就，具有伟大的历史意义，最显著的有以下六个方面。

1. 我们党百年在不断实现马克思主义中国化时代化进程中，坚持马克思主

义基本原理与中国具体实际相结合、与中国优秀传统文化相结合，创造性地提出了一系列社会治理新理念、新论断、新观点、新思想，持续推进中国社会治理理论和实践的创新发展，不断开辟马克思主义社会治理思想的新境界，为全面、持续推进我国社会治理现代化提供了科学指南和思想武器。

2. 我们党百年在推进革命、建设、改革伟大事业中，坚持社会主义方向，开辟中国特色社会主义道路，不断探索和开拓符合中国国情和现代化社会要求的社会治理方式和路径，为持续推进和实现我国社会主义社会治理现代化指明了根本方向和正确道路。

3. 我们党百年在探索和推进社会治理中，不断创新和完善一整套社会治理的根本性制度、基础性制度，特别是健全党在社会治理领域的领导制度体系、组织体系，为持续推进和实现中国社会主义社会治理现代化提供了有效体制机制和制度体系保证。

4. 我们党百年特别是新中国成立 70 多年来，坚持顺应社会建设现代化规律、社会结构变化特点和科技进步要求，与时俱进地创新社会治理内容、主体、手段和方法，推进现代社会治理的能力和水平不断提升，成效显著。

5. 我们党百年特别是新中国成立 70 多年来，社会治理不断变革和创新，使中国社会面貌、中国人民面貌焕然一新，创造了经济长期持续发展、社会长期稳定的两大奇迹，这对如期实现全面建成小康社会、胜利开启全面建设社会主义现代化国家的新征程，发挥了至关重要的作用，也为新时代坚持和发展中国特色社会主义、实现国家长治久安和人民长久安居乐业，打下了坚实的基础。

6. 我们党百年奋进成功地走出中国式现代化道路，创造了人类文明的新形态，拓展了发展中国家走向现代化的途径，而中国社会治理理念创新、思想创新、社会治理制度创新、实践创新，是中国式现代化道路、人类文明新形态的重要体现，为人类谋进步、为世界谋大同、为全球谋共治贡献了中国智慧、中国方案、中国路径。

四、党的百年探索和推进社会治理创新实践的经验与启示

一百年来，我们党探索和推进社会治理创新，从局部到全国，从初创到完善，既有顺利成功，也有曲折失误，既有高歌奋进，又有变革飞跃，积累了许多宝贵经验和重要启示。

1. 必须始终坚持党的全面领导。一百年来，中国社会领域深刻变革都是在中国共产党领导下进行的。没有共产党就没有新中国，没有共产党就没有中国特色社会主义，也就没有中国社会治理的成就和进步。中国共产党是领导我们全部事业的核心，是最高政治领导力量，必须把加强党的领导贯穿于社会治理的全领域、全过程、全方位，充分发挥党的领导的政治优势、组织优势、制度优势。只要我们坚持党的全面领导不动摇，充分发挥党总揽全局、协调各方的领导核心作用，充分发挥基层党组织的战斗堡垒作用，就一定能够确保我国社会治理现代化的正确方向和引领力量。

2. 必须始终坚持以马克思主义为指导思想。马克思主义是我们立党立国的根本指导思想，是我们党的灵魂和旗帜。我们党的历史，是一部持续推进马克思主义中国化、不断丰富和发展马克思主义的历史，也是一部运用马克思主义理论认识和改造中国社会的历史。习近平总书记说，"中国共产党为什么能，中国特色社会主义为什么好，归根到底是因为马克思主义行"。只要我们从党的百年奋斗中感悟真理的力量，坚持用马克思列宁主义、毛泽东思想、邓小平理论、"三个代表"重要思想、科学发展观、习近平新时代中国特色社会主义思想为指导，就一定能够不断推进和全面实现社会治理现代化。

3. 必须始终坚持走合乎中国国情的社会治理现代化道路。走符合我们自己国情的路，是我们党的全部理论和实践的立足点，更是党百年奋斗得出的历史结论。历经百年来的理论创新和实践创新，我们创造了中国式现代化新道路、创造了人类文明新形态，其中探索和推进中国社会治理现代化道路和方式是重要方面。中国是具有悠久历史文明的东方大国，人口众多，国情复杂，需要深入了解和准确把握国情，坚持发展中国特色社会主义，坚持改革开放。要学习

借鉴国外社会治理的有益做法，但绝不能照抄照搬。特别要深入挖掘中华优秀传统文化的思想精华，为全面推进社会治理现代化提供丰富的精神滋养。只要我们坚持从中国国情和实际状况出发，解放思想，实事求是，与时俱进，就一定能够使社会主义社会治理现代化道路越走越宽广。

4. 必须始终坚持为人民创造更加美好的生活。我们党百年的社会治理历史就是一部践行党的初心和使命的历史，就是一部与人民同呼吸共命运心连心的历史。江山就是人民，人民就是江山，必须坚持人民至上，一切为了人民、一切依靠人民。只要我们忠实践行以人民为中心的社会治理思想，始终坚持全心全意为人民服务的根本宗旨，自觉坚持党的群众路线，着力解决好人民群众急难愁盼的问题，着力推动人的自由全面发展，使全体人民共同富裕不断取得明显的实质性进展，就一定能够使社会治理得到广大人民的真心拥护和获得最强大的力量。

5. 必须始终坚持整体推进社会治理现代化。我们党的百年奋斗历程，是致力于从根本上改造旧社会到全面建设新社会，将中国由传统社会向现代化社会转变的过程。既探索和推进国家层面的宏观社会治理，又探索和推进地区和市域的中观社会治理，还探索和推进城乡基层直至家庭的微观社会治理，全面建设平安中国、平安社会，全面建设社会主义现代化国家、现代化社会。只要我们始终坚持以改革创新为动力，按照全面建成社会主义现代化强国和建设更高水平的平安中国的目标要求，深入、全面、系统地推进和完善社会治理，就一定能够全方位、整体地实现国家社会治理现代化。

6. 必须始终坚持政治、法治、德治、自治共同推进。我们党的百年奋斗历程，特别是改革开放以来，始终重视在社会治理中坚持正确政治方向、依靠法治保障、加强德治教化、实行基层自治，强调健全社会主义民主政治、推行社会主义法治、加强全社会思想道德建设、践行社会主义核心价值观、实行基层群众自治，并使之有机结合、共同发力。这是全面、系统推进社会治理创新和现代化的必然要求和有效路径。只要我们坚持综合运用政治、法治、德治、自治等多种治理方式并使之相互促进，从而实现"四治融合"，就一定能够使社会治理方向明确、刚柔相济、宽严适度，建成充满活力与良好秩序相统一的更加美好的社会。

7.必须始终坚持完善共建共治共享的社会治理制度。我们党百年奋斗史中一个极为重要的经验，就是重视和加强制度建设。制度带有根本性、全局性、稳定性、长期性。经过长期探索和实践，我们党把坚持和完善共建共治共享的社会治理制度作为推进国家治理现代化的重要制度，这是持续推进社会治理现代化的重要遵循和保障。只要我们坚持完善党委领导、政府负责、民主协商、社会协同、公众参与、法治保障、科技支撑的社会治理体系，加快建设人人有责、人人尽责、人人享有的社会治理共同体，就一定能够如期实现我国社会治理现代化的目标。

8.必须始终坚持推进基层社会治理现代化。我们党百年奋斗史，一直高度重视城乡基层建设，动员和组织基层群众参加革命、建设、改革和治理，把党的政治基础和组织根基牢牢地扎在中国广阔的基层社会中，把党的纲领、路线、方针、政策、任务落实到城乡基层单位、社区。习近平总书记指出："一个国家治理体系和治理能力的现代化水平很大程度上体现在基层，要不断夯实基层社会治理这个根基"。只要我们坚持把社会治理现代化的重点放在基层，进一步健全基层社会治理体系，坚持发展和推广"枫桥经验"，注重发挥家庭家教家风在基层治理中的重要作用，完善网络化网格化社会管理服务，加强基层社会治理智能化建设，就一定能够不断全面提升城乡基层社会治理社会化、专业化、智能化、现代化水平。

9.必须始终坚持社会治理与其他领域治理协调推进。我们党百年来的奋斗史充分证明，社会建设和社会治理是整个国家、全部社会的系统性工程，必须同政治建设与治理、经济建设与治理、文化建设与治理、生态文明建设与治理融为一体，相互适应、相互促进。党的十八大以来，以习近平同志为核心的党中央提出统筹推进"五位一体"总体布局、协调推进"四个全面"战略布局、实现系统协调和可持续发展的思想，这是全面推进国家和社会现代化的重大思想。只要我们在新发展阶段坚持全面贯彻新发展理念，牢固树立和践行社会主义现代化建设的整体观、系统观、协同观，就一定能够卓有成效地全面推进社会治理现代化和国家全面现代化。

10.必须始终坚持提升社会治理的效能。我们党的百年奋斗历程，无论是组织和动员群众，整饬和治理社会积弊，还是维护社会大局稳定、促进社会正常运行，都十分注重实际效果，以达到预期目的来采取相应的方式、手段和措施。在未来推进社会治理现代化的过程中，既要看到治理体系的系统性和成熟性程度，更要看相应的方案、手段和措施是否管用，能否有效解决面临的各种矛盾、问题和风险挑战，能否促进社会和谐稳定和社会全面进步。只要我们充分发挥我国政治优势和制度优势，更加注重科学治理，把系统治理、依法治理、综合治理、源头治理和专项治理有机结合起来，善于运用现代科技手段，就一定能够明显增强社会治理现代化的科学性、效能性。

百年风华成就辉煌，千秋伟业更展宏图。中国共产党社会治理百年奋斗的伟大成就和宝贵经验，给予我们巨大的智慧和力量，赋予我们更加坚定的底气和信心。站在"两个一百年"奋斗目标的历史交汇点上，面对中华民族伟大复兴战略全局和世界百年未有之大变局，我们要在以习近平同志为核心的党中央的坚强领导下，牢记初心使命，努力拼搏奋斗，不忘来时的路，走好前行的路，在全面建设社会主义现代化国家新征程中，奋力谱写推进中国社会治理现代化的新篇章。

新时代十年推进社会治理现代化的
重大创新与成就[*]

（2023 年 3 月 25 日）

习近平总书记所做的党的二十大报告，高举中国特色社会主义伟大旗帜，科学描绘了以中国式现代化全面建设社会主义现代化国家、全面推进中华民族伟大复兴的宏伟蓝图，也为推进我国社会治理现代化进一步指明了方向、提供了遵循。不久前闭幕的党的二十届二中全会和全国两会，对于全面建设社会主义现代化国家，推进中国社会治理现代化，又做出重要决策和部署。认真回顾和总结进入新时代十年来中国社会治理重大创新与重大成就，对于深入领会和贯彻落实党的二十大精神，对于贯彻落实二十届二中全会及全国"两会"精神，在新阶段新征程持续推进和实现我国社会治理现代化，具有十分重要的意义。

一、新时代十年社会治理理论的重大创新

党的十八大之后，中国特色社会主义进入了新时代。十年来，习近平总书记着眼于新时代坚持和发展中国特色社会主义、推进和拓展中国式现代化，提出了一系列加强和创新社会治理的新思想新观点新论断，形成了内涵丰富、有机统一、逻辑严密的理论体系。其中，重要的包括以下方面。

1. 明确提出全面加强党的领导，确保中国社会治理现代化的正确方向和强大凝聚力。习近平总书记在党的二十大报告中指出，十年来，"我们全面加

---

* 本文系在第十二届中国社会治理论坛上的主旨演讲。

强党的领导，明确中国特色社会主义最本质的特征是中国共产党领导，中国特色社会主义制度的最大优势是中国共产党领导"。中国式现代化，是中国共产党领导的社会主义现代化。加强党的全面领导可以确保中国式现代化的正确方向和强大凝聚力。习近平总书记强调，"党政军民学、东西南北中，党是领导一切的"，并且指出："总揽全局、协调各方，这是新形势下实现党的正确领导的重要原则，是提高党的执政能力的基本要求，是形成工作合力的体制保证。"党对社会治理的领导"必须是全面的、系统的、整体的"，使党的领导体现在社会治理现代化全过程、各方面、各环节，通过政治引领、组织建设、能力提升，保证社会治理正确方向、形成合力、提高效能。习近平总书记特别强调："要把基层党组织这个战斗堡垒建得更强，发挥社区党员、干部先锋模范作用"，让"党的旗帜在每一个基层阵地都高高飘扬起来"。最近，党中央、国务院印发的《党和国家机构改革方案》中，又明确党中央组建中央社会工作部，这是全面加强党对社会治理领域统一领导、统筹做好社会工作的重大创新举措，具有重大的理论意义和实践意义。坚持和加强党的全面领导，是习近平新时代中国特色社会主义思想关于社会治理理论创新的最鲜明标志。

2. 明确提出坚持人民至上思想，以人民为中心创新和推进社会治理。人民至上是习近平新时代社会治理理论的核心要义，明确了社会治理为了谁、依靠谁、谁评判的问题。一是社会治理要牢记为人民服务的根本宗旨。习近平总书记强调："社会治理，说到底，就是对人的服务和治理。"社会治理"要以百姓心为心"，"与群众有福同享、有难同当，有盐同咸、无盐同淡"。"要紧紧抓住人民群众急难愁盼问题，采取更多惠民生、暖民心举措。"这就要求社会治理必须始终把人民放在最高位置，坚持一切为了人民，为了人民的一切。二是社会治理必须贯彻群众路线。习近平总书记明确指出："我们要适应新形势下群众工作新特点新要求，深入做好组织群众、宣传群众、教育群众、服务群众工作，虚心向群众学习，诚心诚意接受群众监督。"要在社会治理中，积极发展全过程人民民主，用制度体系保障人民当家作主，使社会治理更好体现人民意志、保障人民权益、激发人民创造。特别要拓展听民意、汇民智、聚民心的渠道。三是社会治理成效要由人民来评判。习近平总书记明确提出：要"把是否促进经济社会发展，是否给人民群众带来实实在在的获得感，作为改革成效的评价标准。""人民是我们党的工作的最高裁决者和最终评判者。""时代是出卷人，我们是答卷人，人民是阅卷人。"把人民作为"最高裁决者和最终评判者""阅卷人"，这是习近平新时代中国特色社会主义思想关于社会治理理论以人民为中心、坚持人民至上的集中体现。

3. 明确提出总体国家安全观，建设高水平平安中国。在准确把握国家安全形势变化新特点新趋势的基础上，习近平总书记创造性提出总体国家安全观，明确指出："国家安全工作应当坚持总体国家安全观，以人民安全为宗旨，以政治安全为根本，以经济安全为基础，以军事、文化、社会安全为保障，以促进国际安全为依托，维护各领域国家安全。"党的二十大进一步将完善社会治理体系纳入总体国家安全体系和能力现代化架构之中。习近平总书记在报告中指出："国家安全是民族复兴的根基，社会稳定是国家强盛的前提"，"建设更高水平的平安中国"。这个论断将国家安全与社会治理凝结为一体。总体国家安全观注重提高公共安全治理水平。公共安全治理是社会治理的重要内容，是事关人民群众切身利益的系统工程，更是社会和谐稳定的有力支撑。习近平总书记明确要求，"推动公共安全治理模式向事前预防转型"，要更加注重自然灾害、突发疫情、食品安全等直接涉及民生的安全隐患，提高防灾减灾救灾和重大突发公共事件预判处置和保障能力，更主动地防范社会公共危机，更有效地回应公共利益诉求，努力建构适应人民群众动态安全需求的长效治理机制。将"安全"贯穿到国家发展各领域和全过程，以新安全格局保障新发展格局，这对促进我国经济社会持续稳定健康发展具有重大意义。

4. 明确提出建设社会治理共同体，构筑共建共治共享的社会治理制度。习近平总书记明确指出，社会治理是国家治理的重要方面，"必须加强和创新社会治理，完善党委领导、政府负责、民主协商、社会协同、公众参与、法治保障、科技支撑的社会治理体系，建设人人有责、人人尽责、人人享有的社会治理共同体"；同时，对于构建基层社会治理格局也进行了明确阐述。习近平总书记指出，我们追求的发展是造福人民的发展，我们追求的富裕是全体人民共同富裕。改革发展搞得成功不成功，最终的判断标准是人民是不是共同享受到了改革发展成果。因此，社会治理共同体建设是以增进人民福祉、实现公平正义、保障人民群众合法权益、让全体人民共享发展和治理成果为目标的。建设社会治理共同体、构筑共建共治共享的社会治理制度，既集中体现了新时代社会治理理论的与时俱进，也凸显了制度建设对社会治理现代化的推动与保障作用。

5.明确提出创新社会治理方式，提高社会治理效能和水平。习近平总书记明确指出：改进和创新社会治理方式，要"加强系统治理、依法治理、综合治理、源头治理，把我国制度优势更好转化为国家治理效能"。坚持系统治理，强调的是多元治理主体间的良性互动，体现的是党委领导、政府负责、社会协同、公众参与形成的合力。坚持依法治理，这"是最可靠、最稳定的治理"。明确提出协同运用自治、法治、德治提高社会治理效能。自治是基层社会运行的基本依托和方式，必须依靠人民群众实行真正的自治；法治是社会治理现代化的主要标志和根本保障，必须全面厉行法治；德治是社会治理现代化的灵魂和根基，必须切实强化德治。自治、法治、德治要有机联系，互相协调，相得益彰。坚持综合治理，强调的是多种治理方法的协同运用，特别是互联网技术为"社会治理精准化、公共服务高效化"提供了有力支撑，要通过线上和线下相结合的方式形成治理合力。同时，社会治理还要遵循"刚柔相济"的原则，既注重规范的"硬约束"，更要重视思想教育、心理疏导、沟通调解"软方法"的有机联动，将他律和自律结合起来，增强治理的实效性。坚持源头治理，强调的是要了解人的需求，问需于民，靶向施治，从源头上预防和根治矛盾，保持社会的和谐稳定。以上这些充分体现了社会治理的系统方法论，也是实现社会治理现代化的必然要求。

6.明确提出注重弘扬中华优秀传统文化，彰显我国社会治理现代化的文化底蕴和精神标识。中华优秀传统文化源远流长、博大精深，是中国社会治理独特的精神标识和深沉的精神追求。一是重视中华优秀传统社会治理文化的创造性转化、创新性发展。就是从中华优秀传统治理文化中把那些跨越历史时空、富有永恒魅力、具有当代价值的概念、理念发掘出来，做出新的时代阐释。同时，要转化创造丰富发展，将承继精髓与创新表达有机结合，将深度挖掘与现代转换有机结合，将借鉴吸收与赋予时代内涵有机结合，使现代社会治理在浩瀚的中华优秀传统文化中汲取营养。二是强调重视家庭、家教、家风在社会治理中的基础性作用。习近平总书记明确指出："不论时代发生多大变化，不论生活格局发生多大变化，我们都要重视家庭建设，注重家庭、注重家教、注重家风"，"使千千万万个家庭成为国家发展、民族进步、社会和谐的重要基点"。这就要求社会治理更多地发挥家庭的生育、婚姻、养老、教化等社会功能，积极建设家庭友好型社会治理，推动形成爱国爱家、相亲相爱、向上向善、共建共享的社会主义家庭文明新风尚。三是强调重视把马克思主义思想精髓同中华优秀传统文化精华贯通起来，为社会治理现代化提供强大的思想支撑。中国人民在长期生产生活的积累中形成了丰富的社会治理思想和理念，如治国有常、利民为本的思想，天下为公、大同世界的思想，自强不息、厚德载物的思想，以民为本、安民富民乐民的思想，为政以德、政者正也的思想，革故鼎新、与时俱进的思想，脚踏实地、实事求是的思想，仁者爱人、以德立人的思想，以诚待人、讲信修睦的思想，和而不同、和谐相处的思想，安不忘危、存不忘亡、治不忘乱、居安思危的思想，等等。习近平总书记明确指出：这些思想与理念"可以为人们认识和改造世界提供有益启迪，可以为治国理政提供有益启示，也可以为道德建设提供有益启发"。习近平总书记对中华优秀传统文化的重视与运用，集中体现了对中国传统社会治理文化价值的重大发展，凸显了中国特色社会治理理论深厚的文化底蕴与精神标识。

7.明确提出注重基层社会治理，夯实社会治理现代化的坚强基石和扎实基础。社会治理现代化的重点是基层社会治理现代化。习近平总书记明确指出："基层就是社会的细胞，是构建和谐社会的基础。社会治理的重心必须落到城乡社区，社区服务和管理能力强了，社会治理的基础就实了。"强调健全党组织领导的基层群众自治机制，加强基层治理组织建设；强调完善城乡社区治理体系，及时将社会矛盾纠纷化解在基层，化解在萌芽状态。要完善办事公开制度，拓宽有序参与基层社会治理渠道，为群众提供更多更好的公共服务。要"完善网格化管理、精细化服务、信息化支撑的基层治理平台"。习近平总书记强调："尽可能把资源、服务、管理放到基层""更好地为群众提供精准有效的服务和管理"。注重基层社会治理的论述，充分体现了习近平新时代中国特色社会主义思想关于社会治理理论的鲜明问题导向、扎实的实践基础与深厚的为民情怀。

二、新时代十年中国社会治理实践的重大进展

在习近平新时代中国特色社会主义思想指导下，十年来，中国社会治理发生了深刻变革，实现了一系列新突破新进展新成效。

1. 全面实施加强党对社会治理领域的领导。这是新时代十年来社会治理实践最重要最显著的变革。在社会治理领域全面加强党的政治建设、思想建设、作风建设、纪律建设、制度建设的同时，更加注重党的组织体系建设，推动党组织向最基层延伸，健全党组织领导的自治、法治、德治相结合的城乡基层治理体系，推动基层党组织全面进步、全面过硬。党中央修订了《中国共产党农村基层组织工作条例》《中国共产党党和国家机关基层组织工作条例》《中国共产党普通高等学校基层组织工作条例》，制定了《中国共产党组织工作条例》《中国共产党国有企业基层组织工作条例（试行）》《中国共产党支部工作条例（试行）》《中国共产党党员教育管理工作条例》。各级党委（党组）扎实推进城乡基层党建，切实解决国有企事业单位、机关、学校、医院等基层党建工作中的突出问题，着力补齐非公企业、社会组织等新兴领域党建工作短板，探

索推进新业态、新就业群体党建工作。新时代十年，各级党委的领导力不断增强，特别是基层党组织战斗堡垒作用突出，广大党员在疫情防控、基层治理大考中经受住了考验，充分发挥了模范带头作用。

2. 在加强和创新社会治理中着力保障改善民生。新时代十年，是在加强和创新社会治理中大力保障改善民生的十年。在幼有所育、学有所教、劳有所得、病有所医、老有所养、住有所居、弱有所扶上持续用力，人民生活全方位改善。特别是如期实现脱贫攻坚目标，使我国近1亿人口彻底摆脱贫困，困扰中华民族几千年的绝对贫困问题得到历史性解决。坚持社会主义的基本分配制度，努力提高居民收入在国民收入分配中的比重，探索提高劳动报酬在初次分配中的比重，构建初次分配、再分配、第三次分配协调配套的制度体系。持续推动形成公开透明、公正合理的收入分配秩序，明显提升低收入劳动者收入，扩大中等收入者比重，多渠道增加居民财产性收入。坚持就业优先战略，实行更加积极的就业政策，城镇新增就业年均超过1300万人，为改善民生和维护社会稳定发挥了重要作用。公共服务体系逐步健全，公共服务供给全面提升，经过长期不懈努力，我国已经建成了世界上规模最大的教育体系、社会保障体系、医疗卫生体系、住房保障体系和公共文化服务体系。人民群众获得感、幸福感、安全感更加充实、更有保障。

3. 持续深化社会治理基础性制度改革创新。为了促进社会公平正义，推动社会文明进步，党和国家采取了一系列重大决策部署和制度安排，使社会治理领域的重要基础性制度不断创新和完善。在教育领域，大力促进教育公平制度建设。在医疗卫生领域，大力完善基本医疗保障制度，持续深化医疗卫生体制改革，全面推进"健康中国"建设。在人口发展方面，建立健全生育支持政策体系，积极应对人口老龄化和少子化。在户籍管理方面，大力推进户籍制度改革，建立全国城乡统一的户口登记制度。在住房方面，深化住房制度改革，实施公共租赁住房制度。就业、社会保障、土地管理、环境保护等方面的基础性制度也都不断完善。

4.构筑共建共治共享的社会治理体制制度。从党的十八届三中全会提出加快形成科学有效的社会治理体制，到党的十九大提出打造共建共治共享的社会治理格局，到党的十九届四中全会提出坚持和完善共建共治共享的社会治理制度，再到党的二十大强调健全共建共治共享的社会治理制度，社会治理现代化的体制制度逐步确立和健全，党中央全面加强对社会治理领域的领导，推动建立坚强有力的组织领导体制、系统完备的制度体系、融合联动的工作机制，党委领导、政府负责、民主协商、社会协同、公众参与、法治保障、科技支撑的社会治理体制制度体系基本形成。

5.加强平安中国建设取得重大进展。新时代十年，党和国家高度重视平安中国建设。把平安中国建设置于中国特色社会主义事业发展全局中谋划推进，为创新社会治理体系提供了更为广阔的领域与空间。全面落实总体国家安全观，建立了集中统一、高效权威的国家安全领导体制和维护国家安全制度。加强国家安全体系和能力现代化建设，立法、司法、执法水平全面提升，有效防范化解处置各类安全风险。持续加强社会治安综合治理，防范和打击新型网络犯罪、跨国犯罪以及黄赌毒等严重影响人民群众安全的违法犯罪。2018年至2020年，党中央部署开展了为期三年的扫黑除恶专项斗争，全国打掉涉黑组织3644个、涉恶犯罪集团11675个，黑恶犯罪得到有效遏制。严重暴力犯罪案件连续十年呈下降趋势。法治国家、法治政府、法治社会建设明显加快。整个社会逐步活而有序，长期保持和谐稳定。

6.城乡基层社会治理取得新成效。党中央明确提出要求和做出具体部署，在全国基层社会治理中深入学习、坚持发展和大力推广新时代"枫桥经验"，积极推进和创新城乡基层社会治理。统筹推进社会治理中心、网格化服务管理中心、诉讼服务中心、公共法律服务中心、信访接待中心、网络服务中心建设，扎实开展"我为群众办实事"实践活动。为群众提供更多普惠均等、便捷高效的服务，网格化、网络化服务管理在全国基本做到全覆盖，使许多纠纷和矛盾化解于基层。在社会治理中，广泛运用现代信息技术，把体制变革与现代科学技术深度结合起来，大力推行"互联网＋"服务管理，数字技术赋能社会治理，社会治理的效能不断提升。

7.积极推动市域社会治理现代化。市域是上承国家宏观社会治理，下接基层微观社会治理的枢纽。党中央明确提出加强和创新市域社会治理，加快推进市域社会治理现代化。制定了《全国市域社会治理现代化试点工作指引》，分类指导试点地区探索创新。鼓励各市域积极探索社会治理现代化的新方式新路径，加强系统集成，完善城乡社会治理现代化体系，努力提高市域社会治理现代化能力。市域社会治理现代化试点工作取得重要进展和明显成效。社会治理活动在市域整体统筹、重大风险在市域有效化解。

三、新时代十年社会治理创新的重大成就

新时代十年，中国社会治理重大理论创新与实践创新，取得了一系列具有历史意义的重大成就。

1.实现了马克思主义社会治理理论的新飞跃。习近平新时代中国特色社会主义思想关于社会治理的理论，将马克思主义基本原理同中国具体实际相结合、同中华优秀传统文化相结合，实现了马克思主义社会治理理论中国化时代化的新飞跃，从理论与实践的结合上回答了社会治理现代化的指导思想、领导核心、主体力量、目标任务、体制机制、制度体系、方法路径，以及回答了社会治理与人的全面发展和实现全体人民共同富裕等一系列重大问题，提出了许多原创性的社会治理新理念新思想新战略，为推进中国特色社会治理现代化提供了科学思想指引和行动指南。习近平新时代社会治理理论，将中国人民在实践中创造与积累的宇宙观、天下观、社会观、治理观、道德观、价值观，同马克思主义的政党学说、人民学说、国家学说、共同体学说中的基本立场基本理论贯通起来，同人民群众日用而不觉的共同价值观念融通起来，实现了马克思主义基本理论与中国式表达的有机融合，使马克思主义中国化时代化拥有了深厚的历史基础与群众基础，从而保持了鲜活的生命力和与时俱进

的蓬勃活力。

2. 续写了中国社会长期稳定的新篇章。进入新时代,我国社会治理面临着严峻复杂的国内外环境。世界上,百年未有之大变局加速演进;在国内,改革发展稳定的一些深层次问题不断显现。这些都对社会治理体系与治理能力提出了更高要求。以习近平同志为核心的党中央明确提出"五位一体"总体布局和"四个全面"战略布局,确定稳中求进工作总基调,统筹发展与安全,把党的全面领导与社会治理共同体建设融会贯通,把解决人民群众急难愁盼问题与建设服务型政府、创新社会治理融会贯通,把提升社会治理的社会化、法治化、智能化、专业化水平融会贯通,使社会治安状况不断改善,我国成为世界上最安全的国家之一。近三年,在新型冠状病毒感染疫情肆虐的情况下,党中央果断决策、沉着应对,全国上下众志成城、同舟共济,构筑起联防联控、群防群控的坚固防线,适时调整优化防控政策措施,抗疫斗争取得重大决定性胜利。党中央的决策部署,不仅最大程度保护了人民生命安全和身体健康,也最大限度减少了疫情对经济社会发展的影响。

3. 拓展了中国式现代化社会治理的新道路。党的十八大以来,贫困人口脱贫工作成为全面建成小康社会的重大任务,党和国家组织实施了人类历史上规模空前、力度最大、惠及人口最多的脱贫攻坚战,全面建成小康社会如期实现。在这十年历史进程中,着力加强和创新社会治理,全面推进社会建设,通过构建民生保障体系,完善社会治理体系,强化社会信用体系,健全公共安全体系,巩固国家安全体系,推动我国社会结构调整优化、社会文明进步升华,社会治理科学化、精细化、现代化明显提升,社会建设和社会文明达到新水平,拓展了符合中国国情、体现时代要求、顺应人民期待的中国特色社会治理之路。全面建成小康社会的社会景象,包括和谐社会建设、平安社会建设、信用社会建设、法治社会建设、健康社会建设、社会治理现代化建设成效更加显著。在这十年历史进程中社会治理理论重大创新和在实践中积累的宝贵经验,都为持续推进和拓展中国式社会治理现代化,以及为全面实现中国式现代化奠定了更加坚实的基础，提供了更加有力的保障。

4. 贡献了人类社会治理现代化的新方案。进入新时代，中国日益走近世界舞台中央，不断为人类社会做出新的贡献。以习近平同志为核心的中国共产党人，以全球化视野和广阔胸怀，倡导弘扬全人类共同价值，倡导加强国际人文交流合作，坚持正确义利观，推动构建人类命运共同体，促进各国人民相知相亲。秉持共商共建共享的全球治理观，积极参与全球治理体系改革和建设，促进全球和平合作和共同发展。推动全球环境治理，加强应对气候变化国际合作，努力成为全球生态文明建设的重要参与者、贡献者、引领者。继续发挥负责任大国作用，共同创造人类社会的美好未来。充分展现大国担当，全面开展抗击新型冠状病毒感染疫情的国际合作，赢得了广泛的国际赞誉。特别是成功走出中国式现代化道路，创造了人类文明新形态，拓展了发展中国家走向现代化的新途径，为世界上那些企望在加快发展、推进现代化建设中保持社会稳定、保持自身独立性的国家和民族提供了全新选择，为人类社会贡献了中国智慧、中国力量和中国方案。

我们坚信，全面贯彻落实党的二十大和党的二十届二中全会精神，以及全国两会的工作部署，在新时代新征程中，中国社会治理现代化一定会不断取得更大的进展和成就，为推进和拓展中国式现代化伟大事业、全面实现国家治理现代化做出新的更大贡献！

第三篇

建设新型智库

——理性思考与平台构建

2013 年 11 月 27 日，"中国社会管理创新研究信息库"开题研讨会嘉宾合影。前排中间为魏礼群。

2018 年 6 月 11 日，由浙江省诸暨市人民政府和北京师范大学中国教育与社会发展研究院主办，诸暨市社会科学界联合会和诸暨市枫桥经验发展研究中心承办的"乡村振兴与社会治理"研讨会在诸暨市举办。前排：左七顾秀莲，右六魏礼群。

明确定位　精心设计 *
——切实建设好中国社会管理创新研究信息库

（2013 年 11 月 27 日）

　　今天的会议，既是"中国社会管理创新研究信息库建设"重大工程项目的启动会和开题研讨会，也是贯彻落实党的十八大和十八届三中全会精神的实际行动和重要举措。会议开得很好！这么多社会管理领域理论工作者和实际工作者相聚在一起，沟通思想，交流智慧，献计献策，提出了不少颇有价值的观点、思路、建议。这对搞好中国社会管理创新研究信息库建设很有帮助。我们既增长见识，开阔视野，受益匪浅，又感到压力很大、任务繁重、难度不小。我们要认真研究、吸纳研讨会上的意见和建议，进一步解放思想，拓宽思路，运用系统性、战略性、创新性、辩证性思维，增强开放意识、协同意识、实用意识，完善设计，彰显特色，突出重点，攻坚克难，努力提高这个重大委托项目建设的质量和水平，提高国家社会科学基金的使用效益和价值，多出优秀成果，多出优秀人才。下面，我根据会议讨论的情况，讲几点看法。

　　第一，认清形势，抓住机遇，积极服务国家社会治理现代化战略需求。这个信息库建设面临着三大良好机遇。一是国家全面深化改革的重要机遇。刚刚闭幕的党的十八届三中全会，提出了全面深化改革的目标，即完善和发展中国特色社会主义制度，推进国家治理体系和治理能力现代化。加强社会建设、创新社会治理体制，是实现这一战略目标的重要任务。这为建设好中国社会管理创新研究信息库指出了明确方向，也提供了广阔前景。中国社会管理创新研究

* 本文系在国家社会科学基金特别委托重大项目"中国社会管理创新研究信息库建设"启动会和开题研讨会上的讲话。

信息库建设就是要服务推进国家治理体系和治理能力现代化、创新社会治理体制的战略需求。实践出真知，伟大的社会实践是中国特色社会治理理论创新的沃土，社会管理创新研究又会为社会治理实践提供有力的智力支持。二是加快建设中国特色新型智库的机遇。党中央、国务院高度重视智库建设。党的十八大报告提出，要坚持科学决策、民主决策、依法决策，健全决策机制和程序，发挥思想库作用。党的十八届三中全会进一步强调："加强中国特色新型智库建设，建立健全决策咨询制度。"党的十八大以后，习近平总书记多次指示要发挥智库的重要作用，要求积极探索中国特色新型智库的组织形式和管理方式，采取有效措施，引导各类智库加强自身建设，积极建言献策，为中央科学决策提供高质量的智力支持。国务院副总理刘延东也指出，高校作为我国哲学社会科学事业的生力军和各学科人才聚集的高地，是建设中国特色新型智库的重要力量，要努力打造一批"国家急需、世界一流、制度先进、贡献重大"的中国特色新型高校智库。这些论述对我们社会管理创新研究信息库建设、使之打造成为我国高校社会管理领域一流的智库，有着重要指导意义。这个信息库建设正是中国特色新型高校智库建设的内在要求和重要组成部分。三是推进社会管理新兴学科建设的机遇。学科建设是高校科学研究和人才培养的重要基础，学科的综合实力体现了学校的水平，世界一流大学都有若干学科位居世界前列。研究推进社会管理学科建设是中国社会管理研究院的一项重要任务。在广泛听取有关方面包括我们社会管理研究院意见的基础上，国务院学位委员会今年已正式将社会管理列入国家学科体系，明确社会管理和社会政策"是指一门系统地研究社会管理活动基本规律和一般方法的新兴学科"，作为社会学二级学科。这些已发布在国务院学位委员会第六届学科评议组编的《学位授予和人才培养一级学科简介》中，这是社会管理学科建设的重要里程碑，我们应为社会管理学科建设做出更大的贡献。总之，我们这个社会管理创新研究信息库建设顺应了国家多方面的战略需求，我们应抓住各种机遇，一定把这个社会管理创新研究信息库建设好。

第二，明确定位，突出特色，充分发挥中国社会管理创新研究信息库的功能作用。明确功能定位，这是信息库建设的前提和基础，也是信息库能否建成的关键。北京师范大学中国社会管理研究院是北京师范大学顺应当今世界发展的新形势和我国发展的新要求，响应国家创建中国特色新型大学智库的重大战略需求而成立的，肩负着"育人、科研、资政、合作"的重要使命。社会管理创新研究信息库建设也理所当然地成为承担"育人、科研、资政、合作"四位一体职能的重要载体和平台。中国社会管理创新研究信息库建设涉及许多方面，但必须明确主要功能定位，突出科研性、资政性、应用性，既要有硬件建设，又要有软件建设。信息库建设使命光荣，任务艰巨，需要付出巨大的努力。我们一定要明确任务，瞄准有限目标，奋发作为，致力于充分发挥信息库建设的功能作用。

第三，精心设计，协同创新，争取建成国家社会管理领域一流的、现代化的新型智库和大型公益专业数据库。这个信息库要建设成为"知识之库""智慧之库""精品之库"，必须坚持高起点、高水准、高质量。要充分吸收这次会议上的重要意见和建议，丰富和完善信息库的内容、框架、路线图以及中长期规划。我们要以宽广的视野来审视发展路径，以博大的胸怀来汇聚力量，以合作的心态来筹划发展蓝图。要以这个信息库建设为战略支点，吸引、汇聚各方力量，合作协同创新，充分发挥杠杆效应和增量效应。一是以信息库建设为网络平台，凝聚和吸引中外社会管理专家，搭建和打造阵容强大的高端、高效、高质和多方面的社会管理研究团队。二是以信息库建设为协作平台，通过组织和联合国内相关部门、地方、科研机构、高等院校、企业，进行全国性大型社会调查项目，增强依托信息库实施高水平大型科研项目的实力。三是以信息库为宣传平台，推介和发布高质量、高水准的社会管理学术研究成果和决策咨询成果，构建具有高端品牌效应的社会管理成果推介窗口，以进一步促进社会管理文化繁荣、理论创新、实践发展，使社会各方面共享信息库建设各类成果。四是开放合作，汇聚社会力量共同创建社会管理创新研究信息库。要同有关高等院校已有的相关数据库机构进行真诚合作和资源交换，发挥优势，取长补短。要与中央和地方相关职能部门合作，尤其是要加快推动建立和完善各类有关的社会调查系统和数据监测观察点。还要与有关企业和社会组织合作，或者通过购买、委托、合作、共建等多种形式进行数据搜集和积累。

第四，注重实效，打牢基础，确保中国社会管理创新研究信息库建设持续健康发展。"中国社会管理创新研究信息库建设"是面向国家重大战略需求、面向国家现代化发展的重大科研工程，是一项具有开拓性意义的重大工程。因此，必须立足现实，从国家发展实际需求出发，讲求实际应用效果，而不能脱离社会治理创新实践单纯追求系统性、完整性。同时，由于这个信息库建设将伴随国家治理现代化和发展现代化进程，要着眼长远建设，打牢基础，以利于逐步建成比较系统的、完整的社会管理创新研究信息库。此外，社会管理和社会治理属于一个新兴的学科领域，这就要求我们必须扎实做好信息库的基础理论和方法论框架工作，进而明晰信息库的汇聚焦点和特色优势。同时，为保证信息库的持续健康发展，必须以用户需求为本位，以方便实用为原则，切切实实为党政部门和学术机构提供高质量服务和有效支撑。要加快建立健全多元化的资源整合和筹措机制。

第五，解放思想，攻坚克难，以改革创新精神探索新型智库建设的组织形式和管理方式。信息库建设不仅需要高起点、高标准的软硬件设计，而且更需要配置良好的制度环境和条件。既要充分认识信息库建设的长期性、复杂性和艰巨性，同时又需要群策群力、勇于担当、攻坚克难，尤其是要大力破除影响信息库建设的体制、机制性困境和障碍。为此，一要创新学科建设模式，加快实现独立自主招生和培养。二要创新科研工作机制，加快形成若干战略性科研平台，并使之与信息库建设主体模块实现有机对接和融合。三要创新人才队伍体系，加快构建一支优秀的师资团队和管理团队，为信息库建设提供有力的人才资源支撑。四要创新科研评价体系，加快构建以资政为基本导向、以跨域合作为基本单位的新型科研评价标准。

中国社会管理研究院要以建设社会管理创新研究信息库为契机和抓手，全面深化和推进改革，创新发展理念、创新建设模式、创新功能作用、创新组织结构、创新体制机制，为中社院的进一步发展壮大奠定坚实根基、提供持续动力，为北京师范大学建设世界一流大学贡献力量，不断开创新局面，为发展中国特色社会主义事业、推进国家治理体系和治理能力现代化，实现中华民族伟大复兴的中国梦做出应有的贡献。

加快创新才能建设新型高校高端智库 *

（2015 年 1 月 26 日）

各位领导、各位专家、各位来宾：

很高兴出席在这里召开的"教育智库建设高层咨询会"。这次会议是响应党中央关于加强中国特色新型智库建设号召的实际行动，这对于加快新型高校智库建设很有意义。刚才，我们观看了《中国教育政策研究院成立五周年采撷》的宣传短片，进一步加深了对中国教育政策研究院发展历程和建设成就的了解。可以说，中国教育政策研究院在建设有特色、高水平的新型高校智库道路上迈出了坚实有力的步伐，取得了可喜可贺的成就，积累了许多弥足珍贵的经验，令人感佩，值得学习。我也借此机会，向严隽琪副委员长和教育政策研究院全体同人表示祝贺和敬意。

下面，我想结合学习中央关于建设中国特色新型智库文件精神和我个人的工作经历，讲一点认识，主题是只有加快创新才能建设新型高校高端智库，与大家一起交流。

智库，也称为"思想库""智囊团"。中国特色新型智库是指以战略问题和公共政策为主要研究对象，以服务党和政府科学、民主、依法决策为宗旨的研究咨询机构。中国特色新型智库是党和政府科学民主依法决策的重要支撑，是国家治理体系和治理能力现代化的重要内容，是国家软实力的重要组成部分。党的十八大后，党中央把发展中国特色新型智库作为国家重大战略。2013 年，党的十八届三中全会通过的《中共中央关于全面深化改革若干重大问题的决定》

---

* 本文系在北京师范大学中国教育政策研究院主办的"教育智库建设高层咨询会"上的讲话。

提出：加强中国特色新型智库建设，建立健全决策咨询制度。习近平总书记对发挥智库作用、建设高质量智库做出了一系列重要指示，提出"要从推动科学发展、民主决策，推进国家治理体系和治理能力现代化，增强国家软实力的战略高度，把中国特色新型智库建设作为一项重大而紧迫的任务切实抓好"。党中央在近日发布的《关于加强中国特色新型智库建设的意见》中，进一步对全面推进新型智库建设做出了全面部署。这些都表明，中国智库建设进入了一个崭新的发展阶段，各类智库迎来了大有可为的历史新时期。我们高校应当巧借东风，抢抓机遇，加快新型高校智库建设。

我长期以来一直主要从事政策研究，也可以说智库工作，从事建设智库事业。20 世纪 70 年代末至 90 年代中期，我有幸在原国家计委工作 16 年之后，又先后在中央财经领导小组办公室、国务院研究室工作 15 年，在国家行政学院工作近 4 年，直到近些年在中国行政体制改革研究会、中国国际经济交流中心、北京师范大学中国社会管理研究院等不同类型智库机构中任职，对党政机关、行政学院、高校、社会智库多个智库的特点、定位、职能、作用以及运行机制和自身建设等，都做过一些力所能及的探索。特别是 2011 年 5 月，我被聘任为北京师范大学中国社会管理研究院院长，致力于建设中国特色新型社会治理智库。4 年多来，我和我的团队一直在积极思考和探索新型高校高质量智库建设问题，经过这些年的实践和探索，我对大学智库建设也有了较为切身的体会和认识，既有很多收获，也有不少困惑。一路走来，我深切感到搞好每个智库建设，都需要勇于创新、善于创新。我这里只讲讲建设新型高校智库的创新问题。

教育部高度重视新型高校智库建设。2014 年，教育部印发了《中国特色新型高校智库建设推进计划》。这是教育部门贯彻落实中央关于加强新型智库建设文件精神的实际行动和重要举措，起到了很好的引领作用。高校作为我国哲学社会科学事业的生力军和各学科人才聚集的高地，是建设中国特色新型智库的重要力量和重要阵地。从世界范围看，依托大学办智库占很大比例，美国约有 75% 的智库附属于大学，许多政要都在智库中任过职；在澳大利亚，也有一半以上的智库设立在大学。然而，在我国，无论是从数量，还是从实力上来看，都是党政军机关智库、社科院智库占据绝对优势，大学智库从总体上而言数量还不多，有重要影响力的更少。应当看到，高校建设新型智库，既具有自身独特优势，同时也面临一些制约因素和瓶颈。

从优势方面来看，主要体现在四个方面。一是人才优势。高校人力资源集中，聚集了 80% 以上的社科力量、近半数的两院院士，以及规模庞大的研究生、本科生队伍，可以为智库建设提供有力的人才支撑。二是学科优势。高校学科门类齐全，学术基础扎实，具有多学科、跨学科的综合优势。党政决策必须依赖于多种学科资源的综合配置才能实现，而这种需求在具有多学科综合优势的高校能够得到最大程度的满足。三是品牌优势。大学在长期的办学历程中所形成、积淀并不断发扬光大的学术传统和学术精神，逐渐凝结成大学的品牌和信誉，成为一种无形而恒久的财富。四是较强独立性。智库的立身之本就在于能够站在客观、科学的立场上不断为党和政府提供方案、解决难题。而大学智库不仅能保持相对的独立性，而且能与党政机关保持着良好的协作关系，这使其有别于党政智库，亦有别于民间智库即社会智库。

从制约因素来看，高校建设新型智库主要面临如下问题：一是多数高校教师没有在党政部门工作过，不了解决策的运作情况，也缺乏部门、地方、企业的工作经验，以至于写出来的研究成果容易大而空，脱离实际，不接地气，难以适应决策的需要；二是高校专家学者参与决策咨询的意识不够强、积极性不够高，偏重追求学术研究成果，现行的资源分配、科研评价、职称晋升等主要针对教学、科研设立，缺乏政策咨询服务的业绩评价，决策咨询成果无法展现；三是高校智库大多脱胎于校内设立的各类研究院、研究中心和研究所，其在人员编制、资金使用、校外合作等方面面临诸多体制瓶颈；四是多数高校智库产生的决策咨询成果没有一个方便、快捷的报送渠道，特别是缺少传递研究成果的"直通车"。

　　全面认识高校建设智库的有利因素和不足方面，最大限度地发挥其优势，最大限度地克服不足，根据智库建设的规律和中国教育政策研究院发展的经验，建设中国特色高质量智库，需要大力推进一系列创新，包括创新智库功能定位，创新智库组织机构形式，创新智库开放合作平台，创新智库管理体制，创新智库用人进人机制。

一、创新智库功能定位

　　传统理念对智库功能作用的认识不够全面、准确。建设中国特色新型智库必须创新智库功能作用。按照中央文件的要求，智库在治国理政中可以发挥六个方面的重要作用。一是服务党政决策。根据党和政府的决策需求，开展前瞻性、战略性、应用性、储备性政策研究，进行决策评估，向党和政府提出高水平、建设性、切实管用的政策建议，积极建言献策。这是各类智库的首要职责和主要任务，也是衡量一个智库质量高低、作用大小的基本标准。二是推进理论创新。围绕改革发展稳定、治国理政面临的难点、重点问题，提出有价值、有影响的新概念、新判断、新概括、新观点、新思想，为研判形势、谋划战略、制定决策提供科学理论或方法，推动理论创新、学术创新、方法创新。三是引导社会舆论。阐释党的科学理论，解读党和国家的大政方针、决策部署和公共政策，研判社会舆情，正确引导社会舆论，疏导公众情绪，凝聚社会共识，助力壮大主流舆论和正能量。四是提供社会服务。接受社会各界、各个方面委托的咨询服务，承担各类咨询项目，开展第三方评估，发挥智库的咨询研究平台和智力服务作用。五是参与公共外交。开展多种形式的对外交流活动，加强与国外智库的合作交流，在国际舞台上发出中国声音，讲好中国故事，树立社会主义中国的良好形象，推动中华文化和当代中国价值观念走向世界，增强我国的国际影响力和国际话语权。六是培养输送人才。智库是知识密集、人才密集的机构，会聚了大量的高端人才，也可以说智库是人才库。智库出思想、出成果与出人才密不可分，相互促进、相辅相成，智库是培养、造就治国理政人才的重要阵地，可以通过交流轮岗，为党政部门输送优秀人才。这六个方面都做到，很不容易，但这些是建成高端智库不可偏废的，应当全面发挥作用。

二、创新智库组织机构形式

在传统的模式中，智库就是一般的研究机构、院系体系。应当说，一般的科研机构、院系单位不是新型智库的组织形式。智库以生产思想产品和政策建议为主要任务，智库组织具有自身的特点和规律。对于高校智库而言，虽然目前高校本身比照党政机关享有一定行政级别，这是我国事业单位体制改革未到位的结果；但在高校中建设新型智库机构必须坚持去行政化的原则，不能定机构行政级别，否则就失去了智库的本义，也束缚了智库的灵魂，影响智库的吸引力。高校智库的职能任务决定了其组织形式多样化，需要更加灵活、多元、自主、宽松的研究方式和氛围。同时，在机构设置上，高校智库应按照智库发展的原则和精神进行规划，推进不同类型智库发展由分散向集聚转变、从封闭向开放转变、从各自为战向联合攻关转变、从固定不变向流动组合转变。既要重视智库的形态建设，创建多形式的咨询研究机构体系，搭建多层次、高规格的研究平台，更要重视智库的多种功能的发挥。应把智库作为单独机构设立，不受编制和级别所困，智库专家可以不占学校编制，采取智库职称晋升序列。在组织形式上，要最大限度地利于思想火花的迸发，最大限度地利于创新精神的培育。高校新型智库组织的形式，既不能盲目地比附体制内官方智库，也不能简单地比照传统的高校院系机构。而要围绕智库的主攻方向和研究优势，设置相应的多元孵化平台，并有利于与党和政府的政策需求进行有效对接。

三、创新智库开放合作平台

传统的智库思维方式，偏重于独自、封闭运行。建设新型智库，必须创新思维方式，实行开放型、合作型研究。智库研究一般要依托特定的项目、特定的课题。项目和课题是智库运作的主要载体和平台，也是跨学院、跨学校合作最为有效的纽带。从这个意义上来讲，"项目制""课题制"是智库机构开展跨界合作研究的基本机制，要通过项目课题牵动、优势互补，达成合作共赢。要鼓励智库开展跨学科、跨学校、跨部门、跨地区合作，共同研究改革发展中的全局性、综合性、战略性的重大问题。特别要鼓励高校智库与实际部门开展合作研究，以提高研究工作的针对性、实效性和成果转化的及时性。要搭建互联互通的信息共享平台，注重研究方法、政策分析工具和技术手段创新，为决策咨询提供学理支撑和方法论支撑。高校智库要突出运用多种实证科学调查方法，建设基础数据库和信息库，收集和储存真实、详尽数据，形成决策层信得过、用得上的研究成果。

四、创新智库管理体制

建设新型高校智库，关键在推进智库管理体制改革。一是改革评价标准体系。评价标准是智库的风向标和指挥棒。高校建设应该按照有利于发挥智库功能的要求改进相应的评价标准体系。要积极探索建立学术研究与智库成果之间有效的对接机制，有效处理学术、教学、科研与咨政之间的关系。要全面梳理学校各类评价体系，摒弃传统单一的以学术论文、著作、获奖等为核心的评价指标体系，对智库逐步建立健全以应用研究为主和"咨政服务"为核心导向的资源分配、科研评价、职称晋升、业绩考核体系。所谓咨政服务主要包括决策咨询报告、社会服务活动、媒体各种访谈、领导决策批示、兼任党政机关职务等，其中能否被决策部门采纳，产生实际效益是一个重要的评价标准。要牢固树立质量第一和转化应用为主的评价导向，把解决国家重大需求的实际贡献作为研究成果评价的主要标准，完善以贡献和质量为导向的绩效评估办法。二是改革评价办法。建立以党政、企业、社会等用户为主的评价机制，并以此来协调推进高校科研体制机制综合改革，构建有利于智库创新发展的长效机制。三是改革管理方式。根据新型智库特点和发展需求，建立第三方遴选、后期资助、奖励淘汰机制，赋予智库活动和发展更大的自主权、对智库建设予以更多投入等。四是组建智库机构管理平台，建立以激励为主的考核体系和服务体系，改变"只讲服务""只讲奉献"的单纯行政管理模式，建立起"提任务、给条件、用成果"的思想教育与利益激励有机结合的良性运行机制。此外，对于高校智库建设而言，还有一个特别需要引起关注并亟待加紧解决的问题，就是要加快创新和畅通高校智库成果的报送渠道。

五、创新智库进人用人机制

人才是智库建设的第一资源，一流智库的基础就是一流的人才。随着建设新型智库的兴起，智库人才的竞争将更为激烈。建设新型高校智库更应加快创新人才选拔、培养、使用机制，要建立智库人才引进和聘用柔性流动机制，同时建立良好的人才集成机制，把个体人才的智慧凝聚成智库整体优势。必须赋予高校智库机构更加灵活的人事自主权。一是建立灵活的选人进人机制。对于急需、紧缺型专门人才，要实行开辟绿色通道制度；对于高端拔尖创新型人才，要建立快速直通车制度。二是建立有效的用人机制。探索多样化、多层级、富有战斗力的岗位设置体系，如特聘岗位、兼职岗位、临时岗位等；建立健全有利于充分发挥领军人物和团队力量的纵横交叉的工作机制和平台；培育和发展人本化的智库生态文化和制度环境，让智库人员能够充满热情地、持续地、个性化地成长和发展。三是建立"旋转门"机制。健全高校内部智库机构、院系、校直职能部门之间的人才流动机制；探索高校智库与党政机关、企业、社会组织之间的流动换岗机制。四是建立咨政研究骨干人才库。既要不断吸引和延揽一批又一批优秀的研究型、专家型的高素质人才，又要不断培养和输送一批又一批优秀的智库专门人才。

　　我所在的北京师范大学中国社会管理研究院，是 4 年前顺应国家加强和创新社会治理战略需求成立的，致力于建设专业化的、具有重要影响力的社会治理新型智库。2016 年，北京师范大学党委将"中国社会管理研究院"和"中国教育政策研究院"一并列入国家级智库建设计划。我们也真诚愿意与中国教育政策研究院以及其他各类相关智库机构开展多种形式的合作交流，实现共同发展。

　　最后，衷心祝愿中国教育政策研究院在建设国家高端智库中取得更大的成功！

智库建设影响国家的未来 [*]

（2015 年 2 月）

近日，党中央颁布《关于加强中国特色新型智库建设的意见》。2015 年 1 月，美国宾夕法尼亚大学智库研究项目在世界银行和联合国总部发布了最新一份智库排名报告——《2014 年全球智库发展报告》。"智库"建设再次引起业内人士的热议，中国特色新型智库建设也受到国内外专家学者的广泛关注和高度重视。近日，《党建》杂志"国际观察"专栏特别邀请到国务院研究室原主任、国家行政学院原党委书记魏礼群，请他与我们共同探讨"智库建设与国家的未来发展"等相关话题。

《党建》：为什么对"智库"的建设与研究越来越受到世界各国政府的高度重视？

魏礼群："智库"也可称为"思想库"，泛指一切以战略问题和政策研究为中心、以影响公共决策为宗旨、非营利的研究咨询机构。智力资源是一个国家、一个民族最宝贵的资源，智库则是一个国家思想创新的动力和源头。如果说党和政府是国家决策的大脑，智库则可称为"外脑"。当今世界，各国的发展与竞争，从一定意义上来讲，也是战略和智力的竞争。因此，高水平、国际化的智库，已成为一个国家的软实力和国际话语权的重要表征。

《党建》：美国宾夕法尼亚大学发布的《2013 年全球智库发展报告》显示，全世界目前共有 6826 家智库，其中美国拥有 1828 家，占全球智库总量近 27%。在智库十强国家中，美国智库的数量超过了其后九国的总和。美国有 5

---

* 本文系接受《党建》杂志记者张纪的专访，刊登于《党建》杂志 2015 年第 2 期。

家智库进入全球前十名，排名全球前五位。对世界各国智库的发展状况，您有怎样的看法？各国智库具有哪些自身的特点？

魏礼群：长期以来，美国和欧洲的智库建设一直走在世界的前列，智库数量多、影响力大，特别是涌现出了一批世界著名的智库，如美国的布鲁金斯学会、卡内基国际和平基金会、兰德公司，英国的查塔姆研究所，瑞典的斯德哥尔摩国际和平研究机构，比利时的布勒哲尔，等等，都发挥着十分重要的作用。

北美和欧洲作为当代最早出现智库的国家和地区，智库呈现出其自身发展的优势。一些西方国家在当前全球政治经济议题中掌握的主要话语权，也成为欧美智库获得更多影响全球政策发展优先权的有利条件。

在世界各国智库的建设中，美国智库的发展最有代表性，数量多、质量高、影响大。一些著名智库的研究成果影响着美国政治、外交、军事等各方面的重大决策，以至于有学者把"智库"视为美国行政、立法和司法部门之外的"第四部门"。

英国智库的主要作用是为制定政策提供相关背景信息，为政府解释政策和帮助公众理解政策，为中长期发展的重点问题提出"预警"，等等。英国智库的主要特色是研究领域广泛、注重研究质量、注重实效性，研究人员来源广泛、专业结构合理、鼓励流动性。

德国智库的优势在于其政府直接资助的公共智库比重高、影响力强，资金的分配和使用机制好，激励性强，政策研究方式也适应新形势的发展不断转变。德国智库发展有了新的趋势：一是以项目资金主导智库发展；二是成果面向公众开放，将大众作为目标群体影响政策制定；三是成果形式适应新媒体传播。

法国智库十分注重实用性，一般不搞纯理论的研究，而是注重对具体的、与社会经济生活密切相关的实际问题进行调查、研究和咨询，重视咨询的实用性、有效性，注重自身形象，善于推广宣传。法国政府对智库发展高度重视，不仅提供资金，而且还对投资、人才和情报方面给予很大支持。

欧盟智库的规模比欧洲其他国家智库要小得多，为加强研究力量，通常吸收一些兼职研究人员加盟。智库的研究主要以项目形式进行，欧盟智库规模不等，规格各异的会议及研讨会很多。

俄罗斯智库继承了苏联智库工作灵活积极、整合信息情报的方式，撰写研究报告的形式和风格，形势分析，"头脑风暴""跨学科研究"等优良传统。

在组织方式上，日本智库采取独特的"派出研究员"制度，即政府、大学、企业、研究所向智库派出研究员，工作2—3年，工资由原单位发放，工作2—3年后回原单位工作。

《党建》：智库与政府之间究竟具有怎样的密切关系？智库对政府的决策究竟能起到多大作用？

魏礼群：虽然各国智库的发展和主要特点各有不同，但是它们的共同之处主要在于智库与政府之间都有着比较密切的关系。我们以美国智库为例更能说明这个问题。翻开历史，美国很多内政外交政策背后都有智库的身影。兰德公司曾完全主导美国的核战略、策划越南战争、谋划里根政府的"星球大战"计划。向日本广岛和长崎投放原子弹是外交关系学会的意见。布鲁金斯学会曾构建具有跨时代影响力的、著名的"马歇尔计划"，成功挽救西欧濒于崩溃的经济，是美国对外政策中最成功的例子之一。几年前，战略与国际研究中心提出"巧实力"外交思想，最终成为奥巴马政府执政后的外交战略。

美国历届政府是智库的重要客户。以美国进步中心为例，该中心的许多研究建议都被奥巴马政府采纳，影响力不断上升，被称作"奥巴马御用智库"。华盛顿的"K街"号称"智库一条街"，美国智库云集于此，天天盯着国会和白宫，想方设法把自己的政策分析和研究结果"塞进"国会议员和政府要员的大脑。

在美国，智库成员出入政界已成为政治上的一大特色，政府部长等高级官员大都是来自精英荟萃的智库，卸任的官员很多会到智库从事政策研究，这种学者和官员之间的身份转换形成了美国的"旋转门"现象。比如说，美国前国务卿基辛格进入政界前是哈佛大学的学者，离开政界后又成立基辛格国际咨询公司并任董事长。小布什执政时期的国务卿赖斯亦是如此，她在结束国务卿任期后，进入著名的智库"胡佛研究所"。从"旋转门"现象也可以看出美国智库与政府之间的紧密联系。通过"旋转门"机制，美国智库打通了知识进入政府决策并转化为权力的通道，在与政府决策者进行沟通中影响到政策制定，进而凭借与官方决策的特殊关系以及自身非官方的身份，在国际政治中发挥着独特而又重要的外交作用。

《党建》：世界各国智库的发展对我国智库建设有哪些启示？

魏礼群：纵观当今世界各国的现代化发展历程，智库在国家治理中发挥着越来越重要的作用，日益成为国家治理体系中不可或缺的组成部分，是国家治理能力的重要体现。许多国家大力支持智库发展，不仅有资金的投入，更在舆论宣传方面大做文章。

在当前国际形势复杂多变的情况下，国家的发展仅靠少数人的智慧和经验是很难做出正确决策的，必须广泛听取各方面的意见，加强决策的科学化、民主化。

随着中国综合国力的日益强盛，"中国议题"的火热也推动了智库的发展，一些国际顶尖智库甚至已将"中国"作为重点研究对象。世界上规模最大的研究型智库兰德公司聘用了多位了解中国情况的专家，专门研究中国的问题。不过，相比国外智库，中国智库由于对传统文化和实际情况的熟知，应该更能提出真知灼见的政策建议。

《党建》：您刚刚谈了对世界主要智库发展特点的看法，其实我们最为关注的还是我国智库的发展状况。2015 年 1 月 12 日，由上海社会科学院智库研究中心完成的《中国智库报告》年度系列 2014 年版问世。在建设"中国特色新型智库"上升为国家战略后，中国智库建设的总体状态如何？

魏礼群：党的十八大以来，中国正在开启一个智库发展的新时代。这是中国发展历史进程的必然要求，也是党和国家事业发展的紧迫呼唤。去年 3 月

30 日，习近平总书记在访问德国时把智库建设提上了国家外交层面，"智库外交"成为我国国际交流与合作的"第二轨道"。习近平总书记强调，要从推动科学决策、民主决策，推进国家治理体系和治理能力现代化、增强国家软实力的战略高度，把中国特色新型智库建设作为一项重大而紧迫的任务切实抓好。国家对发展中国特色新型智库事业做出了一系列重要决策和部署。这些表明，中国智库建设进入了一个崭新的发展阶段，各类智库迎来了大有可为的历史新时期。

"中国特色新型智库"是以战略问题和公共政策为主要研究对象，以服务党和政府科学、民主、依法决策为宗旨的非营利性研究咨询机构，主要功能是咨政建言、理论创新、舆论引导、社会服务、公共外交和集贤育人。只有全面提高智库的自身素质和能力，建设高质量、高水平、有特色的智库，才能更好发挥作用。

《党建》：近日，中共中央办公厅、国务院办公厅印发了《关于加强中国特色新型智库建设的意见》，并发出通知，要求各地区各部门结合实际认真贯彻执行。对此，您有何看法？

魏礼群：这说明党中央对中国特色新型智库建设更加重视、建设中国特色新型智库更加迫切。中国特色新型智库是国家软实力的重要组成部分。一个大国的发展进程，既是经济等硬实力提高的进程，也是思想文化等软实力提高的进程。智库是国家软实力的重要载体，越来越成为国际竞争力的重要因素，在对外交往中发挥着不可替代的作用。

我们党历来高度重视决策咨询工作，因为决策咨询制度是我国社会主义民主政治建设的重要内容。中国特色新型智库则是党和政府科学民主依法决策的重要支撑。当前，全面建成小康社会进入决定性阶段，破解改革发展稳定难题和应对全球性问题的复杂性、艰巨性前所未有，迫切需要健全中国特色决策支撑体系，大力加强智库建设，以科学咨询支撑科学决策，以科学决策引领科学发展，充分发挥智库在治国理政中的重要作用。

《**党建**》：有评论认为，中国的智库，尤其是非官方智库，虽数量众多却"实力"不足。有人甚至认为，官办智库是有话不直说，民间智库则是有话不敢说，说了也没有用。就这一问题，您怎样看？我们应当怎样补足短板加强智库建设？怎样才能充分发挥好智库的作用？

魏礼群：其实，每一个国家的智库建设都会或多或少地存在一些问题，这需要在不断的建设中逐步完善。改革开放以来，我国智库建设事业快速发展，为党和政府决策提供了有力的智力支持。在 2010 年联合国公布的"世界分析机构"影响力排行榜上，中国智库已在数量上跃居世界第二。但我们必须看到，数量并不代表实力。随着形势的发展，智库建设跟不上、不适应的问题也越来越突出。我国缺乏具有较大影响力和国际知名度的高质量智库，提供的高质量研究成果不够多，参与决策咨询缺乏制度性安排，智库建设缺乏整体规划，资源配置不够科学，管理体制、组织形式和管理方式亟待创新，缺乏领军人物和杰出人才。

中国虽然已是智库大国，但还不是智库强国，要建成世界智库强国，建设一批高质量、具有较大影响和国际知名的高端智库仍任重道远。从智库角度讲，就是要全面提高智库的自身素质和能力，建设高质量、高水平、有特色的智库，特别要注意把握以下几点。

一要坚持正确的政治方向。紧紧服务于中国特色社会主义事业的完善和发展，这是智库发挥作用的根本政治方向、根本政治原则和根本前提。二要着力提高研究成果质量。善于把握国内外发展大势，正确把握和运用发展规律，深入调查研究，了解实际情况，掌握第一手材料，以问题为导向，运用创新思维、战略思维、辩证思维、底线思维，提出真知灼见。三要充分发挥优势和彰显特色。找准各个智库的定位，最大限度地发挥自身优势和长处。这就要从实际出发，善于对自己智库研究的领域做全面研究、系统研究、跟踪研究、长期研究，不断拓宽研究的广度和深度，努力形成自己的特色和品牌。四要注重成果多样性和转化应用。智库研究成果注重应用性、对策性和时效性，不强求全面性、系统性，突出提供服务决策咨询的成果。要拓展成果应用渠道，有些研究成果可以通过内部刊物直接向党政领导和有关部门报送，不涉及国家秘密的，可以在媒体公开发表，可以通过举办论坛、召开研讨会等方式，发布、推介研究成果，还可以出版系列研究报告。五要加强人才队伍建设。建设高质量的智库，关键在于拥有一批优秀的研究型、专家型的高素质人才。要不拘一格选人才，延揽人才；同时，要有合理的人才队伍结构。要加强智库队伍教育培训，不断提升基本素质；既要有过硬的工作能力和水平，更要有忠于职守的思想境界和良好作风。要大力培育和营造智库文化。智库应多吸引人才、多培养人才、多输送人才，这样，才能增强智库的凝聚力、吸引力、战斗力和公信力。

乘东风　抓机遇　加快中国特色新型智库建设 [*]

（2015 年 2 月 2 日）

　　日前，中共中央办公厅、国务院办公厅印发了《关于加强中国特色新型智库建设的意见》（以下简称《意见》），就加强中国特色新型智库建设的重大意义、指导思想、基本原则和总体目标进行了深入阐释，对加强中国特色新型智库建设的主要任务和具体措施做出了全面部署。2 月 2 日，国务院研究室原主任魏礼群接受光明网视频访谈，对中办、国办联合印发的《关于加强中国特色新型智库建设的意见》进行了解读。

中国各类智库迎来大有可为的历史新时期

　　光明网： 请您结合自己的经历，谈谈您对智库的理解和体会。

　　魏礼群： 改革开放 36 年来，我由于生活经历和工作单位性质所决定，一直主要从事智库性工作，从事建设智库事业。1978 年到 1994 年，我有幸在原国家计委主要从事政策研究和体改法规工作 16 年之后，又先后在中央财经领导小组办公室、国务院研究室工作 15 年，在国家行政学院工作近 4 年，直到近些年在中国行政体制改革研究会、中国国际经济交流中心、北京师范大学等不同类型智库机构中任职，对党政机关、行政学院、高校、社会智库多个智库的特点、定位、职能、作用以及运行机制和自身建设等，都做过一些力所能及的探索，对智库建设也有较为深切的体验和认识。前不久，人民出版社出版了我的《建设智库之路》一书。这本书记录了我从 2001 年以来十多年间在几个

---

　　* 本文系接受光明网记者的专访。

不同类型智库机构工作的部分讲话、文章、工作报告等，可以说是一个工作缩影。

我认为，智库，也称为"思想库""智囊团"，是主要提供思想产品和决策建议的研究咨询机构，是为领导者出主意、提建议的机构，是影响决策制定和执行的公共机构，不是一般的学术研究和科研、教学单位。当今世界，许多国家越来越重视智库建设。各国智库的性质、职能、组织形式和治理模式不尽相同。"中国特色新型智库"中的"中国特色"，就是智库要体现中国国情、中国精神、中国气派和中国风格；"新型"，是智库建设的思想观念、组织形式、运行机制、管理方式、制度规范，既有别于国外的智库，也有别于中国传统的智库，要按照智库发展规律，建设创新型、现代化的智库。从智库的性质和职能看，智库是党和政府做决策的重要支撑，是国家治理体系和治理能力现代化的重要体现，是国家整体实力的重要组成部分。形象地说，智库是领导者"大脑"的延伸和耳目的放大，是领导者的参谋、助手；智库也是联系政府与公众的桥梁；智库还是思想文化等软实力的重要载体，也是国际竞争力的重要因素。建设智库对于在中国共产党领导下完善和发展中国特色社会主义、实现"两个一百年"奋斗目标和中华民族伟大复兴的中国梦，有着十分重要的意义。

党的十八大后，党中央把发展中国特色新型智库作为国家重大战略。2013年，党的十八届三中全会通过的《中共中央关于全面深化改革若干重大问题的决定》提出：加强中国特色新型智库建设，建立健全决策咨询制度。习近平总书记对发挥智库作用、建设高质量智库做出了一系列重要指示。

不久前，中央在发布的《关于加强中国特色新型智库建设的意见》中，进一步对全面推进新型智库建设做出了顶层设计、全面部署。这说明，以习近平同志为核心的党中央更加重视智库的作用，更加重视科学民主决策，更加重视治国理政能力现代化，更加重视提升国家的软实力。这些也表明，中国智库建设进入了一个崭新的发展阶段，各类智库迎来了大有可为的历史新时期。我们智库工作者应当乘东风、抓机遇，加快中国特色新型智库建设。

智库是培养、造就治国理政人才的重要阵地

光明网：请您谈一谈对中国特色新型智库定位和功能的认识。

魏礼群：总的来说，中国特色新型智库的功能定位是以战略问题和公共政策为主要研究对象、以服务党和政府决策为主的非营利性研究咨询机构。但不同类型的智库，有着不同的定位、职责、任务和相应的运行模式与优势特色。

中央文件指出：要求形成定位明晰、特色鲜明、规模适度、布局合理的智库体系。在我国新型智库发展格局中，有党政军部门、社会科学院、党校行政学院、高校、科研院所和企业、社会智库，有综合型智库，也有专业型智库，有中央级的智库，也有地方的智库，各类智库都要有明晰定位和鲜明特色。我工作过的国务院研究室属于综合型智库，其定位是一个综合政策研究和决策咨询服务机构，主要为国务院总理服务；国家行政学院主要是开展公共行政领域和实践研究的重要机构，服务政府工作；中国行政体制改革研究会定位是行政改革研究；中国社会管理研究院主要定位是社会治理研究智库。

按照中央文件的要求，无论哪类智库都应发挥六个方面的重要作用。一是服务党政决策。根据党和政府的决策需求，开展前瞻性、战略性、应用性、储备性政策研究，向党和政府提出高水平、建设性、切实管用的政策建议，也就是为党和政府出主意、出好主意、出管用主意，积极建言献策。这是衡量一个智库质量高低、作用大小的主要标准。二是推进理论创新。围绕改革发展稳定、治国理政面临的难点、重点问题，提出有价值、有影响的新概念、新判断、新概括、新观点、新思想，为研判形势、谋划战略、制定决策提供科学理论或方法，推动理论创新、学术创新、方法创新。三是引导社会舆论。阐释党的科学理论，解读党和国家的大政方针、决策部署和公共政策，研判社会舆情，正确引导社会舆论，疏导公众情绪，凝聚社会共识，助力壮大主流舆论和正能量。四是提供社会服务。接受社会各界、各方面委托的咨询项目，承担各类咨询项目，开展第三方评估，发挥智库的咨询研究平台和智力服务作用。五是参与公共外交。开展多种形式的对外交流活动，加强与国外智库的合作交

流，在国际舞台上发出中国声音，讲好中国故事，树立社会主义中国的良好形象，推动中华文化和当代中国价值观念走向世界，增强我国的国际影响力和国际话语权。六是培养输送人才。智库是知识密集、人才密集的机构，会聚了大量的高端人才，也可以说智库是人才库。智库出思想、出成果与出人才密不可分，相互促进、相辅相成。智库是培养、造就治国理政人才的重要阵地，可以通过交流轮岗，为党政部门输送优秀人才。这六个方面都做到，很不容易，但这些是建成高端智库不可偏废的，应当全面、充分发挥各种重要功能作用。

中国行政体制改革研究会成立以来，形成了一大批有价值、有影响的决策咨询成果，其中为党中央、国务院报送决策咨询研究报告 60 多件，得到党中央领导批示的近 40 件；还为许多地方党政部门和企业提供决策咨询建议，形成委托课题调研报告 300 多件；连续 5 年举办中国行政改革论坛，每次都有 300 多位领导和专家参加；设立了行政改革研究基金，每年资助一批重大课题，并形成了系列报告丛书等，出版研究成果专著 20 多部，社会关注度日益提升；创办《行政改革内参》，打造智库窗口和平台；同时，与 20 多个国家和地区智库和学术机构建立了联系往来。

智库研究："优能兴邦、错可误国"

光明网：《意见》指出，中国特色新型智库以服务党和政府科学民主依法决策为宗旨。您认为，如何提升智库为党政部门献计献策的水平？

魏礼群：为党政部门献计献策，是各类智库的职责所系，也是智库生命力、竞争力所系。献计献策的质量和水平，事关大局、责任重大，可谓"优能兴邦、错可误国"。因此，智库应在着力提高献计献策的质量和水平方面下大功夫。根据我多年、多个岗位的体验，这方面需要把握好以下七个方面。

一是把握方向性。坚持正确的政治方向，紧紧服务于中国特色社会主义的完善与发展，无论是哪一类智库，都应该遵循这个政治方向和政治原则，这是首要的方面。最为重要的是，要主动服务党和国家工作大局，在大局下思考、谋划、行动，紧紧围绕党和国家工作大局出思想、出成果。这样，智库的建议才是建设性的、可选用的。

二是增强预见性。这就是通常所讲的：想领导之所想，想领导所未想，做前瞻性研究，提前做好献策准备。

三是问题导向性。要加强对国家发展全局性、战略性、前瞻性、长远性问题研究，加强针对性研究、决策性研究、政策性研究，加强经济社会发展中的重点、热点、难点问题研究，特别是倾向性、苗头性、潜在性问题的研究。

四是成果优质性。能够深入研究解答重大理论和实践问题，提出高质量、有价值、可操作的思想产品和研究成果，是衡量每个智库水平的主要标准。这就特别要注重提高研究成果的质量，这是各类智库的生命力和竞争力的根本所在。

五是研究科学性。研究问题需要做到"顶天立地"："顶天"，就是站高望远，善于顺应时代潮流，洞察和把握国际国内发展大势，紧紧围绕党和政府的决策需求；"立地"，就是紧密接触地气，深入实际，搞好调查研究。坚持从实际情况出发，不事先设置框框和禁区。建言献策要求真务实，提供真知灼见，察实情、讲真话，不说空话、大话，更不能说假话。

六是对策创新性。善于用新材料、新数据、新方法形成的新思想、新观点、新方法阐释新情况，解决新问题，敢于提出独立性、原创性建议。要坚持解放思想、实事求是、与时俱进的思想路线，运用创新思维，独立思考，勇于创新，敢于想别人所未想，敢于讲别人所未讲。只有这样，才能为党政领导提供新对策、新举措。

七是献策时效性。"策以用为贵。"任何一项决策或政策的提出，都会选择一定的形势和时机。所以建言献策也需要把握好时机，及时报送研究成果。如果时过境迁，再好的对策也毫无用处。

要鼓励智库人才做名家名嘴

光明网： 最后，请您谈谈，如何加强智库人才队伍建设？

魏礼群： 加强人才队伍建设是建设高质量智库的关键。我到每个智库型单位工作，都首先抓人才队伍建设。最重要的，在于拥有一批优秀的研究型、专家型的高素质人才。要加强智库人才培养教育，既加强思想政治教育、爱岗敬业精神教育，又加强业务基础知识、基本功训练。着重提升学习能力、思维能力、研究能力、创新能力、对策建议写作能力。着力打好基本理论和政策研究的根底、打好基本知识和业务能力的根底、打好思想素质和品格的根底、打好文字表达能力的根底。在国务院研究室工作期间，我坚持开展"建设一流队伍、营造一流环境、创造一流业绩、"活动，着力提高人才队伍整体素质和能力。在国家行政学院工作期间，我坚持抓新进学院人员的培训：2009年8月30日进行"知院、爱院、建院"教育；2010年8月29日，举办"进学院门、做学院人、忠诚学院事业"的培训班。要不拘一格选人才，延揽人才。特别要善于发现、培养、吸引专业领军人才，并充分发挥各类人才的聪明才智。引导、鼓励、支持善于研究、阐释政策的人才走向社会，做名人、名嘴、名家，为他们充分展示才华提供机会、搭建平台。对人才不求所有、但求所用，可以直接调入单位，也可以通过项目、课题吸收专业人才参与研究工作。同时，要有合理的人才队伍结构。既需要有领导型人才、专业型研究人才，更需要多学科、多领域复合型研究人才；既需要有专职研究人才，也需要有兼职研究人才；既需要有研究型专业人才，也需要有管理型人才、辅助型人才；既需要有中青年人才，也需要有有经验的老年人才，做到老、中、青结合，搞好传、帮、带。特别是对于具有战略研究和政策咨询研究潜质、潜能的年轻人，要放手使用，敢压担子，鼓励大胆创新，宽容对待出现的不足甚至失误。要畅通智库人才流动渠道，实行与智库特点相符的薪酬制度，建立有效的评价和激励机制，创造良好的智库制度安排和智库生态环境。要大力培育和营造不同类型智库的文化。

最后，我还想强调，中国虽然已是智库大国，但还不是智库强国，要建成世界智库强国，建设一批现代化的、具有强大影响力和国际知名度的高端智库，仍任重道远。为此，应当从两个方面着力：一方面，各级党和政府都应认真贯彻落实中央关于加强中国特色新型智库建设的决策部署，为各类智库发展创造良好的条件和环境；另一方面，各类智库也都要不断提高自身素质和能力，奋发进取，加快建成有特色高质量高水平的新型高端智库，为把我国建成智库强国，使智库在实现国家现代化和中华民族伟大复兴的中国梦的进程中，做出积极的贡献！

《社会治理》发刊词

（2015 年 4 月 3 日）

在神州大地生机盎然、百花盛开的时节，经国家新闻出版广电总局批准的公开刊物——《社会治理》正式出版了。这是我国社会建设领域一株含苞待放的新花。

《社会治理》是顺应国家发展大势和时代潮流创办的。当前中国发展阶段呈现两个方面显著特点：一方面，改革开放和社会主义现代化建设取得了举世瞩目的巨大成就，我国已成为世界第二大经济体，城乡人民生活大幅改善，国家面貌日新月异，中国特色社会主义伟大事业蓬勃发展；另一方面，随着工业化、信息化、城镇化、市场化、国际化、现代化深入发展，我国正处于社会转型的伟大变革之中，出现了一系列新的社会矛盾和社会问题，面临着许多前所未有的社会风险和挑战，需要深入研究和正确应对。综观全局，发展中国特色社会主义是一项长期艰巨的历史任务，必须准备进行具有许多新的历史特点的伟大斗争。

党的十八大后，以习近平同志为核心的党中央以全局视野和战略眼光，立足中国现阶段实际，为实现国家现代化和中华民族伟大复兴的中国梦，提出了一系列治国理政的新思想、新部署、新要求，最近又提出了全面建成小康社会、全面深化改革、全面推进依法治国、全面从严治党的战略思想和战略布局，领导全国人民在中国特色社会主义道路上奋勇前进。在这样的形势下，公开出版一个集综合性、权威性、创新性于一体的服务全国社会治理的刊物，加强对社会治理理论和实践问题的研究、探索和传播，是十分必要的。

《社会治理》主要任务有两个：一是服务加强和创新社会治理，推进社会治理体系和治理能力现代化；二是服务加强和推动新型社会治理智库建设，搭建一个社会治理研究和成果交流的平台。也就是，发社会治理智库之声，助和谐社会建设之力。

为什么要提出这两项任务呢？这是因为，完善和发展中国特色社会主义、推进国家治理体系和治理能力现代化，是我们党全面分析和正确把握新形势提出的重大战略任务。在一定意义上说，这是在新的历史条件下一场国家治理领域的深刻革命。而加强和创新社会治理、推进社会治理体系和治理能力现代化，则是这场深刻革命的重要组成部分。深化社会体制改革，完善社会治理体系，创新社会治理方式，提升社会治理现代化水平，是有效应对我国社会领域面临的种种复杂矛盾、推进现代化各项事业顺利发展的迫切需求，是为人民幸福安康、社会和谐稳定、国家长治久安提供一整套更加完备、更加成熟、更加管用的制度体系和更加科学、更加先进、更加有效的治理能力的必然要求，也是为实现中华民族伟大复兴的中国梦提供良好社会环境和强大动力的战略举措。《社会治理》就是要为更好加强和创新社会治理、推进社会治理现代化鼓与呼。

《社会治理》创办之际，正值党中央更加重视中国特色新型智库建设之时。前不久，中共中央办公厅、国务院办公厅印发了《关于加强中国特色新型智库建设的意见》，对建设新型智库做出了重要部署。北京师范大学响应党中央建设新型智库的号召，做出了把中国社会管理研究院建设成国家级新型专业化社会治理智库的决定。新型智库的主要功能是咨政建言、理论创新、舆论引导、社会服务、公共外交、人才培育等。建设新型智库，既需要明晰定位、突出特色、提供高质量研究成果，也需要构建推介、交流、转化研究成果，以及传播知识和经验的媒体平台。《社会治理》就是要在建设专业化新型社会治理智库中发挥积极作用。

《社会治理》的办刊宗旨为，服务国家战略需求和党政决策、聚焦社会治理领域重大问题，围绕全面加强社会建设、深化社会体制改革、健全社会治理体系、创新社会治理方式、提升社会治理能力，深化理论研究，总结实践经验，注重咨政建言，提出决策咨询建议，重视学科建设，繁荣和发展中国特色社会学、公共行政学，提高质量，办出精品，为推进国家社会治理体系和治理能力现代化、建设社会主义和谐社会提供理论支撑和智力支持。

为了办好《社会治理》，我们将遵循以下重要原则。

——坚持正确方向，服务国家大局。牢牢把握中国特色社会主义方向，遵守国家法律法规，始终以维护人民利益和国家利益为出发点，立足中国国情，体现中国特色、中国风格、中国气派。始终服务国家大局、围绕中心，推进社会治理领域战略性、前沿性、政策性研究，为提高社会治理水平、建设和谐社会提供积极的正能量。

——坚持联系实际，求真务实。以科学理论为指引，紧紧围绕社会建设和社会治理中的重要问题，深入开展调查研究，说真话、讲实情，尊重群众首创精神，提倡多想、深思，大胆探索、实践和创造，推进理论创新、学术创新、制度创新、实践创新，提供专业化、建设性、切实管用的政策建议。

——坚持百花齐放，百家争鸣。鼓励解放思想、实事求是，弘扬科学精神，提倡独立思考，唯真理是从，唯国运顿首，提倡不同学术观点、不同对策建议进行平等讨论、切磋争鸣，努力营造平等、民主、兼容、创新的学术氛围。

——坚持改革创新，突出特色。注重用改革的办法和创新的精神办刊，改革创新体制机制，优化治理结构。主动适应移动互联网时代的媒体融合趋势，充分运用多媒体技术和移动传播技术，同步建设纸质载体、专业网站和移动终端，精心组织传播和互动。充分发挥高校建设新型智库的优势，彰显社会治理智库特色，推动高校服务社会能力整体提升，把刊物办成具有较强传播力、公信力和影响力的新型智库媒体。

"功崇惟志，业广惟勤。"《社会治理》期刊承载着推进国家治理现代化、建设新型社会治理智库的重要使命。办好刊物，任重道远，需要我们与社会各方面一道付出辛勤劳动和艰苦努力。实现人民更加幸福、国家更加繁荣富强、社会更加和谐安宁，是全国各族人民的共同愿望和梦想。《社会治理》愿做一条小小的纽带，在理论和实务、继承和创新、当前和未来、高校和社会、国内和国外之间穿针引线，传递和分享每一个经过认真思考的见解、观点和建言，满腔热忱支持各种新创造、扶持各类新事物。努力为推进社会治理创新和社会治理现代化，实现"两个一百年"奋斗目标和中华民族伟大复兴的中国梦做出应有贡献！

真诚期待大家对《社会治理》期刊给予关心、支持和呵护。唯有各方面加以支持和帮助，《社会治理》才会有源头活水、真知灼见，才可能枝繁叶茂、芬芳满园！

建设专业化高质量社会智库 [*]

（2015 年 4 月 22 日）

    中共中央办公厅、国务院办公厅印发的《关于加强中国特色新型智库建设的意见》（以下简称《意见》），对建设中国特色新型智库做出了顶层设计和总体部署，为加强各类新型智库建设指明了根本方向，提供了基本遵循。社会智库作为中国特色新型智库的组成部分，要认真学习贯彻《意见》精神，把社会责任放在首位，对照新型智库的标准要求，开拓创新，为政府与社会提供独立、客观的智力支持，努力建成有重要影响力和国际知名度的高质量智库。

以制度保障为社会智库提供生长土壤

    我国已是智库大国，但还不是智库强国，存在的问题主要有：智库的地位没有受到普遍重视；缺乏具有较大影响力和国际知名度的高质量智库；创新性高质量研究成果不多；智库结构不合理，直属党政部门的智库占大多数，社会智库少，高质量的社会智库尤为缺乏；智库组织形式、运作模式不成熟，管理体制机制不健全；智库研究和实际决策需求脱节，研究成果很难进入决策层；智库建设缺乏整体和长远规划，经费不足；领军人物少、杰出人才缺乏；等等。总之，我国智库建设虽取得了长足发展，但不适应、跟不上国家发展新形势的问题仍然突出。

    作为我国智库建设中的"短板"，社会智库亟须提升发展水平。从国家层面看，应从以下方面着手。

---

* 本文发表于《光明日报》2015 年 4 月 22 日。

1. 积极为社会智库建设营造良好的发展条件和环境。我国正在开启一个智库发展的新时代。推动智库建设和发展，必须从智库建设的政策制定、法治环境和活动空间等方面给予支持。要建立智库与决策部门交流合作与沟通联络机制，改变党委政府与智库之间的"两张皮"现象，切实解决"有效研究成果进不到决策中"的问题。要建立项目委托机制和经费补偿机制，吸引和吸收各类智库特别是社会智库参与国家战略研究和公共政策研究。党政部门要通过适当的方式给智库交任务、出题目，为智库发挥作用搭建平台、开辟渠道；要完善智库成果发布、推介机制。智库不仅要给党委政府出谋划策，还要服务社会、引导舆论、凝聚共识。要着力加大研究成果的传播和转化力度，拓宽成果转化渠道和载体，建立多渠道、多层次、多载体的推介、传播、转化机制，提高研究咨询成果社会化、市场化水平。要加强有利于发挥智库功能的制度和法律建设，统筹推进行政体制改革、事业单位改革和社会组织管理体制改革，探索适应智库特点的人事管理制度、财务管理制度等制度建设。要明确规范党政机关决策程序，把征询智库意见、委托智库开展事前研究和事中事后评估纳入决策环节，并就具体操作办法做出制度规定。要放宽限制，鼓励支持智库积极参与国际交流与合作，进一步拓宽智库国际视野，发出中国声音，讲好中国故事，为国家外交工作大局服务，提升国家"软实力"。

2. 加强对社会智库建设的支持力度。社会智库是中国特色新型智库的组成部分，要规范和引导社会智库健康发展。改进社会智库人事管理制度。在美国等智库比较发达的国家，很多高级官员卸任后到智库工作，凭借其丰富的从政经验、智力资源，成为智库发展的核心竞争力。建议对社会智库领导人员的任职年龄、兼职条件等限制适当放宽，这样既有利于智库坚持正确的政治方向，又有利于智库提供紧密结合党政决策需要的研究成果，还有利于充分发挥智库人才的积极性。要鼓励优秀青年学者到社会智库工作，向社会智库输送人才。要加大对社会智库的经费扶持，扩大经费来源渠道，积极为其公平参与项目招投标创造条件。健全社会智库参与决策咨询的法制保障，鼓励社会智库参与公共政策的分析、研究、咨询与决策；探索社会智库参与决策咨询服务的有效途径；进一步规范咨询服务市场，完善社会智库产品供给机制；明确社会智库的法人地位，界定其职责功能，完善评价标准，鼓励社会智库发展壮大；健全社会智库财务管理制度。一方面，要建立健全相关制度规范智库财务管理，推进财务公开；另一方面，要赋予智库机构自主支配合法所得经费的权力。要引导社会智库走有特色、专业化发展道路，重点扶持一批高端专业化社会智库。

社会智库应抓住机遇、强化自身、服务社会

良好的政策环境只是社会智库发展的外在保障。只有加强自身建设、激发内在潜力，才能使社会智库发展壮大，在中国特色新型智库体系中释放自己应有的光彩。社会智库应抓住以下关键点提升自我。

1. 坚持正确的政治方向。服务于中国特色社会主义事业是智库发挥作用的根本前提。社会智库的研究与活动必须立足中国国情，主动服务党和国家工作大局，在大局下思考、谋划、创新、行动，进而产出高质量的思想成果。

2. 充分发挥优势和彰显特色。找准自身定位，最大限度地发挥优势和长处。从实际出发，善于对本智库研究的领域做全面研究、系统研究、跟踪研究、长期研究，不断拓展研究的广度和深度，努力形成自己的特色和品牌。

3. 着力提高研究成果质量。善于开展前瞻性、针对性、储备性政策研究，深入实际做调查研究，围绕决策需求，提出专业化、建设性、切实管用的政策建议。关键是要提高科学研判、战略思考和超前谋划的能力。

4. 注重成果的多样性和转化应用。就研究领域的一些重点、热点和难点问题，分期分批、多种形式、及时地提交有关研究成果；要多出阶段性、时效性强的研究成果，拓展成果应用渠道；建立灵活有效的成果转化工作机制。

5. 切实加强自身制度建设。要遵循智库发展规律，建立和完善相应的科研、咨询、财务、成果转化和评估奖励等内部制度，创造良好的制度安排和内

部生态。应特别重视人才队伍建设，建立良好的人才集成机制，把人才个体智慧凝聚成智库整体优势；实行有效的激励机制和政策，充分调动各类人才的积极性和创造性；大力培育和营造智库文化，打造忠于职守的思想境界和良好作风。

大力开展社会调查　多出智库精品成果 [*]

（2015 年 12 月 20 日）

各位老师、各位同学：

我非常高兴参加今天晚上的会议。这是一次学术活动总结会，是一次优异研究成果表彰会，是一次社会调查再出发的动员会！

首先，我要向我们中国社会管理研究院／社会学院（简称"中社院"）首届"学生学术季"活动取得丰硕成果表示衷心祝贺！向获得"挑战杯"全国大学生课外学术科技作品竞赛特等奖的林颖楠同学表示诚挚祝贺！向即将出发进行寒假回乡调研的同学、老师表示良好祝愿！

召开这次会议的目的有三个：第一，就是表示我们中社院的领导对学术实践活动和社会实践活动，特别是社会调查，给予高度重视和积极支持；第二，我也想借此机会参与师生们的学术活动和社会调研活动，同大家进行一些交流；第三，进一步动员我们中社院的全体师生为创办新型高端社会治理智库而拼搏奋斗。

刚才，我听到了我们院首届"学生学术季"活动几位同学和老师的汇报，也目睹了即将出发进行社会调查的几位同学、老师所做的准备活动，感到非常振奋。对我们中社院师生的学术研究高水平和奋发向上的精神风貌，我为之感动。大家讲得都很好，出乎我的意料。我 50 年前作为北京师范大学历史系学生的时候，从来没有参加过这样的学术活动和社会调查活动，所以毫不夸张地说，现在社会学院的学生比 50 年前我们那时候的学生学术水平高。总之，这

---

* 本文系在北京师范大学中国社会管理研究院／社会学院首届"学生学术季"活动总结表彰会议暨"回乡调查"活动启动仪式上的讲话。

次会议开得很有必要、开得很成功，充分体现了我院作为新型智库开展师生共建、培养高素质人才的重要意义，不仅有助于促进我院良好学风的养成，而且有助于增强凝聚力、影响力。

借此机会，讲四个方面的问题：第一，为什么要开展社会调查？包括寒假期间的调查；第二，社会调查突出哪方面问题？第三，如何搞好社会调查？第四，社会调研成果如何使用？我想，这几个问题是建设专业化高水平智库需要关注的，也是需要弄清楚的。

一、为什么要开展社会调查？

这次寒假回乡调查活动，是经过充分酝酿和周密策划的。这是创新发展的重要活动，应该予以积极支持。中社院是积极响应国家建设世界一流大学和一流学科、打造新型高校智库的重大体制创新，实行"一个实体、两块牌子"，致力于建设成"国家级高端社会治理智库"和"一流社会学学术重镇"。我们院的性质定位和职能使命，决定了大力开展社会调查具有多方面重要意义。

1. 这是深化教育改革培养全面发展人才的内在要求。党的十八大和党的十八届五中全会要求，要全面贯彻党的教育方针，坚持教育为社会主义现代化建设服务、为人民服务，把立德树人作为教育的根本任务；并特别强调全面实施素质教育，深化教育改革，着力提高教育质量，把增强学生社会责任感、创新精神、实践能力作为重点任务。这些论述和要求，大家都学习过了、知道了。应当看到，我们现在的本科教育，还是以学科为中心，以教师为中心和以课堂为中心，这种"三个中心"的教育模式，应当说对拓展学生知识是有积极作用的，但不利于提高个人综合素质、创新精神和实践能力。组织学生开展学术实践活动、开展社会调查，走向社会、走向基层、走向百姓，这是全面贯彻党的教育方针和提高学生综合素质的有效途径，有利于学生开阔视野、开动脑筋、开拓思路，有利于学生增长知识，增强社会责任感、创新精神和实践能力，从而有利于做到德智体美全面发展和生动活泼健康发展。这正是深化教育改革、提高教育质量的实际行动和迫切要求。

2. 这是打造国家高端社会治理智库的重要举措。随着党和国家对新型智库建设的高度重视，中国智库建设进入了一个新时代。特别是党的十八大以来，党中央把智库建设摆在非常重要的战略位置，专门出台了《关于加强中国特色新型智库建设的意见》。最近，党中央又发布了《国家高端智库建设试点工作方案》，按照专业研究领域确定了 25 个国家高端智库建设试点单位，涉及经济、政治、科技、法律等 20 多个重要领域。我院一直致力于建设成高质量的专业化社会治理智库，对照中央提出的八个标准，可以说我们的大体框架基础构建起来了，主要应在"高端"上狠下功夫，应着力内外兼修、夯实基础、强化短板、提升水平。这其中的一个重要举措和关键突破口，就是要在全院大兴实地调查研究之风，产出高质量研究成果。这是因为智库研究主要任务在于政策咨询，光坐在书斋、依靠文献、搞网上搜索是断然产不出高质量成果的。必须以调查研究为本位，树立国情意识和本土关怀，积极关注民众诉求，从丰富鲜活的实践中寻找"研究感觉"，就经济和社会发展中的重大理论和现实问题深入实际，调查研究，出主意、出对策。以党的十八届五中全会提出的"落实精准扶贫"为例，如果研究者没有对贫困对象、贫困地区进行脚踏实地的调查走访，没有对贫困根源、贫困类型等问题进行深入研判和精确分析，就不可能对这一问题有准确的认识，更不要说提出有价值的对策建议或方案设计。从这个意义上讲，我们组织开展此次回乡调查活动，正是为了从思想上、实践上更好地夯实和强化新型智库建设的根底。

3. 这是推进一流学科建设的必然选择。面向社会、面向基层、面向百姓，了解现实状况，深入调查研究，是社会科学创新发展的根本源泉，也越发成为现代社会科学研究的潮流和趋势。特别是社会学是一门以人类社会为研究对象的科学，一贯重视实证调查、倡导经世致用，并拥有悠久深厚的社会调查学术传统。1892 年，芝加哥大学建立世界上第一个社会学系。20 世纪初至 30 年代，以帕克为首的芝加哥大学社会学系师生针对新兴芝加哥城市的社会问题开展了一系列的实证调查，围绕人文区位、邻里关系、人口、种族、犯罪、贫民窟等问题的研究，成为都市社会学研究的范例，形成了享誉世界的"芝加哥社会学派"，也使得芝加哥至今仍是社会学家心中的圣地。这个学派总体上具有重视经验研究和以解决实际社会问题（特别是城市问题）为主的应用研究的特征。20世纪二三十年代，以毛泽东为代表的中国共产党人，从社会革命的高度，开展了大量的社会调查，写出了影响深远的《中国社会各阶级的分析》《湖南农民运动考察报告》《寻乌调查》《兴国调查》等一系列调查报告，这些都成为社会学的经典作品。也就是那个时候，面对深重的民族危机，以李景汉、陶孟和、吴文藻等为代表的中国老一辈社会学者，大力开展社会调查活动，寻找拯救危机的解决方案，产出了一大批优秀的社会调查作品，从而也成就了那个辉煌的"社会学中国化"时代。面对当今中国社会结构的剧烈转型和深刻变迁，我们同样需要继承和发扬社会学先辈们的实证调查精神，做一个矢志深入社会的青年社会学者，从书斋走向田野，走进村庄、社区、工厂、学校，去关注社会、认识社会、了解社会，去感受和把握社会的脉搏和气息，知晓人间社会的冷暖，明辨社会的是非与正义。唯此，方能形成社会学独特的经验品格和厚重的实证之风。从这个意义上来讲，建设一流社会学学术重镇，首当从扎扎实实的社会调查做起，推进社会学、公共管理学等交叉学科创新建设，用丰富的社会调查和调研成果夯实社会学重镇之根基。不久前，中央颁发文件，要求创办世界一流大学和世界一流学科，北京师范大学党政领导对我们中社院建设高水平的、一流的社会学学科寄予厚望。我们要建设一流的社会学学科，根本的途径就是了解当今社会、熟悉当今社会，从伟大的社会实践和社会变迁中深化认识，加以总结、概括、升华，这是社会学学科建设的特点和规律所决定的。这也是每一个中社院社会学人义不容辞的学术担当与责任所系。

总之，深入和广泛开展社会调查活动，对于全面履行中社院职能，实现教学育人、咨政建言、科学研究、学科建设密切结合、良性发展，建设国家高端社会治理智库，具有十分重要的意义。我们院全体师生一定要高度重视，认真对待，躬身力行。

利用寒假做社会调查，有不少有利条件，不仅时间相对集中，而且能够了解真实情况。这里，我仅讲讲本人亲身经历过的在春节假期开展社会调查产生重大社会效果的三个案例，以进一步加深对这方面活动的认识。

第一个事例，是中国人民大学罗杰等 5 位在校硕士研究生，利用 2008 年春节期间，对 2007 年国家扶持生猪养殖政策执行情况的调查及建议。2008 年4 月，我当时担任国务院研究室主任，接到一封写给我的信和一份调查报告。报告是通过对四川巴州、湖南沅江、江西宜丰等地方的实地调查写成的，主要反映 2007 年国务院多次发布促进生猪生产发展、稳定市场供应的方针政策执行情况和养殖户需求意见。我当时并不认识罗杰等同学，但我看到这个调研报告后认为，此调研活动很有决策咨询意义，调研报告也写得很好，就立即转报国务院总理温家宝，总理随即做出重要批示，要求吸收此调研报告建议制定国务院文件，进一步明确促进养猪的政策。这对解决猪肉价格上涨问题起到了重要推动作用。

第二个事例，是 2002—2008 年我任国务院研究室主任期间，提出并坚持在每年春节假期期间，回家乡过年的人，都要做个有心之人，注意搞点社会调查，走亲访友，都来个每事问，眼观六路，耳听八方，把看到的、听到的，都记下来，做点思考。特别是对中央的决策部署落实情况，对基层干部群众关心的问题，做点社会调研，这是"接地气"、了解实际的好机会，看到、听到的都是真实情况、第一手材料，把所见所闻所想所思的问题和建议写出来。每年春节假期后上班第一天，我都亲自主持会议，进行座谈交流，及时汇总成调研报告，报国务院领导参考。那时反映比较多的是基层干部作风问题，教育、卫生、社保问题，环境污染、房屋拆迁问题等。我们每次的调研报告都得到国务院多位领导批示，有的领导就自己分管的工作批示有关部门，从而有力地推进了工作。《紫光阁》杂志曾经专访过我，并以《中南海的"秀才"探亲"忙"》为题发表通讯加以推介。之后，国务院许多部门也都效仿，一些部门专门编发干部职工春节假期调研报告文集，并评选优秀作品加以表彰，也提升了部门的工作水平。

第三个事例，是我自己利用春节假期调研。我到国家行政学院工作以后，仍坚持在国务院研究室工作时的做法，2011年春节回故乡江苏睢宁县看望老人，在与当地干部接触中得知，睢宁县沙集镇几个年轻人带头办农村网商，很受当地农民欢迎。我于大年初三去沙集镇调研，一些年轻人包括抱孩子的妇女都在家里用电脑做商品买卖，听到的说法是"买全国、卖全国"（商品）。我肯定并鼓励他们的做法。2012年春节期间，也是大年初三，我又去这个沙集镇调研，一年之间网商购物更快地发展起来，用当地网商的说法变成了"买世界、卖世界"（商品）了。当时一个带头的年轻人让我给国务院总理带个汇报材料，总理收到材料后随即批示商务部和江苏省委、省政府领导，指示注意总结经验，支持他们发展。近几年这个地方网商飞快发展，销售收入由2012年的2亿元发展到今年的40多亿元，带动了全地区农村经济发展和农民增收致富。

以上三个事例，都是在春节假期期间做的社会调查，虽然调查主体不同、调查对象不同，但调查的社会效果之好都是一样的。这些说明，利用寒假做社会调查，很有好处，大有文章可作。

二、社会调查突出哪些方面问题？

我们中社院要办成新型智库，办成研究型机构，开展社会调查应当是一个基本任务，也是每个师生的必修课。要从建设现代社会巨大工程、促进社会治理现代化的战略高度，通盘设计，制订规划，有计划、有目的地组织进行。近几年，我们院瞄准国家重大战略需求，围绕社会治理创新与社会体制改革、社会治理法治化、城市社会治理、乡村社会治理、社会组织治理、社会风险治理、网络社会治理、国外社会治理等问题，开展咨政科研活动，产生了一批研究成果。随着我国全面深化改革的不断推进，特别是在全面建成小康社会进入决胜的历史阶段，加强和创新社会治理变得越发重要，并成为党和国家治国理政的重要战略。下一步社会调查，要围绕"十三五"经济社会发展和改革开放中的热点、难点问题，包括社会建设和社会变迁，社会改革和治理中的新情况、新问题和新生事物。这次寒假回乡调查活动，主要是依托我们院三位老师分别主持的"中国乡村社会治理与家族文化现状调查""中国'成人礼'仪式的现状调查""中国食品安全风险意识的公众调查"课题项目来展开。每个课题项目都设置了相应的调查主题、内容、方法和要求，提供了相应的调查问卷和访谈提纲，要提前做好功课、认真准备。我认为，可以不限于这三个课题，大家在假期中所到之处都可以用心观察和发现需要做深入调研的问题。"问题是时代的声音"，这里，围绕"问题意识"，我想从总体上再强调四点。

1. 聚焦决策需求。智库研究的要义，就是服务党和政府决策需求。社会学向来倡导宏观与微观的有机贯通。这就需要能够将这种理论视角自觉地运用到决策需求分析之中。具体而言，要学会从国家发展大局和战略高度、从服务党和政府中心任务，来选择和设计调研问题，同时要着眼于经济社会发展的实际需要来挖掘和提炼问题。特别是要注意及时捕捉那些苗头性、倾向性、潜在性的问题，抓住那些制约经济社会发展的观念、体制、机制问题。当然，一次调研不可能解决所有问题，关键是要把最需要研究解决的问题找出来，把"硬骨头"挑出来。

2. 聚焦人民关切。人民是社会的主人，是推动经济社会发展的根本力量，要坚持以人民为中心，了解人民群众的诉求，反映人民群众的呼声。人民群众所盼、所急、所忧、所想的问题有哪些？这是我们发现真实问题、探寻社会矛盾奥秘的关键切口。当前，我国经济社会正在发生广泛而深刻的变革，各领域各方面都出现了不少新情况、新问题。比如，健全民主法制，维护社会公平正义，食品安全、就业、教育、医疗卫生、住房、社会保障、扶贫脱贫、收入分配、征地拆迁、社会治安等等，都是人民群众十分关切的现实问题，要注意全面了解，准确把握和研判人民群众的需求状况和时代声音。

3. 聚焦政策落地，实现决策需求与人民关切有效对接。党和政府为了推进改革发展，与时俱进地不断提出工作任务和政策举措，做出种种决策部署。现在有一种说法，中央的很多政策是好的，但有些没有落地，或者没有完全落实。调查研究的一个重要任务，就是了解党和政府做出的决策部署，提出的任务和措施是否落实到位，社会和群众的反映如何，见到哪些效果，还存在什么问题，在执行决策部署中又产生了什么新情况新问题，是否需要加以完善，以更好解决问题。

4. 聚焦学科建设。加强社会学学科建设，是我们中社院学科建设中的主要任务。我们组织社会调查，要把建设一流社会学学科作为重要课题，包括社会管理与社会政策、生态和环境社会学、人类学和民俗学、社会学和社会工作、网络社会学和社会风险治理等，要把资政研究与学科建设很好地结合起来。

三、如何搞好社会调查？

一般说来，要搞好社会调查、产出高质量成果，必须掌握多方面的知识、能力、技巧。这里，主要强调把握四个重要环节。

1. 精心选题。这是搞好社会调查、产出高质量成果的首要环节。正如通常所说："选好题目等于成功一半""选择决定结果"。这都是说选好题目的重要性。既要选择好调查研究的主攻方向、重点领域、重要内容，还要选择好调查研究的具体任务、对象，包括选择题目、题材，明确目的、用途，力求主题新、题材新、视角新、内容新。有的是重大课题，需要分步调查、长期跟踪；有的以小见大、小题大做；有的短期调查可见结果。上面列举的罗杰寒假调查生猪政策执行情况，以及刚才表彰的"挑战杯"全国大学生课外学术科技作品竞赛获奖者赵炜教授、林颖楠同学的《乡村社会与市场经济的互嵌》社会调查报告，就是主题新、题材新、视角新和短期调查即出结果的精品佳作。

2. 精心调查。精心调查是发现问题和解决问题的基本环节。搞好调查必须把握几个原则。一是客观性。就是客观、准确和真实地反映社会现象和社会事物，做到调查的情况是真实的，调查得到的数据是真实准确的，没有虚假，不掺水分。二是全面性。列宁说过："如果从事实的全部总和、从事实的联系去掌握事实，那么，事实不仅是胜于雄辩的东西，而且是证据确凿的东西。如果不是从全部总和，不是从联系中去掌握事实，而是片断的和随便挑出来的，那么，事实只能是一种儿戏，或者甚至连儿戏也不如。"调查工作，要充分反映社会现象和事物的方方面面，做到局部和整体相结合、现实和历史相结合、动态和静态相结合、正面和反面相结合，注意防止片面性、随意性。三是系统性。在调查中，必须用辩证的、系统的观点看待和分析问题。要系统分析构成社会现象和客观事物的各个要素，弄清楚它们之间的相互关系，不能孤立地看现象和分析问题。四是科学性。要遵循科学的调查方法。在调查工作之前，做好相关材料、文献的阅读，备好有效的理论工具箱。在调查工作之中，采取多种形式和方法，包括召开调查会、走访调查、蹲点调查、典型调查、实地调查、问卷调查、抽样调查，尤其注意用互联网等信息化技术手段进行调查活动；同时，对事实材料进行去粗取精、去伪存真，由此及彼、由表及里的筛选和加工处理，不能以偏盖全。

3. 精心研究。坚持调查与研究相结合。不能简单地把调查活动单纯看作一个资料收集的过程。一般意义上的泛泛调查、浅尝辄止的调查，不能算真正意义上的调查。在调查的基础上，要进行研究。严格意义上的调查是带有研究意义、在一定目的指导下的调研，是调研基础上带有一定目的性、导向性的升华、系统研究。因此，社会调查是调查与研究二者的有机统一，我们既是调查者，更是研究者。要综合运用社会学、公共管理学、经济学、信息学、系统学等知识和手段，对已掌握的调查材料进行多层面、多角度的系统研究。基于这种认识，这次同学们在调研过程中，可以主要围绕既定的主题"乡村治理""家族文化""成人礼""食品安全"等问题，开展相关决策咨询研究和学术研究，进而形成多方面研究成果。同时，坚持学术与咨政相结合。如何正确处理学术研究和政策研究的关系在当前智库建设中越发成为一个焦点问题。两者之间形似"基础"与"应用"的关系，是一种既相互依赖，又能相得益彰的辩证统一关系。好的学术研究，能够为高质量的政策咨询提供坚实支撑；而好的政策咨询，则能够有效凝练和提升学术研究的问题意识和理论底蕴。当然，如若两者的关系处理不当，也会导致不良后果。在社会调查中，既要有学术的心性和定力，又要有资政的意识和志向。要善于从深入系统的学术研究中提炼有效管用的对策建议。

4.精心撰写。调研报告和论文是调查成果的重要载体。无论调查多么深入、研究多么深透，如果不好好撰写调研成果，仍然达不到调查研究的目的。这里强调注意以下几点：一是搞好文稿总体把握，要紧扣主题主线、布局合理、重点突出、思路清晰、条理分明，善于画龙点睛；二是成果形式多样化，可以是调研报告、决策咨询报告，也可以是论文、专著，不拘一格；三是文字表达要符合文体，用语力求准确、简明、生动；四是认真修改、推敲。

四、社会调研成果如何使用？

调研成果，既包括大量第一手的数据资料，也包括在此基础上撰写的调研报告、学术论文。这里要强调的是，要注重调研成果的多样性和转化应用，让调研成果的作用充分发挥出来，价值充分体现出来，特别是要多出精品力作。我想，至少有四个方面可供考虑。

1.服务课题研究。高质量的科研成果，一般都需要有高质量的数据资料支撑。没有好的数据资料，就不可能产出好的成果。这次寒假回乡调查，同学们所获得的大量数据资料，首先将直接服务于我们院三个课题项目的研究。这对于提升课题研究的质量十分重要。我相信，通过这次活动的锻炼，同学们的调查研究能力也会得到切实提高。

2.服务信息库建设。由我担任首席专家的国家社会科学基金特别委托重大项目"中国社会管理创新研究信息库建设"，正在集聚全院力量加紧建设，并亟待补充大量动态、鲜活的第一手数据资料。此次社会调研获取的数据资料，通过科学处理、规范编码，能够直接进入信息库。这也是为我院信息库建设做出的重要贡献。

3. 服务决策咨询。党和政府越来越依靠数据来进行科学决策。社会调研所获得的第一手数据资料，以及在此基础上撰写的调研报告，可以成为党和政府决策的重要参考。一些优秀的调研成果，既可以在我们院主办的《社会治理》杂志上发表，也可以选登在学校新创办的《社会治理研究与建议》（送阅件），上报国务院领导和相关部门，供相关领导参阅，还可以反馈给地方政府，服务当地经济社会建设和发展。

4. 服务学位论文。通过回乡调查，撰写学位论文，在我国社会学界拥有良好的传统。著名社会学家费孝通先生富有家国情怀的博士论文《江村经济》就是基于在家乡（江苏省吴江县开弦弓村）的实地调查而写成的经典名作。希望同学们以此次寒假回乡调查为契机，深入开展调查研究，积极寻找自己感兴趣的问题点，为今后的毕业论文设计提供重要基础。

借此机会向大家通报一个决定，就是为了鼓励和支持社会调查和产出高质量调研成果，我们院建立后期资助和奖励制度，对创新性高质量研究成果给予奖励，凡在公开报刊和内部刊物发表的研究成果，特别是获奖的和领导十分重视并做出批示的，以及应用于实际工作的优秀成果，都给予重奖。这项决定，从 2015 年即开始实施。

最后，预祝我们中社院全体师生在建设新型高水平社会治理智库和建设一流的社会学学术重镇过程中，充分发挥聪明才智，在社会调查中多出精品力作。

预祝此次寒假回乡调查活动顺利开展并取得丰硕成果！

大学智库的使命担当 [*]

（2016 年 2 月 24 日）

2015 年 10 月闭幕的党的十八届五中全会审议通过了《中共中央关于制定国民经济和社会发展第十三个五年规划的建议》（以下简称《建议》）。现在，国务院和各部门、各地方都在根据《建议》制订"十三五"规划，并将于全国"两会"期间提交全国人大审查。"十三五"时期，将是我国全面建成小康社会的决胜阶段，也是实现"第一个百年"奋斗目标的最后一个五年规划时期。在这特殊重要的五年，实现未来宏伟目标，需要全国上下、各个方面勠力同心，顽强拼搏，积极奋斗。

当代中国大学承载着人才培养、科学研究、社会服务和文化传承创新的重大职责与使命，这就决定了未来时期大学的建设和发展，应该与我国"十三五"时期实现全面建成小康社会决胜阶段的目标、任务和要求相适应、相协调，既要助力推进整个教育改革发展，为到 2020 年我国基本实现教育现代化做贡献，努力建设世界一流大学和世界一流学科，又要为国家协调推进"四个全面"战略布局，实现 2020 年奋斗目标提供多方面服务和人才、智力支撑。特别是大学智库要以更大的勇气和智慧，忠于使命，敢于担当，充分发挥智库功能，更好服务国家战略需求，为 2020 年如期实现全面建成小康社会的目标任务发挥更大作用。

1. 全面发挥智库功能。中央文件明确提出："中国特色新型智库是以战略问题和公共政策为主要研究对象、以服务党和政府科学民主依法决策为宗旨

———————

* 本文系 2015 年 12 月 5 日在复旦大学举办的中国大学智库论坛上的演讲，发表于《光明日报》，2016 年 2 月 24 日。

的非营利性研究咨询机构。"总体说来，各类智库都应发挥六个方面的重要功能。一是服务党政决策。根据党和政府的决策需求，开展前瞻性、战略性、应用性、储备性政策研究，提出高水平、建设性、切实管用的政策建议，积极建言献策，为决策提供依据。二是推进理论创新。提供创新思想，是智库的核心职能所在。要围绕改革发展稳定、治国理政面临的难点、重点问题，提出有价值、有影响的新理念、新判断、新概括、新观点、新思想，为研判形势、谋划战略、制定政策提供科学理论或方法，推动理论创新、学术创新、方法创新。三是引导社会舆论。深入阐释党的科学理论，解读党和国家的大政方针、决策部署和公共政策，研判社会舆情，正确引导社会舆论，凝聚社会共识。四是提供社会服务。接受社会有关方面委托的咨询项目，承担各类咨询项目，开展第三方评估，提供智力服务。五是参与公共外交。开展多种形式的对外交流活动，加强与国外智库和有关研究机构的合作交流，在国际舞台上发出中国声音，讲好中国故事，提出中国方案，推动中华文化走向世界。六是集贤育人。智库是知识密集、人才密集的机构，会聚了大量的高端人才，也可以说智库是人才库。智库出思想、出成果与出人才密不可分，相互促进、相辅相成，智库是培养、造就治国理政人才的重要阵地，可以通过交流轮岗，为党政部门、企事业单位输送优秀人才。这六个方面都做到，很不容易，但这些是建设新型高质量智库不可或缺的，要全面和正确地发挥应有作用。以上可见，大学智库在推进"四个全面"战略布局、实现全面建成小康社会决胜阶段的目标任务中，可谓舞台广阔、大有作为。

2. 善于选择研究课题项目。咨政建言，是智库研究的根本特征。当前和"十三五"期间的公共决策中，有许多重大理论问题和实践问题需要做深入研究。要善于在"十三五"规划建议和"十三五"规划中，发现新课题，寻找新项目。例如，如何正确把握我国发展新特征，深刻认识、主动适应和引领经济发展新常态，坚持发展第一要务，保持战略定力，加快转变经济发展方式，实现更高质量、更有效率、更加公平、更可持续的发展；如何深刻领会和牢固树立发展新理念，推动创新发展、协调发展、绿色发展、开放发展、共享发展，使我国真正走出一条发展的新路；如何解决好全面建成小康社会中的难点和"短板"问题，特别是打赢扶贫攻坚战、加快农村改革发展、推进新型城镇化、增加公共服务和治理生态环境，确保如期全面建成小康社会；如何解决好全面深化改革中的深层次问题，创新发展体制机制，有效推进国家治理体系和治理能力现代化，全面提高经济社会治理水平；如何深化行政体制改革，进一步转变政府职能，持续推进简政放权、放管结合、优化服务，提高政府效能，激发市场活力和社会创造力；如何调整国民收入分配格局，缩小收入差距，促进区域城乡协调发展，朝着共同富裕目标稳步前进；如何加快建设中国特色社会主义法治体系，加快建设法治经济和法治社会，把经济社会发展纳入法治轨道；如何发展更高层次的开放型经济，既要更加对外开放，又要重视维护国家权益和安全。再比如，到 2020 年，我国全面建成小康社会之时，国家面貌、城乡面貌会发生怎样的变化，人民群众的生活质量和社会文明程度会有怎样的提高等。要围绕"十三五"时期发展改革难点、重点、热点问题，按照党和政府的决策需求，围绕人民群众的愿望和关切，提出真知灼见和切实管用的建议。当然，不同层级、不同类型的智库，可以对研究问题的范围、角度、内容、方法提出不同的方案或建议。

3. 着力提高研究成果质量。研究成果的质量是智库生存发展的根本。提高研究成果质量应把握六个重要方面。一是把握方向性。主动服务党和国家工作大局，在大局下思考、谋划、行动，这样拿出的成果才可能是建设性的、管用的。二是富有前瞻性。站高望远，顺应时代进步潮流，把握国内外发展大势，正确把握和运用发展规律，敢于出主意、早出主意、出大主意，做到先见、先知、先谋。三是问题导向性。从实际问题出发，要善于观察和发现问题，特别是要重视倾向性、苗头性、潜在性问题的研究。四是材料真实性。深入调查研究，了解真实情况，掌握第一手材料，做到求真务实。既要调查，又要研究，善于分析，去伪存真，去粗取精。五是见解创新性。运用创新思维、辩证思维、底线思维，独立思考，揭示问题的本质，提出创新性、可操作的方案或见解。六是注重特色性。各展其长，充分发挥自身优势。要找准各个智库的定位，最大限度地发挥自身优势和长处。每个智库都有自己的性质定位、专业领域、机构状况、队伍组成等方面特点。这就要从自己的实际情况出发，善于对自己智库研究的领域做全面研究、系统研究、跟踪研究、长期研究，不断拓宽研究的广度和深度，努力形成自己的特色和品牌。要充分发挥高校学科门类齐全、基础研究实力雄厚，人才培养和对外交流广泛的优势，着力推动理论创新和跨学科研究，着力推进研究方法、政策分析工具和技术手段创新，为决策咨询提供学理支撑和方法支撑。

4. 注重研究成果转化应用。智库研究成果要体现多样性和时效性。研究成果的价值，不仅要体现高质量，还要体现时效性。一项颇有价值的研究成果，如果不能适时地为决策者提供参考，其价值作用就会大打折扣；或者由于时过境迁，派不上用场。所以应分批次、多形式、及时地提交有关研究成果。要拓展成果应用渠道，有些研究成果可以通过内部刊物直接向党政领导和有关部门报送，不涉及国家秘密的，可以通过举办论坛、召开研讨会等方式发布、推介，还可以出版系列研究报告。总之，研究成果不能只追求洋洋大观的厚本子，那样的研究成果往往会被束之高阁。要从各个智库的实际情况出发，建立灵活有效、形式多样的研究成果转化体制机制。目前，大学智库研究成果上报决策机关的渠道不够畅通。各有关机构应当帮助解决这方面问题，最好搭建供需双方的"直通车"。

5. 切实打好智库研究根底。打好智库研究的根底，就是要使研究人员练好智库研究的基本功，从多方面提高素质和本领，而打牢基础性根底至关重要，包括打好基本理论和政治立场的根底，打好把握国家法律法规和方针政策的根底，打好专业知识和业务能力的根底，打好撰写智库报告建议的技巧功底。这些根底是产出高质量研究成果的基础性条件。如果智库研究人员不懂得中国特色社会主义理论体系、不坚定中国特色社会主义道路、制度，不熟悉国家的法律法规和方针政策，就很难提出科学、正确的决策建议；如果智库研究人员不了解相关领域的专业知识和业务工作现状，也不可能提出有针对性、创新性和实用性的政策建议。具体说来，智库要为实现"十三五"时期的历史任务献计出力，就必须首先学懂弄通中央《建议》以及即将制订的"十三五"规划的基本精神和做出的重大部署，必须弄清楚中央提出的新思想、新理念、新论断、新观点、新任务、新举措。如果不学好、吃透新的决策精神，就不可能服务好国家战略需求。智库研究报告与一般学术论文和学术成果的体例、范式和文字表达用语也不相同，不仅应当立论正确、观点鲜明，还应当文字明快、引人入胜、一目了然。

注重提高刊物质量　努力推出精品力作[*]

（2016 年 3 月 24 日）

在全国"两会"刚刚闭幕、开启决胜全面建成小康社会进程之际，今天我们在这里召开《社会治理》编委会第一次会议，主要任务是认真学习领会和贯彻落实习近平总书记在党的新闻舆论工作座谈会上的重要讲话精神，研究办好《社会治理》的问题。这次会议开得很好。根据会议讨论的情况，我讲几点意见。

一、《社会治理》创刊近一年来的主要成绩

《社会治理》是经国家新闻出版广电总局批准创办的期刊。这个刊物是顺应国家发展大势和时代潮流创办的。党的十八大后，以习近平同志为核心的党中央以全局视野和战略眼光，为实现国家现代化和中华民族伟大复兴的中国梦，提出了一系列治国理政的新思想、新战略、新要求，领导全国人民在中国特色社会主义道路上奋勇前进。在新的形势下，加强和创新社会治理是贯彻落实"四个全面"战略布局、推进国家治理现代化的重大任务。公开出版《社会治理》这个刊物，目的在于加强对社会治理理论和实践问题的研究、探索和传播。

《社会治理》创办之际，正值党中央更加重视中国特色新型智库建设之时。2014 年，北京师范大学响应党中央建设新型智库的号召，做出了把中国社会管理研究院建设成国家级新型社会治理智库的决定。《社会治理》杂志是

---

*　本文系在《社会治理》杂志编委会第一次会议上的讲话。

北京师范大学中国社会管理研究院建设国家社会治理智库的重要组成部分。所以，这个刊物的使命是："发社会治理智库之声，助和谐社会建设之力。"《社会治理》的创办，得到多位党和国家领导人的关心，国家新闻出版部门予以特殊支持，教育部作为刊物主管单位，北京师范大学作为主办单位，提供了多方面指导和帮助。回顾《社会治理》刊物近一年来创办和成长的历程，总体来说，起步不易，开局良好，主要亮点有以下几个方面。

一是政治方向把握得好。《社会治理》在创办之始，就明确了办刊的宗旨，即紧紧围绕服务国家战略需求和党政决策，聚焦社会治理领域重大问题，围绕全面加强社会建设、推进社会体制改革、创新社会治理方式、提升社会治理能力，深化理论研究，总结实践经验，提供资政决策建议，促进学术创新和学科建设，为完善中国特色社会主义、推进国家社会治理体系和治理能力现代化、建设社会主义和谐社会提供理论支撑和智力支持。从已编发的六期内容看，没有出现什么政治问题和偏差。

二是选题定位比较准确。每期选题符合《社会治理》的定位和使命，体现了综合性、权威性、创新性，突出了理论与实践结合，也显示了作为智库型刊物的特色。栏目设计比较合理、新颖，包括特稿、权威专论、理论探索、咨政建言、深度调查、社会观察、古镜今鉴、环球视野、撷精荟萃等，既可以一目了然，又感到内容丰富。

三是刊发了一些精品力作。围绕高层决策需求、专业理论研究和社会实践，多位党和国家领导同志撰文，刊登一些部门、省市负责人和知名专家学者的重要文章，起到了服务决策、引导舆论的作用，也提高了刊物的权威性、思想性、咨询性、应用性、学术性。

四是传播方式积极创新。主动顺应移动互联网时代的媒体融合趋势，采用传统方式与网络传播相结合、线下传播与线上传播相结合，积极增建新媒体，不断建设微信公众平台和期刊网站，努力实现高端传播，增强了刊物的传播力、影响力和公信力。

这些成绩的取得，是中央有关领导和部门支持的结果，是各位编委和专家学者关爱的结果。《社会治理》杂志社全体人员筚路蓝缕、不畏困难、甘于奉献、勇于开拓，付出了很大辛劳。

同时，也要看到，我们办刊时间还不到一年，处于创业阶段，有一个学习、积累经验的过程。刊物的定位、特色和风格还在探索、提升；有的文章聚焦不够准、质量不够高；编排还不够生动、活泼；发展思路不够宽，发行渠道不够畅通，营销活动还没有打开等。这些都有待深入研究，认真加以改进。

二、坚持高标准高质量办好《社会治理》

习近平总书记 2 月 19 日在党的新闻舆论工作座谈会上发表重要讲话。讲话内涵丰富，深刻论述了党的新闻舆论工作的历史地位和战略作用，明确提出了做好新形势下党的新闻舆论工作的职责使命、党性原则、重要方针、根本遵循、基本要求和主要任务，精辟阐述了事关新闻舆论工作性质方向的一系列重大原则问题。讲话具有巨大的理论说服力和思想引领力，是一篇马克思主义纲领性文献，也是指导我们办好《社会治理》的行动指南和根本遵循。我们一定要认真学习、深刻领会和贯彻落实习近平总书记这篇重要讲话精神。一是深刻领会和贯彻落实关于党的新闻舆论工作的重要地位和战略作用的重要论述。新闻舆论工作是定国安邦、治国理政的大事，事关旗帜和道路，事关贯彻落实党的理论和路线方针政策，事关顺利推进党和国家各项事业，事关全党全国各族人民凝聚力和向心力，事关党和国家前途命运。这"五个事关"，揭示了新闻舆论工作的极端重要性和在全局工作中的重要地位。二是深刻领会和贯彻落实关于党的新闻舆论工作职责使命的重要论述，就是"高举旗帜、引领导向，围绕中心、服务大局，团结人民、鼓舞士气，成风化人、凝心聚力，澄清谬误、明辨是非，联接中外、沟通世界"。这 48 个字的职责使命，提出了鲜明的职责定位，我们办刊物要牢记在心。三是深刻领会和贯彻落实关于党的新闻舆论工作必须以马克思主义新闻观为指导的重要论述。办刊要认真学习马克思主义新闻观，把坚持正确的政治方向摆在第一位。四是深刻领会和贯彻落实关于党的新闻舆论工作重要方针的重要论述。坚持"团结稳定鼓劲、正面宣传为主"。五是深刻领会和贯彻落实关于党的新闻舆论工作理念、方法和手段创新的重要论述。在信息化的历史条件下，要实行理念、内容、体裁、形式、方法、手段、业态、体制、机制的全面创新。我们全体编委和编辑部全体人员都要认真学习领会习近平总书记重要讲话的精神实质，切实办好《社会治理》。

进一步办好《社会治理》，关键在于注重提高刊物质量，努力多为时代推出精品力作。为此，需要始终把握好以下几个方面。

1. 始终坚持正确的办刊方向。方向问题，历来都是哲学社会科学的根本问题，也是理论学术刊物的根本问题。正确的政治方向和学术方向是刊物的灵魂。办刊方向发生错误，任何其他努力都将毫无意义甚至可能更加有害。因此，必须始终坚持正确的办刊方向。这就要始终高举中国特色社会主义伟大旗帜，坚持中国特色社会主义根本道路、理论体系、基本制度、先进文化，坚持以完善和发展中国特色社会主义为根本方向和目标。当前，国内外形势发生着广泛而深刻的变化，思想领域呈现多元、多样、多变的态势，在这种情况下，坚持正确的办刊方向尤为重要。这就要自觉地与以习近平同志为核心的党中央在政治上、思想上、行动上保持一致，遵守政治纪律和政治规矩。要始终保持政治上的清醒和坚定，不断增强政治敏锐性和政治鉴别力，在大是大非面前，必须旗帜鲜明。这就要增强大局意识，坚持围绕党和国家的中心任务，主动服务工作大局。在当前和今后一个时期，就是要紧紧围绕决胜全面建成小康社会、实现我国第一个百年奋斗目标，推动理论创新、体制创新、政策创新、实践创新，站在时代发展的前沿、理论创新和实践创新的前沿，围绕党和国家的中心任务确定选题、遴选文稿。引导人们深入研究具有全局性、战略性、前瞻性的重大问题，认真研究改革开放和经济社会发展中的热点、难点问题，努力为党和国家科学决策提供有价值的政策建议。这就要坚持"二为"

方向，为人民服务、为社会主义服务是社会科学工作者的神圣职责，要在为人民服务、为社会主义服务中，彰显哲学社会科学独有的时代价值。要坚持刊物的政治标准和科学探索相统一，思想性、指导性和开放性、包容性相统一，广取博采，使刊物成为解放思想、求实创新、促进各种真知灼见沟通交流的平台。

2. 始终坚持明确的定位特色。特有的定位和宗旨，规定了刊物应有的特色。特色就是事物的差异性、可识别性，就是能够更加吸引人眼球的"招牌"。突出特色，就是要更加明确自己的优势、发挥自己的专长，形成对其他刊物的独特竞争力。《社会治理》的定位特色，就是在社会治理领域既是综合性、权威性、创新性的刊物，又是集理论性、应用性、决策咨询、专业知识性、资政性为一体的刊物，突出理论与实践相结合。其主要功能有两个：一个是服务于国家加强和创新社会治理，推进社会治理体系和治理能力现代化，建设和谐社会；一个是服务于中国特色新型智库建设，为社会治理智库咨政建言、引导舆论、传承文明、学术创新增建平台。这两方面功能既有机联系、密不可分，又使刊物定位明晰、内涵清楚。刊物的特色，除了刊物的定位，还包括刊物的内容和形式、装帧设计等，但最根本的是体现在内容上，刊物内容首先要有特色。作为一份智库期刊，就要及时准确地把握国内外社会发展形势和中央最新的决策部署，充分体现最前沿的学术理论和实践创新成果，紧紧围绕国家社会治理创新和社会体制改革，组织和发表有权威、高层次的文稿。还要把办刊宗旨和反映社会诉求有机结合，紧紧围绕改革开放和现代化建设中全局性、战略性、前瞻性问题，紧紧围绕经济社会发展中迫切需要回答的热点、难点、重点问题，有针对性地确定文稿主题，设定栏目，组织力量，撰写文稿，引导科研创新、学术创新，推出优秀成果。要着力推出一些有真知灼见、有重要理论价值和实践价值、影响力大的精品力作。还要重视社会学、公共管理学等学科建设，重视古今中外社会治理比较研究。凡是真正有见解、有创新、有价值的文稿，不分部门、不分地方，不论年龄辈分、不论职务级别，都要刊用。我们的杂志还应当成为推介实践新经验、举荐新人物的窗口。

3. 始终坚持实施质量兴刊战略。要致力于努力打造精品名刊。一个刊物，能不能自立于期刊之林，受到读者青睐，关键在于质量。质量是刊物的生命，是刊物成长进步的基石。能否拥有广阔的发展前景，关键取决于刊物的质量。刊物中的文章能否更有高度、更有深度、更有价值、更有不可替代性，从而更有权威性、更有层次性、更有创新性、更有影响力，这种高度、深度、价值和不可替代性就是刊物的质量，这种权威性、层次性、创新性、影响力就是刊物的生命力、吸引力、竞争力。实施质量兴刊战略，就是抓住了刊物的命根子，《社会治理》杂志必须把这个战略贯穿办刊始终。实施质量兴刊战略，必须坚持站高看远，立足中国现实国情，同时放眼世界。要面向未来、面向现代化、面向信息化，准确把握世界发展潮流和中国社会变革发展大势，瞄准理论和实践前沿，组织和刊发高质量文章。实施质量兴刊战略，必须坚持求真务实，做到理论联系实际。特别是联系当前改革发展稳定的实际，体现问题导向、决策需求导向、人民期待导向，提倡以科学理论为指引，深入开展调查研究，掌握真实情况，反映客观规律，提供真知灼见。实施质量兴刊战略，必须弘扬科学精神，坚持百花齐放、百家争鸣的方针，唯真理是从，唯国运顿首，提倡不同学术观点、不同对策建议平等讨论、切磋；要旗帜鲜明地坚持真理，站在学术前沿，传播科学研究成果，对错误理论、错误观点，敢于发声，澄清谬误，明辨是非。可以定期组织讨论热点问题。坚持不忘本来、吸收外来，守正出新、博采众长，树立与时代要求相契合的思想观念。这就要求编辑人员不断提高观察力、鉴别力，具有更大的理论勇气、更专业的知识水平、更高的学术素养、更强的创新精神。

4. 始终坚持全面创新传播形式。在互联网、信息化和新媒体急剧发展的今天，要增强刊物传播的针对性、普遍性、实效性，提高刊物的传播力、引导力、影响力、公信力，必须高度重视办刊理念、内容、体裁、形式、方法、手段、业态、体制、机制的全面创新。《社会治理》如何做到传统方式和新媒体融合发展，如何引入立体媒体的发展手段，需要我们深入思考、积极探索。我们要突出理论与实践兼顾的特色，打造理论界、学术界、实务界共建共享的信息平台、理论平台、创新平台，就必须把握受众需求分层化、多元化、移动化、伴随化的趋势和人际传播、多极传播、复合传播的新特征；就必须更加主动适应移动互联网时代的媒体融合趋势，充分运用多媒体技术和移动传播技术，搭建新媒体平台，实现高端传播；就必须突出智库的媒体特色，研究智库发声的特点、形式、方法、效果，注重用改革创新的办法办刊，把刊物办成打造新型社会治理智库的重要平台。

5. 始终坚持加强办刊队伍建设。正确的办刊宗旨、高质量的刊物、强大的传播力，归根结底要靠一支素质精良的编辑和营销人才队伍。目前，《社会治理》杂志社已初步形成了一支结构比较合理、战斗力比较强的团队，为刊物的稳定有序发展奠定了重要基础。不过，从长远发展来看，当前这个刊物与国家发展的新形势、新任务、新要求还不完全适应，与创建"国家级高端社会治理智库"的要求还有差距。这就要求我们必须坚持高标准、严要求，加快培养造就政治坚定、业务精湛、作风优良，建设全媒型、专家型队伍。要切实抓好选题、组稿、审稿、编排、校对、印刷、发行、营销各个环节，特别要在求精求新上做文章。做到精心组稿、精心审稿、精心编辑、精心校对、精心印刷，精心求发展。要弘扬严谨求实的科学精神，弘扬优良学风和文风。毛泽东同志多次强调，"学风和文风也都是党的作风，都是党风"。要大力弘扬理论联系实际，求真务实的学风，倡导良好文风。要建立一支学习型编辑人才队伍，每一位编辑人员都要勤于学习、刻苦学习，要学习政治理论、学习政策法规、学习社会治理业务，还要学习语法修辞；都要重视调查研究，经常调研、深入调研，做到多想、深思，大胆探索创新，苦练内功提高自己，还要积极拓宽发展思路、创新传播能力，以适应实施"质量兴刊""特色兴刊"和创办精品名刊、扩大传播力影响力的需要。

三、对编委会成员的几点期望

作为一个年轻的刊物，《社会治理》未来的路还很漫长，任重而道远。我们要增强忧患意识和使命感。办好这个刊物要靠杂志社人员的不懈努力，也要靠编委会成员积极参与和热心指导。为此，我提出几点期望。

1. 充分发挥聪明才智和经验智慧。我们邀请的编委多是我国社会领域理论界和实务界的知名领导、专家、学者，具有比较深的理论功底、丰富的知识经验和很强的社会责任感，是刊物的强大"智囊团"。希望各位编委勇于担当、不负众望、不辱使命，尽职尽责，尽心尽力，多出主意，多提建议。每期《社会治理》都送给编委，发现问题及时指正。今后将逐步实现编委会成员审阅稿件和通读每期刊物，同时，还要请各位编委抽出时间为杂志多撰写文章，提供精品力作。

2. 积极协助做好刊物发展相关工作。办好这个刊物需要部门、地方和社会多方面参与及合作。编委会是《社会治理》至为宝贵的资源。你们有广泛的人脉关系和交往能力，希望利用自己的影响力为杂志发展集贤纳策，甚至出资出力，积极推动刊物扩大社会合作，拓宽发展渠道，不断扩大办刊实力和传播力。各位编委还要多多关注社会各界对这个刊物各方面工作的反映，及时转告，以利于改进工作。杂志编辑部一定要认真向各位编委求教，充分听取各位编委的办刊思路、观点和意见，也请你们经常推荐好的文章。

3. 抓紧完善工作制度机制保障。要以编委会和编辑部为载体，加快建设和完善杂志社和刊物的各项管理制度，使得各项工作更加有章可循、有规可依，不断提高办刊的科学化、规范化和现代化水平。重点完善和优化刊物的文稿评审制度、编辑出版制度、同行合作交流制度、刊物发行推介制度等。编辑部要建立与编委会成员的常态沟通机制，定期邀请编委们为刊物的发展把脉问诊、献计献策。要特别重视发挥中国社会管理研究院作为专业化社会治理智库的载体作用，充分发挥社会治理智库教研人员的聪明才智，及时刊发他们咨政建言、科学研究、学术探索、社会服务等方面的优秀成果。要通过先进理念的引领和制度保障，不断增强办刊能力和发展后劲。

跃马扬鞭正当时。我国日益深化的社会变革呼唤着高质量的社会治理刊物。我相信，通过编委会和编辑部全体人员的共同努力，一定能够把《社会治理》这个重要刊物越办越好，办成我国社会治理智库的重要基地，办成享誉业内外、国内外的精品名刊，为建设国家新型高端智库、推进国家社会治理现代化、实现中华民族伟大复兴的中国梦做出应有的贡献。

开展百村社会治理调查　助力乡村振兴战略[*]

（2018 年 3 月）

　　我们决定开展百村社会治理调查活动，并作为一个重大研究项目，目的在于深入、全面了解和研究当代中国乡村社会治理的现状、趋势，服务国家的战略要求和学校的学科建设，促进社会治理智库建设与交叉学科创新建设密切结合，协同发展。党的十九大开启了新时代中国特色社会主义发展的新征程。习近平总书记在大会报告中提出："实施乡村振兴战略。"这是着眼于决胜全面建成小康社会、全面建设社会主义现代化国家的重大战略选择。实施好这一战略，必须按照"产业兴旺、生态宜居、乡风文明、治理有效、生活富裕"的总要求，统筹推进"五位一体"建设，加快农业农村现代化。其中，加强乡村社会建设和社会治理是一项重大而艰巨的任务，对于全面推进国家建设和治理的现代化至关重要。北京师范大学中国社会管理研究院 / 社会学院（以下简称"中社院"）作为服务于国家战略要求的社会治理智库，应当义不容辞地担负起这个历史使命并有所作为。

　　在实施国家"十三五"规划开局的 2016 年，为了服务决胜全面建成小康社会和推进社会治理现代化的决策部署，中社院提出了深入研究乡村社会治理问题，并决定开展"百村社会治理调查"活动。在充分听取各方面意见与论证的基础上，2017 年，"百村社会治理调查"项目正式启动。该项目作为北京师范大学培育国家高端智库的重要抓手，被列为学校交叉学科创新工程总任务之

---

*　本文系在北京师范大学中国社会管理研究院 / 社会学院举行的"百村社会治理调查"项目论证会（2016 年 12 月 7 日）、项目第一次和第二次工作汇报会（2017 年 7 月 11 日、2018 年 3 月 13 日）上的讲话整理而成，发表于《社会治理》杂志 2018 年第 5 期。

一，旨在做出有深厚度、有时代感、有应用性的科研成果，既服务于党和国家战略决策、推进乡村社会治理，又助力北师大创办新兴学科，加强交叉学科平台建设。

现在看来，我们决定开展百村社会治理调查活动，与党的十九大精神高度契合，是十分正确的。这个项目上接党中央的乡村振兴战略，下接农村基层社会治理的现实，实施一年多来，取得了初步成果，也发现了一些问题。我们要认真梳理与总结项目进展的情况，以利于下一步工作的推进。

一、开展"百村社会治理调查"的时代背景

马克思主义认为，城市与乡村发展差距拉大，是特定历史阶段的必然趋势，而生产力发展到一定程度后，推动城乡融合发展和一体化又是社会发展进步的内在要求，实现城乡共同繁荣发展是终极的目标。中国共产党秉持马克思主义基本立场，历来高度重视农业、农村、农民问题，将其作为革命、建设和改革的首要问题。特别是党的十八大以来，以习近平同志为核心的党中央将解决"三农"问题作为全部工作的重中之重，办了很多顺民意、惠民生的好事，解决了很多农民群众牵肠挂肚的难事，城乡发展一体化迈出新步伐，农村社会焕发新气象。党的十九大提出乡村振兴战略，回答了新时代乡村为什么要振兴、振兴什么、如何振兴、依靠谁振兴等一系列理论与实践问题，为新时代中国特色城乡融合发展和一体化发展指明了方向，是从根本上解决我国"三农"问题的新部署，是决胜全面建成小康社会进而全面建设社会主义现代化国家的新要求。

乡村振兴战略，是新时代解决"三农"问题的总抓手和行动纲领。乡村振兴的目标，是实现"产业兴旺、生态宜居、乡风文明、治理有效、生活富裕"。"产业兴旺"是首位，发展是第一要务，是乡村全面振兴的前提，要加快建立与完善现代化农业产业体系。"生态宜居"是核心，不仅要求环境美，更要求生态美与满足人民美好生活需要高度统一。"乡风文明"是境界，坚持物质文

明与精神文明一起抓，这是乡村永续发展的支撑和智力支持。"治理有效"是关键，不仅要求加强和创新乡村社会治理方式，更要求治理效率的提升，要紧紧抓住乡村社会治理机制建设，把自治、法治、德治结合起来。"生活富裕"是根本。说到底，乡村振兴是为了让亿万农民生活得更美好，使农民在共建共治共享发展中有更多获得感。由此，产业兴旺、生态宜居、乡风文明、治理有效、生活富裕共同构成了乡村振兴的丰富内涵，它是一个系统工程，需要整体推动，才能相互促进、相得益彰。

在过去一个时期，中国现代化进程中工业化大大快于城市化，在一些地区城市繁荣与乡村衰败并存，乡村发展滞后成为中国现代化建设的突出"短板"。中国现代化不能走一些国家曾经走过的以乡村衰落换取工业化城市化突飞猛进的道路，而要开创一条城乡融合发展、共生共荣、各美其美的新路。这是解决当代中国社会主要矛盾的关键，也是新时代社会主义现代化建设的根本要求。因此，习近平总书记反复强调，任何时候都不能忽视农业、不能忘记农民、不能淡漠农村；中国要强，农业必须强；中国要美，农村必须美；中国要富，农民必须富。

搞好"百村社会治理调查"，要全面认识乡村振兴战略的时代意义，并以此为遵循，认真总结我国改革开放 40 年来正反两方面的历史经验，深入研究在当代中国社会大变革中，各领域、各方面变革发展给乡村基层社会带来了怎样广泛而深刻的影响，深入调查农村基层社会治理领域发生了哪些变化，农民的要求是什么，农村发展趋势又会怎样，如何正确引导乡村振兴，并提出有效对策。

二、"百村社会治理调查"的主要任务和做法

随着改革开放和社会主义现代化建设的持续推进，当代中国乡村正在发生历史性变化。村落的布局与环境、村落的形态与结构、村落的人口与教育、村落的组织与秩序、村落的文化活动与生活方式，都面临着新的挑战与抉择。本

项目通过对一些乡村进行全面、系统、深入的调查，着重调研不同地区特定自然条件、生活环境、产业发展的乡村，调查历史传承发展与当代社会治理结合的情况，要全面掌握调查对象的历史变迁、改革开放以来的变化和现状、成绩与问题。总结新经验，发现新问题，探讨乡村推进社会治理现代化的路径，研究解决乡村社会治理问题的对策，着力研究基层现代社会治理变革的特点和规律。总结中华优秀传统文化与现代乡村社会对接、融合的途径，探索民族文化在基层传承的有效方式，探索传统文化资源、传统社会治理对实现乡村振兴的实践意义，构建有利于现代乡村文明的治理模式。

经过一年多的工作，项目组探索了一套行之有效的工作思路，也积累了一些有益的工作经验。

1.合理组建调查团队，充分发挥中青年的作用。研究团队的组建是项目成功的重要保证。要优化调查力量，建立项目责任制。前阶段，一方面邀请了社会学、历史学、公共管理学、法学、经济学等不同学科具有深厚研究功底的专家学者参加项目组；另一方面，注重发挥中青年教学、研究人员的重要作用。在首批研究团队中，青年力量占70%以上，吸收了北京师范大学、中国社会科学院、中国人民大学等11所高校和科研单位的研究人员参加。具有一定研究能力的博士后、博士研究生等作为研究队伍的重要力量，通过参加项目工作，既丰富了对乡村变革发展实际情况的认识，又提高了进行具体调查研究的本领，增强了全面发展进步的素质与能力。

2.精心选择调查地点，注重调研实际效果。项目调查工作本着积极进取、逐步推进的方针，2017年在全国选择了26个村落，涵盖北京、黑龙江、内蒙古、河北、山西、陕西、宁夏、湖北、四川、贵州、江西、浙江、广东等13个省（自治区、直辖市），涉及非物质文化遗产传承与利用、优秀民俗传统与乡风文明建设、灾后重建、红色文化资源的挖掘和建设、生态环境保护与治理等不同特色的多个村落。调研人员深入基层、深入群众，面对面了解实际情况，实地考察村落变化的面貌，倾听各方面人员的意见和诉求。一年多来，参与调研的校内外专家百余人，共进行田野调查 50 余次，形成一批重要成果，包括调查报告 26 份，发表研究论文 17 篇，还有 20 余篇调研成果有待印发。在一些特色乡村设立了"北京师范大学百村社会治理智库基地"，为深入持续开展乡村治理调查建立了稳定的调研基地。

3. 重视数据收集管理，确保调查可持续性。当今社会变革广泛深刻，信息化发展日新月异，互联网、大数据普遍运用，全面、系统、即时掌握相关数据至关重要。中社院社会治理创新信息库建设，紧密配合，致力于打造原创的乡村大型统计数据库。项目组数据库开发团队将百村社会治理数据库规划为两个子系统，分别对项目产生的结构化数据（调查问卷数据）和非结构化数据（文档、图片、音视频）进行统一存储、管理和应用，既可满足本院本校的科学研究和教学使用，还可以服务社会各界特别是服务国家乡村治理的需求。所收集的数据将成为国家社会科学基金特别委托重大项目"中国社会管理创新研究信息库建设"的重要组成部分。

三、"百村社会治理调查"的预期目标和成果

开展百村社会治理调查的主要目的，是服务于党的乡村振兴战略落地，服务于农村基层社会的治理与建设，服务于学校交叉学科创建。改革开放以来，随着工业化、信息化、城镇化、市场化进程加快，中国农村成为现代化进程中问题最集中、最复杂的地域。基层社会发展过程中出现的问题只有通过深入调查才能真切认知，比如，如何从各地实际情况出发提升乡村治理水平？如何把社会建设与社会治理有机结合起来？"空心村"如何治理？资本进入村庄后如何治理？村庄合并后如何治理？有传统文化特色和优势的村落如何继承创新发展？党的组织如何做到全覆盖和有力发挥作用？如何才能使自治、法治、德治结合好？等等。这些问题已有不少地方进行了积极探索并取得了经验，新生事物大量涌现，但也有一些问题需要深入研究解决。

开展百村社会治理调查将产生以下重要成果。

一是为党政决策提供咨询服务。要通过深入的社会调查，形成一批有价值、高质量的咨政建言成果，向党和政府提供决策咨询建议。我们中国社会管理研究院/社会学院已经成为国家高端智库培育单位的重要组成部分，国家高端智库的核心要务就是为党和国家提供决策咨询服务。

二是推进理论创新和学术创新。推进社会治理理论创新、学术创新，是建设高校智库的重要任务。社会治理既涉及社会学科，又涉及公共管理、民俗学、人类学、法学、历史学等多学科。运用多学科视角观察和研究问题，将会有效地推动社会治理理论创新和学术创新。

三是在交叉学科建设上做出成绩。新时代的社会治理需要发展交叉学科，包括推动社会学科、公共管理学科，以及民俗学、民族学、人类学等多学科融合发展。交叉学科建设致力于在传统学科的基础上产生新学科。期望通过百村社会治理调查在交叉学科建设创新上能够做出积极探索。

四是在社会实践中培养和锻炼人才。通过开展乡村社会治理调查，引导教师和学生走向社会、深入社会、了解社会，培养认知社会、洞察社会的能力和理论联系实际的能力。同时，要通过实施这一项目，吸引会聚校内外教研人员特别是地方农村基层社会治理人才，在共同调查中提升社会治理的现代化水平。

五是搭建广泛和密切联系的合作平台。在开展百村社会治理调查项目中，将推动学校社会治理智库密切联系部门、地方、企业，聚力聚智，优势互补，平等合作，建立稳固联系，共同促进发展，携手助力农村社会治理现代化建设。

四、做好"百村社会治理调查"的希望和要求

搞好"百村社会治理调查"，必须以习近平新时代中国特色社会主义思想为指导，全面贯彻党的十九大精神和近年来党中央关于实施乡村振兴战略的部署，运用辩证唯物主义和历史唯物主义的立场、观点和方法，注重理论联系实

际，坚持问题意识和应用导向，深入乡村做全面、系统、翔实的调查，并做出科学分析和研究，务求产生一批多样性、有价值、高质量的调查研究成果。为此，需要把握以下几个方面。

第一，调查点选择要兼顾典型性和普遍性。中国农村发展极不平衡，历史文化传统也存在很大差异。因此，村落选点要紧紧围绕本项目实施的目的，通盘考虑、审慎确定。着力研究当前中国乡村变革中的热点问题和普遍性问题，以发现、反映和解决乡村现代化进程中社会领域出现的新问题为目的，特别要考虑村落的地区布局和类型，尽可能兼顾到不同地区、各类村庄特色。本着"积极作为，量力而行，注重实效"的原则，选择好调查的村落。

第二，调查内容要做到"四个结合"，即定性调查和定量调查相结合、静态调查和动态调查相结合、人的调查和物的调查相结合、有形调查和无形调查相结合。在实际调查中，有的村落在改革开放前后有很大变化，这种变化不是单纯的数据分析可以体现的，要通过深入调查全面了解村落历史和变迁的过程。静态的调查内容包括历史遗留和传承下来的各类事物，动态的调查内容可以包含村庄人口流动、村庄经济社会发展的不断变化等。人口结构变动是社会变动的重要体现，要重点调查分析。通过深入调查要能够发现规律性的东西。整个国家发生变化，各类村庄也会随之发生变化，时代变迁对村庄经济、政治、社会、文化、生态发展所产生的影响是深刻的。有形调查可以是能够看到的村史、具体制度；无形的是意识形态的东西，如价值理念、宗族、民俗文化等，这些方面都要考虑到。不能仅仅搞信息数据调查，更要着眼于认识规律、把握趋势。

第三，调查设计要精心细致。只有做好整体设计，调查的方向、对象、重点内容、方法等才能清晰。百村社会治理调查不是一般的调查，要为国家、民族和社会治理现代化提供实证性研究成果。因此，必须全面设计相关调查内容。比如，社会建设中的平安社会、小康社会、法治社会、健康社会、智慧社会、和谐社会、环境社会等，都要考虑到。传统文化中的家族文化、村史和乡贤人物的作用，都要考虑到。人口变化方面，可以选择具有典型意义的"空心村"，调查其成因和对策。村史馆、文化站、信息图书馆等公共服务设施建设也都是社会治理的重要方面。通过调研，对每个调查的村庄都应撰写出改革开放以来的变化历程、主要成就、存在问题、做法经验、对策建议等。项目组还可以帮助有条件的村落设计并推进村史馆、文化站等建设。

第四，调查工作要力求全面系统和可持续。调查方式可以灵活多样，做到传统调查方式与现代调查方式相结合。一方面，传统的调查方式不可少，包括田野调查、走访、个别座谈、问卷调查、文献收集、不同时段的对比调查等。同时，也要充分利用信息化技术，包括录像，录音，统计，微信、微博互动，以及互联网、大数据等现代化技术手段。要重视走访不同阶层人员和不同年龄层次的人员，对村落情况进行全面系统的把握。调查问卷也要反映全面的动态情况，特别是反映改革开放以来的变化。要注重搞好具有社会治理典型经验的村落调研，注意发现新事物和新经验，通过举办研讨会等多种形式，总结和推介新经验。要建立动态调查机制，对入选百村社会治理调查项目的村落，要实行跟踪调查，持续提供新情况，不断产出新成果。

第五，调查团队要组织落实。这个调查项目主体是北京师范大学社会治理智库团队，也要组织多方面人员与力量协同参加。要吸引校内外专家学者和青年研究人员参与。同时，可以与企业合作，包括利用他们已经在一些村里建立好的调查系统，请企业协助调查；企业可以在技术手段方面为社会治理调查提供有益的帮助；也可以接受企业提供的资金支持，包括招募本地人员协助调研，也可以考虑建立长期联系的调查基地。各方面调查人员要合理分工、密切合作，共建共享调研成果。

第六，调查成果要多样化和高质量。一是紧扣党的十九大提出的"乡村振兴战略"，抓紧形成一批决策咨询成果。决策要反映普遍规律和趋势，不能只反映个别现象。二是撰写村落调查综合报告和系列专项报告，包括综合性成果，以及针对具体村落的若干系列研究成果。要系统总结所调研村落的基本情况与分析报告，对每个调查村落都应写出综合调研报告。三是举办研讨会、论坛和出版专著等。中国社会治理论坛每年举办一届，到现在已经举办七届了，参加者既有党政干部，也有学界研究者，还有来自基层社区的工作者和一些企业家，大家围绕社会治理这个主题，从自己的研究领域出发来讨论和交流，收到了良好的效果。2018 年 7 月将举办第八届中国社会治理论坛，百村社会治理调查项目可以设一个专题分论坛，组织大家讨论乡村社会治理问题，提出建议。要提倡搞专题性、接地气的问题研究。四是在公开刊物和报纸上发表调研报告等文章。北师大《社会治理》杂志将开辟专栏，百村社会治理调查项目组有什么成果，可以随时发表。族谱、家训，地方乡贤发挥的作用等，都是用传统文化助力当代社会治理的好做法。可以研究建立什么样的激励机制，引导各类人才返乡，服务乡村振兴，反哺农村现代化建设，这是一个值得研究的重要课题。中国所追求的现代化，必须是农村和城市共同发展繁荣的现代化，绝不是城市锦上添花、乡村凋敝衰败的城乡分化景象。五是充实加强社会治理创新信息库建设，提供丰富扎实的基础数据。可以把调研成果纳入已创建的中国社会治理创新研究信息库，作为以后调查、研究、教学的参考资料。

第七，调查活动要做好统一保障工作。搞好调查研究工作，是智库研究的基础，也是智库建设的基石；同时，加强调查研究工作也是学科建设的重要平台，是建设一流大学的重要平台，是发现人才和培养人才的重要平台。中社院领导成员、各职能部门都要积极支持调查项目工作。要加强组织协调，智库研究和教学人员要尽可能多地组织起来，还可以适当组织一些学生主要是研究生参加。参加调研的学生在不影响学习的基础上，到一个村里去搞社会调查，这对他们成长进步会更有帮助。还要从多方面争取支持，提供各种条件，保障调查活动持续有效地开展。

基层不牢，地动山摇。农村基层社会治理关乎中国社会主义现代化建设全局与进程，基层治理如果出现问题，国家发展就会遭遇挫折，必须将问题解决于萌芽状态。本项目要致力于为党为国家为人民做贡献的主旨，做好长期打算，持续不断搞下去。虽然项目调查初期还存在这样那样的问题，但办法总比困难多。只要大家不忘初心，坚定不移，认真搞好乡村社会治理调查，就一定能够在中国乡村振兴、在农村社会治理现代化进程中大有作为，做出积极的贡献。

深入推进"百村社会治理调查"项目工作 [*]

（2019 年 11 月 10 日）

  我们这次会议的主要任务是，交流情况、总结经验、找出不足、明确任务，坚守初心，不忘使命，把百村社会治理调查推向前进。作为"百村社会治理调查"项目的指导人，我应该履行责任。因为昨天我要主持一个重要会议，没有来听百村调查团队的讨论。你们给我的材料我都看过了，课题组的发言讲得都很好。刚才，首席专家萧放和办公室主任鞠熙做了汇报，我根据最近两天学习党的十九届四中全会精神的思考和我们这次会议的讨论情况，讲一些看法意见，主题就是"以党的十九届四中全会精神为指导，高质量地推进百村社会治理调查工作"。实施"百村社会治理调查"项目旨在服务党中央、国务院决策咨询，服务国家战略要求，也是北京师范大学交叉学科建设的重要平台，是为创建"双一流"大学服务的。所以，这个课题纳入了北京师范大学社会治理智库重大项目，同时 2018 年成为国家社会科学基金项目办公室重大委托项目"新中国 70 周年社会治理研究"的组成部分。也就是说，"百村社会治理调查"项目不仅是我们北师大的项目，也是一个国家级课题。

  下面讲三个方面的问题。

---

* 本文系在北京师范大学中国社会管理研究院／社会学院举办的"乡村振兴与社会治理"研讨会暨"百村社会治理调查"项目工作推进会上的讲话。

一、以党的十九届四中全会精神为指导，深入开展
"百村社会治理调查"项目工作

刚刚闭幕的党的十九届四中全会对完善我们国家制度和国家治理体系建设，做出了全面部署。在社会治理现代化方面也有一系列重要新论断新决策新部署，我做了初步学习和梳理，大体有以下 12 个方面。

第一，党中央高度重视社会治理。第一次在党的文献中把社会治理问题作为单独的一部分，作为 13 个坚持和完善中国特色社会主义制度、推进国家治理体系和治理能力现代化的一个重要方面。报告着重强调"社会治理是国家治理的重要方面"，更加强调了社会治理的重要性。

第二，将"共建共治共享"由原来的"治理格局"上升为"治理制度"。党的十九大报告的表述是"打造共建共治共享的社会治理格局"。这一次明确强调"坚持和完善共建共治共享的社会治理制度"。从治理格局上升到治理制度，制度更有全局性、长期性、稳定性和根本性。

第三，将以往的"社会治理体制"变成"社会治理体系"，而且增加了"民主协商"和"科技支撑"两个方面的内容。党的十八大要求"加快形成党委领导、政府负责、社会协同、公众参与、法治保障的社会管理体制"，在党的十七大基础上增加了"法治保障"，并把"社会管理格局"改为"社会管理体制"；党的十九大又将"社会管理体制"改为"社会治理体制"，这一次又变成"社会治理体系"，而且增加了"民主协商"和"科技支撑"。这个体系由原来的 20 个字变为 28 个字。

第四，第一次明确提出了"建设人人有责、人人尽责、人人享有的社会治理共同体"。"社会治理共同体"是在党的文献中第一次提出来的。社会共同体，马克思在经典著作中有过表述。德国社会学家滕尼斯专门写了一本《共同体与社会》，他是从社会角度研究社会共同体。习近平总书记提出了"构建人类命运共同体"，提出"建设社会治理共同体"，这是重大的理论问题，也是重大的实践问题。

以下几点和我们"百村社会治理调查"工作更有密切关系。

第五，强调了党组织领导。第一次明确提出要"构建基层社会治理新格局"，"完善群众参与基层社会治理的制度化渠道"，"健全党组织领导的自治、法治、德治相结合的城乡基层治理体系"，健全社区管理和服务机制，推行网格化管理和服务。

第六，第一次在党中央文献中提出："加快推进市域社会治理现代化。"城市范围既有市区也有乡村，要打通城乡接合部。

第七，突出提出"坚持和发展新时代'枫桥经验'"，并且把它放在"完善正确处理新形势下人民内部矛盾有效机制"的第一条。作为党中央重要文件，提到一个具体的单位、地区和机构名字的很少，这一次决定突出提出坚持和发展"枫桥经验"，意义非凡。去年6月，我们百村社会治理调查课题组到诸暨枫桥镇实地调研，开了现场会，会后形成了专题调研报告，即《关于新时代坚持和发展"枫桥经验"的建议》，习近平总书记做出了重要批示，也给其他中央领导报送了，也做了重要批示。我们的研究报告转化为中央决策的重要参考。

第八，强调"注重发挥家庭家教家风在基层社会治理中的重要作用"。这是习近平总书记多次强调过的。前两年，我们编写《中国社会治理通论》，把"家庭家教家风"作为社会治理场域的一个重要组成部分，现在看来是符合中央决策的。家庭家教家风，光说家教不行，家庭是最基本的社会治理单元，这三个"家"是很重要的。

第九，突出提出"完善农村留守儿童和妇女、老年人关爱服务体系"。中国必须走城乡共同繁荣、共同发展、共同富裕的道路。有的地方现在搞"消灭农村"的做法是错误的，一些人错误地理解中央的政策。今年7月6日，在第九届中国社会治理论坛上，我不点名地批评了一些地方盲目大拆大建，有的县规划中没有农村了。现在有不少"空心村"，这些"空心村"怎么办？这也是实施乡村振兴战略中必须妥善解决的严重问题。

第十，突出提出"健全充满活力的基层群众自治制度"，"着力推进基层直接民主制度化、规范化、程序化"。这个基层民主是直接民主，这是文件里直接提出来的。要有充满活力的基层自治。

第十一，突出提出"推进中华优秀传统文化传承发展工程"，这包括一些古镇、古城、古村落。

第十二，提出"完善城乡公共文化服务体系，优化城乡文化资源配置，推动基层文化惠民工程扩大覆盖面、增强实效性，健全支持开展群众性文化活动机制，鼓励社会力量参与公共文化服务体系建设"，"推动社会治理和服务重心向基层下移，把更多资源下沉到基层，更好提供精准化、精细化服务"。

党的十九届四中全会，指明了完善我们国家制度和国家治理体系的根本方向，对我们开展乡村振兴与社会治理的调查工作具有十分重要的指导意义，我们要很好地学习领会中央精神，在实际工作中认真贯彻落实。

二、认真总结工作，肯定成绩，查找不足

百村社会治理调查项目是 2016 年酝酿，2017 年启动，可以说具有相当的前瞻性。在各方面的关心、参与和支持下，项目组做了大量工作。总的来看，我们的项目进展是顺利的，我们要逐步推进，不断取得新成效。三年来已启动了三批，覆盖 23 个省市，涉及 66 个村，其中有 11 个村的调研结项了，其他项目正在推进。目前社会治理调查形成了 9 个结项成果，质量都比较高，特别是耿向东同志负责的南门村，感觉做了很多工作，非常扎实，要形成一本著作。章飞燕同志的《乡村治理与当代村落基层构建》也写得不错。还有几篇，成果都很好。我们已有 60 多篇调研报告和智库研究成果，还有 5 本书进入了出版流程，形成一批数据。前面已经讲过，我们的标志性成果就是《关于新时代坚持和发展"枫桥经验"的建议》，产生了很好效果。还有 6 篇决策咨询报告通过《社会治理研究与建议》上报。这次研讨会有 12 篇论文，我看标题、框架、内容，都达到了一定水准。

　　刚才，首席专家萧放讲的"四个坚持"，我认为既是我们工作的进展，又是我们的经验：坚持规划先行，工作有序开展；坚持完善机制，稳步推进工作；坚持智库建设与学科建设双轮驱动；坚持调研工作与做好社会服务相结合，提升乡村治理水平。我们要好好总结工作经验。通过三年的工作，形成了一个热心于乡村社会治理调查的团队，在座30多位专家，来自二三十个单位，把我们的团队建立起来了，这不是三年两年就能搞完的。我原来的设想是持续地开展下去，说是百村社会治理调查，实际上可以不止百村，所以，这三年的工作应该予以充分肯定。

　　存在什么问题和不足呢？刚才大家讲了，有这么几个方面。

　　第一，工作进展不平衡，参差不齐。有的项目，如杨共乐同志负责的枫桥研究，产生了重大成果；洪大用同志和黄家亮同志负责的定州市翟城村研究等，也产生了较高质量的研究报告。但是，有的项目进展不够理想，没有按照原来的计划取得进展，有的还没有产出什么成果，有的产出的成果质量也不够高。

　　第二，有些调查项目工作不够深入。我们原来的设想是要采取田野调查法、比较法，多搞一些现场录音、视频，收集数据资料，现在看这方面工作很薄弱。调查问卷要保留原始资料，这是抢救性的，有些地方，现在还有原始资料，今后可能就没有了。我们的调查要深入乡村、深入农户和人群。

　　第三，调查成果不够多。品牌效应还没打出来。别人学习我们搞百村调查，人家抢先，人家品牌做得比我们还要好。过去费孝通先生等一些社会学家有好多村庄调查，收效大，作用大，我原来也想在新形势下推进基层社会治理调查，解剖一些乡村变化，从中看出趋势性东西，搞个品牌出来，现在这个品牌还没有形成。说起来很容易，但是做起来不容易。特别是作为国家社会科学基金重大委托项目，我们现在还有所差距，结项了不等于任务完成好了。我们的信息库建设中，这方面数据没有充分发挥作用。要把百村社会治理调查数据收集好、存储好、运用好、挖掘好。

三、坚守初心，增强信心，继续高质量地做好
百村社会治理调查工作

第一，加深认识，提高站位。我们这个调查项目的初心是服务于党和国家的决策，服务于国家实施乡村振兴战略，也服务于学校学科建设，包括社会学、公共管理学、历史学、交叉学科建设。我们要提高政治站位，增强使命感，以贯彻党的十九届四中全会精神为动力，继续坚守初心、不负使命。原来我们设想这个项目服务于推进社会治理现代化，调查工作必须着眼于乡村的历史变迁、现状、成就、问题、矛盾，把乡村干部群众提出的新想法、新建议、新经验整理出来，能够看出当代中国农村变迁历史、现状及其发展趋势。下一步工作还是要坚持原来的想法。论文汇编中鞠熙写的一篇论文《一年一度的村落——空心化村中的共同体何以可能》写得很好，邵凤丽写的《裴氏家训促进乡风文明建设的路径》，还有高忠严写的《乡村振兴视野下的村规民约实践与现代化转型》，这几篇文章我看大体符合我们原来的设计。我希望其他的村落调查也这样做。

第二，分类指导，稳步推进。可以分三类情况：第一类，已经结项的，再巩固提高；第二类，还没有做的，或者做得不够的，还没有结项的，要抓紧时间按照今天会议的要求做好；第三类，适时适量开展新的项目，校内外有意愿、有能力做项目的，可以适当增加一些布点，原来计划三年做 100 个村，现在看要区别不同类型推进，关键是要保证质量，产出高质量成果。

大家讨论时提出了一个共性问题：怎么写决策咨询研究报告？大家感觉这个问题比较难，确实咨询报告很难写。写好咨询报告，一定要把主题抓住，把特色选准，主线明确，布局合理。写清楚项目调查背景，无外乎就是历史、现状、问题，调查对象有什么特色，变化得为什么好，做了哪些工作，效果是什么，好的原因是什么，如果是差的，差的原因是什么。写决策咨询建议，要考虑有普遍意义的做法。我建议抓紧时间组织队伍写一篇综合性的咨询建议，就是中国特色社会主义制度和治理体系在农村的实践及其启示。杨共乐同志刚

才讲了"两性"：重新认识中国乡村的重要性和独特性。要抓住新时代赋予的机遇，从中国特色社会主义制度和道路的角度来思考乡村治理，形成综合性研究成果。可以深入研究搞好乡村治理的必要性。我们绝不能走消灭农村的道路，这是违反中央精神的，可以把现在违反中央精神的做法梳理下来，加以分析。农业农村部有一个调研组，调研25个省市262个村，调查发现乡村治理存在五大问题，并提出五大建议，就很好，要善于学习别人写成调查报告的经验。好的调查报告可以向上报，也可以向省市报。能否报就看你的水平了。有的可以公开发表，我们《社会治理》杂志已开辟一个"社会咨询"专栏。

调研成果可以是多方面的，有研究报告、论文、著作、视频，现在已经有了9个结项报告，要做好汇编出版工作，传播到社会上去，传给后人，要长远考虑，不只是完成主项。有的是可以单独出版，像南门村变迁的调查，可以单独出一本书，有的可以把几个村的研究成果放在一起出版。有的搞论文汇编，作为一个系列，要注意分批次推出多样化成果。有的可以内部发行，有的可以公开出版。有的在报纸上、刊物上发表。还要做好数据库建设工作，我们要留下一批数据、资料、图片，刚才你们参观的展览，那就很珍贵。

第三，面向中国实际，助推社会治理实践。我们这次会议上，同北京市朝阳区文旅局商议开展合作，可以开现场会，可以选定一个好的题目合作调研，也可以在朝阳区建立调研基地。非物质文化遗产的调研，传统村落、古镇、传统文化怎么和当前社会治理结合起来，也是一篇大文章。撰写论文，开发教学案例，也是一种调研成果。中国特色社会主义社会学要扎根中国，这样才能有生命力。中国社会学研究要有一个大的转变才行，绝不能"言必称希腊"，西方社会学中好的东西我们要研究、借鉴，但是绝不能"言必称西方"。中国社会学发展的出路在中国特色社会主义理论研究与实践，扎根在中国大地上，包括学科建设、学术研究。要开拓合作伙伴，与省市地方应该有更多合作，要走向更广阔领域。

第四，加强团队建设，培养更多人才。在萧放教授的带领下，鞠熙、贺少雅二位很辛苦，组织、协调、服务，做了大量工作。要有相对稳定的队伍，如果人员不够，可以招聘百村社会治理调查人员，我们中社院的博士后、博士生都可以参与这项调研工作。我们要吸收国内外的、各个方面愿意参加这项调查的机构和人员，有志于加入我们调研活动的都可以吸收，高校、研究机构、智库的人愿意参加，都可以吸收。这可以锻炼干部、培养人才。我们要形成一个核心团队、外围团队，形成一个相对稳定的、高效的队伍。经费上，我们会给予必要的保障。

希望大家凝心聚力、再接再厉、砥砺奋进，争取把百村社会治理调查工作做得更好，为坚持和发展中国特色社会主义制度，推进国家治理体系和治理能力现代化，做出我们应有的贡献。

服务提高改革决策水平　推进国家治理现代化[*]

（2021 年 5 月 13 日）

五年前，习近平总书记在哲学社会科学工作座谈会上指出："面对改革进入攻坚期和深水区、各种深层次矛盾和问题不断呈现、各类风险和挑战不断增多的新形势，如何提高改革决策水平、推进国家治理体系和治理能力现代化，迫切需要哲学社会科学更好发挥作用。"这一重要论述，从坚持和发展中国特色社会主义的全局高度，深刻分析了新时代全面深化改革面临的形势与任务，也为哲学社会科学在新的历史条件下助推全面深化改革指出了明确方向和要求，对哲学社会科学服务提高改革决策水平、推进国家治理体系和治理能力现代化寄予殷切厚望，具有十分重要的指导意义。

五年来，我国广大哲学社会科学工作者，认真学习领会和贯彻落实习近平总书记重要讲话精神，不负使命与重托，为全面深化改革、提高改革决策水平、推进国家治理体系和治理能力现代化，做出了积极贡献；坚持以习近平新时代中国特色社会主义思想为指引，解放思想、实事求是、与时俱进、求真务实，深入研究和回答全面深化改革面临的一系列理论和实践问题，深入研究和阐述推进国家治理体系和治理能力现代化的体制机制与领导本领，积极为党和人民述学立论、建言献策。特别是近些年一批国家新型高端智库快速成长壮大，紧紧围绕党和政府决策需求，倾听人民群众呼声，深入实际调查研究，产生了大批有见地、有价值、有质量、有操作性的智库研究成果，为相关改革决策和政策举措出台提供了重要依据与智力支持。

---

* 本文主要内容发表于《光明日报》，2021 年 5 月 13 日。

党的十八大以来，在习近平总书记亲自指挥下，党中央以前所未有的决心和力度，冲破思想观念束缚、冲破利益固化藩篱，推动改革理论创新、制度创新、方法创新，推动许多领域实现历史性变革，各方面共推出 2400 多个改革方案，全面深化改革取得历史性伟大成就，许多改革思路、改革方案都凝聚了广大哲学社会科学工作者的智慧和心血。社会科学界围绕贯彻新发展理念，全面建成小康社会各项要求，统筹推进"五位一体"总体布局、协调推进"四个全面"战略布局，打好化解重大风险、精准脱贫、污染防治攻坚战，提高各级领导干部抓改革、促发展、保稳定的决策力、执行力、组织力、协同力，阐发创新理论观点、服务党政决策、引导社会舆论、提高智力支持。我所在的北京师范大学中国教育与社会发展研究院，近几年认真履行国家高端智库职能，不仅积极承担中央宣传部国家高端智库理事会下达的研究任务，主动地接受党中央、国务院有关部委委托的研究课题，还坚持围绕推进教育现代化和社会治理现代化自行立项研究改革和发展中的重点问题、热点问题，五年来产生了 260 多项重要决策咨询研究成果，有许多成果受到了党和国家领导人的重视，被吸收到中央或有关部门政策法规文件中，对推进相关方面改革发挥了重要作用。在服务和推动改革的伟大实践中，许多科学理论研究和智库研究工作者得到快速成长，我国哲学社会科学工作人才队伍不断壮大，质量也明显提高。

全面深化改革是坚持和完善中国特色社会主义、推进国家治理体系和治理能力现代化的重大任务，是新发展阶段全面建设社会主义现代化国家的必然要求，必须义无反顾、坚定不移。与过去相比，全面深化改革又到了一个新的关头，在新的形势下面临许多新情况新问题。从国内看，改革仍处于攻坚期和深水区，各种深层次矛盾和问题不断呈现；我国进入新发展阶段，贯彻新发展理念、实现高质量发展，经济社会结构快速演变，新老矛盾交织叠加，对改革提出了许多新要求。从国外看，世界百年未有之大变局加速演进，全球进入动荡变革期，不确定不稳定性增强。百年不遇的新型冠状病毒感染疫情还在许多国家蔓延，其发展趋势对世界各国和对我国的影响尚难预料。特别是以信息化为代表的新一轮科技革命深入发展，引发了许多新的经济社会问题，增加了国家治理的难度。这些都要求我们在推进改革的过程中，必须更加注重提高改革的科学性、预见性、效能性，必须更加注重改革的系统性、整体性、协同性，必须更加注重改革理论准备充分、政策举措得当、方法步骤缜密。这样，才能使有关改革措施取得预期的成效，经得起实践和历史的检验，才能推动各方面制度更加成熟更加定型，也才能不断推进国家治理体系和治理能力现代化。这些，都需要更大的勇气、智慧和本领。

在全面建设社会主义现代化国家新征程中，我们哲学社会科学工作者一定要更加深刻领会和坚决贯彻落实习近平总书记重要讲话精神，不负重托、不辱使命，在理论研究和决策咨询工作中，更好地为不断提高改革决策水平、推进国家治理体系和治理能力现代化做出积极贡献。要紧紧围绕坚持和完善中国特色社会主义根本制度、基本制度、重要制度，并将显著制度优势转化为治理效能，紧紧围绕全面增强党的执政本领和各级领导班子、广大干部适应新时代要求，抓改革、促发展、保稳定的基本素质和能力，积极服务和推动理论创新，深入研究我国改革发展稳定重大理论和实践问题，帮助各级干部提高学习力、决策力、创新力、协调力、组织力、落实力和驾驭风险力，确实做到政治过硬、本领高强。为此，要坚持以马克思主义和马克思主义中国化成果特别是习近平新时代中国特色社会主义思想为指导，自觉运用马克思主义立场、观点、方法观察、分析、研究和解决深化改革中的各种矛盾和问题，坚决抵制各种错误言论和主张。要坚持以人民为中心，聚焦人民需求和愿望，尊重群众首创精神，回应群众关切。要坚持问题导向，紧紧围绕深化改革、推进国家治理现代化中的理论问题、实践问题，深入调查研究，提出有针对性、有价值的创新思想、创新观点、创新方法、创新方案。要加强对改革发展的实践总结，从中发现新事物、新经验、新做法，挖掘新材料、提炼新观点、构建新理论，概括出有规律性的新实践。提高服务改革决策水平，助推国家治理体系和治理能力现代化，关键是要全面提高自身素质，坚定理想信念，崇尚"士以弘道"的价值追求，真正把做人、做事、做学问统一起来，做真善美的追求者和传播者，不畏艰辛，自强不息，努力在为祖国为人民立德立言、献计献策中成就自我、实现价值。

深刻认识和把握重大新思想新论断[*]
——学习习近平总书记"七一"重要讲话的认识和体会

<u>（2021 年 7 月 8 日）</u>

    我作为一名拥有 56 年党龄的老党员，参加了党中央举办的庆祝中国共产党成立 100 周年的系列活动，包括 6 月 28 日晚上在国家体育馆观看文艺演出《伟大征程》、7 月 1 日在天安门城楼上参加中国共产党成立 100 周年庆祝大会、7 月 1 日下午至 7 月 2 日参加中央举办的庆祝中国共产党成立 100 周年理论研讨会，感到很荣幸、很高兴、很亲切，也很受教育、很受鼓舞、很受鞭策。近一段时间，我认真学习了习近平总书记在庆祝中国共产党成立 100 周年大会上的重要讲话精神，下面谈几点初步认识和体会。

一、充分认识学习习近平总书记重要讲话的重大意义

    习近平总书记"七一"重要讲话，在中国共产党百年华诞的重大时刻和"两个一百年"历史交汇的关键节点，回望光辉历史、擘画光明未来，是一篇马克思主义纲领性文献，是新时代中国共产党人不忘初心、牢记使命的政治宣言，是我们党团结带领人民以史为鉴、开创未来的行动指南。我们要把学习贯彻"七一"讲话精神作为当前和今后一个时期的一项重大政治任务，精心安排部署。要提高学习的自觉性、主动性，通过学习，深刻领会和把握讲话的重大意义、丰富内涵、核心要义、实践要求，切实把思想和行动统一到讲话精神上来。这样，才能坚定理想信念、坚定方向道路、坚定使命担当、坚定奋进新时

---

* 本文系在中国行政体制改革研究会学术委员会会议上的发言。

代目标信心。

二、深刻领会和把握习近平总书记讲话一系列新的重大思想、重大观点、重大论断

习近平总书记重要讲话贯穿辩证唯物主义和历史唯物主义的世界观、方法论，提出了一系列新的重大思想、重大观点、重大论断，揭示了许多深刻道理。我们特别要深刻认识和把握以下十个方面。

一是深刻认识和把握"实现中华民族伟大复兴进入了不可逆转的历史进程"的重要论断。第一个百年奋斗目标已经实现，在中华大地上全面建成了小康社会，历史性地解决了绝对贫困问题。全面建成小康社会是中国共产党历史、中华人民共和国发展史、中华民族伟大复兴史上的一个重要里程碑，为全面实现国家现代化和中华民族伟大复兴奠定了雄厚基础，迈出了决定性的一大步，这个历史大趋势不可逆转。我们党正带领全党、全国人民，开启迈向第二个百年奋斗目标的新进程，即实现中华民族伟大复兴。我们还要从"三个深刻改变"来深入理解"不可逆转"的历史进程。习近平总书记在讲话中指出"三个深刻改变"："深刻改变了近代以后中华民族发展的方向和进程，深刻改变了中国人民和中华民族的前途和命运，深刻改变了世界发展的趋势和格局。"这既是对中国百年历史进程的科学论断，也是对中国实现未来发展目标的必胜信心。

二是深刻认识和把握"伟大建党精神"。习近平总书记指出："一百年前，中国共产党的先驱们创建了中国共产党，形成了坚持真理、坚守理想，践行初心、担当使命，不怕牺牲、英勇斗争，对党忠诚、不负人民的伟大建党精神，这是中国共产党的精神之源。"这32个字思想丰富，意蕴深刻，在党的百年历史上首次做出这样的精辟概括，需要加深学习和理解。党的伟大建党精神是我们的宝贵精神财富，是共产党人鲜明政治品格和风骨的生动结晶，是战胜一切艰难困苦和风险挑战的精神支柱和强大动力。我们要永远把伟大建党精神继承

下去、发扬光大。

三是深刻认识和把握中国共产党一百年来的主题。习近平总书记指出："中国共产党一经诞生，就把为中国人民谋幸福、为中华民族谋复兴确立为自己的初心使命。一百年来，中国共产党团结带领中国人民进行的一切奋斗、一切牺牲、一切创造，归结起来就是一个主题：实现中华民族伟大复兴。"这里精辟概括了建党的初心使命和百年进程。我们党诞生之际，中华民族正处于危难境地，复兴中华民族是党的神圣使命。我们党始终紧紧围绕这个主题矢志不渝地奋斗，不怕牺牲，勇敢创造，不愧为中国工人阶级的先锋队、中国人民的先锋队、中华民族的先锋队。

四是深刻认识和把握马克思主义与中国实际相结合的新论断。习近平总书记讲："以史为鉴、开创未来，必须继续推进马克思主义中国化。马克思主义是我们立党立国的根本指导思想，是我们党的灵魂和旗帜。""坚持把马克思主义基本原理同中国具体实际相结合、同中华优秀传统文化相结合，用马克思主义观察时代、把握时代、引领时代，继续发展当代中国马克思主义、21世纪马克思主义。"这要深入联系习近平总书记在党的十八大之后关于"文化自信"的系列论述来加深理解。"两个相结合"的论述，把马克思主义中国化的境界提高到新高度，更加增强文化自信。我们要更加自觉运用马克思主义立场、观点、方法，深入挖掘、研究中华优秀传统文化，完善和发展中国特色社会主义。这里还提出一个重大论断："中国共产党为什么能，中国特色社会主义为什么好，归根到底是因为马克思主义行！"这里深刻揭示了我们党百年进程的真谛精髓和成功奥秘，进一步说明了马克思主义作为我们党灵魂与旗帜的真理性、科学性、引领性。中国共产党和中国特色社会主义以马克思主义及其不断创新的中国化理论成果为根本指导思想，这是指引前进方向道路的灯塔。用马克思主义的真理光芒照耀我们前行的路，就一定会不断取得新胜利。

五是深刻认识和把握以人民为中心思想的新论述。习近平总书记说："江山就是人民，人民就是江山。""中国共产党始终代表最广大人民根本利益，与人民休戚与共、生死相依，没有任何自己特殊的利益，从来不代表任何利益集团、任何权势团体、任何特权阶层的利益。""践行以人民为中心的发展思想，发展全过程人民民主，维护社会公平正义。"这里提出的我们党不代表任何"集团、团体、阶层"利益，是突出我们党的性质、宗旨，更有时代性、针对性、鲜明性；这里提出"发展全过程人民民主"的思想观点，彰显中国特色社会主义民主从理念到实际、从形式到内容、从过程到结果的统一性、完整性、实效性，更加充分体现"以人民为中心""人民至上"的思想，是对民主理论的重大贡献。

六是深刻认识和把握"创造了中国式现代化新道路""创造了人类文明新形态"的新思想、新论断。习近平总书记在"必须坚持和发展中国特色社会主义"这一"以史为鉴、开创未来"的经验启示中说："我们坚持和发展中国特色社会主义，推动物质文明、政治文明、精神文明、社会文明、生态文明协调发展，创造了中国式现代化新道路，创造了人类文明新形态。""创造了中国式现代化新道路"，这是一个重大论断，既强调中国实现现代化要走符合自己国情的道路，也突显中国式现代化道路的世界意义。习近平总书记讲过，中国式现代化有五大特征，即人口最多的现代化、全体人民共同富裕的现代化、物质文明和精神文明协调发展的现代化、人与自然和谐共生的现代化、和平发展的现代化。这些是中国式现代化新道路的显著特征。提出"创造了人类文明新形态"，这在我们党和国家文献中还是第一次。我们在坚持和发展中国特色社会主义过程中，推动物质文明、政治文明、精神文明、社会文明、生态文明协调发展，创造了人类文明新形态，即人类文明更丰富、更高级的形态，这个重大论断升华了对人类文明形态的认识，对推进未来中华文明发展乃至世界文明发展，具有重大和深远的意义。

七是深刻认识和把握"不断推动构建人类命运共同体"的新思想新观点。习近平总书记指出："中国共产党将继续同一切爱好和平的国家和人民一道，弘扬和平、发展、公平、正义、民主、自由的全人类共同价值。"在当前的国际环境下，构建人类命运共同体的思想更加重要。构建人类命运共同体必然有人类的共同价值追求。这里提出 12 个字的人类共同价值，丰富了"人类命运共同体"的内涵，既高高举起了人类共同价值的旗帜，又与西方所谓"普世价值"明确划清了界限。

八是深刻认识和把握敢于斗争、善于斗争的重要论述。"以史为鉴、开创未来"，必须进行具有许多新的历史特点的伟大斗争。理论和实践都证明，这个论断高瞻远瞩，非常正确。新的征程上，我们必须增强忧患意识、始终居安思危。要统筹发展与安全、统筹中华民族伟大复兴战略全局和世界百年未有之大变局，深刻认识我国社会主要矛盾变化带来的新特征新要求，深刻认识错综复杂的国际环境带来的新矛盾新挑战，敢于斗争、善于斗争，勇于战胜一切风险挑战。只有这样，我们才能永远立于不败之地。

九是深刻认识和把握新时代中国共产党"勇于自我革命"的重要论述。要不断推进党的建设新的伟大工程。习近平总书记强调："坚定不移推进党风廉政建设和反腐败斗争，坚决清除一切损害党的先进性和纯洁性的因素，清除一切侵蚀党的健康肌体的病毒，确保党不变质、不变色、不变味，确保党在新时代坚持和发展中国特色社会主义的历史进程中始终成为坚强领导核心。"以前讲过"不变质""不变色"，这次又加上"不变味"，更加表明在新形势下反对腐败的警惕性、坚定性。"勇于自我革命"是中国共产党区别于其他政党的显著标志，以"勇于自我革命"推动社会革命不断取得成功，是党的建设一条十分重要的经验。

十是深刻认识和把握踏上"新的赶考之路"的重要观点和论断。习近平总书记说："过去一百年，中国共产党向人民、向历史交出了一份优异的答卷。现在，中国共产党团结带领中国人民又踏上了实现第二个百年奋斗目标新的赶考之路。"这里强调，中国共产党赶考始终在路上，任何时候任何情况下绝不能有丝毫的麻痹松懈。我们要坚决响应习近平总书记代表党中央发出的号召：牢记初心使命，坚定理想信念，践行党的宗旨，不懈努力，为党和人民争取更大光荣。

以上是我初步学习"七一"讲话后，认识到的新的重大思想、重大观点和重大论断，讲话中还有许多新思想、新论述、新要求，都需要认真学习、深刻领会、准确把握。

三、切实用习近平总书记"七一"重要讲话精神武装头脑、指导工作

我们要按照中央办公厅通知的要求，把学习习近平总书记"七一"重要讲话精神作为理论武装工作的重中之重，作为党史学习教育的核心内容，组织专题学习和研讨，吃透精神实质，把握核心要义。首先要逐字逐句学懂弄通原文，同时学习报刊上的阐释文章，参加学习报告会，开拓学习思路，提高认知水平。要坚持理论联系实际的学风，在教学、科研、决策咨询工作中深化研究阐释，推出有深度的研究成果，把学习成果转化为奋进新征程、建功新时代的实际行动。

第四篇

咨政建言献策

——服务党政决策与政策制定

魏礼群在审阅内刊——
《北京师范大学社会治
理研究与建议》。

2018年5月10日，"诚信点亮中国"全国巡回活动启动仪式暨青年诚信建设推进会在
北京师范大学举行。左二魏礼群，右二董奇，左一赵秋雁。

关于"彩烛工程"小学校长培训公益项目的报告 *

（2013 年 7 月 18 日）

2012 年 12 月 30 日，习近平总书记在河北省阜平县考察扶贫开发工作时的讲话中指出，治贫先治愚。要把下一代的教育工作做好，特别是要注重山区贫困地区下一代的成长。下一代要过上好生活，首先要有文化，这样将来他们的发展就完全不同。义务教育一定要搞好，让孩子们受到好的教育，不要让孩子们输在起跑线上。古人有"家贫子读书"的传统。把贫困地区孩子培养出来，这才是根本的扶贫之策。

为贯彻落实习近平总书记重要讲话精神，中国西部人才开发基金会联合国家开发银行、北京师范大学中国社会管理研究院共同发起实施"彩烛工程"西部地区小学校长培训公益项目，旨在以西部地区小学校长这一群体为培训对象，力争达到"培训一名校长，提升一所学校，带动一个地区"的效果。从 2012 年 2 月至 2013 年 7 月，已在北京师范大学举办 4 期培训班，每期培训班 7~10 天，为四川省泸州市古蔺县以及贵州省遵义市务川县、正安县、道真县培训小学校长 185 名（据调查，这些小学校长绝大多数是第一次到北京），取得很好的社会效应、教育效应和人才效应，得到西部贫困地区广大干部群众特别是教育工作者的普遍好评和高度赞扬。

一、"彩烛工程"缘起

中国西部人才开发基金会（以下简称基金会）是顺应国家西部大开发战

---

* 本文系向国务院报送的报告，得到了国务院领导的重要批示，推动了相关实际工作。

略而成立的全国性公募基金会，宗旨是支持西部地区和为西部地区服务的人才培养与培训，为西部大开发提供人才和智力支持。自 2006 年成立以来，基金会围绕西部大开发实施了一系列卓有成效的公益项目，既有创业型的"泛海扬帆——大学生创业行动""春雨工程——农村致富带头人培训项目"，又有素质型的"中国 MBA 师资开发及办学能力建设计划""中国石油西部人才开发工程"，也有基础型的"山村教师公益计划""小学生营养午餐工程""务工者暖春行动"等。其中，"中国 MBA 师资开发及办学能力建设计划"是国务院副总理马凯同志提倡和关心的国际合作项目；"中国石油西部人才开发工程"得到新疆维吾尔自治区党委书记张春贤同志的关注和重视。在扶持西部人才开发的过程中，我们充分认识到，教育是太阳底下最光辉的事业，教师是人类灵魂的工程师，而校长既是教师，又是教师的管理者，在基础教育中扮演着关键角色。

国家开发银行（以下简称国开行）是国有商业性银行，近年来，在支持国家经济建设的同时，积极支持基础教育发展。2012 年投入教育贷款 1071 亿元。其中，高中教育 245 亿元，职业教育 87 亿元，教育基础设施 410 亿元，助学贷款 329 亿元。与此同时，国开行扎实履行社会责任，参与公益事业。仅此次举办"彩烛工程"就捐助 400 万元。

为切实有效发挥"彩烛工程"的作用，形成品牌效应，基金会与国开行组织人员多次赴四川、贵州等贫困山区调研，深入山村学校了解情况，组织小学校长研讨培训内容，把培训工作建立在实际需要的基础之上，做到有的放矢。贵州省务川县砚山镇毛田村小学蒋雪松校长说："和城里的孩子、东部地区的孩子相比，在学校的硬件设施、师资水平和成长环境方面，我们偏远山区的孩子从小就输在了起跑线上；可就让我们永远戴着这顶贫穷落后的帽子，我们不甘心。"像蒋雪松这样边远贫困山区的小学校长，提升业务水平的需求十分迫切，提高教育质量的愿望格外强烈。针对西部地区的教育现状和实际需求，我们精心设计、细心组织，共同实施了"彩烛工程"西部地区小学校长培训公益项目，并且先期在国开行 6 个定点扶贫县展开。

二、"彩烛工程"效果与启示

为做好"彩烛工程"项目，基金会、国开行和北师大为参训学员设计了丰富的课程菜单，由学员点菜确定最想学的课程，邀请国内顶尖教育专家授课，先后开设了"校长领导力提升""新课程标准下的校长责任""班主任管理艺术""基于学生成长规律的育人策略""教师心理工作坊""教育故事分享"等课程，安排到北京师范大学亚太实验学校、北京市朝阳区芳草地国际学校、门头沟大峪二小、崇文小学等学校参访交流，重点针对校园安全、留守儿童关爱、教师激励、校园文化建设等议题进行结构式研讨。此外，还安排时间让学员亲身感受北京浓厚的文化氛围，这对一些第一次到首都的学员来说，将成为终生难忘的美好记忆。

学员普遍反映此次培训获益良多，并且表示，回去后一定要把所学经验和方法转授给学校的老师，积极运用到实际教学和管理中。校长们在培训感言中写道："走出大山，才知道天有多高，地有多宽"；"切合实际的面对面交流、沟通，很有指导意义，具有可操作性，看得见，摸得着"；"来时空空如也，走时满载而归。脑海里又融进了不少新的思想、新的观念。虽谈不上是脱胎换骨，但一定会使我受益终身"。

实施"彩烛工程"，我们总结有三点启示。

一是根据需求，设计项目。公益资金，来之不易。把善款用在最需要的地方，是做好社会公益事业的基本要求。"彩烛工程"瞄准的就是西部贫困山区的小学校长，让中国最基层的小学校长和中国最优秀的师范大学结对子，本身就是"雪中送炭"、促进公平的举措。选准对象，更要聚焦内容。我们精心设计了培训需求问卷和课程评估问卷，让校长对自己"学什么""怎么学"有充分的选择权，可以说，学的都是解渴的、对基层有用的、跳一跳就能够得着的。

二是创新方式，力求实效。"彩烛工程"充分考虑培训的实效性，设计了多样化的培训方式，既有课堂讲授、互动问答，也有学校参访、校长对话，还有结构研讨、经验交流；既有能力型的"校长领导力提升"课程，也有最棘手的校园安全和留守儿童关爱研讨。教学相长、学学相长、用学相长，让学员对培训产生兴趣，乐意去观察、聆听、交流、学习。值得一提的是，我们组织了贵州务川、正安、道真三县共三期混合编班，每县 15 名学员，倡导他们每县一名校长，三人成行，架起桥梁，以便培训后开展对接交流、资源共享等活动。

三是以人为本，贴心关爱。公益事业就是要以情感人，用爱扶人，用心育人。来自西部偏远山区的学员们，虽然离家千里，却有着宾至如归的感觉。基金会、国开行和北师大把"尊师重教"的理念贯穿培训的始终，悉心安排照顾，真诚提供服务。并且还精心制作图文并茂的培训纪念画册，在学员们离京之前就发放到手。教育是爱的奉献与传递。"彩烛工程"带给小学校长的不仅仅是知识的更新和能力的提升，更是智慧的觉醒和爱心的传承。

三、下一步打算和建议

鉴于"彩烛工程"的巨大社会效果，国开行领导表示将以更大的资助力度，进一步把这个公益项目做实做大；北京师范大学等有关单位也将予以更大的支持。我们将认真总结实践经验，着力在三个方面下功夫。

一是继续"走出来"。今年下半年，将面向重庆市黔江区和秀山土家族苗族自治县举办两期培训班，再举办一期四川古蔺培训班，力争把国开行 6 个扶贫县的优秀校长轮训一遍。针对确有潜力的小学校长，我们将争取为他们提供到东部地区挂职锻炼的机会，真正培育出名校长，让他们在贫困山区起到示范带头作用。

二是探索"请进去"。公益资金是有限的，大规模"走出来"不现实。我们将积极探索以"送教下乡"的方式，把名校名师请进贫困山区，让当地更多的校长、老师，同样能够接触到最优质的教育资源和最先进的教育理念、方法。在"请进去"的同时，进一步调研地方需求，探索策划更多帮扶活动。

三是扩大受益面。在国开行六个扶贫点深耕细作的基础上，我们将以小学校长为帮扶重点，探索建立扶持基础教育的机制。如果有可能，我们将动员更多爱心企业，把公益事业与扶贫开发结合起来，把"彩烛工程"的好经验、好模式推广到西部其他地区，让更多的农村地区、偏远地区、民族地区和薄弱学校的小学校长获得培训提升，让更多的山村娃娃受益，更好地服务西部大开发。

为了把"彩烛工程"办得更好，使西部地区基层小学校长培训取得更大的成效，我们建议教育部以适当方式关心和支持这个公益工程。

关于加快青年信用体系建设的建议 *

（2015 年 5 月 28 日）

为深入贯彻落实《中共中央关于加强和改进党的群团工作的意见》和习近平总书记关于共青团工作的系列重要指示精神，我们认为加快青年信用体系建设至关重要。最近，我们课题组分别征求了国家发展改革委、共青团中央和清华大学、北京师范大学等部门、高校，以及金融机构、大数据公司和专家学者的意见，并深入北京、广东等青年志愿者服务平台建设较好的地区进行实地调研，开展问卷调查，形成如下报告和建议。

一、加快青年信用体系建设意义重大

我国是青年人口大国，广大青年的健康成长成才关系着国家经济社会发展全局和中华民族伟大复兴中国梦的实现。而加强青年信用体系建设，对于贯彻党中央的战略部署，引导、推动青年健康成长成才和发挥重要作用具有重大意义。

1.加快推进青年信用体系建设，是贯彻落实党中央、国务院建设社会信用体系战略部署的关键。党中央、国务院高度重视社会信用体系建设。党的十八届四中全会明确提出，要"加强社会诚信建设，健全公民和组织守法信用记录，完善守法诚信褒奖机制和违法失信行为惩戒机制"。国务院已颁发《社会信用体系建设规划纲要（2014—2020 年）》，对加快建设社会信用体系作出全

---

*　本文系担任北京师范大学"青年信用体系建设研究"课题组首席专家形成的研究报告，课题组组长：赵秋雁；主要成员：刘钢、谢琼、陈鹏等。党中央多位领导在此研究报告上做出了重要批示。

面部署。青年是当代社会的主力军，是国家的未来，青年时期也是人生观、价值观形成的关键时期，青年诚信，则人生诚信、社会诚信。因此，青年信用体系建设是社会信用体系建设的重要关键性工程。以加快青年信用体系建设为突破口，借助青年的关键性、成长性和延展性，有利于逐步建立全民诚信体系和全国统一的信用体系。这是贯彻和落实党中央战略部署、建设"信用中国"的重要环节。

2.加快推进青年信用体系建设，是推动青年践行社会主义核心价值观的重要举措。青年群体思想活跃、创造力强，但容易受外界影响。近些年，青年群殴、抢劫、杀人甚至参加暴乱等事件频发，反映了部分青年价值观错乱、是非不清、政治立场不坚定等问题。习近平总书记强调，青年的价值取向决定了未来整个社会的价值取向。加强社会道德建设，青年是关键，青年讲诚信、讲道德将会形成强大的社会力量和带动作用，促进全社会自觉遵守心中的道德律令。青年信用体系建设通过不间断地记录青年的正面与负面信息、评价青年的诚信状况，引导青年注重品行、自我约束，有利于促进青年自觉践行社会主义核心价值观。

3.加快推进青年信用体系建设，是增强团组织凝聚力和影响力的重要抓手。《中共中央关于加强和改进党的群团工作的意见》强调，新形势下，党的群团工作只能加强，不能削弱；只能改进提高，不能停滞不前。习近平总书记也提出共青团工作必须解决好"提高团的吸引力和凝聚力、扩大团的工作有效覆盖面"两大战略性课题。建设青年信用体系，通过整合大量资源，帮助青年在求学、就业、创业、婚恋、融资、消费等方面获得信息，吸引更多优秀青年加入团组织和志愿者队伍，增强团组织和志愿者组织的凝聚力和影响力，扩大有效覆盖面。共青团还可以通过青年信用体系，实时了解青年的动态和需求，这有利于增强共青团工作的主动性、创造性，特别是有利于解决流动团员管理、网络舆情监督、团组织服务青年能力不足等难题。

4.加快推进青年信用体系建设，可以为青年就业创业、促进青年成长成才提供重要平台。青年是最富有创造力和潜力的劳动者，也是最容易被市场风险和社会压力击垮的脆弱者。近年来，我国就业形势日趋复杂严峻，仅 2015 年城镇新成长劳动力就有 1500 万人左右，包括高校毕业生和农村富余劳动力在内的青年成为劳动力市场的压力主体。课题组调查统计显示，赡（抚）养负担、就业、住房贷款等（占比约 77%）生活压力是击碎青年梦想的主要原因，而继续教育、技术培训、创业指导、融资等（占比约 40%）成为青年在社会帮助与指引方面亟待满足的主要需求。加快青年信用体系建设，通过信息搜集与积累，分析青年的能力、品行、性格与职业潜力等特点，在青年最需要帮助时提供精准、有效的服务，可以成为青年成长成才、实现梦想的平台。

二、加快青年信用体系建设的总体思路和主要内容及关键环节

1. 青年信用体系建设的总体思路。总体思路是：充分发挥共青团和青年志愿者的组织体系优势，汇集团员和志愿者身份、志愿服务、特长等方面信息，基于互联网和大数据思维与技术手段，汇集和交换青年消费、行为和社交等大数据信息，运用信用评价模型，多维度、动态化地记录与描绘青年的信用状况，并应用到青年求学、就业、创业、婚恋、消费、融资等方面，建立兼具正面激励和负面惩戒的社会信用体系，为青年成长成才提供帮助，并以此为基础建立团组织与青年互动的互联网平台。

2. 青年信用体系建设的主要内容。青年信用体系建设主要包括三个部分：一是信息库建设，利用互联网和大数据思维和手段开发、收集和挖掘各类相关数据，构建海量、动态、智能的青年信用基础信息库；二是评估系统建设，通过构建科学的评价标准与指标，建立青年信用状况评估体系；三是应用系统建设，开发各种信用应用产品，对青年在求学、就业、创业、婚恋、消费、融资等方面提供支持。总体上，青年信用体系建设需要满足社会的多样化需求，更重要的是满足社会的大需求。在当前"大众创业、万众创新"的时代背景下，要把服务青年创新创业作为青年信用体系建设工作的重点。

3. 青年信用体系建设的三个关键环节。一是通过各种渠道进行宣传推广，动员和吸引青年主动注册成为青年信用体系用户；二是整合企业及社会资源开发信用应用产品，基于用户的信用评估得分，为用户提供满足其切实需求的信用服务，在信用服务的过程中沉淀更多信用信息并利用自身不断积累的信息获取更多外部信用信息；三是在信用服务过程中，验证信用评估模型，并结合更多的信用信息补充和改进信用评估模型。青年信用体系建设过程中必须确保以上三个环节相互促进，从而形成良性循环，覆盖青年人群并逐步扩展到全社会人群的社会信用体系。

三、加快青年信用体系建设的可行性

1. 信息电子化和大数据技术飞速发展，为青年信用体系建设提供了可靠的技术支撑。一方面，随着移动互联网的普及，青年所产生的电子数据越来越多，仅共青团就拥有 8900 多万名团员的基础信息和 6000 多万名青年志愿者的信息，将其归集整理后便可形成初步的基础信息库。另一方面，大数据技术已经成熟，能够对散落的信息碎片进行收集、筛选和分析，提炼出与信用有关的信息，勾画出完整的"信用画像"，为青年信用评价提供全面、准确的数据支持。信息电子化和大数据技术的运用还可以使开发的应用产品更具针对性，提高青年信用体系建设的实践应用性。

2. 深入人心的"互联网 +"思维，为青年信用体系建设全面整合信用信息奠定了有效基础。目前，国内信用市场多存在"信息孤岛"、重复建设等问题。但随着"互联网 +"思维的深入人心，打破孤岛、实现信息共建共享的趋势已不可逆转。青年信用体系建设顺应此形势，以人为本，连通目前我国社会信用体系建设中的碎片信息，一方面通过主动对接其他社会信用体系服务系统，连接各个"信息孤岛"，实现信息互通，最终建立覆盖整个社会人群的社会信用体系；另一方面，与现有各类信息系统开展合作，进行数据交换，并反哺合作信息系统，促进合作信息系统自我演进。因此，青年信用体系建设，不但能避免新的"信息孤岛"出现，还能顺势整合现有资源，减少重复建设，提高社会信用体系的建设效率。

3. 社会资本积极参与协同共治，可以为青年信用体系建设提供资金保障。目前，我国征信机构提供的服务种类比较有限，尤其是针对个人信用的服务缺乏，因此，符合群体特点的信用产品开发需求旺盛、潜力巨大。同时，自 2014 年国务院出台《关于创新重点领域投融资机制鼓励社会投资的指导意见》后，众多社会资本纷纷瞄准信息等基础设施行业，蓄势待发。青年信用体系建设，既瞄准青年信用这一未来市场的"主力股"，又引领大数据产业发展，并致力于推动上下游机构合作共建，对社会资本有极强的吸引力。事实也证实，社会资本参与共治的愿望强烈。据调查了解，北京亦庄国投、中信信托、建信信托、熊猫金控、中金数据等多家有实力的投资、金融机构都表达了投资的意向。

4. 一些地方已对青年志愿者服务平台做了积极探索，为青年信用体系建设积累了重要经验。近些年，广东省大部分地市均已建立青年志愿者服务平台，实现网上青年志愿者注册、活动公告、活动计时等功能，注册志愿者有 660 万余人。深圳市青年志愿者服务平台建立了覆盖 110 万名青年志愿者的身份信息、志愿活动的数据库。北京市青年"志愿云"系统已在北京、贵州、海南等13 个省、区、市投入使用，在"志愿云"注册的志愿者已超过 800 万人，其中北京市实名注册志愿者超过 250 万人。该系统是全国唯一一个与公安部身份证信息中心联网验证的志愿者系统，具备志愿服务记录与查询、志愿服务记录异地转移接续、志愿服务组织在线管理、志愿服务需求发布和项目对接、数据统计分析等功能。这些生动的实践探索为广泛开展青年信用体系建设提供了重要经验。

四、加快青年信用体系建设的具体建议

1. 加强顶层设计，纳入国家"十三五"规划重大专项。青年信用体系建

设是一项基础性、全局性、系统性的宏大工程，必须做好顶层设计，建议按照"中央统筹、分步推进、试点先行、市场运行"的原则，由共青团中央牵头，会同国家发展改革委、工信部、公安部、教育部、人力资源和社会保障部以及各金融部门等，有计划、有步骤地推进。一是将青年信用体系建设纳入国家"十三五"规划重大专项以及全国社会信用体系建设重点工作；二是制定出台《关于建设青年信用体系的指导意见》和《青年信用体系建设规划》，立足解决整体性、长期性、基本性问题，制定科学、明确的目标和任务；三是选择基础较好的省市（如北京和广东），对重点人群（如青年志愿者）先行试点，在试点的基础上，逐步建成覆盖全社会的信用体系，并逐步实现信用数据向社会开放；四是深化研究与评估工作，由有关部门或智库按年度发布《中国青年信用发展报告》，持续评估青年信用体系建设的成效。

2. 突出建设特色，积极拓展信用应用渠道，兼顾公益性和效益性。坚持政府推动与市场运作相结合，既不能完全依靠市场化作用，也不能完全依靠政府作用，而要实现政府推动和市场化运作相结合的具有中国信用体系建设特色的模式。一方面，要充分发挥政府在收集可靠信息与市场在应用产品开发方面的优势，挖掘信用在各方面的市场需求，积极拓展信用的应用空间，并通过持续的创新创造引领市场的信用消费需求，创造出更大的市场空间。另一方面，要积极创新运营模式，兼顾公益性和效益性。运用公共资源的市场价值，结合社会资源，通过市场化开发取得盈利，支撑必需的公益性服务。研究制定政策，吸引、支持、鼓励投资机构和金融企业参与青年信用体系建设，找准公益和效益的平衡点，保证青年信用体系公益性目的和持续运作能力。

3. 重视配套建设，全方位、多视角地推进。一是拓宽数据来源，加强信用信息的科学分类和管理。能否获得可持续、高质量的数据是影响青年信用体系建设成果的关键因素。在青年志愿者数据基础上，需要通过开发贷款、交通运输、旅游、创业等方面的关联数据，收集加工互联网大数据，参与信用信息共建共享平台来获得丰富的政务数据，以有组织和市场化相结合的方式获取社会征信数据等手段保证丰富的数据来源。还要依照相关的法律法规，做好信用信息分级分类管理，合理合法地使用和发布信息。二是大力开展诚信宣传工作，实施中国青年诚信行动计划，在主流媒体做公益广告，并依托共青团基层组织，发动各省区市、各部门进行协同宣传，引导青年关注信用，培养信用意识。三是建立高校诚信教育联盟，在高校、企业等青年聚集地开设相关课程，通过强化教育，内化青年的信用意识和信用自觉。

深入推进青年诚信建设创新工程的建议 [*]

（2017 年 3 月 30 日）

青年诚信建设是一项党政关心、社会关注、青年关切的重大工程，党中央、国务院高度重视并加以大力支持。2015 年 6 月，中共中央政治局常委、中央书记处书记刘云山对北京师范大学中国社会管理研究院（社会治理智库）报送的《关于加快青年信用体系建设的建议》做出重要批示，有力地推进了青年诚信体系建设的创新实践。在共青团中央、国家发展改革委、中国人民银行等单位的参与和支持下，青年诚信体系建设取得了重要进展和良好效果。现根据近两年实践情况提出深入推进青年诚信建设创新发展的建议。

一、主要工作进展、效果和影响

2015 年 7 月以来，由共青团中央牵头，会同国家发展改革委、中国人民银行等，以优化政策环境、建设信息系统、推动试点应用和落实资金保障为工作着力点，按照"中央统筹、分步实施、试点先行、社会参与"的原则，青年信用体系建设取得了重要进展。

1. 纳入国家重大战略决策，完善相关政策环境。

一是由共青团中央、国家发展改革委、中国人民银行联合研究制定并发布《青年信用体系建设规划（2016—2020 年）》（中青联发〔2016〕12 号），作为系统推进青年群体诚信建设的总蓝图。

* 本文系北京师范大学中国社会管理研究院课题研究报告。课题组首席专家：魏礼群；课题组组长：赵秋雁；主要成员：刘钢、谢琼、陈鹏等。党中央多位领导在此报告上做出批示，推进了"诚信活动"的开展。

二是青年信用体系建设列入国务院重要文件《国务院关于建立完善守信联合激励和失信联合惩戒制度 加快推进社会诚信建设的指导意见》(国发〔2016〕33号)。该意见明确提出树立优秀青年志愿者等诚信典型、"推动青年志愿者信用信息系统等项目建设"等。这既是落实《中共中央关于加强和改进党的群团工作的意见》的创新内容,也是落实中央全面深化改革领导小组办公室对社会信用体系建设规划纲要落实情况督导意见的重要举措。

三是共青团中央、国家发展改革委、中国人民银行等51个部门共同发布《关于实施优秀青年志愿者守信联合激励 加快推进青年信用体系建设的行动计划》(发改财金〔2016〕2012号),这是国内首个针对自然人、联合激励部门最多,且政府、企业、社会组织多元主体参与的合作备忘录,是推动联合惩戒机制建设具有重要标志性意义的重大探索。

四是《普通高等学校学生管理规定》(中华人民共和国教育部令第41号)特别强调,要开展诚信教育,"建立对失信行为的约束和惩戒机制"。《2017年普通高等学校招生工作规定》增加优惠政策:同等条件下优先录取经守信联合激励系统认定获得5A青年志愿者的考生。

五是进一步健全领导工作机制。经国务院批复同意,共青团中央加入社会信用体系建设部际联席会议,且与国家发展改革委、中国人民银行联合成立青年信用体系建设领导小组,统筹推进建设工作。

2. 加大数据采集、共享和应用力度,稳步推进信息系统建设。一方面,按照分三步建设的思路,已建成并运行青年信用体系的先导工程——"志愿中国"信息系统,归集整理4500万名志愿者相关信息;正在建设全国信用信息共享平台二期项目"青年守信联合激励系统"。另一方面,青年信用信息应用稳步推进,"中国青年创新创业板"正式开板。以"诚信双创"为重点,将信用评估作为创业企业和项目挂牌交易的前置审查环节,提升诚信创业项目、企业挂牌融资成功率和便捷度。

3. 扩大开展试点工作,推动青年诚信建设实践创新。北京、天津、江苏、浙江、福建、湖北、广东、宁夏和四川成都 9 个试点地区在完善工作机制、建设志愿服务信息系统、出台守信正向激励措施、开展诚信宣传等方面取得积极进展。目前，内蒙古、河南、重庆、四川、陕西、甘肃和新疆生产建设兵团 7 个地区申报第二批试点已获批复同意。

4. 广泛动员社会力量参与，落实建设资金保障。中国青年志愿者协会、中国青年创业就业基金会等社会组织发起成立"中国青年信用发展专项基金"，进行基础性、公益性投入；共青团中央与紫光集团签署战略合作协议，参照 PPP 模式推进青年信用体系建设。

5. 加强诚信文化宣传，正向引导社会舆论。举办中国青年诚信行动启动仪式，部署青年诚信宣传教育活动；开展"信用中国"进大学校园活动，弘扬诚信文化、普及信用知识、推进信用应用；建立媒体联动机制，依托中央电视台、《中国青年报》等，进行多方面、多渠道的宣传报道，营造良好的社会舆论氛围。

6. 深化青年信用体系研究，推动诚信理论创新。青年信用体系建设领导小组委托北京师范大学、清华大学、中国人民大学等开展有关研究，服务党政决策，推动学术创新，指导实践应用。其中，北京师范大学研究和组织申报的"青年信用体系建设研究"，荣获北京市第十四届哲学社会科学优秀成果二等奖。此外，还围绕青年信用体系建设的基础理论、重要政策和关键问题等相关研究，面向全社会公开征集"青年志愿者信用信息应用研究"等研究课题 33 个。

二、存在的问题和产生原因

最近，我们组织力量分别征求了国家发展改革委、共青团中央等部门和北京师范大学等高校专家学者的意见，并深入北京、广东、浙江、陕西等试点地区进行了实地调研。一些方面反映，青年信用体系建设虽然取得了重要进展，但仍面临一系列亟待解决的问题。

1.“重信用讲诚信”的氛围还不浓厚，不少青年诚信意识淡薄。主要成因有：一是青年诚信教育缺失，重专业知识教育、弱诚信教育现象还比较普遍；二是青年诚信宣传比较薄弱，典型案例挖掘还不够；三是青年诚信文化作品创作比较少；四是全社会信用体系正在建设中，对青年守信者激励和失信者惩处的成效有待显现。

2.信用数据分散、标准不一、共享不足，存在大量“信息孤岛”。主要原因有：一是青年信用信息数据标准、采集标准、分类管理标准尚待完善，二是缺乏贯穿青年成长发展全过程、全领域的信息采集制度，三是还未建立有效的信息归集和共享机制。

3.财政支持力度不够，青年信用体系建设资金不足。要实现政府推动和市场化运作相结合的具有中国信用体系建设特色的模式，不仅要发挥市场作用，更要重视政府推动。当前，在中央层面，尚无青年信用体系建设专项财政安排；在地方层面，较多地方对青年信用体系建设重视还不够，没有提供相应财政支持。

4.个人征信相关的制度障碍有待突破。个人信用是社会信用体系的核心和基础，亟待完善的个人征信相关制度包括信用数据知识产权保护、个人征信服务资质审批、个人信息保护等。

三、深入推进青年诚信建设创新工程的建议

加强诚信社会建设特别是青年诚信建设，对于贯彻党的十八大以来治国理政新理念新思路新战略，引导、推动青年健康成长成才和发挥重要作用具有重大意义。应在近两年已有良好势头的基础上，深入推进青年诚信建设创新发展。为此，我们提出如下建议。

1.进一步完善顶层创新设计，加强组织领导和政策支持。一是建议中央有关部门从全面建设诚信社会的战略高度，将青年诚信建设作为重大创新工程，纳入社会主义核心价值观教育和社会治理体系现代化建设的基础工程，大力推

进青年诚信体系建设创新，将青年信用体系建设持续纳入社会信用体系建设的工作重点。二是建议社会信用体系建设部际联席会议及相关各级部门协调推动做好对青年诚信建设创新工程的政策支撑、资源保障、激励机制和信息共享工作。三是建议各级政府分别设立财政专项资金，加大投入力度，为推进"志愿中国"信息系统、"青年守信联合激励系统"等青年信用信息平台建设提供支撑。四是建议中国人民银行尽快审批与公布个人征信服务资质机构。

2. 进一步完善数据归集机制，加强信用数据基础建设。开展诚信激励、失信惩戒，信息是基础。一是建议从学生时代开始，依托学校党团组织建立青少年信用档案，完善青年信用信息采集机制，采集基础信息、教育培训信息、奖惩信息等各类信息。二是尽快建立青年信用信息系统与社会信用信息共享平台共享交换青年信用信息的机制，加强教育、社保、婚姻等核心信息共享交换，丰富青年信用信息维度。三是依托"志愿中国"信息系统，继续强化青年信用基础信息、志愿服务信息的归集力度；依托"青年守信联合激励系统"，通过在教育、就业、创业、金融、租赁、出行等方面实施激励，丰富信用信息来源。

3. 进一步推动诚信基础理论和标准规范研究，突破关键难题。一是建议依托高水平智库机构和高校、科研机构，大力开展青年信用体系建设理论研究，形成一批具有较高学术水平的成果。二是建议联合相关部门研究制定青年信用信息采集标准、分类规范，建立青年信用信息共享交换目录。三是建议有关部门或智库按年度发布"中国青年信用发展报告"，持续评估青年信用体系建设的成效。

4. 进一步倡导诚信文化，加强宣传教育工作。一是建议将诚信教育纳入国民教育体系，研究制定"开展青年诚信教育的五年规划"，让诚信教育进教材、进课堂、进头脑，形成学校、家庭、社会"三位一体"的诚信教育格局。二是建议宣传主管部门组织动员主流媒体，加大公益广告投放力度，大力开展青年诚信建设宣传活动。三是建议中央宣传部、中央网信办、教育部、共青团中央等有关部门适时举办主题鲜明的宣教活动，如组织开展"诚信点亮中国"暨"信用中国"全国巡回接力活动，普及诚信知识，弘扬诚信文化，营造诚信风气。四是建议把诚信教育纳入高校思想政治工作的重要内容，并普遍建立信用档案，引导青年珍惜信用记录，推动形成以诚实守信为荣的诚信观念和自觉行动。

关于新时代坚持和发展"枫桥经验"的建议 *

（2018 年 6 月 26 日）

今年，是毛泽东同志批示学习推广"枫桥经验"55 周年和习近平同志指示坚持和发展"枫桥经验"15 周年。为了深入学习研究"枫桥经验"的深刻内涵、全面了解枫桥镇近年来社会治理的新进展新经验、深刻挖掘"枫桥经验"对新时代社会治理的指导意义，2016 年以来，北京师范大学中国社会管理研究院（社会治理智库）在"百村社会治理调查"活动中，对浙江"枫桥经验"进行了重点调查。近日，北京师范大学中国教育与社会发展研究院会同浙江省诸暨市人民政府联合举办了以"乡村振兴与社会治理"为主题的研讨会。13 个省（区、市）26 个乡镇的与会代表、北京师范大学"百村社会治理调查"课题组的全体成员参加了研讨会，集中研讨了近年"枫桥经验"的研究成果。国务院研究室原主任、北京师范大学中国社会管理研究院 / 社会学院院长魏礼群发表了题为《深入学习和研究"枫桥经验" 提升新时代乡村社会治理现代化水平》的主旨演讲，与会代表实地考察了"枫桥经验"的发源地枫桥镇及派出所等单位，从理论与实践结合的角度对"枫桥经验"做了进一步深入而热烈的研讨。

与会人员对"枫桥经验"的时代意义、丰富内涵形成了六点共识和七点启示，并对新时代坚持发展"枫桥经验"提出五点建议。

---

* 本文系北京师范大学中国社会管理研究院 / 社会学院"百村社会治理调查"课题组在研究的基础上召开研讨会而形成的建议。课题总负责人：魏礼群；分项目组组长：杨共乐，副组长：赵秋雁、萧放、李建军；主要成员：陈鹏、鞠熙、贺少雅等。此建议得到党中央主要领导和其他多位领导同志的批示。

一、深化对"枫桥经验"丰富内涵的再认识

"枫桥经验"是半个多世纪以来政法战线上的旗帜，近十多年特别是党的十八大以来，枫桥干部群众认真贯彻习近平总书记"关于坚持和发展'枫桥经验'"的重要指示，在新的历史条件下积极推进社会治理创新，成为新时代加强和创新社会治理的典范。"枫桥经验"的有效性和可推广性是多方面的，其中最重要最宝贵的经验有六个方面。

1. 坚持加强和完善党的领导是"枫桥经验"的政治灵魂。"枫桥经验"之所以保持长盛不衰的生命力，根本就在于把党的领导落实到基层，使党组织成为基层社会治理的"主心骨"。尤其是近年来，枫桥镇各级党组织自觉加强党的全面领导，提升了基层党组织的领导力。选优配强村"两委"班子，特别是村党支部书记这个"带头人"，党支部书记和村主任分别担任治保、调解委员会主任，压实村级治理的党政引领责任；开拓社会组织党建新领域，做到基层党组织全覆盖；推动乡镇干部驻村连心、机关干部"返乡走亲"、党员干部结对联户交心、好党员亮业绩评分，使每个党员发挥模范作用，使每个党支部成为战斗堡垒。

2. 坚持重视和做好群众工作是"枫桥经验"的根本法宝。"枫桥经验"历久弥新，关键在于始终贯彻党的群众路线，坚持从群众中来、到群众中去，一切为了群众，一切相信群众，充分发动群众，坚决依靠群众。根据不同时期社会发展变化，适时创新群众工作内容和方法。近些年，枫桥镇成立各类社会组织223家，参与人数达1.8万余人，平均每3个枫桥人就有1人参加了社会组织。同时，成立社会组织服务中心、孵化中心和志愿服务中心，建立社会组织发展公益基金，实施公益创投项目，探索政府购买服务的路径。通过这些措施，充分发挥了社会组织在基层治理中的作用。"乡贤参事会""枫桥大妈"等有影响力的社会组织参与到基层治理和志愿服务中，充分发挥了人民群众参与社会治理的积极性与创造精神。枫桥干部说："千难万难，依靠群众就不难。"

3. 坚持预防和化解矛盾是"枫桥经验"的思想精髓。"枫桥经验"特别注重预防和化解矛盾，充分依靠社区的力量，做到与民共解矛盾纠纷、共查安全隐患、共创平安环境，实现了"小事不出村，大事不出镇，矛盾不上交，就地化解"。在实际工作中就是"哪里有矛盾，哪里就有调解组织；哪里有纠纷，哪里就有调解工作"。近些年成立了调解志愿者协会等民间调解组织，把调解工作做到最基层。网格化管理员成了"基层不安定因素的侦察兵、民间纠纷中的和事佬、突发事件中的信息特快员"。"枫桥经验"通过抓源头、抓苗头、抓基础，把矛盾化解在基层，把问题解决在当地，把隐患消除在萌芽状态，从而实现了社会的稳定和谐平安。

4. 坚持尊重和维护人民权益是"枫桥经验"的核心要义。以理服人，实现捕人少、治安好，这是"枫桥经验"最初、最成功的做法。多年来，枫桥人在维护社会稳定中，充分尊重和维护群众的基本权利和权益，坚持在维权中做好稳定工作，实现维权与维稳的有机统一。从这个意义上说，"枫桥经验"尤为可贵之处在于，始终把人民群众的利益放在最高位置，坚持维稳的实质就是维权，维权就是维护人民群众的切身利益，抓源头、建制度、求长效是治本之举。

5. 坚持注重和加强平安建设是"枫桥经验"的重大创新。"平安"是一个比"治安"人民性更突出、内涵更丰富的范畴。平安，既是全体人民幸福安康的基本要求，也是改革发展的重要目的。平安的时代定位，涉及对风险、威胁、紧急事件、危机、灾害、灾难等一系列不安全现实的深刻理解，涉及对安全、和谐、稳定等一系列价值判断的认知提升。"枫桥经验"将平安建设贯穿于社会治理的全过程、全领域、全环节，通过平安建设来编织安全网，使得社会平安成为人民群众的重要民生福祉。近年来，枫桥人将"枫桥经验"由"社会治安综合治理"转型升级为"基层社会治理"，创造了"四前工作法""网格化管理、组团式服务"和矛盾纠纷"大调解"机制等典型做法，开创了人民群众住得安稳、行得安全、过得安宁的平安景象。

6. 坚持与时代同步伐是"枫桥经验"的鲜明风格。根据时代的发展变化，不断创新社会治理内涵与模式，使"枫桥经验"在实践中逐步升华，由一般的自治活动到灵活多样的社区协商民主，由单一主体调解矛盾到多元主体调解，由条块分割管理到"四个平台"治理升级，由传统管控到"互联网+"社会治理，全面提升了社会治理的专业化、社会化、智能化。这些都展示了与时俱进、引领创新的时代风格。

二、坚持和发展"枫桥经验"的重要启示

与时俱进的"枫桥经验"，充分彰显了中国特色乡村社会治理的本质要求和前进方向，给进一步加强和创新社会治理以多方面的重要启示。

1. 必须切实创新社会治理的基本理念。正确的社会治理理念是实施有效治理的前提和基础。这里最为重要的，就是要真正实现从传统社会管控向现代社会治理的转变，坚持系统治理、依法治理、源头治理、综合治理，实现治理主体从"单一主体"向"多元主体"的转变，治理环节从"事后处置"向"源头治理"的转变，治理方式由"被动应付"到"主动应对"的转变，治理手段从单一行政手段向法律、经济、道德等多种手段综合运用的转变，真正促进政府治理和社会自我调节、居民自治良性互动。

2. 必须坚持以人民为中心的根本立场。加强和创新社会治理必须坚持人民的主体地位。一要坚持一切为了群众，自觉把以人民为中心作为看问题、想对策、抓落实的出发点和落脚点，回应人民群众对美好生活的向往。二要坚持一切依靠群众，充分发挥人民群众的主体作用，这样才能更有效地破解当前基层社会治理中的各种疑难杂症。三要坚持一切服务群众，不断提升政府办事办证等各项服务的便捷化和城乡公共服务均等化水平，打造人民满意的服务型政府。只有切实坚持以人民为中心，推广"枫桥经验"才能拥有更加坚实的社会基础。

3. 必须构建共建共治共享的社会治理格局。要坚持走中国特色社会主义的

社会治理之路，以良法善治为目标，以社会协同为路径，以改革创新为动力，推进体制创新、制度创新，构建在党的全面领导下政府和社会多元主体共建共治共享的社会治理新格局，打造人人有责、人人尽责的命运共同体，提高社会治理社会化、法治化、智能化和专业化水平。

4. 必须健全"三治融合"的社会治理体系。"三治融合"，即自治、法治、德治相融合的乡村治理体系，是加强乡村社会治理的重大创新。要完善村民自治制度，发展基层民主，全面加强法治，推进法治乡村建设，提高基层干部依法办事的水平，引导广大群众自觉守法用法，用法律维护自身权益。充分发挥村规民约作用。大力推进精神文明建设，传播先进文化，弘扬优秀传统文化，唱响主旋律，形成新风尚。同时，要做到自治、法治、德治"三治"相融合、相促进。

5. 必须传承和弘扬乡村传统特色文化。乡村振兴和乡村治理，离不开文化的引领和滋养，需要突出乡村特色、地方特色和民族特色。我国农村传统文化的氛围较为浓厚，传统的精神和价值观念、民俗礼仪、风土人情、生活方式等文化要素传承较好，各种物质文化遗产和非物质文化遗产非常丰富。在推进乡村社会治理的过程中，必须坚持从各地乡村实际出发，立足乡情、乡风、乡俗、乡愿，遵循乡村发展规律，保护好古村落、古村镇特色风貌，增强当地村民对自身文化的认同感、归属感，让传统美德扎根村民心灵深处。

6. 必须坚持社会治理与其他治理相互结合。社会治理创新是一项长期复杂的系统工程，不是单项推进就可以一蹴而就的，而必须与经济治理、文化治理、生态治理紧密结合，相互促进、相辅相成，实现乡村治理的整体性提升。对于乡村社会而言，基层社会治理的创新，离不开基本的生产条件、基础设施、生态环境的支撑。与此同时，农村社会的和谐稳定、主体多元、活力充沛，也会为乡村的经济、文化、生态建设提供良好的条件和保障。这就要求在乡村社会治理中牢固树立整体观、系统观、协同观。

7. 必须充分运用现代信息技术。信息时代下的中国已经形成了规模巨大、构成复杂、形态多元的网络社会，其复杂性、风险性前所未有，不稳定、不确定因素难以完全预料，这使得社会治理难度加大。同时，信息技术的快速发展，为有效的社会治理提供了技术支撑。必须高度重视运用现代信息技术，打造"互联网＋"社会治理模式，把精细化、标准化、智能化、专业化贯穿于社会治理全过程，把体制机制变革与现代科技应用深度融合起来，有效利用大数据、云计算、物联网、人工智能等信息化手段，不断提高社会治理的质量、效率和效能。

三、新时代坚持和发展"枫桥经验"的几点建议

"枫桥经验"为新时代乡村社会治理提供了样本。深入学习、研究、宣传和推广"枫桥经验"，对于实施乡村振兴战略、全面提高乡村社会治理现代化水平具有重大意义。在实际工作中，需要着力把握以下五个方面。

1. 坚持和发展"枫桥经验"，要学深悟透习近平新时代社会治理思想。习近平新时代社会治理思想，是马克思主义在当代中国的最新理论成果的重要部分，具有深邃的时代内容和思想内涵，具有重大的政治意义、理论意义、实践意义和方法论意义。这一思想围绕社会建设与社会治理，形成了一个系统完整、逻辑严密、相互贯通的科学理论体系，为社会治理体系与治理能力现代化提供了科学理论指导和行动指南。应明确提出，在全党、全社会形成全面深入学习习近平新时代社会治理思想热潮的风气，要在学深悟透上下功夫，准确把握思想精髓，学以致用；要在纷繁复杂的社会治理实践中，坚持正确的政治方向，创新社会治理理念，丰富社会治理内涵，完善社会治理体系，形成社会治理新格局，提升解决实际问题的能力。

2. 坚持和发展"枫桥经验"，要与全面实施乡村振兴战略结合起来。治理有效是全面实施乡村振兴战略的重要组成部分。实现乡村振兴，必须推进"五位一体"总体布局，全面提高农村现代化水平，发展农村生产力，改善人民生活，提高文明程度和治理水平，实现经济、政治、文化、社会、生态等各领域

全面繁荣和发展。社会治理是社会建设的重要组成部分，社会建设的现代化必然要求社会治理的现代化。同时，治理有效必然要求生产关系和上层建筑相关环节的完善，社会治理才能更好促进生产力发展，使农村更加和谐安定、富有活力而有序运行，为农村全面振兴和繁荣提供制度保障。

3. 坚持和发展"枫桥经验"，要强调从各地实际情况出发。"枫桥经验"具有强烈的实践性和普遍的真理性，全国乡村都应认真学习、效仿。但不能把这个经验当作唯一模式，不能生搬硬套、机械复制。枫桥创造的是经验，不是公式，是活的灵魂，不是僵硬模式，要提倡各地根据实际情况探索新路径，创造新经验。只有把"枫桥经验"与各地实际情况紧密结合起来才更具普遍意义，才能更为有效、更具有活力。

4. 坚持和发展"枫桥经验"，要根据时代和实践发展不断完善创新。"枫桥经验"历经改革开放前后两个时期，经久不衰的根本之道在于，这一经验是与时俱进的，是开放发展的。时代在前进，社会在发展，"枫桥经验"不可能一成不变，应该创造更多符合时代要求的新做法新经验，在实践中不断丰富内容、完善制度、创新方法。只有这样，"枫桥经验"才能保持旺盛的生命力和强大的影响力、辐射力。

5. 坚持和发展"枫桥经验"，要着力加强基层党组织建设。我国乡村社会领域正在并将继续发生深刻的变革。面对广泛而深刻的社会革命，必须始终坚持和加强党的全面领导，充分发挥中国特色社会主义的这一最大优势。学习"枫桥经验"，推进乡村社会治理现代化，必须加强党的自身建设。要加强党的政治领导，以学习、研究、宣传与推广"枫桥经验"为契机，增强农村党组织和党员干部政治意识、大局意识、核心意识与先锋意识，真正形成乡村社会治理的坚强核心。要加强基层党组织建设，推进服务型党组织建设，努力使基层党组织成为服务群众、凝聚人心、主动作为的战斗堡垒。要不断提升党组织的领导能力。乡村振兴战略的推进，对党的组织领导能力提出了更高要求，不仅要求有更强的学习发展能力、政治领导能力、改革创新能力、科学发展能力、依法办事能力，还需要有更多的专业化知识、更高的专业化水平。在全国范围内深入开展学习"枫桥经验"，宣传中国特色乡村社会治理的新思路新理念新办法，有助于提高新时代党领导农村工作的能力和水平，使党的领导作用真正落实落细，从而有效提升社会治理现代化水平。

加强青年守信联合激励　推动诚信社会建设的建议 [*]

（2018 年 12 月 19 日）

　　党的十九大报告指出，"推进诚信建设和志愿服务制度化，强化社会责任意识、规则意识、奉献意识"，这为诚信社会建设指明了方向。青年是当代社会的主力军，青年诚信建设是党政关心、社会关注、青年关切的重大工程，借助于青年的关键性、成长性和延展性，有利于逐步建立全民诚信体系和全国统一的信用体系。2015 年 6 月、2017 年 4 月，中央领导同志对北京师范大学中国社会管理研究院（社会治理智库）报送的《关于加快青年信用体系建设的建议》《关于深入推进青年诚信建设创新工程的建议》分别做出重要批示，对推进青年诚信体系建设的创新实践起到了重大作用。近期，我们通过征求有关部委领导、征信服务机构和专家学者的意见，召开专题座谈会，并赴北京、上海、广东、湖北、江苏、浙江、陕西等地实地调研，对 31 个省级团委一年来的实践情况开展问卷调查，重点总结了 15 个青年信用体系建设试点地方工作的进展、效果和影响，分析了存在的薄弱环节和突出问题，建议在已有良好势头的基础上，以加强青年守信联合激励为契机，深入推进青年诚信建设创新发展。

一、主要工作进展、效果和影响

　　由共青团中央牵头，会同国家发展改革委、中国人民银行等，以完善守信

---

　　* 本文系北京师范大学中国社会管理研究院／社会学院课题"青年诚信建设创新研究"成果之一，刊发于《北京师范大学社会治理研究与建议》，2018 年第 11 期，得到党中央多位领导同志批示。首席专家：魏礼群；主要成员：赵秋雁、刘兴义、陈鹏、孟祥禹、谢琼、游祥斌、杜静元、张会杰等；执笔：赵秋雁、孟祥禹、张会杰。

激励机制、优化政策环境、建设信息系统、推动试点应用、落实资金保障、推进诚信文化建设为工作着力点，青年诚信建设取得了重要进展和良好效果，进一步夯实了党执政的青年群众基础。

1. 着力补齐社会信用体系建设短板。针对失信联合惩戒网日益织密、守信联合激励仍是短板的问题，大力加强制度化引领、吸引社会力量参与、正向激励引导青年、开展地方应用探索，在一些方面取得了突破性进展。例如，"上海守信安居计划"每年提供 100 套一年免费公寓用于激励 5A 级守信青年，三年内将累计提供 53467 套优惠长租公寓；陕西有超过 60 万名志愿者领取了共享单车免费骑行券、超市购物打折券、加油券等；持"广东志愿者证"在省内 109 家爱心景区旅游时，可享受门票折扣或免票；浙江对优秀守信青年在积分落户与入学、创业融资等方面进行扶持；等等。

2. 不断夯实青年诚信建设的组织基础。发挥共青团作为党和政府联系青年的桥梁和纽带作用，地方青年诚信建设组织领导体系不断健全完善。全部试点地方和 11 个非试点地方都成立了领导小组。以新组建式为主，如四川、浙江等；以嵌入式为辅，如北京。数据分析表明，成立了领导小组的地方，其青年诚信建设工作成效明显高于未成立的地方，例如，广东省 53 个部门会签文件，参与守信激励合作伙伴数达 242 个，惠及 200 多万名青年。

3. 基本建成青年专项信用数据平台。共青团中央组织建成"志愿中国"信息系统，各地积极推动汇集本地青年诚信基础数据入库和互通互联工作，这是青年信用体系建设先导工程，也是全国最大的志愿服务平台，被公安部和中央网信办认定为重大网络基础设施。截至 2018 年 12 月 10 日，系统内实名注册志愿者突破 7000 万人，志愿者组织 43 万个，App 下载量达 700 万次，日活 20 万 +。

4. 创新青年综合服务信用应用。青年有信用，信用有价值。只有不断推动实践应用才能充分体现信用的价值和诚信的力量。共青团中央联合中国证券业协会推出的"中国青年创新创业板"（简称"双创板"），是基于信用实现快速挂牌、快速融资的有益探索。截至 2018 年 12 月，"双创板"已帮助 458 家初创企业快速挂牌和融资，融资金额突破 12 亿元。

5. 大力加强诚信文化宣传教育。青年诚信宣传教育活动形式多样、内容丰富，包括"诚信宣传节日""进校园""诚信签名""信用示范户评定""诚信跑""公交宣讲"等，不仅在青年群体中普及了诚信文化和信用知识，而且在全社会范围强化了诚信社会和法治社会建设的氛围和共识。于 2018 年开始的"诚信点亮中国"活动已覆盖 26 个省（自治区、直辖市），进驻 258 所高校，培训 500 余场次近 20 万人。

二、存在的薄弱环节和突出问题

在实地调研、征求意见和问卷调查中，一些方面反映，青年信用体系建设虽然取得了重要进展，但仍面临一系列亟待解决的问题。

1. 政策支持环境有待优化。调查发现，从中央到地方，促进青年诚信建设发展的制度保障和政策支持合力尚未形成。在国家层面，《国务院关于建立完善守信联合激励和失信联合惩戒制度 加快推进社会诚信建设的指导意见》（国发〔2016〕33 号）和《关于实施优秀青年志愿者守信联合激励 加快推进青年信用体系建设的行动计划》（发改财金〔2016〕2012 号）等文件的落实力度不够，虽然教育部等部委已在逐步落实，但大部分部委还没有具体的落地措施。在地方层面，12 个试点地方负责诚信建设工作部门（占比 80%）认为地方政策支持不够，出台和落实有关文件的沟通成本很高，有 5 个试点地方尚未出台地方版文件。

2. 青年诚信评价指标体系亟待研发和应用。全面、客观、公正的信用评价是深入推进青年诚信建设的基本前提和重要环节。调查发现，15 个试点中，10 个试点地方（占比 67%）尚未开展相关工作，已开展的 5 个试点地方主要采用"无不良信用记录"和"志愿服务时长"评价。分析认为，主要存在两大问题：一是评价标准参差不齐，难以全面、科学、准确地衡量青年诚信水平，使用不当还易造成负面影响；二是未建立分级分类评价体系，这直接导致青年诚信晋级的成长空间不足，难以发挥更大的引领和示范作用。

3. 青年信用体系建设资金普遍不足。调查发现，11 个试点地方（占比 73%）认为资金支持不够，多元投融资体系尚未形成。一是财政资金投入不够。国家发展改革委投入了全国信用信息平台二期项目资金 674 万元用于"青年守信联合激励系统"建设，仅有 3 个地方（试点 2 个、非试点 1 个）获得地方财政支持。二是社会资金投入进展缓慢。"中国青年信用发展专项基金"支持了 15 个试点地方总计 320 万元，但资金来源很不稳定。

4. "青年重信用讲诚信"的氛围还不浓厚。调查发现，各地在青年诚信教育文化宣传方面做了大量工作，但传播力、引导力和影响力十分有限。主要原因有：一是学校诚信教育缺乏系统性顶层设计，工作方式有待创新，工作效果有待加强，特别是"进教材、进课堂、进头脑"做得不够；二是青年诚信建设基础理论和应用研究相关高质量成果较少，难以支撑深入推进青年诚信建设的实际需要；三是优秀青年诚信典型案例挖掘不够，文化作品创作较少，运用新媒体传播和入社区宣介力度有待加强。

三、深入推进青年诚信建设创新工程的建议

1. 进一步完善顶层创新设计，加强制度引领和政策支持。一是从全面建设诚信社会的战略高度，将青年诚信建设作为重大创新工程列入《中长期青年发展规划（2016—2025 年）》和具体项目落实之中。二是社会信用体系建设部际联席会议及相关各级部门加大力度协调、指导、推动地方做好对青年诚信建设创新工程的政策支撑、资源保障、激励机制和信息共享工作，强化督导评估。三是总结好已有试点的经验，继续扩大试点范围，逐步建成覆盖全社会的信用体系，并逐步实现信用数据向社会开放。

2. 进一步创新体制机制，加强青年守信联合激励应用建设。一是进一步创新协同机制，促进联合守信激励机制的形成。加强各部门协调配合，共同推

进已出台的各项文件落到实处；加强各地方横向协调配合，推动全国评价激励标准实现统一化和规范化；共青团中央加强与各签约方的沟通交流，及时解决联合激励工作的具体问题，保证各项措施顺利实施。二是强化重点领域创新应用。以"青年守信联合激励系统"为核心，推动实现红名单产生、激励措施领取、信用修复、失信筛查等功能，加强学习教育、就业创业、信贷租赁、婚恋交友、医疗健康、出行旅游等领域的激励措施应用。三是加大资金投入，增强资金来源稳定性。建议国家发展改革委在信用平台建设项目中增列青年专项，并安排各地有关部门支持地方平台建设；创新融资模式，广泛吸纳社会力量注资"中国青年信用发展专项基金"，打造综合金融服务平台"中国青年创新创业板"。

3. 坚持立德树人，让"青年有信用、信用有价值"理念更加深入人心。一是将诚信教育纳入社会主义核心价值观教育和社会治理现代化建设的基础工程，由教育部牵头研究制订《开展青年诚信教育的五年规划》，把诚信教育纳入高校思想政治工作的重要内容，让诚信教育进教材、进课堂、进头脑，形成学校、家庭、社会"三位一体"的诚信教育格局。二是大力开展中国青年诚信行动，发挥共青团思想引领作用，以推动青年守信联合激励为核心机制，联合有关机构研创青年诚信应用规范、推广青年诚信荣誉证，凝聚青年，服务大局，全面提升青年诚信道德素养。三是依托高水平智库机构，围绕青年诚信建设的基础理论、重要政策和关键问题，对青年诚信理论体系、文化理念、发展战略和实践应用等进行深入研究，产出一批具有针对性、指导性、创新性的成果。

关于加强中英教育与社会治理现代化领域合作促进中英人文交流的建议 *

（2019 年 12 月 19 日）

2019 年 9 月 23—24 日，第四届中英社会治理现代化研讨会在英国牛津大学举行。这次研讨会是在国际风云变幻和中英关系正处于"黄金时代"的形势下举办的，是按照教育部《做好中英高级别人文交流机制的内涵建设，推动与英国高校的务实合作》（教外司欧便〔2017〕1 号）的要求，以实际行动落实中英高级别人文交流机制会议精神，也是北京师范大学向中华人民共和国成立 70 周年、中英建立代办级外交关系 65 周年的学术献礼。现将会议取得的重要新成果报告如下。

一、主要情况

2019 年 9 月 23—24 日，在中国驻英国大使馆、英国驻中国大使馆的共同支持下，在已经成功举办三届中英社会治理现代化研讨会的基础上，北京师范大学中国社会管理研究院与牛津大学摄政学院全球发展与展望研究院于英国牛津举办主题为"教育与社会治理现代化"的第四届研讨会。国务院研究室原主任、北京师范大学中国社会管理研究院院长魏礼群发表主旨演讲，北京师范大学副校长郝芳华、牛津大学摄政学院院长罗伯特·埃利斯（Robert Ellis）、中国驻英国大使馆教育处参赞夏建辉、中国教育部中外人文交流中心副主任夏

---

* 本文系第四届中英社会治理现代化研讨会后形成的报告，得到国务院领导和教育部领导批示。指导人：魏礼群；执笔人：赵秋雁、赵炜、杨丽。

娟、英国驻中国大使馆繁荣基金技能项目总监史蒂文·赫特（Steven Hutt）致辞。中英两国的高校、科研机构、智库和政府部门70余位专家学者研讨了老龄化社会治理、教育改革和社会发展、乡村振兴和社会治理、产教融合与城市治理等社会治理理论和实践问题，取得了丰硕成果，为中英人文交流合作注入了活力与能量，研讨会取得了圆满成功。

在研讨会上，各位专家畅所欲言，各抒己见，相互尊重，平等包容，进行了深入和充分的交流，发表了许多重要观点，其中不乏真知灼见，总体上体现出四个明显特点。一是参会人员不仅有学术理论界的专家学者，还有政府部门的实务工作者，这样有利于广泛交流，也有利于理论与实践结合研讨。二是研讨会内容丰富，不仅研讨了社会治理现代化问题，还探讨了教育变革与现代化问题，研讨领域宽、层次多。三是研讨问题更有现实针对性，会议围绕两国教育与社会治理现代化进程中的突出问题，包括应对人口老龄化、脱贫攻坚、乡村和城市社会治理、教师队伍建设、职业教育、社会流动等，研讨提出新思路和新对策。四是研讨发言中，既有全面系统阐述又有专业、专题介绍，既有国际比较又有个别国家深入分析，既有理性概括又有案例解剖，有高度、有深度，生动形象，富有成效。会后，《中国日报》（China Daily）等对研讨会进行了报道。中方代表还调研访问了英国国际贸易部教育与技能司、学徒制研究所和伦敦大学学院教育学院。这都进一步拓展了中国特色新型智库平台，有利于深化中英高校、科研机构、智库和实务部门的合作。

二、主要成果

1. 宣介了新中国70年推进社会治理现代化的历程和进展，使国际社会更好地认识和理解中国社会治理体系和治理能力现代化建设。

国际上，很多政界人士甚至一些中国问题专家，对中国社会治理的认识往往与实际情况存在明显偏差，或者仍停留在以往认知的基础上。魏礼群在《坚定不移推进社会治理现代化》的主旨演讲中着重阐述了新中国70年社会治理逐步走向现代化的壮阔历程、进展与成就、经验与启示。强调推进社会治理现代化应当做到七个方面：始终坚持党的全面领导，始终坚持充分体现中国基本国情，始终坚持深化社会领域改革开放，始终坚持社会建设和其他建设协同发展，始终坚持打造现代社会治理新格局，始终坚持提高现代社会治理能力，始终坚持正确处理社会治理过程中的几个基本关系。与会专家一致评价，演讲全面系统，站位高、立意远，条理清晰，言简意赅，加深了人们对新中国70年社会领域变革和发展的认识和了解。牛津大学高等教育学教授西蒙·马金森（Simon Marginson）认为，中国教育发展呈现出旺盛活力，那种认为中国教育必然遭遇"天花板效应"的论断，是一种根本性的误解。领导体制、目标导向和绩效管理作为中国大学治理的特色和优势，在世界一流大学建设中发挥着关键作用，这在西方政治文化背景中行不通，却适合中国国情。与会的中方专家还分享了习近平教育脱贫重要论述及其治理体系、"新中国70年社会治理现代化评估研究"，引起了中外学者的共鸣。

2. 深化了对中英教育发展与社会治理现代化的思考，为推进全球治理学术理论探索和实践创新提供了有益的启示与借鉴。

与会专家一致认为，这次研讨会是在中英关系打造"黄金时代"、两国人文交流大发展的背景下举办的，也是以实际行动落实中英高级别人文交流机制会议精神，对于推动完善全球治理、构建人类命运共同体具有重要意义。夏建辉表示，中国和英国是东西两大文明的杰出代表，两国虽然相距遥远，但一直相互影响。中英文明交流互鉴不仅丰富了各国文明成果、促进了社会进步，也为人类发展做出了卓越贡献。尽管中英历史文化、社会制度不同，但两国关系战略性、务实性、包容性、全球性日益凸显，两国在教育和社会治理领域有着互学互鉴的现实需要和重要基础。英国社会科学院院士罗伯特·沃克（Robert Walker）指出，在全球依然聚焦实现联合国千年发展目标时，中国实现了人类有史以来最短时间内的最大幅度减贫，承担了全球减贫任务的一半。在当前全球经济增长遭遇困境的局势下，实现全球可持续发展目标变得更为艰巨，亟须全球共同努力。中国国家发展改革委振兴司副司长王心同提出，推进欠发达地区职业教育现代化是中国实现长效脱贫、推动区域协调发展的迫切需要，在未来三至四年（2019—2022年）计划支持试点地区 15~20 所高职院校和相关企业合作，以"学徒制"模式推进产教融合。牛津大学人口老龄化研究所所长乔治·利森（George Leeson）强调，人口老龄化曾经被视为欧洲和北美发达经济体面临的突出问题，现在已经发展成全球现象，可以说，20 世纪和 21 世纪人口结构的主要特征就是老龄化。与会专家研讨提出了"重新审视老年和老年人的定义、老年人能力不平等、积极老龄化"等重要观点。

三、主要建议

1.进一步深化国际视角的中国教育发展与社会治理研究，开拓教育发展和社会治理现代化新境界。

偏见、隔膜和不了解，是人文交流的最大障碍。近些年，随着中国的迅速崛起，现代化事业加速推进，世界上越来越多的人将目光投向中国，关注中国、重视中国、研究中国，并与中国密切往来，当代中国研究已经成为世界学术界兴起的一项新兴学科研究。一方面，国际社会普遍加强对中国社会问题的研究，这既反映了国际社会对中国发展和中国问题的认识，也在相当程度上影响着各国政府的对华政策，我们应让国际中国学研究为实现中国梦和构建人类命运共同体服务。另一方面，我们中国学者专家也需要了解世界上顶级学者和研究机构是怎样做中国研究的，应当向他们学习和开展学术交流，以创新自己的学术成果，更好地讲述中国的故事，宣介中国的话语体系。很难想象没有中国专家学者参加的中国问题研究而能取得理想成果。持续开展国际教育发展与社会治理的学术交流合作，可以"取长补短"，有助于推动国家的教育与社会治理思想创新和实践创新，也有助于为当今人类社会发展与进步提供智力支持，对全球治理产生更大的影响！这是符合时代潮流的顺时应势之举。

2. 进一步加强中英教育与社会领域合作，将中英教育和社会治理现代化研讨合作纳入中英交流相关机制，使之成为中英两国之间学术对话与合作的重要平台。

人民交往、文化交流是滋养中英关系持续稳定健康发展的深厚土壤。北京师范大学是一所以教师教育、教育科学和文理基础学科为主要特色的著名学府，与全球知名的牛津大学已经开展了多层次、多学科、多领域的合作与交流，成果丰硕，包括合作成立国际写作中心，举办校长圆桌论坛，开展学生交流、访问学者交流等。这次研讨会是北京师范大学与牛津大学最新合作的重要成果之一。北京师范大学中国社会管理研究院是国家高端智库培育单位的重要组成部分，牛津大学摄政学院是牛津大学重要学院之一，全球发展与展望研究院也是颇有实力的新兴智库。建议将此次会议成果持续纳入中英高级别人文交流机制，支持双方在已有交流合作的基础上，开拓合作新领域、新内涵，探索合作新形式、新机制，扩大合作新成果、新局面。为此建议：一是建立双方中长期的合作交流机制，罗伯特·埃利斯院长已提议，牛津大学摄政学院和北京师范大学研究制订五年合作规划，促进多学科学术交流，推动中英高级别人文交流合作纵深发展；二是坚持举办每年一次的国际研讨会（一年在北京、一年在牛津），2020 年将在北京师范大学举办第五届中英教育与社会治理现代化研讨会，进一步扩大邀请专家范围，让更多国际专家参加会议，建设跨国家、跨部门、跨学科的交流平台；三是合作研究特色项目和急需项目，围绕全球共同发展，聚焦教育与社会治理现代化建设中的热点和重点问题，合作开展科学研究；四是推动教师讲学、博士后人员交流、研究生培养、短期培训等项目互访合作。通过这些广泛务实的合作交流，为促进中英人文交流发展、为推动中英两国教育发展和提高社会治理现代化水平做出应有的贡献，也为深化全球发展合作、建设人类命运共同体提供更多机会与平台。

加快推进产教融合内涵发展的建议 *

（2020 年 10 月 26 日）

中共中央、国务院印发的《中国教育现代化 2035》提出，到 2035 年总体实现教育现代化，并将职业教育服务能力显著提升列为发展目标之一。中共中央办公厅、国务院办公厅印发的《加快推进教育现代化实施方案（2018—2022 年）》，具体部署了未来五年推进教育现代化的"深化职业教育产教融合"等十大任务。这两个重要文件为产教融合内涵发展指明了方向、提出了要求。

为了贯彻落实党中央、国务院的决策部署和要求，北京师范大学中国社会管理研究院课题组进行了深入调研，先后与国家发展改革委、教育部、国家人力资源和社会保障部等部门进行座谈，了解国家发展的实际需求，在此基础上赴四川省、山东省、山西省、重庆市等地做深度调研，并与国内外有关专家和实际工作者进行访谈。

我们通过调研活动发现，我国产教融合内涵发展存在五大瓶颈。一是顶层设计欠缺，教育和产业良性互动格局尚未形成。目前，推动产教融合的专项方案、试点措施较多，但整体规划少，多个地区出现产教融合"夹生饭"的现象。有的是项目先行企业后期加入，难以实现预期共识；有的是财政、人事等资源整合力度不够，项目难以为继。二是企业主动参与产教融合的驱动力不足，融合质量不高。突出存在"学校热、企业冷"的现象，而且两者合作处于浅层次、自发式、松散型、低水平状态。企业深度参与产教融合的制约因素复

* 本文系国家发展改革委地区振兴司委托课题"加强职业教育助力脱贫攻坚研究"的研究成果。刊发于《北京师范大学社会治理研究与建议》，2020 年第 26 期，得到国务院领导同志批示。指导人：魏礼群；主要成员：赵秋雁、赵炜、薛二勇、傅王倩、尉建文、周秀平；执笔人：赵秋雁、傅王倩。

杂多样，例如，中小型企业对人才需求有限，高新企业对技术保密程度要求高，传统企业工作对学生吸引力差等。三是行业协会等社会组织发育水平较低，发挥作用有限。现代产业发展的首要问题就是行业规范和行业标准的现代化，当前许多行业组织正在建设发展阶段，本身未形成成熟的组织结构和行业标准。这既不利于行业参与合作育人，也导致职业教育专业建设与课程建设的依据不足。四是职业院校内功不强，难以满足企业行业需求。目前多数地区产教融合以中等职业院校为主体。中职院校存在学生生源参差不齐、教师队伍建设机制不健全、教师能力与前沿技术需求出现脱节等问题，使得学生培养质量难以达到企业要求。五是人才供给需求失衡，服务区域经济能力不够。一方面，一些地方教育资源规划布局、人才培养层次、类型与产业布局和发展需求不相适应，技工、高技能人才求人倍率居高不下，人才供需结构性矛盾凸显。另一方面，随着职业信息流通，学生更愿意自主选择就业，流向发达地区、寻求高新产业、追求管理上的自由度等。学生流动的跨区域性及同质性是社会主要矛盾变化在职业教育领域的体现。

为适应我国经济社会发展的现实需要，针对产教融合发展中存在的挑战和问题，借鉴英国国际贸易部教育与技能司、伦敦大学学院教育学院和学徒制研究所等单位的实践经验，建议从以下五大方面重点发力，推动我国产教融合的制度化、规范化、可持续发展。

第一，制定"大规划"指引，加强顶层设计。按照国家建设和治理现代化与教育现代化的要求，国家及省级层面应分别制订2025年工作规划、2035年中期规划和2050年长期规划，明确新时代产教融合的战略目标、政策体系和实施框架，建立统筹全局、部门协作、可持续发展的产教融合体系，纳入现代职业教育体系，主要包括：预测城镇化进展、国家新人口政策对产业发展和结构的影响，全面分析未来不同时期、不同区域的人才规模、结构和质量需求，合理确定人才培养的规模层次，优化全国和地方院校的经济发展布局结构，提高师资队伍产教融合能力，增强专业建设、课程设置的针对性和科学性。

第二，推动"大协同"机制，加大统筹力度。自 2018 年国务院批复同意建立国务院职业教育工作部际联席会议制度以来，联席会议在国家层面发挥了统筹协调的重要作用，迫切需要指导推动地方加大统筹工作力度。建议在地方层面，可由发展改革委牵头，教育、财政、人社、税务、国资、扶贫等多个部门的相关负责人组成协调机制，专门负责产教融合的战略谋划工作。领导小组具体组织、协调省市产教融合推进工作；列入政府财政性支出专门预算，从组织、人员和经费上保障工作的高效运转；定期召开专门的产教工作会议，研究制定省市发展、产业布局、人才培养的重大政策，在政府责任落实、投入体制机制、人事管理制度建设方面谋良策、出新招。

第三，形成"大教育"理念，创新职业教育体制机制。畅通人才成长渠道，促进职业教育向高等教育、终身教育过渡，是增强职业教育吸引力的根本举措。建议：一是通过分类考试招生拓宽职业院校入学渠道，职业院校除了面向传统学生群体招生，还可以对退役军人、下岗职工、农民工、技能拔尖人才等迫切需要接受职业教育的人员灵活拓展入学渠道，包括审核制、免试入学、综合素质评价等，提升其就业能力；二是进一步加强高层次职业教育人才培养体系建设，加大硕士专业学位与博士专业学位建设，尤其是向与现代农业、先进制造业、现代服务业、战略性新兴产业、社会建设领域等密切相关的专业倾斜；三是凸显企业在高层次人才培养中的作用，支持有条件的企业校企共招、联合培养专业学位研究生；四是贯通职业教育与普通教育，通过"学分银行"等方式，按照成果和程序免修相应高等院校课程的学分，促进职业教育与普通教育间的学分认证与转换。

第四，实施"大分类"方法，提高行业服务管理效能。不同产业企业对产教融合的需求、优劣势和预期差异较大。建议由省级政府统筹，根据新结构经济学"追赶型产业、领先型产业、转阵型产业、弯道超车型产业和战略型产业"五大产业类型实施分类管理，提供差异化的支持。一是结合产业定位和产业转型升级目标，根据工业总产值、实缴税金、职工薪酬、高新技术产业等指标对产业企业进行分类。二是根据分类指导，通过政策集成等措施，集中相关要素支持重点产业，明确产教融合过程中领先型产业、弯道超车型产业和战略型产业的高新技术保护政策和使用限制；明确产教融合过程中追赶型产业和转阵型产业的责权及利益分配，加大整合提升力度，加快企业转型升级，引导其向重点支持类转化等。三是在开展国家产教融合建设试点基础上，对产教融合好的典型企业给予"金融＋财政＋土地＋信用"的组合式激励，以及落实好相关税收优惠政策。充分调动企业积极性，推进校企利益融合，激发企业产教融合的内驱力。

第五，强化"大评估"管理，推动产教融合高质量发展。一方面，要强化"行业标准"，深化行业组织建设。建议结合经济社会发展实际需要与时俱进科学谋划行业协会的设立，持续深化行业协会管理体制改革；以"行业标准"为主线，赋予行业协会包括资格审查、标准监督、纠纷处理等更大职权，鼓励更多企业参加行业协会。另一方面，要建立"实习生标准"，推进产教融合第三方评估。建议制定分行业的"实习生标准"，每一类型的实习生都有不同级别的详尽的评估体系，每一等级都对应技能要求、学历、待遇等。同时，以制定"实习生标准"为抓手对产教融合项目进行评估。评估主体可包括商业协会、经济研究中心、相关高校及科研机构等；评估方式为独立第三方评估和委托第三方评估相结合。这不仅有助于培养高质量学徒，也有利于上下联动创新具有区域特色的产教融合模式，还有利于对同一行业产教融合模式进行横向比较，提高资源配置效率。

县域推动高质量发展的生动范例[*]

——《浙江嘉善县域科学发展示范点发展改革方案》实施情况评估与建议

（2022 年 4 月 22 日）

习近平总书记对浙江嘉善的发展一直十分关心和高度重视，2009 年 9 月全党开展学习实践科学发展观活动时就把嘉善作为联系点，并要求把联系点建成县域科学发展示范点。2013 年 2 月，国家发展改革委制订了《浙江嘉善县域科学发展示范点建设方案》；2016 年 4 月，习近平总书记在示范点建设第一阶段任务完成后的第三方评估专报上做出重要批示。按照习近平总书记批示，2017 年 2 月国家发展改革委又制订《浙江嘉善县域科学发展示范点发展改革方案》（以下简称《发展改革方案》），明确到 2020 年努力把嘉善建设成全面小康标杆县和县域践行新发展理念的示范点。为客观评估和系统总结嘉善示范点建设第二阶段的新实践、新成绩和新经验，在新发展阶段继续将示范点建设引向深入，受浙江省发展改革委委托，由魏礼群负责，中国行政体制改革研究会组织中共中央党校（国家行政学院）、国务院发展研究中心、北京师范大学等智库单位的专家学者，在多次深入实际调研的基础上，对《发展改革方案》的实施进展和成效进行了评估。一年前，经中宣部全国哲学社会科学工作办公室批准，中国行政体制改革研究会在浙江嘉善举办"决胜全面建成小康社会：嘉善经验与启示"学术论坛，来自多个国家高端智库和知名高校的专家学者、相关实际部门和地方的负责人对嘉善的实践经验进行了研讨。专家们一致认为，嘉

---

[*] 本文系作者受浙江省发展改革委委托作为课题负责人，组织撰写的对《浙江嘉善县域科学发展示范点发展改革方案》实施情况的评估报告，获党中央主要领导和其他领导批示，推动了实际工作。

善示范点第二阶段的主要任务已经完成，践行新发展理念、推动高质量发展取得了显著成效，不少好的做法和经验已在浙江省乃至全国进行了交流和推广，对解决县域高质量发展中面临的共性问题发挥了很好的示范作用；同时，示范点建设也存在一些值得重视和有待深入研究解决的问题。

一、主要做法和成效

近 4 年，嘉善坚持以习近平新时代中国特色社会主义思想为指导，全面贯彻落实新发展理念，自觉走高质量发展之路，聚焦《发展改革方案》提出的建设"四区一园"（产业转型升级引领区、城乡统筹先行区、生态文明样板区、开放合作先导区和民生幸福新家园）目标任务，实施一系列发展改革新举措，取得显著新成绩：县域综合实力快速提升，发展质量快速提升，城乡融合快速提升，生态文明快速提升，开放合作快速提升，民生福祉快速提升。总的看，走出了一条创新集聚、发展方式转变之路，走出了一条城乡统筹、融合发展之路，走出了一条生态优先、绿色发展之路，走出了一条接轨上海、开放合作之路，走出了一条民生改善、推进共富之路，为我国县域践行新发展理念、推动高质量发展提供了生动范例。

（一）着力强化创新驱动发展，县域高质量发展形成新优势

一是高标准建设创新载体。全面推进创新资源集聚，建设面向海外归国人才的归谷科技产业园、上海人才创业园、设在上海和荷兰的"科创飞地"、祥符荡科创绿谷、中新嘉善现代产业园等一批研发基地、孵化中心、转化平台，进一步整合创新载体，全县累计培育科技企业孵化器 5 家、众创空间 6 家、星创天地 19 家，成功创建了国家知识产权试点县、国家科技成果转移转化示范县、国家可持续发展创新示范区。

二是高规格培育创新主体。出台"科技新政""独角兽"企业培育等政策，实施科技型企业"双倍增"行动计划，完善"微成长、小升高、高壮大"梯次培育机制，推进产学研合作，引导创新要素向企业集聚。全县高新技术企业数

量实现三年翻两番，累计认定省科技型中小企业数量实现三年翻番，累计培育各级企业研发中心数量实现五年翻番。实施招才引智工程，持续推进"精英引领""菁英汇善""祥符英才"等计划，设立海外引才工作站、高校引才联系点、"引才大使"，打造引育留用最佳人才生态。全县累计引育专家 158 名、领军人才 105 名。

三是高要求推动创新赋能。围绕优化产业结构、转型提档，持续打出"机器换人"、数字化改造、企业上云等组合拳，实现传统产业转型升级，形成一批智能制造示范样板工程。大力发展智能传感器、生命健康、新能源等新兴产业。2020 年规上工业中高新技术产业、战略性新兴产业增加值占比分别达到 73.47%、59.12%，数字经济核心产业增加值增长 87.2%，占 GDP 的 13.6%。大力发展信息技术、科学研究、金融服务等现代服务业；培育发展创意农业、"互联网＋农业"等新业态；建成"农安嘉善"智慧监管系统，成为全国农产品质量安全县。

四是高水平营造创新环境。实施全域土地综合整治，深化亩均论英雄改革，完善工业企业亩均绩效 ABCD 分类评价机制，实现资源要素差异化配置。建立土地使用权、排污权、用能权等要素综合交易平台。增强金融服务支撑，深化国家级产融合作试点、省级金融创新示范县试点建设，推动区域性股权市场试点改革，成立政策性融资担保公司和转贷公司，引导金融机构服务实体经济发展。

（二）着力全面推进乡村振兴，城乡一体融合发展呈现新局面

一是完善城乡融合发展规划体系。在全省率先编制县级国土空间总体规划并成为省级规划，优化县域城乡一体化空间格局。构建"多规合一"规划体系，做到"一张蓝图"管全域、"一个平台"管实施、"一套机制"管落地，建立空间规划"一张图"监督系统，实现国土空间规划管理全域信息化覆盖。

二是大力实施乡村建设行动。深入推进农村基础设施、基本公共服务与城镇无差别融合，率先实体化运营乡村振兴学院，高起点布局数字乡村、数字农业建设，推进农业信息进村入户，实现 5G 基站建设镇域全覆盖、益农信息社村级全覆盖。

三是加速推进城乡融合发展工程。深入推进新型城镇化，进一步发挥城镇的龙头带动效应。分类实施农房集聚改造，中心城镇人口集聚度、产业集中度、功能完善度不断增强。5 年来建成城乡一体新社区 63 个，农房集聚率达到 53%。2019 年，全县城镇化率提升到 64.5%，列全国城乡统筹百佳县市第 4 位。

四是健全城乡融合发展制度机制。推动全域农田高质量流转，2020 年，农田流转率达到 86.6%。通过提取部分土地出让金收益等办法，率先建立乡村振兴专项资金。挂牌出让嘉兴市首宗农村集体经营性建设用地。深入开展农村集体资产清产核资工作，制定农村集体资产股权有偿退出、村级集体经济组织赎回及继承、转让、赠与等流转办法，为维护农民对集体资产的权益提供制度保障。

（三）着力打造生态文明样板区，江南精致水乡花园展示新景象

一是开展美丽县城、美丽城镇、美丽乡村和美丽通道"四美"联动建设。环境全域秀美村达标率达到 100%，成为浙江省生态文明建设示范县、国家园林县城、浙江省森林城市、浙江省"绿水青山就是金山银山"样本，在全省率先实现国家级生态镇全覆盖。2020 年，居中国最具绿意百佳县第 14 位。

二是深入实施环境综合治理。持续深化治水、治气、治废"三大革命"。2020 年，全县地表 III 类水占比由 2015 年的 28.6% 提高到 100%，空气优良率从 75.3% 提高到 90.7%，基本实现固废垃圾资源化、无害化处置，全县 2/3 的镇（街道）被列为"省级样板镇"。

三是建立生态环境管理长效机制。科学编制生态保护红线、环境质量底线、资源利用上线，制定实施环境准入负面清单。健全资源有偿使用、主要污染物初始排污权有偿使用和交易制度，建立一体化示范区生态共保机制，完善环境监管机制。

四是全面推动绿色发展转型。创建省级循环经济示范县，建成一批循环经济示范重点项目。利用本地氢能源产业，建设运行全省首座氢电综合供能服务站，率先开通运营氢燃料电池公交线，2020 年全县清洁能源及新能源公交车占比达 82.1%。获评国家生态文明建设示范县、国家全域旅游示范区等国家级荣誉。

（四）着力深度融入上海和长三角，开放合作达到新高度

一是深度接轨上海。积极推进以上海为重点的区域合作、以上海为窗口的国际合作。深入推进产业融合、民生共享和机制合作，构建研发在上海、转化在嘉善的产业协作体系。推动 100 余家企业与上海知名院校开展产学研合作。与上海交通设施实现无缝对接，在教育、医疗、养老等领域资源共享，实现公交卡、医保卡、市民卡等"一卡通"，两地同城效应进一步彰显。推进在发展规划、政务服务、施工标准、市场规则、城市管理等领域对标接轨上海，建立跨省联勤联动问题处置等合作机制，复制上海自贸区通关便利化、保税监管等20 项制度。

二是深度融入长三角一体化发展。全面推进与长三角区域基础设施互联互通，打造长三角主要城市半小时互达、示范区主要节点半小时互达交通圈。与上海青浦区、苏州昆山市和吴江区签署一体化发展合作备忘录，共同编制完成长三角生态绿色一体化发展示范区总体方案、发展行动方案，构建了县域统筹、区域联动、互相衔接、协同管理的示范区规划体系，推进规划管理、生态保护、公共服务、土地管理等 8 个方面的一体化制度创新，22 项一体化制度创新经验在国家层面得到推广。

三是深度拓展对外经贸合作。积极参与"一带一路"建设，出台加大企业参展力度、出口信保等政策，扩大国际经贸合作。以中荷（嘉善）产业园为载体拓展欧洲市场，设立嘉善驻欧洲办事处、国际创新中心。近 5 年，累计实际利用外资 24.6 亿美元，连续 19 年位列浙江省利用外资"十强县"，进出口总额年均增长 16%，形成小县大开放、小县大外资发展格局。

（五）着力提高人民生活品质，共享共富迈出新步伐

一是构建高质量就业保障体系。实施城乡一体的积极就业政策，深化大众创业促进机制改革，出台创业担保贷款、创业社保补贴等"创十条"政策，建立大学生创业学院、创客空间等载体，每年发放各类就业创业补贴达千万元。近 5 年城镇登记失业率都保持在 1.75% 的较低水平。

二是促进富民增收和缩小收入差距。实施城乡居民收入倍增计划，修订收入分配和社会保障体制改革实施方案，健全资本、技术、专利、管理等要素市场报酬机制。积极拓宽农民增收渠道，促进农村居民收入增长速度快于城镇居民。2020 年城乡居民收入比缩小至 1.6∶1，在全国处于收入差距较小水平。

三是构建优质公平公共服务体系。加大对公共服务的投入，县财政支出用于民生的占比保持在 75% 以上。普及 15 年基础教育，推进义务教育学校教师流动、县管校聘等改革试点，被评为全国首批义务教育发展基本均衡县。城乡一体社会养老保险、医疗保险实现全覆盖，率先出台长期护理保险制度，推动困难残疾人生活补贴与重度残疾人护理补贴全覆盖。创新开展县域数字医共体建设，获评国家医共体信息化建设创新奖，启用长三角首个 5G 智慧健康屋，率先实现"医后付"公立医院全覆盖。建成居家为基础、社区为依托、机构为补充、医养相结合的多层次养老服务体系，被确定为全国智慧健康养老应用示范基地。

（六）着力推进全面深化改革，县域治理现代化提到新水平

示范点建设至今，嘉善共实施省级及以上改革试点任务 143 项，已完成试点任务 58 项，正在实施或深化的改革任务 85 项，基本构建起践行新发展理念、推动高质量发展要求的体制机制。推进土地、科技、人才等资源要素市场化改革，突破发展瓶颈。推进规划管理、投资管理、要素流动等领域制度改革创新，拓宽发展格局。深入推进"放管服"改革，"最多跑一次"实现率和群众满意率居全市第一、全省前列。"一支队伍管执法"改革在省级以上会议作经验交流。推行"村务民主决策公决",加强基层民主建设,提升村民自治水平。深入挖掘本地传统文化元素,培育和弘扬以"地嘉人善、敬业争先"为核心内涵的"善文化"。"善文化"被中央文明办列为培育和践行社会主义核心价值观的重点工程。全面建成县、镇、村三级公共法律服务实体平台,精准开展法治宣传教育。打造以智能化、信息化、立体化为核心的县域智慧安防体系,推进县域社会治理信息化、高效化和便捷化。嘉善15年蝉联省级平安县,成功创建全国文明城市。

二、宝贵经验和启示

近4年,嘉善县实施的《发展改革方案》积累了县域高质量发展的宝贵经验和有益启示。最根本的是,坚决贯彻落实习近平新时代中国特色社会主义思想,把习近平总书记的谆谆嘱托和亲切关怀转化为巨大动力、崇高责任和历史使命,从总书记的重要批示指示中得到方向指引、理念提升、精神滋养、实践指导,奋力推进示范点建设水平不断提升、示范引领作用不断彰显。

1.坚持把握新时代要求,科学绘制县域发展蓝图。嘉善开展示范点建设以来,随着中国特色社会主义理论和实践的创新发展,与时俱进地对发展改革蓝图进行丰富完善。国家发展改革委把握新时代的新要求,在国家层面从2013年制订《浙江嘉善县域科学发展示范点建设方案》提出建设"三区一园"、做县域科学发展的示范,到2017年制订《发展改革方案》提出建设"四区一园"、做践行新发展理念的示范,再到2020年编制《长三角生态绿色一体化发展示范区总体方案》、做落实长三角一体化国家战略的示范,嘉善县域示范点建设的理念不断创新、内涵不断丰富、要求不断提高、实践不断深化。嘉善在县域层面统筹推进"五位一体"总体布局和协调推进"四个全面"战略布局,对县域各领域建设和改革进行前瞻性思考、全局性谋划、整体性推进。正是因为站在新时代的制高点,紧紧把握住新时代中国特色社会主义不断发展的新要求,注重运用战略思维、创新思维、系统思维和系统方法科学绘制发展新蓝图，嘉善县域的发展改革才有了明确的方向和目标，为全县干部群众注入奋进的激情和力量，发展改革才得以沿着正确轨道不断推进，取得超乎预期的显著成效。

2. 坚持切实践行新发展理念，注重全面提升县域发展质量。几年来，嘉善县努力完整、全面、准确理解和贯彻落实新发展理念，系统、深刻把握新发展理念的科学内涵和实践意义，自觉把新发展理念贯穿于经济社会发展各领域和全过程。加大创新投入力度，汇聚创新资源，扶持创新产业，大力推动产业转型升级，持续提升发展的"创新含量"。统筹城乡规划、建设、管理、服务，统筹"五大建设"，统筹发展和安全，持续提升发展的整体性、协调性、均衡性。积极开展"美丽嘉善"建设，全面推动生产生活方式绿色转型，持续提升发展的环境友好度。深化与上海和长三角地区融合发展，持续提升发展的开放度。全方位提升普惠性的民生保障水平，增强城乡之间、外来人口和本地户籍人口之间公共服务的均等性，持续提升发展成果享有的公平性。实践证明，只有完整把握、准确理解、全面落实新发展理念，才能真正推动和实现高质量发展。

3. 坚持充分发挥区位优势，主动融入和服务国家战略大局。在推进示范点建设发展改革中，嘉善注重发挥自身区位优势，主动融入国家区域发展新格局。一方面，主动推进与毗邻的上海全面接轨、深度融合、同城化发展；另一方面，深度融入长三角地区国家重大战略，深度嵌入以上海为重要极点的全球产业链、供应链、经济链，从而走出了一条依托大都市大区域、面向大资源大市场的大开放、大合作县域发展之路。

4. 坚持敢打改革攻坚战，构筑县域高质量发展的体制制度保障。坚持以问题为导向，以闯关拔寨、敢吃螃蟹的精神，勇于攻坚克难。善于"发展出题目，改革做文章"，以改革破解发展中出现的问题、遇到的障碍。坚决贯彻党中央全面深化改革的部署，密切结合本县实际，系统谋划和不断推进经济体制、政治体制、文化体制、社会体制、生态文明体制等领域的改革和党的建设制度改革，完善党的全面领导体制，注重处理好政府和市场、政府和社会的关系，推动有效市场和有为政府的有机结合、活力社会和有力政府的相互促进，为县域高质量发展破除体制障碍、创造良好的制度环境。正是由于坚持以改革为抓手和动力，用好改革这个"关键一招"，适应形势和任务的需要持续深化改革，嘉善县才破除了一个个体制机制障碍和壁垒，为高质量发展提供了体制制度保障。

5. 坚持发扬实干为先和"钉钉子精神"，确保各项任务落地落实。《发展改革方案》批复实施后，有大量认识需要深化，大量举措需要探索，大量难题需要破解。嘉善县始终把示范点《发展改革方案》的贯彻落实作为头号工程，以时不我待的紧迫感、责无旁贷的使命感，求真务实，干在实处，扎实推进各项任务的落实。县委成立专责推进机构，成立专题工作组，强化关键领域重大发展改革任务的具体设计、综合集成、协同推进，分解年度重点任务，明确每项任务的责任部门和时间进度，加强对落实进度的检查监督，保证了各项目标任务顺利完成。正是由于把压力变为动力，坚持实干苦干，一任接着一任干，以"钉钉子精神"，谋划并打好一场场"战役"，打出一套套"组合拳"，制定的发展改革美好蓝图才变成了现实。

6. 坚持和加强党的全面领导，以高水平党建统领县域高质量发展。树立党建统领政治导向，旗帜鲜明讲政治，大力加强党的政治建设。积极探索建立党的建设与经济、政治、文化、社会、生态文明建设相融合的新机制。着力弘扬优秀文化精神，全面加强党的思想、组织、作风、反腐倡廉和制度建设，打造具有"双示范"鲜明标识的基层党建样板。正是由于全面加强党的建设，全县党组织的领导力、组织力、凝聚力、战斗力才有了明显增强。

我们在评估中发现，对标"示范点建设"、对照现代化建设的新要求，嘉善县域发展改革仍面临不少问题和挑战。包括高质量发展存在多重短板，现代化经济体系有待完善，核心竞争力还不够强，平台承载能力尚有不足；在区域一体化发展的大趋势下，虹吸效应仍然存在，出现部分行业产业转移、高层次人才外流现象；资源要素有效供给面临较大压力，深化改革中的行政区划和法律法规瓶颈有待突破；等等。这些问题都有待于深入研究和探索解决。

三、几点建议

在全面建设社会主义现代化国家的新阶段、新征程，为继续发挥嘉善在践行习近平新时代中国特色社会主义思想、推动县域全面建设社会主义现代化中的示范引领作用，我们提出以下几点建议。

1.将嘉善作为新发展阶段县域全面建设社会主义现代化的先行示范点。县域现代化建设对于全面建设社会主义现代化国家具有举足轻重的作用，目前尚没有全面建设社会主义现代化的县级示范区，有必要选取有条件的地方作为县域示范点，使其为国家扛旗、为时代示范、为县域全面推进现代化建设探路。10多年来，在习近平总书记的亲切关怀和亲自指引下，嘉善在推动高质量发展、推进共同富裕、完善县域治理等方面发挥了很好的示范引领作用。嘉善原有发展基础比较薄弱而示范点建设后变化十分显著，后来居上的经验具有普遍性和说服力。综合来看，嘉善具备新发展阶段率先全面推进现代化的条件。建议把嘉善作为县域全面建设社会主义现代化的先行示范点，使之继续在我国县域全面建设社会主义现代化国家新征程中先行探路，提供有益经验，发挥示范引领作用。

2.建议国家发展改革委等有关部门制订新发展阶段嘉善率先全面推进社会主义现代化的建设方案。2013年和2017年，由国家发展改革委牵头制订的《浙江嘉善县域科学发展示范点建设方案》和《发展改革方案》，为嘉善科学发展和高质量发展以及形成示范引领经验发挥了十分重要的作用。建议国家发展改革委等有关部门制订新发展阶段嘉善率先全面推进社会主义现代化的建设方案，继续对嘉善的发展改革给予指导和支持。

3.支持形成区域一体化发展中跨行政区、跨行政层级协同治理机制。嘉善以及相邻地区在落实长三角一体化国家战略的过程中，还存在一些跨行政区、跨行政层级的政策法令障碍。例如，根据有关行政法规，行政执法权具有法定地域限制，跨行政区域执法很难实现实质性的一体化；一些改革在推进中会遇到行政层级、行政区划、部门分割形成的壁垒。为解决此类问题，建议国家出台相关政策，鼓励和支持包括长三角在内的区域一体化重点地区探索建立跨行政区的联合履职机制、跨行政层级的区域协调协作机制，强化跨行政区、跨行政层级的协同治理。

4. 研究完善相关法律法规赋予试点地区更多改革发展权力。嘉善承担了多项省级以上改革试点任务，一些改革探索遇到法律红线难以突破、存在法律空白以及不同上位法相互打架等障碍。例如，农村集体经济股权、农民住房财产权、土地承包经营权等"三权"改革，城乡建设用地再开发等，遇到相关法律法规具体规定的"天花板"时，改革便难以有效推进。建议国家有关部门抓紧修订完善相关法律法规，在未完成法律修订之前，可通过适当的程序，赋予试点地区必要的先行先试权力。

5. 深入总结推广嘉善县域示范点建设中的有益做法和经验。嘉善干部群众顽强拼搏、开拓创新，成功走出了一条贯彻落实新发展理念、推动高质量发展、率先高水平建成小康社会的道路。这是习近平新时代中国特色社会主义思想在县域范围内落实落地、开花结果的生动实践，雄辩地彰显了党的创新理论强大的真理力量。嘉善在实践中形成的一些重要经验，可为其他地方特别是其他县（市）结合本地实际，切实践行习近平新时代中国特色社会主义思想、扎实推动高质量发展、全面推进社会主义现代化提供借鉴。建议有关部门和研究机构深入系统总结推广嘉善县域示范点建设的成功经验，以充分发挥典型示范经验的重要作用。

第五篇

推动学科发展

——提升社会学地位与社会学创新发展

2014 年 2 月 28 日，国家社科基金特别委托重大项目"中国社会管理创新研究信息库建设"之《当代中国社会建设大事典》研讨会合影。前排：左七魏礼群，右七宁吉喆，左六李培林，右二龚维斌，左五宋贵伦，右一王满传，左四郑功成，右五邓文奎；后排：左五赵秋雁，左一陈鹏，右六尹栾玉，右五谢琼，右四杨丽，右二胡庆平。

2020 年 9 月 13 日，"发展中国特色社会主义社会学"研讨会暨《中国社会治理通论》新书发布会在北京师范大学举行。前排：左十魏礼群，左九李培林，左八洪大用，左七宋贵伦，右十陈丽，右九刘应杰。

关于"加强社会管理学科建设"的建议 [*]

（2012 年 10 月 20 日）

一、增设"社会管理"为国家一级学科的必要性

（一）这是顺应国家经济社会发展趋势的战略举措

社会管理是人类社会十分重要的管理活动，要形成和保持良好的社会秩序，就必须有一定形式的社会管理。而不同国家和不同发展阶段有着不同的社会管理。在现代社会中，科技进步日新月异，经济发展在带来空前巨大的财富积累的同时，也带来前所未有的环境污染、贫富分化等大量社会问题。人类的社会生活和经济生活、文化生活、政治生活一样，在呈现出从未有过的多元化的同时，也进入了一个纷繁多样、复杂多变的时代，社会管理地位日益重要。当今世界经历着快速、广泛、深刻、巨大的变革，国际形势风云变幻，各种矛盾错综复杂，不稳定、不确定因素增加，对各国经济、政治、社会发展都产生直接或间接的影响。面对新形势新情况，世界各国都必须加强和创新社会管理。

当代中国正在进行一场人类历史上规模空前的社会大变革，社会主义现代化建设各项事业突飞猛进，取得了举世瞩目的巨大成就，同时也面临许多前所未有的新情况、新问题、新挑战，社会管理的任务更为繁重和艰巨。随着中国工业化、信息化、城镇化、市场化、国际化进程的加快，一些发达国家在不同发展阶段渐次出现的诸多社会矛盾和社会问题在较短时期内同时显现出来；随着改革开放和社会主义市场经济的深入发展，在封闭半封闭环境和计划经济条

———————————

* 本文系主持"加强社会管理学科建设"重大课题的研究报告（摘要）；课题组成员：李强、王名、赵秋雁、尹栾玉。国务院领导在此报告上做出了重要批示。

件下形成的社会结构发生全方位的深刻变化，社会流动性、开放性、活跃性大为增强；随着社会经济快速发展、民主法治进程加快，人们的思想意识、价值取向、道德观念多样多变，各种思想文化交流交融交锋趋于激烈；随着互联网等新兴媒体迅猛发展，网络社会对现实社会的影响越来越大；随着中国人口总量继续增多，流动人口、老龄人口和特殊人群不断扩大，社会管理的难度增加；随着国际经济、政治格局的深刻调整，各种传统安全和非传统安全威胁相互交织，也对中国产生这样或那样的影响。所有这些表明，中国社会管理已经并将长期面临新的课题、新的挑战和新的要求，原有的社会管理理念思路、体制机制、法律政策、方法手段等许多方面难以适应国内外形势的发展变化，必须切实加强和创新社会管理。能否加强和创新社会管理，提高社会管理科学化水平，事关国家长治久安，事关人民根本利益，事关中国特色社会主义事业兴衰成败。近些年，中国政府顺应时代的变化，将加强和创新社会管理放在社会主义现代化建设更加重要的战略位置，这是具有历史和世界眼光的重大决策。

加强和创新社会管理最重要的，就是不断完善和发展中国特色社会管理体系，使社会管理与发展社会主义市场经济、民主政治、先进文化，以及与建设和谐社会的要求相适应。由此，迫切需要系统地研究社会管理活动的基本规律和一般方法的科学——社会管理学。

（二）这是加快社会管理人才培养的迫切需要

新中国成立以来，为形成适应中国国情的社会管理制度进行了长期的探索和实践，取得了重大成就，积累了宝贵经验。特别是改革开放以来，根据国内外形势的发展变化，我们党不断就加强和改进社会管理制定方针政策，做出工作部署，持续推动社会管理改革创新，积极解决社会管理领域出现的新情况、新问题，保障了改革开放和社会主义现代化建设事业顺利进行。加强和创新社会管理对推动和谐社会建设意义重大，而其中社会管理专业人才队伍建设是基础和关键。当前，社会管理专业人才供给严重匮乏，专业人才数量和质量难以与加强社会管理的任务相适应，迫切需要开展社会管理领域学位教育，加强党政人才社会管理创新理论和知识技能培训，加快培养社会公共管理、信息网络管理、法律服务、社会救助和青少年教育等方面的专业人才。2010 年 6 月，中共中央发布的《国家中长期人才发展规划纲要（2010—2020 年）》，将社会工作专业人才提升为与党政人才、企业经营管理人才、专业技术人才、高技能人才和农村实用人才相并列的第六支主体人才队伍，明确到 2015 年培养 200万社会工作专业人才、到 2020 年培养 300 万社会工作专业人才的发展目标。2011 年 7 月，中共中央、国务院发布的《关于加强和创新社会管理的意见》，也强调要发展社会工作专业服务机构，加强社会工作专业人才队伍建设，开展社会关爱行动，关心帮助困难家庭和个人。2011 年 11 月，中央组织部、中央政法委、民政部等 18 个部门和组织联合发布了《关于加强社会工作专业人才队伍建设的意见》，这是我们党第一个关于社会工作专业人才的专门文件，具有里程碑意义。2012 年 3 月，中央 19 个部委和群团组织联合发布《社会工作专业人才队伍建设中长期规划（2011—2020 年）》。该规划指出，社会工作专业人才是具有一定社会工作专业知识和技能，在社会福利、社会救助、扶贫济困、慈善事业、社区建设、婚姻家庭、精神卫生、残障康复、教育辅导、就业援助、职工帮扶、犯罪预防、禁毒戒毒、矫治帮扶、人口计生、应急处置、群众文化等领域直接提供社会服务的专门人员。可见，中国特色社会主义赋予了"社会工作专业人才"独特的内涵和外延，已经远非国际传统意义的"社会工作"（Social Work）和"社会工作者"（Social Worker），以及远非中国现有的社会工作专业学位人才培养体系所能够涵盖的。

20 世纪 80 年代后期开始，社会工作教育在中国恢复重建，特别是进入 21世纪以来，由于党中央、国务院的大力支持及解决社会问题的迫切需要，中国社会工作教育得到了迅猛发展。截至 2011 年年底，全国 258 所高校开设了社会工作本科专业，60 所高校和科研院所开展了社会工作硕士专业学位教育，每年毕业学生近 2 万人。同时，通过职业水平考试，产生了 5 万多名持证社会工作专业人才。目前，全国社会工作专业人才达 20 余万人，已成为我国社会建设的一支重要力量。但是，中国社会工作人才"供给大于市场需求"的尴尬形势日益严峻，仅有10%～30%的学生选择了相应的社会工作，其他相当部分则进了机关、企业等单位从事"不对口"的工作，不少社会工作专业的学生认为"就业前景极不乐观"。从宏观环境来看，这与我国的传统社会体制有一定关系。从社会工作人才培养模式来看，其培养目标存在重视城市社区服务、轻视农村服务需求，重视福利性服务、轻视专业性服务等问题。此外还普遍存在着社工职业进入门槛较低，缺少严格的职业资格认定，低端岗位无序竞争严重，专业技术含量较高的职位又被政府公务员所替代等问题。由此，有中国特色的"社会工作专业人才"——社会管理人才成为构建社会主义和谐社会、加强和创新社会管理不可或缺的重要力量，迫切需要改革人才培养体系，将"社会管理人才"队伍建设纳入和谐社会建设的总体规划，开展社会管理国家一级学科建设，完善社会管理岗位设置和社会管理人才配置，不断提高社会管理岗位在相关行业内的设置比例。国家已经制定海外社会管理专家需求计划。2012 年 2 月，根据《国家中长期人才发展规划纲要（2010—2020 年）》，以及"十二五"规划战略目标的总体要求，国家外国专家局首次制订社会管理领域海外专家专项引进计划，目的是通过引进海外社会管理领域专家，在加强和创新社会管理上借鉴其他国家与地区的经验和做法，加快我国社会管理人才的培养，为推动中国特色社会主义社会管理之路奠定坚实的人才基础。

各省区市也纷纷拟订社会管理人才需求规划。就我国目前的人才培养模式而言，仅有培养社会管理和社会服务类职业教育、社会工作本科教育和专业学位研究生教育，以及少数研究机构开展的社会管理方向的专业学位研究生和学术学位研究生教育，与整个社会对社会管理专业人才强烈需求相比，还相差甚远。因此，推动社会管理一级学科的建设和发展，设定专门的培养目标、招收对象、课程设置和培养方式，已成为满足社会需求、促进经济社会协调发展的当务之急。

（三）这是加强学科体系建设和发展的内在要求

一般而言，自从有人类社会以来，就有一定的社会管理。但是在人类社会漫长的发展过程中，人们的社会生活往往"嵌入"政治生活、经济生活乃至宗教及文化生活之中，社会管理长期以来被置于政治、经济、宗教等实践及相应的管理活动中，成为其中的附属部分。社会管理或者表现为建构在权力金字塔中的君臣、领属、官民等依附关系，或者表现为市场交易中赤裸裸的金钱关系，或者表现为披着宗教外衣的繁文缛礼，乃至成为以家庭为单位的私人领域的事情。近代以来，人类的社会生活日益纷繁复杂，一个相对独立的社会体系逐渐在国家体系和市场体系之外形成并发展起来，国家、市场、社会三大体系之间既相互独立又相互联系、相互制约的现代社会格局逐渐形成。科学随着人类的进步而发展，并逐渐分化成不同的学科。市场体系的发展和人类的各种经济活动催生了经济学和工商管理学等相关学科，国家体系的发展和人类的政治、行政活动催生了政治学、公共管理学等相关学科。随着社会体系从市场体系、国家体系中逐渐独立出来，随着人类社会生活的不断发展和各种社会问题的大量发生，社会学作为一门独立学科逐渐发展起来，并日益建构起其丰富、宏大和有着必然性的学科体系，成为认识和揭示人类社会活动客观规律的一门重要的基础学科，同时也进一步提出了发展作为应用学科的社会管理的客观要求。

社会管理学科作为应用科学从基础理论研究中独立出来，符合学科发展的内在规律和发展趋势。纵观社会科学学科发展的脉络和体系，总是先有基础理论研究，后有应用科学研究。经济学学科的独立设置始于 20 世纪 20 年代的剑桥大学，作为其应用学科的工商管理则兴起于 20 世纪 50 年代；从政治学学科到公共管理学科的发展也遵循了这一规律。社会学是研究社会现象和发展规律的基础理论学科，它主要是通过人们的社会关系和社会行为来研究社会的结构、功能、发生和发展。从学科设置来看，其二级学科主要包括社会学、人口学、人类学和民俗学研究。其显著特征是基础理论研究，而社会管理虽然以社会学理论为研究基础，但其本质上属于应用科学研究，两者在研究对象和研究方法上存在重大差异。在社会学理论的基础上发展作为其应用学科的社会管理科学，既是时代进一步发展的迫切要求，也是完善社会科学理论体系和学科建设的必然选择。

根据社会管理学科作为应用科学的基本特征，应将其划分在管理学门类之下。按照现有的学科划分标准，管理学门类下辖工商管理、管理科学与工程、农林经济管理、图书情报与档案管理、公共管理五个一级学科。工商管理是研究营利性组织经营活动规律以及企业管理的理论、方法与技术的学科。管理科学与工程是一门以管理科学基础理论、管理技术、管理方法与工具等为主要研究对象的学科。农林经济管理、图书情报与档案管理两大学科与社会管理学科的研究对象更是相去甚远。这五个一级学科中与社会管理学科最为相近的是公共管理学科。社会管理与公共管理的最大相似之处在于二者皆属于管理学门类下的一门应用科学。从公共管理学科的设置来看，其二级学科主要包括行政管理、社会医学与卫生事业管理、教育经济与管理、社会保障和土地资源管理五项内容，这些已经无法应对当今中国在转型期发生的主要社会问题。

综上所述，随着社会管理实践的不断深入，社会管理已成为国内政治学、社会学和管理学等领域学术研究的热点，跨学科的研究视角为社会管理问题的探索提供了更为多样的方法和更为广阔的视野。但是，这些已有一级学科的研究内容和课程设置与社会管理所涵盖的内容仍然存在很大差异。只有明确划分学科界限，尽快使社会管理独立于其他理论研究，才能真正促进社会管理的学科建设和发展，并最终为指导加强和创新社会管理的伟大实践发挥应有的作用。

二、增设"社会管理"为国家一级学科的可行性

近年来，我国经济和社会结构深刻变革，由此引发的各种利益冲突和社会矛盾日渐凸显，社会建设和社会管理工作被提升到空前的战略高度，党委和政

府以及其他社会主体方兴未艾的社会管理创新实践初见成效；社会对该学科人才已经形成比较稳定和一定规模的需求，多个学位授予单位已开展了较为深入的科学研究和较为系统的人才培养工作；中国学术界广泛开展理论探讨，形成了比较成熟的专家队伍，普遍认同社会管理是一门新兴的、重要的、亟待建设的学科；"社会管理"已经发展成具有比较确定的研究对象、自成体系的基础理论和相对独立的研究方法的一门完整的学科，若干可归属的二级学科也蔚然成型；此外，社会管理教学科研也与国际相关教学科研领域相衔接，如"社会治理（Social Governance）""公共管理（Public Administration）""社会政策（Social Policy）"等。这些都为建设"社会管理"国家一级学科创造了良好的发展环境，奠定了较为坚实的理论和实践基础。

1. 党中央、国务院高度重视加强和创新社会管理工作。为形成和发展适应我国国情的社会管理制度，我国进行了长期探索和实践，取得了重大进展，积累了宝贵经验。特别是党的十六大以来，中央从时代发展和战略高度，更加重视社会管理问题，做出了一系列重要决策和部署。2004年，党的十六届四中全会明确提出，"加强社会建设和管理，推进社会管理体制创新"。2007年，党的十七大报告强调，要"完善社会管理"，健全社会管理格局，健全基层社会管理体制，最大限度激发社会创造活力，最大限度增加和谐因素，最大限度减少不和谐因素。2010年，党的十七届五中全会进一步做出"加强和创新社会管理"的战略部署。2011年2月19日，中央举办了省部级主要领导干部社会管理及其创新专题研讨班，胡锦涛等中央领导同志做了重要讲话，深刻阐述了加强和创新社会管理的重要性和紧迫性，并明确提出了重要任务和要求。3月，温家宝同志在十一届全国人大四次会议上所做的《政府工作报告》，对加强和创新社会管理做出了明确部署。《国民经济和社会发展第十二个五年规划纲要》专门用第九篇分五章全面部署了今后五年"标本兼治，加强和创新社会管理"的重大任务。7月5日，中共中央、国务院印发了《关于加强和创新社会管理的意见》。8月21日，中央办公厅、国务院办公厅印发通知，将原中央社会治安综合治理委员会更名为中央社会管理综合治理委员会，赋予协调和指导社会管理工作的重要职能，并充实领导力量，增加成员单位，加强工作机构。党中央、国务院把社会管理放在现代化建设更加重要的战略位置，是我们党对共产党执政规律、社会主义建设规律、人类社会发展规律认识的新升华，是深入分析我国发展新的阶段性特征做出的重大战略部署，也是人民群众对党和政府的新期待。这为推动社会管理学的学科建设和发展提供了宝贵的历史机遇和良好的发展环境。

2. 各地区各部门社会管理创新实践方兴未艾。国家加强和创新社会管理的战略需求，正在有力地推动社会管理研究的发展。各地各部门积极探索，勇于实践，创造了不少社会管理新经验，不仅需要相关理论研究的支持，更为社会管理相关理论的发展造就了肥沃的土壤。一些地方深入推进网格化管理、组团式服务模式，提升了精细化管理、人性化服务水平；一些地方继续探索人口管理服务新办法，将基本公共服务逐步向流动人口覆盖；一些地方实行社会稳定风险评估，从源头上预防和减少社会矛盾；一些地方将社会管理创新落实到具体项目，实现了社会管理和服务的实化、量化、细化；一些地方实行"虚拟社会管理"工程，加强互联网管理；一些地方探索适合本地实际的城乡社区治理模式，整合社会服务管理资源，增强社区服务管理合力和效能；一些地方探索社会组织直接登记办法，推动政府向社会组织转移职能、购买服务；一些地方培育综合性社会组织，把各类社会组织纳入党委和政府主导的社会组织体系；一些地方构建组织化的社会稳定保障体系、多元化的社会矛盾化解体系、立体化的社会安全防控体系、人本化的社会事务管理体系、信息化的社会管理网络体系和规范化的社会公平执法体系，形成了科学、高效、惠民的社会管理新路子；等等。这些实践活动既为社会管理理论研究提供了丰富的研究对象和有价值的目标选择，同时也呼唤着社会管理的系统研究对实践发挥更为有力的指导性作用。建设中国特色社会主义，既要求我们面向现实，深入实际，切实解决问题，又要求我们树立科学的发展观，用理论创新去观察现实和解决现实问题。

3. 社会管理理论研究日趋深入。社会管理学科诞生的时代背景和社会管理问题的高度复杂性，决定了新兴的社会管理学科建设，更要付出极其艰苦的努力，才能真正推动这门学科的可持续发展。

从社会管理学研究阶段来看，新中国成立后主要经历了传统社会管理学和现代社会管理学两个阶段。第一阶段是传统社会管理学研究阶段。20世纪80—90年代，随着有计划的商品经济向社会主义市场经济过渡，以及改革开放的深化，学者们开始了社会管理学的探索，提出了社会管理、社会控制、社会沟通、社会计划、社会管理领导、社会群众组织等概念。总体上，该时期的研究还带有一定的计划经济的色彩，所界定的社会管理的理念、组织、形式、手段、方法不适应社会经济的迅猛发展，特别是社会结构、利益结构多层次、多元化和互联网新兴媒体异军突起出现的新情况、新挑战、新要求。第二阶段是现代社会管理学研究阶段。当前，加强和创新社会管理，是我们党着眼于推动科学发展、促进社会和谐、实现全面建成小康社会的奋斗目标而做出的重大决策部署。学者们在"新社会管理学"研究价值上达成共识。社会管理作为一门重要的新兴学科，加强社会管理学学科建设的研究对于学科建设具有重要的现实意义和理论价值。尤其是探索社会管理学的内涵和外延、理论体系、研究方法等非常重要。北京师范大学成立的中国社会管理研究院主要职责是育人、科研、资政、合作。其中，科研就是开展社会管理领域的思想理论研究，推动社会管理学科建设。社会需要产生伟大的实践，伟大的实践需要科学理论做指导。研究院将开展社会管理领域的科学理论研究，推动社会管理学科发展和相关知识库的建设，积极适应社会管理需求，开展社会管理战略性、前瞻性和创新性研究，在重视基础研究的同时，重点进行应用性研究，努力提高学术水平和研究成果的质量。著名社会学家、中国社会科学院荣誉学部委员陆学艺撰文提议"把社会管理作为一门学科来建设"，呼吁社会管理作为一门重要的新兴学科，亟须社会学界、管理学界和政治学界投入力量，研究社会管理的规律，构建社会管理的理论体系，确定社会管理的研究对象、内涵和外延，形成社会管理学科的研究方法。著名社会学家、中国人民大学一级教授郑杭生在《社会管理与社会建设：历史、战略、未来》一文中强调，从学理上看，社会建设并不是一个全新的概念，而是一个历史概念。例如，政治家孙中山先生在《建国方略》中就曾明确提出过"社会建设"，并把"社会建设"看作一种提高四万万同胞素质、把他们团结起来的途径。同样，在 20 世纪 30 年代，社会学家孙本文创办了以"社会建设"命名的杂志。既然这样，我们今后研究的重点，应当放在揭示社会建设的新的时代内容上。新的时代内容主要包括：新的时代提出了新的任务和新的挑战；较之于 20 世纪前期的社会建设，现在社会建设的影响力无可比拟；社会建设的本质内涵得到了明确揭示；它与民生为重、为民谋利、落实公平正义的联系得到清楚宣示；它与社会管理、社会服务的关系得到系统展开；等等。此外，以中国知网（CNKI）显示的研究文章作为首要数据来源、北京大学《中文核心期刊要目总览（2011 年版）》作为二级数据来源，对"社会管理"研究文献的分析和研究发现，"社会管理"研究在我国整体呈上升的趋势，1979—1990 年仅为 49 篇，2011 年是"社会管理"研究急剧增多的一年，相关文献的数量呈几何级数增加，全年的文献数量达 2585 篇，超过了 1979—2010 年 30 多年间文献数量的总和。

与社会管理研究成长同步，我国与社会管理有关的研究机构也如雨后春笋，层出不穷，并日渐完善。表现为原有机构拓展社会管理研究和新机构专注社会管理研究两种形态。第一种是已有研究机构在原有社会学、管理学、法学等研究范畴上延伸或转型到社会管理研究领域，包括高校下设的社会科学学院、社会学院、公共管理学院，中国社会科学院，中央编译局，部委下属有关机构等，如中国社会科学院社会学研究所、西南大学心理学与社会管理研究中心、北京大学中国政府创新研究中心等。第二种是各地响应国家关于社会管理人才战略需求，成立了专注于社会管理研究的新机构，加强了社会管理相关理论研究和实践探讨，如北京师范大学中国社会管理研究院（2010）、南开大学社会建设与管理研究院（2012）、天津市社会管理学会（2012）、广东省社会管理研究会（2012）、中国人民大学国家发展与战略研究院（2013）等。在社会管理研究领域，已经涌现出大量具有影响力的知名专家学者，他们为推动该学科的完善和发展做出了不懈的努力和积极的贡献。

4. 社会管理人才培养模式不断创新。《国家中长期教育改革和发展规划纲要（2010—2020 年）》指出，一定要把改革创新作为教育发展的强大动力，加快解决经济社会发展对高质量多样化人才的需求与教育培养能力不足的矛盾、人民群众期盼良好教育与资源相对短缺的矛盾、增强教育活力与体制机制约束的矛盾，为教育事业持续健康发展提供强大动力。因应实践战略需求，当前，社会管理人才培养模式呈现出多样化趋势，包括高等教育（本科教育、专业学位研究生教育、学术学位研究生教育）和职业教育等。

从 20 世纪 80 年代后期开始，社会工作教育在中国恢复重建，1987 年 9 月民政部举行社会工作教育发展论证会，同年原国家教委批准北京大学、中国人民大学、厦门大学、吉林大学建立社会工作专业，中国社会工作教育由此正式开始恢复重建。到 1999 年年底，中国开办社会工作本科专业的学校为 27 个。1998 年，教育部重新颁布《普通高等学校本科专业目录》，并将社会工作专业由"控制发展"的专业改为"非控制发展"的专业。另外，1999 年中国政府做出了扩大高等院校招生规模的决定。更为重要的是，21 世纪初，中国共产党提出了构建社会主义和谐社会、加快推进以改善民生为重点的社会建设奋斗目标及战略部署，为社会工作教育的快速发展提供了重要的契机。从 2000 年起，新开设社会工作专业的院校数量快速增长，招生规模不断扩大，招生层次也在不断升级、完善，发展速度无论在中国还是在国际上都是史无前例的，目前，全国有 258 所高校开设了社会工作本科专业。

学术学位和专业学位是现代高等教育研究生学位体系不可缺少的两大组成部分，既相互联系又相互区别。学术学位主要面向学科专业需求，培养在高校和科研机构从事教学和研究的专业人才，其目的重在学术创新，培养具有原创精神和能力的研究型人才。北京师范大学中国社会管理研究院于 2011 年开始招收学术型博士，2012 年开始同时招收学术型硕士和博士。专业学位为具有职业背景的学位，培养特定职业高层次专门人才。我国自 1991 年开始实行专业学位教育制度以来，特别是 2009 年以来，专业硕士发展迅速，招生比例和招生专业都有大幅度的增加，目前已经设置了 39 种专业硕士，其中就包括社会工作专业硕士。2008 年 12 月，国务院学位委员会第 26 次会议审议通过《社会工作硕士专业学位设置方案》，设置的目的是深入贯彻落实科学发展观，坚持以人为本，建设宏大的社会工作人才队伍，促进社会主义和谐社会建设。社会工作硕士专业学位教育的人才培养目标是：具有"以人为本、助人自助、公平公正"的专业价值观，掌握社会工作的理论和方法，熟悉我国社会政策，具备较强的社会服务策划、执行、督导、评估和研究能力，胜任针对不同人群及领域的社会服务与社会管理的应用型高级专业人才。目前，招收社会工作专业硕士的院校有 60 所。此外，开展社会管理方向专业学位教育的有 2 家，北京师范大学中国社会管理研究院于 2011 年招生，广东省社会管理研究会于 2012 年招生。

职业教育是对受教育者施以从事某种职业所必需的知识、技能的训练，是与基础教育、高等教育和成人教育地位平行的四大教育板块之一。比较具有代表意义的是培养了大量社会管理和社会服务职业人才的北京社会管理职业学院。该学院于 2007 年 6 月经民政部和北京市人民政府批准，以民政部管理干部学院为基础成立，报教育部备案，是民政部主管的高等职业院校。民政部培训中心、民政部职业技能鉴定指导中心、民政部社会工作研究中心设在学院。该学院坚持特色办学，确立了面向基层社区、特殊群体和特殊行业"三大岗位群"的办学思路，目前，设有社会福利系、民政管理系、社会工作系、社区服务系、殡仪系、假肢矫形康复系、人文科学系 7 个教学单位，开设了社区管理与服务、家政服务、社会福利事业管理（儿童服务与管理方向）、老年服务与管理、社会工作（救助社会工作方向、社区社会工作方向）、民政管理（婚姻服务与管理方向）、现代殡仪技术与管理、假肢与矫形器设计与制造、物业管理等 10 个特色鲜明的专业和专业方向，对应社会管理和社会服务领域的相关岗位。年招生约 1300 人，一次就业率为 96% 以上。

可以说，这些可贵的探索为社会管理人才培养模式创新注入了生机活力，也奠定了社会管理作为国家一级学科的人才培养基础。

三、增设"社会管理"为国家一级学科的基本构想

学科门类和一级学科是国家进行学位授权审核与学科管理、学位授予单位开展学位授予与人才培养工作的基本依据，二级学科是学位授予单位实施人才培养的参考依据。社会管理国家一级学科，是设置在管理学门类下的应用学科。具体而言，与工商管理、公共管理、管理科学与工程、农林经济管理、图书馆、情报与档案管理学科共同构成管理学这一应用学科门类，并成为其中相对独立的一个新兴一级学科，适用于社会管理的学士、硕士、博士和相应的专业学位的授予及人才培养，并用于社会管理学科建设和相应的教育统计分类等工作。

（一）社会管理的研究对象

作为一门应用学科，社会管理学科的研究对象是人类各种社会事务及其管理和服务，包括人类社会生活中微观、中观和宏观层次各种社会事务的管理协调，以及与之相应的社会服务的提供与管理。

在人类社会生活中，有着纷繁复杂的各种社会事务。这些社会事务大体可从微观、中观和宏观三个视角进行粗略的划分。一般而言，微观层次的社会事务具有较强的自治特征，中观层次的社会事务具有较强的共治特征，宏观层次的社会事务则具有较强的公共治理特征。按照这样的思路，可将作为社会管理学科研究对象的人类社会事务及其管理和服务，具体区分为如下三个层次。

1. 微观层次的社会事务，指处于整个社会基础层次的社会基本单元内部的

各种社会事务及相应的社会服务。这些社会基本单元包括家庭、族群、村落、部落、社区等基层社会共同体，以及各种具有微观结构的社会组织等，是每一个社会成员与其他社会成员彼此联系、相互依存、建构和发展各种社会关系的基本单元。微观层次的社会事务具有很强的自治特征，相应的社会服务具有自助、互助和共益等特征。微观层次的社会管理包括家庭事务管理、民族事务管理、社区事务管理、各种社会组织运作管理等，是整个社会结构的基础与社会管理的基石。

2. 中观层次的社会事务，指处于整个社会的中间层次的各种社会事务及相应的社会服务。中观层次的社会事务包括社会成员跨越其社会基本单元彼此之间的种种社会联系，以及各种不同类型的社会基本单元彼此之间产生或构成的社会连带、社会网络、社会体系、社会价值及社会规范等。中观层次的社会事务具有协商、对话、谈判、妥协等共治特征，形成社会系统得以运转和存续的种种机制与秩序，如社会交换、社会认同、社会制裁、社会表达、社会对话、社会矛盾调解、社会冲突化解、社会对抗、社会包容、社会治理等，相应的社会服务具有共同利益及一定程度的公益特征。中观层次的社会管理包括对地域层次、行业层次的种种社会机制的建构、协调、规范与管理，是整个社会结构的中枢与社会管理的核心。

3. 宏观层次的社会事务，指处于一定社会顶层的各种社会事务及相应的社会服务。宏观层次的社会事务及其管理具有公共治理的特征，是社会自治及共治得以实现的体制、政策和制度的保障及其管理，主要包括国家和地方各级政府的社会管理体制、社会政策体系、社会保障体系、社会法制及社会道德规范，以国家为主体建构的、在特定时期生效的"维稳型"社会应急管理的体制、政策及相应的机制，以及政府所履行的其他主要社会管理职能及其实现形式。宏观层次的社会管理是整个社会结构与社会管理的根本保障。

（二）社会管理学的学科体系

学科门类、一级学科和二级学科三者之间既是不同的学科层次，又相互联系。在学科专业目录中，二级学科（专业）的设置是极其重要的基础，因为专业是培养人的基本单元，与学科分类和社会职业分工密切相关。以人类各种社会事务及其管理和服务为研究对象的社会管理学科，按其研究对象的分类组成相应的学科体系。社会事务的管理和服务可按不同标准进行分类，除上述微观、中观、宏观的分层分类外，还可按功能、主体、领域、结构、属性等进行多种分类，并因此形成多视角的不同学科。从实践发展和现实需要出发，现阶段较为成熟的社会管理学的学科，应由如下六个具有共同理论基础、内在逻辑联系且发展比较成熟的二级学科组成一个统一的应用学科集合。

1. 二级学科一：社区管理。社区管理二级学科，研究作为社会管理基层场域的城乡社区，包括社区的自治实践及其发展；研究特殊社区的构成与发展，如民族聚居社区、流动人口社区、城中村社区等的构成和管理；研究社区层次实现官民共治、多部门共治的实践及其发展；研究社区层次的公共服务、公益服务和市场化社会服务及其供求机制等。开设社区发展相关课程，主要培养致力于城乡社区发展的社会管理专门人才。

2. 二级学科二：社会组织管理。社会组织管理二级学科，研究作为社会管理主体的各类社会组织，包括基金会、社会团体、民办非企业单位、社区基层组织及转型中的事业单位、人民团体等；研究这些社会组织的改革、培育、规制、发展及其作用的发挥；研究社会组织在社会自治与共治中的功能及其实现机制；研究社会组织的内部治理与管理；研究社会组织与政府的关系；研究社会组织管理体制及其法制规范等。开设社会组织管理相关课程，主要培养致力于社会组织发展与管理的社会管理专门人才。

3. 二级学科三：社会服务。社会服务二级学科，研究作为社会管理重要内容之一的各种社会服务，包括市场化的社会服务、基于互助与共益的社会服务、福利类公益服务、志愿服务与公益慈善事业，以及公共服务的政府购买等；研究各类社会服务的供给、组织和管理，包括资源动员、信息共享、组织协调、问责监管等。开设社会服务相关课程，主要培养致力于各类社会服务业的社会管理专门人才。

4.二级学科四：社会工作。社会工作二级学科，研究作为社会管理和社会服务基本手段的社会工作，包括社会工作的体系、制度、机制及其规范化建设，社会工作的供给与需求及其价格体系，社会工作专业职称系列的设置及其内容、标准等。开设社会工作相关课程，主要培养致力于社会工作的社会管理专门人才。

5.二级学科五：社会政策。社会政策二级学科，研究作为宏观社会管理核心内容之一的社会政策，包括各种社会政策的制定协调、实施执行及实验评估等；研究公民和社会组织对社会政策的参与和倡导机制等。开设社会政策相关课程，主要培养致力于社会政策的社会管理专门人才。

6.二级学科六：社会应急管理。社会应急管理二级学科，研究在社会稳定、社会秩序遭受重大威胁的危机状态下，以国家为主导形成的社会应急管理的体制、政策及相应的各种机制等。开设社会应急管理相关课程，主要培养致力于社会应急管理的社会管理专门人才。

（三）社会管理的人才培养体系

1.社会管理专业培养目标。秉承"立足中国现实、借鉴国际经验以及教学与实践并重"的三项原则，主要培养德才兼备、适应社会主义市场经济和社会主义和谐社会建设需要的高层次、复合型、应用型、创新型的社会管理人才。具体包括：牢固把握社会管理的基本理论，具备扎实的理论功底；具有社会管理实践所要求的创新理念、思维方法和职业技能；能够灵活运用社会管理学及相关社会科学领域的理论和方法，独立从事社会管理领域相关的实务工作。

2.社会管理专业就业方向。社会管理专业毕业生的主要工作方向可以分为五大类：第一类是司法、公安、劳动和社会保障、民政、环保、安全生产、食品和药品监督等政府职能部门；第二类是工会、共青团、妇联等人民团体和教育、卫生等系统承担一定行政职能的事业单位，以及社区服务中心、居委会、村委会等城乡自治组织；第三类是社会福利院、救助管理站等公营的社会服务机构；第四类是非政府、非营利的社会组织；第五类是旨在通过市场机制解决社会问题的社会企业。

3.课程体系。学科建设中人才培养体系的建设应当实现课程体系、教学内容和教学过程的整体优化，其核心是课程体系设计。社会管理一级学科的教学课程，可根据需要开设学科基础课、应用基础课、方向基础课和方向必修课。建议基本框架如下：学科基础课，包括社会学、政治学、国家与（公民）社会、社会伦理、社会管理思想史、社会科学方法论、社会调查与社会统计；应用基础课，包括社会管理学、社会政策学、社会管理法治；方向基础课，包括社区治理、社会组织、社会服务、社会工作、社会应急管理；方向选修课，包括治理理论、组织与项目评估、组织社会学、社会保障与社会福利。

（四）社会管理学的研究方法

研究方法是指在研究中发现新现象、新事物，或提出新理论、新观点，揭示事物内在规律的工具和手段。学术创新，往往会伴随产生许多新的研究方法，而新的研究方法同时会推动学术更大的发展。当前，在社会管理学术创新研究方面，呈现出"社会响应性"和"政策主导性"两大特征。一是社会响应性，即"社会管理"研究在一定程度上反映了当时社会的现状。学者多从解决社会问题的角度开展研究，尝试创新管理模式，达到促进社会进步、缓解社会矛盾的目的。二是政策主导性，即"社会管理"研究受国家政策影响显著，特别是受党的全国人民代表大会和"五年规划"等导向性内容的影响尤其明显。这充分说明，社会管理创新研究具有非常鲜明的实践性，需要在学术研究和实际工作中不断探索，使二者真正结合起来，互相促进。据此，社会管理研究既需要实证研究方法（研究"是什么"），也需要规范研究方法（研究"应该是什么"），二者相辅相成，是社会管理学研究的重要方法。

实证研究方法主张通过对社会生活中以自治及共治为核心的社会管理和社会服务活动进行大量的观察、实验和调查，获取尽可能客观、全面、真实的材料，通过分析、归纳、比较等，努力探寻社会管理的本质属性和发展规律。具体包括田野调查法、实地观察法、关键人物访谈法、典型案例分析法、历史事件分析法、口述史研究法和实验法等。规范研究方法注重从逻辑性方面概括指明"应该怎样"的问题，因而必然涉及伦理标准和价值判断。

规范研究方法的形式化共性体现在以下几个方面：一是研究基本上面向"元问题"而展开，这里的"元问题"指的就是人类社会无法回避的基本问题；二是研究受研究者基本价值理念的引导，它无须像实证研究似的宣称价值中立；三是阐释方式的多重路径并存，即规范研究是阐释的，而不是解释的，而且其阐释路径是多种多样的。

开展跨学科合作研究　推动社会管理科学化 [*]

（2013 年 9 月 17 日）

　　值此系统科学与社会管理学术论坛暨北京师范大学系统科学学院揭牌仪式举行之际，我本人并代表北京师范大学中国社会管理研究院表示衷心的祝贺！对各位来宾和专家前来参加论坛，表示热烈欢迎！

　　北京师范大学系统科学学科建设起步较早，已经成为有较强竞争力和发展潜力的优势学科。在北京师范大学成立 111 周年之际，由优势学科组建成一个系统科学学院，这是北京师范大学系统科学学科发展史上的一个重要里程碑。

　　北京师范大学中国社会管理研究院是在党和国家高度重视社会建设和社会管理的重要历史时刻应运而生，两年多来围绕社会管理创新的重大问题，从国家重大战略需求和现实需要出发，开展基础性、关键性问题研究，提出了多项具有前瞻性、针对性的对策建议。部分建议得到了中央高层领导的重要批示，为推进社会管理创新实践起到了积极作用。

　　今天，北京师范大学中国社会管理研究院和系统科学学院联合主办系统科学与社会管理学术论坛，集中研讨系统科学与社会管理相关的问题，这对于推动文理学科交叉、自然科学与社会科学融合，很有意义。这里，我主要围绕"开展跨学科合作研究，推动社会管理科学化"这一主题，讲一些个人的看法，与大家一起研讨交流。

---

*　本文系在北京师范大学系统科学与社会管理学术论坛暨北京师范大学系统科学学院揭牌仪式上的主旨演讲。

一、充分认识系统科学在社会管理中的重要作用

当今世界，社会经济不断发展，科技进步日新月异。在这种大背景下，系统科学和社会管理研究密切结合，有着重要的理论意义和实践价值。

第一，开展跨学科研究是现代科学发展的必然趋势。在现代科学的发展进程中，科学、技术与经济、社会相互渗透、相互联系的趋势日益增强，这使科学研究进入了跨学科行动的一种大科学时代。这种学科的多对象化和对象多学科化趋势，必然导致跨学科研究与"跨界行动"成为普遍的现象，使人类的研究从以往的无学科阶段经由学科研究为主导和学科间交叉渗透阶段，进展到跨学科整合研究的高度。跨学科研究有助于增加相关学科之间的交流，培育新的学术共同体，从而实现科学理论研究的重大突破，推动社会实践问题的有效解决。

第二，社会领域是系统科学研究的重要方面。前不久，我看到中国科协原主席、著名科学家周光召院士在 2002 年一次科普高峰讲坛上做的报告，题目为《复杂适应系统和社会发展》，获益匪浅，对于运用系统科学研究社会发展和社会管理具有很强的指导意义。系统科学是研究系统的结构与功能关系和演化规律的科学，它以不同领域的复杂系统为研究对象，从系统和整体的角度，探讨复杂系统的性质和演化规律，加深人们对现实世界的认识。社会领域毫无疑义是一种复杂的适应系统，用系统科学的思维和方法研究社会领域的问题，不仅有助于探索社会发展的规律，优化社会管理方式和方法，也有助于推动系统科学自身的创新和发展。

第三，运用系统科学研究是推动社会管理科学化的有效支撑。20 世纪后半叶特别是 21 世纪以来，由于技术、市场与交往的普遍化需求所带来的经济全球化以及相应社会关系的变化，导致社会领域问题复杂化，向人类提出了前所未有的挑战，世界各国都必须加强和创新社会治理。当今世界格局正在发生快速、深刻的变化，当代中国正在经历广泛、深刻的变革。我国发展面临前所未有的机遇和挑战，需要研究和破解一系列新矛盾、新问题。一个较长时期以

来，社会建设和社会管理是我国现代化建设中的一个短板。创新和加强社会管理必须制定科学有效的政策，而这又是一个复杂的过程，包括运用系统科学对现实问题作系统的了解和分析。也就是说，社会领域面临的种种问题不是某一两个学科的研究所能够解决的，亟须运用包括社会管理科学、系统科学在内的多学科多方面力量开展集成性、创新性的研究，从而为中国社会建设和社会管理提供更有价值、更有成效的智力支持。

二、加强和创新社会管理研究的主要任务

社会是一个复杂的系统，也是有自身规律的运动。进行社会管理或社会治理是人类社会必不可少的社会活动，其根本目的和任务，是协调社会关系、化解社会矛盾、维护社会秩序、促进社会和谐、应对社会风险、保持整个社会有序稳定运行。党中央提出的"加强和创新社会管理"，涉及对社会整体运行的把握和复杂系统的分析，涉及对社会建设和社会管理多个方面的研究。包括：怎样认识社会管理系统？现代社会管理与传统社会管理有哪些不同特点？如何推进社会管理向社会治理转变？在社会管理中如何强化法治的作用？如何建立社会管理评价体系？如何加强社会管理的能力建设？这一系列问题，都需要进行全面、系统、深入的研究，做出科学的回答和解释。但最根本的是，要不断完善和发展中国特色社会主义社会管理体系。这里我简要阐述以下需要深入研究的方面：

1.加快推进社会体制改革研究。这是完善中国特色社会管理的支柱。什么是社会体制？有不同认识、理解和概括，可以深入研究。我认为，社会体制，一般是指社会管理和服务模式、社会资源配置机制，以及各社会主体权利责任义务和行为的规范或制度安排，包括社会主体定位、社会治理方式、公共服务体系、社会组织体制和社会管理机制等。社会体制改革的任务是什么？按照党的十八大要求，推进社会体制改革的基本任务是："要围绕构建中国特色社会主义社会管理体系，加快形成党委领导、政府负责、社会协同、公众参与、法

治保障的社会管理体制，加快形成政府主导、覆盖城乡、可持续的基本公共服务体系，加快形成政社分开、权责明确、依法自治的现代社会组织体制，加快形成源头治理、动态管理、应急处置相结合的社会管理机制。"这"四个加快"既密切联系，又各有侧重。社会管理体制侧重于明确各类社会主体地位和作用，党委领导是核心，政府负责是关键，社会协同是依托，公众参与是基础，法治保障是基石。这五位一体有机联系，密不可分，侧重于保持社会关系协调、富有活力、有序运行；基本公共服务体系侧重于满足公众基本需求，保障和改善民生；现代社会组织体制侧重于创新社会治理模式，充分发挥社会组织在社会治理中的作用；社会管理机制侧重于社会全过程的调节、治理。这些方面构成了新型社会体制的基本框架。这里需要深入研究社会体制框架的丰富内涵、各组成部分相互联系和相互作用的机理。

2. 健全社会管理制度研究。社会管理制度是中国特色社会管理体系的重要基础。要按照有利于保障人民群众根本利益、有利于激发社会活力、有利于促进社会公平正义、有利于维护社会和谐稳定的要求，系统研究事关社会管理全局和长远的制度建设，推进社会管理制度化、规范化、法治化。要大力推进社会管理基础性制度建设，包括研究建立健全保障就业权、健康权、教育权、居住权等公民基本社会权利的基本制度。统筹设计社会保障体系，建立符合中国国情的社会保障制度，也包括研究在加快完善居民身份证制度的基础上，融合人口和计划生育、人力资源和社会保障、住房和城乡建设、民政、教育、交通、工商、税务、统计等部门和金融系统相关信息资源，建立一套能够覆盖全社会的信息编码系统与制度，实现居民身份证、驾照、医保卡、社保卡、收入、不动产等基础信息一体化链接。还包括研究积极稳妥地推进户籍管理制度改革，放宽中小城市、小城镇特别是县城和中心城镇落户条件，建立城乡统一的户口登记管理制度，积极探索流动人口管理服务有效制度，创新特殊人群管理服务制度，以适应新型城市化发展进程中社会管理面临的新情况、新形势。

3. 完善维护群众权益机制研究。健全政府主导的维护群众权益机制，是完善中国特色社会管理体系的重点任务。要深入研究最广大人民根本利益、现阶段共同利益、不同群体特殊利益的关系，建立科学有效的利益协调机制，统筹协调各方面利益关系。研究构建群众权益保障机制、劳动关系协调机制、社会矛盾调处机制、社会稳定风险评估机制。信息公开是听取群众意见，实现群众参与公共决策的基础。诉求表达是协调利益关系、调处社会矛盾的前提。要研究建立信息公开制度和诉求表达机制，研究建立发展成果共享机制和侵害群众权益的纠错机制，着力解决土地征用、房屋征收拆迁、企业改制、社会保障、环境保护、安全生产、食品药品安全、城市管理、涉法涉诉等方面群众反映强烈的问题。要研究健全依法实行劳动合同制度和集体合同制度，完善企业职工工资集体协商机制、正常增长机制、支付保障机制。要研究健全社会矛盾纠纷排查预警、调解处置机制。还要研究健全社会稳定风险评估机制，凡是与人民群众利益密切相关、影响面广、容易引发社会不稳定的重大决策事项，都要进行社会稳定的风险评估。

4. 扩大公共服务体系研究。这是完善中国特色社会管理体系的重要方面。要研究加快推进公共服务体系建设，逐步完善基本公共服务体系，积极促进城乡基本公共服务均等化。要研究公共服务体系和基本公共服务体系的范围、领域、载体、形式、标准和途径。研究优化政府投资结构，加大向公共服务体系建设倾斜的力度，积极引导和鼓励社会、企业参与改善民生和发展各项社会事业，切实保障民生工程和社会政策的实现。对于基本公共服务，要研究根据社会需求、不同领域、服务对象进行合理分类，采取不同形式和方法，明确政府和市场、政府和社会的功能和作用，特别要改进政府提供公共服务的方式，推进政府购买公共服务。要加强基层服务体系建设，增强城乡社区服务功能。

5. 构建社会规范研究。社会规范体系是中国特色社会管理体系的基石。要研究在社会生活的各个领域加快建立和完善个人行为的规范体系，通过自律、互律、他律，把人们的行为纳入共同准则的轨道。现代社会是法治社会，要研究加强社会法律体系建设，充分发挥法制规范在调整社会成员关系、约束社会成员行为、保障社会成员权益等方面的重要作用。现代社会是诚信社会，要研究健全社会诚信制度，大力推进政务诚信、商务诚信、社会诚信和司法公信建设。完善社会诚信行为规范，探索建立统一的信用记录平台。理顺社会信用管理体制机制，加强社会信用管理，完善信用服务市场体系，强化对守信者的鼓励和对失信者的惩戒。通过加强社会规范建设，努力营造法治、诚信、文明、和谐的社会氛围和社会环境。

6. 加强公共安全建设研究。公共安全体系是完善中国特色社会管理体系的重要方面。要坚持预防和应急并重、常态和非常态结合的原则，建立健全突发事件应急体系，加强全民风险防范能力和应急处置能力建设。研究完善相关机制，提高对自然灾害、事故灾难、公共卫生事件、社会安全事件等突发公共事件的风险管理水平。研究健全食品药品安全监管机制，制定和完善食品药品安全标准，完善食品药品质量追溯制度，加强食品药品安全风险监测评估预警和监管执法。完善安全生产监督制度机制，加强安全生产法律法规、政策标准、技术服务、应急处置和救援、社会监督、宣传教育培训体系建设，加强安全管理和监管。要完善社会治安防控体系，健全点线面结合、人防物防技防结合的立体化治安防控体系，严密防范和依法打击各种违法犯罪活动。

7. 强化网络社会管理研究。加强和改进网络社会管理已经成为迫切的任务。互联网的裂变式发展正在深刻地改变着社会结构、社会关系，网络化生存、网络化生活成为常态。我国网民有近 6 亿人，手机网民有 4.6 亿多人，其中微博用户达到 3 亿多人，很多人不看主流媒体，大部分信息都从网上获取。信息网络技术的飞速发展和广泛应用，带来了社会生产方式、生活方式的深刻变革，丰富和发展了人们的物质文化生活，成为社会活动和各种思想文化交流的重要平台；同时，互联网正在重塑媒体格局、舆论生态，真实的、虚假的、理性的、非理性的，正确的、错误的，各种思想舆论在网上相互叠加，这对社会管理提出了新挑战、新要求。要按照积极利用、科学发展、依法管理、确保安全的方针，坚持建设与管理并重、发展与管理同步，加快形成法律规范、行政监管、行业自律、技术保障、公众监督、社会教育相结合的信息网络管理体系。要加强对网络社会特点和规律的研究，鼓励网民通过网络平台参与社会治理。建立网上网下综合管理体系。要创新管理理念，从被动管理向依法治理转变，推进网络依法规范有序运行，保护正当信息，打击网络谣言。健全网络安全评估机制，维护公共利益和国家信息安全。

以上这些社会管理方面的研究任务，既需要运用社会管理科学理论，也需要运用系统科学理论和其他科学理论，并要将多种科学理论密切结合起来。只有这样，才能有效创新社会管理思路、方式、方法，也才能显著提高社会管理科学化水平。

三、推进跨学科研究的几个基本问题

第一，跨学科研究的起点问题。究竟是以学科的研究为起点还是以问题的研究为起点？学科的研究不断朝着深化和细化的方向发展，其系统性和稳定性越来越强，而问题的研究则是按照社会现实的要求设定，为解决问题组织不同学科人员开展研究。系统科学工作者和社会管理科学工作者合作研究必须坚持问题意识。马克思指出："问题就是公开的、无畏的、左右一切个人的时代声音。问题就是时代的口号。"每个时代总有属于它自己的问题，加强和创新社会管理就是一个解决当今中国社会领域问题的过程。我们国家当前发展的阶段性特征，决定了我们在加强和创新社会管理过程中面临着许多与别的时代、别的国家所不同的社会问题。这些就是时代的口号、时代的声音。当今中国的时代特征，就是变革、创新、开放、竞争、现代化，这是主旋律，由此带来了一系列新情况、新问题、新趋势。必须坚持从实际情况出发，树立强烈的问题意识，敏锐察觉、及时抓住、系统研究、科学分析、正确提出有针对性的解决问题的办法，而不能只是从概念出发，更不能从概念到概念。要加强对社会问题状态和演化趋势的研究，及时做出问题演变趋势的预测和提出有效应对之策，这是中国当代科学研究工作者的重要使命和职责。

第二，跨学科研究的方法问题。跨学科研究的目的是达到知识和技术的融合与创新。跨学科研究方法的优点在于各种研究方法的相互借鉴与渗透。当前，社会管理创新研究呈现出"社会响应性"和"方向主导性"两大特征。社会响应性，就是社会管理研究主要着眼于社会问题的现状，主要从解决存在问题的角度进行研究，探索创新管理模式，达到促进社会进步、缓解社会矛盾的目的。方向主导性，就是社会管理研究要从战略高度，把握国家发展方向、发展大势，提出社会管理创新的方向和目标，包括顶层设计、整体设计、系统设计，具有鲜明的导向性。我们在实际研究工作中需要使二者结合起来、互相促进。系统科学方法则具有整体性、综合性、动态性、模型化和最优化的特征。所以，系统科学和社会管理科学合作研究既需要实证研究方法，也需要规范研究方法，二者相辅相成。

第三，跨学科研究的保障问题。至关重要的是，要进一步对跨学科研究达成深度共识，并转化为行动上的高度自觉。要进一步破除来自体制机制、组织管理和学术价值观念等方面的制约。具体地说，需要营造有利于跨学科研究的环境，建立适应跨学科研究的组织与管理形式、评价制度与机制，推进跨学科研究机构、跨学科研究团队的建设，培育形式多样的跨学科学术交流平台，从而为跨学科研究凝聚力量、激发智慧提供有利条件和保障。

当前，我们国家正站在全面建成小康社会和全面深化改革开放新的起点上。加强和创新社会管理的任务非常艰巨、繁重，许多重要课题需要我们去研究、探索，特别需要探求和把握现代社会管理的基本规律和有关活动的规律。我们要以党的十八大精神为指导，不断解放思想，弘扬改革精神，凝聚改革共识，深入开展理论探讨，加强多学科结合研究，积极投入创新实践，为促进和谐社会建设、实现中华民族伟大复兴的中国梦做出应有的贡献。

关于改革学科建制和提升社会学地位的建议 *

（2014 年 7 月 8 日）

党的十八大以来习近平总书记系列重要讲话精神和党的十八届三中全会通过的《中共中央关于全面深化改革若干重大问题的决定》（以下简称《决定》），标志着改革开放和社会主义现代化建设迈入了新的发展阶段。

在新的发展阶段，发展和完善中国特色社会主义事业，需要全面发展和繁荣社会科学特别是社会学。目前，我国社会学发展的一大障碍是不合理的学科建制：社会学不是一个独立门类，仅仅为隶属法学门类下的一级学科，这种学科建制不仅混淆了社会学和法学的学科关系，更重要的是降低了社会学在社会科学领域的地位，严重制约了社会学的发展和繁荣，与我国社会经济不断发展和改革开放全面深化的形势极不适应，更与加强社会建设、改革社会体制、创新社会管理，实现社会治理现代化的历史任务极不适应。无论是在国际上还是国内，学科建制在科学研究、人才培养、学位授予、学科建设中都发挥着重要的引导和"指挥棒"作用。因此，我们建议抓紧改革现行的不合理学科建制，特别是尽快把社会学提升为社会科学领域单独的学科门类。

一、把社会学提升为学科门类的必要性

1. 这是全面完善和发展中国特色社会主义伟大事业的必然要求。我国社会学经历了曲折发展历程，党的十一届三中全会后，社会学在党中央关怀下得以重建和发展。1979 年 3 月 30 日，邓小平同志在理论工作务虚会上指出："政

---

* 本文系课题研究报告，组长：魏礼群；课题组成员：李培林、李强、龚维斌、丁元竹、赵秋雁、赵孟营、陈鹏等。此研究报告得到党中央、国务院多位领导的重要批示，推动了相关工作的开展。

治学、法学、社会学以及世界政治的研究，我们过去多年忽视了，现在也需要赶快补课。"35 年来，社会学在改革开放和社会经济发展中不断发展，并发挥着日益重要的作用。但是，总的看来，我国社会学发展滞后的现象仍然突出存在，无论社会学科学研究、学科建设，还是学位授予、社会专业人才培养，都不适应国内外形势的快速发展变化。

当代中国正在经历一场人类历史上规模空前的社会大变革。随着改革开放和现代化事业的深入发展，社会领域出现许多前所未有的新情况、新矛盾，面临着一系列新课题、新挑战，社会建设和社会治理在中国特色社会主义事业中的地位越来越突出、越来越重要。党的十八大明确提出了建设中国特色社会主义的经济建设、政治建设、文化建设、社会建设、生态文明建设"五位一体"总体布局，把社会建设放在整个现代化建设中更加突出的位置；十八届三中全会《决定》确定了全面深化改革的总目标，把推进国家治理现代化和创新社会治理，作为发展和完善中国特色社会主义制度的重大任务。这更对中国社会学的繁荣发展提出了新要求。

社会学是现代社会科学中的一门基础性学科，主要研究人类社会基本活动发展变化的规律性，它以整体性、系统性、综合性的方法来全面、深入地研究社会行为、社会关系、社会结构、社会文化、社会运行、社会变迁和社会治理的基本状况、基本进程、基本规律。加强社会学建设，对于引导和推动社会建设、社会体制改革和社会治理现代化有着重大的作用。我们要更好地推进社会发展和社会文明进步，更好地推进社会体制改革和社会治理创新，夺取中国特色社会主义事业全面胜利，应该高度重视和充分发挥社会学的重要作用。因此，改革学科建制、提升社会学学科的地位，势在必行。

2. 这是加快培养社会领域专业人才和优化国家人才结构的迫切需要。长期以来，我们由于对社会学科重视不够，社会建设和社会治理专业人才培养规模小、能力低。据统计，目前全国 2198 所普通高校中只有 295 所设置了社会学类的本科专业，而具有社会学一级学科博士学位授予权的高校和科研机构仅为

19 所。这种状况，造成社会领域专业人才严重匮乏，人才结构很不合理，党政人才社会管理创新理论和知识技能不足，这与迅猛扩张的社会发展需求严重不相适应。

从长远来看，我国社会领域人才需求缺口问题更加突出。国家发布的《国家中长期人才发展规划纲要（2010—2020 年）》明确提出：到 2020 年，我国人才资源总量需要增加到 1.8 亿人，其中"社会发展重点领域"培养开发紧缺人才需要达到 800 多万人，社会工作人才总量需要达到 300 万人。2012 年 3 月，中央 19 个部委和群团组织联合发布的《社会工作专业人才队伍建设中长期规划（2011—2020 年）》也明确提出，随着国家事业的快速发展，需要一支庞大的专业化的社会服务队伍，在社会福利、社会救助、扶贫济困、慈善事业、社区建设、婚姻家庭、精神卫生、残障康复、教育辅导、就业援助、职工帮扶、犯罪预防、禁毒戒毒、矫治帮扶、人口计生、应急处置、群众文化等领域直接提供社会服务。只有尽快把社会学由一级学科提升为单独的学科门类，增强社会学的吸引力和发展能力，才能加快社会领域专业高端人才培养，相应提升社会学领域的一级学科的地位，才能迅速改变社会学科学研究薄弱的现象，改变社会治理能力不足和社会工作人才匮乏的局面，也才能培养更多治党治国的社会专业人才队伍。

3. 这是提升我国社会科学影响力和强化国际话语权的战略举措。让中国声音成为世界最强音，是中华民族的共同愿望。要更大程度地赢得国际社会对中国的尊重，扩大中国的世界影响力，就需要让全世界了解中国社会的历史、结构和演变，特别是需要让全世界了解中国特色社会主义的理论、制度、道路、文化。而要做到这一点，发展繁荣中国特色社会学尤为重要。为此，必须明显提升社会学在整个社会科学学科建制中的地位。

当前国际关系错综复杂，以话语为载体的国际竞争十分激烈。因此，如何强化中国的国际话语权是一个需要系统研究、深入研究并做出科学决策的战略问题。总体上看，我国社会学应该是一个有力挑战发达国家话语主导权的领域。我国历史悠久、文化积淀深厚,特别是新中国成立以来的沧桑巨变,社会发展的规模、体量、格局、结构变化,无论是在人类历史进程中还是在经济全球化大背景下都是无与伦比的,这就为争取现代人类社会文明进步话语主导权提供了现实基础。只有发展繁荣社会学,大力提高社会学学术水平,科学地、系统地把中国社会领域演变的特征、规律研究透彻,才能更好地宣传中国的社会文明进步。

4. 这是研究借鉴国际上发达国家重视社会学发展经验的重要启示。据研究,一些发达国家高度重视社会学学科建设,把社会学放在与经济学同等重要的地位,同样作为一门"显学",无论是学科布局上,还是教学、科研机构建制上,都放在社会科学体系中突出重要的位置。

在学科布局上,美国人口普查局把 188 个授予学士学位的专业分为 5 个大研究领域和 15 个子领域,其中社会学专业明确列在社会科学子领域的第一个专业,法律专业则是属于艺术和人文科学类中"其他"子类的专业。英国高等教育与大学招生委员会把所有学科分为 20 个学科群,其中"社会学"学科群明确列在人文社会科学类的第一位,"法律"学科群排位在"社会学"学科群之后。

在教学、科研机构建制上,美国在 21 世纪初就有 651 所大学设立社会学系,有 271 个社会学硕士点、138 个社会学博士点;英国有 110 多所大学,其中有 80 多所大学设立了社会学系(这些数据只包括对应于我国的理论社会学和应用社会学这两个专业领域的人才培养机构,不包括发达国家在社会管理、社会政策、人类学、人口学、社会工作等领域的人才培养机构)。这些都大大超过我国社会学教学和科研机构的比重。

总之,改革学科建制,提升社会学地位,有利于更好地繁荣发展我国社会学科学研究,有利于加快培养社会专业高端人才,有利于推进社会建设和社会治理现代化,有利于全面推进中国特色社会主义事业,从而有利于实现我国"两个一百年"的奋斗目标和中华民族伟大复兴的中国梦。因此,把社会学由一级学科提升为单独学科门类,具有十分重要的政治意义、理论意义和实践意义。

二、社会学由一级学科提升为学科门类的可行性

社会实践创新理论，催生学科发展。改革开放以来社会主义现代化事业的伟大实践，为中国社会学发展繁荣提供了丰壤沃土；蒸蒸日上的中国特色社会主义事业呼唤着中国社会学大发展大繁荣。从社会学学科的现实条件看，经过 35 年社会学理论和应用的深度探索，我国社会学已经发展成一门学科领域广泛、学科知识体系相对成熟、研究方法和理论体系相对完整的社会科学学科。因此，把社会学由一级学科提升为学科门类，不仅十分必要，而且非常可行。

1. 社会学已经形成较完整的学科体系。目前，社会学一级学科下 7 个学科方向，包括理论社会学、应用社会学、人口学、人类学、民俗学、社会管理与社会政策、社会工作，都有了学科意义上的机构建制，特别是社会管理、社会工作、应用社会学这三个领域近年来发展势头良好。一大批高等院校和科研机构设立了社会管理研究机构和社会工作本科专业，在应用社会学领域，已经形成较为成熟的分支学科体系。这些分支学科包括：社会研究方法、发展社会学、农村社会学、城市社会学、家庭社会学、性社会学、医学社会学、劳动社会学、教育社会学、企业社会学、工业社会学、体育社会学、法律社会学等等。以上说明，社会学学科体系已经具有相当基础。

2. 社会学已经具备较为成熟的科学研究架构。社会学一级学科科研项目的申请、论证、实施、评审、应用都已经走上国际化轨道。目前高等院校和科研机构的科研项目中，包括四种类型：一是国家社会科学基金和省区市社会科学基金项目，二是中央政府部门和地方政府部门委托的专项项目，三是企业委托的专项项目，四是各种基金会委托的专项项目。这些项目机构能够支撑学科门类的发展。

3. 社会学已经形成健全的人才培养体系和模式。虽然社会学一级学科在人才培养规模上远远落后于国家发展需要，但是已经建立起较为完整的社会人才培养体系和发展模式。在人才培养结构上，包括了本科生、学术型硕士生、

专业硕士生、博士生、博士后人员五个层次。在学科训练方面，已经形成成熟的本科生教学计划、硕士生培养计划、博士生培养计划，学科训练注重课程完整、理论和实践相结合。

4. 社会学已经确立服务国家发展和社会需要的学科定位意识。20世纪80年代以来，社会学学科围绕小城镇发展、计划生育、边区开发、珠江三角洲总体开发、长江三角洲总体开发、发展社会工作专业、农村发展问题、中国社会分层、和谐社会、社会建设等开展的经验研究和理论研究，都在国家决策层面得到回应，发挥了智力支持的重要作用，赢得了良好的社会声誉。这就为社会学的进一步发展提供了指导模式。

5. 社会学已经建立一系列全国性的学术组织。除了社会学一级学科建立了全国性学术团体外，社会学一级学科下的人口学、民俗学、社会工作等二级学科都分别建立了全国性学术组织，人类学二级学科则是和民族学一级学科联合建立了全国性学术团体。除全国性学术团体外，各省区市都已经分别建立了社会学一级学科或者社会学一级学科下的二级学科的学术团体。

三、社会学学科门类下的一级学科设置设想建议

我们建议，社会学学科门类下，可设立8个一级学科，这8个一级学科构成社会学门类的学科群。

1. 社会学理论：研究综合社会现象，系统分析社会现象的一般规律和宏观发展趋势。

2. 社会管理：主要系统研究社会管（治）理活动基本规律和一般方法。

3. 应用社会学：研究具体社会现象，以获得对各类社会现象与社会问题的具体认识，并提出相应的观点和应对措施。

4. 人类学：研究人类全部生活方式的生物基础和文化编码。

5. 人口学：研究人口诸变量之间的相互关系以及发展变化规律，研究人口变量与社会经济、生态环境等变量之间的相互关系。

6.民族学：研究人类不同群体的社会和文化，主要对不同群体、民族的社会、文化进行研究，重点是通过对当代社会与文化进行实地的调查研究。

7.民俗学：研究各国各民族长期传承的关于自然、社会和人生知识体系及其物质产品和相关风俗习惯。

8.社会工作：研究如何培养社会成员养成以利他主义为指导，以科学知识为基础，助人自助的服务能力。

《当代中国社会大事典（1978—2015）》总序 [*]

（2016 年 3 月 25 日）

    1978 年，中国共产党召开的具有重大历史意义的十一届三中全会，开启了中国当代改革开放的历史新时期。从 1978 年到 2015 年的 38 年间，社会主义中国发生了翻天覆地的巨大变化。改革开放极大地解放和发展了生产力，使中国的经济持续快速发展，成为世界第二大经济体，也极大地推动了中国社会的全面进步，人民生活显著改善，社会事业蓬勃发展，城乡面貌日新月异。为了全面、系统地反映改革开放以来中国社会领域的理论创新、体制创新、政策创新和实践创新，真实记录这期间社会领域改革发展的演变脉络、重大事件和辉煌成就，以铭记当代中国社会变迁历史，弘扬改革创新精神，持续推进社会现代化建设，我们组织编写了这部大型文献图书——《当代中国社会大事典（1978—2015）》（以下简称《大事典》）。

    组织编写这部《大事典》是我于 2013 年 3 月提议，经有关中央部门、地方、研究机构、高等院校负责同志和社会领域知名专家学者充分酝酿达成的共识，并成立了各有关方面领导、专家、研究人员参加的编委会，北京师范大学中国社会管理研究院作为社会治理智库承担具体协调和落实工作。我们组织编写这部《大事典》，主要有三个方面的考虑。一是国内外已出版了一系列反映中国改革开放 30 多年来历史进程和主要变化的鸿篇巨制，但多为经济领域的，社会领域的还较少。特别是尚无以"事典"这种特殊体例全面、系统地汇集改革开放以来中国社会领域历史演变，以及记述社会领域改革发展伟大成就的大

* 本文原载于《当代中国社会大事典（1978—2015）》（1~4 卷），商务印书馆、华文出版社出版，2017 年 12 月第 1 版。

型图书。这部《大事典》是一部兼具学术性、理论性、实践性和工具性，并具有原创性和权威性的大型文献图书。二是社会领域改革发展是中国特色社会主义事业建设总体布局的重要组成部分，党和国家越来越重视，人民群众期盼越来越强烈，迫切需要一部集史料性与研究性为一体的对当代中国社会演变做出全面、系统、权威的汇总和阐释的书籍，以指导和推动相关方面的科研、教学和决策咨询服务工作，更好地推进社会领域的改革发展，为实现中华民族伟大复兴的中国梦提供有力智力支持。三是在中央领导的关心和支持下，2013 年 5 月，全国哲学社会科学规划领导小组批准"中国社会管理创新研究信息库建设"为国家社会科学基金特别委托重大项目，承担单位为北京师范大学，我担任项目首席专家，这个信息库包括基础文献库、创新案例库、统计数据库、人才机构库、重大成果库等。编写《大事典》是"中国社会管理创新研究信息库建设"重大项目的一个重要内容，也是北京师范大学打造国家新型社会治理智库的重点工程。

编写《大事典》的总体设想是，先集中力量、集中时间编写出当代中国社会大事典的综合卷，同时组织北京等地编写出当代中国社会大事典的地方卷，通过示范和引导，争取逐步形成一套全国和地方的当代社会大事典系列大型图书。《大事典》（综合卷）从策划、立项到组织、编写、统改、审定，历经三年时间，规模宏大、内容丰富，是一项高校、科研机构、政府机关等多个单位联合攻关的集体智慧结晶。为了把《大事典》编写成一部精品力作，我们专门成立了《大事典》编委会，并下设办公室。编委会成员由长期从事社会领域理论研究和实际工作的部门领导、知名专家学者组成，主要是进行总体设计、制定编写规范、确定遴选标准、审定编写内容、指导编写工作。编委会办公室具体负责《大事典》编写的组织协调、质量监控、信息交流、出版联络等事务。同时，我们还建立了《大事典》的质量保障和沟通协调机制。编写《大事典》遵循的基本原则是：（1）忠于史实，以事实为依据，实事求是，客观记录和描述各类社会改革发展事项、事件；（2）完整准确，以逻辑为导引，全面、准确反映各类社会事项、事件的来龙去脉，形成完整的逻辑结构和脉络；（3）简明实用，以致用为依归，秉持科学实证精神，严格遵循学术规范，力求行文简练平实、通俗易懂，便于使用。

明确"当代中国社会"的内涵和边界，是编写这部《大事典》首先需要解决的问题。为此，我们着力把握以下几点。一是"当代中国"，一般指新中国成立以后的社会历史阶段，考虑到改革开放以来社会领域史料比较容易收集，也便于实际操作，所以决定先编写从1978年确定实行改革开放方针政策开始到2015年第十二个五年规划完成这38年社会改革发展中的大事要事。二是"中国社会"，一般来说与经济领域相对应的其他领域，都为"社会领域"。由此内涵所规定，该书所谓"中国社会"大体包括了以下几个方面的内容：第一，社会结构和社会形态演变；第二，民主法制和社会规范建设；第三，以民生为重点的社会建设和社会事业发展；第四，社会关系、社会体制、社会管理、社会运行机制创新；第五，社会保障制度、社会治理体系和治理能力建设；第六，社会信用、公共安全和国家安全。按照这些内容，本部《大事典》全书共分为12章，2400多个条目，总计约320万字，分为4卷。第一章是"改革开放以来中国社会发展概况综述"。该章以国民经济和社会发展五年计划（规划）为主线，重点阐述了从"六五"到"十二五"期间我国社会改革和社会发展的重大决策、重大战略、重大事件，从总体上勾勒和展示了改革开放以来我国社会改革和社会发展波澜壮阔的演变历程及取得的巨大成就。第二章是"社会结构变迁与社会体制改革"。该章重点从社会结构变迁与体制改革之间的互动关系入手，对改革开放以来我国社会结构变迁和社会体制改革的关键节点、标志事件、典型现象、政策举措进行了系统梳理和阐述，从制度结构层面呈现我国社会领域的深刻变化及其改革成果。第三章是"民主法制与社会规范"。该章重点对我国社会主义民主政治制度建设、法治中国建设、社会信用体系建设、民族和宗教工作进行了系统梳理和阐述，反映了我国在民主政治和社会法制建设方面所取得的重大进步和成就。第四章是"劳动就业与收入分配"。该章重点对我国劳动就业、劳动关系、收入分配领域的重大事件、重要法律法规进行了系统梳理和阐释，反映了我国劳动就业和收入分配领域的深刻变化及其所取得的成就。第五章是"公共服务与社会事业"。该章重点对我国教育、文化、卫生、人口与计划生育、体育等领域的重要法律法规、重大工程、重大事件进行了系统梳理和阐述，全方位展示和呈现了我国在公共服务和社会事业领域取得的巨大进步。第六章是"社会保障体系与公益慈善"。该章重点对我国社会保险、社会救助、社会福利、公益慈善领域的重大法律法规政策、重大事件和重大工程进行了系统梳理和阐述，展现了我国在社会保障和公益慈善领域发生的巨大变化和取得的突出成就。第七章是"社会工作与社区建设"。该章重点对我国社会工作、社区建设、社会组织、志愿服务等领域的重大法律法规政策、重大事件、重大工程进行了全面梳理和阐述，呈现了我国社会领域核心要素不断发展、社会活力不断增强的生动局面。第八章是"公共安全与应急管理"。该章重点对我国社会治安防控体系与平安建设、食品安全与生产安全、应急管理与防灾减灾领域的重大法律法规、重大事件、重大工程进行了系统梳理和阐述，反映了我国在公共安全和应急管理建设上取得的重要进展和成就。第九章是"网络社会与信息安全"。该章重点围绕我国网络社会、网络基础设施、信息安全等领域的重大法律法规、重大事件、重大工程进行了全面系统梳理，展示了我国顺应网络社会迅猛发展及解决其带来的信息安全治理问题所取得的巨大成就。第十章是"保障与提高人民生活水平"。该章重点对与人民生活密切相关的消费、住房、精神文化、生活环境、健康领域的主要法律法规、政策措施、重要工程和重大进展等进行了梳理与阐述，呈现了我国人民群众生活水平显著提高的变化历程。第十一章是"社会发展综合统计与国际比较"。该章从社会统计的专业视野出发，对改革开放以来我国人口与就业统计、社会发展统计、宏观社会统计等内容进行了系统梳理和阐述，并选取"和谐社会""基本民生""创新能力""人文发展"等相关指标进行了社会发展成就的国际比较研究。第十二章是"改革开放以来中国社会学发展大事记"。该章以

"大社会学"的视角，对改革开放以来中国社会学发展的重要事件、重要成果和重要制度建树进行了系统的梳理和阐述，是一部简明的当代中国社会学发展史。总之，统观这部《大事典》，可以从中领略到改革开放以来中国社会改革发展的生动画卷。

这部《大事典》兼具学术理论创新、实践经验总结、体制制度变迁综述等多方面的特征，并在功能定位、理论视角和研究方法上具有重要创新，主要体现在三个方面。（1）编写体例和编写规范创新。这部大型文献图书采用"事典"体例，是经过深入研究思考的。"事典"是一种特殊的体例。虽然"事典"是从"词典"演变而来，但二者在内容与功能上却有着明显区别："词典"通常只是收集各种相关语词并对其含义做出注明，是一种典型的语言工具书；而"事典"的收集对象则是特定领域的具体大"事项"与"事件"，需要对其产生背景、演变过程、主要内容和结果做出比较完整的叙述和阐释，有些事项、事件还需加以简短评价，可成为理论研究、政策研究和教科书编写的参考依据。《大事典》编写采用"事典"体例富有特色，全方位、全景式地阐释了当代中国有关社会领域改革发展的新观点、新理论、新举措，重大决策、重大工程，重要法律法规、重要文献和重要事件，全面反映了改革开放以来中国社会领域所发生的学术创新、理论创新、政策创新、制度创新和实践创新，以及取得的巨大变化和辉煌成就，是一种写作体例和表达方式的创新。（2）编写视角和编写方法创新。《大事典》编写主要采用了历史学、社会学和制度学等跨学科的研究视角，不仅重视事件发生过程的陈述，而且重视导致事项、事件发生的历史背景及现实意义，重点考量这些现象发生背后的深层次动因，考量对社会变迁产生的影响，并对其深刻意义加以简要评述。跨学科研究方法的采用，使《大事典》突破了简单罗列和史料堆砌的局限。对事件背景和意义的深入剖析，有助于《大事典》使用者更清楚地认识社会现象的本质和意义。（3）编写内容和框架设计创新。《大事典》紧密围绕完善和发展中国特色社会主义，涵盖了中国在社会建设、社会结构、社会形态、社会体制、社会治理和社会生活等多方面全方位的巨大变化，主要内容和框架设计别具一格，令人耳目一新。

当代中国社会领域改革发展与中国整个改革开放和社会主义现代化事业进程紧密相关、有机联系，根据我们的研究，大致可以分为四个阶段。

——第一阶段（1978—1992 年）。党的十一届三中全会上，我们党深刻总结了新中国成立以来正反两方面的历史经验，果断地做出把党和国家的工作重心转移到社会主义现代化建设上来，并实行改革开放的伟大决策。以邓小平为核心的党中央领导集体成功地开创了中国特色社会主义道路，提出了一系列社会领域改革发展的重要思想。包括：社会主义的本质是解放生产力，发展生产力，消灭剥削，消除两极分化，最终达到共同富裕；一手抓社会主义物质文明建设，一手抓社会主义精神文明建设；按照统筹兼顾的原则调节各方面利益关系；正确处理改革发展稳定的关系，努力形成安定团结的政治环境和稳定的社会秩序，等等。1982 年，党的十二大对社会发展特别是改善人民生活和控制人口问题给予高度重视，强调在综合平衡的基础上重点发展农业、能源和交通、教育和科学，改善人民生活，并提出实行计划生育的基本国策。同年 12 月，五届全国人大五次会议批准了《中华人民共和国国民经济和社会发展第六个五年计划（1981—1985 年）》，自此，国家年度和中长期计划（规划）中增添了专门的社会发展内容，用"国民经济和社会发展计划"替代了以前的"国民经济发展计划"。"六五计划"把控制人口增长、促进劳动就业、提高居民收入和消费能力、扩大城乡建设和社会福利事业、发展文体卫生事业、保护环境、稳定社会秩序等都纳入了社会发展计划，并做了具体部署。1987 年，党的十三大明确提出分"三步走"基本实现现代化的发展战略：第一步，从 1981 年至 1990 年国民生产总值翻一番，解决人民的温饱问题；第二步，从 1991 年到 20 世纪末国民生产总值再翻一番，人民生活达到小康水平；第三步，到 21 世纪中叶，人均国民生产总值达到中等发达国家水平，人民生活比较富裕，基本实现现代化。这个"三步走"发展战略中，每一步都把经济发展目标与社会发展目标特别是人民生活水平有机地统一起来。这说明，党和国家开始重视社会领域的改革发展。

——第二阶段（1992—2002 年）。1992 年，党的十四大提出，我国经济体制改革的目标是建立社会主义市场经济体制，强调必须把发展生产力摆在首要位置，以经济建设为中心，加强社会主义民主法制和精神文明建设，推动社会全面进步。要积极建立待业、养老、医疗等社会保障制度，推进城镇住房制度改革。要不断改善人民生活，严格控制人口增长，加强环境保护。1993 年，党的十四届三中全会通过的《中共中央关于建立社会主义市场经济体制若干问题的决定》提出，要建立多层次的社会保障制度，建立统一的社会保障管理机构，为城乡居民提供同我国国情相适应的社会保障，促进经济发展和社会稳定。要坚持以按劳分配为主体、多种分配方式并存的制度，体现效率优先、兼顾公平的原则。要坚持鼓励让一部分地区和一部分人先富起来，提倡先富带动和帮助后富，逐步实现共同富裕。1995 年召开的党的十四届五中全会明确提出"要把社会发展放在重要战略地位。努力控制人口增长，提高生活质量，扩大劳动就业，完善社会保障，加强环境保护，促进社会公正、安全、文明、健康发展"。1997 年，党的十五大提出，要在改善物质生活的同时，充实精神生活，美化生活环境，提高生活质量，特别要改善居住、卫生、交通和通信条件，扩大服务性消费。实行保障城镇困难居民基本生活的政策。要加大脱贫攻坚力度，到 20 世纪末基本解决农村贫困人口的温饱问题。要正确看待新的社会阶层，注重协调不同社会阶层的利益关系，正确处理新形势下人民内部矛盾，维护社会稳定。这说明，党和国家越来越重视社会领域改革发展。

——第三阶段（2002—2012 年）。2002 年，党的十六大提出了"经济更加发展、民主更加健全、科教更加进步、文化更加繁荣、社会更加和谐、人民生活更加殷实"的发展指标，并提出了社会和谐思想。2004 年，党的十六届四中全会通过的《中共中央关于加强党的执政能力建设的决定》提出，要坚持最广泛最充分地调动一切积极因素，不断提高构建社会主义和谐社会的能力，不断增强全社会的创造活力，妥善协调各方面的利益关系，推进社会管理体制创新，加强和改进新形势下的群众工作，维护社会稳定。2006 年，党的十六届六中全会通过的《中共中央关于构建社会主义和谐社会若干重大问题的决定》明确提出了构建社会主义和谐社会的指导思想、目标任务、工作原则和重大部署，这是指导和谐社会建设的纲领性文件。中国特色社会主义的总体布局由原来的经济建设、政治建设、文化建设"三位一体"，进一步发展为包括社会建设在内的"四位一体"的新格局。自此以后，社会建设、社会和谐逐渐成为我国经济社会发展中的关键词。2007 年，党的十七大指出，要加快推进以改善民生为重点的社会建设，使全体人民学有所教、劳有所得、病有所医、老有所养、住有所居；要坚持以科学发展为主题，以加快转变经济发展方式为主线，把保障和改善民生作为加快转变经济发展方式的根本出发点和落脚点，创新社会管理机制，提高社会管理科学化水平，建设中国特色社会主义社会管理体系。这些表明，党对社会主义社会建设规律认识不断深化，有力促进了中国社会领域的改革发展。

　　——第四阶段（2012—2015 年）。党的十八大以来，以习近平同志为核心的新一届中央领导集体更加重视社会领域改革发展，从治国理政的战略高度，为社会领域改革发展构建起新的目标体系与美好愿景。2012 年，党的十八大提出，要在改善民生和创新管理中加强社会建设。加强社会建设，必须加快推进社会体制改革。2012 年 11 月 15 日，习近平同志担任党的总书记之后同中外记者见面时就强调："人民对美好生活的向往，就是我们的奋斗目标。"2013 年 3 月，习近平总书记在第十二届全国人民代表大会第一次会议上的讲话中指出："中国梦归根到底是人民的梦，必须紧紧依靠人民来实现，必须不断为人民造福"；我们要"维护社会公平正义，在学有所教、劳有所得、病有所医、老有所养、住有所居上持续取得新进展，不断实现好、维护好、发展好最广大人民根本利益，使发展成果更多更公平惠及全体人民，在经济社会不断发展的基础上，朝着共同富裕方向稳步前进"。2013 年 11 月，党的十八届三中全会提出，全面深化改革的总目标是完善和发展中国特色社会主义制度，推进国家治理体系和治理能力现代化。要围绕更好保障和改善民生、促进社会公平正义，深化社会体制改革，改革收入分配制度，促进共同富裕，推进社会领域制度创新，推进基本公共服务均等化，加快形成科学有效的社会治理体制，确保社会既充满活力又和谐有序。2014年10月，党的十八届四中全会提出，要增强全民法治观念，坚持法治国家、法治政府和法治社会一体化建设。加快保障和改善民生、推进社会治理制度建设。推进多层次多领域依法治理，坚持系统治理、依法治理、综合治理、源头治理。2015年10月，党的十八届五中全会提出，"十三五"时期是我国全面建成小康社会的历史决胜阶段，必须坚持创新、协调、绿色、开放、共享的新发展理念；要加强和创新社会治理，推进社会治理精细化，构建全民共建共享的社会治理格局。这些表明，我们党和国家致力于让全体人民群众更好地共享改革发展成果，让人民群众拥有更多的"获得感""幸福感""安全感"，当代中国社会改革发展进入一个全新阶段。

纵观改革开放以来，我国社会领域改革发展的伟大历程与演变轨迹，可以清楚看出以下四个鲜明特征。

——以保障改善民生为主线。我们党始终将保障改善民生作为立党之本、执政之基、力量之源。改革开放以来，特别是21世纪以来，党和国家提出加强社会建设，一个根本着眼点就是对人民群众改善民生问题的深度关切。在邓小平理论中，强调社会主义的本质是解放和发展生产力，不断提高人民生活水平，实现共同富裕。在"三个代表"重要思想中，强调中国共产党要始终代表最广大人民群众的根本利益；在科学发展观中，强调要"以人为本"，促进人的全面发展；在习近平总书记系列重要讲话精神中，把解决民生问题作为全面建成小康社会的重中之重，不仅要让那些贫困群众真正过上幸福生活、实现全部脱贫，而且要让广大人民群众享有良好的教育、稳定的就业、公正的收入分配、安全的社会保障网、健康的生活环境、自由平等的发展空间，乃至民主的政治、文明的法制、个人的尊严与体面生活。在这个发展过程中，保障改善民生问题已然从早先的解决"温饱问题"向提高"生活质量"转变，成为加强社会建设贯穿的一条主线。从这个意义上来讲，中国特色社会主义社会建设的发展过程就是不断促进民生发展和提升的过程，使发展成果更多更好更公平地惠及全体人民。

——以体制机制创新为动力。在以往相当长的一段时期内，社会领域存在着诸多根深蒂固的传统理念和陈旧思维及体制桎梏，突出体现为传统的计划经济体制下的政府包办的"大一统模式"。这不仅给政府带来沉重负担，而且窒息了社会领域的活力。推进社会治理，加强社会建设，解决社会领域中的问题，就需要进行体制机制上的改革创新。改革开放以来我国社会领域之所以能够取得巨大成就与进步，就是因为紧紧抓住了体制机制改革创新这个"牛鼻子"，包括社会治理模式破除人民公社体制，改革城乡二元结构，实行社区建设，发展社会组织，逐步理顺政府、市场、社会之间的关系，推进就业、分配、教育、医疗、社会保障等体制改革。通过对政府管理部门的调整和职能转变，促进我国社会事业发展；通过大力推动事业单位分类改革，更好地优化了事业单位的构成，强化了公益类事业单位的基本公共服务属性；通过建立和推广政府购买公共服务制度，撬动和激活了公共服务市场，使得公共服务的提供和传递更为高效、便捷和低廉。通过不断深化社会领域体制改革和管理创新，有力地推动了全国社会建设和社会发展。

——以法律制度建设为保障。改革开放以来，特别是 20 世纪 90 年代中期以来，党和政府逐步重视运用法治思维和法治方式加强社会建设、创新社会治理。这使得我国在教育、就业、收入分配、社会保障、社会组织、社区建设、医疗卫生、食品安全、扶贫、慈善、社会救助和妇女儿童、老年人、残疾人合法权益保护等领域制定了大量法律，还制定和实施了一系列的政策法规和规范性文件，比如，在基本法层面，包括《中华人民共和国教育法》《中华人民共和国未成年人保护法》《中华人民共和国妇女权益保障法》《中华人民共和国老年人权益保障法》《中华人民共和国残疾人保障法》《中华人民共和国就业促进法》《中华人民共和国劳动合同法》《中华人民共和国食品安全法》《中华人民共和国社会保险法》等。这些都有力地保障了我国社会领域改革发展的顺利推进。

——以公平正义为价值导向。公平正义是平衡社会关系的根本尺度，也是中国特色社会主义的基本标志。社会领域与公平正义最为相关。改革开放以来，党和国家把维护社会公平正义提高到社会主义本质的高度，作为发展和完善中国特色社会主义的根本要求。在建立和完善社会主义市场经济体制的背景下，强调正确处理按劳分配为主体和实行多种分配方式的关系，先后提出了"效率优先，兼顾公平"的原则，以及"注重社会公平，合理调整国民收入分配格局"的要求。2005 年，党的十六届五中全会提出"注重社会公平，特别要关注就业机会和分配过程的公平"。2006 年，党的十六届六中全会提出"在经济发展的基础上，更加注重社会公平"。 2007 年，党的十七大提出："要把提高效率同促进社会公平结合起来"，"初次分配和再分配都要处理好效率和公平的关系，再分配更加注重公平"。2012 年，党的十八大提出，"加紧建设对保障社会公平正义具有重大作用的制度，逐步建立以权利公平、机会公平、规则公平为主要内容的社会公平保障体系"，把维护社会公平正义摆到更加突出的位置。2014 年，党的十八届三中全会进一步指出，全面深化改革必须"以促进社会公平正义，增进人民福祉为出发点和落脚点"。2015 年，党的十八届五中全会再次强调，全面深化改革"必须以促进社会公平正义、增进人民福祉为出发点和落脚点"。这些表明，公平正义日益成为我国社会变革和发展的核心价值导向。

改革开放以来，我们党为形成和发展适应我国国情的社会理论和制度进行了不懈的探索和实践，取得了巨大的进步和成就，同时也积累了多方面十分宝贵的经验，这些经验对于继续深化社会领域改革发展有着重要的启示。

——坚持从中国基本国情出发。立足国情，从中国实际出发推进改革和建设，是我们党发展和完善中国特色社会主义的最重要经验。党的十一届三中全会以后，我们党正确分析国情，做出了我国正处于并将长期处于社会主义初级阶段的科学论断，强调要从社会主义初级阶段的实际出发来考虑问题、谋划改革发展。当代中国的基本国情，概括起来就是，建立了社会主义制度，但还不完善，人口多，生产力水平总体还不高，地域、城乡发展不平衡，经历过长期封建社会，从半殖民地半封建社会脱胎出来，旧社会遗留的思想文化还在发生这样或那样的影响。推进社会领域变革和建设，必须充分考虑我国当代社会政治制度的本质要求，必须充分考虑中国社会历史文化发展的优势和不足，必须充分考虑更好保障人民主体地位和权益，必须充分考虑社会建设规模和速度要与经济建设和国力水平相适应、相协调，必须充分考虑正确处理改革发展稳定的关系，确保社会安定、国家长治久安。这些是推进社会领域变革和建设的内在要求，也是取得改革发展成功的重要前提。

——坚持中国特色社会主义根本方向。改革朝着什么方向前进，事关中国现代化事业的成败。"旗帜决定方向，道路决定命运。"举什么样的旗帜，就决定了要朝着什么方向前进。加强社会建设、创新社会治理、推进社会领域改革和发展，必须始终坚持中国特色社会主义的根本方向，坚持与社会主义市场经济改革相配合、相适应。社会建设和社会体制改革同经济建设和经济体制改革等其他方面体制改革一样，都是社会主义制度的自我完善和发展，而不是对社会主义制度的改弦更张。要以世界眼光和宽广胸怀学习和借鉴外国在社会建设中的一切有益做法，但是，绝不能照抄照搬别国经验、别国模式。必须自觉抵制各种错误思想和主张的影响，确保社会领域改革发展始终沿着中国特色社会主义道路前进。

——坚持解放思想和理论创新。解放思想和理论创新是推动社会领域改革发展的强大动力。中国特色社会主义实践的每一次历史性进展，都是解放思想、实事求是、与时俱进的结果，都是马克思主义基本原理与中国具体实践相结合进行理论创新的结果。改革开放以来，我国社会改革发展所取得的举世瞩目的成就，都得益于不断地推进党的社会建设理论创新，特别是摆脱了许多传统思想的禁锢，包括不断克服忽视社会发展的倾向，解决经济建设"一手硬"、社会建设"一手软"的问题，实现更加重视社会建设和经济社会协调发展的转变；逐步改变传统计划经济的管理模式，向"服务型""协同型"的治理模式转变，正确处理"维权"和"维稳"的关系，将两者有机统一起来。这些问题，归根结底在于如何正确看待在发展社会主义市场经济、社会主义民主政治、社会主义先进文化的条件下政府、市场和社会三者之间的关系。改革开放38年来的历史经验表明，对政府、市场和社会三者之间关系的认识越清晰、越深刻，我们的改革举措和成效就越有力、越显著。我们必须坚持解放思想、与时俱进，敢于革故鼎新，勇于用时代发展要求审视社会领域现状，推进社会建设和社会发展的理念创新、实践创新、体制创新、制度机制创新，用新思路、新办法解决新问题，努力使社会改革和社会发展体现时代性、把握规律性、富有创新性。

——坚持问题意识和制度导向。加强社会建设、创新社会治理、推进社会体制改革，是一个解决当今中国社会领域问题的过程。我们国家当代发展的阶段性特征，决定了我们在进行社会领域变革和建设的过程中面临着许多与中国以往别的时代、别的国家所不同的社会问题。特别是社会建设中与群众利益密切相关的问题比较突出。解决这些问题就是人民的期盼、时代的声音。这就要求必须树立强烈的问题意识，提出有针对性和有效的解决问题的思路与办法，而不能只是从概念出发，更不能从概念到概念。同时，必须坚持标本兼治，强化制度导向，着眼于建立和完善相关制度机制，推进改革措施，注重加强制度建设。因为，只有制度才具有全面性、根本性、长期性和稳定性。特别要靠法制，强化法治。要以坚定的中国特色社会主义制度自信推进国家社会治理体系和治理能力现代化，不断革除体制机制弊端，构建新的有效的具体制度，让我们的各项具体社会制度更加成熟、更加定型、更加有效。

——坚持继承本土传统和借鉴国际经验。社会建设和社会治理是人类社会制度文明的结晶。我国社会发展文明源远流长、博大精深，既要高度重视继承和弘扬我国传统的社会建设优秀文明成果，包括道德教化和重视家庭的作用，又要高度重视继承和发扬我们党在推动社会建设中长期形成的鲜明的政治优势、制度优势、组织优势以及群众工作优势。同时，随着经济全球化程度的日益加深，我国的改革发展越来越与世界紧密相连。推动社会变革和建设、创新社会治理是当今世界发展的共同趋势，世界各国都高度重视，并且积累了有益的经验和教训，值得我国认真研究、借鉴。我们应站在国家富强、人民幸福和民族复兴的高度，以战略眼光认清世界发展潮流，立足中国国情，大胆学习和借鉴人类社会发展文明的一切优秀成果，做到古为今用、外为中用。

　　——坚持顶层设计和基层探索相结合。既要从国家发展全局和战略高度，加强社会领域改革发展的顶层设计和宏观指导，又要大力倡导和鼓励基层实践创新。这就要从整体上系统研究社会改革发展的基本目标、任务、路线图和时间表，注重社会改革发展的系统性、整体性、协同性。从某种意义上说，社会领域改革发展比其他领域体制改革发展的复杂性和困难程度更大，需要以更大的勇气、更多的智慧和更强的能力攻坚克难。要继续鼓励地方大胆试验、勇于创新、敢于突破，充分尊重基层和群众的首创精神。近些年，全国各地在社会建设和社会治理创新方面进行了许多积极的探索和实践，积累了不少值得重视的经验，要善于总结和推广社会改革发展创新中丰富的实践创造，及时推广新鲜经验。

　　——坚持中国共产党的坚强领导。社会改革发展是一项纷繁复杂、艰巨繁重的系统工程。要使这一巨大工程得以顺利推进，必须有领导、有组织、有秩序、分步骤地进行。中国共产党是中国特色社会主义事业的领导核心，而社会变革和建设是中国特色社会主义事业的重要组成部分。历史和实践雄辩地证明，在中国，没有中国共产党的领导，不可能把全国各族人民凝聚起来，不可能把国家治理好。加强党的领导是包括社会领域改革发展在内的中国特色社会主义现代化事业的根本保证。中国共产党的执政地位也决定了社会改革发展必须在党的领导下进行，这样才能使社会改革发展始终沿着正确方向前进。正是在党的坚强领导下，过去38年我国的社会改革发展才取得了前所未有的巨大成就。必须坚持加强和改善党的领导，充分发挥党的领导核心作用，以党的执政能力建设和先进性建设推动社会改革发展，以昂扬的改革创新精神不断推进社会改革发展。

这部《当代中国社会大事典（1978—2015）》的编写和问世，得到了多方面的关心支持和帮助。党中央有关领导做出批示并经全国哲学社会科学规划领导小组批准，将"中国社会管理创新研究信息库建设"作为特别委托重大项目立项，直接推动了本部《大事典》的构想和启动。党中央、国务院有关部门、有关地方负责人，以及许多新型智库、高等院校、科研机构社会领域的专家学者积极参与编委会工作和承担撰写、审改工作，付出了辛勤劳动。国家出版基金管理委员会批准列入 2016 年资助项目予以支持，商务印书馆、华文出版社有限公司承担出版任务。北京师范大学中国社会管理研究院赵秋雁、朱光明、尹栾玉、陈鹏、苑仲达等同志做了大量艰苦细致的具体落实工作。在此，我一并表示诚挚的谢忱。

《中国社会治理通论》序言[*]

（2018 年 11 月）

党的十八大以来，中国特色社会主义进入新时代。党的十九大报告提出，要加强和创新社会治理，打造共建共治共享的社会治理格局。社会治理是国家治理的重要领域，社会治理现代化建设是国家治理体系和治理能力现代化建设的题中应有之义。习近平总书记指出："社会治理是一门科学。"这个重要论断，深刻揭示了社会治理的内涵和社会治理现代化建设的方向，也对创新社会治理学科建设提出了明确要求。

当代中国正在经历着空前广泛而深刻的社会变革，正在进行着人类历史上最为宏大而独特的实践创新。这种伟大变革实践，给理论创新、学科发展、学术繁荣提供了强大动力和广阔空间。几十年来，我国社会治理理论创新和实践创新全面深入推进，在取得一系列重大成就和丰富经验的同时，社会治理领域也不断出现新矛盾、新问题，迫切需要深化社会治理理论研究和创新社会治理学科建设。在这种历史背景下，我们经过深入研究，决定编写《中国社会治理通论》教材。

编写《中国社会治理通论》的主旨有三个方面。一是加强社会治理学科建设。习近平总书记在 2016 年 5 月召开的哲学社会科学工作座谈会上的讲话中指出："学科体系同教材体系密不可分。学科体系建设上不去，教材体系就上不去；反过来，教材体系上不去，学科体系就没有后劲。""培养出好的哲学社会科学有用之才，就要有好的教材。"2016 年 12 月，习近平总书记又在全国高

---

* 《中国社会治理通论》一书的主编为魏礼群，由北京师范大学出版社于 2019 年 8 月出版。

校思想政治工作会议上指出:"要加快构建中国特色哲学社会科学学科体系和教材体系,推出更多高水平教材,创新学术话语体系","努力构建全方位、全领域、全要素的哲学社会科学体系"。这些深刻论断,为我们开展社会治理研究、创建社会治理学科、加强社会治理教材建设提出了方向性指引。建设世界一流大学、一流学科,加强学科建设也必须加强教材建设。近些年,国内各界对社会治理理论和实践进行了大量探索,但还缺乏全面、系统的社会治理专业教材。社会治理学科建设迫切需要专业性通论性的教材。因此,组织编写《中国社会治理通论》成为加强社会治理学科建设的重要任务。二是培养高素质社会治理人才。我国社会治理人才匮乏,必须大力培养。而培养高素质的社会治理人才,需要有科学理论和高质量教材。高质量教材能够塑造学生专业价值和专业理念,能够为学生提供完整的理论体系和研究方法,能够指导学生科学认识现实、观察社会,能够帮助学生更好参与社会治理实践。三是构建交叉学科建设理论基础。推进交叉学科创新是国家提出的要求和部署。社会治理涉及社会学、政治学、法学、历史学、管理学等多学科领域知识,需要组织社会学与政治学、历史学、管理学等多学科合作。编写《中国社会治理通论》是加强交叉学科建设的重要举措,也是努力探索为社会治理交叉学科建设构建理论框架。

"通论",即通达之论,是关于某一学科的全面性和整体性的论述。本教材采用"通论"体例,主要出于三个方面考虑。首先,社会治理是一门新兴交叉学科,具有跨学科性质。任何单一学科都不足以承载社会治理全部的学理知识体系,必须以跨学科视角,汲取多学科的知识营养和丰富智慧。因此,应通过打破学科界限和壁垒来构建社会治理学科体系框架。其次,社会治理知识是人类社会文明演进过程中综合积淀的成果。人类社会发展积累了丰富的社会治理经验和智慧。创新社会治理学科建设必须融通古今、借鉴中外社会治理知识,做到古为今用、洋为中用。最后,社会治理活动是理论和实践的辩证统一体。社会治理既是理论问题也是实践问题,社会治理学科建设必须坚持学术创新、理论创新和实践创新有机统一、相互贯通。"凡贵通者，贵其能用之也。"《中国社会治理通论》力求用于引导学术探索、理论研究和实践创新。

"万事开头难"，创新更不易。我们本着不畏艰难的创新精神，致力于创新社会治理学科建设。按照学科建设的要求，此书力求全面、系统地阐释社会治理的一般知识、基础原理、基本规则和主要方法，力图从理论、经验、政策、实践多个角度多个维度多个层次，阐述和分析社会治理的内涵与精髓、理论与经验、方法与视角、政策与实践、体制制度与系统体系、主体领域与发展态势，融思想性、理论性、知识性、实践性于一体。全书分为12章。第一章是"社会治理内涵与功能"。这一章系统阐述社会治理的概念由来、决定因素，以及社会治理的功能与目标、地位与作用。第二章是"中国社会治理基础理论"。这一章主要阐释马克思列宁主义社会治理思想、毛泽东社会治理思想和中国特色社会主义社会治理思想特别是习近平新时代中国特色社会主义社会治理思想。第三章是"中国传统社会治理思想"。这一章简要阐述中国古代和近代的社会治理思想。第四章是"中国社会治理变革"。这一章主要解析中国社会治理的制度创新、丰富实践及其经验启示，展现中国社会治理变迁和改革创新的历史进程。第五章是"中国社会治理体制"。这一章主要阐述基本社会制度与社会治理体制的基本内涵及其相互关系，在此基础上论述社会治理体制的主体框架及支撑这一框架的国家、市场、社会关系。第六章是"中国社会治理基础制度"。这一章系统论述社会治理的基础性制度，包括人口制度、户籍制度、就业制度、土地制度、教育制度、医疗保障制度、社会保障制度、收入分配制度。第七章是"中国社会治理体系"。这一章着重阐述社会治理的主要体系，包括社会组织体系、公共服务体系、公共安全体系、社会治安防控体系、防灾减灾救灾体系、环境安全体系、应急管理体系、社会信用体系、社会心理服务体系。第八章是"国家安全建设"。这一章重点阐述国家安全建设的重要意义、总体安全观的基本内涵以及国家安全制度和任务。第九章是"中国社会治理场域"。这一章着重阐述社会治理的主要场域，包括家庭治理、社区治理、乡村社会治理、城市社会治理、网络社会治理。第十章是"社会治理方式"。这一章着重阐述社会治理方式的主要方面，包括依法治理、道德治理、文化治理、科技治理。第十一章是"社会治理能力建设"。这一章主要阐述社会治理能力的内涵及提升路径。第十二章是"治理发展趋势"。这一章着重阐述中国社会发展和社会治理的未来趋势以及中国对全球治理的贡献。

这本书编写的重要特色和创新之处在于：对中国社会治理进行总体性、系统性、全景性阐述。全书的结构体系和主要内容，围绕着推进社会治理体系和治理能力现代化建设的主线，构筑了"四大支柱"——理论之柱、经验之柱、政策之柱、实践之柱。

1. 理论之柱。全书对社会治理理论具有较为深入的研究和探索。但对理论的探讨，并不局限于从理论到理论的纯粹演绎和阐释，而是着眼于从历史、思想、理论、制度之间的相互联系的角度来构建中国特色社会治理学科理论。这个理论的阐述，以马克思主义社会治理思想及其中国化成果为基础，既参考借鉴国外有代表性的社会治理理论，又总结汲取中国历来社会治理智慧的营养，打通古今中外理论脉络的社会治理理论体系。此书第一章、第二章、第三章主要阐述的是社会治理的理论之柱的构建问题。

2. 经验之柱。全书对社会治理经验具有较为清楚的凝视和总结。社会治理经验，既来源于社会治理的改革创新实践，又受益于社会治理的政策法规和制度设计。社会治理经验，主要有四个来源：一是中国传统社会治理智慧结晶及其经验；二是中国当代社会治理创新的实践经验；三是国外社会治理做法的经验；四是人类社会共享的社会治理经验。这本书的各个章节，尤其是第四章、第五章、第六章都贯穿和体现了社会治理的经验分析，并着力于构建走向社会治理现代化的"中国路径"。

3. 政策之柱。全书对社会治理政策具有较为系统的梳理和分析。社会治理现代化的关键在于制度现代化。这就意味着社会治理研究，离不开对政策制度的密切关注和剖析。社会治理实践创新和制度创新都与社会治理政策有直接的密切关系。此书第七章、第八章、第九章、第十章集中探讨和分析了我国社会治理各个体系、各个场域、各个方式中的政策构成及其制度安排。

4.实践之柱。全书对社会治理实践具有较为强烈的观照和阐释。社会治理实践，并不是抽象笼统的，而是具体实在的。这种实践，既嵌入于中国社会发展内部特定的场景，同时，又放眼于人类社会共通性发展的大势。由于我国社会治理理论与实践之间的相互关系，社会实践本身成为构建中国社会治理理论、政策体系的重要之源。不仅在社会治理的各个场域，如家庭治理、社区治理、乡村社会治理、城市治理、网络社会治理等，都不断涌现出各种社会治理创新实践，而且在社会治理的各个系统，如社会组织、社会工作、社会信用、社会治安、应急管理、公共服务、公共安全、国家安全等，都在产生着各种治理的技巧、策略、经验和智慧。此书第五章及以后各章都探讨了社会治理实践对政策演变的推进作用和对理论发展的促进作用。

全书围绕阐述中国社会治理这条主线，环绕四个支柱，形成了一个总体性的研究格局和逻辑体系，着力回答和处理四个基本关系。一是理论与实践的关系。这个维度反映的是"社会治理理论"与"社会治理实践"之间的关系。社会治理理论既指导和推动着社会治理实践的开展，同时社会治理实践又创造和催生着新的社会治理理论要素。二是政策与经验的关系。这个维度反映的是"社会治理政策"与"社会治理经验"之间的关系。治理政策，既是治理经验的表现形态，又是治理经验的升华的结果。治理经验，既是治理政策的制定依据，又是治理政策的实现过程。三是历史与现实的关系。这个维度反映的是"传统社会治理"与"现代社会治理"之间的关系。传统社会治理能够为现代社会治理提供有益的治理经验和智慧，现代社会治理是传统社会治理思想的传承和发扬。正是在传统与现代的联结中，孕育和形成了独具一格的当代中国社会治理。四是国外与本土的关系。这个维度反映的是"国外社会治理"与"中国社会治理"之间的关系。中国社会治理不仅有对国外社会治理理论和实践的研究借鉴，更是基于中国国情的理论创新和实践创新。

学习这本教材，应达到四个目的。一是掌握社会治理学科的范畴、原理、规则、内涵等基本知识，努力把握社会治理学科的特征和规律。二是掌握社会治理的基本规范、制度、体系、政策等，努力把握社会治理运行方式。三是掌握中国社会治理历史演变和现实状况，努力把握中国社会治理的进展和趋势。四是掌握社会治理研究的方法，努力把握科学的思维方式，提高研究和推进社会治理现代化的自觉性，增强观察、分析和解决社会治理领域问题的能力。

最后，我们期望通过学习这本教材，能够领悟社会治理研究的四个方法论原则。一是坚持理论探索与经验分析相结合。社会治理研究具有"理论和经验"的双重品格，要求我们既着眼于从现实的鲜活实践中凝练和提取社会治理的真问题，又要在经验研究的基础上着力探索和构建中国特色的社会治理理论体系。二是坚持多元学科与交叉学科相结合。既要通过不同的学科视角来审视社会治理问题，形成各自相对独立自主的学术知识体系，同时，又要实现跨学科的交叉视角的聚焦，寻找不同学科之间在社会治理问题上的最大公约数。三是坚持宏观视角与微观视角相结合。社会治理在实践运作中就是一个从微观到宏观的连续统一体。只有将宏观视角和微观视角相结合，才能在学术和实践双重意义上解决社会治理面临的难题。四是坚持学术研究与政策研究相结合。社会治理研究要通过基础学理与政策探讨的紧密结合，实现从"学理"到"政策"、从"政策"到"学理"的双向往复、螺旋式上升，进而不断推进理论创新、学术创新和实践创新。

发展中国特色社会主义社会学 [*]

（2020 年 10 月 11 日）

各位领导、各位来宾：

很高兴参加在这里召开的"中国现代化新征程暨纪念费孝通诞辰 110 周年"学术研讨会。费孝通先生是中国著名的社会学家和社会活动家，为我国改革开放后社会学的重建和发展做出了重大贡献。纪念历史名人的最好行动，就是把他未竟的事业继承和发展下去。在我国即将全面建成小康社会、开启全面建设社会主义现代化国家新征程的重大历史交汇点，举办这样的研讨会、纪念会，具有重要现实意义和深远意义。下面，我就中国现代化新征程中发展中国特色社会主义社会学的一些问题，谈几点初步思考。

一、发展中国特色社会主义社会学的重大意义

今年 8 月，习近平总书记在经济社会领域专家座谈会上指出，"新时代改革开放和社会主义现代化建设的丰富实践是理论和政策研究的'富矿'，我国经济社会领域理论工作者大有可为"，并明确提出"不断发展中国特色社会主义政治经济学、社会学"。这里，第一次提出了发展中国特色社会主义社会学的重大任务。这个要求具有鲜明的时代意义、深刻的理论意义和重大的实践意义。

首先，这是在新时代新征程更好坚持和发展中国特色社会主义的必然要求。中国特色社会主义是不断向前发展的历史进程，新时代党和国家的重大历

---

* 本文系在江苏苏州吴江召开的"中国现代化新征程暨纪念费孝通诞辰 110 周年"学术研讨会上的主题演讲。

史使命就是坚持好、发展好中国特色社会主义。党的十八大以来，以习近平同志为主要代表的中国共产党人，顺应时代发展，从理论和实践结合上系统回答了新时代坚持和发展什么样的中国特色社会主义、怎样坚持和发展中国特色社会主义这个重大时代课题，创立了习近平新时代中国特色社会主义思想。习近平总书记对我国社会领域改革发展提出一系列新观点、新思想、新论断，丰富和发展了马克思主义社会学理论，成为新时代中国特色社会主义思想的重要组成部分，有力引导了我国社会领域改革发展并取得了历史性成就。新时代新征程的中国特色社会主义现代化是经济、政治、文化、社会、生态文明全面建设、全面发展的现代化，推进社会建设和社会发展现代化，必然要求社会学与时俱进地发展与创新。要求不断发展中国特色社会主义社会学，就是要坚定中国特色社会主义社会学的理论自觉和理论自信，不断形成社会学新的理论成果，更好地把中国特色社会主义全面推向前进。

其次，这是新时代新征程拓展社会发展新局面的迫切需要。总的说来，改革开放以后，我国社会主义现代化建设取得了历史性巨大成就，但长期以来存在着"一条腿长、一条腿短"，经济与社会发展不协调的状况。随着我国社会主要矛盾发生变化，人民对社会发展的需求更加突出；随着我国社会变革的加快，社会结构、社会关系、社会行为、社会心理等方面已经和必将发生深刻变化。这些对社会建设和社会治理都提出了新的更高要求，必然要求加快发展中国特色社会主义社会学，为推进社会领域改革发展、加强社会建设、创新社会治理、破解社会发展难题提供有力的社会学理论支撑。

最后，这是新时代新征程现代化建设的重大课题。当今世界正经历百年未有之大变局，新型冠状病毒肺炎疫情的全球大流行加速了这个大变局的演进，世界进入动荡变革期。新一轮世界科技革命迅猛发展，正在广泛而深刻地改变人类社会面貌。我国在现代化建设新征程中必然推进工业化、信息化、城市化、现代化向纵深发展。这些对坚持和完善中国特色社会主义制度、推进国家治理体系和治理能力现代化，包括全面推进社会建设现代化、社会治理现代化，提出了新任务、新要求，也必然要求我们更好地学习、研究和发展中国特色社会主义社会学，以更好地回答我国社会发展的理论和实践问题。时代是思想之母，实践是理论之源。实践到了一个新的发展阶段，理论创新也必然要提升到一个新的水平。

二、发展中国特色社会主义社会学需要研究把握的基本原则

中国特色社会主义社会学是一门研究和揭示中国特色社会主义社会发展、社会进步特点和规律的科学，应是既坚持马克思主义社会学基本原理，又体现中国特色社会主义社会特色、时代特色、民族特色、实践特色的理论体系。我认为，推动发展中国特色社会主义社会学，需要研究把握以下基本原则。

1. 坚持以科学理论为指导。就是坚持以马克思主义和马克思主义中国化成果，特别是习近平新时代中国特色社会主义思想为指导，这是中国特色社会主义社会学区别于其他什么社会学的根本标志。我们必须自觉运用马克思主义立场、观点、方法，观察、分析、研究和解决社会领域的各种矛盾和问题。这里最重要的是要充分体现党对一切工作的领导和坚持中国特色社会主义道路。中国特色社会主义最本质的特征是中国共产党的领导，中国特色社会主义的最大优越性是中国共产党的领导，党是最高政治领导力量。中国特色社会主义是当代中国发展进步的根本方向和广阔道路。发展中国特色社会主义社会学也必须把握好这两个最重要的方面。这样，中国特色社会主义社会学发展才能始终坚持正确的方向。

2. 牢牢植根中国大地。就是坚持从国情出发，从中国实践中来，到中国实践中去。目前中国仍处于并将长期处于社会主义初级阶段的基本国情、中华民族悠久的历史和独树一帜的灿烂文化，是中国特色社会主义社会学植根发展的沃土。我们在研究推进社会学发展中，要使中国特色社会主义社会学学科体系、学术体系、话语体系符合中国实际，创造出更多具有中国特色的社会学新概念、新范畴、新表述，努力为拓展中国特色社会主义社会学新境界贡献

自己的力量。

3. 彰显鲜明时代特征。就是中国特色社会主义社会学形成于改革开放历史新时期,发展于中国特色社会主义新时代。这个新时代是继续夺取中国特色社会主义伟大胜利的时代,是全面建设社会主义现代化强国的时代,是逐步实现全体人民共同富裕的时代,是实现中华民族伟大复兴的时代。在新时代发展中国特色社会主义社会学,必须面向新时代社会经济发展趋势,研究新时代社会矛盾现象和社会结构变化,服务新时代现代化建设的使命和任务。在实践创新、制度创新、政策创新中不断推动中国特色社会主义社会学理论体系的完善发展。

4. 坚持以人民为中心。就是坚定发展为了人民的根本立场,这是发展中国特色社会主义社会学的根本立场。历史活动是群众的活动,人民是历史的创造者,是社会发展的根本推动力,是真正的英雄。我们要始终坚持以人民立场为根本立场,以为人民增进福祉为根本使命,要心向人民、扎根人民,要倾听人民诉求、反映人民创造,向群众学习、为人民述学立论。这是中国特色社会主义社会学根深叶茂、繁荣发展的根本之道。

5. 树立以人为本理念。就是把人的全面发展进步当作社会发展的根本目的。社会学本来就是研究人的学问,研究人的行为、人的交往、人的心理、人的发展等。以人为本是马克思主义的基本观点。马克思在《资本论》中提出,未来的新社会是"以每个人的全面而自由的发展为基本原则的社会形式"。党的科学发展观的本质和核心是以人为本。习近平总书记强调,现代化的本质是人的现代化。解放和发展社会生产力,实质上就是解放和发展人的创造活力和应对风险的能力。发展中国特色社会主义社会学要着眼于发展新型的人与人之间的社会关系,着眼于提高每个社会成员各方面素质和精神境界,着眼于尊重保障人权和促进社会公平正义,着眼于营造人们平等参与、平等发展、充分发挥聪明才智的社会环境。

6. 倡导社会共同价值。就是致力于使全体社会成员树立社会共同价值理念和公共负责精神，弘扬和践行社会主义核心价值观。作为一种社会意识，价值观是一定社会的经济、政治和文化等状况的集中反映。社会主义核心价值观是当代中国精神的集中体现。要坚持和完善共建共治共享的社会治理制度，打造人人有责、人人尽责、人人享有的社会治理共同体，共同推动社会全面发展和进步，使全体社会成员逐步走共同富裕道路，加快建设社会主义和谐社会，向天下为公的大同社会迈进。

7. 全面推进改革创新。就是要坚持守正创新，推动不断开拓社会建设和社会治理现代化的新境界，建设一个既充满活力又有良好秩序的现代化社会。改革创新是当代中国社会发展进步的根本动力，研究和推动改革创新，也是中国特色社会主义社会学的鲜明品格。我们必须自觉地把继承和创新统一起来，始终不渝坚定正确方向，与时俱进完善和发展中国特色社会主义制度，着力固根基、扬优势、强弱项、补短板，使我国社会建设和社会治理制度体系不断系统完善、更加管用有效。在推动社会领域变革中，要坚持创新社会学的学科体系、学术体系和话语体系，创新社会学研究的理论范式和研究方法，使其不断与时俱进、自我革新，更好地阐释和解答时代发展提出的各种社会现象、社会矛盾、社会问题。

8. 充分体现开放包容性。就是要以世界眼光和历史思维广泛研究人类社会变迁和社会发展的共同财富，全面把握国际社会学发展的前沿问题，善于借鉴各种有益的学术观点和研究方法。同时，对我国长期历史上形成的与社会学发展相关的基础知识、思想观点和良好治学方法，也都应该积极挖掘和借鉴，做到古为今用、洋为中用、去粗取精、去伪存真，正确地加以吸收、继承和创新发展。

三、发展中国特色社会主义社会学的主要路径

努力发展中国特色社会主义社会学，是新时代新发展阶段的重大课题，必须坚持辩证唯物主义和历史唯物主义的世界观、方法论，选择有效路径。

1.坚持依靠学习科学理论来推动社会学发展。中国特色社会主义社会学是以科学理论为指导的，要助推发展中国特色社会主义社会学，必须深入学习、研究和掌握马克思主义的社会学理论，包括我们党关于我国社会变革、社会发展、社会关系、社会结构、社会建设、社会治理的重要论述，特别是党的十八大以来习近平总书记关于社会建设、社会发展、社会体制改革、社会治理等一系列新观点、新思想、新要求。坚持用科学理论武装头脑和指导研究工作，树立清醒的理论自觉、坚定的政治信念、科学的思维方法。

2.坚持深入总结和研究新中国成立以来社会发展的实践经验。新中国成立 70 年特别是改革开放以来，我们党团结带领全国人民在探索、开拓和发展中国特色社会主义道路上，不断进行社会变革、社会发展、社会建设、社会治理的伟大实践。这些生动实践中有成功的经验，也有失误的教训，经验和教训都十分宝贵，应当作为新时代新征程不断发展中国特色社会主义社会学的丰富滋养。

3.坚持问题导向的社会学鲜明品格。问题是时代的声音，也是创新的起点、创新的动力源。我国社会主义现代化建设即将进入一个新阶段，各种新老问题相互交织、叠加呈现，必须敢于正视问题、善于发现问题、深入研究问题，努力破解社会发展和社会治理领域遇到的各种难题，在服务改革开放和社会主义现代化建设中推动中国特色社会主义社会学的更大发展。坚持问题导向的一个重要方面，就是要十分重视调查研究，深入实际、深入基层、深入群众。人民群众的社会实践，是我们获得正确认识的不竭源泉，也是检验和深化认识的根本路径。调查研究要在求实、求真、全面、深入上下大功夫。切实搞好调查研究，这是做好治学工作的基本功，也才能取得科学性、原创性、时代性的新成果。

4.坚持运用科技手段研究社会问题和推动社会学发展。在人类社会进入互联网时代和智能社会的情况下，社会结构、社会行为、社会活动、社会心理、社会现象更加复杂多变，我们在继续运用传统手段、方法研究社会学的同时，要更加重视运用互联网、大数据、云计算、人工智能等信息化技术来统计、观察、分析、研究社会领域的变化，以便及时、全面、准确地反映客观社会现象及其变动趋势，更好地把握社会运行特点和规律，不断提高社会学研究的能力和水平。

5. 坚持加强社会学人才队伍建设。新时代发展中国特色社会主义社会学，最关键的是要不断发现、培养、集聚大批专业化、高素质的从事社会工作和社会学研究的人才。我国目前无论社会学研究还是社会学教学人才队伍都是不仅数量明显不足，而且结构也不合理，学科领军人物新老断档，急需发展领域的人才更是匮乏。因此，应该大力加强社会学研究和教学机构建设，大力加强社会学人才队伍建设，特别是加强领军人才和中青年骨干人才的培养。同时，建议国家提升社会学的学科地位，加大对社会学发展的支持力度，在全社会形成良好的社会学发展环境。这些是繁荣和发展中国特色社会主义社会学的希望之所在。

"京师社会调查丛书"总序

（2020 年 10 月）

在现代社会科学体系中，社会学是基础性、综合性学科，也是具有极强实践性、应用性的学科。社会学必须直面社会实践中凝练出的重大理论问题。中国特色社会主义社会学是对社会主义社会运行特点和规律的揭示与阐释，也是对社会主义社会实践的理性认识，是在这个基础上对社会学基本理论的创新性发展。以马克思主义的认识论和方法论研究社会变迁的实践，是中国社会学学科发展的源头活水；而中国的社会发展、社会建设、社会治理，也离不开社会学理论与时俱进、创新发展与有力支撑。

社会调查研究是社会学研究非常重要的方面。一直以来，社会调查都是中国社会学界的一个优良传统。在中国社会学近百年发展的历程中，一代代社会学人开展实地调查，以实证性实验的科学精神和研究方法，立足国情、扎根本土，探索和发展具有中国特色的社会学理论和研究方法，从而孕育、形成、发展为比较完整的学科体系、学术体系和人才培养体系。

———

马克思主义认为，全部社会生活在本质上是实践的，只有人们的社会实践，才是人们对外界认识的真理性的标准。实践是理论的基础，实践高于（理论的）认识，因为它不仅有普遍性的品格，还有直接现实性的品格；实践是理论的出发点和归宿点，对理论起决定作用，理论必须与实践紧密结合，理论也必须接受实践的检验，并随着实践的发展而发展。社会学是从变动着的社会系统整体出发，通过人们的社会关系和社会行为来研究社会的形态、结构、功能、演变规律。正是人类丰富的社会实践，尤其是工业革命以来的经济社会和文化心理变迁，催生、滋养了社会学。社会学拥有悠久深厚的社会调查传统。正确、有效的社会调查，是我们认识社会、发展社会学学科的不二法门。

中国的社会学学科发展和中国的革命实践一样，都是遵循着从实践的感性认知出发，进而跃升为理性认知，再回到实践去检验这样的正确认知路径。

20世纪上半叶，中国社会和中华民族陷入深重的灾难，许多革命家和知识分子投身于救国的大潮之中，力求准确把握和深刻认识变化中的中国社会，致力于探索救亡图存和民族振兴发展之道。以毛泽东为代表的中国共产党人，从社会革命的高度，开展了大量的社会调查，写出了影响深远的《中国社会各阶级的分析》《湖南农民运动考察报告》《寻乌调查》《兴国调查》等一系列著名的调查报告，有力地引领了中国革命的走向，这些都是社会学的经典文献。就是在那个时期，以李景汉、陶孟和、吴文藻和费孝通为代表的中国老一辈社会学家深入开展社会调查，产生了一大批优秀的社会调查研究成果。这固然由于他们受过系统严格的社会学训练，但更在于他们有着正确的认识论和方法论：他们深入农村社会内部了解农民的生活实践，洞悉农村社会结构，把握社会前行的实际逻辑。

一边是革命家，一边是学院派；一边是社会调查与理论政策研究，一边是社会学调查与学理学术研究。两路人马有着鲜明的区别，然而都取得了巨大成功。他们的成功有着相同的原因。首先，他们的调查与研究都不是为了玩智力游戏，也不是简单地为了进行理论建构，他们都有着社会责任的历史担当，都是为了深刻认识中国社会、拯救中华民族于水火。其次，他们的研究都是从中国农村的实践出发，而不是把经典理论作为教条。再次，他们的研究都没有停留在感性认识的层面，没有简单地淹没于支离破碎的经验碎片之中，革命家是基于对社会现实和历史的全面分析，提炼出了中国社会革命的战略与策略；学院派则是在经验研究的基础上进行了有益的理论抽绎与建构。最后，他们的研究又都回归社会实践进行了检验，并程度不同地引导着和影响着中国社会实践。

新中国成立后的一段时期，中国社会学没有得到应有的发展。实行改革开放之后，中国经济快速发展，社会发生深刻变革，社会学得到了迅速恢复和发展。中国社会学界紧扣时代脉搏，做出了一系列卓有成效的社会调查，如费孝通的小城镇调查、雷洁琼的家庭调查、陆学艺主持的"百县市调查"，以及中国人民大学的"中国综合社会调查"（CGSS）、中国社会科学院的"中国社会状况综合调查"（CSS）、北京大学的中国家庭追踪调查（CFPS），近些年北京师范大学的"百村社会治理调查"，等等。这些社会调查不仅有力地推动了中国社会学的理论建设、学科发展，也在不同程度上影响了国家决策和相关政策的制定与实施。

历史和现实深刻表明，社会大变革时代，一定是社会学科大发展的时代。当今世界正经历着百年未有之大变局；当代中国正进行着历史上最为广泛而深刻的社会变革，正经历着人类历史上最为宏大而独特的社会实践创新。这些都给包括社会学在内的社会科学的繁荣发展提供了强大动力和广阔空间。如此巨大规模的世界变局，如此深刻的社会变革，如此丰富的社会实践，如此庞杂的社会问题，既是我们中国社会学人重大的学术研究和创新机遇，也是应尽的社会责任和历史担当。

二

社会学研究必须直面社会变迁中的真问题，社会调查也必须围绕社会变迁中的实际问题而展开。社会调查的范围涉及社会生产、生活的方方面面。当前和未来一段时期，以下方面尤其值得高度重视。

1. 新一轮科技革命对人类社会的广泛和深刻影响。随着互联网、大数据、人工智能等新技术的兴起，社会生产方式、产业结构、产业形态、利益分配格局、生活模式、社会行为与社会运行状态、社会治理机制都在发生着深刻的变化。对这些问题展开深入调查，是我们面临的重要课题。

2. 乡村社会变迁与乡村治理。改革开放尤其是进入 21 世纪以来，农民的生计模式发生了巨大变化，劳动力主要投放于非农业，其对家庭的经济贡献占据主导地位。这使得农民的价值观念、家庭内部关系、农户之间关系、农村基层的建设状况，以及国家与乡村社会关系和乡村治理体系已经并将继续发生深刻的变化，如何完善相关的体制、制度、政策，如何推进农业农村现代化发展和深入实施乡村振兴战略等，都亟待调查研究。

3. 城镇化与城市社会发展。在中国快速城镇化的进程中，城市的社会结构、社会组织、社会群体、人口流动、社会治理、社会行为、社会问题、生活方式、社会心理、社会关系以及社会发展规律等方面，都迫切需要进行深入调查和研究。

4. 单位、企业与劳工关系。传统单位制的变化与社会影响、企业与政府关系、企业与市场关系、企业与社区关系、企业内部运行机制、利益分配与保障体系、就业状况、新兴行业与新兴职业等，都需要调查研究。

5. 家庭、婚姻、人口问题。在经济社会和文化价值体系深刻变化的情况下，家庭的规模与结构，代际关系、夫妻关系的变动，需要引起关注，尤其是生育意愿与生育行为、婚恋模式、同性恋、家庭暴力、家庭家教家风和婚姻的稳定性，以及抚养与教育、老龄社会治理、老龄人口养护等，都值得深入调查研究。

6. 教育、医疗、健康、公共服务。这些是保障和改善民生的重点，也是推动基本公共服务均等化的重要内容；民生需求变化和改善供给结构、脱贫攻坚成果的巩固提升、相对贫困的治理等，都需要作为重要课题。

此外，城乡基层民主、法治、安全、诚信、环保、公平、正义等方面的问题和制度建设，以及优秀传统文化传承、智能社会发展与治理等，这些也都应该高度重视调查研究。

三

社会学人不仅仅是社会的生活者、观察者，还是思考者和理论建构者。社会学的社会调查具有学术性、探索性，不仅仅是见闻的搜集、资料的获取、社会现状的了解，还要深入研究社会运行与发展的过程、逻辑与机理。因此，社会调查需要掌握科学方法。

1. 树立问题意识。要围绕问题调查和搜集资料。资料看似搜集得丰富，但如果繁复琐碎，主次不分，"只见树木不见森林"，这样的资料用途有限，甚至可能是无效的信息，因为信息只有纳入一定的社会事实的范畴内来思考和体悟才是有价值的。正是基于此，对于较大规模的调研，调查人员与项目设计者要做到认知的同构，并做到把调查与研究结合起来；否则，调查者便可能沦为"学术炮灰"，仅仅是个资料搜集员，主观能动性无法得到发挥，而研究者得到的仅仅是二手资料，缺乏厚重的质性感受，这样研究效果会大打折扣。

2. 坚持整体性观念。社会生活的不同面向之间彼此交织、相互关联影响，从而构成一个社会的整体。任何一个系统只是更大系统中的子系统，只有在更大的系统中了解各个子系统之间的相互联系，才能对整个系统有深刻的理解。单从某一个方面切入可能会"盲人摸象"或过度阐释，发现各个部分之间的张力与悖论，能使我们迸发出知识与思想的火花。因此，当我们带着具体的问题、任务进行社会调查时，必须尽可能对相关的场域有整体性的理解；面对杂乱无章的现象，要善于抽丝剥茧、溯本求源、去伪存真、拂尘见金，深刻认识社会内部各部分之间的有机联系。80多年前，著名社会学家费孝通先生在江村做调研时，就成功地使用了这样的方法，这对于今天的社会调查研究仍有着很强的启迪意义。

3. 解剖麻雀与全局分析。解剖麻雀就是进行典型个案调查，是要获得这一案例的全方面的知识，以求取得一个深入认识。

在具体深入个案做性质判断的时候，可对其进行深描，以理解行动者背后的复杂动机。但是，解剖麻雀的最终目的是认识全局，以利于"解决问题"，调查就像"十月怀胎"，解决问题就像"一朝分娩"。如果我们只局限于个案的认识，就很难获得全局知识，甚至有可能出现"攻其一点，不及其余"的毛病。因此，在全面解剖麻雀的基础上，需要展开全局分析。在从个案调查到全局分析的过程中，理论指导非常关键。毛泽东同志进行农村调查，之所以能够把握农村全局，很重要的就是善于运用马克思主义的理论来解剖不同村庄的材料，让理论和具体实践有机结合起来。社会科学调查，之所以不同于一般社会调查，也在于它能够将社会科学理论运用于调查实践中，在具体个案调查中展开全局分析，从而见微知著、以小见大。

4.定性方法和定量方法。定性调查方法，主要是调查人员通过对调查对象作深入访谈来获取资料。这种调查方法的优点是，可以对调查对象进行详细、全面的深入了解，并根据具体情况及时调整访谈内容，在与调查对象的互动过程中展开深入调查思考。召开调查会的方法，就是一种典型的定性调查。要做"讨论式"调查，就是调查人员和调查对象之间进行深度交流，让调查对象来帮助调查人员完成对事情的分析和认识。定性调查的缺点是，在有限时间内，只能对有限的人员进行访谈，并获取调查资料；同时，定性调查在资料汇总以后，在分析总结阶段对调查人员的素质要求很高，需要既能够掌握大量资料，又能从具体资料中归纳分析出普遍性的认知。定量方法往往需要以扎实的定性研究为预研究。定量研究主要是在获得质性感受的基础上，通过发放调查问卷和研究表格，从被调查对象处收集资料，并进行集中分析和研究的方法。这种方法的优点是，能够进行大规模的标准化、规范化调查；其缺点是，只能收集到有限的数据和信息，很难根据不同调查对象进行随机应变和调整，同时，对调查人员和调查对象的知识水平等要求较高。

此外，随着科学技术的发展，大数据等信息化技术成为调查研究的重要手段、技术。运用大数据作为社会调查的重要方法，可以对数据进行收集整理、分类识别、清洗净化，进而对诸多复杂社会问题展开分析研究。运用大数据等新技术进行调查研究的做法会越来越多。

四

北京师范大学社会学学科发端于20世纪初，底蕴深厚，大家云集。1919年，我们党的创始人之一李大钊同志就在北京高等师范学校开设社会学课程。

1930 年，学校成立社会学系；后来并入北京师范大学的辅仁大学，在 1943 年也设立了社会学系。北京师范大学和辅仁大学的社会学学科聚集了一批名家，也培养了大量的优秀人才。曾经在两校社会学系任教的名家还有李达、黎锦熙、许德珩、黄凌霜、施存统、马哲民、李景汉、朱亦松、钟敬文、袁方等，这些名师大家先后为北京师范大学社会学学科打造了创立和发展的基础。

改革开放以来，中国社会学恢复重建，北京师范大学社会学科也迎来了建设发展的历史机遇。1981 年，学校设立民俗学博士点；2001 年，学校设立社会学硕士点和社会工作本科；2003 年学校将原哲学系改建为哲学与社会学学院，成立社会学系；2011 年，学校成立中国社会管理研究院；2015 年，学校将哲学与社会学学院的社会学系、文学院民俗学方向相关资源整合，成立社会学院，与中国社会管理研究院实行两块牌子、一套班子，致力于建设国家社会治理新型高端智库和社会学一流学术重镇；2017 年，国务院学位委员会批准北京师范大学社会学院为社会学一级学科博士点；2019 年，人力资源和社会保障部、全国博士后管理委员会批准北京师范大学在中国社会管理研究院 / 社会学院设立社会学博士后科研流动站；2020 年年初，中国社会管理研究院 / 社会学院成为国家批准的北京师范大学国家高端智库试点单位主要组成部分。

多年以来，北京师范大学中国社会管理研究院 / 社会学院的师生们，一方面阅读社会学及人文社会科学的经典理论，掌握基本知识、理论和方法；另一方面深入农村、城市调研，产生了诸多科研成果。为了持续汇集和展示北京师范大学社会学教研人员和社会治理智库人员的社会调研成果，我们特编辑出版"京师社会调查丛书"。近年来，董磊明教授带领学生在深入农村调研的基础上完成了三本具有较高学术水平的著作，作为首批"京师社会调查丛书"出版。我们期待着有更多优质的调查研究成果在此系列丛书中不断出版。我们也谨以此套丛书参与到中国社会学、中国社会治理，以及中国社会科学繁荣发展的进程之中，奉献给所有关心、关注中国社会发展与进步的人。

《中国特色社会主义社会学》序言

（2021 年 7 月）

社会大变革的时代，一定是哲学社会科学大发展的时代。当代中国正经历着我国历史上最为广泛而深刻的社会变革，正在进行着人类历史上最为宏大而独特的实践创新。这种前无古人的伟大实践，为理论创造、学术繁荣提供了强大动力和广阔空间。

2020 年 8 月，习近平总书记在经济社会领域专家座谈会上指出："新时代改革开放和社会主义现代化建设的丰富实践是理论和政策研究的'富矿'，我国经济社会领域理论工作者大有可为。"理论工作者要"坚持马克思主义立场、观点、方法"，"从中国实践中来，到中国实践中去，把论文写在祖国大地上，使理论和政策创新符合中国实际、具有中国特色，不断发展中国特色社会主义政治经济学、社会学"。这里，习近平总书记明确提出了发展中国特色社会主义社会学的重大任务。

我们组织编写《中国特色社会主义社会学》一书，就是落实习近平总书记发展中国特色社会主义社会学重要指示的具体行动。要发展中国特色社会主义社会学，就必须深入研究中国特色社会主义社会学产生的历史条件和主要依据，探究其基本内涵、整体框架、研究任务和发展过程，为不断发展中国特色社会主义社会学明确方向、任务和路径、方法。

这本书的编写，力求体现理论性、实践性和创新性。

1. 理论性。就是运用马克思主义立场、观点、方法，基于社会学的基本原理，对中国特色社会主义伟大实践进行理论总结和提炼，以形成中国特色社会主义社会学的基本概念、范畴和框架体系。

社会学是现代社会科学体系中的一门基础性、综合性学科，它是研究和揭示社会运行特点和规律的学科。社会学从变动着的社会系统整体出发，来研究社会的形态、结构、功能和演变趋势。社会学也是一门有极强实践性、应用性的学科，它主要观察和解释社会现象，分析和处理社会矛盾，面对和解决社会问题，探索社会治理途径、手段和方法，促进社会良性运行，从而推动社会进步。中国特色社会主义社会学概括和阐述了中国特色社会主义运行的特点和规律，以及化解社会矛盾和解决社会问题的理论与方式，形成了中国特色社会主义社会学的理论体系。这本书力求概述和阐释中国特色社会主义社会学的概念体系、框架体系、学术体系和话语体系。

2. 实践性。就是着眼总结、分析、研究中国特色社会主义的宏伟实践，反映中国特色社会主义社会学的形成和发展历程，并阐述主要内容，为中国未来社会发展提供思想和启示。

从根本上说，中国特色社会主义伟大事业是从 1978 年年底党的十一届三中全会开始的。这次全会上，党中央做出了把党的工作重心转移到经济建设上来，实行改革开放的伟大决策。40 多年来，中国特色社会主义事业取得了举世瞩目的伟大成就，最显著的标志是实现了国民经济长期持续快速增长，社会大局保持长期持续稳定发展。改革开放成为当代中国最鲜明的特征、最壮丽的气象，极大地改变了中国的面貌、中华民族的面貌、中国人民的面貌，为实现中华民族伟大复兴提供了充满新的活力的体制保证和快速发展的物质条件。在发展中国特色社会主义的伟大实践中，产生和发展了中国特色社会主义社会学，并取得了重大进步。中国社会学的恢复、发展和进步，也有力地推动了中国改革开放和社会主义现代化建设。此书力求揭示和阐释改革开放以来开创和发展中国特色社会主义的实践对中国特色社会主义社会学产生和发展的过程，以及中国特色社会主义社会学对社会实践的积极作用。

3. 创新性。就是以社会学的视角，对中国实行改革开放以来的丰富实践进行具有创新性的解读和提炼，力求形成一些具有原创性的理论概念和命题。

同时，对中国特色社会主义社会学研究框架、研究思路、研究逻辑、研究方法作一些尝试性的探索与创新。理论的生命力在于创新。创新是哲学社会科学发展的永恒主题，也是社会发展、实践深化、历史前进对哲学社会科学的必然要求。

经过40多年的实践、探索和创新，我国社会学研究建设取得了重要进展。但是，仍然面临原创性不足的问题，在提出新理论、研究新问题、运用新方法等方面都尚有很大空间。当然，创新可大可小，揭示一条规律是创新，提出一种学说是创新，阐明一个道理是创新，创造一种解决问题的办法也是创新。因此，在这本书的编写过程中，我们特别注重相关论断、分析、阐述有所创新、创造，形成自身特色，从总体框架的设计，到具体问题的分析，都力求具有一定创新性和创造性。

为了对中国特色社会主义社会学体系的形成、发展和主要构架做一个比较全面、系统的勾勒，此书共设八章。第一章是"导论"，主要阐述中国特色社会主义社会学产生和发展的时代背景、历史渊源、基本内涵，以及发展中国特色社会主义社会学的基本原则、主要路径、研究方法和重要意义等。第二章是"社会价值论"，主要阐释中国特色社会主义社会学的本质特征和核心价值理念，包括人民当家作主、以人民为中心、共同富裕、公平正义、社会主义核心价值观、人的全面发展与社会全面进步、人与自然和谐共生等社会价值理念。第三章是"社会发展论"，主要论述中国特色社会主义社会发展的理论基础、重点方面、实施路径和重要意义。第四章是"社会改革论"，主要展现中国特色社会主义社会发展与运行的动力和重点改革的领域，包括深化社会体制改革、户籍制度改革、社会保障制度改革、住房制度改革、收入分配制度改革、农村经济社会改革、城市社会改革等。第五章是"社会结构论"，主要阐发中国特色社会主义社会的社会结构演变，包括所有制结构、城乡结构、就业结构、人口结构、社会阶层结构、组织结构和家庭结构的基本特征和变动趋势。第六章是"社会建设论"，主要分析中国特色社会主义社会建设现代化战略和主要方面，包括社会主义民主建设、社会主义精神文明建设、社会主义和谐社会建设、法治社会建设、健康中国建设、平安社会建设、生态文明建设及数字社会建设。第七章是"社会治理论"，主要叙述社会治理的内涵与意义、目标与任务、制度保障、社会治理体系和治理能力现代化建设。第八章是"全球治理论"，主要阐述人类社会发展趋势，坚守和弘扬全人类共同价值，构建人类命运共同体的世界意蕴。

学习此书，应坚持以下学习原则和方法。一是原理学习与专论学习相结合。这本书既对中国特色社会主义社会学的基本原理展开了叙述，同时也按照专论的方式组织了有关章节。因此，在学习此书的过程中，应该坚持基本原理学习和专论学习相结合，不仅应掌握中国特色社会主义社会学的一些基本理论和基本原理，还应该结合社会学的一些一般原理和理论进行学习；在专论学习中，各章基本是一个相对完整的专题叙述，但也应该同时结合其他一些专题性的研究展开学习。二是认清历史与把握未来趋势相结合。此书具有很强的实践性和现实性，系统阐述了历史发展、方针政策和实践经验，反映了社会发展的历史轨迹。虽然在内容上主要是对中国特色社会主义伟大实践的历史进程和现实状况的叙述分析，但实际上对未来发展趋势也具有很强的针对性和启示性。因此，在学习这本书的过程中，必须既要注重掌握历史过程和现实状况，又要看准未来趋势，审时度势，与时俱进。三是理论学习与实践学习相结合。理论联系实际既是优良学风，也是一种重要的学习方法。这本书涉及中国特色社会主义实践和社会学发展的诸多重要方面，是中国大地已经和正在发生的经验的阶段性总结和呈现，是进行的理论概括和升华。实践是十分丰富多彩、极为鲜活生动的，这要求我们必须不断将理论学习与实践学习结合起来，以深化和丰富理论与认识。

最后，需要指出的是，实践永无止境，研究也永无止境。这本书对中国特色社会主义社会学的研究，仍然是一项探索中的成果，诸多内容还略显生涩，需要学界同人一起共同努力，继续不断完善和深化研究。

　　我们置身的新时代是一个需要理论而且一定能够产生理论的时代，是一个需要思想而且一定能够产生思想的时代。我们不能辜负这个时代。面向未来，面向现代化，面向世界，中国特色社会主义社会学将随着中国特色社会主义伟大实践的深入推进而持续发展、不断丰富、更加完善。

第六篇

培养高端人才

——寄语毕业生与劝学在校学生

2021 年 6 月 27 日，魏礼群（前排中）与社会学院 2021 届毕业生合影。前排：赵秋雁（左八），张汝立（左七），宋贵伦（左六），萧放（右八），尹栾玉（右七），董磊明（右六），王茁（右四），傅昌波（左五），朱霞（左四），巴战龙（右五），鞠熙（左三），萨支红（左二），杜静元（左一），肖索未（右三），焦长权（右二），皮兴灿（右一）。二排：胡晓江（右八），尉建文（左八），谢琼（左五），刘冰（左四），杨丽（左七），党生翠（左六），周群英（右七）。

2020 年 12 月 17 日，"博士生、博士后座谈会"现场。魏礼群（横排左二）讲话。

做一个什么样的人

——在北京师范大学社会学院 2015 届毕业生毕业典礼上的寄语

（2015 年 6 月 27 日）

亲爱的同学们、老师们、家长们：

大家下午好！

今天是一个特别值得纪念的日子！我们齐聚一堂，隆重举行北京师范大学社会学院 2015 届毕业生典礼。首先，我谨代表学院，向即将毕业的 27 名本科生、32 名硕士研究生奋力拼搏圆满完成学业，致以热烈的祝贺！同时，向悉心指导你们的老师、辛勤培育你们的家人和一路支持你们的亲友，致以诚挚的敬意和衷心的感谢！

我担任新成立的北京师范大学社会学院院长才 3 个多月（105 天），还没有来得及与即将离校的毕业生们熟悉起来，就要与大家告别了，确实有点遗憾！刚才，院领导介绍了毕业生的情况，进行了多项颁奖活动，毕业生代表和毕业班班主任代表做了发言，看到 59 位毕业生满载丰硕的学习成果，即将踏上人生的新征程，奔向新的梦想沃土，我又由衷地感到欣慰！

亲爱的同学们，你们是如此幸运。你们在北京师范大学学习的时光，正是我们国家经历伟大变革的新时期。党的十八大之后，以习近平同志为核心的新一届党中央，继往开来，锐意创新，树立执政新风，开创事业新局，经济进入新常态，发展迈向新阶段，改革开放实现新突破，各项建设取得新进展。这些对攻读社会学专业的学子们是难得的成长成才的机遇。还有值得庆幸的是，你们经历了北京师范大学社会学院诞生的历史时刻。大家都知道，北京师范大学党政领导顺应国家发展大势和时代潮流，先后做出加强社会治理智库建设和加强社会学发展的战略决策，于 2011 年 5 月成立北京师范大学中国社会管理研究院，又于 2015 年 3 月成立社会学院，并实行"两院"一个实体、两块牌子、一支队伍，教学育人、科学研究、决策咨询三位一体，推进新型智库建设和学科建设协同发展，致力于成为国家专业化社会治理智库和社会学学术重镇。这是高校服务国家战略需求进行的办学体制机制的重大改革创新。我受北师大党政领导的邀请，作为一个老校友，回到母校，发挥余热，先后受聘为"两院"院长。4 年来，社会治理智库建设取得较为显著的成绩，已有 60 多项决策咨询成果获得国家领导人和部门、地方领导人的重视和采纳，新型智库的各项功能都逐步得到发挥。今天，拥有 110 多年历史的北京师范大学，第一次以社会学院的名义举行毕业典礼，大家一起共同见证和分享 59 位同学几年来学习收获和成长进步的喜悦，开启和放飞新的美好梦想。此时此刻，对于社会学院首届毕业生来说，你们该是多么荣幸和值得自豪呀！我作为首任社会学院院长参加今天的毕业典礼，欢送你们，也感到十分高兴和激动。

几年来，你们不仅刻苦学习，勇于实践，顽强拼搏，出色完成了学业，而且积极参加学校和学院举办的各种活动，为学校和学院的建设贡献了智慧和力量！这些都是值得永远记住的努力和付出。

参加这个毕业典礼，让我情不自禁地回想起自己在北师大读书时的情景，往事记忆犹新。我是 1963 年考入北师大历史系，1968 年毕业，转眼间已经毕业 47 年了。在这近半个世纪的岁月里，我曾先后在内蒙古牙克石市林业管理局、国家计划委员会、中央财经领导小组办公室、国务院研究室、国家行政学院等多个单位工作。回首往事，是五年的北师大学习生活，为我以后的人生道路奠定了坚实的基础。

作为一门学科，"社会学"具有自身独特的品质和品性。几年前，大家不约而同地选择了"社会学"，成为一名社会学专业的学生。经过几年的学习，我相信，你们对这门学科已经有了更加全面、系统和深入的认识和理解。社会学是现代社会科学中的一门基础性学科，主要研究人类社会基本社会活动发展变化的规律，包括研究社会行为、社会关系、社会结构运行和社会演变的趋势，探索社会治理的途径和手段。社会学的基本理论和基本知识将使你们终身受益受用。我相信，经过几年的社会学专业的学习，在你们身上已深深打下的北师大烙印、积淀的社会学独有的人格特质，将助力你们的人生走向新的成功。

同学们，在你们即将步入的社会大课堂中，你们会有更多的机遇、挑战和考验。毕业既是你们人生一段旅程的终点，又是你们人生一段新的旅程的起点。在临别之际，我作为你们的师长，也作为你们的朋友，有千言万语都难以表达对你们的祝福。我再三思考，还是选择"做一个什么样的人"这一主题，与大家分享个人的几点感悟与思考。

——勤奋好学，做个终身学习的人。学习求知是人生进步的阶梯和走向光辉顶点之途径。古人说过："少而好学，如日出之阳；壮而好学，如日中之光；老而好学，如秉烛之明。"这句名言的意思是：少年时爱好学习，好比早晨的阳光；壮年时爱好学习，如同中午的太阳；到了老年还爱好学习，就好像点着蜡烛一样，仍然有光亮。这句名言告诉我们，要活到老，学到老，永远不忘学习。无论什么年龄段都要好好学习。只有这样，才能增强本领，与时俱进，让自己的人生不断放出灿烂的光辉。你们经过几年的学习，掌握了社会学的基本理论和基本知识，这是十分重要的收获，但你们的学习不能就此止步，还要坚持学习、勤奋学习、刻苦学习，把学习作为每天生活所必需，作为终生的一贯追求，做到工作学习化、学习工作化、生活学习化和学习生活化。要博学多识，学好科学理论，学好国家法律法规和方针政策，学好专业知识。坚持干什么学什么，缺什么学什么。在学习中开阔眼界、增长见识、提高本领。既要读"有字之书"，又要读"无字之书"。既要读书本之书，又要读实践之书。坚持理论联系实际，做到知行统一，把治学与做人紧密结合起来，做一个学习的有心人。

——砥砺德行，做个有德守道的人。德乃立身之本。做人首先要以德为先，锤炼品德修养，陶冶道德情操。做人处事，也要守道，包括遵守理想信仰、社会规范、行为准则。当今世界，人们既享受着大发展带来的新奇与惊喜，又承受着社会转型出现的道德规范和价值信仰的紊乱、迷茫，以及"消费社会"所带来的种种诱惑。在步入社会之后，你们将接受社会大熔炉的锻造，面临社会大风浪的滤淘，你们将会更深切地看到、听到甚至亲身经历形形色色的社会问题。有些问题甚至会一再触碰社会良知的底线，不断拷问并考验着你们的心灵和人格。可以说，坚守良知将是你们走上社会面临的第一个考验，也是你们终生的考验。这就使得"修身立德"变得越发重要。这也是培育良好心态和健全人格，实现社会和谐的重要保障。希望你们要注重道德品行修养，树立正确的人生观、价值观，努力做一个品德高尚的人，做一个自尊自爱、自立自强的人。要坚守良知，保持自信、理性、平和的心态，防止急功近利和浮躁情绪，戒骄戒躁、抵制诱惑，忠诚于自己心中的道德律令，忠诚于国家和人民的事业，与时代同步伐，与祖国齐奋进，与人民共命运。

——脚踏实地，做个求真务实的人。社会学是一门行动的科学。它不仅教会你们思考，更塑造了你们的行动能力。我相信，经过社会学的专业训练，你们会更加充满信心，即使处于种种复杂多变的环境，也可以能动地助力于社会进步与发展。要付诸行动、有所作为，就必须求真务实、脚踏实地。古今中外，凡成就事业的，无一不是脚踏实地、苦干实干的结果。要把立志高远与脚踏实地结合起来，把全部心思和本领用在"真干事、干成事"上。不能眼高手低，不要好高骛远。谋事要实，创业要实，做人要实。想问题、办事情，不唯书、不唯上、不唯洋，只唯实。要把每一项活动都当作一次难得的历练、一次人生的积累。从"说好每句话、办好每件事"做起，踏踏实实走好每一步，扎扎实实办好每一件事，为一生之旅打下坚实的基础。正像刚才主持人讲的，"一分汗水，一分收获"。实践出真知，一切真知都是从直接经验得到的，要敢于实践、勇于实践，在实践中经受锻炼、得到提高。这样，才能真正有发展前途、成就事业。

——甘于奉献，做个勇于担当的人。"社会"要富有情操、充满正能量，需要每一个人做出奉献。"奉献"是一种责任，是一种境界，是一种美德。当代中国社会正经历空前广泛和深刻的巨大变革，改革开放和现代化事业任重道远，社会建设和社会治理面临一系列新问题、新挑战。这给每一位青年社会学子大展才华提供了绝佳舞台。希望你们把握四个方面：一要爱岗敬业、勤勉工作。职业岗位是个人干事创业的平台，也是成就自我的舞台。你们59个人毕业后去向不完全相同，每个人都要热爱自己的职业岗位，对自己的工作岗位要充满感情、热情和激情。一个人只有爱岗敬业，才能做到干一行爱一行干好一行，才能尽力、尽责、尽智，也才能全力以赴，全身心投入。二要直面挑战、勇担重任。干工作都是要承担一定的风险的，特别是在现在社会矛盾复杂多变的环境中，要干好事情，不可能一帆风顺、轻而易举，而必须具有敢于冒风险、迎难而上的精神，该豁出去的时候决不能犹豫，要一往无前，无所畏惧。三要坚韧不拔、不怕挫折。在人生成长道路上，谁都会遇到挫折、失败和逆境，要想取得成功与发展，就必须始终保持昂扬斗志，愈挫愈勇，百折不挠。在逆境中奋起，更需要在绝望处求生存、谋发展。一定要有战胜困难、走出逆境的意志和智慧。四要热爱集体、奉献社会。刚才大家唱的北京师范大学校歌中，有一句歌词是"治学修身乐为公"，要牢记之、践行之，自觉秉持"先天下之忧而忧，后天下之乐而乐"的至理名言，始终把国家富强、民族振兴、人民幸福作为崇高使命，为全面建成小康社会、推进社会主义现代化、实现中华民族伟大复兴的中国梦而不懈奋斗。一个人只有把才华和能力奉献给国家和人民的光辉事业，才能真正实现人生的价值。

亲爱的同学们，过去几年，你们选择在自己生命力最旺盛的时候，与社会学、与北师大社会学院结缘。我相信，这份缘将伴随你们一生，成为你们最珍贵、最难忘经历的一部分。此时此刻，你们正怀着美好的憧憬、满腔的热情，走向人生新的征程和新的梦想。衷心祝愿你们志存高远，奋发进取，追求卓越，不断续写精彩人生！

最后，祝愿毕业生们前程似锦，一帆风顺！

林颖楠学术活动获奖的回信

（2015 年 10 月 25 日）

林颖楠同学：

你于 10 月 10 日的来信和转来的研究报告——《乡土社会与市场经济的互嵌——基于福建东庄镇医疗产业同乡同业现象的实地调查》，已收阅。我由衷地感到高兴。

首先，祝贺你与其他三位同学一起做实地调查，撰成研究报告，并荣获"挑战杯"首都大学生课外学术科技作品竞赛特等奖！我仔细地研读了你们的研究报告，认为获此殊荣实至名归。我也分享到了你们成功之欣喜！

你们的这个研究报告，是一个颇有价值、分量厚重的优秀研究成果。既有独特的学术创新价值，又有重要的决策咨询价值，对于深入研究探索社会主义市场经济发展中的深层次课题，提供了难得的案例和材料。

我对这个研究报告的突出印象是：题材新颖，视角别致，研究方法科学，实地调查深入，资料真实可信，逻辑结构严谨，论证充分有力，有情况、有分析、有建议，语言生动鲜活。这个研究报告从一个侧面折射了中国改革开放以来市场经济发展的轨迹，特别是透视了乡土社会、传统习俗与市场经济相嵌融合的特异现象，令人耳目一新，给人以思想启迪和深思。

天道酬勤，一分耕耘一分收获。盼你们仰望星空，脚踏实地，再接再厉，创造出更多更好的研究成果。

我深情地期待你们在广州举办的"挑战杯"全国大学生课外学术科技作品的决赛中，大展北师大社会治理智库学子们睿智、求实、创新、追求卓越的精神风采。预祝你们再创比赛佳绩！

顺祝学习进步，万事吉祥！

做一个敢于担当的人
——在北京师范大学社会学院 2017 届毕业生
毕业典礼上的寄语

（2017 年 6 月 22 日）

同学们、老师们、家长们、来宾们：

我很高兴参加社会学院 2017 届毕业典礼，分享毕业生们在人生旅途上跨越一个里程碑的快乐时刻。首先，我谨代表学院领导班子和全体师生员工，向圆满完成学业的毕业生们表示热烈的祝贺，向悉心指导你们的老师、辛勤培育你们的家人，致以衷心的感谢！

同学们！你们在北京师范大学学习的时光，正是学校奋力推进"双一流"建设、学校事业突飞猛进的新阶段。

北京师范大学党政领导顺应国家发展大势和时代潮流，先后做出加强社会治理智库建设和加强社会学学科建设的战略决策，于 2011 年 5 月成立北京师范大学中国社会管理研究院，又于 2015 年 3 月成立社会学院，推进新型智库建设和学科建设协同发展。几年来，全院师生紧紧围绕"建设国家高端社会治理智库和一流社会学学术重镇"的发展目标，凝心聚力，携手奋进，取得了引人注目的丰硕成果和显著进步。"北京师范大学中国社会管理研究院"作为新型专业化社会治理智库已经形成鲜明的品牌形象，受到社会的广泛认可，知名度和影响力不断提升，也为北京师范大学申请和建设国家高端智库做出了重要贡献。

在推进社会治理智库建设的同时，我们高度重视社会学专业人才的培养。正所谓："大学之大，乃学生之大。"学生是学校最活跃的主人、最亮丽的风景，培养学生也是最重要的任务。这些年，我们坚持把促进学生健康成长成才作为各项工作的重要出发点和落脚点，实施了一系列改革创新举措，主要包括：一是学生培养理念不断创新。全体教师勇于更新理念、总结经验，推出多样化教学成果。学院凭借质量保证体系的扎实推进，以优异成绩通过了教育部组织的本科教学评估。二是学生培养模式不断完善。学院实行研究生导师负责制及本科新生导师制改革，相关配套体系已经建立并逐步完善。硕士、博士研究生培养规模与质量都得到了较大提升。积极探索"优才优育培养""本硕博统筹培养""国际联合培养""教学、研究与实务合作培养""复合型人才培养"等多种人才培养模式。实施优质生源计划，推进名师工程，贯彻本、硕、博一体化国际教育战略。这些有力举措使学生培养质量得到提升。前不久，我院成立了北京师范大学社会工作硕士教育中心，这是培养社工精英人才的重大举措。三是学生培养效果日益彰显。学院学生在"挑战杯"全国大学生系列竞赛等重大比赛中屡创佳绩，共 9 人先后获得包括特等奖在内的奖项。在今年 6 月初刚刚结束的"挑战杯"首都大学生课外学术科技作品竞赛中，我院 3 名同学获得社会类特等奖，1 人获得哲学类一等奖。本科生、研究生赴国外学术交流60 多人次，发表科研论文 30 多篇。学院为社会输送了大批优秀人才，学生就业率与就业质量不断提高。近两年毕业生就业率保持 100%。我院 2013 级社会工作本科班、2014 级社会工作本科班先后获得北京市优秀班集体称号。四是学生思想政治工作取得实效。突出社会工作专业特点，即以社会问题为导向，引导学生积极思考，加强正向鼓励，抓住军训、寒暑假社会实践、实习等良好时机，取得了显著的成效。同时，建立专业课、思政公共课与社会先进典型演讲相辅相成的多维共训模式、课上学习与课后走访相结合的双向激励模式，特别是校内理论研讨与校外社会实践相整合的拓展一贯模式，更是得到学校及上级领导的充分肯定。

同学们！你们是社会学院发展的见证者，更是推进社会学院发展的参与者。这几年，是北京师范大学社会学院正式成立、各项事业蒸蒸日上的时期。

学院的发展凝结着同学们的辛劳、智慧，学院发展也为同学们成长提供了更好的平台。亲爱的同学们！社会学院是你们难以忘怀的人生驿站。你们经过这几年的艰辛努力，如一顷顷土地，从播种、耕耘到收获；如一块块璞玉，渐渐雕琢成器。我时时因这些所见所闻而受到感染和感动，我深切感受到了同学们对学院的无限眷恋，感受到了同学们对师长的深厚情谊，感受到了同学们之间的纯真友谊，更加感受到了同学们在伟大时代里将要放飞理想的激情和对成就事业的渴望。我乐见你们与学院共同快速成长。

同学们！大学时光如同白驹过隙，转瞬即逝。几年来，北师大社会学院的每一个角落都留下了你们奋斗的足迹、成长的记忆。如今看到同学们学业有成、即将奔赴各条战线建功立业，我们心中既充满了幸福和欣慰，同时也充满了对大家的留恋与牵挂。大学毕业是你们人生一段旅程的终点，也是你们人生又一段新旅程的起点。你们的人生旅程还很漫长。在临别之际，我作为你们的师长，也作为你们的校友，纵有千言万语也难以表达对你们的祝福。我再三考虑，选择"做一个敢于担当的人"这一主题，与大家分享几点感悟与思考。

"担当"，成为我们这个时代迫切需要和普遍呼唤的一种可贵的精神与心智品质，是每一位社会学人理应具有的鲜明品格和崇高责任。所谓"担当"，就是接受并负起责任。在现实生活中，担当与人们的责任、良心、价值、奉献、牺牲、勇气和才干等方面联系在一起，从而被赋予丰富的内涵。正如习近平总书记所指出，做一个敢于担当的人，特别是敢于担当的领导干部，必须坚持原则、认真负责，面对大是大非敢于亮剑，面对矛盾敢于迎难而上，面对危机敢于挺身而出，面对失误敢于承担责任，面对歪风邪气敢于坚决斗争。这是对担当精神的科学阐释，指明了在什么情况下要敢于担当和怎样担当，具有很强的现实针对性，也值得我们每一位青年学子认真学习并努力践行。我想，作为一个社会学专业毕业的学生，不论你们走到哪里，也不论你做什么工作，都应当具有一种敢于担当的精神和品质。具体来说，有四种担当尤为重要。

——面对自我，敢于担当。同学们！当你们毕业离开学校，走入社会之后，首先面临的就是如何培养自己的自我担当精神。承担责任是对一个人价值的衡量。当一个人能够对自己负责时，他就具备了独立的人格和行为能力。"有志诚可嘉，及时宜自强。"要成为一个敢于担当之人，就要有自强不息的品格，欲担当重任，必自强不息。自强不息，就要耐得住寂寞。非淡泊无以明志，非宁静无以致远。很多时候，没有寂寞的守望，也就没有成功的欢腾。能否耐住寂寞在一定程度上决定了一个人能否有所担当。同时，敢于担当之人，也要有脚踏实地的风范。担当本质上是一个实践问题。一个人必须从实干着眼，弄虚作假、哗众取宠、跟风作秀都不会有好的结果，务实才是真担当。一个人什么都可以舍弃，但不可以舍弃内心的真诚；什么都可以输掉，但不可以输掉自己的良心和担当！做一个敢于担当的人，会使你的人格更为高尚，生活更加精彩，人生更显丰盈。

——面对家庭，敢于担当。同学们！家庭始终是我们生命中不可或缺、至为重要的依托。从社会学的理论而言，每一个人在社会中都会扮演多重角色。你们在学校学习时，主要是扮演子女的角色；而当你们毕业走上工作岗位之后，很快就会面临选择自己的人生伴侣、组建自己的家庭、生育自己的儿女，这个时候你们也就会担当为人父母的角色。赡养父母，抚育儿女，这是每个人对家庭都应担当的责任。这份担当同样是我们社会文明和谐中必不可少的重要组成部分。我们每个人，只有从巩固自身的家庭美德，从家教、家风、家学做起，才能更好地由此及彼地去爱他人，爱社会，爱国家。对家庭持有担当，不仅是一份责任，而且是一种美德。

——面对职业，敢于担当。同学们！当你们毕业之后，不论走上何种工作岗位，你们都将会面对一个单位、一个组织、一个集体的事业担当问题。职业岗位是每个人干事创业的平台，也是实现人生价值的舞台。每个人都要热爱自己的职业，对自己的工作要充满感情、热情和激情。一个人只有勤勉工作、爱岗敬业，才能做到干一行爱一行，钻研一行干好一行；才能尽力、尽责、尽智；也才能全力以赴，全身心投入。可以说，尽心尽责，兢兢业业，这是每个人对工作应担当的责任。干任何工作都是要承担一定的风险的，特别是在当今社会矛盾复杂多变的环境下，要干好事情，不可能一帆风顺、轻而易举，面对困难和挑战，不可回避，也不可退缩，而必须具有敢于冒风险、迎难而上、知难而进的精神，该豁出去的时候决不能犹豫，要一往无前、无所畏惧。一个敢于担当之人，就要有不怕艰险和勇担重责的魄力。

——面对社会，敢于担当。同学们！人的社会属性决定了每个人都要敢于实现社会担当，对社会、对国家、对民族有所奉献。古人有云："先天下之忧而忧，后天下之乐而乐"，"天下兴亡，匹夫有责"。一个勇于担当者，必定会自觉地把推动社会发展与进步视为己任。作为新时代的知识青年，每一个人都应始终把国家富强、民族振兴、人民幸福作为崇高使命，为全面建成小康社会、建设社会主义现代化强国、实现中华民族伟大复兴的中国梦而积极奋斗。一个人只有把才华和能力奉献给国家和人民的光辉事业，才能真正实现人生的价值。只有那些能够勇于担当和甘于奉献的人，才有可能被赋予更多的使命，才有资格获得社会的尊重与尊严。

同学们！实现自我担当、家庭担当、职业担当和社会担当，既是一种荣耀，更是一种使命。成为成功者的标准中，更为重要的是人品。而勇于担当的品质是最基本的人品。这就需要培养和具备"四种心"，即自信心、进取心、责任心和包容心。

——要有自信心。同学们！自信是一种发自内心的自我认定，是每个人的立身之本，是开拓事业的人格基础。有自信的人，可以化渺小为伟大，化平庸为神奇。一个自信的人，一定是有理想的人。理想是指路明灯，没有理想就没有坚定的方向，而没有明确方向，就没有前进的力量。一个自信的人，一定是有自知之明的人。认清自我，才能确保少走弯路，才能更好地接纳自我，在困难来临时，有勇气、有能力正确应对。一个自信的人，一定是注重学习的人。自信的基础在于能力，提高能力的根本在于学习。生命的全部意义在于不懈探索尚未知道的东西，在于不断增加知识。大家即将告别大学校园，但决不可以告别学习。一个自信的人，一定是内心强大的人。要具有强大的内心，就需要加强自身的修炼，提升心志，管好情绪。"穷则独善其身，达则兼济天下。"希望大家能够跳出小我，开阔视野，涵养胸怀，自觉将个人的理想与祖国和民族的命运紧密联系在一起，在时代的洪流中勇立潮头，彰显你们的责任和担当。

——要有进取心。同学们！世上最快乐的事，莫过于为成功而进取。只要心怀追求目标，不懈进取，什么艰苦都能忍受，什么环境也都能适应。毕业之后，有的同学将走上工作岗位，有的同学选择继续深造，大家对于未来的向往、对于现实的抉择，都有着复杂而又充满青春活力的内心世界，我也许不能完全体会其中的差别，但奋发进取的心态应该一致，都必须为自己的选择加满燃料，以青春筑梦，以进取圆梦，坚持植根向下、生长向上，成长为一棵立得直、站得稳、扛得住的顶梁之木，创造无愧于时代的业绩。同学们！如果这个世界上真有奇迹，那只是进取的另一个名字。因此，你必须不断进取。坚持既定目标，切勿左右摇摆。奔向未来的最好路径，就是直面现实，不畏困难，不怕挫折，砥砺奋进，在任何情况下都要有所作为，有所进步，有所攀登。

——要有责任心。同学们！作为党和国家培养出来的青年知识分子，自觉到祖国和人民最需要的地方去，是应有的追求。当你们步入海阔天空的社会大道，每个人都会有属于自己的志向，无论你们的志向在何方，都希望你们铭记"责任"二字，体现出一个社会学子的责任心。每个人都应有这样的信心：人所能负的责任，我必能负；人所不能负的责任，我亦能负。希望你们无论驰骋九州，还是远跨重洋，都能够担负起历史重任，不因物欲横流而改变初心，不因困难挫折而放弃责任。责任面前，当仁不让，你的生命就会更有分量。

——要有包容心。同学们！包容是人性中最美丽的花朵，是一种崇高的境界，也是一种生存的智慧。它不仅蕴含着理解和原谅，更显示着气度和胸襟。人生因淡然而清雅，生命因宽容而伟大。过去的几年中，你们学习了很多专业知识和本领；走出校门，你们将面对更多新的挑战。学会合作，学会宽容，与人为善，结伴同行，你们的人生将会更加出彩。一个包容的人一定善于欣赏。世界是多样性的统一。对我们身边的人、身边的物、身边的事，要善于发现其美，欣赏其美，同时不要吝啬赞美。正像费孝通先生所说："各美其美，美人之美，美美与共，天下大同。"一个懂得包容的人一定胸襟宽广。海纳百川，有容乃大。要能听得进意见、批评甚至苛责，做一个心胸大度、心地宽厚的人！一个包容的人一定与人为善。希望你们在强大自己的同时，集聚向上向善的力量，包容他人、帮助他人，为推进社会文明进步助力。

亲爱的同学们！今天的毕业典礼以后，你们中有不少人还会继续留在北师大，攻读硕士、博士学位，或者从事博士后研究。多数人将要离开北师大，到新的地方去学习、工作、生活。而无论走到哪里，"北师大"已经成为你们身上深深的烙印，社会学院将永远是你们温馨的家。欢迎并期待你们常回家看看！

最后，我衷心祝愿你们毕业愉快、前程似锦，在浩瀚的社会海洋中，乘风破浪，扬帆远航，驶向成功之路！

做一个诚实守信的人

——在北京师范大学社会学院 2018 届毕业生毕业典礼上的寄语

（2018 年 6 月 26 日）

同学们、老师们、家长们、来宾们：

今天，我们在这里欢聚一堂，隆重举行北京师范大学社会学院 2018 届毕业生的毕业典礼。首先，我谨代表学院领导班子和全体师生员工，向圆满完成学业的毕业生们表示热烈的祝贺！向悉心指导学生成长进步的老师们表示诚挚的感谢！向辛勤养育子女、前来出席毕业典礼的家长们致以亲切的问候！

党的十八大以来，中国特色社会主义进入新时代。同学们，你们是如此幸运地身处这样一个伟大的新时代，在北京师范大学这个百年学府里自由快乐地度过了人生中一段十分美好的时光。你们注定将成为北师大社会学院卓越的、难以忘怀的一届毕业生。我们欣慰而又高兴地看到，你们这几年与新成立的社会学院相向同行、快速发展，你们不忘初心，牢记使命，励志励学，奋发向上，茁壮成长。在社会学知识的浩瀚海洋，在建设新型高端社会治理智库和一流社会学学科的征程中，在一年一度中国社会治理论坛的台前幕后，在编写《中国社会治理通论》热烈讨论的会议现场，在《当代中国社会大事典（1978—2015）》大型文献编撰的第一线，在从事"百村社会治理调查"的多个田野地头，在"中国社会管理创新研究信息库"的持续建设中，在"习近平社会治理思想研究"等国家重大课题的研究团队里，在"诚信点亮中国"的推进会上，在"挑战杯""京师杯""国创"等各类竞赛以及"学生学术季""京师研究生论坛""假期返乡调查"等各项学术活动中，处处都闪耀着你们的身影。可以说，学院的每一个场所、每一项重要活动，都留下了你们奋斗的足迹、青春的活力和成长的记忆；学院的每一项业绩、每一个进步，都凝聚着你们的参与、付出和奉献。我常常为这些所见所闻而深深感动。

借此机会，我对你们为学院建设与发展所做出的积极贡献表示诚挚的感谢！在临别之际，我作为你们的师长，也作为你们的校友，纵有千言万语也难以表达对你们的祝福。在去年的社会学院毕业典礼上，我选择了"做一个敢于担当的人"为主题的寄语；今年，经过认真考虑，我选择以"做一个诚实守信的人"为主题，与大家分享交流一些感悟和看法。

同学们！你们即将步入当代纷纭复杂与生机勃发的社会，这个社会的基本元素是什么呢？我认为，就是诚信。诚信，是一切社会价值的根基，也是社会运行的基本规范。诚信，既是人生的命脉，也是才能的基础。所谓诚实守信，一是指真诚无妄，诚实无欺，尊重事实，实事求是；二是指信守诺言，讲求信誉，注重信用；三是指言行一致，言必信，行必果，表里如一。在我国传统伦理中，诚信被视为"国之大纲""政事之本""立德修业之基"。"君子修身，莫善于诚信。"国无诚信不兴，家无诚信不旺，人无诚信不立。"真诚换真心，诚信值千金"，"诚信是无形的资产"，这是现代人对诚信的理解和认同。今天，移动互联网浪潮把整个世界更加紧密地联系在了一起，提供了前无古人的、大量陌生人协同共事的平台，合作的范围和深度前所未有。而合作的基础，就是你的声誉，以及由此而产生的别人对你的信任。在这个互联互通的时代，在这个以"诚"和"信"为基本元素构建起来的社会中，诚信既是社会对个人的要求，也是个人对社会的责任与承诺。一个人只有坚守并践行诚信，才能在政治上坚定信仰，才能在社会上保持信誉，才能在人际关系间赢得信任。

同学们！作为一种可贵的心智品质，诚实守信在当代人们的社会生活中越来越重要。诚信无形，却可以经天纬地；诚信无色，却可以耀人眼目；诚信无味，却可以散发出醇厚的芬芳。无形、无色、无味的诚信，有着撼人心魄的无穷力量。

——"诚实守信"为立身之本。同学们！中华民族历来把诚实守信作为人之为人的一条重要准绳，作为一个人安身立命的根本。"人而无信，不知其可"，"人无信不立"。历史上，这些诚信箴言已然融入了国人的血脉，植入了民族的基因；今天，"诚信"二字，更是写入了社会主义核心价值观，成为新时代共同遵循的价值标准。同学们！未来的人生路很长，希望你们"带着诚信走天下"。擦亮诚信铸造的金字招牌，瞄准安身立命的道德标尺，你们就迈进了成功的门槛。

——"诚实守信"为待人之道。同学们！诚实守信是个人走向社会的通行证，展示着你的人格和风貌，决定着他人对你的印象和认知，影响着他人与你的交往意愿和深度。坚守诚信，才能赢得别人的信赖和尊重，才能获得别人的支持和帮助。泥土的芳香熏陶了北京师范大学学子朴实勤劳、艰苦奋斗的务实作风，厚重的历史塑造了北京师范大学学子诚实守信、一诺千金的优良品行。同学们，有一句谚语说得好："如果你想走得快，就独自行动。如果你想走得远，就结伴而行。"希望你们以"诚信"为待人之道，广交朋友，包容互助，合作共赢，诚信致远。

——"诚实守信"为兴业之基。同学们！任何事业的成功之道，其最大奥妙和捷径，首推"诚信"二字。只有秉持诚实守信之道，才能真正做到取信于民、取信于国。俗话说："人缘就是人品。"做事先要做人，做人要有诚信。纵观古今中外一些取得巨大成就的历史人物，在他们的人生字典当中，最重要的就是诚信二字。因为诚信是他们的基本素质，为他们获得朋友信赖，渡过人生难关，也为他们取得事业成就、赢得人生幸福奠定了坚实的基础。希望你们以诚信为修德、兴业之基，忠实履行自己承担的义务和责任。

习近平总书记在党的十九大报告中深刻指出："青年兴则国家兴，青年强则国家强。青年一代有理想、有本领、有担当，国家就有前途，民族就有希望。"青年是当代社会的主力军，是国家的未来、民族的希望，青年时期也是世界观、人生观、价值观形成的关键时期。青年要快速成长进步，很关键的一点，就是要做到诚实守信。青年诚信，则人生诚信、社会诚信。青年讲诚信，将会形成强大的社会力量和带动作用，促进全社会自觉遵守心中的道德律令。同学们！在现实生活中，要做到诚实守信，真正成为一个诚实守信的人，并不是一件容易的事情。现在不少人忽略诚信的重要性，做事唯利是图，见利忘义，口是心非。古谚有云："诚信三冬暖，失信三伏寒。"失信、缺信、无信，必将给个人和社会带来沉重的代价。这就需要坚守，更需要坚持，尤其要做到以下四个关键点。

一要忠诚老实。同学们！一个诚实守信的人，就要忠于国家，忠于人民，决不做有损于国家形象和人民利益的事情，坚决反对各种见利忘义、损人利己的行为，坚持实事求是，做老实人、讲老实话、办老实事。诚信不是简单的情感表达，而是一种真实的理性行为，要讲原则、守法纪。这就要求必须坚定理想、坚守信仰，敬畏规则、遵守规矩，守住底线、坚守秉性，远离虚浮，做到耐得住寂寞、扛得住诱惑、管得住小节，不为名利所累，不为世俗所羁，做一个正气浩然、风清气正、忠诚有担当的人。

二要信守承诺。同学们！做一个诚实守信的人，就要信守承诺、一诺千金。对于每一个人而言，诚实守信的品格和声誉，需要经过长期的行为实践方能逐渐积累而成，而其破坏和损失则可能在一瞬之间。这就告诫我们，不可轻易许诺于人、失信于人，否则终将付出沉重的代价。在学习工作中，要自觉地履行自己的职责，主动地承担起应该承担的各种社会义务，坚决做到不说空话、不说假话、不说谎话，做到言必信、行必果，成为一个襟怀坦荡、严守操行、信守诺言的人。

三要表里如一。同学们！做一个诚实守信的人，就要做到表里如一、言行一致。绝不能当面一套、背后一套，成为"两面人"。这就要求必须树立正确的世界观、人生观、价值观。在任何场合、任何时候和任何情况下，都要做一个光明磊落的人、堂堂正正的人。要坚决做到"三净"——"手净"，不义之财坚决不取；"嘴净"，不该说的话坚决不说；"腿净"，不该去的地方坚决不去——切实做到表里一致。

四要躬身垂范。同学们！做一个诚实守信的人，就要做到躬身力行。对于每一个人而言，在不同的人生成长阶段，在不同的职业岗位，在不同的社会场域，担当不同的社会角色，都要严于律己，坚持从我做起，为人坦诚，敬事而信，让人感觉你真诚可信；特别是要注重言传身教，身体力行，率先垂范，做诚实守信的积极实践者、坚定维护者和示范引领者。

同学们！不管你们未来从事何种职业，我希望你们心中永远充满诚信精神，坚守诚信，践行诚信，使出自你口的每一句话语，由你承办的每一件事情，经得起良心的拷问，经得起大众的品评，经得起社会的推敲，经得起时间的检验，最终化作你们人生的烙印。这将使你们无愧于"学为人师，行为世范"的北京师范大学校训。

总之，我真诚希望同学们坚信诚信的力量、奋斗的力量和坚持的力量，真正做一个诚实守信的新时代青年人！

最后，衷心祝愿同学们一帆风顺、前程似锦、幸福快乐！

做一个自强不息的人
——在北京师范大学社会学院 2019 届毕业生毕业典礼上的寄语

（2019 年 6 月 26 日）

同学们、老师们、家长们、来宾们：

大家下午好！

今天，我们在这里欢聚一堂，隆重举行北京师范大学社会学院 2019 届毕业生的毕业典礼，共同见证同学们毕业的荣耀时刻。首先，我谨代表北京师范大学社会学院，向圆满完成学业的毕业生们表示热烈的祝贺！向悉心指导学生成长进步的老师们表示诚挚的感谢！向辛勤养育子女、前来出席毕业典礼的家长们致以亲切的问候！

今年的毕业典礼很特别，不在于仪式，而在于时刻。2019 年，是五四运动 100 周年，也是中华人民共和国成立 70 周年。前不久，习近平总书记在纪念五四运动 100 周年大会上的讲话中指出：新时代中国青年要树立远大理想，要热爱伟大祖国，要担当时代责任，要勇于砥砺奋斗，要练就过硬本领，要锤炼品德修为。同时，他还殷切希望：新时代中国青年要珍惜这个时代、担负时代使命，在担当中历练，在尽责中成长，让青春在新时代改革开放的广阔天地中绽放，让人生在实现中国梦的奋进追逐中展现出勇敢奔跑的英姿，努力成为德智体美劳全面发展的社会主义建设者和接班人！习近平总书记的重要讲话，激励着广大青年在新时代发扬五四精神，以青春之我、奋斗之我建功立业，为实现中华民族伟大复兴的中国梦贡献力量！

同学们，你们很幸运，你们在北师大学习的这几年，正是中国特色社会主义进入新时代的美好时光，你们是名副其实的新时代中国青年。几年前，你们怀揣梦想和憧憬来到北京师范大学校园，珍惜宝贵时光，脚踏实地治学修身，努力向上，追求卓越，茁壮成长。此时此刻，作为你们的老师，我与你们的父母一样，深感欣慰。借此机会，在临别之际，我作为你们的师长，也作为你们的校友，纵有千言万语也难以表达对你们的祝愿和祝福。在近几年的社会学院毕业典礼上，我都围绕立德树人这个教育的根本宗旨作寄语。2015 年 6 月 27 日在首届社会学院毕业典礼上以"做一个什么样的人"为主题，2017 年 6 月 22 日的毕业典礼上以"做一个敢于担当的人"为主题，2018 年 6 月 26 日的毕业典礼上以"做一个诚实守信的人"为主题，分别做了讲话。今年，我以"做一个自强不息的人"作寄语，与大家分享交流一些感悟和看法。

同学们！在你们即将开始又一段寻梦、筑梦、圆梦的旅途之际，我给大家这个寄语，是经过认真思考的。自强不息，这是人们耳熟能详的成语，也是一句砥砺奋进、言简意赅的格言。什么是自强不息？就是自觉地努力向上，永不松懈地奋斗。《周易》有云："天行健，君子以自强不息。"大自然永远处于周流不息、变动不居的运动变化过程中，人们应该效法大自然的刚健性格，永远不断地前进，这样，才能赋予有限的生命以永恒的价值。自强不息是最为可贵的精神和信仰。中华民族几千年来历经磨难，绘就了自强不息的辉煌画卷；新中国成立 70 年来战胜各种艰难险阻，谱写了自强不息的壮丽凯歌。

古今中外无数事例都充分表明，只要坚持自强不息，就能不断获取力量，最终成就事业。这里很典型的例子，是中国古代的司马迁身遭腐刑之耻，忍辱负重，自强不息，写下了被誉为"史家之绝唱"的巨著《史记》，流芳千古。当代最杰出的理论物理学家史蒂芬·霍金，全身瘫痪，完全不能说话，在令人难以置信的艰难中，不屈不挠，通过坚持不懈的研究发现了黑洞蒸发理论和量子宇宙论，成为一个科学名义下的巨人。他们用自己的一生，诠释了什么叫"自强"，什么叫"奋斗"。凝视这些先行者渐行渐远的背影，我们可以明白这样一个道理，那就是：唯自强者方能致远！

"自强不息"，是我最喜爱的格言，也是我的座右铭。几十年来，无论是家境穷困的求学时代，还是条件艰苦的边疆林海，无论是担子越来越重的工作岗位，还是要求越来越高的职责任务，无论是逆境，还是顺时，"自强不息"精神始终让我自励、自律、自强，顽强拼搏，不懈奋斗，使我能为国家和人民的事业尽责出力。我可以负责任地告诉大家一个深切体验——人生的道路处处都是山重水复，柳暗花明，向来都是风起云涌，惊涛拍岸；此中情形，恰如中国一句古语所说："不如意事常八九，可与人言无二三。"面对人生道路上的荆棘丛生、坎坷不平，唯有自强，才能克服苦难、战胜挑战，用好机遇、获得成功；唯有持续不懈地自励和坚守，才能抓铁有痕，踏石留印，完成一次又一次的自我超越，实现一次又一次的自我升华！

同学们！你们即将走向社会，承担起崇高的社会责任。社会是一张大考卷，它写满太多的难题；社会是一个大熔炉，它通过熊熊烈焰提炼真金。当今世界正处于百年未有的大变革时代，也是一个生存发展竞争异常激烈的时代。正所谓打铁还需自身硬，只有自己足够强大，才能让人生因梦想而伟大。在这个千帆竞发、百舸争流的时代，绝不能有丝毫犹豫游移、畏缩不前，也不能有半点骄傲自满、故步自封，必须勇立潮头，奋勇搏击。因此，希望大家把"自强不息"深深融入自己的脑海中，清晰刻印在人生的字典里。"自强不息"是你们走向社会、走向未来、走向成功的一种可贵品质和精神力量！只有坚持自强不息，方能选好人生的方向，方能迎接人生的挑战，不断超越自我。那么，我们又当如何做到自强不息呢？我认为，做一个自强不息的人，至少需要把握好以下三个方面。

——做一个自强不息的人，必须具有远大理想的初心。同学们！初心是奋斗的原动力，也是人生的定盘星。习近平总书记经常用一个比喻来勉励青年人：要扣好人生第一粒扣子。这"第一粒扣子"就是志存高远，树立正确的价值观和远大的理想，坚持不忘初心，牢记使命。北宋著名政治家范仲淹有云："先天下之忧而忧，后天下之乐而乐"，"不以物喜，不以己悲"。作为一个新时代青年，就应将自己的远大理想和追求，与实现国家现代化和中华民族伟大复兴的中国梦紧紧联系在一起。我衷心希望同学们在今后的日子里，能够一以贯之、始终坚持用自强不息来坚定自己的理想、锻造自己的风骨、强壮自己的人格。青年的人生目标会有不同，职业选择也有差异。既然选择了目标，便只顾风雨兼程。从现在开始，从这一刻开始，努力奋斗，拼搏进取。希望同学们既能脚踏实地，又能仰望星空；牢牢把住自己内心的坚守，这最终也将引导你们生命的航向，让理想信念在创业奋斗中升华，让生命在创新创造中闪光。可以说，自强不息，就是坚定的追求，无论身处顺境还是逆境，都对人生永葆积极向上、进取拼搏的热情和坚毅。

——做一个自强不息的人，必须具有坚如磐石的意志。同学们！人生的旅途不可能一帆风顺，一定会遇到各种各样的困难与挫折。每当此时，以什么样的心情和态度去对待，是百折不挠、积极进取、自强不息，还是动摇徘徊、消极沉沦、一蹶不振，往往决定着一个人的命运。《孟子》有云："天将降大任于斯人也，必先苦其心志，劳其筋骨，饿其体肤，空乏其身，行拂乱其所为，所以动心忍性，曾益其所不能。"这告诉我们，不断磨炼自己的意志和心境，让内心坚强坚韧，是多么重要！只有以坚忍不拔、坚如磐石的意志，应对一切困难和挫折，从困难和挫折中接受考验、汲取力量、获得激励，正确对待一时的成败得失，处优而不养尊，受挫而不短志，则目标可达、功业可就。可以说，自强不息，就是坚毅的种子，即使在艰难困苦的岩石下，依然能生根发芽，绽放出倔强的花朵。正所谓："艰难困苦，玉汝于成。"

——做一个自强不息的人，必须具有持之以恒的奋斗精神。同学们！每一代青年都有自己的际遇和机缘。奋斗是青春最亮丽的底色。幸福都是奋斗出来的，奋斗本身就是一种幸福。民族复兴的使命要靠奋斗来实现，人生理想的风帆要靠奋斗来扬起。奋斗就会有艰辛，艰辛孕育新发展。所有成功的背后都是苦苦堆积的坚持。只要你愿意，并且为之坚持奋斗，总有一天，你会活成自己喜欢的那个模样。奋斗不只是响亮的口号，而是要在做好每一件小事、完成每一项任务、履行每一项职责中见精神。奋斗的道路是强者坚强不屈的道路。强者，总是从挫折中不断奋起、愈挫愈勇、永不气馁、永不言败。可以说，自强不息，就是坚持的力量，任凭时光的冲刷，依然能聚合成巨大动能，所向披靡，无往不胜。

同学们！北京师范大学是百年学府，富有自强不息的宝贵精神和优良传统。今天大家毕业了，希望你们今后回想起母校时，感念的不止于她的传道授业解惑，更多在于中社院给予你们的人生定位与价值塑造，你们在这里确立了拳拳初心、编织了美丽梦想，你们在这里开启了人生新的征程。希望大家用自己在母校熔铸的底色、底蕴和底气，扣好人生的第一粒纽扣，永远自强不息，勇于迎难而上，扛起使命担当，做一个最好的自己！凡我在处，即是师表、典范。

"长风破浪会有时，直挂云帆济沧海。"衷心祝愿同学们在人生的大海中自强不息，乘风破浪，一帆风顺，前程似锦！

做一个知行合一的人
——致北京师范大学社会学院 2020 届毕业生的寄语

（2020 年 6 月 18 日）

亲爱的同学们：

你们在北京师范大学社会学院圆满完成了学业，即将奔赴各自憧憬的美好新征程。我首先代表北京师范大学中国社会管理研究院社会学院，并以我个人的名义，向大家致以热烈的祝贺和良好的祝愿！

2020 年的毕业季活动，是在新型冠状病毒感染疫情于全球肆虐的情况下进行的。在这个非常特殊的时期，难以聚集做近距离告别，我们心中充满了对大家的无限留恋和殷切牵挂。

同学们，几年前，你们欣然选择了社会学院，这是一个很值得称道的选择。社会学既是基础性综合学科，又是实践性行动学科。这次人类与新冠病毒的艰辛斗争，更加凸显社会学的重要。我们欣慰而又高兴地看到，你们这几年与快速发展的社会学院并肩同行，励志励学，奋发向上，茁壮成长。值此临别之际，我从社会学的基本特征和根本要义，思考了如何以"做一个知行合一的人"作寄语，与大家分享、共勉。

"知行合一"，意即认识事物的道理与实践中运用此道理密不可分。知是行之始，行是知之成。不仅要重视认识（"知"），还要重视实践（"行"），必须把"知"和"行"统一起来。"知行合一"是中华优秀传统文化的重要内容，也是做人做事的重要原则。习近平总书记高度重视学以致用和崇尚实践的"知行统一观"，要求"以知促行，以行求知"，做到"知行合一"。从本质上认识和理解"知"与"行"之间的相互关系，在实践中实现"知"和"行"的有机结合和贯通十分重要，这可以使二者互相促进、相互提升。尤为重要的是，要切实做到知要真知、行要真行，真正实现知行合一。

那么，如何做到知行合一呢？我认为，做一个知行合一的人，需要做到以下五个方面。

——勤于求知。也就是勤于学习。古人有云："学如弓弩，才如箭镞。"同学们虽然毕业了，但这绝不意味着学习的结束，而是新的学习阶段的开始。即使走上工作岗位，坚持继续学习仍是一件十分重要的日常工作。只有学习，才能提高思想境界、增强素质修养，才能开阔思路、增长才干。要学习科学理论、学习业务知识、学习法律政策、学习岗位技能。当然，在工作岗位上的学习，跟学校里的学习会有很大的不同，更需要个人积极主动地围绕工作需要进行创造性、前瞻性的学习。在无垠的社会大课堂中，既要多读有字之书，也要多读无字之书，注重学习人生经验和各方面的社会知识。这样，才能获得人生的不断成长和进步。生命的真谛在于勤学求知，博学多识，学无止境，学贵有恒。

——敏于观察。古谚有云："世事洞明皆学问，人情练达即文章。"从某种意义上讲，"世事洞明"和"人情练达"正是社会学研究的重要关切所在。对于社会学专业的毕业生而言，更应该努力做一个社会的"有心人"，敏于观察复杂多变、气象万千的社会世界，及时发现和捕捉社会中涌现的新现象、新问题、新趋势，于细小之处见宏大，于表象之处见本质，于纷扰之处见秩序，于不公之处见良知。这样，才能准确把握社会跃动之脉搏和韵律。

——善于思考。明清之际思想家王夫之曾言："致知之途有二，曰学，曰思。"所学之知识，犹如含金的矿石，只有将其打碎并加以熔炼，才有可能化石为金。而这个熔炉，就是我们思索的大脑。"学而不思则罔"，这表明致知之途，就是要善于思考，多加思考。对于一个社会学专业的毕业生来说，更应当善于思考，独立思考，唯实求真。要多做调查研究，探求客观规律，充分发挥社会学的想象力，在个人困扰和公共议题之间建立起有效的关联，通过智识增进理性，努力看清和把握时代变迁的方向和趋势。

——勇于实践。《尚书》有云："非知之艰，行之惟艰。"这告诉人们：知道一个道理并不难，难的是把这个道理付之于实践，并取得成效。毛泽东在《实践论》中指出：只有实践，才能使人的认识开始发生，并使感性认识上升为理性认识。从这个角度来说，实践是检验真理的唯一标准。我们在学校学习到很多社会学的理论知识，唯有将之融入社会实践的大熔炉里方能百炼成钢，实现对个人和社会关系的通透性理解，真正做到深知、真知，并在学以致用上不断取得新成效。

——成于奋斗。习近平总书记说："只有奋斗的人生才称得上幸福的人生。"这是人生箴言。艰难困苦，玉汝于成。没有艰辛就不是真正的奋斗。精彩人生，奋斗以成。对于新时代的青年而言，立志让人心中有阳光，奋斗让人脚下有力量。不论身处顺境，还是逆境，都应净化灵魂、磨砺意志，不畏艰难、顽强拼搏，不怕挫折、前行不止，在奋斗中释放青春的绚丽和激情。应坚持以"爱国、励志、求真、力行"为指引，把自己的理想同祖国的前途、把自己的人生同民族的命运紧密联系在一起，扎根人民，奉献国家。俗话说："未经磨砺的青春，称不上美丽。"只有坚持知行合一、严谨务实、苦干实干，梦想才会成为青春腾飞的翅膀，人生的社会价值才能更好地实现，书写无愧于时代的华彩篇章。

人生路上，山高水长，任重道远。衷心祝愿大家知行合一、一帆风顺、前程似锦！

努力做一名优秀的社会学博士研究生 [*]

<u>（2020 年 12 月 17 日）</u>

　　做好博士生、博士后培养工作是我们中国社会管理研究院／社会学院的一项重要职能和任务。今天，中社院举行博士生和博士后的座谈会。首先，我代表中社院向新入学的博士生和新进站的博士后人员表示欢迎，对大家到中社院学习和从事科研工作表示祝贺。

　　今年 7 月 29 日，召开了新中国成立以来第一次全国研究生教育会议。习近平总书记就研究生教育工作做出重要指示：中国特色社会主义进入新时代，即将在决胜全面建成小康社会的基础上，迈向全面建设社会主义现代化国家新征程，党和国家迫切需要造就大批德才兼备的高层次人才。总书记的重要指示为推动研究生教育改革发展指明了方向。我们召开这次座谈会的目的，就是贯彻落实习近平总书记的重要指示和全国研究生教育会议精神。

　　这次座谈会的主要任务是：听取大家对学习和研究工作的想法和感悟，以及对中社院和导师的诉求与愿望；同时，我就如何搞好在校期间的学习和研究工作同大家做一些交流，希望大家充分利用在北师大的宝贵时光，圆满完成学习、科研任务，努力成为一名优秀的博士生（后）。

　　下面，我主要讲一个问题，就是要努力做一名优秀的社会学博士研究生，并与大家交流。

　　第一，深刻认识社会学的学科内涵和学科体系。学科专业是研究生人才培养的基石。要成为合格的社会学博士生，首先要认清社会学学科。在现代社会

＊　本文系在北京师范大学中国社会管理研究院／社会学院博士生、博士后座谈会上的讲话。

科学体系中，社会学具有自身独特的品质和内涵。它是一门基础性、综合性的学科，是关于"社会的学问"，是研究和揭示社会运行特点和发展规律的学问。社会学是从变动着的社会系统整体出发，通过描述和分析人们社会关系和社会行为的变化，来研究社会的形态、结构、功能、演变趋势。社会学也是一门具有极强实践性、应用性的学科，它以观察和解释社会现象，分析和处理社会矛盾，面对和解决社会问题，探索社会治理途径、手段和方法，促进社会和谐与进步为使命，对于推动人类社会文明发展具有十分重要的作用。

社会学于 19 世纪末从国外传入中国，其发展与中国社会变迁密切相关。中国社会学重视社会学理论的探讨，但更侧重应用社会学的研究。"问题导向"是中国特色社会学最鲜明的风格。当今世界，很少有哪个国家的社会学能够像我国社会学这样，把研究主题与本国社会亟须解决的重大理论和现实问题紧密联系起来，研究成果受到党和人民的高度关注。中国特色社会主义社会学是对社会主义社会运行特点和规律的揭示与阐释，也是对社会主义社会实践的理性认识，是在这个基础上对社会学基本理论的创新性发展。以马克思主义的立场、观点和方法研究社会变迁的实践，是中国社会学学科发展的源头活水；而中国的社会发展、社会建设、社会治理，也离不开社会学理论的与时俱进、创新发展与有力支撑。总之，中国社会学学科发展与社会实践有机联系，相互促进，相辅相成。

第二，深刻认识从事社会学研究的重要意义。马克思主义认为，实践是理论的基础，即实践对理论起决定作用；同时，理论对实践有反作用，正确的理论对实践具有积极的指导作用。社会学理论与实践的关系也是这样。中国的社会学学科发展和中国的革命与建设实践历程充分证实了这一点。在中国民主革命时期，以毛泽东为代表的中国共产党人，从社会革命的高度，开展了大量的社会调查，写出了影响深远的《中国社会各阶级的分析》《湖南农民运动考察报告》等一系列社会调查报告，有力地引领了中国革命的走向，这些都是社会学的经典文献。新中国成立后的一段时期里，社会学专业一度被取消，社会学没有得到应有的发展。这是那个时期社会建设被严重忽视的一个重要原因。

改革开放伊始，1979 年邓小平同志提出几个社会科学领域需要赶快补课，其中就有社会学。随着经济快速发展、社会发生深刻变革，中国社会学得到了迅速恢复和发展。社会学的重建和发展也有力地推动了社会发展与变革。我本人长期主要从事经济理论和政策研究，在实践中深知没有社会学知识很难做好经济工作，所以也一直重视社会理论和社会政策研究。我曾参加国家国民经济和社会发展七个五年（"六五""七五""八五""九五""十五""十一五""十二五"）计划（规划）的研究制订。在研究制订第六个五年计划时，党中央决定将社会发展纳入国家计划，国家中长期规划和年度计划名称由以往的"国民经济发展计划"改为"国民经济和社会发展计划"，一直沿用至今。每个五年计划（规划）都不断加大社会发展的分量，内容越来越充实，有力地推进了社会建设与社会变革。

历史和现实深刻表明，社会大变革时代，一定是社会科学大发展的时代。当今世界正经历着百年未有之大变局；当代中国正进行着历史上最为广泛而深刻的社会变革，正经历着人类历史上最为宏大而独特的社会实践创新。我国社会主要矛盾变化和现代化建设新阶段、新使命提出了新要求。这些都给包括社会学在内的社会科学繁荣发展提供了强大动力和广阔空间，同时，也对社会学人才有了更大的需求。如果说 40 多年来改革开放的进程，是中国社会学恢复、新生和蓬勃发展的历史时期，那么在中国特色社会主义进入新的发展阶段后，必将开创社会学大发展、大繁荣的新境界。不久前，在"十四五"规划座谈会上，习近平总书记明确提出了"不断发展中国特色社会主义社会学"的重大任务。这既是我们中国社会学人重大的学术研究和创新机遇，也是我们应尽的社会责任和历史担当。

大家选择了社会学专业，立志成为一名社会学的研究者，社会学的基本理论知识和研究方法将使你们一生受益受用。它不仅教你们如何深入地思考社会变迁，更能增强你们的社会行动能力。我相信，经过社会学的专业训练，积淀社会学独有的人格特质，你们会更加充满信心，即使处于复杂多变的环境，也可以很好地应对。

第三，深刻认识北京师范大学社会学的历史传统与办学特点。北京师范大学社会学学科发端于 20 世纪初，底蕴深厚，大家云集。1919 年，我们党的创始人之一李大钊同志就在北京高等师范学校开设社会学课程。1930 年，学校成立社会学系；后来并入北京师范大学的辅仁大学，在 1943 年也设立了社会学系。北京师范大学和辅仁大学的社会学学科聚集了一批名家，也培养了大量的优秀人才。曾经在两校社会学系任教的名家还有李达、黎锦熙、许德珩、黄凌霜、施存统、马哲民、李景汉、朱亦松、钟敬文、袁方等，这些名师大家先后为北京师范大学社会学学科打造了创立和发展的基础。回顾这段历史，我们应为北京师范大学社会学学科发展的光荣传统而自豪。

改革开放以后，随着中国社会学恢复重建，北京师范大学社会学学科也迎来了建设发展的历史机遇。1981 年，学校设立民俗学博士点；2001 年，学校设立社会学硕士点和社会工作本科；2003 年，学校将原哲学学院改建为哲学与社会学学院，成立社会学系；2011 年，学校成立中国社会管理研究院；2015 年，学校将哲学与社会学学院的社会学系、文学院民俗学方向的相关资源整合，成立社会学院，与中国社会管理研究院实行两块牌子、一套班子，致力于建设国家社会治理新型高端智库和社会学一流学术重镇；2017 年，国务院学位委员会批准北京师范大学社会学院为社会学一级学科博士点；2019 年，人力资源和社会保障部、全国博士后管理委员会批准北京师范大学在中国社会管理研究院/社会学院设立社会学博士后科研流动站，形成了从本科到博士后的完整人才培养体系。

总体来看，在过去一个较长时期内，北京师范大学社会学学科建设进展较为缓慢，基础较为薄弱，处于后进状态。近几年，正值北京师范大学奋力推进"双一流"建设、学校发展突飞猛进的新阶段。与此同时，北京师范大学做出加强社会治理智库建设和加强社会学学科建设的战略决策，着力推进新型智库建设和学科建设"双轮驱动"、协同发展。可以说，近些年北京师范大学社会学发展的显著特征，就是学科建设与智库建设密切结合、相互促进。中社院瞄准"建设国家高端社会治理智库和一流社会学学术重镇"的发展目标，开拓创新，奋发作为，取得了引人注目的丰硕成果。社会治理智库建设不断取得突破，2017 年成为国家高端智库培育单位。2020 年年初，中国社会管理研究院／社会学院成为国家批准的北京师范大学国家高端智库的主要组成部分。"北京师范大学中国社会管理研究院"作为新型专业化社会治理智库已经树立鲜明的品牌形象，得到社会的广泛认可，知名度和影响力不断提升。

在推进社会治理智库建设的同时，我们高度重视社会学学科建设。中社院成为北京师范大学社会学一级学科主建单位，通过理论社会学、应用社会学、社会管理与社会政策、社会工作、人类学、民俗学六个方向共同建构了一个研究社会的系统学科体系，形成了"以基础研究为前提、资政服务智库建设为重点、交叉创新研究为趋势"的发展特色。我院招收首届社会管理方向研究生和博士后，在国内率先研发和开设了"社会管理概论"和"社会治理创新案例"等突出社会治理特色的课程。我还组织编写出版了《中国社会治理通论》教材，并已应用于教学。

第四，深刻认识博士研究生阶段的重要性。博士和博士后制度是我国培养高层次创新型青年人才的一项重要制度。研究生教育尤其是博士生和博士后的教育与培养，肩负着高层次人才培养和创新创造的重要使命，是国家发展、社会进步的重要基石。党中央、国务院高度重视研究生教育，将其作为国家发展战略的重要支撑。教育部先后出台了一系列针对研究生教育发展的文件、政策来加强、规范和优化对研究生的培养。近日，教育部、国家发展和改革委员会、财政部联合印发《关于加快新时代研究生教育改革发展的意见》，更好地促进研究生德智体美劳全面发展，切实提升研究生教育支撑引领经济社会发展的能力。

博士研究生作为研究生教育的最高阶段，也是人生旅程中一个非常重要的阶段。从人生的整个研究生涯来看，能够有三到四年的时间就某一领域展开深入的研究，这是非常难得、非常宝贵的机会。这段时间的学习和研究训练，在很大程度上决定了你们未来发展的方向和高度。根据资料，许多研究大家的博士论文，后来都成为经典之作。当然，读博士也并非一件容易的事情，也可以说是一种挑战。既然你们选择了读博或入站做博后，就应该珍惜、用好宝贵时光和良好机遇，要提高站位，瞄准高目标，要严格遵守学校的各种规章制度，按照学校要求按时完成学业，修完学分，达到毕业要求，力争成为一名优秀的博士毕业生。

为此，大家在校学习和做科研工作需要从以下五个方面做出努力，我概括为"五个学会"，也可以说是我对大家的期望。

第一，学会做人。就是做到德智体美劳全面发展，全面提高自身素质。这是党的教育方针的要求，也是立德树人教育的集中体现。德乃立身之本。做人首先要以德为先，要有正确的政治观念和良好的道德品质。当今世界，人们既享受着大发展带来的新奇与惊喜，又承受着社会转型伴随的迷茫和诱惑。这就使得"正心修身"变得越发重要。关键是要顺应时代潮流，选择正确方向，坚定政治立场。在当代中国，就是要自觉坚持发展和完善中国特色社会主义。要注重道德品行修养，树立正确的人生观、价值观，努力做一个品德高尚、志存高远的人。要不断锤炼品德修养，陶冶道德情操，做一个崇德守道的人。天下兴亡、匹夫有责。要坚定理想信念，忠诚于国家和人民的事业，与时代同步伐，与祖国齐奋进，与人民共命运。同时，要努力掌握应有的知识、技能，全面加强体育卫生、心理健康，拥有健康的体质，培养良好的审美观和劳动观念，使各个方面的素质都得到提高，为将来报效国家、服务社会打下坚实基础。

第二，学会求知。就是提升学习的能力，尽量获得广博知识。要勤于求知，刻苦求知。要通识，既学专业知识，又学科学理论；既学社会学，又学哲学、政治经济学；既学社会科学，又学自然科学；既学传统学科，又学交叉学科。特别现在是"知识爆炸"的时代，新领域、新知识、新事物目不暇接，必须敏于学习、善于学习、坚持学习。不仅要通识，更要养成辨识性独立思考的学习能力，为终身学习打下基础。既要读书本这一"有字之书"，又要读实践这一"无字之书"，做一个学习的有心人。生命的真谛在于勤学求知，博学多识。只有多学，才能开阔思路，增强才干。坚持知行合一，要在"实践、认识、再实践、再认识"的螺旋式上升过程中不断增强本领，这是我们科学研究的成功经验。"知"是基础、是前提，"行"是重点、是关键，必须以"知"促"行"，以"行"促"知"，做到理论与实践密切结合。

第三，学会干事。就是努力提高解决实际问题的能力，增强就业创业的本领。坚持做到"想干事、能干事、真干事、干成事"。要干事就不能眼高手低，不要好高骛远。要增强社会责任感，培养实践能力，要把每一项活动都当作一次难得的历练、一次人生经验的积累。我最喜欢的格言是：天道酬勤，春华秋实。要从"说好每句话、办好每件事"做起，踏踏实实走好每一步，扎扎实实办好每一件事。俗话说"一分耕耘，一分收获"，"种瓜得瓜，种豆得豆"。实践出真知，一切真知都是从直接经验得到的。要积极参加社会实践，在实践中受锻炼、得提高。要善于与他人相处，多参加公益性活动，包括参与组织学术活动、论坛和会议；多参加社会调查，包括城乡社区调查、重点课题调查等。在学校学习中勇于实践，对于将来步入社会干事创业至关重要。无论顺时还是逆境，都要坚持奋斗，成功的秘诀在于坚持。

第四，学会创新。就是树立创新意识，增强创新欲望、创新能力，产生创新成果。我从 1995 年就开始带博士生和博士后，到今天已经有 25 年了。我对学生一贯的要求是做到守正与创新相统一。守正是根本，要坚守科学理论的基本原理、精髓，坚守真理。创新是关键，学术研究的本质特征在于创新。顾名思义，"学"，就是由不知到知，不断有新的发现；"术"就是应用知识和技能，创造新价值、新事物。只有勇于创新，才能不断有所发现、有所发明、有所创造，也才能适应新形势，解决新问题。要与时俱进，切实增强创新意识，树立创新思维，提高创新能力。要有敢为天下先的精神和气魄，革除因循守旧的观念，破除迷信权威的意识，克服懒惰懈怠的情绪，敢于冲破不合时宜的思想观念和传统做法的束缚，大胆探索，坚持用改革开放的精神和办法去认识问题、分析问题、解决问题。要敢于想别人之未想，善于谋别人之未谋，勇于提出新的观点和见解。

第五，学会写作。就是掌握写好博士论文的基本功，提高写作论文和出站报告的水平。大家在博士学习和入站工作期间，一件重要的事情，就是要努力完成一篇有价值、高质量的博士论文或出站报告。近些年，国家对博士论文和博士后出站报告要求越来越高，专门发文指导、规范和管理博士论文。如何写好博士论文，这是我一直关心的问题，也有指导写论文的经验教训。有的博士论文几经修改，有的多次修改还没过关。这里有基本功的问题，也有技巧方法问题。大体说来，一篇高质量论文的重要标志有几个方面：（1）原创性；（2）创新性；（3）题目合适；（4）结构框架合理；（5）思路清晰；（6）内容充实；（7）逻辑严密；（8）合乎规范。写好博士论文，我有以下几点想法。

第一，要选好题。选题是至关重要的。有一个好题目，就成功了一半。选好题目可以事半功倍，选不好题目可能劳而无功。选择题目有两个基本点要把握。一个是必须紧紧围绕党和国家发展的中心任务，为推进中国特色社会主义事业发展服务，为推进改革发展服务，为实现国家治理现代化服务，为社会建设现代化服务。选题站位要高、起点要高，目标追求也要高，要符合国家发展战略，把握国家未来发展趋势，也要考虑自己未来发展的方向，要将自己的命运和国家的命运紧密相连。另一个基本点是要聚焦问题，密切关注社会发展的重点、难点、热点问题，这也可以叫作问题导向。要善于用新视角观察问题、发现问题、选准问题。选题要避免一般化、表面化，主题要突出、主线要清晰。选题一般应该选择自己熟悉的、有一定积累的方面。你们可以与导师商议、研讨，把自己的研究选题确定好。

第二，要做好社会调查。调查研究是做好各项工作的基本功，是谋事之基、成事之道，也是做好博士论文的基础。无论是社会学的大数据调查，还是人类学、民俗学的长期田野调查，无不凸显调查研究的重要性。做好调查研究，一要深入扎实。要深入实际、深入基层、深入群众、深入实践活动中去，这样才能得到第一手材料，掌握真实情况。二要创新方法。传统的调查方式不可少，包括田野调查、走访、个别座谈、问卷调查、文献收集、不同时段的对比调查等。同时，也要充分利用信息化技术，包括录像，录音，统计，微信、微博互动，以及互联网、大数据等现代化技术手段。调查内容要做到"四个结合"：定性调查和定量调查相结合，静态调查和动态调查相结合，人的调查和物的调查相结合，有形调查和无形调查相结合。中社院2017年启动了"百村社会治理调查"项目，已在全国28个省（自治区、直辖市）的76个村落（社区）设置调研点，大家可以积极参加，充分利用相关的资源和调查数据。我在2020年2月出版了《怎样搞好调查研究》小册子，送给大家，希望对你们能有所帮助。

第三，要精心研究。对调查得到的材料，要加以科学分析和综合研究。观察是调查的第一步，这是感性认识阶段，必须对掌握的材料进行加工，才能上升为理性认识。分析是进行加工的重要一步，就是把复杂的事物分解为几个组成部分，然后分别加以研究。研究是调查的升华，是由感性认识上升为理性认识的过程。不调查而研究，是无米之炊；只调查不研究，则是食而不化。要通过从多方面运用分析与综合、归纳与演绎、具体与抽象的办法，以及比较、分类、统计、想象等手段，对调查中掌握的丰富材料加以科学分析，去粗取精、去伪存真、由此及彼、由表及里地思考，把握事物的本质，找出规律性和普遍性的东西。

第四，要做好撰写工作。博士论文是博士阶段学习的最终成果。无论调查多么深入、研究多么精心，如果博士论文写得不好，仍然达不到预期目的，拿不出精品成果。写好博士论文，一要搞好谋篇布局。要突出主题主线，观点鲜明，重点突出，框架合理，逻辑清晰。二要符合学术规范。博士论文须符合学术共同体的基本要求，无论是文献、数据、论证，还是注释、引文、格式，都要严格遵循学术规范和要求。只有合乎学术规范才会得到同行的认可，才能更好彰显研究的价值。三是文字表达要精练。写博士论文不要搞过多的雕饰，要善于提炼、概括，当然也不能过于平淡或套话连篇，而要准确、鲜明、生动、朴实。四要反复修改提炼。优秀的博士论文是不断修改出来的。反复修改的过程，是思路不断清晰、分析不断深入、认识不断升华的过程，也是文字精雕细刻而臻于完美的过程。要想打造精品论文和报告，就要不厌其烦地修改。

博士论文的选题、调查、研究和撰写是相互联系的统一过程。在这个过程中，每个阶段虽各有侧重，但不可分割，也不可偏废。只有把握好各个环节，才能出精品力作。建议大家多看一些优秀博士论文和博士后出站报告，从中获取经验和启迪。

最后，我还想对在座的博士生导师们说几句话。培养德才兼备的高层次人才，必须提升导师队伍素质和水平。研究生导师队伍肩负着培养高层次人才的使命和重任，唯有自身思想过硬，本领高强，重品行，做表率，才能充分发挥立德树人典范作用。我院的博士生导师队伍总体是好的，是一支优秀的人才队伍，但也需要随着时代发展不断提升。北师大的校训是"学为人师，行为世范"。我们要恪守践行，要时刻以习近平总书记视察北师大时提出的做"有理想信念、有道德情操、有扎实学识、有仁爱之心"的"四有"好老师标准来严格要求自己。身教胜于言教。特别要重视养成高尚的道德情操，加强对科学前沿的探索研究，用新理论、新知识更新教学内容，坚持做遵守学术规范和维护学术道德的典范。

在指导学生工作中，要坚持高标准、严要求、勤沟通。要更好引领年轻学生胸怀远大理想，厚植家国情怀，紧跟时代，明辨方向，独立思考，求真务实，甘于奉献，努力成为将来能够担当民族复兴大任的时代新人。实际生活中要把握好两个方面：一方面，要尽职尽责，加强对博士生（后）的指导和督促，认真履行导师的职责；另一方面，要本着教学相长的精神，平等地与博士生（后）交流，尊重和听取他们合理的意见，体现"弟子不必不如师，师不必贤于弟子"的服从学术真理、平等待人的良好学风和作风。

最后，希望各位要珍惜在北师大中社院学习和工作的机会，要善于学习、勤奋学习、刻苦学习，树立良好的学风。要处理好学习和研究工作的关系，通过在学校期间的学习和研究，使自己的思想境界有所提高、学识水平有所提高、科研能力有所提高、理论创新和实践创新的能力都有所提高。我院也会尽力为博士生（后）们在学习、工作、生活上提供好的条件和环境。欢迎大家有什么要求和建议都及时提出来，我们会努力改进工作。让我们凝心聚力，为提高中社院培养博士研究生（博士后）工作水平而共同努力！

做一个有创新精神的人

——在北京师范大学社会学院 2021 届毕业生毕业典礼上的寄语

（2021 年 6 月 27 日）

亲爱的同学们，尊敬的老师们、来宾们：

大家下午好！

时光荏苒，斗转星移，又一个毕业季如约而至。今天的毕业典礼，有北京师范大学社会学院 2021 届毕业生和 2020 届毕业生代表参加。在举国上下欢庆中国共产党百年华诞之际，我们在这里举行毕业典礼，有着特殊的意义。首先，我谨代表学院向同学们奋力拼搏完成学业表示祝贺，向悉心教导你们的老师、辛勤培育你们的家人，致以诚挚的敬意和感谢！

几年前，你们怀揣美好梦想来到社会学院，在这里度过了人生中十分宝贵、永远难忘的青春岁月。这几年，你们是在我们国家、我们学校、我们学院创新发展的不平凡年代中完成学业、成长进步的。你们经历了党和国家隆重纪念改革开放 40 周年、新中国成立 70 周年、中国共产党成立 100 周年；我国取得抗击新型冠状病毒感染疫情伟大斗争的重大战略成果，"十三五"规划胜利完成、"十四五"时期已经开启；北京师范大学在创建世界"双一流"大学的进程中取得重要新进展；我们社会学院与中国社会管理研究院实行"一个实体、两块牌子"，既加强社会学学科建设，又加强智库建设，全面推进社会学学术重镇和国家高端社会治理智库建设都取得重大突破。这些重大活动、重大进展和重大突破都有你们的奋进足迹和辛勤付出。借此机会，我对你们为中社院的建设与发展做出的积极贡献表示衷心的感谢！

最近我一直在想，在今天这个场合给大家讲点什么。前几届社会学院的毕业典礼上，围绕"立德树人"这个主题，我曾经讲过关于理想、担当、守信、奋斗、知行合一等人生信念和价值追求，这既是给同学们提出的一些做人做事方面的希望，也是我自己经历中的一些感悟和体会。今天，我想与大家交流的话题是：做一个有创新精神的人。

首先讲为什么要有创新精神。从根本上说，人类发展的全部历史就是不断创新创造的历史，创新创造推动人类社会文明不断升华；中国共产党的百年史就是一部伟大创新史，理论创新、制度创新、实践创新，为革命、建设、改革不断续写新篇章。习近平总书记说："创新是一个民族进步的灵魂，是一个国家兴旺发达的不竭动力，也是中华民族最深沉的民族禀赋。"古人也说过："周虽旧邦，其命维新。"创新精神是决定着一个国家、民族创新发展最直接的精神力量。在当今之中国，创新成为新时代的最强音，创新已作为国家全部战略的核心，新时代、新阶段、新理念、新格局，都呼唤着创新和创新精神。新时代的青年人更需要有创新精神。正如古人所说，"苟日新，日日新，又日新"。创新精神是一个人进行创新活动必须具备的精神状态，包括创新意识、创新兴趣、创新胆量、创新决心以及相关的创新思维，是唤醒、激励和发挥人的潜能的最重要精神。只有树立创新精神，才能顺应新时代发展的潮流，才能应对复杂多变的社会环境，才能自觉用新思维、新视角、新方法观察、分析新情况，正确认识和解决新问题，也才能使自己不断成长进步、成就事业、实现人生价值。总之，唯有树立创新精神，才能不负青春、不负韶华、不负梦想、不负未来！

那么，什么是创新精神呢？创新精神内涵丰富，其中包括以下几种精神。

——创新精神是敢为人先的精神。敢为人先就是想别人未敢想的事，干常人未敢干的事，勇敢地去闯、去试、去干。我们说中国共产党的百年史是一部创新史，可以从多方面来看：中国共产党的成立是世界政党史上的重大创新；新民主主义革命理论的创立和新民主主义革命道路的开辟，是对马克思主义革命理论的重大创新；中国社会主义改造的巨大成功，是社会主义革命理论的重大创新实践；改革开放、发展社会主义市场经济，是对社会主义道路的重大创新；等等。正是在创新精神的激励下，中国革命、建设、改革才取得了一个又一个伟大胜利，先后铸就了开天辟地、改天换地、翻天覆地、惊天动地的历史辉煌。同学们正值青春年华，应该敢字当头，奋勇争先，这样，才能在全面建设社会主义现代化国家新征程上走在前面，大有作为。

——创新精神是开拓进取的精神。开拓进取就是积极向上，继往开来，奋发有为。古人云："人无进取，不可立于世。"只有具备开拓进取的精神，才会使人朝气蓬勃、保持旺盛活力。大学毕业意味着开启新的人生旅途，前进道路上有坦途，也有障碍。勇于开拓进取，才能一往无前，不断开辟新天地，不断取得新业绩。具备开拓进取精神，也才能在危机中发现新机遇。

——创新精神是知难而进的精神。知难而进就是明知前进道路上有困难，也敢于迎难而上。面对困难，不回避、不畏缩，而是顽强拼搏，勇往直前。如果遇到困难或者失败就畏葸不前，不仅不会取得成功，还会丧失前进的动力和勇气。要学会在磨难中成长、在挑战中历练。

——创新精神是推陈出新的精神。推陈出新就是不墨守成规，不循规蹈矩，不迷信权威，敢于与时俱进，革故鼎新。要在前人的肩膀上有所发现、有所发明、有所创造。"明者因时而变，知者随事而制。"面对新情况、新问题，不能凭老办法办事，不能只在教科书中找答案，而是独立思考，开拓新思路、采取新办法，在破旧立新、推陈出新中创新实践活动。

怎样才能成为一个有创新精神的人？我想必须从以下几个方面做出努力。

——必须坚定理想信念。要成为有创新精神的人，崇高的理想信念是根基和灵魂。理想信念是黑暗中的明灯，能够照亮前行的路。创新犹如在荆棘中前行，在没有路的地方开出新路。只有那些理想信念坚定的人才能在创新道路上坚毅前行。"欲穷千里目，更上一层楼。"这两句名诗被作为追求理想境界的座右铭。登高才能望远，远眺才能看到新境界。走好新时代的长征路，更需要崇高的理想信念，矢志拼搏奋斗。坚定的理想信念要用初心使命来砥砺，必须树立共产主义远大理想和中国特色社会主义共同理想。坚定的理想信念需要把握科学理论，那就要自觉学习马克思主义、毛泽东思想，学习中国特色社会主义理论体系，特别是学习习近平新时代中国特色社会主义思想。要用科学理论武装头脑，指导实践、推动工作，成为新时代堪担重任的人。我希望你们志存高远、目光远大，做个理想信念坚定的人，为培养创新精神夯实思想基础。

——必须勇于担当责任。要成为有创新精神的人，勇于担当责任是最重要的心智品质。创新不仅是方法和技巧，更是使命和责任。负责任、勇担当、敢作为，不仅是时代使命，也是国家和人民的殷切期盼。有责任担当精神，才能勇于创新创业。有多大担当才能干多大事业，尽多大责任才会有多大成就。希望同学们要树立责任意识、担当意识，遇事不推诿、不躲避，勇于接受任务，主动承担责任；在大是大非面前敢于亮剑，面对危险敢于挺身而出，以强烈的使命感和责任感，争做新时代的担当者和奋斗者。

——必须具有丰富知识。要成为有创新精神的人，丰富知识是前提条件。创新不容易但也不神秘，任何人、任何情况下都可以创新。但创新不是沙上建塔，更不是空中楼阁，而是在继承前人的基础上有所创造、有所发展。这就需要加强专业知识的学习与积累，需要相关知识的博览与触类旁通。只有掌握多领域的知识，创新才会有坚实的阶梯和支点，也才能撬动创新创造的"大厦"。这说明，从事一项工作或一份事业的开拓创新，是对一个人综合素养的大考，从事社会建设事业，做好社会工作，需要扎实的社会学知识，还需要其他方面的丰富知识，这就应当拓宽学习领域，扩大知识面，多读书、读好书。希望大家让读书学习相伴于人生旅途的长过程，不断为增强创新精神打牢宽广的知识基础，做到厚积而薄发，行稳而致远。

——必须敢于创新实践。要成为有创新精神的人，躬行实践最为可贵。实践是创新创造的沃土良田，是创新创造的广阔舞台。重要的创新不是坐而论道，不是闭门造车，而是要在丰富多彩的实践中发现问题、解决问题，正是在破解悬而未决的谜团、认清发展变化的规律时，创新创造才能发生与实现。因此，一个富有创新精神的人，必然会勇于到实践中去、到人民群众中去、到改革发展的第一线去，特别是我们学习社会学专业的同学们，更应该运用社会学知识深入地观察社会现象，理性地分析社会矛盾，为加强和创新社会治理，提供解决问题的创新性思维和创新性方法。

——必须提升创新能力。要成为有创新精神的人，提升创新能力是重要环节。创新不能眼高手低，不能好高骛远，而是要脚踏实地，从小事做起，从现在做起，持之以恒，在历练中增长才干。重要创新往往不是一个人所为，而需要团队凝心聚力去实现。提升创新能力就要增强团队精神，在加强团结协作中实现创新发展、实现创新价值。创新能力还包括化危为机的能力。在复杂多变的现实社会中，机遇与挑战往往同时存在，挑战不会自动转为机遇，危机也不会自然转成机遇，这就需要开阔视野，拓展思路，善于运用新思维、新方法，求新求变求突破。

——必须培养坚强意志。要成为有创新精神的人，培养坚强意志是关键。大凡重要的创新，都注定是一个艰苦探索的过程，既要有第一个吃螃蟹的勇气，也要有"千磨万击还坚劲，任尔东西南北风"的气概，还要有百折不挠的坚强意志，不怕挫折和失败。否则，就有可能半途而废。凡是做出卓越贡献的创新人才，都会具有意志坚强的优秀品格，吾志所向，愈挫愈勇，越战越强。这就告诉我们，树立创新精神要不断历练自己的创新勇气和意志。希望同学们在各自未来的征程中锐意进取，在开拓创新中坚韧不拔，一旦选定奋斗目标，就义无反顾，不达目的，决不罢休。

同学们，千言万语，难以述说深深的离别之情；万语千言，难以表达真挚的祝福之意！今后，无论你们身居何处，无论你们从事何种职业，社会学院永远都是你们人生旅途中的港湾与后盾，老师永远都向你们敞开心扉、成为你们放飞理想的护卫者和助力者。这里永远是你们的家，期望你们华丽转身，常回家看看！

再见了，同学们！祝福你们一帆风顺，鹏程万里，健康平安！

坚守选择　励志成才　做一名优秀的社会学研究生
——在北京师范大学社会学院 2021 级研究生
新生入学教育座谈会上的讲话

（2021 年 10 月 14 日）

今天，我们在这里举行 2021 级研究生新生入学教育座谈会。首先，我代表学院向大家表示欢迎，对你们有机会到北京师范大学社会学院学习表示祝贺。

这次座谈会，主要是听听大家入学以来的学习生活体会、对学院和老师们的诉求。

刚才，三位新生代表的发言讲得都很好。在发言中，他们讲了入学以来的所见所闻、所思所想，讲了印象、体会、感受、决心，讲了"自强不息""强国有我"，讲了建设学习、生活、发展共同体。我听了以后很高兴，也很有启发，对做好学院工作很有帮助。下面，我讲话的总题目是"坚守选择　励志成才　做一名优秀的社会学研究生"，主要讲三个方面的问题：（1）坚守选择，热爱社会学专业；（2）励志成才，做一名优秀的社会学研究生；（3）积极努力，为研究生创造良好的学习生活环境。

一、坚守选择，热爱社会学专业

我们北师大社会学院今年共招收 63 位研究生，来自全国 21 个生源地，都是为了学习和研究社会学这一个共同目标而聚集在这里。这是你们人生中一次十分重要的选择。既已选择，就要坚守这个选择。而要坚守选择，就要热爱社会学专业。所谓"热爱"，是人对事物的一种高远的境界、坚持的态度、发展的能力。只有"热爱"选择的专业，才能勤奋求学，也才能善始善终；只有热爱选择的专业，才能增强学习和研究的自觉性、积极性，也才能举一反三、触类旁通，不断学有所得、学有所成。

热爱社会学专业，努力学好社会学专业，可以从多方面来认识。首先，这是基于社会学的独特性质、功能作用、重要意义的认识。从一般意义而言，社会学是关于"社会的学问"，是一门基础性、综合性的学科，它是研究和揭示社会运行特点和发展规律的学科。社会学是从变动着的社会系统整体出发，通过描述和分析人们社会关系和社会行为的变化，来研究社会的形态、结构、功能、演变趋势。社会学也是一门具有极强实践性、应用性的学科，它以观察和解释社会现象，分析和处理社会矛盾，面对和解决社会问题，探索社会治理途径、手段和方法，促进社会良性运行与进步为使命。学好和用好社会学，对于推动人类社会文明发展、促进国家全面发展、助力社会良性运行，乃至激励个人成长进步，都具有十分重要的作用。

从根本上说，人类社会出现后，就存在社会现象、社会问题。社会学产生于自然科学发展和社会变革，社会学体系起源于 19 世纪的欧洲，在中国也有一百多年的发展历史。近代以来，我国一些有识之士把社会学从国外引进来，在跟踪西方社会学发展进程，研究和翻译西方社会学理论知识的同时，逐渐发现西方社会学无法解释和指导解决中国急剧变迁的社会现实问题，逐渐认识到应该以马克思主义为指导，用社会学说原理及其科学方法来探究在中国大地上发生的社会现象和出现的社会问题，找寻中国社会发展规律，以改造旧社会、建设新社会，阐释和回答中国社会变迁中的种种课题，对中国革命和建设产生了重要作用。当然，由于种种原因，在新中国成立后曾经有一段时期，中国社会学专业被取消，社会学没有得到应有的发展，对社会建设也造成了不利影响。自 20 世纪 70 年代末实行改革开放，1979 年社会学恢复重建以来，学者们不断推动社会学的中国化，研究中国社会性质、阶层关系、"三农"问题、城市改革、社会运行、社会结构、社会建设、社会治理等一系列关系中国经济社会发展的重大问题并取得丰硕成果，推动了我国社会学学科的快速建设和发展。同时，中国社会学学科的重建和发展也有力地推进了社会建设和社会变革。

我亲身经历了改革开放 40 多年来党和国家重视社会建设和社会发展的历程。制订和实施计划以引导国民经济和社会发展，是我们党治国理政的重要手段和方法。改革开放之前，国家计划只是经济发展计划，年度计划和中长期计划的名称只是"国民经济发展计划"，从 20 世纪 80 年代起，年度计划和中长期计划都改为"国民经济和社会发展计划"，而且计划中的社会发展部分不断扩充内容。党和国家的重大决策也都非常重视社会发展。

历史和现实深刻表明，社会大变革时代，一定是包括社会学在内的社会科学大发展的时代。当今世界正经历着百年未有之大变局，当代中国正进行着历史上广泛而深刻的社会变革，正进行着人类历史上最为宏大而独特的社会实践创新。随着我国社会主义现代化事业的发展，全面建设社会主义现代化强国对社会建设、社会治理的要求越来越高。这些深刻变革和创新实践为社会学繁荣发展提供了强大动力和广阔空间，提供着丰富、鲜活的滋养；同时，也对社会学专业人才有了更大的需求，将需要更多专业的高层次人才投身社会发展和变革的事业之中。这是我国社会学发展的重大机遇，更是同学们追逐梦想、施展才华、实现人生价值的良好机会。你们应该把握机会，奋发进取，用优异的学习成绩做好未来承担时代所赋予使命的准备。

学习研究社会学对每个人都有重要意义。包括生活、成长、学习、工作、婚姻、家庭、群体等这些与人息息相关的问题，都是社会学研究的对象。通过学习社会学原理和思维方式，能够帮助大家清楚了解自己在社会大环境中的方位和状态；通过学习社会学专业知识和方法，能够客观全面地看待问题，也能遵守社会规范和把握社会发展趋势。社会学研究强调方法论的训练，这种训练可以用在其他社会科学的研究上，为更广泛和深入地研究问题提供帮助。显然，学好社会学专业能够更好地认识社会、认识他人和认识自己，帮助自己更好地做人、做事，融入社会和集体，建立良好的人际关系，使个人的学习、生活和未来的事业发展更加顺畅和成功。

总之，随着经济社会发展进入新时代，社会学作为一门现代社会科学的重要作用越来越被人们所认识，其学科地位不断得到全社会的认同和高度重视。2020 年 8 月，习近平总书记在经济社会领域专家座谈会上发表重要讲话，做出了发展中国特色社会主义社会学的新的重要指示。党和国家的决策部署，以及习近平总书记的一系列重要讲话，对中国社会学的发展提出了更高的要求，也极大地激励了中国社会学界广大师生投身发展社会学，特别是发展中国特色社会主义社会学事业。

其次，热爱和学好社会学专业，还在于我们北京师范大学社会学发展有着深厚的历史积淀，拥有悠久的红色基因，富有自己的鲜明特色。习近平总书记说："以史为鉴、开创未来。"学史可以明志，知史可以增信，品史可以明智。为了搞清楚北京师范大学社会学发展史，鉴往知今，开拓奋进，同时为了迎接中国共产党百年华诞，今年年初我院设立了一个研究北京师范大学社会学学科发展史的重要课题，经过查阅大量历史资料，已形成重要成果。

从初步研究成果看，北京师范大学社会学学科发展历史悠久，拥有赓续不绝的红色基因，一直与中国共产党的百年发展历程相伴随，经历了开设社会学课程、建立社会学系、成立哲学与社会学学院到独立开创社会学院的几个重要发展阶段。

中国革命的先驱李大钊同志既是中国共产党的主要创始人之一，也是北京师范大学社会学学科的开创者。1919 年，李大钊同志在北京女子高等师范学校开设"社会学"选修课，讲授社会学的源流、沿革、派别，以及与其他科学的关系，讲解马克思主义，设置"女权运动史"和"伦理学"课程，讲授社会道德等内容。李大钊同志还热心指导学生从事社会运动与社会服务。这便以开设"社会学"课程的形式奠定了北师大社会学的学科建设基础。1929 年秋正式成立社会学系，与当时的教育学系、国文学系等共同构成学校 11 个系的学科体系。1930 年 7 月，社会学学科进一步形成了完整的课程体系和师资队伍。后来并入北京师范大学的辅仁大学，在 1943 年也设立了社会学系，1944 年增设"人类学部"，从事人类学研究生教育，1948 年建立了人类学系。北京师范大学和辅仁大学的社会学学科聚集了一批名家，也培养了大量的优秀人才。曾经在两校社会学系任教的还有李达、黎锦熙、余天休、许德珩、黄凌霜、施存统、马哲民、李景汉、朱亦松等人，这些名师大家先后为北京师范大学社会学学科打造了创立和发展的基础。回顾这段历史，我们应为北京师范大学社会学学科发展的悠久历史和光荣传统而高兴和自豪，增强我们推进社会学学科发展的决心和信心。

新中国成立以后，中国社会学家广泛参与大学的重组与改革。1949 年，中国民俗学学科创始人钟敬文教授来到北师大，从事民间文学教育。北师大创立了全国第一个民间文学教研室。1981 年，学校设立民俗学博士点，这都为民俗学学科和社会学学科的发展奠定了基石。改革开放以后，1981 年，北师大哲学系肩负起了恢复和重建社会学学科的重任。2000 年、2001 年，北师大社会学硕士点与社会工作本科专业先后获准设立，2002 年同时招生。2003 年开始招收伦理学研究生，其中设立了道德和社会学研究方向。2003 年，作为向以教育和文理基础学科为主要特色的综合性研究型大学转型的一个举措，北京师范大学决定成立哲学与社会学学院，学院下设社会学系，这是北师大社会学发展史上的重大进展。

2010 年 10 月，为了适应国内外形势的新变化、新特点，贯彻党和国家关于加快社会建设、加强和创新社会管理的决策部署，培养高层次、高素质的社会建设和管理人才，开展社会建设和管理理论研究与政策咨询工作，北京师范大学党委决定成立中国社会管理研究院，致力于社会领域重大理论和实践问题的研究，从此拉开了加快社会学学科发展的序幕。

2012 年、2014 年，我组织学校内外有关社会学专家进行社会学学科发展问题的研究，先后提出了《关于加强社会管理学科建设的建议》和《关于改革学科建制和提升社会学地位的建议》，党中央领导人和教育部高度重视这两个

"建议"，并做出重要批示。2013 年国务院学位委员会在听取各方面意见的基础上，首次将"社会管理与社会政策"列入社会学二级学科方向，还在管理科学与工程一级学科下设"社会管理工程"。这些直接影响和加快了北师大乃至中国社会学学科建设的进程。至于将"社会学提升为学科门类的建议"，引起了党和国家有关领导人的重视后，国务院学位办负责人也做了深入的调查研究，并到北师大来同我当面交换意见，虽然这一建议由于当时有关负责人对学科发展有不同意见而搁浅，但在实际工作中也提升了社会学学科的地位。

2015 年 1 月，为进一步推动北师大社会学学科建设和发展，北京师范大学党委决定将哲学与社会学学院下属的社会学系、文学院下属的民俗学方向的相关资源整合，成立社会学院，并与中国社会管理研究院作为"一个实体、两块牌子""两个轮子一起转"，既加强智库建设，又加强社会学学科建设，致力于把"中国社会管理研究院 / 社会学院早日建设成为一流的新型社会治理智库和社会学学术重镇"。几年来，这两个方面的建设密切结合、相互促进，都取得了重大进展和明显成效。2017 年，北京师范大学成功获批社会学一级学科博士点，社会学院作为主建单位，2019 年获批设立社会学博士后科研流动站，此后社会学院成为本科生、硕士研究生、博士研究生和博士后研究人才全面培养、共同推进的完整的教学科研实体。2017 年，学校党委把我院作为新型智库培育单位，并作为北京师范大学国家高端智库培育单位的两个支柱之一。2020 年年初，北京师范大学中国教育与社会发展研究院被中央批准为国家高端智库试点单位，我院成为主要组成部分。我院面向全国招收和培养社会管理方向的研究生和博士后，并在国内率先开发和开设了"社会管理概论""社会治理创新案例"等突出社会治理特色的课程。可以说，社会学院的成立和取得的重大成就，是北京师范大学社会学学科建设和发展史上的重要里程碑，为学校在新发展阶段社会学学科的更大繁荣和发展打下了坚实基础。

从以上北师大百年社会学发展历程，可以看出几个办学特点，即三个相结合。一是坚持马克思主义与中国社会变革相结合，以科学理论指导社会实践，以社会实践推进学科发展。李大钊同志通过教学活动、学术活动、社团活动，吸引了一大批有志青年，在这些活动中传播马克思主义，让青年学者逐步树立起马克思主义信仰，北京师范大学因此成为早期传播马克思主义的重要阵地。改革开放以来社会学专业设立和发展，也与中国特色社会主义事业发展紧密相关。这些对社会学中国化，对中国特色社会主义社会学的创立和发展起到了重要作用。二是凸显教育发展与社会发展相结合。社会是由多维系统组成的整体，教育系统是社会系统的一个子系统，北京师范大学依托教育学学科优势，较早开设社会教育学课程，把教育发展和社会发展紧密结合起来，致力于推进教育现代化和社会治理现代化，服务于国家发展战略和社会建设，也有利于实现北京师范大学建设成"综合性、研究型、教师教育领先的中国特色世界一流大学"的发展目标。三是重视学科发展与智库建设相结合，双轮驱动、相得益彰。坚持以社会学学科建设为依托，推动社会学研究与社会实践有机融合，促进理论与实际相统一，以服务社会实践需求提升社会学学科建设水平。我院作为北京师范大学社会学一级学科主建单位，通过理论社会学、应用社会学、社会管理与社会政策、社会工作、人类学、民俗学六个方向共同建构了较为系统的学科体系，同时，紧紧服务于党和国家关于社会领域的决策，建言献策，形成了各有侧重又交叉互补、学科研究突出、资政服务鲜明、交叉研究前沿创新凸显的发展特色。前两年，我还组织编写出版了《中国社会治理通论》教材，并已应用于教学。今年我们正在编写教材《中国特色社会主义社会学》，书稿已经进入统稿阶段。这既是社会学学科建设的成果，也是智库建设的成果。可以相信，北京师范大学社会学发展的这些显著特色，在今后会继续保持发展下去。

最后，热爱和学好社会学专业，也在于北京师范大学社会学建设的明天会更好。目前，国内社会学学科发展处于战略机遇期，竞争异常激烈，不进则退。我们学院有着自身的特色优势，当然也存在着一些不足。从去年开始，在学校统一部署下，我院已研究制定"十四五"时期和更长远的发展目标。我们将继续坚持以马克思主义和中国特色社会主义理论体系为指导，以立德树人为根本，尊重社会学学科发展规律，明确战略发展方向，正确处理理论与实践、传承与创新、学科建设与智库建设的关系，走以内涵为主的建设之路，着力打造具有中国特色的社会学人才培养基地、科学研究和咨询研究高地、社会服务阵地、文化传承园地及文明沟通交流的桥梁；经过 5~10 年的努力，冲进教育部学科评估 A- 级，稳居国内社会学第二方阵前列；经过 15 年左右的努力，建设成中国一流的社会学学科。为达到这样的目标，基本建设方略是"一条主线、三大抓手、五大平台"，简称"135 战略"，即以中国社会变迁与社会建设为主线，以人才建设、团队建设和制度建设为抓手，全面打造学生优质成长平台、科研咨询融合创新平台、学科基础设施平台、社会实践服务平台、国际交流合作平台等五大平台。同时，进一步形成智库研究与学科建设双轮驱动、相互促进的良性发展格局。具体而言，学院将围绕社会主义现代化建设中社会建设与社会治理方面的重大问题，立足既有建设布局基础，瞄准既定发展方向目标，按照"固优势、强弱项、补短板、创新兴"原则，进一步巩固民俗学在国内的优势地位，尽快补齐社会学基础理论之短板；重点发展应用社会学，包括社会治理与社会政策、农村社会学、应用人类学、劳动社会学、家庭社会学的学科方向；创新交叉学科平台，培育网络社会学、舆论社会学、老年社会学、共享社会学等新兴学科方向，逐步形成若干在国内处于领先地位的学科集群。

总之，深刻认识北京师范大学社会学发展的历史及其特点，有助于认清现实，把握未来，发挥优势，扬长避短，彰显特色，在国家和学校推动社会学发展的过程中更好地成就自己，将来更好地服务国家、报效人民。

二、励志成才，做一名优秀的社会学研究生

研究生制度是国家培养高层次创新型人才的重要制度。党中央、国务院高度重视研究生的教育与培养。去年 7 月 29 日，召开了新中国成立以来第一次全国研究生教育会议，习近平总书记就研究生教育工作做出重要指示和要求。

教育部出台了一系列针对研究生教育发展的文件、政策，进一步加强、规范和优化研究生教育，以促进研究生教育高质量发展，培养高素质高层次人才。

研究生学习阶段是人生中非常难得、非常宝贵的经历。这段时间的学习和研究训练，在很大程度上决定了你们未来发展的方向和高度。既然你们选择了研究生历程，就应该珍惜、用好这段宝贵时光和良好机遇，要提高站位，瞄准高目标，要坚持高标准、高质量、高水平，要严格要求、严格制度、严肃纪律，严格遵守学校的各种规章制度，按照国家和学校要求按时完成学业，修完学分，达到毕业要求。学院坚持高质量发展，每个人都应成为一名优秀的毕业生。为此，特别需要从以下三个方面做出努力，这也是我对大家的一些期望。

一是努力学做人。就是要做到德智体美劳全面发展，全面提高自身整体素质。这是党的教育方针的内在要求，也是立德树人教育的集中体现。在这之中，首先要提高道德素质。

"德"乃立身之本。做人首先要以德为先，要树立正确的政治方向和良好的道德品质。习近平总书记说，要立政德、明大德、守公德、严私德，这就是要注重道德品行修养，树立正确的世界观、人生观、价值观，努力做一个品德高尚、志存高远的人。当今世界，人们既享受着大发展带来的新奇与惊喜，又承受着社会变迁伴随的迷茫和诱惑。这就使得"正心修身"变得愈发重要。要"正心修身"，关键是要顺应时代潮流，选择正确方向，坚定政治立场；在当代中国，就是要自觉树立为服务发展和完善中国特色社会主义而学习的志向。要不断锤炼品德修养，陶冶道德情操，做个崇德守道的人。天下兴亡，匹夫有责。要坚定理想信念，忠诚于国家和人民的事业，与时代同步伐，与祖国齐奋进，与人民共命运。在学校学习和生活中，特别要积极培育集体主义精神、团结协作精神、甘于奉献精神、艰苦奋斗精神。

"智"，就是要提高知识素养和智力开发能力，获得广博精深知识。要勤于求知，刻苦求知。要通识，既要学专业知识，又要学科学理论；积极学习马克思主义经典著作，学习毛泽东思想和中国特色社会主义理论，学习习近平新时代中国特色社会主义思想，特别要掌握其中观察、处理问题的立场、观点、方法；既学社会学，又学哲学、政治经济学；既学社会科学，又学自然科学；既学传统学科，又学交叉学科。特别现在是"知识爆炸"的时代，新领域、新知识、新事物目不暇接，必须敏于学习、善于学习、坚持学习。不仅要通识，更要培养辨识性、独立性思考的学习能力，为终身学习、健康成长打下基础。既要读书本这一"有字之书"，又要读实践这一"无字之书"，做一个学习的有心人。生命的真谛在于勤学求知，博学多识。只有多学，才能开阔思路，增强才干。坚持知行合一，要在"实践、认识、再实践、再认识"的螺旋式上升过程中不断增强本领，这是我们科学研究的成功经验。"知"是基础、是前提，"行"是重点、是关键，必须以"知"促"行"，以"行"促"知"，做到理论与实践密切结合。

"体"，就是要提高身体素质，多多参与体育锻炼。你们与本科学习阶段不同，研究生阶段不会再单独开设体育课程，这就需要大家自行安排好学习和锻炼的时间。俗话说，身体是干事创业的本钱，没有一个好的身体，做什么都会受限制。要把自己的身体素质提上去，把蜗居在寝室里看手机、玩电脑的一些时间用到体育锻炼上，这样会使学习效率更高；体育锻炼也有助于大家排解压力，远离焦虑、失落、患得患失等情绪，使精神状态始终保持向上向好。希望大家在努力学习知识的同时，好好珍惜自己的身体，积极参加锻炼，增强体魄，做一个身心健康的人。

"美"，就是提高审美素养，提升鉴赏美和创造美的能力。爱美之心，人皆有之。在学习生活中，人们有意无意地进行着各种审美训练，感受着生活美、自然美、社会美、艺术美。美是有力量的，古人云"兴于诗，立于礼，成于乐"，就是强调审美对于人格培养的作用。蔡元培先生也曾说过，"美育是最重要、最基础的人生观教育"，显然美育是全面素养发展中的重要一环。古今中外名人大家，美育知识都很丰厚，琴、棋、书、画、诗、词、歌、赋样样通。

希望同学们能够在丰富多彩的世界中、在多元价值文化的激荡中，不断提升鉴别美、欣赏美的能力，去用心感受中华优秀传统文化、革命文化、社会主义先进文化的崇高美，坚定文化自信，陶冶情操，对学习提出更高要求，去追求更加美好、更高质量的生活。

"劳"，就是提高劳动素质，树立正确劳动观，积极实践。劳动是人类生存和发展的根本方式，人类的一切物质文明和精神文明都是劳动的产物。爱劳动是一种积极的人生态度。只有深谙劳动才能创造财富、创造美好的道理，才能身体力行、敢于实践，不畏辛苦、勇于攀登。劳动教育可以培养人们对劳动和劳动者的感情，以及珍惜劳动、热爱劳动的优良品质。作为研究生，应该能够独立处理个人的学习、生活事务，积极参加勤工助学活动，结合学科专业开展社会实践和志愿服务性劳动。"人生在勤，勤则不匮。"幸福不会从天而降，美好生活靠劳动创造。希望同学们在实践中积极积累就业经验，敢于创新创造，通过诚实劳动创造有价值的劳动成果，脚踏实地，用自己的双手开创美好未来。

二是努力学做事。就是要树立正确的做事态度，增强办事的本领，带着创新精神去学习、干事业。

首先，要树立认真踏实的做事态度，要把每一项活动都当作一次难得的历练、一次人生经验的积累。我最喜欢的格言是：天道酬勤，春华秋实。要从"说好每句话、办好每件事"做起。踏踏实实走好每一步，扎扎实实办好每一件事。俗话说"一分耕耘，一分收获"，"种瓜得瓜，种豆得豆"。实践出真知，一切真知都是从直接经验中得到的。要积极参加社会实践，在实践中受到锻炼、得到提高。要善于与他人相处，多参加公益性活动，包括参与组织学术活动、论坛和会议，多参加社会调查，包括城乡社区调查、重点课题调查等。在学校学习中勇于实践，对将来步入社会干事创业至关重要。无论顺境还是逆境，都要坚持奋斗，成功的秘诀在于坚持。

其次，要努力提高办事的能力和本领。勤奋学习，主动参与，在学习研讨和实践实习中锻炼做事的能力，包括沟通协调能力、语言表达能力、组织管理能力等。和顺境相比，困难的环境更能培养人、锻炼人，同学们应该迎难而上，在解决疑难问题中不断提高办事能力。坚持做到"想干事、能干事、真干事、干成事"。要干事就不能眼高手低，不要好高骛远，而应脚踏实地做好每一件事。要增强服务国家、人民和社会的责任感，研究社会最亟须解决的民生问题，到国家最需要的地方求职就业，这样才无悔于青春。

最后，要以勇于创新的精神来做事。研究生和本科生最大的一个区别就是要有创新创造能力，无论是硕士研究生还是博士研究生，都应该准备着在前人的研究基础上有新的发现，提出新的研究框架或做出新的理论、学术贡献。创新能力是对研究生能力素养的一个基本要求，那就需要树立创新意识，增强创新欲望，提创新能力，产生创新成果。我从 1995 年就开始带博士生和博士后，到今天已经有 26 年了。我对学生一贯的要求是做到守正与创新相统一。守正是根本，要坚守科学理论的基本原理、精髓，坚守真理。创新是关键，学术研究的本质特征在于创新。顾名思义，"学"，就是由不知到知，不断有新的发现；"术"就是应用知识和技能，创造新价值、新事物。只有勇于创新，才能不断有所发现、有所发明、有所创造，也才能适应新形势，解决新问题。要与时俱进，切实增强创新意识，树立创新思维，提高创新能力。要有敢为天下先的精神和气魄，革除因循守旧的观念，破除迷信权威的意识，克服懒惰懈怠的情绪，敢于冲破不合时宜的思想观念和传统做法的束缚，大胆探索，坚持用改革开放的精神和办法去认识问题、分析问题、解决问题。要敢于想别人之未想，善于谋别人之未谋，勇于提出新的观点和见解。

三是努力学做学问。就是勤于治学、善于治学。研究生学习阶段的主要任务是更深入地学习专业，做点学问，成为某一方面的专门人才，这与其他阶段的教育要求是不同的。而做学问是一件严肃认真的事，需要有研究的兴趣、科学的精神、扎扎实实的努力。养成科学的精神则需要保持严谨治学的态度，掌握科学研究的基本规范，不断摸索科研技巧，培养发现问题、独立思考问题、研究问题的能力。一个人的科学素养，决定了你在科学研究的道路上能走多远，所以要全面发展自己，完善自己，提高自己的科研水平。

研究生阶段学问做得好与不好，重要的标志是，能否撰写出一篇优秀论文。近些年，国家对毕业论文的质量要求越来越高，如何写好一篇高质量论文，是我一直关心的问题，而我也有指导写论文的经验教训。大体说来，一篇高质量论文的重要标志有几个方面：（1）原创性；（2）创新性；（3）题目合适；（4）结构框架合理；（5）思路清晰；（6）内容充实；（7）逻辑严密；（8）合乎规范。关于如何写好研究生论文，我有以下几点想法。

一要选好题。选题是至关重要的。有一个好题目，就成功了一半。选好题目可以事半功倍，选不好题目可能劳而无功。选择题目有两个基本点要把握。一个是必须紧紧围绕党和国家发展的中心任务，为推进中国特色社会主义事业发展服务，为推进改革发展服务，为实现国家治理现代化服务，为社会建设现代化服务。选题站位要高、起点要高，目标追求也要高，要符合国家发展战略，把握国家未来发展趋势，也要考虑自己未来发展的方向，要将自己的命运和国家的命运紧密相连。另一个基本点是要围绕社会学科专业，聚焦研究社会问题，特别是社会发展的重点、难点、热点问题，这也可以叫作问题导向。要善于用新视角观察问题、发现问题、选准问题。选题要避免一般化、表面化，主题要突出，主线要清晰。选题一般应该是自己熟悉的、有一定积累的方面。你们可以与导师商议、研讨，把自己的研究选题确定好。

二要做好社会调查。调查研究是做好各项工作的基本功，是谋事之基、成事之道，也是做好论文的基础。无论是社会学的大数据调查，还是人类学、民俗学的长期田野调查，无不凸显调查研究的重要性。做好调查研究，首先要深入扎实。要深入实际、深入基层、深入群众、深入实践活动，这样才能得到第一手材料，掌握真实情况。其次要创新方法。传统的调查方式不可少，包括田野调查、走访、个别座谈、问卷调查、文献收集、不同时段的对比调查等；同时，也要充分利用信息化技术，包括录像，录音，统计，微信、微博互动，以及互联网、大数据等现代化技术手段。调查内容要做到"四个结合",即定性调查和定量调查相结合、静态调查和动态调查相结合、人的调查和物的调查相结合、有形调查和无形调查相结合。中社院 2017 年启动了"百村社会治理调查"项目,已在全国 28 个省(自治区、直辖市)的 76 个村落(社区)设置调研点,大家可以积极参加,充分利用相关的资源和调查数据。我在 2020 年 2 月出版了《怎样搞好调查研究》小册子,送给大家,希望对你们能有所帮助。

三要精心研究。对调查得到的材料,要加以科学分析和综合研究。观察是调查的第一步,这是感性认识阶段,必须对掌握的材料进行加工,才能上升为理性认识。分析是进行加工的重要一步,就是把复杂的事物分解为几个组成部分,然后分别加以研究。研究是调查的升华,是由感性认识上升为理性认识的过程。不调查而研究,是无米之炊;只调查不研究,则是食而不化。要通过从多方面运用分析与综合、归纳与演绎、具体与抽象的办法,以及比较、分类、统计、想象等手段,对调查中掌握的丰富材料加以科学分析,去粗取精、去伪存真、由此及彼、由表及里地思考,把握事物的本质,找出规律性和普遍性的东西。

四要做好撰写工作。写好一篇优质论文,首先要搞好谋篇布局。要突出主题主线,观点鲜明,重点突出,框架合理,逻辑清晰。其次要符合学术规范。论文应符合学术共同体的基本要求,无论是文献、数据、论证,还是注释、引文、格式,都要严格遵循学术规范和要求。只有合乎学术规范才会得到同行的认可,才能更好地彰显研究的价值。再次是文字表达要精练。论文文字不需要过多的粉饰,要善于提炼、概括,当然也不能过于平淡或套话连篇,而要准确、鲜明、生动、朴实。最后要反复修改提炼。优秀论文都是不断修改出来的,要广泛听取相关专业学者的真知灼见,反复修改完善,这是思路不断清晰、分析不断深入、认识不断升华的过程,也是文字精雕细刻而臻于完美的过程。要想打造精品论文和报告,就要不厌其烦地修改。

论文写作的选题、调查、研究和撰写是相互联系的统一过程。在这个过程中，每个阶段虽各有侧重，但不可分割，也不可偏废。只有把握好各个环节，才能出精品力作。建议大家多看一些优秀论文，从中获取经验和启迪。

三、积极努力，为研究生创造良好的学习生活环境

研究生教育肩负着高层次人才培养和创新创造的重要使命，是国家发展、社会进步的重要基石。2020年教育部、国家发展改革委、财政部联合印发了《关于加快新时代研究生教育改革发展的意见》，切实提升研究生教育支撑引领经济社会发展能力，并引导研究生培养单位办出特色、办出水平。为此，我们根据国家和学校的规定，结合我院的实际情况，根据各层级学生特点和教育教学特点，分别制定了学术硕士研究生、专业硕士研究生和博士研究生的培养目标和培养方案，希望通过两到三年的教育教学能够培养出适应国家重大战略、关键领域和社会重大需求的高层次人才。

为了同学们的成长发展，近年来我们做了一些工作，为大家创造了一些条件。我们实施领导干部教学巡视与听课制度，落实学生评教制度，突出学生主体，把评教结果作为重要参考，分析和改进课堂教学效果。制定《研究生导师资格与招生管理办法》、制定教学业绩奖励办法，推进课程教学改革，优化专业课程设计，逐步修订不同类型学生的教学大纲，强调社会学基础学科的课程建设，年均开设研究生课程40余门、通识课31门、研究生校级方法课3门，本研评选了7门校优质课程、3门校优秀思政课程。以学院科研优势为动力，推动社会学、民俗学、人类学、社会管理与社会政策各专业方向的优质课程建设，积极探索现代化多元教学方式，落实教改项目近15项，推进3门慕课建设，组织"方法课群"等教学研讨活动。我们要坚持以提高研究生培养质量为核心，在学生培养期间逐年逐项提醒重点任务，规范进行中期考核，制定学生实习实践鉴定标准。严格按标准进行论文检测查重，实行论文盲审制度，从导师到评议专家均把控论文质量关。同时丰富学生课外活动，邀约国内外顶尖高校和科研机构的学者，分专题为学生举办各类学术讲座，鼓励并资助学生参加

各类型的国内外专业学术年会，包括国内和世界范围内举办的如社会学、人类学年会等，以及各专业层次的洲际和跨国国际会议。建立假期返乡调查制度，组织研究生论坛、学生学术季、导师读书会等，丰富学生的课内外学习途径。截至目前，我们已经培养 5 届研究生，238 人毕业，现在在读 170 人，培养质量和规模不断提升。

当然，这些工作还不够，我们还将进一步提升教育教学质量、加强学风建设、完善资助体系，特别是强化导师岗位管理。中社院构建了一支优秀的导师队伍，我们坚持要求老师们"有理想信念、有道德情操、有扎实学识、有仁爱之心"，做新时代"四有"好老师，在传授知识、参加科研活动、进行学术交流、撰写论文等指导培养过程中落实立德树人这一根本任务。具体来看，就是希望老师们在指导学生的工作中，要坚持高标准、严要求、勤沟通，要更好地引领年轻学生胸怀远大理想，厚植家国情怀，紧跟时代，明辨方向，独立思考，求真务实，甘于奉献，努力成为将来能够担当民族复兴大任的时代新人。在实际过程中，老师们要把握好两个方面：一方面，要尽职尽责，加强对研究生的指导和督促，认真履行导师的职责；另一方面，要本着教学相长的精神，平等地与学生们交流，尊重和听取他们合理的意见，体现"弟子不必不如师，师不必贤于弟子"的服从学术真理、平等待人的良好学风和作风。

为了更好地做到学、思、研、用相结合、相促进，我们将多开办一些学术讲座、论坛；多提出一些研究课题，加强组织协调，注意多吸收研究生参与研究，将设立研究生优秀研究成果评奖专项，鼓励多出精品力作；继续研究励学励教措施，激励大家争做优秀研究生、争做优秀教师。

为了帮助家庭困难的同学，我们设立了励学金，一些本科生和研究生都曾获得过资助，将来还会为品学兼优、有生活困难的同学提供更多帮助。我也了解到，现在专硕同学不住在学校里面，博士新生同学住宿在昌平校区，希望同学们外出和来校上课途中，注意人身和财产安全。目前，国外疫情形势依然严峻，国内有些地方不时发生疫情，绝不可松懈大意，大家要严格按照学校疫情防控要求，切实做好个人防护，确保健康安全。

　　同学们从全国各地，经过层层选拔，来到北师大读书，求学的艰辛不言而喻。希望大家能够坚韧不拔、持之以恒、勇往直前，珍惜来之不易的学习机会，勤奋学习、善于学习、刻苦学习，树立良好的学风；处理好学习和研究工作的关系，通过在校期间的学习和研究，使自己的思想境界有所提高、学识水平有所提高、科研能力有所提高，创造创新本领也有所提高，不负国家培养，不负时代期盼，不负青春韶华。社会学院的建设和发展也离不开各位同学的理解和支持，欢迎大家建言献策，学院也会认真听取各种合理诉求，改进服务管理工作，尽力为大家提供更好的学习、工作、生活上的条件和环境。让我们凝心聚力，为提高全院研究生工作水平而共同积极努力！

　　最后，祝大家在学校学习、生活愉快，顺利成长进步！

第七篇

开放合作交流

——国内活动发声与对外讲述中国故事

2011 年 12 月 30 日，第十届全国人大常委会副委员长、中国关心下一代工作委员会主任顾秀莲（前排左六）到访北京师范大学中国社会管理研究院，会商"关心教育下一代和创新社会管理"培训等有关工作。前排：左五魏礼群，左四李蕴清。

2020 年 11 月 27 日，魏礼群（左）应邀出席清华大学第二届中国社会治理与发展高层论坛并致辞。清华大学党委副书记向波涛（右）为魏礼群颁发聘书。

努力抓好"全国社会管理评价体系"研究工作
——在全国社会管理评价体系研究课题组成立
暨课题大纲审议会上的总结讲话

（2012 年 7 月 27 日）

各位专家、同志们：

下午好！经过一天紧张热烈的讨论，大家群策群力，对课题大纲的审议提出了很多好的意见和建议，出了许多高招、妙招，进一步明确了研究的方向和重点，充分发挥了专家们对课题研究的指导作用。首战告捷，验证了课题组织架构的正确性。我结合同志们的意见和课题大纲框架设计，对于进一步抓好课题研究工作，讲以下几点意见。

一、充分认识课题研究的意义

在此之前，根据国务院的要求，由国家行政学院牵头，民政部等国务院有关部门和北京市、河北省等有关负责同志成立课题组，对"加强和创新社会管理"这个重大课题展开了研究。今天由中国社会工作协会牵头组织的"全国社会管理评价体系"课题研究工作，可以看作"加强和创新社会管理"重大课题研究的进一步深入。全国社会管理评价体系的研究是着力回答"怎么办？"的理论性、实证性、应用性、对策性研究，是对社会管理及其创新事业一览全貌的系统性研究。尤其是在当前我国社会管理体制面临既要加强又要创新的时代背景下，这一研究工作对推动我国社会建设和管理体制深化改革具有十分重大的现实意义。

改革开放以来，中国用 30 多年时间走完了西方发达国家上百年走过的道路,工业化、信息化、城镇化、市场化、国际化等人类社会的重大变革,在中国于短时期内同时展开。发达国家在不同时期渐次出现的许多社会矛盾和社会问题,在我国相对集中的较短时间里显现出来,有些问题还相当突出,有些问题将会在较长时期内存在。随着社会主义现代化建设进程的加快,特别是随着经济体制、社会结构、利益格局、思想观念等发生深刻变化,新情况、新问题不断产生,我国社会管理已经并将长期面临新的课题、新的挑战。我国经济社会发展呈现出新的阶段性特征,决定了我们必须通过加强和创新社会管理,改革社会管理体制,妥善处理各种社会问题,应对各种社会风险,以推动经济社会持续健康发展。

深入贯彻落实科学发展观,必须推动和深化我国社会管理体制改革。科学发展观是发展中国特色社会主义必须长期坚持和贯彻的重大战略思想。科学发展观第一要义是发展,核心是以人为本,基本要求是全面协调可持续,根本方法是统筹兼顾。社会管理是维系社会正常秩序、促进和谐社会建设、营造经济社会发展环境的活动。科学发展观的内在要求,是必须搞好社会管理,也只有加强社会管理,才能促进科学发展。从现实情况看,当前我国经济社会发展的总体形势是好的,但经济和社会发展"一条腿长、一条腿短"的状况并未根本改变,城乡、区域发展不协调,各社会阶层和群体之间的利益冲突趋于明显,全国刑事犯罪、社会治安案件发生率居高不下,群体性事件易发多发;社会管理体制不完善、机制不健全,基层社会管理存在着不少空白和薄弱环节;城乡社区治理思想不够明晰,社会组织、基层自治与行政管理的关系不顺,社会服务需要加强。只有坚持以人为本,用统筹兼顾的方法,加强和创新社会管理,协调各社会阶层、群体、成员间的利益关系,加强对流动人口的服务和管理,促进各类社会组织和基层社区健康发展,才能推动经济社会全面协调可持续发展。

发展中国特色社会主义事业,必须推动和深化社会管理体制改革。党的十八大以来,中国特色社会主义事业总体布局扩展为经济建设、政治建设、文化建设、社会建设以及生态文明建设和党的建设。这就要求我们,在推动经济发展的同时，更加注重社会建设，着力保障和改善民生，推进社会体制改革，扩大公共服务，促进社会公平正义，推动和谐社会建设。社会建设包括发展教育医疗卫生事业、扩大就业、调整收入分配、健全社会保障体系、完善社会管理等多个方面。社会建设和社会管理是中国特色社会主义事业的重要方面。但是，由于种种原因，人们对社会管理的了解和熟悉程度，远远不如对经济管理的了解和熟悉程度。这里十分重要的是需要正确认识和处理新形势下的人民内部矛盾问题。在中央政治局第二十三次集体学习会议上，胡锦涛同志指出，必须不断提高正确处理人民内部矛盾的能力和水平，扎实做好正确处理人民内部矛盾的各项工作。伟大的实践需要科学的理论支持。这就要求，必须对我国新形势下的社会矛盾状况进行深入分析，研究和把握社会管理规律和特点，完善适合我国国情的社会体制机制，提高社会管理的能力和水平。

要实现全面建成小康社会的宏伟目标，必须推动和深化社会管理体制改革。党的十六大提出了全面建设小康社会的奋斗目标，党的十七大丰富了全面建设小康社会的内涵，强调要增强发展协调性、扩大社会主义民主、加强文化建设、加快发展社会事业、建设生态文明等。而创新社会管理模式，对于全面建成小康社会具有重要的作用。总的来看，当前我国的社会管理还没有完全摆脱传统计划经济体制下的社会管理模式。在思想观念上，重经济建设，轻社会管理；在管理主体上，重政府作用，轻多元参与；在管理方式上，重管制控制，轻协商协调；在管理环节上，重事后处置，轻源头治理；在管理手段上，重行政手段，轻法制规范和道德自律。这些与我国全面建成小康社会的总体要求是不相适应的。构建与社会主义市场经济发展相适应、与社会主义和谐社会建设相适应的中国特色社会管理模式，具有很大的紧迫性。

总之，面对我国经济社会发展的新形势、新情况，必须对社会管理的基本理论、社会管理存在的问题等进行深入研究，立足中国国情，借鉴世界上一切有益的社会管理经验，提出加强和创新我国社会管理的思路与对策，为党和政府提供科学决策的参考依据。

党的十七届五中全会通过的《中共中央关于制定国民经济和社会发展第十二个五年规划的建议》，提出了今后五年我国经济社会发展的指导思想、奋斗目标、主要任务和重大举措，其中特别强调提出，要"加强和创新社会管理""正确处理人民内部矛盾""切实维护社会和谐稳定"。这是中央全面审视我国经济社会发展新形势和新任务而做出的重大决策部署。因此，大家一定要高度重视这个课题研究。

二、准确把握课题研究的主要任务和重点方面

"加强和创新社会管理及其评价体系研究"涉及社会建设和社会管理的多个领域。为了开展好这个课题研究，必须把握好课题研究的主要任务和重点方面。

1.如何科学认识社会管理的内涵和边界。长期以来，人们对社会的内涵有不同的理解，对管理的内涵有不同的看法，因此，对社会管理的内涵就形成了不同的认识和界定。有人认为，社会与自然界相对，社会管理是对整个人类社会的管理，包括政治、经济、社会、文化等广泛的领域和范围。有人认为，社会是与政治、经济、文化相对应的，社会管理是对人类活动的社会领域的管理。有人认为，社会是指与政府、企业相对应的非政府组织、民间组织等社会性组织，社会管理是指社会组织所进行的社会协调与管理。这些看法都有一定道理，但似乎都不尽然。我们的课题研究，需要从纷纭多样的认识和主张中做出科学的分析、研究和回答。弄清楚什么是社会管理，社会管理的主要内涵是什么、边界在哪里，是加强和创新社会管理的前提和基础性工作。

2.如何把握加强和创新社会管理应遵循的基本原则。原则是根本性的问题。不同的原则会产生不同的观察问题、处理问题的视野和方法。中国特色社会管理所遵循的原则，一方面应当遵循人类社会发展的普遍规律，把加强和创新社会管理放在世界多极化、经济全球化的大背景下，深刻认识和总结世界不同国家和地区社会管理的经验和教训，找到一些共性的原则和有益做法，为我

所用；另一方面，也是更重要的，就是必须遵循中国特色社会主义发展的特殊规律，从中国由传统社会向现代社会深刻转变的大背景出发，根据我国历史传统和现实基本国情，找到中国特色社会管理应遵循的基本原则，深入探讨加强和创新社会管理的理念、思路、任务和举措。

3. 如何全面总结我国在改革开放实践中积累的新鲜经验。近些年，不少地方在社会管理方面进行了卓有成效的探索和实践，如强化基层社区建设的"楼宇党建"、发挥社会组织的"枢纽型组织"、强化企事业单位社会管理责任、提高公民的社会管理参与度、在社会管理中引进专业社会工作，等等。总结升华这些鲜活的经验，从中找到可以推广的思路和做法，进而上升到理论层次，是一件很有意义的事情。我们的课题研究应当在这个方面有所作为，有所突破。

4. 如何健全社会管理格局。建立健全社会管理体系，是加强和创新社会管理的重要内容。党的十七大提出，要健全"党委领导、政府负责、社会协同、公众参与"的社会管理格局。如何全面认识和理解这样的格局，在实际工作中如何正确把握？这就包括如何理顺社会管理各主体之间的关系，如何使这个格局的运行机制制度化，而这些都需要在实践中加以完善和发展，还包括需要准确界定社会管理的主体权责关系、各主体的地位和作用等，从而建立起一整套定位科学、权责统一、彼此联系、相互协调的社会管理格局。

5. 如何提高社会管理的科学化水平。现代社会管理与传统社会管理有哪些不同特点？如何理解社会管理向社会治理的转变？社会治理与社会管理有共同之处，也有区别，是当今世界社会发展的趋势。社会治理起码有两层含义：其一，社会治理是目标，管理只是手段，为实现治理目标，要发挥多元主体的管理作用，所有社会的参与者都应当是管理者；其二，社会治理的手段不限于以国家强制力为保障的单向管理，而是包含国家的社会管理、公共服务、基层社会自治和公民个人的自我管理等多种方式。那么，如何创新社会管理理念、丰富社会管理内涵？如何科学界定政府的社会职责、范围和方式，明确政府公共服务的义务？如何推动党委、政府之外的各主体力量进入社会管理领域并有效发挥作用？如何综合运用经济、法律、行政、教育、道德等手段加强和创新社会管理，不断提高社会管理的科学化水平？

除了以上问题，如何在社会管理中强化法治的作用？如何加快培育社会管理人才？如何加强社会管理投入？如何建立社会管理评价机制？如何研究我国历史上和国外社会管理的有益经验？如何加强社会管理的能力建设？这一系列问题，都需要大家深入研究和探索，力求做出科学的回答和解释。特别是社会体制创新是更为根本性、全局性的问题。正如我国经济体制改革首先确立社会主义市场经济体制一样，社会建设、社会管理也应完善与国情相适应的社会体制。因此，我们的课题研究还要着眼于探索建立与发展社会主义民主政治和发展社会主义市场经济体制相适应的社会体制，推动社会体制改革创新。

三、坚持正确的方法推进课题研究

加强和创新社会管理及其评价体系研究，政治性、政策性和专业性都很强，涉的领域、范围和问题很多。为了开展好研究，必须坚持正确的方法。

1.坚持明确任务、服务大局。加强和创新社会管理及其评价体系研究，是时代发展的要求、社会进步的要求、现代化建设的要求，我们进行研究工作要服务于党和国家事业发展的要求，既要做基础性、战略性、长远性研究，又要做实证性、应用性、对策性研究。特别是要紧紧围绕今后一个时期内社会体制和社会管理中的重大问题，以及热点、重点、难点问题，进行深入研究，为全面完成"十二五"时期任务、为实现到2020年全面建成小康社会的目标建言献策。

2.坚持解放思想、改革创新。我国经济社会处于迅速发展变化中，人的思想观念也在不断发展变化，要善于根据我国经济社会发展趋势进行理论研究。要坚持理论联系实际，解放思想，实事求是，与时俱进。在研究中，不能拘泥于以往不合时宜的结论和看法，要敢于冲破陈旧的观念束缚，善于学习和借鉴我国历史上和国外有益的社会管理经验，根据我国经济社会发展中出现的新情况、新问题，研究中国特色社会管理的新理念、新任务、新模式、新措施。同时，社会体制改革、社会管理创新涉及许多方面，课题研究的根本点是推进中国特色社会主义事业发展，因此，在研究工作中要坚持正确的政治方向，在加强和创新社会管理研究中，要坚持加强和巩固党的领导，坚持和完善社会主义制度，坚持中国特色社会主义政治发展道路，而不能盲目照搬国外的模式和做法。这一点，需要引起高度重视。

3. 坚持突出重点、共克难关。社会管理要研究的问题涉及面宽，既涉及社会管理的基本概念、基本理论、价值取向，也涉及社会管理体制机制，还涉及社会管理手段、方式方法以及能力建设，同时也涉及社会管理与社会体制、社会建设等问题，内容十分丰富。在研究中，要善于发现和抓住重点、难点、热点问题，集中力量，攻坚克难。要善于探索和把握中国特色社会管理的发展规律，避免一般性议论和罗列社会现象。不同研究单位之间要加强合作交流，对于重要的难点问题可进行集体攻关。一些重要信息、重要情况要及时交流、通报，做到信息共享、成果共享，避免出现各自为战、重复劳动。要拓宽研究视野，提升整体研究水平。

4. 坚持深入实际、调查研究。要密切联系实际，认真总结和吸收近些年各地社会管理的成功经验和做法。例如，北京、上海、江苏、广东等城市和地区都是我国经济社会发展走在前列者，这些城市和地区目前遇到的问题，往往是几年、十几年后其他城市和地区也会遇到的问题。近年来，北京、上海、广州、苏州等城市在社会体制改革和社会管理方面进行了多方面的探索和实践；杭州、长沙、唐山等地也在社会管理的多个方面进行了大胆探索；重庆、成都是全国统筹城乡综合配套改革试验区，近年来在统筹城乡发展、协调城乡利益、改善城乡社会结构等方面进行了积极探索。这些城市和地区的社会管理改革实践都积累了不少有益的经验，值得我们去深入调查了解、认真总结提升。

5. 坚持注重质量、讲究实效。搞好课题研究的根本着眼点，在于提高研究成果的质量和水平。在研究中，要按照高标准、高质量、高水平的要求开展工作。要坚持全方位研究、深入研究、创新研究，要严格把好研究成果的质量关；要讲求实效，争取多出精品力作。在研究中，要注重阶段性目标的实现，在充分利用已有研究成果的基础上进行深入研究、创新和提高，而不是一切都从头开始研究。在研究中，要基本理论研究与应用性研究兼顾，侧重于应用研究，把研究重点放在为理论创新和实践创新服务上。

在北京市工商系统参与推动社会管理创新培训班开班仪式上的讲话

（2012 年 8 月 15 日）

经过北京市工商行政管理局、中国行政体制改革研究会和北京师范大学中国社会管理研究院的充分酝酿和精心筹备，北京市工商系统参与推动社会管理创新培训班正式开班。我非常高兴参加今天的开班仪式。首先祝贺本期培训班在这里成功举办！对参加培训班的各位同志表示热烈欢迎！刚才，北京市政府副秘书长马林同志代表市政府做了讲话，对工商参与推动社会管理创新给予了充分肯定，提出了殷切希望和要求，我非常赞同。下面，我讲几点看法，与大家交流。

一、深刻认识加强和创新社会管理的现实意义和长远意义

加强和创新社会管理，是党中央科学分析、正确把握国内外形势新变化、新任务，着眼于党和国家事业全局和长远发展做出的重大战略决策。当前，我国发展正处于可以大有作为的重要战略机遇期，同时也是历史进程中难以避免的社会矛盾凸显期，社会管理任务极为繁重和艰巨。一是随着我国工业化、信息化、城镇化、市场化、国际化进程加快，一些在发达国家渐次出现的社会矛盾和社会问题在我国于较短时期内同时显现出来；二是随着改革开放和社会主义市场经济的深入发展，我国社会结构发生全方位的深刻变化，社会流动性、开放性大为增强；三是随着社会经济快速发展、民主法治进程加快，人们的思想意识、价值取向、道德观念多元，多样，多变，各种思想文化交流交融交锋趋于激烈；四是随着互联网等新兴媒体迅速发展，网络虚拟社会对现实社会的

影响越来越大；五是随着我国人口总量继续增多，流动人口、老龄人口和特殊人群不断扩大，社会管理的难度加大；六是当今世界正处在大发展大变革大调整时期，随着国际经济、政治格局的深刻调整，各种传统安全和非传统安全威胁相互交织。所有这些表明，我国社会管理已经并将长期面对新课题、新挑战、新要求，原有的社会管理理念思路、体制机制、法律政策、方法手段的许多方面难以适应国内外形势的发展变化，难以满足人民群众的期盼要求，必须把加强和创新社会管理摆在社会主义现代化建设中更加重要的战略位置。

加强和创新社会管理有着多方面的重要意义。加强和创新社会管理，是建设和发展中国特色社会主义事业的客观要求。党的十六大以来，中国特色社会主义事业总体布局扩展为经济建设、政治建设、文化建设、社会建设及生态文明建设。这就要求在推动经济发展的同时，更加注重社会建设，着力保障和改善民生，扩大公共服务，促进社会公平正义，提高社会管理水平。加强和创新社会管理，也是深入贯彻落实科学发展观的必然要求。统筹经济和社会发展，增强经济建设和社会建设之间的协调性，才能实现经济社会全面协调可持续发展。加强和创新社会管埋，还是如期全面建成小康社会的迫切要求。正确处理人民内部矛盾和其他社会矛盾，妥善协调各方面的利益关系，最大限度激发社会创造活力、最大限度增加和谐因素、最大限度减少不和谐因素，才能更好地应对前进道路上的困难和挑战，完成改革发展的各项任务，胜利实现到2020年全面建成小康社会的目标。近年来，各地区、各部门都在认真贯彻落实党中央关于加强和创新社会管理的决策部署，做了大量工作，取得了重要进展，但从总体上看，加强和创新社会管理仍任重道远，还需要社会各界和各方面共同努力奋斗。

二、正确把握创新社会管理的主要任务和要求

社会管理，是指党委和政府以及其他社会主体，运用法律、法规、制度、政策、道德、价值等社会规范体系，直接或间接地对社会不同领域和各个环节

进行服务、协调、组织、监控的过程和活动。其基本任务是：协调社会关系，规范社会行为，解决社会问题，化解社会矛盾，促进社会公正，应对社会风险，维护社会稳定，为构建和谐社会、促进科学发展营造既充满活力又富有凝聚力和井然有序的社会环境。它与中国特色社会主义经济建设、政治建设、文化建设、社会建设以及生态文明建设密切相关，是社会建设的重要内容。

从我国当前的实际情况看，社会管理既要加强，又要创新，只有创新社会管理，才能更好地加强社会管理，提高社会管理科学化水平，取得良好的社会效果。创新社会管理，包括八个方面：创新社会管理理念、创新社会管理主体、创新社会管理内容、创新社会管理体制、创新社会管理制度、创新社会管理环节、创新社会管理方式、创新社会管理手段。

——在创新社会管理理念上，就是要从传统的社会管理理念向现代社会管理理念转变。牢固树立以人为本、服务为先的理念，坚持人民主体地位，充分尊重人、理解人、关心人，寓管理于服务之中，在服务中实现管理，努力实现管理与服务的有机统一。

——在创新社会管理主体上，就是要从单纯重视政府作用向社会多元主体共同治理转变。既要发挥党委、政府的领导和主导作用，强化政府的社会管理职能，又要扩大社会协同和公民参与功能，要鼓励和支持社会各方面，包括各类社会组织、社会团体、企事业单位和公民参与社会管理，形成社会治理合力。

——在创新社会管理内容上，就是要拓宽社会管理和服务领域，要加强公共服务体系建设，拓宽群众权益保障，增加公共服务产品，强化对流动人口和特殊人群的管理与服务，努力实现各类人群管理服务全覆盖，完善食品药品安全监管、风险应急管理等公共安全体系，健全非公有制经济组织、社会组织的管理，加快社会诚信建设，特别要加强和改进虚拟社会管理，把互联网建设好、利用好、管理好。

——在创新社会管理体制上，就是要构建中国特色社会主义管理体系和社会运行机制，包括形成科学合理的社会管理权力结构和机制、社会管理组织结构和机制、社会管理功能结构和机制，特别要充分发挥城乡社区的重要作用。

——在创新社会管理制度上，就是要健全和发展与社会主义市场经济、社会主义民主政治和社会主义先进文化，以及与开放、动态、信息化社会相适应的法律法规和一系列具体工作制度，全面实施依法治国、依法行政、依法治理社会，推进社会管理科学化、规范化、制度化。

——在创新社会管理环节上，就是要从偏重事后处置向更加重视全方位治理转变，做到源头预防、动态治理、应急处置相结合，使社会管理关口前移，从治标转向治本，健全科学的多维化社会管理评价体系。

——在创新社会管理方式上，就是要从偏重于管住、控制向更加重视服务、协商、教育、疏导转变，注重运用群众路线的方式、发扬民主的方式、人情感化的方式，及时化解社会矛盾，有效解决社会问题。

——在创新社会管理手段上，就是要从单纯运用行政手段管理社会向各种手段综合运用转变，在运用行政手段进行社会管理的同时，更多地运用经济调节、社会规范、道德教化、舆论引导等手段，特别要重视运用信息化手段，加强网络技术手段和管理服务能力建设，提高社会管理的信息化、现代化水平。

总之，创新社会管理就是要按照坚持和发展中国特色社会主义的要求，加快社会体制改革，健全社会管理体制，完善公共服务体系，实现社会管理从过去以政府为单一主体、以单位管理为主要载体、以行政管理为主要手段、以管控为主要目的的传统模式，向在党委领导下，政府行政管理与社会自我管理、基层居民自治管理良性互动，社区管理与单位管理有机结合，多种手段综合运用，管理与服务融合，有序与活力统一的社会多元治理、共建共享的新模式转变，构建起与发展社会主义市场经济、民主政治、先进文化以及构建和谐社会要求相适应的中国特色社会主义社会管理体系。

三、工商部门要在加强和创新社会管理中积极有为

工商行政管理与加强和创新社会管理有着直接的、广泛的、密切的联系。以上讲的社会管理创新各个方面，都同工商行政管理密切相关，工商部门都应当积极参与和推动。这里的关键是要强化、改进和规范政府的社会管理职能，做到职能到位，既不越位，也不缺位。积极参与推动社会管理创新，就是工商部门适应新形势、新任务的要求，主动转变工作模式，转变政府职能，创新社会管理的具体体现。

2011 年 12 月 8 日，国家工商行政管理总局发布了《关于充分发挥工商行政管理职能作用 积极参与加强和创新社会管理工作的意见》，要求各级工商行政管理机关要立足职责，开拓创新，找准工商行政管理与加强和创新社会管理的切入点和着力点，充分发挥职能作用，积极参与加强和创新社会管理工作。2012 年 8 月 13 日，北京市工商行政管理局又发布《关于参与推动社会管理创新，全面提升工商履职效能，建设首都良好市场生态环境的工作意见》，提出要通过全景式服务、参与式监督、互动式合作、联动式执法，发挥在"经济调节、市场监管、社会管理、公共服务"方面的积极作用，大力提升工商监管和服务效能，推动良好的市场生态环境和社会环境建设。我认为，国家工商行政管理总局的文件和你们的工作部署比较全面、比较清晰，切入点和着力点也比较准确，具体举措具有可行性，希望你们狠抓落实，取得实效。工商行政管理系统在加强和创新社会管理中完全可以大有作为，也一定能够大有作为。

四、几点希望

工商系统参与推动社会管理创新，是工商部门面对新形势、应对新挑战的创新之举，也是一个新的课题，举办此次培训班，非常及时，也非常重要，是响应党中央、国务院加强和创新社会管理工作部署的一次实际行动，也是参与推动社会管理创新的再学习、再动员、再部署。在此，我想提出三点希望。

一是解放思想，提高认识。在新的形势下，加强和创新社会管理的任务越

来越繁重，也越来越紧迫。加强和创新社会管理，关键是要从思想上、工作部署上更加重视社会管理，真正把加强和创新社会管理放在突出重要的位置，以高度的使命感和时不我待的精神，积极参与加强和创新社会管理工作。

二是坚定信心，勇于探索。加强和创新社会管理，事关国家长治久安，事关人民根本利益，事关中国特色社会主义事业的兴衰成败。我国社会管理面临不少困难和挑战，任何一个重要问题都没有简单的答案。要坚持以中国特色社会主义理论体系为指导，立足本职，勤于思考，勇于探索，敢于实践，善于总结，不断提高社会管理科学化水平。

三是理论联系实际，学以致用。新的形势对工商队伍的社会化工作能力提出了新要求，希望你们通过培训中精心设置的各环节，包括理论学习、经验介绍、分组研讨等，坚持理论与实际统一，用理论指导实际工作，用实践创新推动理论创新，学用结合，学以致用，主动适应社会需求，更新思想观念，更好地掌握和运用新的工作方法，不断提升监管能力、执法能力、服务能力、协调合作能力、做群众工作的能力和公共关系处理能力。

最后，预祝此次培训班取得圆满成功！祝学员们学有所获、学有所成！祝北京市工商行政管理局和北京市工商系统在社会管理创新中不断取得新成绩，为发展中国特色社会主义伟大事业、实现全面建成小康社会的宏伟目标做出积极贡献！

在清华大学社会科学学院成立大会上的致辞

（2012 年 10 月 27 日）

尊敬的徐匡迪主席、陈吉宁校长、胡和平书记，老师们、同学们：

值此清华大学社会科学学院成立之际，我本人并代表北京师范大学中国社会管理研究院向你们表示热烈的祝贺，对社会科学学院全体师生表示诚挚的问候。

清华大学是我国著名的且在世界上享有盛誉的高等学府。清华大学成立以来，培养出一代代治学之师、兴业之才和治国栋梁，为国家和人民事业做出了卓越的贡献，在中国高等教育和科学文化事业发展史上谱写了璀璨华章。

清华大学的社会科学学科有着悠久的历史传统。老清华的经济学、政治学、社会学、心理学四大学科，曾拓现代中国社会科学之荒，涌现出一批学术造诣深厚、社会影响广泛的杰出学者。20 世纪 80 年代以来，清华大学相继复建社会科学学科，迎来了清华大学社会科学发展的新气象。1984 年、1993 年分别成立社会科学系和人文社会科学学院。2012 年，在清华大学新百年的起始之年，在原人文社会科学学院的基础上分别成立社会科学学院和人文学院。学术薪火传承至今，清华大学社会科学学院的成立，必将为清华大学社会科学的发展开创更加美好的未来。

社会科学是以社会现象为研究对象的科学。它的任务是研究与阐述各种社会现象及其发展规律。在现代科学的发展进程中，新科技革命为社会科学的研究提供了新的方法手段，社会科学与自然科学相互渗透、相互联系的趋势日益加强。在改革开放中国社会科学也以空前的广度和深度不断繁荣发展。

当前，世界经济社会格局正发生快速、重大的变化，我国经济社会正经历广泛、深刻的变革。我国发展面临前所未有的机遇和挑战，需要研究破解一系列新矛盾、新课题。这对我国社会科学领域提出了新任务、新要求，社会科学应为我们这个时代承担起更多的责任，给予中国这个巨大的社会科学试验场以新的阐释，为中国社会的建设与治理提供更有深度、更有价值的智力支持。

在这种大背景下，清华大学成立社会科学学院，加强社会科学研究和人才培养，无论是对清华大学创新发展模式、进入世界一流大学的前列，还是对中国加强和创新社会管理、坚持和发展中国特色社会主义，都具有重要的现实意义和深远的历史意义，确实是值得庆贺的一件大事、好事。

我本人由于工作岗位关系，长期从事宏观经济理论和政策研究，同时也进行了一些社会建设和社会管理的理论和政策研究。特别是近些年，我以更多的精力投入社会管理创新方面的研究工作。我深切感到，当今中国社会发展和社会治理的复杂性、艰巨性是人类社会空前未有的。我们必须通过科学的方法、实证的方法，从理论上和实践上对当今世界和当代中国社会科学进行全面、系统、深入的研究。社会科学研究其乐无穷，大有可为。正因如此，去年年初，我应北京师范大学领导之邀，担任新成立的北京师范大学中国社会管理研究院院长。北京师范大学中国社会管理研究院也是在党和国家高度重视社会建设和社会管理的重要历史时刻应运而生的，研究院的定位是：围绕发展中国特色社会主义事业，吸引、汇聚社会管理领域资源，开展多学科合作，致力于建设研究型、创新型、开放型研究院，成为培养社会管理高层次人才的教育基地，成为中国社会管理领域具有重要影响力的思想库，成为北京师范大学建设知名高水平大学、服务国家战略与社会发展的重要平台，努力为繁荣发展中国社会科学和国家现代化建设提供服务。

清华大学社会科学学院门类齐全，人才荟萃，基础雄厚，潜力巨大。北京师范大学中国社会管理研究院是新成立的，起步较晚、基础较弱，但我们有信心把研究院办好。我们两家有着共同的使命和目标，衷心希望"两院"加强交流与合作，相互支持，携手并进，一道为促进我国社会科学繁荣发展和经济社会持续健康发展做出应有的贡献。

衷心祝愿清华大学社会科学学院越办越好！

在全国关工委领导干部"学习贯彻十八大精神，提升社会管理创新能力"专题培训班开班仪式上的讲话

（2013 年 4 月 22 日）

尊敬的顾秀莲副委员长，各位学员、同志们：

今天，由中国关心下一代工作委员会和北京师范大学中国社会管理研究院、中国行政体制改革研究会共同举办的全国关工委领导干部"学习贯彻十八大精神，提升社会管理创新能力"专题培训班在这里开班。顾秀莲副委员长出席培训班开班仪式并做首场报告，说明关工委高度重视。来自 24 个省、自治区、直辖市有关职能部门和关工委的领导同志参加了此次培训。首先，我代表北京师范大学中国社会管理研究院，对各位学员表示诚挚的欢迎！

举办这期培训班是经过多次酝酿的，具有多方面的重要意义。

第一，这是深入学习贯彻党的十八大精神和党中央关于加强和创新社会管理重大部署的重要举措。党的十八大报告明确提出，要"在改善民生和创新管理中加强社会建设"，特别要求"加强和创新社会管理"，"加快推进社会体制改革"，要围绕构建中国特色社会主义社会管理体系，加快形成党委领导、政府负责、社会协同、公众参与、法治保障的社会管理体制，加快形成政府主导、覆盖城乡、可持续的基本公共服务体系，加快形成政社分开、权责明确、依法自治的现代社会组织体制，加快形成源头治理、动态管理、应急处置相结合的社会管理机制。党中央、国务院对加快推进社会体制改革，加强和创新社会管理，都做出了重要部署，这是我们党在新的形势下做出的重大战略决策。贯彻落实党中央的这一重大决策部署，是全国各个方面的共同任务，也只有全

社会共同努力，才能实现加强和创新社会管理、促进社会和谐建设，实现中国梦。据全国妇联家庭和儿童工作部发布的调研报告，目前中国有 5800 万名留守儿童，占全国人口总数的 4%。留守儿童问题的背后是中国社会转型中城乡二元结构和城市化进程的矛盾。这不是一个短期能解决的问题。城市里还有许多流动儿童。无论是在农村还是在城市，儿童工作都是社会管理中十分重要的工作。全国关工委领导干部在加强和创新社会管理方面承担着重要的使命和责任。举办这期培训班，有利于提升全国关工委领导干部参与加强和创新社会管理的能力和水平。

第二，举办这期培训班，是响应党中央关于建设"学习型组织""学习型社会"的号召的体现。党的十七届四中全会明确提出，建设学习型党组织，大力营造崇尚学习的浓厚氛围，把理论素养、学习能力作为选拔任用领导干部的重要依据。今年 3 月 1 日，习近平总书记在中央党校建校 80 周年庆祝大会上就加强学习发表了重要讲话。这篇讲话很深刻、很重要，是对全党大兴学习之风的有力动员。我们举办这期培训班，就是响应党中央在全社会掀起学习热潮的号召，适应解决当前社会发展中热点、难点问题的需要。我们要提升社会管理的能力，就必须认真学习党的方针政策和创新社会管理的知识经验。参加培训班的学员都是各省级关工委的领导同志，大家在一起相互学习，交流经验，回去之后可以跟本单位的同事分享学习成果，共同推动学习型社会、学习型组织的建设。

第三，举办这期培训班，是中国社会管理研究院和关工委加强合作，共同推进社会管理创新工作的重要行动。中国社会管理研究院是北京师范大学直属的实体性机构，主要职能是培养社会管理高层次人才，开展社会管理科学研究和政策咨询。中国社会管理研究院成立的时间不长，但它瞄准国家重大需求，聚焦社会创新前沿，已在社会管理的理论和实践领域产出了一批具有重要价值和广泛影响的科研成果，受到了国际、国内同行的关注。中国关工委以关心和教育下一代的工作为己任，在维护青少年权益、解决青少年问题、促进青少年健康成长等方面做出了重要的贡献，但同时也面临着在新的形势下如何找准定位，服务大局，转变观念，推动创新，为青少年提供更好服务的任务和挑战。做好关工委工作，加强和创新社会管理既是社会建设的重要内容，也是各类组织在国家发展中发挥作用的重要方面，我相信我们的合作必将在推动中国社会管理创新走向新阶段中发挥积极作用。

为了办好这期培训班，我代表主办单位提出几点希望和要求。

1. 集中精力，认真学习。关工委的领导干部政治觉悟高，对国家和社会有着强烈的责任感和使命感。大家长期以来勤奋敬业，忠于职守，默默奉献，为国家和社会发展做出了积极的贡献。我们希望同志们能够自觉把学习作为一种政治责任，作为一种思想境界，作为一项重要任务。大家到这里来学习，时间虽短，但无论组织和个人都投入了很大的成本。大家一定要珍惜难得的学习机会，心无旁骛，聚精会神，认真学习，做到学有所得、学有所获，真正不虚此行，以自己的实际行动，促进"学习型关工委""创新型关工委"的建设。

2. 联系实际，注重实效。这次培训除了顾秀莲主任的重要报告，我们还安排了几场专题讲座。我们邀请的几位教授是在青少年心理辅导、青少年社会工作和社会管理创新研究领域颇有影响力的专家。他们的讲授将有助于大家从纷繁复杂的现象中敏锐地发现并深入地分析问题。

除了安排专题讲座，我们还为大家交流情况、分享经验搭建了平台。习近平总书记在 3 月 1 日中央党校建校 80 周年庆祝大会上的讲话中特别强调：学习、学习、再学习，实践、实践、再实践。一定要坚持理论与实践相结合。理论和实践的结合点在哪里？这就是"问题"意识。大家都来自实际工作第一线，对当前经济社会发展和社会管理中遇到的种种矛盾和问题有着切身的体会，对解决这些矛盾和问题进行了深入的探索，积累了丰富的经验。为了实现效果最大化的培训目标，我们安排了一天的实地考察和三次问题导向的结构化研讨。希望大家通过深入研讨和分享经验，丰富知识、开阔视野，提高自身素养，产出高质量的案例分析和对策建议等成果，达到教学相长和学学相长的目的。

3. 遵守纪律，做出表率。中央领导同志一贯重视干部教育工作中的学风建设问题，前不久，新一届中央领导集体专门印发了加强作风建设的通知要求，强调"学风与作风、文风紧密相连，也是党风的体现"。中央要求干部在培训学习中"无论什么级别，都要牢记两个'务必'，加强党性锻炼，认真遵守学员学习、生活、管理和廉洁自律的各项规定"。我们希望大家树立优良学风，认真参加各项教学活动，遵守培训班的纪律和制度，维护良好的教学秩序，为建设良好的干部培训学风做出表率。

最后，预祝培训班取得圆满成功！祝大家学习顺利，生活愉快，身体健康！

在"彩烛工程"第四期小学校长培训班结业式上的讲话

（2013 年 7 月 1 日）

各位校长、各位老师：

　　非常高兴参加"彩烛工程"第四期小学校长培训班结业式，和大家见面，座谈聊天。刚才，几位参训校长分享了他们的心得体会，我深受感染。中民监事长做了非常好的讲话，我非常赞同。在此，我代表中国西部人才开发基金会，首先感谢国家开发银行（以下简称"国开行"）的慷慨解囊。没有你们的捐赠，就没有"彩烛工程"。尤其是中民监事长，一直关心重视"彩烛工程"，今天还亲临培训班，看望参训校长，与我们一起，共话"彩烛"。国开行财会局的胡局长、张局长和其他同志，多次深入西部地区，了解地方需求，推动培训工作。可以说，因为国开行的支持，"彩烛工程"才得以举办；因为国开行的重视，"彩烛工程"才办得这么好。

　　我还要特别感谢北京师范大学的各位老师，是你们精心设计课程、精心服务管理，才使得参训校长们学有所成、学有所得，高兴而来，满载而归。谢谢你们，为"彩烛工程"付出智慧和心血的所有老师和工作人员。"彩烛工程"是一个非常好的公益项目。它好在哪里？我想，至少好在三个方面。

　　一是"彩烛工程"符合中国西部人才开发基金会的理念。基金会一直以来致力于西部地区人才开发的能力建设、平台建设和机制建设，以教师、校长等为主要目标群体，整合带动社会优质资源，形成帮扶模式，起到示范效应。这也正是"彩烛工程"这个公益项目的设计初衷，从根上着手，支持受助地区得到长期可持续发展。

二是"彩烛工程"符合国家开发银行履行社会责任的高远追求。国开行很好地抓住小学校长这个重要群体，首先在几个扶贫点探索实施。扶贫先扶智，扶智先扶教。培训一名校长，可带动一批教师，受益几代学生，造福一方水土。"彩烛工程"的效应不是一个人，而是几代人；"彩烛工程"的影响不是一两年，而是几十年。这种高瞻远瞩的公益情怀和社会责任感，值得钦佩，值得赞扬。

三是"彩烛工程"符合西部贫困地区教育发展的迫切需求。这一点，我从刚才几位校长分享的培训心得体会中就能看得出来。西部地区，尤其是贫困山区，小学教育基础薄弱，与东部地区的差距很大。"彩烛工程"为山区小学的校长创造了到东部地区培训深造的机会，使他们能够接近名家、深入名校，学习校园建设经验，提升综合管理能力，这样的机会确实很难得。看得出，所有参训的校长都非常珍惜这次机会，非常渴望学习提升。

这么好的一个公益项目，已经办了四期，今年计划至少还要办两期。怎样把"彩烛工程"办得更好？我提几点希望。

一是希望国家开发银行继续加大支持力度，我们之前是持续合作了3年，我看能不能扩展延伸一下，把"彩烛工程"连续做10年，"十年磨一剑"，真正做成我们独有的品牌？现在是在你们的6个扶贫县做，在6个县做熟做透之后，能不能扩大到西部更多的贫困地区？现在是选调校长来北京培训，今后培训形式能不能更为丰富些？比如，可以送教下基层，也可以组织一些特别优秀、特别有潜力的校长到东部学校挂职锻炼，请一些东部教师（或者退休教师）到西部去支教，等等，把"彩烛工程"的内涵扩大化。现在是选点很好、起步很好、运行很好，下一步就是做大做强的问题。做大做强了才会成为品牌，才会引起社会和媒体的关注。

二是希望有关各方保持密切合作，精心组织，继续办好"彩烛工程"培训项目。特别是具体承办培训的北京师范大学，要配备高水平师资，设计实用课程，创新授课方式，真正实现教学相长、学学相长、用学相长。

　　三是希望各位参加培训的校长回到工作岗位之后，能够把培训期间的所见所闻传授给学校的老师，把所学所悟运用到实际管理中，把你们本县联谊、跨县联谊的活动广泛开展起来，不断探索、不断创新，真正把西部地区教育这件大事做细、做实，让贫困山区的娃娃们因此获益。

创新社会治理　加强社会建设[*]

（2014 年 11 月 14 日）

各位来宾、各位专家、同志们：

"创新社会治理　加强社会建设"2014（贵阳）年会今天在这里隆重举行，这是贯彻落实党的十八大，十八届三中、四中全会和习近平总书记系列重要讲话精神的实际行动，也是加强社会治理理论创新和实践创新工作交流的一次盛会。首先，我本人并代表本届年会的指导单位北京师范大学中国社会管理研究院，对会议的召开致以热烈的祝贺，对主办单位中共贵阳市委、贵阳市人民政府的精心筹备表示衷心的感谢！

加强社会建设是发展中国特色社会主义事业总体布局的一个重要部分。社会建设，包括发展社会事业、保障和改善民生、创新社会治理，这些方面密切联系、相辅相成。加强和创新社会治理，对推动科学发展、维护社会和谐稳定、深化改革开放，对全面建成小康社会、加快社会主义现代化、实现中华民族伟大复兴的中国梦，都具有十分重大的意义。加强和创新社会治理，推进社会治理现代化也是推进国家治理体系和治理能力现代化的一个重大任务，是我们党顺应时代发展潮流和我国现代化建设客观进程而做出的重大战略决策部署，也是加强社会建设和解决我国社会领域中的突出问题的必然选择。

改革开放以来，中国特色社会主义事业取得举世瞩目的巨大成就，我国社会治理也取得重要进展，总体上是适应经济社会发展总进程要求的。现在，我国社会主义现代化事业进入了一个新的阶段。工业化、信息化、城市化、市场

---

* 本文系在"创新社会治理　加强社会建设"2014（贵阳）年会上的致辞。

化、国际化深入推进，这给当今中国社会带来广泛和深刻的变化，经济结构、社会结构、利益结构加速调整。原有计划经济体制中的一些老问题亟待继续解决，改革开放中出现的一些新矛盾、新问题不断积累，特别是网络社会快速发展，已经并仍将给社会建设提出许多新课题。同时，当今世界风云变幻，形势复杂多变。在这种情况下，我们面对的改革发展稳定任务之重前所未有，面对的矛盾风险挑战之多前所未有。创新社会治理，在党和国家工作全局中的地位更加突出、作用更加重大。这就需要我们在党的领导下，加快推进社会治理的改革创新和建设，包括创新社会治理理念，创新社会治理主体，创新社会治理方式，创新社会治理体系，创新社会治理制度，创新社会治理机制，创新社会治理能力，创新社会治理手段，加快推进社会治理现代化，以更好地适应加快社会建设的需要，适应中国特色社会主义事业持续发展的需要，适应实现"两个一百年"奋斗目标的需要。

刚刚闭幕的党的十八届四中全会，从全面建成小康社会、实现国家现代化和中华民族伟大复兴的中国梦的战略高度，对全面推进依法治国做出了全面部署，也为推进社会治理创新、建设法治社会提出了明确的方向、任务和要求，特别是强调推进社会法治建设，加快推进社会治理体制创新、法律制度建设，推进多层次多领域依法治理，坚持系统治理、综合治理、源头治理，提高社会治理法治化水平，坚持法治和德治相结合。我们一定要深入学习领会和认真贯彻执行，更好地推进社会治理现代化。

贵州省是我国一个重要省份，多年来改革发展稳定各项事业取得了显著成就，社会治理积累了丰富经验。近年来，贵阳市坚持以群众工作为统揽，以群众满意为目标，以体制机制为重点，以改革创新为手段，最大限度强化统筹领导、强化服务管理、强化社会协同、强化社会稳定，初步探索了一套符合时代特征、体现贵州省情、具有贵阳特色的社会治理"加、减、乘、除"法，得到了社会各界和各级媒体的广泛关注和普遍好评。我们今天在这里举办"创新社会治理　加强社会建设"年会，是一个很好的选择，可以使我们更好地深入了解和学习贵州省特别是贵阳市社会治理创新的新鲜经验。

北京师范大学中国社会管理研究院是顺应国家加强和创新社会治理的战略需求成立的，是集人才培养、科学研究、政策咨询、对外合作为一体的机构，致力于建成具有国内一流水准和影响力的社会治理智库。成立三年多来，研究院紧紧围绕党和政府提出的社会治理重大决策部署以及社会建设的需要，承担多项国家重大研究任务，开展全局性、战略性、前瞻性和长远性问题的研究和探索，取得了一批重要成果，产生了一定的社会影响。我们已连续四年成功举办一年一度的中国社会治理论坛，受国家哲学社会科学规划办委托创建"中国社会管理创新研究信息库"，组织编写《当代中国社会大事典（1978—2015）》，最近经国家新闻出版广电总局正式批准创办《社会治理》期刊，我们还紧密结合高校特点，加快社会学学科建设和培养社会建设人才，同时与国内外有关单位开展了多方面的合作交流。我们将充分发挥高校人才培养、学科建设和科研资政的优势，为推进社会治理创新、实现国家治理现代化、加强社会建设做出自己应有的贡献。我们也愿意与各地方、各部门、各单位开展多种形式的合作交流，携手共建社会治理创新研究智库。

近几年，有关省市社工委系统一年一届的社会建设和社会治理创新的会议，已经成为一个具有吸引力、辐射力的重要品牌和平台，凝聚了一大批有思想、有见识的理论研究者和有勇气、敢担当的实践探索者，为创新社会治理理论和实践提供了宝贵的智库资源。我们希望大家在这里以党中央的决策精神为指导，深入研讨，充分交流，凝聚共识，献计献策，共同开拓中国特色社会治理创新之路！

预祝本次会议取得圆满成功！

在"2014 中国智库研讨会"上的演讲

（2014 年 12 月 20 日）

各位领导、各位专家：

很高兴出席在这里召开的"2014 中国智库研讨会"。这次由社会智库和高校智库联合举办的研讨会，对于深入研讨中国特色新型智库建设，更好地发挥智库作用，很有意义。

党的十八大以来，我有一个突出的感觉，或许也是大家的一个共同感觉，这就是中国正在开启一个智库发展的新时代。这是中国历史进程的必然要求，也是党和国家事业发展的紧迫呼唤。

在当今世界，智库的水平，是一个国家软实力和竞争力的重要标志，许多国家越来越重视智库建设。长期以来，美国和欧洲的智库建设一直走在世界的前列，智库数量多、影响力大，特别是涌现了一批世界著名的智库，发挥着十分重要的作用。改革开放以来，我国智库建设快速发展，已成为智库大国。据不完全统计，目前全国各类智库总数位居世界第二，党政军机关、社科院、党校行政学院、高校、科研院所和企业、社会智库蓬勃兴起。各类智库在党和国家事业发展中发挥了重要作用。党的十八大后，党中央更加重视智库作用，把发展中国特色新型智库提升为国家重大战略。党的十八届三中全会明确提出："加强中国特色新型智库建设，建立健全决策咨询制度。"习近平总书记对发挥智库作用、建设高质量智库做出了一系列重要指示，提出"要从推动科学发展、民主决策，推进国家治理体系和治理能力现代化、增强国家软实力的战略高度，把中国特色新型智库建设作为一项重大而紧迫的任务切实抓好"。这些表明，中国智库建设进入了一个崭新的发展阶段，各类智库迎来了大有可为的历史新时期。

我们既要高兴地看到中国智库发展面临的重大机遇，又要清醒地认识到中国智库肩负的重大任务。当今世界政治经济格局正在大调整，风云变幻；人类社会正经历互联网革命，瞬息万变；当代中国正发生新的大变革，发展转向新常态，改革进入深水区，社会处于矛盾凸显期。在这种情势下，国家面对的改革发展稳定任务之重前所未有，矛盾风险挑战之多也前所未有。当然，我们智库面对的任务之重、课题之多，同样是前所未有。这些对中国智库建设提出了新的更高要求。一句话，必须加快建设中国特色高质量的智库，充分发挥各类智库的重要作用。

这次研讨会的一个重要议题，是在全面深化改革、依法治国和推进国家治理现代化的过程中，中国特色新型智库可以发挥什么作用？我主要就这个问题，从宏观上讲一些看法。

中国特色新型智库，是以战略问题和公共政策为主要研究对象，以服务党和政府科学、民主、依法决策为宗旨的研究咨询机构。智库的主要功能是咨政建言、理论创新、舆论引导、社会服务、公共外交和集贤育人。我认为中国特色新型智库的这种机构属性和主要功能，决定着它在治国理政中可以发挥以下六个方面的重要作用。

一是服务党政决策。根据国内外形势变化和改革发展稳定的需要，进行政策研究，向党和政府提出决策咨询建议，积极建言献策。这也是各类智库的首要职责和主要任务。提供的政策建议、决策依据越多、越好，发挥的作用就越大。这也是衡量一个智库质量的基本标准。

二是推进理论创新。围绕改革发展、治国理政面临的难点、重点问题，提出有价值、有影响的新概念、新判断、新概括、新观点、新思想，为研判形势、谋划战略、制定决策提供科学的理论或方法，推动理论创新、学术创新、方法创新。

三是引导社会舆论。阐释党的科学理论，解读党和国家的大政方针、决策部署和公共政策，研判社会舆情，正确引导社会舆论，疏导公众情绪，凝聚社会共识，助力壮大主流舆论和正能量。

四是提供社会服务。接受社会各界、各个方面委托的咨询服务，承担各类咨询项目，开展第三方评估，发挥智库的咨询研究平台功能和智力支持作用。

五是参与公共外交。开展多种形式的对外交流活动，加强与国外智库的合作交流，在国际舞台上发出中国声音，讲好中国故事，树立社会主义中国的良好形象，推动中华文化和当代中国价值观念走向世界，增强我国的国际影响力和国际话语权。

六是培养输送人才。智库是知识密集、人才密集的机构，会聚了大量的高端人才，也可以说智库是人才库。智库出思想、出成果与出人才密不可分，相互促进、相辅相成，智库是培养、造就治国理政人才的重要阵地，可以通过交流轮岗，为党政部门输送优秀人才。

由上可见，中国特色新型智库在全面建成小康社会、全面深化改革、全面依法治国、全面推进国家治理现代化的过程中，是不可或缺的，也是不可替代的。

那么，怎样才能发挥好智库的作用呢？我认为，从智库角度讲，就是要全面提高智库的自身素质和能力，建设高质量、高水平、有特色的智库，特别要注意把握以下几点。

第一，坚持正确的政治方向，紧紧服务于中国特色社会主义事业的完善和发展。这是智库发挥作用的根本政治方向、根本政治原则和根本前提。无论是全面深化改革、全面推行法治，还是全面推进国家治理现代化，都有一个根本方向和道路问题。智库各种作用的发挥，都必须有利于完善和发展中国特色社会主义事业。为此，必须立足中国国情，坚持从国情出发，提供思想产品和建言献策都不能脱离现阶段的中国国情。同时，必须主动服务于党和国家工作大局，在大局下思考、谋划、创新、行动，只有坚定正确的政治方向和大局意识，才能出高质量的智慧、高质量的思想、高质量的成果，智库作用也才能得到有效和充分的发挥，才能大有作为。

第二，着力提高研究成果质量，不断推出有价值、有影响力的创新产品。要紧紧围绕党和政府决策亟须解决的重大问题，围绕全面建成小康社会、全面深化改革、全面推行法治、全面推进国家治理现代化的重大任务，开展前瞻性、针对性、储备性政策研究，提出专业化、建设性、切实管用的政策建议，着力提高科学研判、战略思考和战略谋划的能力。如何提高研究成果的质量？我认为要抓住三个关键环节：一是要站高望远，顺应时代进步的潮流，善于把握国内外发展大势，正确把握和运用发展规律，敢于出主意，早出主意、出大主意，做到先见、先知、先谋；二是要深入调查研究，了解实际情况，掌握第一手材料，以问题为导向，从问题出发，特别是要重视倾向性、苗头性、潜在性问题的研究；三是要运用创新思维、战略思维、辩证思维、底线思维，独立思考，揭示问题的本质，提出真知灼见。

第三，充分发挥优势和彰显特色。找准各个智库的定位，最大限度地发挥自身优势和长处。不同类型的智库有着不同的定位、职能、任务和相应的条件、环境。从职能上看，有综合型的智库，也有专业型、项目型的智库；从规模上看，智库有大、中、小之别。每个智库都有自己的性质定位、专业领域、机构状况、队伍组成等方面的特点。这就要从实际出发，善于对自己智库研究的领域做全面研究、系统研究、跟踪研究、长期研究，不断拓展研究的广度和深度，努力形成自己的特色和品牌。例如，在高校办智库，就要充分发挥高校学科门类齐全、基础研究实力雄厚、人才培养和对外交流广泛的优势，着力推动理论创新和跨学科研究，着力推进研究方法、政策分析工具和技术手段创新，为决策咨询提供学理支撑和方法支撑，并要积极开展人文交流，推动公共外交。

第四，注重成果多样性和转化应用。智库研究成果应注重应用性、对策性和时效性，不强求全面性、系统性，突出提供服务决策咨询的成果。研究成果的价值，不仅要体现在高水平的质量上，还要体现在研究成果的时效性上。一项有价值的研究成果，如果不能适时地为决策者提供参考，其价值作用就会大打折扣。在实际工作中，可以就研究领域的一些重点、热点和难点问题，分期分批、多种形式、及时地提交有关研究成果。要拓展成果应用渠道，有些研究成果可以通过内部刊物直接向党政领导和有关部门报送，不涉及国家秘密的，可以在媒体公开发表，可以通过举办论坛、召开研讨会等方式，发布、推介研究成果，还可以出版系列研究报告。总之，研究成果不能只是束之高阁的厚本子，要有阶段性、时效性强的研究成果；同时，要注重研究成果的及时转化应用。要从各个智库的实际情况出发，建立灵活有效的成果转化工作机制。现在，社会智库研究成果上报决策机关的渠道不够畅通，党政领导应帮助解决这方面问题。

第五，切实加强人才队伍建设。建设高质量的智库，关键在于拥有一批优秀的研究型、专家型的高素质人才。没有一流的人才，就不可能建设一流的智库。要不拘一格选人才，延揽人才；同时，要有合理的人才队伍结构。一个智库里，既需要有领导人才、专业研究人才，也需要有多学科、多领域的复合型研究人才；既需要有专职研究人才，也需要有兼职研究人才；既需要有研究型专业人才，也需要有管理型人才、辅助型人才；既需要有中青年人才，也需要有经验丰富的老年人才，做到老、中、青结合，搞好传、帮、带。总之，由各方面人才组成强大有力、和谐相处的团队，不仅可以做到博采众长，集思广益，而且可以优势互补，各显其能。关键是要建立良好的人才集成机制，把个体人才的智慧凝聚成智库整体优势。要创造良好的智库制度安排和生态环境，特别要实行有效的激励机制和政策，充分调动各类人才的积极性和创造性。要加强智库队伍的教育培训，不断提升基本素质；既要有过硬的工作能力和水平，更要有忠于职守的思想境界和良好作风。要大力培育和营造智库文化。智库应多吸引人才，多培养人才，多输送人才，这样才能增强智库的凝聚力、吸引力、战斗力和公信力。

我目前所在的北京师范大学中国社会管理研究院，是四年前顺应国家加强和创新社会治理的战略需求成立的，是集人才培养、科学研究、政策咨询、对外合作为一体的机构，致力于建成具有一流水准和重要影响力的社会治理智库。研究院成立以来，紧紧围绕党和政府提出的社会治理重大决策部署及社会建设的需要，承担多项国家重大研究任务，开展全局性、战略性、前瞻性和长远性问题的研究和探索，并承担中央部门、地方政府、企事业单位委托的决策咨询项目，取得了一批重要成果，产生了一定的社会影响。同时，研究院着力打造六大工程：一库、一典、一论坛、一刊、一书、一建设。"一库"是受国家哲学社会科学规划办特别委托的重大课题建设"中国社会管理创新研究信息库"；"一典"是组织编写《当代中国社会大事典（1978—2015）》（综合卷、地方卷）；"一论坛"是我们已连续4年成功举办一年一度的中国社会治理论坛；"一刊"是最近经国家新闻出版广电总局正式批准创办《社会治理》期刊；"一书"是编写出版包括《社会体制蓝皮书》在内的社会治理丛书；"一建设"是紧密结合高校特点，加快社会学学科建设和培养社会建设人才。我们还与国内外有关单位开展了多方面的合作交流。我们将充分发挥高校建设智库的优势，为推进国家治理创新、实现国家治理现代化做出自己应有的贡献。我们也真诚希望与卓亚经济社会发展研究中心和各高校智库开展多种形式的合作交流，实现共同发展。

在"山村教师公益计划"云南腾冲捐赠暨发放仪式上的讲话

（2015 年 12 月 30 日）

各位领导、各位老师、各位同学：

很高兴参加今天的"山村教师公益计划"捐赠活动。

"山村教师公益计划"是一项改善贫困山村教师生活条件的公益项目，也是响应党中央号召，由企业和社会组织联合开展的支持教育、尊重老师、关爱学生的公益活动。

教育是经济发展和社会进步的基石，是培养人才的基础，要实现我国"两个一百年"奋斗目标，优先要搞好教育。就云南省腾冲市来讲，今后要取得更大的发展和繁荣就要重视教育、发展教育、支持教育。发展教育的根本是要建设一支高素质的人民教师队伍。

"山村教师公益计划"是在国信招标集团的支持下开展的。国信招标集团长期关心、支持教育，特别对西部贫困地区，给予了特殊关爱。7 年来，他们对贫困山村教师给予了大力关心和支持。国信招标集团是一家成功的企业，企业负责人袁炳玉是一位优秀的企业家，他们今天的捐赠既是对教育事业的支持，也是企业及集团职工送来的一份爱心。

中国西部人才开发基金会是全国性公募基金会，旨在支持西部大开发，特别是支持西部人才的培养。关心教育、支持教育是基金会的宗旨所在。在国信招标集团的支持下，基金会做了不少有益的工作，包括对山村教师的资助工作，今后还要继续做下去。

在此，我提出三点希望。一是希望受资助的教师，要按照习近平总书记视察北京师范大学时的讲话精神，做"四有"好老师，要忠诚于党和人民的教育事业，要有敬业精神，要有广博的知识，特别要有爱心。教育的本质是爱护学生。祝愿你们在教育事业的发展过程中做出更大贡献，继续扎根山村，扎根贫困地区，奉献更多的聪明才智。二是希望受资助的学生，要尊敬老师，刻苦学习，多读书，读好书，长知识，争当德、智、体全面发展的新人，长大以后更好地建设家乡，建设祖国。三是希望通过今天这样的活动，能够带动和促进腾冲市教育事业的发展，在全社会形成更加重视教育、更加尊重教师、更加关爱学生的氛围，把全市的教育事业办得更好。

今天是个很有意义的日子。我们相聚在一起，这标志着腾冲市的教育事业一定会得到更大的发展，教师队伍会更加发展壮大，学生们会更好地健康成长。

在辞旧迎新之际，我祝愿全体教师工作顺利，事业有成！祝愿小朋友们好好学习，天天向上，快乐成长！祝愿在座的各位身体健康，万事如意！

深化行政审批制度和综合执法体制改革 推进国家治理现代化

——在青海省编办系统领导干部培训班上的致辞

（2016 年 9 月 20 日）

各位学员、同志们：

由北京师范大学中国社会管理研究院和中国行政体制改革研究会主办的青海省编办系统领导干部"深化行政审批制度和综合执法体制改革　推进国家治理现代化"专题培训班今天开班了。首先我代表主办单位对来自青海的各位学员表示热烈的欢迎！

青海省是位于祖国西部世界屋脊的璀璨明珠，是著名的"三江源"——长江、黄河、澜沧江的发源地，面积位列全国各省、自治区、直辖市的第四，在国家全局发展和西部大开发战略中有着重要的地位，也有许多明显的优势。改革开放以来，青海省各项改革发展事业都取得了显著成就。多年来特别是党的十八大以来，青海省广大干部群众认真学习贯彻党的十八大和历次中央全会精神，认真学习贯彻习近平总书记系列重要讲话精神，坚决落实党中央、国务院的决策部署，主动适应经济发展新常态，全省经济社会发展稳中有进、持续向好。近几年，青海省大力推进简政放权和政府职能转变，取消非行政许可审批事项，成为保留行政审批事项最少的省份之一，完善政府综合服务办公大厅工作机制，积极下放审批权限，简化审批手续，推行联合审批、一站式服务、限时办结、走访企业等制度，取得了明显成效，在全省的经济社会发展中日益发挥着重要作用。

我本人对青海省比较熟悉，对各族人民有深厚的感情，十多年前在国务院研究室工作期间，曾多次陪同国务院领导到青海考察工作，加深了对青海省情的认识；六年前，我主持国家行政学院工作时，每年都为青海省举办两期领导干部专题培训班，帮助研究改革发展中的问题。为了办好这次专题培训班，我亲自组织调整办班内容，邀请讲课人员。北京师范大学中国社会管理研究院／社会学院，是致力于创建国家社会治理智库的机构；中国行政体制改革研究会是国务院同意、民政部批准设立的全国性社团组织，也是国家行政学院创建国家高端智库的重要方面"军"。这两家智库型单位拥有相当丰富的办学和培训经验，相信它们会尽最大努力，办好这期专题培训班。

党的十八大以来，以习近平同志为核心的党中央提出一系列治国理政新理念、新战略、新思想，紧紧抓住转变政府职能这个关键环节，加大行政体制改革力度，在推进简政放权、放管结合、优化服务方面采取了一系列措施，特别是着力对行政审批权和行政执法权这两项核心行政权力进行改革，着力推进政府治理现代化进程。今年以来，放管服改革持续加力，简政放权、放管结合、优化服务进一步深化，实施更加便利企业的"五证合一"，"一照一码"加快推进，市场准入负面清单制度试点已经启动。9月14日，李克强总理主持召开国务院常务会议，又讨论部署加快推进"互联网＋政务服务"，深化政府自身改革，以更大程度地利企便民。近几年，国家陆续出台了一系列关于推进简政放权、深化行政审批制度和综合行政执法体制改革的政策举措。各地都在积极推进改革，并且已积累了不少好的经验，也出现不少新情况、新问题，以行政审批制度改革、综合行政执法改革、推进政府治理现代化为主要内容的行政体制改革仍然任重道远。在这种情况下，我们举办此次培训班很有必要。

首先，开展专题培训是深化行政体制改革，推进政府治理体系和治理能力现代化的迫切需要。简政放权、化繁为简、大道至简，是深化行政体制改革的大势所趋，也是政府现代化建设的重要特征。行政审批制度改革和综合行政执法改革既是政府职能转变的抓手，也是当前改革的重点和社会关注的热点，对推进政府治理现代化具有重要意义。一是有利于建设服务型政府。推进行政审批制度改革，坚决把不该管也管不好的事情放掉，把该管的事情管好，该服务的服务到位，能够为经济社会发展营造良好环境。二是有利于建设法治政府。推进行政审批制度和行政执法体制改革，实行依法行政、规范权力清单、加强政务大厅建设、推行电子政务等改革措施，使政府做到法无授权不可为、法定职责必须为，有力提高依法行政的水平，推进法治政府建设。三是有利于建设效能政府。深化行政审批制度改革，要求政府内部简化办事程序，同时政府在执法过程中能够同社会、企业作民主的沟通交流，有助于提高政府工作效率。

其次，开展专题培训是更好地履行政府职能，实现新常态下的新发展的需要。我国经济发展进入新常态，增速换挡，结构调整，各种矛盾凸显，发展压力很大。面对这种局面，积极推进包括行政审批制度和行政执法体制在内的各项制度改革，有助于破除阻碍经济社会发展的体制机制障碍，促进创业创新。今后，我们要实现经济中高速增长，必须继续简政放权，深化行政审批制度和综合行政执法改革，进一步激发市场和社会的活力，从而释放改革红利，促进稳增长、调结构、保就业、惠民生，实现新常态下的新发展。

最后，开展专题培训是提升干部队伍自身素质，适应时代发展潮流的需要。当今世界正发生急剧而深刻的变化，经济全球化深入发展，以信息化技术为代表的科学技术日新月异，特别是人类社会已进入互联网时代，人员、信息、资源的流动性显著增强，公共事务的复杂性日益增加。这些给公共治理带来了前所未有的挑战。各国、各地区都在致力于行政创新变革、推进政府治理现代化，以顺应时代发展潮流。我们各级干部肩负着贯彻落实中央决策，推进改革发展的历史使命。举办这样的培训班，不仅有助于大家深化对国内外形势的认识，而且有助于提高贯彻国家决策部署的能力和水平。

在短短几天的时间里，大家应紧紧围绕这期培训班的主题，把主要精力放在以下四个方面。

第一，要深入学习党和国家最新的行政改革理论和政策。对一个干部来说，思想理论素养与实际工作能力如同车之两轮、鸟之双翼，不可偏废、缺一不可。没有一定的思想理论素养，工作就会走偏方向。大家要从党中央决策部署、科学理论、国际视野等方面，深刻把握深化行政体制改革、推进国家治理现代化的重要意义和发展大势。

第二，要认真学习其他地方行政审批和综合行政执法改革的经验。很多省市在行政审批和综合行政执法改革中积累了重要的经验，我们要虚心学习，深入了解，丰富知识，开阔眼界，提高自己。当然，学习其他省份的经验，一定要与本省实际紧密结合起来，考虑本省改革的可行性和现实条件，而不能简单搬用。

第三，要全面分析改革进程中存在的问题。行政改革必须以问题为导向。大家要多思考当前改革中遇到的一些问题。比如，减少行政审批之后如何才能更好地加强监管和优化服务？为什么有些地方行政审批制度的改革力度已经很大了，但老百姓的获得感并不是很高？对诸如此类的问题，大家需要认真分析研究。随着改革的深化，我们还要系统性地考虑各方面的改革。比如，我们要思考综合行政执法改革与行政审批制度改革具有怎样的关联。事实上，很多人对审批、监管、执法三者的职责界限的认识并不清晰，有人将执法等同于监管，认为行政执法工作是最末端、最有效的，综合执法是可以"包打天下"的，在这种思想影响下必然会出现"以罚代管"的现象，或者出现多头执法、推诿扯皮、选择性执法等不良现象。为避免此类问题出现，我们需深入思考应怎样处理审批、监管、执法三者之间的关系等问题。

第四，要紧密结合青海省的实际情况开展交流研讨。行政审批制度改革和综合行政执法改革的出发点和落脚点，就是要服务于经济社会发展。大家一定要把对外地经验的总结、对存在问题的剖析与青海省的省情紧密结合起来，有效指导青海省自身的改革。

为了办好这次培训班，主办单位做了精心策划，邀请了有关方面知名度很高的专家和熟悉业务的领导干部为大家授课，联系到北京市有关地方进行实地考察，以尽量满足大家的要求。在这里，我代表主办单位对大家提几点希望。

第一，希望大家认真学习，深入研讨。大家平时工作都很忙，能集中几天时间来参加培训实属不易，机会成本也比较高，希望大家珍惜难得的学习机会，认真研讨，潜心思考。希望大家利用这样一个机会和平台，在学员论坛或分组讨论中踊跃交流，集思广益，相互学习，共同提高。

第二，希望大家密切联系实际，学以致用。学习的目的在于应用，学习的成效在于指导实践、解决问题。希望大家通过这几天的学习，不仅能够在理论水平上达到新高度，更能够以理论来指导青海的实践，破解实际工作中的难题。希望大家着力提高三方面能力：一是规划力，即统揽全局、做顶层设计、制订方案的能力；二是协调力，即协调各方、统筹推进的能力；三是执行力，即确保各项具体目标实现的能力。

第三，希望大家踊跃建言献策，分享成果。随着改革的深化，一些新的问题便会随之而来，这也正是国家在改革中需要破解的问题。对研讨交流中的各种问题，大家都可以畅所欲言，提出意见和建议，有好的建议我们可以向国务院和有关领导汇报。

第四，希望大家要遵守纪律，做出表率。各位学员要认真遵守培训班的各项纪律和制度，保证学习时间，服从培训班的安排。同时，我们也希望培训班工作人员要以高度负责的精神，认真细致地做好各项教学组织和服务保障工作，为学员营造一个良好的学习生活环境。

最后，祝愿各位学员在培训中能够学有所得、学有所获！祝愿大家学习顺利，在北京生活愉快！

发挥学术委员会作用 助力媒体新型智库建设 *

（2016 年 9 月 28 日）

各位领导、专家学者、同志们：

我作为一个智库工作者和《光明日报》的老读者、老作者、老朋友，很高兴参加光明日报智库研究与发布中心学术委员会成立大会，探讨如何更好地建设中国特色新型智库，更有效地为党和国家发展贡献智慧与力量。刚才，几位同志做了很好的致辞和讲话，宣布了成立光明日报智库研究与发布中心学术委员会并颁发证书。首先，我谨向《光明日报》在智库建设方面取得的新成绩、新进展表示由衷的祝贺！三十几位各界专家、学者和负责同志有幸成为学术委员会首批成员，我被聘为学术委员会主任，深感使命光荣，责任重大。在这里，我本人并代表学术委员会全体成员，对《光明日报》社领导的厚爱与信任表示衷心感谢！

纵观世界各国的现代化发展历程，智库在改善国家治理、促进经济社会发展、维护国家利益等方面都发挥着重要作用。党的十八大以来，党中央高度重视智库建设，习近平总书记对发挥智库作用、建设高质量智库做出了一系列重要指示，要求把中国特色新型智库建设作为一项重大而紧迫的任务，并强调："要建设一批国家急需、特色鲜明、制度创新、引领发展的高端智库。"在我国进入全面建成小康社会的决胜阶段，破解改革发展稳定难题和应对全球性问题的复杂性、艰巨性前所未有，更加迫切需要各类智库充分发挥作用，为党和政府提供决策智力服务，以增强治国理政的预见性、科学性、有效性。

---

* 本文系在光明日报智库研究与发布中心学术委员会成立大会上的讲话。

近年来，党中央采取了一系列政策措施支持新型智库建设，各部门、各地方建设智库的热情很高。中国智库建设进入了一个崭新的发展阶段，各类智库迎来了大有可为的历史新时期。在这种情况下，我们智库工作者应当为中国特色新型智库建设奉献心力、发光发热。

新闻媒体具有智力资源集中、社会联络广泛、研究组织与动员能力强大等优势，在智库建设中能够发挥独特的重要作用，既可以使自己办成新型智库，又可以从媒体功能上服务、引导和推动各级各类智库发展。《光明日报》是党中央领导和主办的全国性、综合性党报，是知识分子的精神家园，历史文化积淀深厚，在至今六十余年的发展历程中，一直团结带领广大知识分子，关注国家命运，推动社会发展。众所周知，1978 年 5 月，《光明日报》组织发表特约评论员文章《实践是检验真理的唯一标准》，在全国关于真理标准问题的讨论中做出了重要贡献，为实行改革开放战略决策提供了重要的思想理论支撑。近些年在新的历史条件下，《光明日报》在助推新型智库建设中，又走在了全国媒体前列，开辟了全国平面媒体中首个以智库命名的专刊，成立了光明日报智库研究与发布中心，在研究报道中外智库建设情况、发布各类智库成果、开展相关社会活动等方面，都取得了突出的成绩。两年多来，我经常见到《光明日报智库版》的精彩策划和深度报道，看到光明日报智库研究与发布中心的品牌活动和特色研究，深感这张知识分子自己的报纸在继承传统、发挥特色的基础上，有了敢为人先、顺应时势的创新发展，值得我们赞许与期待。

今天，《光明日报》弘扬广泛借力"外脑"的光荣传统，组建智库研究与发布中心学术委员会，必将把创办和服务建设中国特色新型智库工作提高到新水平。

加强中国特色新型智库建设，需要有科学的体制机制保障和完善的制度安排，但更需要有以深厚学理支撑的高质量思想产品和研究成果。这是我作为长期在不同类型智库工作过的智库人最为深切的体会。智库作为决策咨询研究机构，要坚持正确导向，选准研究课题，进行科学管理，提供有重要价值的优秀智力产品，就必然要求学术委员会发挥作用。这是光明日报智库研究与发布中心成立学术委员会的缘由和动因，也是今天我们相聚在这里的重要原因。

去年11月，中共中央宣传部印发的《国家高端智库管理办法（试行）》中明确规定，"高端智库应当成立学术委员会"，并提出了五项主要职责要求。就光明日报智库研究与发布中心来说，成立学术委员会并做好学术委员会工作，有着多方面的意义。

一是可以更好地为党和国家决策服务。光明日报智库研究与发布中心学术委员会的组成人员覆盖各个领域，既有理论界专家名家，又有实务部门工作者，具有很强的广泛性与开放性。这样高水平、多层次的学术委员构成，有利于更好地看清形势大局、把握研究方向，筛选重点问题、提供优质成果，回应党和国家事业发展的迫切呼唤；对于扩大中心纽带联系，探求各类智库建设路子，创新智库建设模式，指导智库研究与实践，也会发挥重要作用。

二是可以提高媒体智库的建设水平。衡量一家智库的标准，主要是看其是否拥有高水平、高质量的研究成果，是否遵守严格科学的学术规范，是否真正发挥资政启民的有效作用。发挥学术委员会作用，有利于为智库研究与发布中心的进一步发展提供更好的平台和环境，保障研究工作的规范性和成果的有效性，向着打造成一流媒体智库的目标不断前进。

三是可以培养和吸引人才并提升智库团队的整体素质。人才是智库的核心竞争力和宝贵资源。从光明日报智库研究与发布中心组织编写的《2015中国智库年度发展报告》来看，参与总报告撰写的这些同志都是"80后"，他们素质过硬，可塑性强，热情高，知识新。通过加强对他们及外部研究人员的培养，以学术委员会为联系纽带，以科研课题项目为主要依托，选人才、练队伍，提高智库人员的战略全局眼光和科学分析能力，有利于提高中心人才队伍的整体素质、研究质量与水平。

按照《光明日报》智库研究与发布中心的章程，作为中心学术工作的审议和指导机构，学术委员会的主要任务，是负责中心学术工作的业务指导、课题论证、项目评审、成果推荐、开展交流等。具体说，就是帮助制订中心年度研究计划和中长期工作计划；帮助拟定重大研究课题，提出选题建议和组织好课题立项工作；帮助提高学术研究的组织协调能力，进行重大课题研究指导；加强课题管理，最大限度地发挥中心优势和彰显特色；对已确定课题组织开题报告、评审研究成果和推荐使用意见，引导成果转化；开展学术培训和交流活动，组织重要专题讨论，及时提出决策咨询建议；开展多种形式的学术交流活动，扩大中心影响力的辐射范围。

学术委员会肩负着指导光明日报智库研究与发布中心相关工作的重要使命，我们一定要尽职尽责、尽智尽力，认真做好工作，特别是要坚持正确的政治方向和学术方向。学术委员会是中心最高学术审议机构。要牢牢把握中心的发展方向，把为党中央、国务院决策服务作为所有工作的重中之重，崇尚真理，兼容睿智，维护中心的学术声誉和相应的学术规范；要尊重智库发展规律，遵循科学的组织形式、运行机制、管理方式、制度规范，建立创新型、开放式、现代化的智库理念和治理模式；要坚持开放包容，鼓励创新，倡导学术自由、独立思考，努力营造活跃、宽松的学术氛围，解放思想、实事求是，充分发扬民主，集思广益。

当然，要长成参天大树，必须深植于肥厚土壤。智库研究与发布中心已取得的所有优秀成果，都是《光明日报》社领导大力支持的结果。学术委员会各项工作的顺利开展，也离不开《光明日报》社领导的关心和支持。刚才，欣闻《光明日报》已经确立智库化办报方向，这体现了决策层的战略眼光和胆识魄力，相信《光明日报》社领导将会对中心发展给予更多的扶持，创造更好的条件和环境。

加强智库建设，实现我国由智库大国向智库强国的转变任重道远。我们要不负厚望，加强沟通，携手开创中心研究发展的新局面。我相信，通过我们的共同努力，一定能够把光明日报智库研究与发布中心办出特色和水平，办成具有思想力、传播力与影响力的媒体新型智库，办成服务、引导、推动各类智库健康发展的有效平台和窗口。让我们勠力同心、奋力前行，为我国决胜全面小康社会、实现"两个一百年"宏伟目标和中华民族伟大复兴的中国梦做出积极贡献！

深入研究新时代中国特色社会主义社会现代化问题[*]

（2018 年 1 月 18 日）

很高兴参加这次京津冀社会学界学习贯彻十九大精神座谈会，会议集中研讨"新时代中国特色社会主义社会现代化"问题，既是贯彻落实党的十九大精神的实际行动，也是加强中国社会学界同人相互交流的学术盛会，很有意义。

不久前闭幕的党的十九大，做出中国特色社会主义进入了新时代的重大政治判断，把习近平新时代中国特色社会主义思想确立为党的指导思想，为我们党和国家事业发展进一步指明了方向。作为社会学理论研究和教育工作者，应深入学习领会和认真贯彻落实党的十九大精神，认清新时代，面向新征程，明确新使命，勇于新作为，为新时代中国特色社会主义谱写新篇章，创造新辉煌，积极贡献智慧和力量！

党的十九大根据新时代中国特色社会主义的历史方位及其要求，对决胜全面建成小康社会、开启全面建设社会主义现代化国家新征程，做出了重大决策部署和战略安排，绘制了实现中国社会主义现代化的宏伟目标、路线图、时间表。在到 2020 年全面建成小康社会的基础上，分两步走，到 21 世纪中叶全面建成社会主义现代化强国。这个现代化强国的宏伟目标，既包括实现经济、政治、文化、生态文明现代化，也包括实现社会现代化。习近平总书记在十九大报告中，对加强社会建设、创新社会治理、推进社会现代化做出了一系列重要论述和部署。在坚持和发展中国特色社会主义的前提下，全面实现中国社会主

---

[*] 本文系 2018 年 1 月 18 日在新时代中国特色社会主义社会现代化研讨会暨京津冀社会学界学习贯彻十九大精神座谈会上的讲话。

义现代化，是中国历史上最为广泛而深刻的社会变革，也是人类历史上最为宏大而独特的社会革命。这必将为中国社会学的创新发展和繁荣提供强大动力和广阔空间。

时代是思想之母，实践是理论之源。时代和实践是社会学发展的沃土和源泉。如果说 40 多年来在改革开放进程中，中国社会学经历了恢复、新生和蓬勃发展的历史新时期，那么在中国特色社会主义新时代和实现社会主义现代化的新征程中，中国社会学又进入了创新发展和更加繁荣的历史新时代。可以说，随着中国特色社会主义进入新时代，中国特色社会学的创新发展又迎来了一个新的春天，必将开创社会学大发展、大繁荣的新境界。这是社会学界同人施展才华、报效国家的难得良机，也是对社会学人应对难题、突破自我的能力考验。我们必须不忘初心，牢记使命，洞察时代风云，把握时代前进方向，紧密联系实际，积极为国家和人民述学立论，助推中国特色社会学大发展、大繁荣。

为此，我认为，在当前和今后时期，社会学研究和发展需要密切关注和深入研究一系列重要课题。这里仅列举几点，例如，什么是社会现代化？我们要实现什么样的中国特色社会主义的社会现代化？怎么样实现中国特色社会主义的社会现代化？习近平总书记指出，世界上没有完全相同的政治制度模式，政治制度不能脱离特定的社会政治条件和历史文化传统来抽象判断，不能生搬硬套外国的政治制度模式。同样，我们可以断定，中国的社会现代化也不能生搬硬套别国的模式，必须符合中国国情，扎根中国土壤。再如，如何深入领会、准确把握和自觉运用习近平新时代中国特色社会主义思想研究和推进社会建设和社会治理创新，建设有中国特色的社会现代化？如何认识和把握习近平社会建设和社会治理思想的精神实质、丰富内涵和重大创新？如何以习近平新时代中国特色社会主义思想丰富和发展中国特色社会学，构建新型社会学科学的逻辑框架和理论体系？如何将以人民为中心的思想贯穿到社会现代化建设的全过程和各个领域？如何按照完善中国特色社会主义制度的要求，推进社会治理体系和治理能力现代化？如何把中华优秀传统文化与社会现代化建设有机结合起来？在实施乡村振兴战略中，如何提升乡村社会治理水平，促进乡村社会现代化？在推进城市化发展中，如何提升城市特别是特大城市的社会现代化建设水平？面对互联网、人工智能飞快到来的新形势，如何推进社会建设和社会治理的理念创新、制度创新、方式创新、方法创新？我们完全可以相信，在中国特色社会主义新时代和全面建成社会主义现代化强国的进程中，在破解各类社会发展的难题中，中国社会学界应该而且能够大有作为！

我本人长期主要从事经济理论和政策研究，也一直重视社会理论和政策研究，努力推动中国社会学的发展与建设。我与社会学界结缘已久，我国社会学界已过世的陆学艺、郑杭生等老领导、老专家都是我的良师益友，当今社会学界著名领军人物李培林、李强等，也都是我的好朋友。早在 1993 年在国家计委工作时，我就受时任中国社会学会会长袁方同志委托，成立中国社会学会社会发展与社会保障研究会，并担任首任会长，组织社会学界专家和实际部门的社会工作者包括李培林教授、宁吉喆博士等开展几个重大课题研究，取得了一批重要研究成果，包括《转型时期中国社会发展战略构想研究》《中国社会保障制度基本模式研究》，并主持起草《全国社会发展纲要》等一批重要文件，为中国社会事业和社会学发展做出了积极努力。此后，在中央财经领导小组办公室、国务院研究室工作期间，我也坚持研究社会发展中的理论和政策问题，提出过不少建议。近几年，我更是主要从事社会治理和社会学研究，又与社会学界专家一起为社会学学科建设向中央领导建言。2012 年 10 月，我组织撰写《关于加强社会管理学科建设的建议》，2014 年我又组织撰写《关于改革学科建制和提升社会学地位的建议》，都受到中央领导的重视，推进了社会学学科建设与发展。在进行社会学理论研究和社会工作实践中，我不断加深对社会学学科建设的认知和感情，越来越深刻认识到社会学学科的重要性，越来越热心社会治理智库和社会学学科建设。

在庆祝中国社会科学院社会学研究所建所 40 周年暨 "新时代中国社会学的使命与担当" 学术研讨会上的致辞

（2020 年 1 月 19 日）

各位领导、各位来宾、同志们：

很高兴参加今天庆祝中国社会科学院社会学研究所建所 40 周年暨 "新时代中国社会学的使命与担当" 学术研讨会。首先，我谨代表北京师范大学中国社会管理研究院 / 社会学院，并以我个人的名义，向社会学所 40 周年华诞致以热烈的祝贺，向各位来宾致以新年的美好祝愿！

在现代社会科学体系中，社会学是基础性、综合性的学科，是研究和揭示社会运行特点和规律的一门学问，它以观察和解释社会现象、分析和处理社会矛盾、面对和解决社会问题、促进和实现社会和谐为宗旨和使命，对于推动人类社会文明进步具有极为重要的作用。中国社会学的历史与中国社会的变迁密切相关，在中国的社会变革中不断发展。新中国成立 70 年来，社会学发展经历了曲折的不平凡的道路。在 1978 年开启的改革开放的伟大历史征程中，社会学得到了恢复重建和快速发展。社会学的学科队伍迅速壮大，学科体系逐步完善，学科发展深入推进，人才培养体系日臻完善，研究内容覆盖社会各个领域，在国家现代化建设和社会治理中发挥着越来越重要的作用。

中国社会科学院社会学研究所，是中国社会学在改革开放伊始得以恢复后最早成立起来的学术机构，是中国最顶级的社会学研究机构。建所 40 年来，社会学所开拓奋进，取得了引人注目的辉煌业绩和巨大进步。经过费孝通教授、陆学艺教授、景天魁教授、李培林教授和陈光金教授等为代表的几代社会学所同人的艰苦努力，研究领域不断拓展，学术水平显著提升，产生了一大批富有价值、高质量的研究成果，开展了大量高水平、有影响的学术活动，涌现了一大批优秀学者，培养了一大批社会学专业人才，与国内外社会学界建立了广泛的学术合作联系，不仅把社会学所建设成享誉中外、具有重要影响力的国际级研究机构，而且为中国改革开放和现代化建设事业持续发展做出了突出贡献。你们不愧为中国社会学界推动社会理论创新和实践创新的排头兵、领军者。我们为你们取得的重大成就和进步感到十分欣慰和鼓舞。

我本人长期主要从事经济理论和政策研究，在实践中深知没有社会学知识很难做好经济工作，所以也一直重视社会理论和政策研究。1979年邓小平同志提出社会学需要赶快补课的时候，我就参与研究制订国家国民经济第六个五年计划，党中央决定将社会发展纳入国家计划，国家中长期规划和年度计划名称由以往的国民经济发展计划改为国民经济和社会发展计划，一直沿用至今。从那时起，我就开始研究社会发展中的理论与实践问题。我与社会学界结缘也由来已久。1993年在国家计委工作时，我就受时任中国社会学会会长的委托，成立中国社会学会社会发展与社会保障研究会并担任首任会长，邀请和组织社会学界陆学艺、李培林等专家和实际部门社会工作者开展重大课题研究，形成了一批为党中央、国务院决策服务的重要研究成果和学术著作。2011年，我从领导岗位退下来以后，到北京师范大学创办社会治理智库和加强社会学学科建设，探索在高校建设新型智库与学科建设相结合的新路子。这些年来，我们在智库建设和社会学学科建设方面都取得了重要进展。在开展社会学理论研究和社会工作实践中，我不断加深对社会学建设的认知和感情，越来越感到研究和推进社会学建设的极端重要性。

在从事社会发展和社会政策研究工作中，我最先关注的是费孝通教授的研究课题和理论文章，特别是他在20世纪80年代提出的"小城镇、大问题""离土不离乡"的城镇化道路以及苏南模式、温州模式等，都对我有很大的启示和影响。30多年来，我与何建章教授、陆学艺教授、景天魁教授、李培林教授和陈光金教授等历任所领导和李强、李友梅等中国社会学会领导有着很多的合作交流，取得了不少重要研究成果。在陆学艺教授、李培林教授、李强教授等社会学界专家的积极参与和支持下，2012 年 10 月，我组织撰写《关于加强社会管理学科建设的建议》，2014 年我又组织撰写《关于改革学科建制和提升社会学地位的建议》，都得到中央领导的重视和批示，推进了我国社会学学科的建设与发展。我们还与社会学所一起联合举办了中国社会治理论坛，合作开展了国家社会科学基金重大项目的研究。我还邀请李培林同志担任我院社会治理智库的首席专家，为我院的发展出谋划策。实际上，我们与社会学所的合作只是社会学所在学术界所做贡献的一瞥。在多年的交往中，我深深感受到社会学所历任领导和许多知名专家都富有报国的情怀、渊博的知识、创新的精神、友善的态度和广阔的胸襟。相信在座的社会学界同人都会与我有同样的经历和感受。

在中国特色社会主义新时代，中国社会学界面临的重大使命，是合力构建、发展和繁荣中国特色社会学。为此，我们必须坚持以马克思主义和马克思主义中国化的科学理论为指导，深入研究人类社会发展规律，植根于中国的广袤大地和基本国情，继承中华民族优秀传统历史文化，善于总结丰富的实践经验，深刻把握未来发展趋势，研究借鉴国外社会学的有益成果，紧紧围绕坚持和发展中国特色社会主义、推进和实现社会现代化，积极开展学术理论研究和实践创新。特别重要的是，必须牢固树立人民是社会的主人、是历史推动者的思想理念，坚持人民至上，坚持人民立场，坚持为人民做学问，推动建设人民向往的美好社会、建设全体人民共同富裕和实现人的全面自由发展的社会。今天这个学术研讨会的主题是"新时代中国社会学的使命与担当"。这个主题很好，充分体现了习近平新时代中国特色社会主义思想的"以人民为中心"的发展理念，是建设和发展中国特色社会学的根本方向和正确路径。习近平总书记关于社会建设和社会治理的主要论述具有极为重要的理论和现实意义，不仅开拓了科学社会主义中社会建设和社会治理思想的新境界，而且开拓了传统社会管理向现代社会治理转变的新境界，还开拓了中华优秀传统文化与现代社会文明相融合的新境界。不久前党的十九届四中全会通过的《中共中央关于坚持和完善中国特色社会主义制度、推进国家治理体系和治理能力现代化若干重大问题的决定》，明确提出了要坚持和完善共建共治共享的社会治理制度，完善社会治理体系，打造人人有责、人人尽责、人人享有的社会治理共同体。这些不仅是一个重大的实践课题，也是一个重大的理论课题，特别需要社会学界准确把握新时代特征、深入研究新时代新问题。可以说，新时代赋予了我国社会学更大的使命和责任。相信社会学界同人在新的时代，一定能够为我国社会现代化建设和中华民族伟大复兴贡献更多的智慧。我们要洞察时代风云，把握前进方向，紧密联系实际，积极为国家和人民述学立论，助推中国特色社会学建设和发展。在中国特色社会主义新时代和全面建设社会主义现代化强国的进程中，在研究和破解各类社会发展的难题中，中国社会学界一定能够大有作为，中国社会科学院社会学研究所也必将能够继续发挥带头和引领作用！

我希望，这次社会学研究所建所40周年庆祝活动，不仅是为了回顾过去的辉煌和艰辛奋斗的历程与成就，更是为了增进社会学界共识，合力构建中国特色社会学学术体系、学科体系和话语体系，以更好地服务于我国社会建设现代化和社会治理现代化。我们北京师范大学中国社会管理研究院 / 社会学院也非常愿意与中国社会科学院社会学研究所进一步开展多种形式的合作交流，共同助推中国特色社会学大繁荣大发展。我也愿意与社会学界的朋友们一起，为发展中国特色社会学和推进中国社会现代化建设贡献自己余生的智慧与力量。

最后，祝愿中国社会科学院社会学所越办越好！

在清华大学第二届中国社会治理与发展
高层论坛上的致辞

（2020 年 11 月 27 日）

各位领导、来宾、老师、同学们：

　　非常高兴参加在清华大学举办的第二届中国社会治理与发展高层论坛。论坛以"科技赋能·智治社会——面向'中国之治'的社会治理现代化"为主题，很有意义。首先，我以清华大学社会治理与发展研究院学术委员会名誉主席的名义，并代表论坛协办单位北京师范大学中国社会管理研究院，向本届论坛的举办表示祝贺，向莅临论坛的各位领导和嘉宾表示欢迎和感谢。

　　本届论坛是在全党全国深入学习贯彻党的十九届五中全会精神的大背景下召开的。五中全会审议通过的"十四五"规划和 2035 年远景目标的建议中，对"提高社会建设水平""加强和创新社会治理""建设更高水平的平安中国"，做出了明确部署，这些是未来时期推进社会治理体系和治理能力现代化的重大任务和重要遵循。我们今天举办的论坛，既是社会治理领域的学术研讨会，也是贯彻落实党中央决策部署的实际行动。

　　社会治理是国家治理的重要组成部分，国家治理现代化离不开社会治理现代化。中国社会主义现代化建设是不断向前发展的历史进程，社会治理现代化建设也是不断推进的历史过程。经过长期不懈奋斗，我国即将全面建成小康社会，社会治理现代化建设也取得了重大成就：全国人民生活水平显著提高，困扰中华民族千百年的绝对贫困问题将历史性地画上句号，共建共治共享的社会治理制度逐步确立，社会治理体系不断健全，社会治理能力水平大为提升，平安中国建设取得重大进展。这一切，为我国持续推进国家治理和社会治理现代化奠定了坚实基础。

以实施"十四五"规划为开端，我国将迈入全面建设社会主义现代化国家的新发展阶段。在新阶段、新征程、新形势中，我国社会治理面临着许多重大课题，包括：当今世界正在经历百年未有之大变局，全球百年不遇的新型冠状病毒感染疫情仍在许多国家蔓延，这些对世界各国和我国都会产生多方面的深刻影响；新一轮科技革命和产业革命特别是互联网技术的广泛运用，给人类社会发展带来许多新机遇，也引发了许多新的经济社会问题，增加了社会治理的难度；我国社会主要矛盾的变化，贯彻新发展理念、推动高质量发展的要求，社会结构、社会关系、社会行为方式、社会心理等深刻变化，都给社会治理提出了许多新课题、新任务、新要求。我们应该从更有力地应对世界百年未有之大变局、全球百年未遇之大疫情和顺利实现中华民族伟大复兴战略全局的高度，从实现更有效防范和应对各类风险、建设更高水平平安中国的目标要求的角度，提高加强和创新社会治理、推进社会治理现代化的自觉性、主动性。

在我国未来的新发展阶段，推进社会治理体系和治理能力现代化需要做多方面工作，采取更为有力的举措，包括：坚持以加强党对社会治理的全面领导为统领，确保社会治理现代化建设的正确方向；坚持以创新和完善社会治理制度为保障，拓展共建共治共享的社会发展新局面；坚持以推进深层次改革为动力，加快完善社会治理现代化体制机制；坚持以全面加强和创新基层社会治理为重点，大力提升基层社会治理现代化水平；坚持以加强和创新市域社会治理为重要抓手，完善城乡社会治理现代化体系；坚持以社会治理数字化为战略任务，全面提升社会治理智能化水平；坚持以提升社会治理能力为关键，全面增强社会治理现代化建设的整体效能。要完成未来时期社会治理现代化建设的重大任务，既要加强理论创新、理念创新、学术创新，也要推进政策创新、实践创新、工作创新，需要更好地把理论和实践紧密结合起来，使之相互适应、互相促进，统一于中国特色社会主义现代化建设的伟大事业之中。

清华大学社会治理与发展研究院由国家发展改革委与清华大学共同发起，

于 2018 年 5 月在北京正式成立。研究院坚持以习近平新时代中国特色社会主义思想为指导，围绕我国社会主义现代化进程中的理论和实践要求，着力于社会治理体系和治理能力现代化研究，推进国民经济和社会发展领域的理论探索和政策研究，致力于推动全面构建共建共治共享的社会治理格局，成为中国社会治理与发展领域的新型智库。这是高等学校与实际部门合作建设新型智库的重大体制创新。

研究院成立两年多来，做了大量工作，取得了一系列重要成果，为国家和地方相关政策的预研储备、研究制定、推进实施提供了智力支撑，在全国社会治理领域已经具有很好的学术影响力、社会影响力和决策影响力。

作为长期在国家宏观综合部门和社会治理与发展领域做研究的智库工作者，我应邀支持研究院的建设与发展，开展与国内外社会治理相关领域的科研和学术机构的合作。研究院将站在新的历史起点上，接续、传承和弘扬清华大学百年名校的优秀传统和声誉，这既是一份光荣的责任和任务，也是一份义不容辞的担当和使命。相信研究院在国家发展改革委及相关部委支持下，在清华大学"更创新、更国际、更人文"的战略要求下，将依托清华大学社科领域在国际国内的权威地位，进一步扩大研究队伍，完善承担重要课题与专项研究的工作机制，广泛参与社会治理和发展的重要课题，举办社会治理和发展及相关领域的研讨活动，提供更多有价值、高质量的研究成果，努力建成一流的专业化新型智库，为新时代中国特色社会主义事业不断发展做出积极的贡献。

今天应邀参加"科技赋能·智治社会——面向'中国之治'的社会治理现代化"高层论坛的嘉宾，大都是来自地方政府、企业、高等院校的有着社会治理理论研究和实践工作经验的领导、专家和学者，大家相互交流、深入研讨、分享成果，这对于深入推动社会治理现代化建设的研究与实际工作有着重要的启迪作用。我希望能把今天的论坛办成一次特色鲜明的智库盛宴。

最后，预祝论坛圆满成功！

推动黄河流域生态保护和高质量发展 *

（2020 年 12 月 13 日）

在全国上下深入学习贯彻党的十九届五中全会精神、研究制定"十四五"规划和 2035 年远景目标纲要的重要关键时刻，我们相聚在黄河入海口山东的泉城济南，举办黄河流域生态保护和高质量发展论坛，这既是学习贯彻习近平总书记重要讲话、指示和党中央重大决策部署的实际行动，也是贯彻落实党的十九届五中全会精神的重要活动，意义重大。刚才，干杰省长做了致辞，介绍了学习贯彻黄河流域生态保护和高质量发展国家战略的有关情况，对本次论坛提出了期望，提供了有力的指导。我谨代表中国区域经济 50 人论坛，对本次论坛的成功召开表示热烈祝贺，向前来参加论坛的各位领导和嘉宾表示诚挚欢迎，向关心、支持本次论坛的山东省领导和山东大学表示衷心感谢！

黄河是中华民族的母亲河，黄河及沿岸流域孕育了古老而伟大的中华文明，大力推动黄河流域生态保护和高质量发展，是事关中华民族伟大复兴和永续发展的千秋大计。习近平总书记多次发表重要讲话、做出重要指示批示，党中央将黄河流域生态保护和高质量发展确定为国家重大战略。党的十九届五中全会通过的《中共中央关于制定国民经济和社会发展第十四个五年规划和二〇三五年远景目标的建议》中，在"优化国土空间布局，推进区域协调发展和新型城镇化"部分，对"推动黄河流域生态保护和高质量发展"进一步做出明确部署和要求。这些为制定和实施相关规划方案、工作部署，深化研究，指明了方向，提供了重要遵循。

---

* 本文系 2020 年 12 月 13 日在黄河流域生态保护和高质量发展论坛上的致辞。

推动黄河流域生态保护和高质量发展具有深远历史意义和重大战略意义。提出和实施黄河流域生态保护和高质量发展战略，是习近平新时代中国特色社会主义思想的有机组成部分，是习近平生态文明思想的生动体现，是新时代新发展阶段构建区域协调发展的国土空间格局的重大战略部署，是新时代我们党治国兴邦的历史性决策。保护好黄河流域生态环境，促进沿黄地区经济高质量发展，是我国在新发展阶段贯彻新发展理念、形成新发展格局、实现新发展目标的必然要求。黄河流域横跨东、中、西部，是我国重要的生态安全屏障，也是人口活动和经济发展的重要区域。黄河一直水患频繁，流域生态环境脆弱，水资源保障形势严峻。黄河上中游七省区是发展不充分的地区，与东部和南部地区相比差距明显，扩大内需的潜力巨大。受地理条件等制约，沿黄河各省区的经济联系历来不紧密，内生动力不足和协同发展机制不完善，文化遗产系统保护和精神内涵深入挖掘不足。因此，大力实施黄河流域生态保护和高质量发展战略，是协调黄河水沙关系、缓解水资源供需矛盾、保障黄河安澜的迫切需要，是践行绿水青山就是金山银山理念、防范和化解生态安全风险、建设美丽中国的现实需要，是强化全流域协同合作、扩大国内需求、畅通国内国际双循环、缩小东西部地区和南北部地区发展差距、走共同富裕道路的战略需要，是深化改革开放、激发沿黄地区经济社会活力和创造力的内在需要，是大力保护传承弘扬黄河文化、彰显中华文明、增强民族团结、增强文化自信的时代需要。在新时代中国特色社会主义事业不断发展的进程中，我们完全有能力、有条件解决困扰中华民族几千年的黄河治理问题，实现黄河流域全面高质量发展。

通过学习领会习近平总书记重要讲话精神和党中央决策部署要求，我们认为，贯彻落实好黄河流域生态保护和高质量发展战略需要着力把握好以下几个方面。

1. 坚持生态优先、绿色发展。黄河流域最大的问题是生态脆弱，环境污染积重较深。要牢固树立绿水青山就是金山银山的理念，顺应自然、尊重规律，从以往过度干预、过度利用向自然修复、休养生息转变，改变黄河流域生态脆弱的状况；优化国土空间开发格局，生态功能区重点保护好生态环境，不盲目追求经济总量；调整区域产业布局，把经济活动限定在资源和环境可承受的范围内；发展新兴产业，推动清洁生产，坚定走绿色、可持续发展之路。

2. 坚持量水而行、节水优先。黄河流域最大的矛盾是水资源短缺。要把水资源作为最大的刚性约束，坚持以水定城、以水定地、以水定人、以水定产、以水定项目，合理规划人口、城市和产业发展；统筹优化生产、生活、生态用水结构，积极推动用水方式由粗放低效向节约集约转变。

3. 坚持因地制宜、分类施策。黄河流域上中下游不同地区的自然条件千差万别，生态建设重点各有不同，要高度重视分区分类推进保护和治理。各地区应找准定位，从实际出发，突出重点，发挥比较优势，积极探索富有地域特色的高质量发展新路子。要着力促进特色产业发展，培育经济增长极，打造开放通道，带动全流域高质量发展。例如，三江源、祁连山等生态功能重要的地区，主要任务是保护生态，涵养水源，创造更多生态产品；河套灌区、汾渭平原等粮食主产区要发展现代农业，把农产品质量提上去，为保障国家粮食安全做出贡献；沿黄河中心城市等经济发展条件好的地区，要集约发展，提高经济和人口承载能力；贫困地区要提高基础设施和公共服务水平，全力保障和改善民生。

4. 坚持统筹谋划、协同推进。黄河流域各地区应牢固树立黄河全流域"一盘棋"思想，注重保护和治理的系统性、整体性、协同性。要从全流域和生态系统整体性出发，坚持共同抓好大保护，协同推进大治理。特别要加强协同联动，统筹推进上中下游、干流支流、左右两岸的保护和治理，统筹推进堤防建设、河道整治、滩区治理、生态修复等重大工程，统筹水资源分配利用与产业布局、城乡建设等。

5. 坚持深化改革、扩大开放。深化改革和扩大开放并重，充分发挥市场在资源配置中的决定性作用，更好地发挥政府作用，推动有效市场和有为政府更好地结合。全面加强黄河综合治理体系和治理能力现代化建设，加快构建内外兼顾、陆海联动、东西互动、多向并进的黄河流域开放新格局。完善黄河流域管理体系，形成中央统筹协调、部门协同配合、局地抓好落实、各方衔接有力的管理体制，建立健全统分结合、协同联动的工作机制。加快形成和健全生态产品价值实现机制。着力优化沿黄河各省区的营商环境，深度融入共建"一带一路"，健全区域开放合作机制。

6. 坚持尽力而为、量力而行。黄河流域生态保护和高质量发展是一项重大系统工程，涉及地域广、人口多、任务繁重艰巨。要积极进取、开拓创新，又要尽力而为、量力而行，坚持循序渐进、注重实效，绝不能犯急躁病、盲目大干快上。要保持历史耐心和战略定力，既要着眼长远，又要干在当下。要把握好有所为与有所不为、先为与后为、快为与慢为的关系，抓住每个阶段的主要矛盾和矛盾主要方面，对当下急需的政策、工程和项目，要增强紧迫感和使命感，加快推进、力争早见成效；对需要长期推进的工作，要久久为功、一茬接着一茬干，经过长期的艰苦奋斗，逐步把黄河流域生态保护和高质量发展的宏伟蓝图变为现实。

滔滔黄河，润泽齐鲁。黄河流域生态保护和高质量发展上升为国家重大战略，为山东"扬起龙头"，实现"走在前列、全面开创"提供了重大历史机遇。山东是经济大省、人口大省、产业大省，也是沿黄九省区中唯一地处东部并拥有广大开放地带的沿海省份，完全有基础、有条件、有责任发挥好山东半岛城市群对黄河流域的龙头作用，有力推动黄河流域生态保护和高质量发展这一重大国家战略落地落实。我们也相信，敢闯敢干、勤劳智慧的齐鲁人民，在山东省委、省政府的带领下，一定能够彰显山东特色和比较优势，推动山东成为黄河流域生态保护的先行区、高质量发展的示范区、国内国际双循环格局中的新高地和流域协同治理的排头兵，在服务黄河流域生态保护和高质量发展国家战略中展现山东担当，贡献山东力量，打造山东样板。

黄河宁，天下平。习近平总书记指出，要加强黄河流域生态保护和高质量发展的重大问题研究，协调解决跨区域重大问题。中国区域经济 50 人论坛，由长期从事区域发展理论、政策研究和实际工作的具有较大影响力的专家和青年新锐组成，旨在聚焦中国区域经济理论、政策和实践研究，提出促进区域协调发展的建议，推动国家区域发展战略的贯彻实施。成立几年来，中国区域经济50人论坛开展了多层次、多类型的研讨活动和决策咨询研究，社会影响力不断扩大。作为致力于区域发展的专业化新型智库机构，中国区域经济50人论坛将深入贯彻落实习近平总书记重要指示和重要讲话精神，积极加强与山东省和山东大学的合作，全力支持黄河发展论坛、黄河国家战略研究院建设，与各方携手并肩，合力推动黄河流域生态保护和高质量发展的相关重大理论问题、现实问题、政策问题研究。首先，要加强以"水"为核心的生态保护问题研究。黄河用仅占全国2%的水资源量，承担全国12%的人口、15%的耕地以及50多座大中城市的供水任务。推动黄河流域生态保护和高质量发展，尤其需要做好"水文章"。其次，要加强以高质量发展为主题的区域发展问题研究。如何通过落实新发展理念，构建现代产业体系、优化空间发展格局，都需要进一步深化研究。最后，要加强以流域治理为纽带的区域合作与协同发展问题研究。我们要联合高校、科研单位和智库的力量，加强合作，突出重点，深入研究，努力在加强生态保护治理、保障黄河长治久安、促进全流域高质量发展、改善人民群众生活、保护传承弘扬黄河文化等关键问题上不断取得新突破，有效服务于理论创新、政策创新和实践创新，早日让黄河成为造福人民的幸福河，使黄河流域在全面建设社会主义现代化国家的进程中发挥重要支撑作用。

数字治理创新大有文章可做 *

（2021 年 5 月 9 日）

各位领导、各位专家、同志们：

很高兴应邀参加在这里举办的中国社会治理研究会数字治理分会成立暨数字治理座谈会。中国社会治理研究会是我国从事社会治理理论研究和实践的综合性、创新性、权威性的专业学术团体，成立几年来做了大量工作，取得了显著成绩，为研究和推进社会治理现代化发挥了积极作用。首先，我谨对中国社会治理研究会的新成员——数字治理分会的成立，表示衷心的祝贺！

中国社会治理研究会成立数字治理分会，是顺时应势之举。当今世界，社会信息化进程加快，以数字化、网络化、智能化为特征的大数据、物联网、云计算、区块链技术快速发展，推动数字经济、数字社会蓬勃发展。数字技术成为经济和社会发展的新资源、新要素、新动能，对经济社会发展产生着日益广泛而深刻的影响，人类将迎来全新的数字时代。

在这种全球都处于数字技术驱动大变革的新形势下，世界主要发达国家纷纷将数字技术广泛应用于政府治理和社会治理。近些年，我们党和国家高度重视实施大数据治国战略。习近平总书记指出，要"加快建设数字中国""运用大数据提升国家治理现代化水平"。党的十九届五中全会提出，要"加快数字化发展""加强数字社会、数字政府建设，提升公共服务、社会治理等数字化智能化水平"。前不久颁布的《中华人民共和国国民经济和社会发展第十四个五年规划和 2035 年远景目标纲要》中，专列一篇，对"加快数字化发展，建

---

* 本文系在中国社会治理研究会数字治理分会成立暨数字治理座谈会上的致辞。

设数字中国"做出具体部署。研究数字治理理论和实践，建设数字中国将是一个重大的历史性任务。所以我说，中国社会治理研究会数字治理分会的成立正当其时，应运而生。

数字治理就是通过数字化、智能化手段赋能，促使社会治理向更加高效、更加科学、更加透明、更加民主、更加多元、更加包容、更加精细的方向发展。通过数字化手段赋能，提升社会治理数字化智能化水平，不仅是更好地解决当前许多社会矛盾和问题的迫切需要，也是有效应对今后国家现代化建设过程中种种严峻风险和挑战的战略选择。

为了加快推进数字化社会治理并取得实效，需要深入研究解决许多问题。这里，我想就以下几点，简要讲一些看法。

1.深入认识和把握数字治理的科学内涵及其要求。数字治理是数字技术、数字经济、数字社会、数字政府发展而产生的新型治理，涉及社会治理理念变革、治理方式转变、运行机制重构、政务流程优化、体制调整和资源整合。随着数字技术不断发展，数字治理的理念、结构和体系也会不断发展。作为一种新型的国家治理和社会经济治理方式，数字治理需要对传统的公共管理理论、社会建设理论进行创新发展，突出体现整体性治理理论、协同治理理论、网络化治理理论、数字治理理论，并使这些理论相融合，服务于经济社会高质量发展，助推中国特色社会主义事业。

2.坚持和完善共建共治共享的社会治理制度。共建共治共享是中国特色社会主义的重要制度。这种社会治理制度把加强党的全面领导作为根本保证，把以人民为中心作为根本立场，把促进民生和法治作为根本方式，把实现活力和秩序相统一作为根本目标。要坚持和完善共建共治共享的社会治理制度，特别要坚持党对社会治理进行全面领导的多元主体协同共治原则，尊重人民群众在治理中的主体地位，坚持信息惠民，提供更多普惠便捷、优质高效的数字服务，让人们共享信息化发展成果；要有效协调政府力量、社会力量、市场力量，激发社会活力，促进社会正义和有序运行。在研究和实施数字治理中，必须有利于更好地体现这些重要制度的基本要求，有力推进共建共治共享的社会治理制度建设。

3. 主动研究和服务数字治理的战略规划和顶层设计。要牢牢把握数字中国建设的时代方位、主要目标和重点任务。应从新发展阶段全面建设社会主义现代化强国的战略高度和数字世界发展趋势，研究谋划数字治理的布局和体系。特别是在全局性的数字技术发展战略规划以及大系统、大数据和大平台构建方面，要从组织框架和制度规范上加以研究谋划，以使数字化治理工具符合全面建设社会主义现代化国家的战略目标、价值追求和道德规范，确保数字治理沿着正确方向健康发展。

4. 善于运用系统视角和观念研究数字治理。数字治理是一项系统性、整体性工程，单一的运行逻辑、监管逻辑、技术逻辑、市场逻辑都无法解决数字化发展带来的复杂问题和挑战，必须用系统观念、系统思维、系统分析方法来研究数字治理问题。也就是要将数字化进程中的发展问题、治理问题放在整个社会经济大系统中去观察、去研究，要从多方面、多角度对数字化发展产生的新情况、存在的问题、内在逻辑、平台治理、社会运行等问题进行深入研究，在综合考虑多方面因素的基础上，提出提升社会治理数字化智能水平的观点、见解或政策举措建议。

5. 注重把技术创新与制度创新有机结合起来。数字治理是公共管理、社会治理理论与数据技术相结合的产物。数字技术已经成为政府组织、社会结构调整和变革的赋能者，数字共享平台构建成为数字政府、数字社会建设的基本条件支撑，整体性协同运行成为数字治理功能发挥的重要动力保障，社会治理主体的治理理念、治理角色、治理方式必须随之进行相应转变。要将社会治理变革与数字技术应用深度融合，大力推行"互联网+"社会治理模式，积极利用好数字技术，推进社会治理工作科学化、智能化、精细化、高效化。

6. 着力提升数字社会治理效能和水平。推进数字社会治理的根本任务，在于提升社会治理效能和水平，将国家社会制度优势转化为治理效能。这需要深入研究如何加快数字社会建设步伐，推进新型基础设施建设，推动智慧城市与数字乡村建设，适应数字技术全面融入社会交往和日常生活新趋势，促进公共服务和社会运行方式创新，构筑全民畅享的数字生活。这需要提高数字政府建设水平，推动政府治理流程再造和模式优化，不断提高决策科学性和服务效率。这还需要营造良好数字生态，坚持放管并重，促进发展与规范管理相统一，构建数字规划体系，营造开放、健康、安全的数字生态，包括建立健全数据要素市场规则，营造规范有序的政策环境，加强网络安全保护，推动构建网络安全空间命运共同体。

总体来看，当前无论是理论还是实践，数字治理建设都处于初创阶段，数字治理技术创新、理论创新、制度创新、政策创新都有待于深入探索和积极开拓，这方面大有文章可做，前景十分广阔。在开启全面建设社会主义现代化国家新征程之际，中国社会治理研究会成立数字治理分会，是富有战略性、前瞻性的迎接数字时代、建设数字中国的实际行动，对于深入研究数字社会治理，有力助推社会治理现代化，必将发挥正能量作用。我们希望数字治理分会成立后，要坚持以习近平新时代中国特色社会主义思想为指引，在中国社会治理研究会的统一领导下，紧紧围绕国家重大战略需求，顺应时代发展潮流，广泛吸纳人才，汇聚各方力量，坚持解放思想，敢于大胆探索，勇于开拓创新，坚持做到理论与实践相结合、知与行相统一，积极推进数字治理学术研究、理论研究和政策研究，坚持高起点、高标准、高要求，不断提供有价值、高质量的研究成果，努力办出高水平、办出新特色、办出影响力，打造数字治理学术创新、理论创新和实践创新高地，为推动我国社会治理数字化、智能化、现代化建设做出应有的贡献。

最后，祝数字治理分会越办越好！祝数字治理座谈会圆满成功！

大力推进中国特色公共管理学科建设 *

（2021 年 6 月 19 日）

各位领导、各位专家、各位来宾：

上午好！

在举国上下庆祝中国共产党百年华诞之际，全国公共管理专业学位研究生教育指导委员会、中国人民大学公共管理学院举办"中国共产党百年与公共管理学科发展"高端论坛，回顾在党的领导下我国公共管理学科的发展历程及成就，研讨中国特色公共管理学未来的发展任务和路径，很有意义。这既是我国公共管理学界向党的百年华诞献礼的重要活动，也是推进我国公共管理学科创新发展的重要举措。我谨对本次论坛的举办表示热烈祝贺！

我们党历来高度重视哲学社会科学。党的十八大以来，习近平总书记针对哲学社会科学工作多次发表重要讲话，为加快发展中国特色哲学社会科学指明了方向、明确了任务、提供了遵循。作为哲学社会科学的重要组成部分，公共管理学科在党和国家事业发展中居于重要地位，发挥着重要作用。进一步建设好、发展好中国特色公共管理学，对于新时代坚持和发展中国特色社会主义、推进国家治理体系和治理能力现代化、全面建设社会主义现代化国家，有着重要的现实意义和深远的历史意义。

回顾百年历程，从根本上看，我国公共管理学的发展始终与中国共产党治国理政的思想发展和实践探索相伴前行。我们党在革命、建设、改革不同历史时期解决的公共管理实际问题、总结的宝贵经验，为中国特色公共管理学的构

---

* 本文系在中国人民大学公共管理学院成立 20 周年大会上的致辞。

建和发展提供了扎实的实践基础和理论基石。新民主主义革命时期，我们党带领人民实现民族独立、人民解放，积累了一系列根据地政权建设和管理经验，中国特色公共管理学在这一过程中孕育和生根。社会主义革命和建设时期，我们党带领人民确立社会主义基本制度，取得了社会主义革命和建设的伟大成就，为探索中国特色社会主义道路积累了经验、提供了条件，为中国特色公共管理学的形成发展奠定了重要理论基础和实践基础。在改革开放和社会主义现代化新的伟大历史时期中，我们党带领人民开创、发展中国特色社会主义，为中国特色公共管理学走向成熟提供了广阔的理论与实践创新场域，中国特色公共管理学进入了迅速发展的快车道。党的十八大以来，以习近平同志为核心的党中央带领人民坚持、完善和发展中国特色社会主义，取得历史性成就，推动党和国家事业发生历史性变革，中国特色公共管理学进入了蓬勃发展的新时代。

几十年来，在广大理论工作者、实务工作者的共同努力下，我国公共管理学在学科构建、学术研究、人才培养和知识应用等方面都取得了长足进步。一是学科体系逐渐完善。在吸收借鉴国外公共管理理论有益成果与系统总结我国公共管理理论和实践的基础上，努力构建中国特色公共管理学的概念体系、理论体系和方法体系，构建起了中国特色公共管理学科的基本框架。二是人才队伍不断壮大。学科人才培养体制机制逐步完善，培养了一批又一批公共管理领域的研究型、应用型和复合型人才。三是研究成果被大量应用于公共管理实践。特别是近些年，在加强和完善党的全面领导、推进政府职能转变与行政体制改革、加快服务型政府和法治政府建设、创新和加强社会治理、加强风险与应急管理、抗击和防控新型冠状病毒感染疫情等方面，形成了丰硕的研究成果，为推动改革发展发挥了重要作用。

同时，也要看到，我国公共管理学科发展还存在不少问题，包括学科边界和学科体系不够清晰，学科发展核心使命和重点内容不够明确，研究范式不够统一，知识创新能力不够强，理论与实践脱节的现象比较严重，人才培养定位、课程体系、教材体系和教学质量需要改进等。这些说明，中国特色公共管理学科仍在构建和完善过程中，大有文章可做。

时代是思想之母，实践是理论之源。当今世界，百年未有之大变局加速演进；以互联网、人工智能为代表的新一轮科技革命既带来机遇也带来挑战；我国全面建成小康社会，开启全面建设社会主义现代化国家新征程。在新的形势下，公共管理学科地位更加重要、任务更加繁重；同时，新形势也为公共管理学发展提供了广阔空间。我们要深刻认识和正确把握公共管理学科的性质、定位和使命，深刻认识和正确把握中国特色公共管理制度的重大特征和发展规律，深刻认识和正确把握我国社会主义现代化建设进程的新需求和当代中国哲学社会科学的发展趋势，紧紧围绕新时代公共管理领域面临的重大理论和实践问题深入开展研究。要积极服务国家战略，强化价值引领，聚焦核心使命，突出人文性，彰显创新性，增强系统性，提升科学性，大力推动中国特色公共管理学创新发展，为全面构建和发展具有中国特色、中国风格、中国气派的社会主义公共管理学做不懈努力，真正使公共管理学在坚持和发展中国特色社会主义的过程中"不可替代、十分重要、大有可为"。

在此，我就新时代进一步建设和发展中国特色公共管理学提出以下几点思考。

一是坚持以马克思主义为指导。习近平总书记指出："坚持以马克思主义为指导，是当代中国哲学社会科学区别于其他哲学社会科学的根本标志，必须旗帜鲜明加以坚持。"新时代加快构建和发展中国特色公共管理学，要始终坚持马克思主义的指导地位，特别要坚持以习近平新时代中国特色社会主义思想这一马克思主义中国化的最新成果为指引，自觉运用马克思主义的立场、观点、方法观察、分析、研究公共管理领域的各种问题，坚定道路自信、理论自信、制度自信、文化自信，加快构建和完善中国特色公共管理学的学科体系、学术体系、知识体系、话语体系，深入研究核心命题、基本范畴、主要概念、理论基础和理论架构。

二是坚持以人民为中心的研究导向。以人民为中心的思想，是中国共产党人最鲜明的价值取向，理所当然地也是中国特色公共管理学的根本价值属性。坚持以人民为中心，就要切实尊重人民的主体地位，把为人民谋幸福作为根本使命，逐步实现全体人民共同富裕的目标，促进人的自由全面发展；就要依靠人民创造历史伟业，坚持党的群众路线，从群众中来，到群众中去，倾听人民呼声，充分反映人民的需要和愿望。公共管理学工作者要坚持以人民为中心做学问，把学问写进群众心坎里。

三是坚持深入研究中国特色公共治理体系。中国特色社会主义的最本质特征和最大优势是中国共产党的领导，中国共产党是社会主义事业的领导核心。发展中国特色公共管理学必须深入研究中国共产党的领导作用，充分体现党的全面领导，服务于加强和完善党的领导。最重要的，是深入研究党在公共管理领域中发挥作用的制度、机构、职能、流程和方式方法，深入研究党委、政府、市场、社会和公众在公共管理格局中的权限、义务、责任及各类社会主体的相互关系，深入研究在党的统一领导下各类社会主体发挥作用的具体制度和有效机制，深入研究如何综合运用政治、行政、法治、德治、科技等手段调节社会经济关系，从而最合理地管理和配置公共资源，最有效地组织和管理公共事务，最大限度地实现和保障公共利益，更好地促进社会公平正义和社会全面进步。这些是新时代建设和发展中国特色公共管理学需要深入研究的重大课题。

四是坚持立足中国实践、增强问题意识。中国独特的现代化道路，为中国特色公共管理学提供了深厚的实践基础。我们要坚定不移地沿着中国特色社会主义现代化道路走下去。新时代发展中国特色公共管理学，应该深入总结好、阐释好几十年来我国现代化建设已积累的宝贵经验，并密切跟踪研究中国未来现代化发展的理论和实践，不断丰富中国特色公共管理学的理论内涵和研究方法，深刻揭示中国公共治理的特征和发展规律。问题是时代的声音。我国社会主义现代化建设进入新阶段，国家治理面临着新环境、新任务、新要求。必须根据新情况、新问题，进行战略性、超前性、针对性研究，并在研究和解决重大现实问题中，创造解释性与引导性兼备的理论，取得科学性、原创性、时代性的新成果。

五是坚持拓宽研究视野和方法。习近平总书记强调："观察当代中国哲学社会科学，需要有一个宽广的视角，需要放到世界和我国发展大历史中去看。"我们要善于借鉴国外公共管理研究中的有益成果，密切关注国际公共管理领域研究前沿，积极探索研究重大国际问题和全球治理问题。同时，对我国历史上长期以来形成的管理文化和治学方法，也都应该积极加以研究和借鉴，努力做到古为今用、推陈出新。公共管理学在发展过程中，吸纳了政治学、经济学、行政学、社会学、心理学等多个学科的成果，进一步构建和发展中国特色公共管理学科，也需要不断吸收借鉴其他学科的理论成果和研究方法，还要重视运用大数据、人工智能等新技术手段，观察、分析社会发展的新情况、新变化，不断更新研究途径、研究方法、分析技术，以提高理论研究的能力和水平。

六是坚持加强人才队伍建设。我国目前公共管理学研究和教学的人才队伍数量明显不足，而且结构也不够合理。要大力培养专业化、高素质的从事公共管理领域研究、教学的人才队伍，特别要加强领军人才和中青年骨干人才的培养。要完善优化人才培养评价体系，注重改进人才培养的内容与方法，做到理论与实践相结合，着力增强知识传播过程的有效性与创新性。

本次论坛聚集了我国公共管理学界的知名学者和精英人才，可以说是群英荟萃、名家齐聚。希望各位专家围绕论坛主题深入研讨，广泛交流，发表真知灼见，为新时代建设和发展中国特色公共管理学、推进国家治理体系和治理能力现代化贡献智慧和力量。

最后，祝本次论坛圆满成功！

2011 年 3 月 17 日，魏礼群（右）会见联合国开发计划署代表罗黛琳女士，双方互赠纪念品。

2019 年 9 月 23—24 日，北京师范大学中国社会管理研究院 / 社会学院和牛津大学摄政学院全球发展与展望研究院共同举办的第四届中英社会治理现代化研讨会在英国牛津举行。二排：右八魏礼群，右六王士东，左三王心同，左四金旭，左五郝芳华，右二尉建文，右四赵炜。前排：左八赵秋雁，左六谢琼，右二杨丽，右五方彬。

在首届中英社会治理现代化研讨会上的致辞

（2015 年 9 月 16 日）

各位领导、老师们、同学们：

金秋九月，硕果飘香。在这美好的时节，首届中英社会治理现代化研讨会今天在这里隆重举行。首先我谨代表北京师范大学中国社会管理研究院／社会学院，对莅临会议的各位领导和专家表示热烈欢迎和衷心感谢！

本次会议的举办充分反映了中、英两国专家携手研讨社会治理理论和实践问题的共同愿望。2014 年 12 月，伦敦大学亚非学院中国研究院刘捷玉副院长带队访问中国社会管理研究院，双方围绕社会治理领域的重大问题和前沿课题进行了深入探讨，初步达成了加强双方交流合作的良好意愿。2015 年 7 月，我带队对伦敦大学亚非学院进行了回访，并就双方共同举办社会治理研讨会进一步磋商、取得共识。应当说，这次研讨会以"中英社会治理现代化"为主题，围绕食品安全、生态环境、社会组织、公共服务、劳动关系、人口老龄化、技术革新等前沿热点问题展开广泛研讨，是经过双方充分酝酿和周密筹划的，具有重要的理论和现实意义。

当前，加强和创新社会治理已经成为世界各国共同面临的历史性课题。经济全球化、工业化、城市化、信息化的快速发展，带来了诸多新的社会问题，加强社会治理创新在全球范围内显得十分迫切。2010 年，英国首相卡梅伦上台执政伊始，就大力倡导社会治理创新，并提出"大社会"计划的执政理念，强调要鼓励志愿活动，支持企业、社区、慈善机构参与公共服务，转变政府管理方式、提高公共服务水平。"欧盟 2020 战略"的中心任务就是加强社会治理，认为一个良好、负责、公平的社会治理体系，将有利于欧盟实现智慧、可持续与包容性增长。可以说，在社会治理领域，强化制度创新，改善治理结构，扩大社会参与，充分发挥每一个社会主体的积极性和创造性，已经成为一种全球性趋势。

作为一个拥有 13 亿多人口的发展中大国，面对人类历史上空前的深刻变革和巨大变化，中国与世界各国一样，社会治理面临新的机遇和挑战。我国党和政府历来高度重视社会治理，为形成和发展适合国情的社会治理制度进行了不懈探索和实践，先后提出了科学发展观和"构建社会主义和谐社会""推进国家治理体系和治理能力现代化"等一系列重大战略思想，把社会建设与经济建设、政治建设、文化建设、生态文明建设共同纳入五位一体的中国特色社会主义事业总体布局，全面加强以保障和改善民生为重点的社会建设，大力推进社会事业改革，创新社会治理体制，解放和激发社会活力。经过 30 多年的改革开放，我国社会改革在取得巨大成就的同时，发展中不平衡、不协调、不可持续的问题仍较为突出，社会治理的理念思路、体制机制、法律政策、方法手段等方面还存在许多不适应的地方，加强和创新社会治理的任务尤为繁重艰巨。在某种意义上，当今中国社会发展和社会治理的复杂性、艰巨性是人类社会空前未有的。这就要求我们必须通过科学的、实证的方法，从理论上和实践上对当今世界和中国社会的治理变革进行全面、系统、深入的研究。

正是在这样一个基本背景下，2011 年 5 月 7 日，在党中央和国务院相关领导以及学校党政领导的直接关心和支持下，北京师范大学中国社会管理研究院应运而生，并致力于建设成新型、高质量的专业化社会治理智库。研究院成立 4 年多来，紧紧瞄准国家重大需求和国际学术前沿，创新科研咨政工作，取得了一批效果显著、影响广泛的重大科研成果。截至目前，已获得各级党政领导批示和被采纳的研究成果有 63 项。其中，国家领导人做出批示的研究成果 28 项，被中央国家机关部委采用的研究成果 17 项，被地方政府及其他机构采用的研究成果 18 项。2014 年，北京师范大学党委做出将中国社会管理研究院建成"中国特色新型社会治理智库"的决定，并正式列入国家级智库建设培育计划。2015 年 3 月 15 日，北京师范大学整合学科资源，成立新的社会学院，并与建设中的中国社会管理研究院实行"一个实体、两块牌子"，作为新型社会治理智库一体化建设的重要举措。这为中国社会管理研究院／社会学院的建设和发展提供了重要的战略机遇。当前，中国社会管理研究院／社会学院正汇聚各方面优势力量，着力重点打造"六大工程"，即一策、一库、一典、一坛、一刊、一书。"一策"是向党政建言献策，"一库"是受国家哲学社会科学规划办特别委托建设"中国社会管理创新研究信息库"，"一典"是组织编写《当代中国社会大事典（1978—2015）》，"一坛"是一年一度的中国社会治理论坛，"一刊"是办好《社会治理》期刊，"一书"是"中国社会治理智库丛书"。

世界各国面临的社会治理问题，既有各自的特殊性，又有一定的相通性。加强和创新社会治理，既要立足本国国情，也要善于借鉴其他国家的有益经验。本次中英社会治理现代化研讨会就搭建了这样一个重要的交流平台，使我们可以交流研究成果，启迪思想智慧，深入研讨问题，也可以寻求加强合作交流的途径。

伦敦大学亚非学院是享誉世界的中国问题研究的权威机构，与作为高端智库平台的北京师范大学中国社会管理研究院／社会学院，在加强和深化社会治理创新问题研究方面有着共同的使命和追求，衷心希望两个机构以此次会议的成功举办为契机，今后在人员互派、科学研究、成果发布、信息共享等方面进一步加强交流与合作，相互支持，携手并进。在此研讨会期间，北京师范大学中国社会管理研究院／社会学院同伦敦大学亚非学院中国研究院将签署合作协议，这次研讨会的召开和合作协议的签署，必将把双方的合作交流提高到新的水平，使双方共同为促进中英人文交流，为推动中英两国社会治理现代化做出应有的贡献！

最后，预祝本次会议取得圆满成功！

在 "社会变迁和社会治理的理论和实践：中国和法国" 研讨会上的致辞

（2015 年 10 月 18 日）

各位领导、各位专家，女士们、先生们：

金秋十月，硕果飘香。在这美好的时节，"社会变迁和社会治理的理论和实践：中国和法国"研讨会今天在这里成功举行。首先我谨代表北京师范大学中国社会管理研究院 / 社会学院，对莅临会议的各位领导和专家表示热烈欢迎和衷心感谢！

这次研讨会是落实中法两国领导人达成的共识、执行北京师范大学与图卢兹第二大学签订的合作协议的具体行动。我们知道，去年是中法外交史上一个特别值得纪念的年份，即中法建交 50 周年。2014 年 3 月 27 日，中国国家主席习近平在巴黎出席了中法建交 50 周年纪念大会并发表重要讲话。在此次访问期间，习近平主席与奥朗德总统就建立中法高级别人文交流机制达成重要共识，推动中法关系进入全面提速的新时期。2014 年 9 月 18 日和 2015 年 5 月 15 日，中法高级别人文交流机制第一次会议和第二次会议分别在巴黎和北京召开，双方共同签署联合宣言，表示将在教育、科技、文化、卫生、新闻媒体、体育、旅游、地方合作、青年、妇女等十大领域开展广泛的交流合作。2015 年 6 月，中华人民共和国国务院总理李克强对法国进行了正式友好访问，并提出要在新的起点上深化中法政治互信和传统友谊，提升人文、科技等合作水平。李克强总理还在图卢兹出席了中法工商峰会闭幕式并致辞。我们也知道，两年前，即 2013 年 4 月 25 日，法国奥朗德总统首次对中国进行国事访问。这些表明，中法友好关系进入了新阶段。

本次会议的举办，充分反映了中、法两国专家携手加强人文交流的共同愿望。2014 年，北京师范大学与图卢兹第二大学签署框架性合作协议之后，今年 3 月，图卢兹第二大学资深教授吉尔伯特先生一行访问我院，双方围绕社会治理领域的重大问题和前沿课题进行了探讨，初步达成共同举办中法国际研讨会的意向，并对会议主题及预期成果进行了深入磋商。应当说，这次研讨会以"社会变迁和社会治理的理论和实践：中国和法国"为主题，围绕公司治理、产业关系、劳动组织、性别移民、环境健康、食品安全、留守儿童、乡村与城市治理、社会治理理论等前沿热点问题展开广泛研讨，具有重要的理论和实践意义。

当前，加强和创新社会治理已经成为世界各国共同面临的重要课题。经济全球化深入发展，工业化、城市化、信息化快速推进，带来了诸多新的社会问题，加强社会治理创新在全球范围内显得十分迫切。法国作为西方重要发达国家，在加强和创新社会治理方面做出了积极努力和探索，并在消除城乡差别，打破相互分割的壁垒，使城市和乡村走向融合、走向高度一体化方面积累了宝贵经验。"欧盟 2020 战略"的中心任务就是加强社会治理，认为一个良好、负责、公平的社会治理体系，将有利于欧盟实现智慧、可持续与包容性增长。可以说，在社会治理领域，强化制度创新，改善治理结构，扩大社会参与，充分发挥每一个社会主体的积极性和创造性，已经成为一种全球性趋势。

中国是一个拥有 13 亿多人口的发展中大国，正经历着人类历史上空前的深刻变革和巨大变化，社会治理也面临新的挑战和机遇。我国政府高度重视社会治理，为形成和发展适合国情的社会治理制度进行了不懈探索和实践，先后提出了科学发展观和"构建社会主义和谐社会""推进国家治理体系和治理能力现代化"等一系列重大战略思想，把社会建设与经济建设、政治建设、文化建设、生态文明建设共同纳入五位一体的中国特色社会主义事业总体布局，全面加强以保障和改善民生为重点的社会建设，大力推进社会事业改革，创新社会治理体制，解放和激发社会活力。经过 30 多年的改革开放，我国社会改革取得巨大成就。同时，发展中不平衡、不协调、不可持续的问题仍较为突出，社会治理的理念思路、体制机制、法律政策、方法手段等方面还存在许多不适应的地方，加强和创新社会治理的任务尤为繁重艰巨。在某种意义上，当今中国社会发展和社会治理的复杂性、艰巨性是人类社会空前未有的。这就要求我们必须从理论上和实践上对当今世界和中国社会的治理变革进行全面、系统、深入的研究。

当今世界各国面对的社会治理问题，既有着各自的特殊性，又有一定的相通性。加强和创新社会治理，既要立足本国国情积极探索，又要善于借鉴其他国家的有益经验。本次研讨会就搭建了这样一个重要的交流平台，使我们可以共享研究成果，启迪思想智慧，深入研讨问题，也可以寻求加强合作交流的途径。

图卢兹大学是欧洲最古老的大学之一，其社会科学学院学科齐全、实力雄厚，特别是在社会学研究方面享有世界性声誉。这与作为高端智库平台的北京师范大学中国社会管理研究院／社会学院，在加强社会治理创新问题研究方面有着共同的使命和追求。我们衷心希望双方以此次会议的成功举办为契机，今后在教师互访、学生交换、科学研究、互开课程等方面进一步加强交流与合作，相互支持，携手并进。我们已经在这方面取得了一些合作成果，比如，10月13日至17日，图卢兹第二大学金恩·索密斯教授已在我院开设了四个工作社会学方面的专题讲座；11月份，我院赵炜教授将赴贵校访问，并开设专题讲座；我们选派的学生也将于明年3月份赴贵校进行学习交流。可以说，这次研讨会的成功召开，是双方合作交流的一个良好开端。让我们共同努力，把双方合作交流不断提高到新的水平，为促进中法人文交流、推动中法两国社会文明进步、实现社会治理现代化做出应有的贡献！

最后，预祝本次会议取得圆满成功！

中国社会治理：新思想新实践新境界
——第二届中英社会治理现代化研讨会主旨演讲

（2017 年 9 月 18 日）

女士们、先生们、朋友们：

今天，我们相聚在伦敦大学亚非学院——世界顶级的亚非研究重镇，举行第二届中英社会治理现代化研讨会。首先，我谨代表北京师范大学中国社会管理研究院对各位嘉宾的光临和伦敦大学亚非学院的接待，表示衷心的感谢。两年前，即 2015 年 9 月 16 日至 17 日，我们双方在北京师范大学成功举办第一届中英社会治理现代化研讨会，取得了重要成果；这次研讨会的主题是"社会治理现代化：新趋势、新对策"，符合当今人类社会发展潮流，我相信也会获得积极成果。

下面，我围绕本次研讨会的主题，主要就近五年中国社会治理取得的新进展谈谈自己的一些看法。概括地说，这五年中国社会治理的新进展主要体现在：习近平主席提出社会治理新思想，全方位推进社会治理新实践，多方面开拓社会治理新境界。

一、五年来社会治理的新思想

近五年，习近平主席提出一系列加强和创新社会治理的新思想、新观点、新论断，是中国社会治理领域的创新性成果，突出体现在十个方面。

1. 人民中心论。坚持以人民为中心，社会治理的核心就是一切为了人民、一切依靠人民、为了人民的一切、一切接受人民检验。这个"人民中心论"，要求社会建设各方面、各环节都要倾听人民呼声，回应人民期待。

2. 民生为本论。"为政之道，以顺民心为本，以厚民生为本。"民生是人民幸福之基、社会和谐之本。"要积极推动解决人民群众的基本民生问题，不断打牢和巩固社会和谐稳定的物质基础，从源头上预防和减少社会矛盾的产生"，努力增进更多民众福祉。

3. 公平正义论。"理国要道，在于公平正直。"要健全社会公平保障制度，实现规则公平、机会公平、权利公平。坚持走共同富裕道路，建设共享社会，着力解决收入分配差距较大问题，使发展成果更多更公平地惠及全体人民。

4. 法德共治论。"徒善不足以为政，徒法不足以自行。""必须坚持依法治国和以德治国相结合，使法治和德治在国家治理中相互补充、相互促进、相得益彰。"要发挥法治和德治在社会治理中的合力作用，让法安天下，德润人心。

5. 体制创新论。"不日新者必日退。""加强和创新社会治理，关键在体制创新。"要建立健全党委领导、政府主导、社会协同、公众参与、法治保障的社会治理体制，并要创新社会治理方式和治理机制。

6. 不忘本来论。文化是民族的精神命脉和创造源泉。"不忘本来才能开辟未来，善于继承才能更好创新。"要对中华优秀传统文化进行创造性转化，为推进社会治理现代化集聚深厚雄浑的力量。

7. 群众工作论。社会管理，说到底是做群众的工作。"群众工作是社会管理的基础性、经常性、根本性工作。"要着力解决人民群众反映强烈的突出问题，提高做好新形势下群众工作的能力。

8. 基层重心论。"社会治理的重心必须落到城乡社区，社区服务和管理能力强了，社会治理的基础就实了。"这体现了强烈的问题意识和深厚的为民情怀。

9. 总体安全论。"必须坚持总体国家安全观，以人民安全为宗旨，以政治安全为根本，以经济安全为基础，以军事、文化、社会安全为保障，以促进国际安全为依托，走出一条中国特色国家安全道路。"既重视自身安全，又重视共同安全，打造人类命运共同体。

10. 党的领导论。社会治理要充分发挥党总揽全局、协调各方的领导核心作用。要大力开展党风廉政建设，以党风政风好转带动社会风气的好转。推进社会治理现代化，关键在于提升党的执政水平。

二、五年来社会治理的新实践

近五年，中国从宏观社会治理到微观社会治理，从各领域系统治理到城乡社区治理，都大力度深入推进，取得了新进展、新成效，这里列举出以下十个方面。

（一）筑牢改善和保障民生工程

——实施脱贫攻坚战。党和政府把贫困人口脱贫作为全面建成小康社会的底线任务和标志性指标，在全国范围内展开了脱贫攻坚战，采取了一系列重要政策措施，收到了显著成效。2013 年至 2016 年，农村贫困人口每年都减少超过 1000 万人，5564 万人摆脱贫困，贫困地区面貌明显改善。

——促进就业创业。通过实施扶持就业政策，广泛推行"大众创业，万众创新"，有力地激发了社会创造力。近四年每年新增就业超过 1300 万人。

—— 完善社会保障制度。一是建立了全国统一的城乡居民基本养老保险制度，二是实施机关事业单位和企业养老金并轨改革，三是统筹推进社会救助。特别是《中华人民共和国慈善法》的颁布与实施，开启了中国现代慈善事业的新时代。

——改善住房保障。构建了包括公共租赁住房、棚户区改造、农村危旧房改造、住房公积金等在内的住房保障体系。

（二）推进社会治理基础性制度的改革创新

——在教育领域，大力促进教育公平制度建设。健全家庭经济困难学生资助体系，健全政府补贴、政府购买服务、助学贷款、基金奖励、捐资激励等制度，推进考试招生制度改革。

——在医疗卫生领域，突出建立现代医疗卫生制度。一是基本医疗保障制度覆盖全民；二是完善大病保险和医疗救助制度；三是深化医药卫生体制改革；四是全面推进"健康中国"建设，不断提高医疗卫生水平。

——在人口发展方面，完善计划生育制度和应对人口老龄化。全面实施和完善一对夫妇可生育两个孩子的政策。同时，积极构建人口老龄化应对体系。人口政策的创新，是中国近五年社会治理实践创新的重大标志。

——在户籍管理方面，建立全国城乡统一的户口登记制度。深化户籍制度改革，全面推行居住证制度。取消了农业户口与非农业户口的性质区分，统一登记为居民户口。户籍制度改革是中国社会治理基础性制度的重大创新。

（三）构建国家安全体制

为落实总体国家安全观，建立了集中统一、高效权威的国家安全体制，完善国家安全战略和工作机制。一是设立中央国家安全委员会；二是制定《国家安全战略纲要》，做好各领域的国家安全工作；三是修订并通过新的《中华人民共和国国家安全法》。

（四）健全公共安全体系

"平安建设"被提到了一个新的历史高度。成立统一权威的食品安全监管机构；持续深化安全生产管理体制改革；健全防灾减灾救灾体制，健全监测预警应急机制；完善国家网络安全保障体系；创新立体化社会治安防控体系。

（五）加快社会诚信制度建设

颁发《社会信用体系建设规划纲要（2014—2020年）》，着力推进社会诚信制度建设。推进青年信用体系建设，倡导和培育青年的诚信品格。加快建立全国统一的社会信用代码制度和信用信息共享交换平台。

（六）加强城乡社区治理

更加重视城乡社区在社会治理中的重要作用。各地普遍推行网格化、精细化管理，创新城乡居民全面服务管理新模式。在城乡社区治理中，加强议事协商。发挥基层各类组织的协同作用，实现政府管理和基层民主有机结合。制定一系列历史文化名城名镇名村和传统村落的保护措施。大力开展乡风、村风、家风建设。

（七）促进社会组织健康发展

社会组织是社会治理不可或缺的重要力量，也是我国社会治理中的短板和难点。国家制定和实施一系列引导社会组织健康有序发展的措施，充分发挥群众参与社会管理的基础作用。深化社会组织管理制度改革，加快行业协会商会与行政机关脱钩，支持群团组织依法参与社会治理。各级政府探索实行购买服务机制，发挥社会组织参与社会治理的积极性。

（八）创新社会治理方式

积极探索社会治理方式的创新。一是以信息化建设为基础，不断提升社会治理的网络化与智能化。北京、上海、深圳等特大城市积极探索符合超大型城市治理要求的新路子，打造"智慧社区"，提高城市社会治理的精细化、现代化水平。二是加快社会法治建设，不断推进社会治理的法治化与制度化。深入推进行政执法体制改革，设立知识产权法院、最高人民法院巡回法庭、跨行政区划法院检察院，执法司法规范化进一步加强。

（九）加大环境保护与治理力度

更加重视环境保护与治理，改革生态环境保护管理体制，改革环境治理的基础制度，开展环境保护督察巡视，构建改善环境质量的工作体系，开展公共环境治理行动，城乡人居环境逐步改善。加快建立生态文明制度，推动形成人与自然和谐发展的现代化建设新格局。

（十）坚持和加强党的全面领导

从严治党、惩治腐败是最大的社会治理，是顺应民心、确保社会长治久安的根本之举。近五年，全面从严治党的重大举措环环相扣，坚持"老虎""苍蝇"一起打，惩治了一大批腐败分子，伸张了正气，刹住了歪风，带动了政风、社风、民风的好转。

三、五年来社会治理的新境界

开拓了由传统社会管理向现代社会治理转变的新境界。以往，中国只强调"社会管理"，由"社会管理"转变为"社会治理"，虽然只有一字之差，但思想更深刻、内涵更丰富。"社会治理"更加突出了党委领导和政府主导下的多元主体共同参与；更加突出以人为本和以人民为中心的社会治理创新思想；更加突出运用法治思维和法治方式；更加突出系统治理、源头治理、综合治理，运用多种手段，实现标本兼治。

开拓了中华优秀传统文化与现代社会文明相融合的新境界。中国过去五年的社会治理创新，是在总结中国悠久的社会治理传统、借鉴吸收人类社会现代文明成果的基础上形成的。它将中国传统社会的治理模式进行创造性继承和创新性发展，将世界现代文明的先进理念、有益做法进行分析鉴别和选择性吸收，进一步凸显了中华优秀传统文化对中国特色社会治理的精神支撑作用。

开拓了以打造人类命运共同体为导向的国际社会治理关系的新境界。近五年的中国社会治理思想与实践创新，具有全球视野性、国际前瞻性、人类关怀性。构建人类命运共同体的思想和行动，是对我国社会治理的国际国内环境与时代特征进行科学分析与实践探索的伟大成果，为促进人类社会共同发展打开了新的视角。

谢谢大家！

着力打造新时代社会治理的新格局 *

（2018 年 3 月 28 日）

中国特色社会主义进入新时代，加强和创新社会治理也揭开了历史的新篇章。习近平总书记在党的十九大报告中，从统筹推进"五位一体"总体布局和协调推进"四个全面"战略布局的高度，对加强和创新社会治理进行了深刻阐述，明确提出打造共建共治共享的社会治理格局。这一新时代社会治理的新格局，是在新的历史条件下推进我国国家治理体系和治理能力现代化的客观要求，是解决新时代中国社会主要矛盾的必然选择，也是决胜全面建成小康社会、全面建设社会主义现代化国家的战略安排。

一、新时代社会治理新格局的丰富内涵

共建共治共享，是理解新时代社会治理新格局的三个关键词。党的十九大报告提出"提高保障和改善民生水平，加强和创新社会治理"，并将"打造共建共治共享的社会治理格局"作为一项重要任务。这样的部署既鲜明体现了社会治理以人民为中心的思想，又体现了加强和创新社会治理与保障和改善民生既互为前提又互相依存的辩证关系。加强和创新社会治理，必须牢固树立人民立场、坚持人民主体地位，切实把实现好、维护好、发展好最广大人民的根本利益作为社会治理的出发点和落脚点，形成有效的社会治理、良好的社会秩序，使人民的获得感、幸福感、安全感更加充实、更有保障、更可持续。打造

---

* 本文系 2018 年 3 月 28 日在北京师范大学中国教育与社会发展研究院主办、中国社会管理研究院 / 社会学院承办的第三届中英社会治理现代化研讨会上的主旨演讲，《光明日报》2018 年 4 月 26 日全文刊发。

共建共治共享的社会治理新格局，既是加强和创新社会治理的目标要求，也是中国特色社会主义社会治理制度的根本特征。

共建共治共享，寓意深刻、内涵丰富。"共建"，就是要坚持人民主体地位，依靠全体人民共建和谐社会。加强和创新社会治理，必须充分尊重人民的意志，反映人民的意愿，充分发挥人民群众创造历史的巨大智慧和决定力量。"共治"，就是要坚持依靠人民群众治理国家和社会，优化社会治理的多元主体格局，支持人民群众参与社会治理，保证人民当家作主落到实处。"共享"，就是要坚持让全体人民共同享受发展和治理成果，着力解决好人民群众最关心、最直接、最现实的利益问题，朝着共同富裕目标不断迈进。可以说，共建共治共享的提出，凝聚了党的十八大以来党和全国人民社会治理探索的集体智慧，既是对过去五年我国社会治理实践探索经验的科学总结，也是对未来社会治理创新发展提出的新任务、新目标。

共建共治共享，三者之间相互交融、相互促进。共建要以制度建设为基础，共治要以体制创新为关键，共享则要以公平正义为保障。只有形成共建共治共享的社会治理格局，才能使人民的获得感、幸福感、安全感更加充实、更有保障、更可持续。因此，共建共治共享的社会治理格局的形成，既决定着中国特色社会主义社会治理的现代化进程，也决定着国家长治久安、人民安居乐业的美好愿景的实现。

二、构建社会治理新格局的重要进展

党的十八大以来，我国社会治理领域发生了深刻变革，以人民为中心打造共建共治共享的社会治理格局在实践中取得了重要进展。突出标志是：党的建设在社会各领域、各环节、各方面特别是在基层普遍增强，确保了加强和创新社会治理的正确政治方向；社会治理基础性制度在多个领域获得新突破，包括实施全面"二孩"政策，基本建立大病保险制度，完善社会救助制度，特别是养老金并轨改革、群团组织改革、户籍制度改革等取得一系列重大进展；更加重视人民主体地位，各地方积极探索在新的历史条件下组织群众的新途径新办法，开创了群防群治新局面；深入推进基层自治，新型社区治理体系不断健全，并创新协商民主机制；不断提高社会治理的法治化水平，加强信用管理等制度建设，促进社会治理制度化、规范化。

通过打造社会治理新格局，深入推进系统治理、依法治理、综合治理、源头治理，社会治理取得明显成效。尤其是着力解决社会普遍关注的社会发展难题和短板问题，脱贫攻坚取得决定性进展，5 年内贫困人口减少 6800 多万人，易地扶贫搬迁 830 万人，贫困发生率由 10.2％下降到 3.1％；社会养老保险覆盖 9 亿多人，基本医疗保险覆盖 13.5 亿人，织就了世界上最大的社会保障网；13 亿多人口的大国实现了比较充分就业；完善社会救助制度，近 6000 万低保人员和特困群众的基本生活得到保障；社会治安形势实现较大好转，社会大局持续稳定，近几年群体性事件、严重暴力犯罪案件等明显下降，人民群众的获得感、幸福感、安全感普遍增强。

同时也应清醒看到，我国社会治理领域仍面临一系列严峻挑战和风险。国外一些不愿看到中国由大变强的势力渗透加剧，给我国社会治理增加新压力；国内经济风险隐患容易向社会、政治领域传导，给社会治理增加新难度；中华民族有史以来最为广泛而深刻的社会变革，给社会治理提出新课题；以信息化为代表的现代科技迅猛发展，给社会治理增添新变量；社会主要矛盾转化，人民日益增长的美好生活需要，给社会治理提出新要求。这些新形势、新任务、新要求，迫切需要我们进一步着力打造健全高效的共建共治共享的社会治理新格局。

三、进一步打造社会治理新格局的关键环节

打造共建共治共享的社会治理新格局，是一个复杂系统的工程，需要从多个方面、多个角度发力，并且形成合力。当前和今后一个时期，关键要抓好以下几个方面。

1. 加强社会治理制度建设。最根本的，是要完善党委领导、政府负责、社会协同、公众参与、法治保障的社会治理体制。全面加强党的领导，充分发挥中国特色社会主义制度优势，通过健全相关制度体系，使党的领导真正成为新时代中国特色社会主义社会治理体系的鲜明特征和根本保证。要充分发挥各级党委在社会治理中总揽全局、协调各方的领导作用，强化各级政府抓好社会治理的责任制，履行好各级政府的公共服务、公共管理、公共安全等职责。同时，要引导和推动社会力量参与社会治理，努力形成社会治理人人参与、人人尽责的良好局面。进一步创新社会治理思路，鼓励和引导企事业单位、社会组织、人民群众积极参与社会治理。还要强化法治，充分发挥法治对社会治理的引领、规范和保障作用。总之，要通过不断加强制度建设，提高社会治理的社会化、法治化、智能化、专业化水平。

2. 加强预防和化解社会矛盾机制建设。目前，我国改革发展过程中仍然存在一些不和谐因素，各种社会矛盾和问题相互交织叠加。在这种情况下，要完善社会矛盾排查预警机制，努力做到早发现、早预防、早处置。特别要运用大数据技术、信息化手段，建立社会矛盾排查预警指标体系，汇聚整合各领域的矛盾信息，运用数据分析模型，关联发掘重大热点难点问题和矛盾隐患，提高对各类社会矛盾的发现预警能力，形成集信息共享、部门联动、综合研判、跟踪督办、应急处置于一体的工作体系，及时排除、预警、化解、处置各类矛盾风险。还要完善重大决策社会稳定风险评估机制，从源头上预防和减少矛盾。

3. 加强公共安全体系建设。随着经济社会的发展和人民生活水平的提高，人们对公共安全提出了更高的要求。从某种意义上讲，公共安全是最大的民生。这就要求树立安全发展理念，弘扬生命至上、安全第一的思想，改革完善安全生产管理、防灾减灾救灾体制机制，坚决遏制重特大安全事故。要健全公共安全体系，加强预测预警预防，建立生产安全事故风险防控体系。要加大投入，不断提升防灾减灾救灾能力。要着力解决突出环境问题，构建政府为主导、企业为主体、社会组织和公众共同参与的环境治理体系。要健全国家安全体系，推动全社会形成维护国家安全的强大合力。

4.加强社会治安防控体系建设。随着工业化、城镇化、信息化的持续推进，我国社会治安形势出现了新情况、新特点。必须深入推进平安中国建设，严密防范和坚决打击暴力恐怖活动，依法开展扫黑除恶专项斗争，惩治盗抢骗黄赌毒等违法犯罪活动，整治电信网络诈骗、侵犯公民个人信息、网络传销等突出问题，切实保护人民的人身权、财产权、人格权，维护国家安全和公共安全。

5.加强社会心理服务体系建设。加强社会心理服务，培育自尊自信、理性平和、积极向上的社会心态，是加强和创新社会治理的重要任务，也是建设和谐社会的重要方面。针对现代社会容易产生的各种情感、心理、精神性疾患，必须高度重视，利用心理疏导、心理干预等手段，培训心理知识，指导心理健康，调节社会情绪，构筑社会心理防线，有效维护社会稳定。同时，要切实找准解决我国现实存在的社会心理问题之突破口，依托专业团体和专业人士，搭建社会心理综治工作平台，建设和完善社会心理服务、疏导、危机干预机制，不断提高社会心理服务的针对性和有效性。

6.加强社区治理体系建设。要不断推动社会治理重心向基层下移。特别要以提升组织力为重点，突出政治功能，把企业、农村、机关、学校、街道社区、社会组织等基层党组织建设成宣传党的主张、贯彻党的决定、团结动员群众、推动改革发展的坚强战斗堡垒。要发挥社区社会组织的能动作用，不断健全城乡社区治理体系，健全自治、法治、德治相结合的乡村治理体系。大力推进诚信建设和志愿服务制度化。努力实现政府治理和社会调节、居民自治良性互动。要深化拓展网格化管理，尽可能把资源、服务、管理放到基层，使基层有能力更好地为群众提供精准有效的服务和管理，夯实社会治理的基石。

7.加强和改善党的全面领导。坚持全面从严治党，不断提高马克思主义政党的领导水平和执政能力，才能够为打造新时代共建共治共享的社会治理格局提供根本保证。要加强党的政治领导，确保社会治理沿着正确方向前进；要加强党的思想领导，培育和践行社会主义核心价值观，凝聚社会共识，夯实社会治理的思想基础；要加强党的组织领导，充分发挥党总揽全局、协调各方的领导核心作用；要加强党的干部队伍建设，提高群众工作水平；要深入开展反腐败斗争，持之以恒正风肃纪，为加强和创新社会治理创造良好的政治环境和社会环境。习近平总书记在党的十九大报告中指出，"全面增强执政本领"，"既要政治过硬，也要本领高强"。我们完全可以相信，在中国共产党的坚强领导下，我国加强和创新社会治理一定会不断取得新成效，共建共治共享的社会治理新格局必将不断完善并发挥更大的作用。

新中国70年社会治理逐步走向现代化的历程、进展与启示

——第四届中英社会治理现代化研讨会主旨演讲

（2019年9月23日）

女士们、先生们：

今天，我们相聚在全球最顶级的牛津大学，举办第四届中英社会治理现代化研讨会。我谨代表北京师范大学中国社会管理研究院，对各位嘉宾的光临和牛津大学摄政学院，特别是全球发展与展望研究院王士东院长的周到安排，表示衷心的感谢。下面，我主要就新中国成立以来社会治理逐步走向现代化的历程、进展与启示，谈一些看法，与大家分享交流。

一、新中国70年社会治理现代化建设的道路与历程

1949年10月1日，中华人民共和国成立。新中国成立70年来，总的方向是在社会主义道路上探索和推进社会治理现代化建设的路子。探索主要分为改革开放前30年和改革开放后40年两个不可分割的历史时期：新中国成立之后的前30年，为中国社会治理现代化建设提供了基本社会制度前提、进行了艰辛探索；后40年，在前30年基础上进行了深刻变革与广泛创新。

新中国成立初期，面对百废待兴、如一盘散沙的社会状况，我们国家有步骤地对农业、手工业和资本主义工商业进行社会主义改造，在迅速恢复国民经济的同时，大力革除旧社会弊制，建立新社会秩序，完成土地制度改革，开展民主运动，进行禁烟禁毒，实行男女平等制度，开展"三反""五反"运动（在机关干部人员中开展"反贪污、反浪费、反官僚主义"，在私营工商业者中开

展"反行贿、反偷税漏税、反盗骗国家财产、反偷工减料、反盗窃国家经济情报"的斗争）；加强人民民主制度和法治建设，从 1949 年到 1957 年，颁布重要的法律法规文件 1261 件，1954 年颁布了第一部《中华人民共和国宪法》，确定了基本的社会制度和治理结构。1956 年，中国开始转入全面的大规模的社会主义建设。随着计划经济体制的实行，在城市实行单位制和街居制的社会管理模式，在农村组建合作社和人民公社，推行政社合一制度，实行严格的户籍管理制度，规范和管理人口流动。这一时期，探索社会治理制度取得积极成效，但也存在问题，主要是：国家管理得过多，统得过死，政企不分，政社不分，社会缺乏活力，特别是 1966 年 5 月至 1976 年 10 月进行的"文化大革命"，延缓了包括社会治理现代化在内的整个现代化建设的进程。

1978 年 12 月之后，中国跨入改革开放新的历史时期，社会治理现代化建设也步入发展新阶段。这一历史时期社会治理的基本特征是，以改革开放为动力，解放和发展社会生产力，改善人民生活和促进社会全面进步；以发展社会主义市场经济、推进全方位对外开放为目标取向，重视发挥市场和社会的作用，推动社会流动，让全社会活跃起来，让一切创造财富的源泉涌流；同时，不断推进教育、卫生、就业、社会保障、住房制度改革。1982 年 12 月，第五届全国人民代表大会第五次会议通过的《中华人民共和国宪法》，在总结过去 30 多年历史发展经验教训的基础上，对国家的基本制度、根本任务、治理结构和主要原则等都做出了新规定，包括：实行法治原则、尊重和保护人权原则，改变人民公社政社合一的体制，推进乡村政权建设。通过改革开放，国家放宽了人口控制，城乡基层引进社区制度；但一度放松了社会管理，社会矛盾和问题也随之增多。

2012 年党的十八大以来，随着中国特色社会主义进入新时代，国家全面推进社会治理变革和现代化建设，使社会治理转入治而有序的状态。大力改善和保障民生工程，大力开展脱贫攻坚战，近 7 年，中国创造了减贫史上最好的成绩，农村贫困人口从 2012 年年底的 9899 万人减少到 2018 年年底的 1660

万人，明年全国将实现全部脱贫的目标。这在拥有近14亿人口的国家，无疑是人类社会发展史上的奇迹。积极促进就业，基本实现了比较充分就业，近7年，连续实现城镇人口每年新增就业1300万人以上。在原有的社会保障制度的基础上，逐步完善各项社会保障制度，不断提高最低生活保障水平。改革户籍制度，放开特大城市以外的各类城市、乡村人口自由流动。持续深化教育、卫生、住房领域改革。确立总体国家安全观，构建国家安全体制，健全公共安全体系，广泛开展平安中国建设。加快社会诚信制度建设，加强社会信息基础设施、基础制度建设，实行统一社会信用代码制度，建立公民统一社会信用代码制度、法人和其他组织统一信用代码制度。积极探索守信激励和失信惩戒制度。加强和改进城乡社区治理，积极提升治理水平。加大环境保护与治理力度，着力解决影响人民群众身心健康和社会稳定的环境问题。中国社会治理现代化进入加快发展的新阶段。

目前，中国社会治理领域还存在不少问题，主要是：城乡、区域和收入分配差距依然较大，民生领域还有不少短板，公共服务和公共安全建设有待加强，法治社会、诚信社会建设还有一些突出问题，社会文明程度需要提高。

二、新中国 70 年社会治理现代化建设的进展与成就

概括起来，可以从以下七个方面来认识。

1. 从治理理念看，逐步从社会管控、社会管理向社会治理转变。70年来，中国社会治理理念随着整个国家发展所处的历史阶段和现代化的进程，不断与时俱进，思想理念和价值观念经历了从社会管控到社会管理，再到社会治理的两次历史性飞跃，逐步转向民主化、法治化、制度化、科学化。这为推进社会治理体系和治理能力现代化提供了宝贵的价值引领。

2. 从制度体系看，逐步从分散型管理向整合性治理转变。70年来，中国社会治理制度体系经历了从碎片化到不断发展，再到有力整合创新的全面性建构。近些年特别是改革开放以来，经过不断实践探索和制度建设，逐步建立了

符合中国国情的现代社会治理基础制度体系，包括民主制度体系、法治建设体系、公共服务体系、社会保障体系、公共安全体系、城乡社区体系、社会信用体系、应急管理体系等。

3. 从社会体制看，逐步从国家一元管理向多元社会主体共建共治转变。新中国成立后实行计划经济体制的时期，国家是经济、社会生活的统一计划者和管理者，包揽了社会秩序管理、社会事业发展和各类公共服务。改革开放以后，国家除作为社会治理主体之外，还重视发挥各种社会力量的作用，逐步形成在党的统一领导下，政府、社会、市场、公众多元主体共建共治共享的社会治理格局。

4. 从方式手段看，逐步从单纯行政手段向多种手段综合并用转变。新中国成立之后的前 30 年，国家主要通过行政措施来实现社会的整合发展。改革开放之后，逐步重视综合运用经济、法治、科技和必要的行政手段等多种手段，加强和创新社会治理。重视运用现代信息技术，逐步打造"互联网＋"社会治理模式，把体制机制变革与现代科技应用深度融合。目前，全国城乡普遍推行网络化、网格化、精细化的服务与管理。

5. 从社会结构看，逐步从传统社会向现代社会转变。70 年来，中国经历了传统社会结构分化重组并向现代社会结构演变的历史性跨越。中国社会已从农民占人口绝大多数的农业社会、乡村社会，逐步向工业社会和现代社会转变，城市化水平大幅提升，2019 年年底城市化率将达到 60.6%，并由封闭半封闭型社会向开放型社会转变。人口结构不断变化，中国已经成为世界上老年人口最多的国家，也是人口老龄化发展速度最快的国家之一，目前全国人口中 60 周岁及以上人口多达 2.4 亿人，占总人口的 17.3%。

6. 从运行状态看，逐步从社会高度稳定向秩序与活力相统一转变。新中国成立后的一段时期，主要依靠政治动员、行政命令来达到社会组织和社会成员思想上的一致和行动上的统一，以维护社会秩序的高度稳定，但窒息了社会生机与活力。改革开放后的一个时期，社会活力迸发，但也出现了社会无序运行状态。党的十八大之后，强调社会治理讲究辩证法，刚柔相济、宽严适度，推动社会运行既有活力又有秩序。

7. 从社会景象看，逐步从贫困向全面小康社会转变。新中国成立 70 年来特别是改革开放以来，我国在国民经济快速发展的同时，全国人民生活水平显著提高，经历了从贫困逐步到温饱以至全面小康的沧桑巨变。据国家统计局的数字，1949—2018 年中国居民人均可支配收入名义上增长 566.6 倍，扣除价格因素实际增长 59.2 倍，消费水平明显提升；中国人均预期寿命从 35 岁提高到 77 岁。这两个方面数字，综合反映了中国社会建设和治理的快速提升的水平。教育、医疗保健、社会保障、住房等社会各业也都快速发展。2018 年中国人均住房面积已达 40 多平方米，比 1978 年增加 30 多平方米。和谐社会建设、平安社会建设、法治社会建设、信用社会建设、幸福社会建设的成效日趋显著，全面建成小康社会的美好景象日益清晰地展现在世人面前。

三、新中国 70 年推进社会治理现代化的经验与启示

70 年来，中国社会治理现代化建设积累了许多宝贵经验，为今后在新时代深入推进中国社会治理现代化提供了一些规律性认识和深刻启示。

（一）推进社会治理现代化，必须始终坚持党的全面领导

70 年来，中国社会治理变革始终是在中国共产党的领导下进行的。党的政治领导为社会治理指引了正确方向，确立了价值体系，增强了社会治理的方向感和凝聚力；党的组织优势为社会治理提供了严密有效的组织结构和制度体系，确保了社会治理的统一性、有序性；党的优良传统和品格，既勇于探索创新、开拓前进，又敢于坚持真理、修正错误。正是这样，70 年来中国社会治理现代化虽然经历了不平坦路程，但仍在不断取得新进展。

今后在推进中国社会治理现代化的过程中，必须坚持把加强和完善党的领导贯穿于社会治理的全领域、全过程，并要不断加强党的自身建设，增强党的政治领导力、思想引领力、群众组织力和社会号召力，确保社会治理现代化沿

着中国特色社会主义方向顺利前进。

（二）推进社会治理现代化，必须始终坚持充分体现中国基本国情

70 年来的历史充分证明，社会治理现代化建设必须坚持从中国国情出发，这也是最为深刻的经验教训与启示。我们国家大，人口多，发展不平衡，仍处于社会主义初级阶段，又是具有悠久历史文明的东方大国。这些都是中国的基本国情，是现代中国的最大实际。社会治理要充分考虑地区和城乡间的差异，因地制宜，突出特色，不搞一刀切、一个模式。中华文化是我们民族的根基和魂魄，要使之成为中国社会治理现代化的鲜明特色。

今后在推进社会治理现代化的过程中，必须坚持立足基本国情，注重从各地实际出发。当前，要全面贯彻乡村振兴战略，坚持分类指导，推动各地立足自身资源禀赋、基础条件、人文特色等实际，确定社会治理的发展思路和推进策略。要大力弘扬和传承中华优秀传统文化，继承和传播革命文化、先进文化，推行社会主义核心价值观，着力提升全社会的文明程度。同时，要继续学习借鉴国外社会治理现代化中的一切有益做法和经验。

（三）推进社会治理现代化，必须始终坚持全面深化社会领域改革开放

70 年来的历史充分证明，改革开放是决定当代中国命运的关键一招，是推进社会治理现代化的根本动力。新中国成立后的前 30 年，实行国家和集体包办、政事不分的社会管理模式，不仅给国家和集体组织带来沉重负担，而且窒息了社会发展活力，束缚了社会事业发展。改革开放 40 年来，在深入推进经济体制改革的同时，持续推动社会领域改革，推进就业、户籍管理、教育、医疗、社会保障、住房制度改革，城乡基层引进和推行社区制度，重视发挥市场和社会力量的作用，加快了我国社会治理现代化的步伐。

今后在推进社会治理现代化的过程中，必须坚持以深化改革开放为动力，继续破除一切妨碍社会治理现代化建设的体制机制，深入推进教育、卫生、社会保障、老龄事业等方面的改革，进一步探索和创新科学有效的治理制度，为社会治理现代化开拓更为广阔的道路。

（四）推进社会治理现代化，必须始终坚持社会建设和其他建设协同发展

社会治理现代化建设是一个巨大的社会系统工程，必须与经济建设、政治建设、文化建设、社会建设和生态文明建设相互适应、相互促进。新中国成立之后的前30年，社会建设和社会治理同其他方面的变革和建设不协调，一度影响了社会治理现代化的进程。改革开放以来，逐步重视社会建设和社会治理与经济建设、政治建设、文化建设、生态文明建设密切联系、相互作用，从而加快了社会治理的现代化进程。

在今后推进社会治理现代化的过程中，必须按照建设现代化经济体系、发展社会主义民主和法治、推动社会主义文化兴盛、建设美丽中国的要求，积极调整经济结构、社会阶层结构、社会组织结构、就业结构、城乡结构、收入分配结构、消费结构，不断促进民主政治建设、文化建设、生态文明建设，推动各方面现代化建设协同发展、联动发展。

（五）推进社会治理现代化，必须始终坚持打造现代社会治理新格局

打造共建共治共享的社会治理格局，是社会治理体制机制建设的重要任务，也是实现中国社会治理现代化的基本目标。新中国成立后的前30年，中国确立了社会主义基本制度，形成了适应当时历史条件的社会管理系统和组织体系。改革开放40年来，随着社会主体的多元化，社会治理中党组织、政府组织、市场组织、社会组织和人民群众共同发挥作用，逐步形成共建共治共享的社会治理新格局，但是这种新格局还不完善，需要积极推进创新发展。

今后在推进社会治理现代化的过程中，必须进一步完善党委领导、政府负责、社会协同、公众参与、法治保障的社会治理体制，形成人人参与、人人尽力、人人共享的社会共同体，并要更加突出科技支撑在社会治理体制中的重要作用。尤其重要的是，社会治理的重心必须向基层下移，要进一步完善城乡社区体系，努力实现政府治理与社会调节、居民自治良性互动。

（六）推进社会治理现代化，必须始终坚持提高现代社会治理能力

社会治理能力关乎社会治理制度的执行状况和总体效果。多年来，我们党和国家的社会治理能力不断增强，各方面治理社会的水平明显提升。但是，还有许多亟待改进的地方。

今后，在新时代深入推进社会治理现代化的过程中，必须以提高社会治理的社会化、法治化、智能化、专业化水平为重点，全面适应国家现代化的总进程，提高党领导现代社会治理的水平，提高国家机构的履职能力，提高人民群众依法管理国家事务、经济社会文化事务、自身事务的能力。要以法治理念、法治制度引导社会治理创新。要顺应互联网时代的发展趋势，积极利用好大数据、云计算、人工智能等高新技术，推进社会治理科学化、精细化。要按照专业化、标准化要求，加快打造一支规模宏大的、专业化的社会治理、社会工作人才队伍和群众工作队伍。

（七）推进社会治理现代化，必须坚持正确处理社会治理过程中的几个基本关系

以下四个基本关系，既是新中国70年来经验教训的启示，也是今后推进社会治理现代化必须坚持的重要原则。一是处理好治理与民生的关系。更好地保障和改善民生是提高社会治理水平、从源头上预防和减少社会矛盾的根本之计。加强和创新社会治理必须注重解决好人民群众的切身利益问题。二是处理好维稳与维权的关系。一般地说，维权是维稳的基础，维稳的实质是维权，只有把人民群众合理合法的利益诉求解决好，才能真正实现社会的长期和谐稳定。三是处理好活力与秩序的关系。一个好的社会，既要使社会充满活力，又要使社会和谐有序，应务求实现社会有序运行与社会活力迸发相统一。四是处理好法治、德治、自治的关系。法治、德治、自治在社会治理中不可或缺，三者各有其重要功能。要使法治、德治、自治密切联系、良性互动、相互促进。只有正确认识和处理好这些基本关系，才能使社会治理现代化建设得以持续、健康、顺利发展。

我们清醒地看到，尽管新中国成立70年来社会治理现代化建设取得了历史性进展，而要全面实现中国社会治理现代化还任重道远。在前进道路上，还会有可以预见和难以预见的任务、困难和挑战。我们愿与国际上研究社会治理现代化的专家学者加强合作，吸收各方面智慧与经验，更好地助力于推进中国社会治理现代化事业！中国社会治理现代化的持续推进，也会为提升全球社会治理水平做出更大的贡献。

图书在版编目（CIP）数据

木铎新语：在北京师范大学十年探索 / 魏礼群著 .
北京：北京师范大学出版社，2025.1 -- ISBN 978-7-303-
30037-2

I. C53

中国国家版本馆 CIP 数据核字第 2024YS0613 号

木铎新语：在北京师范大学十年探索
MUDUO XINYU

魏礼群　著

项目统筹：宋旭景	责任编辑：柴 荻　曹欣欣	
美术编辑：书妆文化	装帧设计：王齐云	
责任校对：陈 民	责任印制：马 洁　赵 龙	

出版发行：北京师范大学出版社	开本：787mm×1092mm　1/16	版次：2025 年 1 月第 1 版
印　　刷：北京盛通印刷股份有限公司	印张：43.25	印次：2025 年 1 月第 1 次印刷
经　　销：全国新华书店	字数：610 千字	定价：298.00 元

北京师范大学出版社

http://www.bnupg.com
北京市西城区新街口外大街 12-3 号
邮政编码：100088
营销中心电话：010-58808006

版权所有·侵权必究

反盗版、侵权举报电话：010-58800697
北京读者服务部电话：010-58808104
外埠邮购电话：010-58808083
本书如有印装质量问题，请与印制管理部联系调换。
印制管理部电话：010-58800608